规律探索积思录
——张薰华先生文集

张薰华 著

复旦大学出版社

出 版 说 明

为庆祝我国杰出的马克思主义经济学家、教育家张薰华教授百岁寿辰，复旦大学经济学院特组织编选了本文集，其中收录了张薰华教授学术生涯中公开发表的代表性文章共九十篇，根据研究主题分为四编：《资本论》研究、马克思主义理论研究方法和经济规律探索、社会主义政治经济学研究、经济改革与经济发展研究。这些文章的发表时间跨越了近六十年，为方便读者阅读和研究，进行了精心校订，具体说明如下：

（一）所有文章均保持发表时的原貌，只做了必要的文字校订；每篇文章末尾标注了首次公开发表的出处。

（二）按照教育部、国家语言文字工作委员会组织制定的《通用规范汉字表》，将繁体字、异体字改为规范汉字。

（三）按照国家标准《标点符号用法》（GB/T15834-2011）和《出版物上数字用法》（GB/T15835-2011），规范了标点符号和数字的用法。

（四）为与《资本论》权威中译本的版式保持统一，所有表示变量的字母均以正体排印。

（五）核对并补充了马克思主义经典作家、党和国家领导人的著作引文出处，所有引用著作均用最新版本，唯《马克思恩格斯全集》因第二版尚未出全，仍用第一版。引用著作版本如下，正文中不再一一注明：

《资本论》第1—3卷，人民出版社2004年版。

《马克思恩格斯选集》第1—4卷，人民出版社2012年第三版。

《马克思恩格斯文集》第1—10卷，人民出版社2009年版。

《马克思恩格斯全集》第1—50卷，人民出版社1956—1985年第一版。

《列宁选集》第1—4卷，人民出版社2012年第三版修订版。

《列宁全集》第1—60卷，人民出版社2013—2017年第二版增订版。

《毛泽东选集》第1—4卷,人民出版社1993年第二版。

《毛泽东文集》第1—8卷,人民出版社1993—1999年版。

《邓小平文选》第1、2卷,人民出版社1994年第二版;《邓小平文选》第3卷,人民出版社1993年第一版。

《陈云文选》第1—3卷,人民出版社1995年第二版。

《江泽民文选》第1—3卷,人民出版社2006年版。

目录 | Contents

第一编 《资本论》研究

《资本论》教学改革初探 / 003
劳动价值论论纲 / 009
劳动价值论深释 / 014
正本清源论价值 / 025
试校《资本论》中某些计算问题 / 027
关于《试校〈资本论〉中某些计算问题》 / 043
《资本论》中的经济危机理论 / 051
用怎样的观点发展《资本论》——与熊映梧同志商榷 / 061
不要轻易抛弃《资本论》的经济范畴 / 074
辩证法在《资本论》中的应用 / 078
《资本论》论经济规律 / 089
在社会主义建设中发展《资本论》的理论 / 099
《资本论》与当代 / 110
坚持与发展《资本论》原理 / 119
股份制的资本性质 / 126
论价值规律制约的货币流通规律 / 134
加速资金周转,少花钱,多办事 / 147
论提高资金使用效率的途径
　　——学习马克思关于再生产理论的体会 / 153
论扩大再生产平衡条件的基本公式 / 164

| 论平均速度的计算方法 | / 173 |
| 国民经济按比例发展规律和国民经济发展速度规律 | / 180 |

第二编　马克思主义理论研究方法和经济规律探索

《共产党宣言》的理论与实践	/ 197
试论马克思主义基本原理	/ 205
马克思主义原理的创新性	/ 211
基本原理在于揭示规律	/ 216
马克思主义的真理颠扑不破	/ 218
试论马克思主义理论建设问题	/ 225
以马克思主义指引新经济学科建设	/ 227
经济科学的创新与发展	/ 229
经济理论争鸣中的若干问题	/ 232
试论经济科学的发展	/ 235
经济学创新与唯物辩证法	/ 242
经济学体系与唯物辩证法	/ 250
经济哲学与经济学哲学	/ 254
自然科学奔向社会科学,社会科学融通自然科学	/ 262
科学的理论与科学的方法	/ 267
现代经济学中的两种价值判断理论	/ 272
论生产力决定生产关系的规律	/ 280
探索规律　尊重规律	/ 293
论社会生产力发展规律	/ 296
经济规律与平均数规律	/ 307
科学技术优先发展的规律和自身发展的规律	/ 319
生产力与分配关系相互作用的规律	/ 322
流通经济的科学发展	/ 332

试论环境经济规律　　/ 337

第三编　社会主义政治经济学研究

　　初级阶段的主要问题是人口膨胀　　/ 351
　　人口、发展生产力与失业　　/ 357
　　从唯物辩证法看新中国的变化——兼论中国人口问题　　/ 359
　　要正确处理好土地资源和人口、环境的关系　　/ 370
　　社会经济发展与脑力劳动　　/ 372
　　关于人口数量规模与素质结构的几个问题　　/ 380
　　试论人口发展规律——兼论我国人口必须进一步控制　　/ 383
　　人口法制与依法治国　　/ 391
　　土地与生产力　　/ 404
　　土地与环境　　/ 414
　　人地关系与体制改革　　/ 422
　　论土地国有化与地租的归属问题　　/ 424
　　"土地批租"禁区的突破——访张薰华　　/ 426
　　土地国有化与土地批租　　/ 429
　　市场体系中的土地市场定位与运行　　/ 434
　　土地市场与市场体系　　/ 442
　　体制改革中若干问题的思考　　/ 447
　　经济改革的几个理论问题探析　　/ 452
　　体制改革的源头在金融与地产改革　　/ 461
　　从发展生产力剖解"三农"问题　　/ 463
　　社会和谐与农业生产力的发展　　/ 469
　　社会和谐与社会主义新农村建设之路　　/ 472
　　"林"字当头与林农牧渔副为序　　/ 475
　　长江开发与保护长江　　/ 482

试论环境科学与环境经济学 / 485
生态文明建设要义论 / 489
"可持续发展"论纲 / 500
从可持续发展战略看甬港深经济合作 / 502

第四编　经济改革与经济发展研究

社会主义商品经济与发展生产力 / 507
利用市场经济机制发展生产力 / 516
竞争为经济规律开辟道路 / 523
价格理论与实践 / 532
价格理论与理论价格 / 544
价格体系改革是一项系统工程 / 555
商品经济与利息的重大作用 / 565
价值规律与宏观调控 / 571
从生产方式看效率与公平 / 578
两个根本转变的理论导向 / 583
论社会主义商品经济中地租的必然性——兼论上海土地使用问题 / 591
论交通的症结在于没有走上有计划商品经济的轨道 / 597
试论经济运行中的交通业 / 604
论"高速度"的含义及经济速度间的对比问题 / 614
论国民经济发展的平均速度指标 / 627
简评《国家主导型市场经济论》 / 645
孜孜不倦探索经济规律 / 647

贱尺璧而重寸阴
　　——"世界马克思经济学奖"获得者张薰华教授的
　　百年求索　　　　　　　　　　　　　朱国宏 / 656

第一编
《资本论》研究

《资本论》教学改革初探

《资本论》论述的是资本主义商品生产流通和分配的总过程,也就是论述资本主义市场经济规律。如果去其资本形式,存其市场经济规律,再与我国的社会主义制度结合,就富有实践意义,这也是《资本论》生命力所在。一段时期以来,"《资本论》过时"之风甚嚣尘上,但别有用心的人毕竟很少,多数出于无知跟风。在改革的形势下,我们的教学更应引人入胜。笔者试做如下设想。

一、教学生掌握方法

《资本论》所叙述的理论不是教义,而是严密的科学结论,并且是一种方法。因此,我们要教学生掌握方法。众所周知,这方法就是马克思所改造的黑格尔的辩证法。在三卷《资本论》这个有机的整体总过程中,按照由分析到综合的方法,第一卷先分析简单的、抽象的、本质的过程(商品直接生产过程),然后由简单到复杂、由抽象到具体、由本质到现象;第二卷分析流通过程,并与生产过程综合在一起。进入第三卷再分析分配过程,并与生产、流通综合为总过程。综合的方法先使第二卷丰富第一卷,第三卷又使前两卷更加充实。正如马克思自己所说,第二卷"要揭示和说明资本运动过程作为整体考察时所产生的各种具体形式"①。恩格斯说第三卷"是一部光彩夺目的著作,在学术上甚至超过第一卷"②。因此,学《资本论》不应满足于只学前两卷。但就我国一般情况而言,"文革"以前主要教学第一卷,"文革"以后一度在学习马克思再生产理论名义下学习第二卷,长期以来,不仅忽视第三卷的教学,而且到了 20 世纪 80 年代,又遇到"过时"风,就没人去学了。未学过的人的无知又助长了刮风。

---

① 《资本论》第 3 卷,第 29 页。
② 《马克思恩格斯全集》第 36 卷,第 325 页。

因此,一方面,经济学专业课程设置不应砍去《资本论》这个马克思的代表著作,也不应削减它应有的课时。另一方面,在有限的课时内,如何教好这门课则是有待筹划的问题。我以为,虽然前两卷很重要,但可以用较少时间、用辩证逻辑方法讲其要点,以便用较多时间讲第三卷。

三卷的辩证结构告诉我们,书中对主要范畴及规律的阐述,不是僵硬的定义,而是在它们逻辑的形成过程中逐步展开的。当然,这里的理论是从历史实践中抽象出来的,这里的方法实质上是唯物辩证法。恩格斯在《资本论》第三卷序言中说:"不言而喻,在事物及其互相关系不是被看作固定的东西,而是被看作可变的东西的时候,它们在思想上的反映,概念,会同样发生变化和变形;它们不能被限定在僵硬的定义中,而是要在它们的历史的或逻辑的形成过程中来加以阐明。"①

二、以阐明经济规律为目的

马克思在第一版序言中指出:"本书的最终目的就是揭示现代社会的经济运动规律。"②我们的教学内容当然应集中阐述经济规律。而且对规律的阐述,不仅要按它们逻辑的形成过程逐步展开,还要揭示各规律之间的内在联系并叙述其体系。弄清规律对我们来讲,具有十分重要的实践意义。邓小平指出,党的十一届三中全会提出的新政策和发展目标"从何处着手呢?就要尊重社会经济发展规律"③。他总是强调"我们要按价值规律办事,按经济规律办事"④。

抽象地讲,经济规律就是生产力(生产的物质内容)与生产关系(生产的社会形式)的相互关系的规律。其中生产力规律是根本经济规律。因为没有这个物质内容,也就没有这个内容的社会形式(价值、价值增殖等)。因此,我们就从讲述这一规律开始。

1. 生产力规律

第一卷第一章第1节就开宗明义:"劳动生产力是由多种情况决定的。其中包括:工人的平均熟练程度,科学的发展水平和它在工艺上应用的程

---

① 《资本论》第3卷,第17页。
② 《资本论》第1卷,第10页。
③ 《邓小平文选》第3卷,第117页。
④ 同上书,第130页。

度,生产过程的社会结合,生产资料的规模和效能,以及自然条件。"①这当中一项项情况,都先后在三卷中展开。书中这些重要论述表明它的研究对象并不限于生产关系,而且包括生产力。讲授这部分富有实践意义,因为社会主义的根本任务就是发展生产力。

2. 价值规律

它是市场经济的基本规律,我们要建立社会主义市场经济体制(生产关系),还必须弄清它们的内容(生产力)。就它的基本规定性来讲,第一卷第一章指出:它实是以反比形式表现生产力的规律,即"商品的价值量,与实现在该商品中的劳动的量成正比地变动,与这一劳动的生产力成反比地变动"②。我们正是要利用价值规律来发展生产力。怎样利用呢? 第一卷第十章指出:在部门内部竞争中,由于价值增殖规律(包含剩余价值规律)的反作用,它要通过价值规律促使生产力发展。"因为相对剩余价值的增加和劳动生产力的发展成正比,而商品价值的降低和劳动生产力的发展成反比"③。具体说来就是:为了生产剩余价值就要提高生产力(正比),生产力提高又使商品价值降低(反比),在部门内部竞争中达到增殖目的。而竞争又促使部门整体生产力提高。从这里也可以看出,不仅要注意内容如何决定形式,而且要注意形式又如何反作用于内容。

在弄清价值规律的基本规定性以后,还要讲清楚它怎样在交换过程中展开为等价交换以至价格与价值相符规律,在分配过程又怎样展开为再生产价格规律,最后在竞争、供求关系中形成价值实现规律。

3. 价值增殖规律

这是以提高生产力为手段,达到资本价值增殖目的规律,它贯穿三卷,是《资本论》的主线。第一卷阐述资本如何通过简单协作、分工协作到以使用机器为条件的协作,在"生产过程的社会结合"④中提高生产力,由此达到生产剩余价值的目的。其中机器大工业扩大了"生产资料的规模和效能"⑤,使

---

① 《资本论》第 1 卷,第 53 页。
② 同上书,第 53—54 页。
③ 同上书,第 372 页。
④ 同上书,第 53 页。
⑤ 同上书,第 53 页。

"资产阶级在它的不到一百年的阶级统治中所创造的生产力,比过去一切世代创造的全部生产力还要多,还要大。"①资本价值增殖也随之表现为积累、积聚和集中。第二卷进一步阐述了在提高生产力基础上,如何处理好再生产速度与按比例生产的关系,以进一步增殖价值。这也能指导我们怎样调整经济结构。第三卷讲的是分配关系与生产关系的关系。剩余价值因分配关系采取利润形式,价值增殖的目的表现为最大限度取得利润,其手段仍然是前两卷讲的提高生产力与加速周转,并且两者还表现在年利润率的计算公式中。这规律对我们也非常重要。国有企业也要以资本的增殖为目的。为此,在当今历史条件下,"科学的发展水平和它在工艺上应用的程度"②,迫使它必须进行高新技术改造以提高生产力,还要按比例生产和加速资本周转,才能达到这一目的。

4. 生产关系与分配关系相互作用的规律

《资本论》第三卷主要讲生产关系与自身的反面(分配关系)相互作用的规律,并在市场经济的价格结构中实现。这里讲的生产关系主要指两项生产要素(资本与土地)的所有权与使用权,分配则指剩余价值(m)的分配。第三卷前四篇讲两权合一的资本以平均利润形式分配 m,第五篇讲两权分离后,平均利润相应分割为利息与企业利润,前者实现资本所有权,后者实现资本使用权。第六篇讲两权合一的土地取得(m)扣除平均利润后的剩余部分(即超过平均利润的超额利润)。在两权分离时,超额利润先以地租形式实现土地所有权,承租人则在开发土地后取得新增利润以实现土地使用权。但一切分配实体都寓于商品的再生产价格,它=成本+平均利润+超额利润,因而分配关系又由这价格来实现,生产关系不仅决定分配关系,更要由分配关系来实现。第三卷第四十五章指出,使用土地而不付地租,"意味着土地所有权的废除,即使不是法律上的废除,也是事实上的废除"③。同理,借用资本而不付利息,资本的所有权也不能实现,也等于废除资本所有权。现在大量国有资金被无偿使用,国有银行存在大量不良贷款,不仅收不到利息,连本也难收回。大量土地更是长期无偿使用,土地国有徒有虚名。可见,违反这

---

① 《马克思恩格斯选集》第 1 卷,第 405 页。
② 《资本论》第 1 卷,第 53 页。
③ 《资本论》第 3 卷,第 849 页。

一规律就会导致国有资产流失。

三、坚持和发展《资本论》理论

《资本论》是从历史实践中"揭示现代社会的经济运动规律"①的,虽然这些规律并未过时,但有关原理的应用却应以现时历史条件为转移。恩格斯就说过:"我们的理论是发展着的理论,而不是必须背得烂熟并机械地加以重复的教条。"②我们既要坚持又要发展《资本论》的理论。

就生产力发展规律来讲,《资本论》分析了"生产力中也包括科学"③。那时就是科学在工艺上的应用形成了机器大工业,用自然规律改造自然物,又用自然力代替人力,"因此,如果说大工业把巨大的自然力和自然科学并入生产过程,必然大大提高劳动生产率"④。现在,人类跨入知识经济时代,生产力将如何发展,正待我们去探索。"自然条件"⑤也是决定生产力的因素,它是生产力的原始源泉,即生态环境提供的自然资源。只有处理好人口、资源、环境之间的关系,生产力才能持续发展。因此,增长方式的根本转变,应该是由不能持续发展型向可持续发展型转变。书中虽然谈到了这个问题,并指出未来社会的人,"将合理地调节他们和自然之间的物质变换"⑥,但未展开。这有待于我们去创新。

就生产关系方面的规律来讲,诸如:如何按价值规律研究自然资源的价值价格问题;如何转变增长方式以达到国有资产价值增殖问题;还要特别讲清分配对实现社会主义公有制的重要意义。就后一问题来说,虽然第一卷第二章已经讲过,市场经济只要求交换的商品属于各自的所有者,而不问生产该商品的要素归谁所有,这已隐含市场经济可以与各种要素所有制相结合。但市场体制还使要素的使用权表现为市场商品,形成资本市场与土地市场,并以价格形式(利息与地租)实现各自的所有权。而我国当前这两个市场最混乱,又由于要素市场处于市场体系上游,它们的价格渗入中下游各类产品

---

① 《资本论》第1卷,第10页。
② 《马克思恩格斯选集》第4卷,第588页。
③ 《马克思恩格斯文集》第8卷,第188页。
④ 《资本论》第1卷,第444页。
⑤ 同上书,第53页。
⑥ 《资本论》第3卷,第928页。

再生产价格之中,它们的混乱又使中下游产品价格混乱。只有理顺它们的关系才能使市场体系健康成长,从这里也可以看出,学习《资本论》第三卷的现实意义。

原载《当代经济研究》1999 年第 7 期

劳动价值论论纲

（1）这里的劳动是指创造（生产）价值的劳动。价值是商品的社会属性，因而这也是生产商品的劳动。商品的物质属性是使用价值。使用价值也具有社会属性，即不是生产者自给性生产，也不是为奴隶主、封建地主生产的贡品，而是为社会生产商品的使用价值。使用价值是在使用中为社会生产、流通、消费服务的效用。在此范围内，服务劳动也是生产劳动。不过，有的生产有形的使用价值（商品），有的生产无形的使用价值（狭义的服务）。

（2）使用价值和价值是同一商品的两重属性。与此相应，劳动也具有两重性，具体劳动与抽象劳动。它们体现商品生产方式的物质内容（生产力）与社会形式（生产关系）的辩证联系。具体劳动生产使用价值，但同时又将生产资料的旧价值转移到新产品中。抽象劳动创造新价值，但又要以使用价值为载体。

生产力是具体劳动生产使用价值的能力。但从价值生产关系来看，它表现为单位抽象劳动时间生产使用价值的能力，或单位使用价值的价值与劳动生产力成反比。这正是价值规律的基本规定性。

（3）既然生产力与抽象劳动如此辩证联系，决定生产力的要素就会在价值中有所表现。"劳动生产力是由多种情况决定的，其中包括：工人的平均熟练程度，科学的发展水平和它在工艺上应用的程度，生产过程的社会结合，生产资料的规模和效能，以及自然条件。"[①]具体说来：

本来，在计算劳动量时，须区分劳动的复杂程度以及劳动强度，现在又追加劳动的"熟练程度"。

"科学的发展水平和它在工艺上应用的程度"，则和生产科学和技术的复杂劳动分不开，是劳动者高度智力劳动的结果。马克思称这种劳动为一般

---

① 《资本论》第1卷，第53页。

劳动。他指出:"应当把一般劳动和共同劳动区别开来。两者都在生产过程中起着自己的作用,并互相转化,但它们也有区别。一般劳动是一切科学劳动,一切发现,一切发明。它部分地以今人的协作为条件,部分地又以对前人劳动的利用为条件。共同劳动以个人之间的直接协作为条件。"①科学劳动是发现客体世界已有的物质运动规律,技术劳动是凭借科学知识和物化的知识(技术设备)实现对物质的控制与改造,也就是发明世界上没有的东西。虽然表面看来,似乎只是技术直接在生产过程中起作用,科学要转化为技术才是生产劳动,但是我们认为还未转化为技术却是未来新技术的理论基础的科学劳动,也应是生产劳动。这种复杂的智力劳动不仅包含今人协作共同攻克难题,而且继承前人科研成果,并有所创新。这种高强度的复杂劳动当然创造更多的价值。不过,一项科学发现或技术发明,如果用之于社会化大生产,就能反复使用,分摊到单位产品中的价值就越来越少。这一反比表现生产力越来越高,表现科学技术日益成为第一生产力。

"生产过程的社会结合"指今人的共同劳动,即今人的协作劳动。在协作中,不仅直接而且间接用于生产商品的劳动都是生产劳动,都是创造价值的劳动。前面讲的科技创新以及产品设计都是间接的生产劳动。在生产的社会结合中,生产指挥也是生产劳动。对此,"一切规模较大的直接社会劳动或共同劳动,都或多或少地需要指挥,以协调个人的活动,并执行生产总体的运动……一个乐队就需要一个乐队指挥"②。但要注意,不要"把从共同的劳动过程的性质产生的管理职能,同从这一过程的资本主义的、从而对抗的性质产生的管理职能混为一谈"③。这就是说私营企业主的管理职能具有二重性。他指挥生产的管理活动是生产劳动,他不是生产而是占有他人的剩余劳动的管理活动当然不是生产劳动。

"生产资料的规模和效能"意味着凝结在生产资料中过去劳动的大小及其作用。价值是由活劳动创造的。新价值一旦凝结在使用价值中,活劳动就转化为过去劳动,新价值也转化为旧价值。已经过去的劳动不能再次作为活劳动创造新价值,旧价值本身也要凭借新的活劳动来增殖。由此可知,生产

---

① 《资本论》第3卷,第119页。
② 《资本论》第1卷,第384页。
③ 同上书,第386页。

资料的效能只体现在生产使用价值,而不是创造了多少新价值。不过,虽然凝结在生产资料中的过去劳动的旧价值不能创造新价值,但活劳动要在改变生产资料成为新产品的生产过程创造新价值。因此生产资料是创造价值的物质条件。这条件的产权(所有权、使用权)也就参与剩余价值的分配,也就是所谓按要素分配。具体说来,在商品价值中,c 是所耗生产资料中过去劳动凝结的旧价值,v+m 是活劳动创造的新价值。所耗旧价值已由 c 补偿,m 不是生产资料所创造,只是因其产权而被瓜分。

最后是"自然条件"。"这些自然条件都可以归结为人本身的自然(如人种等等)和人周围的自然"①。这里,马克思只注意这些自然条件与生产力的关系,并未说明它与价值创造的关系。

(4) 劳动力是"体力和智力的总和"。劳动力成为商品,培育这种商品所耗劳动也属生产劳动。人具有两重性,作为动物种群是自然人,作为社会群体是社会人。人之所以异于一般动物,在于不仅具有体力,而且具有智力。人是在智力劳动调控下进行体力劳动的。但是人非生而知之,人类智力的发展有赖于知识的发展、科学技术的积累和升华。高智力劳动蕴藏着科技劳动的结晶,是高度复杂劳动,创造巨量的价值。随着知识经济的来临,这一亮点正在扩展其光华。

在市场经济中,劳动力也成为商品。生产商品的劳动是生产劳动,生产劳动力商品的劳动当然也属于生产劳动。因此,为体力的健康发展而进行的医疗保健活动属生产劳动;为培育智力的教育工作更属重要的生产劳动。如果说,科学家的劳动是生产科学的劳动,即使科学本身内涵地创造性发展的劳动,那么,教师的劳动则是传授科学知识的劳动,是使已有的科学成果横向扩展的劳动。后人学一条科学定理所花的时间,和当初一代代科学家为发现这条科学定理所花的时间相比,是微不足道的。因此,教育是经济的。况且,教师特别是高等学校教师,他们不仅要传授前人和外人的知识,自己还要进行科学研究,生产科学知识,并将科研成果充实教学内容,就不仅能生产(培育)更多的知识分子,而且能培养出高水平的知识分子。这些教育活动当然是高度的复杂劳动。

---

① 《资本论》第 1 卷,第 586 页。

（5）人周围的自然指生态环境及其提供的资源。自然形成的环境与资源非劳动产品，没有价值。但人类的出现改变了环境与资源，自然资源也就由无价变为有价。创造价值的劳动（第一种含义的社会必要劳动）是"在现有的社会正常的生产条件下，在社会平均的劳动熟练程度和劳动强度下制造某种使用价值所需要的劳动时间"①。或者说，"每一种商品……的价值，都不是由这种商品本身包含的必要劳动时间决定的"②。既然商品所具有的不是原生价值，而是在现有条件下的再生价值，不是劳动产品的自然资源，虽然原生价值等于零，但由于资源的过度使用，不得不用劳动使之再生，那就不仅再生资源具有价值，原生自然资源也应比照计其价值。如果忽视这一点，让资源无价或低价，就会导致滥用资源，进一步破坏环境。

（6）生产劳动还会延伸到流通过程。为物流、信息流服务的交通业劳动，以及为调节物流量的仓储业劳动，都是生产劳动。商业劳动具有两重性。一方面，纯粹商业劳动只是为价值转形的劳动，不是生产劳动；另一方面在买（价值的货币形式转化为商品形式）或卖（价值的商品形式转化为货币形式）的转形中，商业劳动又与物流结合在一起（商品从生产者通过商业劳动流到消费者手中），就此，商业劳动又属生产劳动。

（7）价值由实际生产所耗的第一种含义的社会必要劳动所创造，并且是生产单位商品所耗劳动的社会平均量。每个生产者因生产力不同，生产同样产品所耗个别劳动或个别价值有所差异，但社会只承认社会平均劳动所创造的平均价值。前面说过，它不是原生价值，是再生价值，是随着历史变迁的动态含义。

在特殊情况下，在土地产品（农产品、矿产品等）部门，由于土地的有限性，社会不得不承认已开发的最劣地的产品个别价值调节市场价值，但真实价值仍为平均价值。这个别价值高于真实价值的差额被名之为虚假的社会价值。它不是土地上劳动创造的价值，而是社会过多的支付，最后仍应归还给社会。社会是由国家代表，所以国家应垄断土地一级市场，地租应属国家财政收入。

（8）价值创造与价值实现。前者由第一种含义社会必要劳动（简称劳动

---

① 《资本论》第1卷，第52页。
② 《资本论》第3卷，第157页。

Ⅰ)决定,后者由第二种含义社会必要劳动(简称劳动Ⅱ)决定。劳动Ⅰ是实际生产单位商品的价值实体,是所耗的劳动量,它的总量表现为该商品的供给量。劳动Ⅱ是按比例规律决定的该部门应当投入的劳动量,它表现为该商品的需求量。供求关系影响价格,价格则决定价值的实现。

价值实现多少,促使生产者减产或增产,从而使劳动Ⅰ的总量趋向劳动Ⅱ,使生产按比例进行。

劳动Ⅱ在这样的作用中,还会影响部门生产力发生变化。涨价时,生产力低的生产者也增产,部门平均生产力下降。跌价时,优胜劣汰,部门平均生产力上升。这又使与生产力成反比的劳动Ⅰ发生变化,从而形成新价值。但劳动Ⅱ只因间接影响了劳动Ⅰ,才发生价值变化,它本身并不创造价值。

(9) 价值创造与价值分配。价值由活劳动创造,但又以生产要素为条件。要素的所有权与使用权就取得价值的分配权。活劳动分为必要劳动 a 与剩余劳动 a′,相应创造的价值分为必要价值 v 与剩余价值 m。分配的核心在对剩余价值的索取权。

人的要素是劳动力,它的使用就是劳动。劳动力的所有权分得必要价值 v。劳动力使用权让渡给雇主,雇主因此分得剩余价值 m。如果雇主属公有制,则 m 用于劳动者群体的利益属按劳分配。如果劳动者具有科技创造能力,他可以只让渡一部分使用权,未让渡部分也可分得一部分剩余价值。

物的要素是生产资料,它的消耗已从商品价值 c+v+m 中的 c 获得补偿。它的所有权与使用权则分得 m。

但是,这样的价值分配关系能实现多少,还要由第二种含义社会必要劳动来制约。

原载《南京政治学院学报》2001 年第 6 期

劳动价值论深释

在有关劳动价值论的百家争鸣中,我以为对这一理论的基本规定性,包括对其中的关键词,有必要先做出科学界定,然后才能得出合理的深释。本文既阐述马克思的科学论述,又注意其发展和创新。

一、劳动价值论中的劳动是生产商品的劳动

价值是商品生产中交互劳动的社会生产关系。创造价值的劳动当然是指生产商品的劳动,而不是非生产劳动。问题在于有些生产劳动被看作非生产劳动,或者某些非生产劳动又被看作生产劳动。为了弄清问题还须诠释以下概念。

(一)直接生产过程中的生产劳动与非生产劳动

这一对概念可从两个层次进行定义,即从一般生产与商品生产分别考察。撇开商品生产关系不说,如果只从一般生产过程(并且仅从简单劳动过程)的结果,"从产品的角度加以考察……劳动本身则表现为生产劳动"①。如果联系到商品生产关系,这一定义就不够了。

从商品生产关系来讲,劳动生产力必须高到能够提供剩余产品,才有可能进行产品交换,使产品转化为商品。这是商品生产在交互劳动的生产关系——交换具体劳动生产的使用价值,在抽象劳动的量上相等。这样,生产劳动就不仅包含必要劳动(维护劳动力再生产的劳动),还必须包含剩余劳动。从生产结果来说,就是生产劳动是能够生产剩余产品的劳动。从价值形式讲,就是能够生产剩余价值的劳动。这一定义有两个条件:生产力的高度发展使劳动包含剩余劳动和剩余产品进入流通转化为商品。

原始社会时期,野蛮人不能提供剩余劳动,简单的生产劳动不是商品社会的生产劳动,不形成价值。在奴隶制社会,奴隶虽提供剩余劳动,但剩余产

---

① 《资本论》第1卷,第211页。

品供奴隶主消费,不进入商品流通,也不是生产劳动。在封建社会,小农生产力低下,微薄剩余产品又以地租形式交给地主阶级,很少进入市场,劳动多数是非生产劳动。在资本主义社会,劳动社会化带来高生产率,产品全部进入流通,劳动是生产的。资本占有的商品是雇佣劳动者生产的,但会带来假象,资本对劳动的剥削活动好像是生产劳动。并由此还可延伸为只要为资本带来利润的人也好像是生产劳动者。例如,妓女、赌场职工为老板赚了钱,从表面上看似乎也是生产劳动者。总之,不要被假象所迷惑。

(二)直接生产过程外的生产劳动与非生产劳动

1. 流通过程中的生产劳动与非生产劳动

商品生产是和商品运动分不开的。为了商品生产必须从市场购来生产资料和劳动力,进入直接生产过程后流水作业,产成品流通流到消费者手中。运输业生产过程的结果不是新的物质产品,只是场所的变更。运输劳动是生产劳动。不仅货运而且客运也是生产劳动,因为它使旅客也变更了场所。并且,商品生产是和信息的传递(信息的场所变更)分不开的,传递信息的劳动也是生产劳动。总之,"交通工业,它或者是真正的货客运输业,或者只是消息、书信、电报等等的传递"①,具有特殊的生产过程。

在这个特殊生产过程的物流中,为了调节流量出现了仓储业。仓储劳动也不生产新的商品,却能保管已有商品,并使之适时进入流通。这种劳动也是生产劳动。如同在直接生产过程中养护备用原材料的仓储劳动一样。

纯粹商业劳动只是为价值转型的劳动,即为价值的商品形态转化为货币形态(卖),或为货币形态转化为商品形态(买),不生产新的使用价值属非生产劳动。但商业劳动又是和物流结合在一起,就这方面讲,又属生产劳动。

2. 服务中的生产劳动和非生产劳动

"服务无非是某种使用价值发挥作用,而不管这种使用价值是商品还是劳动。"②就这一定义讲,农业、采掘业、工业都生产了商品,也就提供了服务,它们的劳动当然属生产劳动。这是广义的服务。

一般是就狭义而言的服务,即未提供商品,只提供劳动的服务。交通业和仓储业,以及和它们结合的商业就属这一类。前面讲过,它们提供的服务

---

① 《资本论》第2卷,第64页。
② 《资本论》第1卷,第224—225页。

也是生产劳动。

这里的界限在于,或者是生产有形商品的劳动,通过商品间接服务;或者是生产无形使用价值的劳动,直接为消费者服务。超越这个界限,就是非生产劳动。

服务这个词还可滥用到与劳动无关。对此,马克思在《资本论》中借用马丁·路德《给牧师们的谕示:讲道时要反高利贷》中的一番话作为讽刺:"你尽可以夸耀、粉饰和装扮……高利贷……不是为别人服务,而是损害别人。一切名为对别人服务和行善的事情,并非都是服务和行善。奸夫和淫妇也是互相提供重大的服务和互相满足的。骑士帮助罪犯拦路行抢,打家劫舍,也是对罪犯的重大服务。"①

(三)具体劳动与抽象劳动

生产劳动就劳动方面来讲,由于商品具有二重性,使用价值与价值;生产商品的劳动也就相应具有二重性,作为具体劳动生产使用价值,作为抽象劳动创造价值。这两种劳动既不应混同,又是紧密联系在一起,因为其属于同一的生产劳动。

生产劳动就生产方面来讲,由于生产也具有二重性,生产力(物质内容)与生产关系(社会形式),前者是具体劳动生产使用价值的能力,后者是抽象劳动创造价值所体现的生产关系。物质内容与社会形式不应混同,但也同属生产劳动,有着内在的辩证联系。

当具体劳动抽去具体现象成为抽象劳动,具体劳动的生产力便表现为抽象劳动的生产力,即单位劳动时间生产使用价值(商品)量,或单位商品所耗劳动量。

(四)直接劳动与间接劳动

劳动者直接用于生产商品的劳动当然是生产劳动。但从协作劳动看,不仅直接而且间接用于生产商品的劳动也是生产劳动。生产指挥、科技创新、产品设计等都是间接的生产劳动。问题在于社会生产是个大系统,系统方方面面所从事的劳动,哪些是生产的间接劳动,哪些不是,该如何界定。

例如,生产中具有某种技术的劳动是直接劳动。设计该技术的劳动是间

---

① 《资本论》第1卷,第224页。

接劳动。技术是科学在工艺上的应用,从事应用科学的劳动,是否是生产劳动。再追溯上去,从事基础科学研究的劳动和传播科学知识的教育劳动,是否也是生产性的间接劳动,等等。这里又有现实生产劳动与潜在生产劳动之别。由于劳动力成为商品,德智体全面发展的人才更是高档商品,生产人才的教育、医疗保健、体育的劳动也应是生产劳动。

(五)简单劳动与复杂劳动

劳动是体力和脑力的支出。简单劳动以体力支出为主,复杂劳动以脑力支出为主。脑力劳动的复杂程度在于它积累了前人和今人的科技劳动,再加上自己的创新劳动。体力劳动多墨守成规,未具有这样的脑力支出,故称简单劳动。因此,从量的比较讲,复杂劳动等于倍加的简单劳动。这里指的是"倍加"不是"加倍";也就是说不是加一倍,而是成倍(多倍)增加。

这里涉及劳动的计量问题。劳动的支出是以劳动的熟练程度、劳动强度和劳动时间的关系来计量的。

(1)类似复杂劳动等于倍加的简单劳动,熟练劳动也等于倍加的不熟练劳动。虽然这两对概念并不等同,前者是不同工种分工的对比,后者是同一工种操作的对比。熟练劳动是经过长期劳动积累的经验、技巧与速度,同一劳动时间也就比不熟练劳动支出了较多的劳动。既然有如此差别,社会计量就应该以平均熟练程度为单位。

(2)撇开熟练程度(支出速度)不说,劳动量还要看支出强度如何。简单劳动或倍加努力或松松垮垮,复杂劳动或绞尽脑汁或不求创新。同一劳动时间劳动支出的量也就因支出强度有不同的量。因而还要以社会平均劳动强度来计量。

(3)以上讲的是同一时间内含的劳动量。现在再看时间外延的劳动量。如果以小时劳动量为计量单位,那就随着时间的增减来表示劳动量。假定工作日为8小时,劳动者也就支出了8小时劳动量,这是一目了然的。不过就复杂劳动者来说,他不仅支出高强度的劳动,而且为了科技创新和产品创新,不仅在工作岗位上延长劳动时间,即使回家也冥思苦想、废寝忘食,继续高强度地延长劳动时间。但简单劳动者一般不必8小时之外继续劳动。高等学校的教育工作也有类似的情况。高校教师从事复杂劳动。他们夜以继日地进行科研劳动,用以提高教学质量、编写优秀教材、论文与专著。因而无须8

小时来规范。即便在寒暑假,他们还是在进行科研与备课劳动。高校实际享受假期的主要是职工。

(六)共同劳动与一般劳动

上面讲的直接劳动与间接劳动,简单劳动与复杂劳动或体力劳动与脑力劳动,在同一期间(横向)共同协作,马克思称之为共同劳动。但在复杂科技劳动中不仅包含今人的横向协作,还包含前人(纵向)传递下来的脑力劳动结晶。这种劳动马克思名之为一般劳动。他指出:"应当把一般劳动和共同劳动区别开来。两者都在生产过程中起着自己的作用,并互相转化,但它们也有区别。一般劳动是一切科学劳动,一切发现,一切发明。它部分地以今人的协作为条件。部分地又以对前人劳动的利用为条件。共同劳动以个人之间的直接协作为前提。"[①]从这句话中还可以看出,马克思将"一切科学劳动"看作"在生产过程中起着自己的作用"的劳动,即看作生产劳动。

我们还要看到,科学工作者所从事的一般劳动,虽然包含着前人和今人的集体智慧,他个人的作用也是巨大的。他的科技创新活动不仅增大了自己支出的一般劳动量,也丰富了其他人有关的科技劳动。

教师的劳动则不仅包含科研活动(科学内含扩大再生产的劳动),而且是使已有科学成果横向扩展的劳动,是实现科学外延扩大再生产的劳动。它不像物质财富外延扩大再生产那样会导致资源浪费,而是相反,科学知识愈为更多人所了解,就愈不会泯灭。教师的这种劳动还是扩大再生产知识分子的劳动,因而又是培育科学内涵扩大再生产动源的劳动。

(七)活劳动(正在进行的劳动)与物化劳动(死劳动或过去劳动)

价值是活劳动创造的。凝结在价值中的劳动是已经过去的劳动,或称"死"劳动,不是正在运行的活劳动。

以棉纱生产为例,投入的生产资料为已经物化的劳动,即过去劳动,投入的劳动力的使用为活劳动。生产过程的结果的产成品棉纱中,活劳动也随之转化为过去劳动。因此,"可以把各种不同的在时间和空间上分开的特殊劳动过程,即生产棉花本身和生产所消耗的纱锭量所必须完成的劳动过程,以及最后用棉花和纱锭生产棉纱所必须完成的劳动过程,看成是同一个劳动过

[①]《资本论》第3卷,第119页。

程的前后相继的不同阶段。棉纱中包含的全部劳动都是过去的劳动。"①由此可以推论,既然过去劳动是活劳动的转化,棉纱中包含的全部劳动是否也都是活劳动。但这是有条件的,即在当时的时间和空间的条件下,在当时生产过程(空间)中,而不是过程的结果条件下,才能这样讲。不顾这条件,将过程结果(活劳动已经物化),将过去劳动转换为活劳动。在价值构成中就会将 c+v+m 归结为 v+m。

这使我们想起斯密教条。斯密曾因不知道劳动二重性,只知道抽象劳动创造新价值 v+m,不知道具体劳动能转移旧价值(过去劳动),c 也被抛弃了。

二、劳动价值的基本规定性

价值是商品的社会属性。生产价值的劳动如何界定,已经在前面讲了。待考察的是生产劳动如何创造价值,价值如何表现为价格,价格与供求关系,供求又如何反作用于新价值的形成。供给是实际生产的商品量,需求是应该生产的商品量。前者涉及实际生产商品总量中个量商品价值的劳动(第一种含义的社会必要劳动),后者涉及应该生产商品总量价值的劳动(第二种含义的社会必要劳动)。前者是以个量为基础,后者是以总量为基础。

(一)实际生产的价值实体

1. 个量(或单位)商品的价值由第一种含义的社会必要劳动决定

价值是生产关系,是生产力的社会形式,它以反比形式表现其物质内容(生产力)。也就是说:"商品的价值量与体现在商品中的劳动的量成正比地变动,与这一劳动的生产力成反比地变动。"②因此,一切决定生产力的要素作为劳动,都会在价值中有所表现。"劳动生产力是由多种情况决定的,其中包括:工人的平均熟练程度,科学的发展水平和它在工艺上应用的程度,生产过程的社会结合,生产资料的规模和效能,以及自然条件。"③这也就涉及前面讲过的熟练劳动与不熟练劳动,一般劳动与共同劳动、物化劳动,以及待研究的外部性劳动,等等。

体现在该商品中的劳动量正比地决定单位商品的价值量,这里的量又有

---

① 《资本论》第 1 卷,第 219 页。
② 同上书,第 53—54 页。
③ 同上书,第 53 页。

个别与社会平均的区分。个别劳动决定个别价值,社会平均劳动决定平均价值。但社会只承认平均劳动。因此,第一种含义的社会必要劳动被规定为社会平均劳动。也就是"在现有的社会正常的生产条件下,在社会平均的劳动熟练程度和劳动强度下制造某种使用价值所需要的劳动时间"①。只是这种含义的劳动时间决定该商品的价值量。这一含义不是僵硬的教条,而是随着历史变迁的动态含义。它首先规定在现有的社会正常的生产条件下所耗劳动。就是说,商品价值不是由过去生产该商品实际耗费的劳动时间,而是由现在再生产该商品所必需的劳动量决定。既然商品所具有的不是原生价值,而是现在再生价值,这就启示我们去研究自然资源的价值问题。未经人类开发的自然资源,不是劳动产品,虽然原生价值等于零,但由于资源的过度使用,不得不用劳动使之再生,那就不仅再生资源具有价值,这时原始的自然资源也应按再生资源所耗劳动而计其价值。例如,一棵原始森林树的价值,是由人工林场再生产同类树所需的社会必要劳动时间决定。而且,社会治理环境的劳动也是使资源再生的劳动,也形成资源的价值。如果忽视这一点,让资源无价或低价,就会导致滥用资源,进一步破坏环境。

  这一含义还进一步规定在现有的社会正常的生产条件下所耗劳动。在社会生产力的历史发展过程中,正常的或者说平均的生产条件也处于历史变异中。在商品生产初期,正常的生产条件是以体力为主的手工劳动与手工工具。形成价值的劳动主要"是每个没有任何专长的普通人的有机体平均具有的简单劳动力的耗费"②。手工工具转移的过去劳动是微不足道的。及至机器大工业兴起,在这条件下,一方面体现在机器价值中的过去劳动大量替代活劳动;另一方面活劳动本身也发生结构性变化,由于科学技术日益成为首要生产力,智力劳动创造着日益增大的价值。时至今日,社会正常的生产条件正发生新的历史性变革,如果说过去曾是以简单的体力活劳动为主,然后被机器的物化劳动所否定,现在则以复杂的智力活劳动对其否定的否定。正如人们指出,现代经济社会,说到底就是人力加科技。而人力加科技就是以智力为主的知识经济、信息经济。智力劳动就是马克思所讲的生产科学技术一般劳动、复杂劳动,它创造日益巨大的价值。

---

① 《资本论》第1卷,第52页。
② 同上书,第58页。

有的同志对马克思的劳动价值论未做历史的动态的理解,又不注意智力劳动创造倍加的价值,不是深化对劳动价值论的理解,而是简单地脱离事实地说劳动价值论过时了。这似不是学术争论问题,而是一个学风问题。

2. 同种商品总量的价值总量

这里的商品总量形成市场的供给量。这里的价值总量是生产该商品实际所耗的、第一种含义社会必要劳动的总量。这里的问题在于这个商品总量是否为社会所需要,从而这个价值总量能够在市场中能实现多少,以及分摊到单位商品价值能实现多少,实现多少则在于该商品应该生产多少。

(二) 应该生产的价值实现

1. 总量商品的价值实现由第二种含义的社会必要劳动决定

实际生产的同种商品总量(供给量)在市场中能销售(实现)多少,取决于社会对它的需求量,归根到底决定于该生产部门是否按照社会分工的比例来进行生产。根本比例是社会生产力系统各层次中的比例,其他一切比例都由此派生。前者是作为社会生产力源泉的人口、资源、环境之间的比例。然后是社会生产力自身的结构比例,以及为劳动力与生产资料再生产所形成的两大部类比例,并延伸为农轻重比例。再发展为物质再生产与科技再生产比例,以及各生产部门的子系统比例等。总之,国民经济按比例发展的规律要求在现有的物质基础上,形成最优的社会分工,决定商品应该生产的总量,保证社会生产力顺利发展。

该商品的价值总量能实现多少,是依据分工的需要,将社会总劳动(物化劳动和活劳动)按比例地分到该生产部门,所形成的第二种含义的社会必要劳动来决定。

2. 个量商品的价值实现与价值变化

价值实现多少表现在单个商品的价格上面,并通过竞争来强制。价格的变动决定于供求关系,供求的深层是两种含义的社会必要劳动。前面说过,实际生产的商品总量(供给)的价值总量由第一种含义劳动总量决定,应该生产的商品总量(需求)的价值总量由第二种含义劳动决定。

供求平衡,价格符合价值,价值得以全部实现。但这是已有的价值实现,而不是已有价值由现有均衡价值所创造。西方经济学用均衡价格论取代劳动价值论,在学术上是非科学的,在政治上是为资产阶级服务的。

供过于求,卖方竞争,价格下跌,价值不能全部实现。结果一些劣等条件的生产者无力再生产,即所谓优胜劣汰。于是,该部门的整体再生产条件优化,部门整体生产力上升,第一种含义社会平均劳动反比下降,价值也相应下降。

求过于供,买方竞争,价值上涨,价值不仅全部实现,而且超额实现。此时,优胜劣也胜,纷纷增产,劣等条件的生产者有着更大的积极性,有可能占最大的比重,该部门的整体再生产条件因此劣化,部门整体生产力下降,第一种含义社会平均劳动反比上升,价值也相应上升。

由此可知,第二种含义社会必要劳动只决定价值实现,但它作为价格变动条件,促使再生产条件发生变化,以至第一种含义社会必要劳动发生变化,从而产生了新的价值。但不能因此说第二种含义的社会必要劳动也创造价值。

有的同志摘引马克思的两句话来论证第二种含义的劳动也决定价值。我以为是误会,也是马克思本人的笔误。第一句话是《资本论》第三卷第三十八章第二段所讲的,是说单位商品价值不是由某个生产者的个别劳动时间决定,而是由社会平均劳动时间决定。但这里多写了"社会必需总量",是笔误。第三卷原稿未经修订马克思就逝世了,我们应按照马克思的科学原理原意来理解。第二句话是《马克思恩格斯全集》第26卷第1册第235页的一句话,是说在供过于求时,社会只能按照应该花费的第二种含义劳动来支付,总产品通过价格实现的价值,就不等于它本身的价值。如果理解为第二种含义劳动创造价值,是违背原文本意的。

还有的同志对统计学上的加权平均数发生误解,又未注意第二种含义劳动通过价格机制,促使再生产条件的结构比重发生变化,即优、中、劣不同条件下的产量权数发生变化,从而第一种含义的社会平均劳动发生变动,所导致的价值变动。借用他们的数例(虽然所设数字不够合理,个别劳动差距过大)[①]来看,设 x 为个别劳动(小时),f 为产量(权数),则 xf 为该部门不同条件的劳动耗费,$\sum xf$ 为该部门总劳动耗费,第一种含义的平均劳动时间 $\bar{x}=\sum xf/\sum f$。

---

① 蔡继明、白丽健:《必要劳动Ⅰ和必要劳动Ⅱ共同决定价值》,《学术月刊》1995年第9期。

生产条件与价值决定

生产条件	x	供求平衡		供过于求之后		求过于供之后	
		f_1	xf_1	f_2	xf_2	f_3	xf_3
优	10	10	100	100	1 000	1	10
中	100	100	10 000	10	1 000	10	1 000
劣	1 000	1	1 000	1	1 000	100	100 000
合计	—	111	11 100	111	3 000	111	101 010

$$\bar{x}_1 = \frac{\sum xf}{\sum f} = \frac{111\,000}{111} = 100,\ \bar{x}_2 = \frac{3\,000}{111} = 27,\ \bar{x}_3 = \frac{101\,010}{111} = 910$$

在统计学中，权数 f 最大的变量叫作众数，它是算术平均数的近似值，是使加权算术平均数向它靠近。《资本论》第三卷第十章是就这个关系讲的。并且在本例中，$\bar{x}_1,\bar{x}_2,\bar{x}_3$ 都是在不同情况下，变化了的真实的价值，不应只静态地将 $\bar{x}_1$ 看作真实的价值，无视动态后所产生的 $\bar{x}_2,\bar{x}_3$ 也是真实的价值。

三、价值形成与价值分配

价值由活劳动创造，又包含转移进来的过去劳动。价值的分配就与这两种劳动联系在一起，就活劳动来讲，是按劳分配。就过去劳动来讲，它（生产要素）也要从活劳动创造的价值分得一部分，即所谓按要素分配。具体说来，在 c+v+m 中，c 是对过去劳动的补偿，能分配的只是活劳动（必要劳动 a+剩余劳动 a'）创造的 v+m，并且最后说来，是剩余价值（m）的分配问题。

（一）按劳分配

既然劳动分为必要劳动 a 剩余劳动 a' 两部分，按劳分配就不应限于 a 所创造的 v 即工资部分，否则资本主义企业也发工资，有的还发较高工资，岂不也是按劳动分配？其实 a 只补偿劳动力的再生产费用，问题在于是否按剩余劳动 a' 分配，即 m 的分配。如果 m 的一部分被资本剥削就不是按劳分配。但是在不被剥削的条件下，劳动者又不应直接占有所提供的全部 a'，而是在社会主义的社会中为劳动者整体利益有折有扣地分配。

按劳分配原意是按第一种含义的劳动分配。但在市场经济中，它的实现也要按第二种含义的劳动的分配为条件。即需求对价格,从而对价值实现的影响。如果价格低于价值,企业亏本,就做不到按劳分配。反之,价格高于价值,企业超额赢利,也可以超额按劳分配。

(二)按生产要素分配

生产要素中生产资料部分,作为物化劳动,是转移的价值,已由 c+v+m 中的 c 补偿,它只是创造 m 条件,m 是由 a′创造的。它之所以参加分配 m,是由于这个条件的占有与使用。因此,所谓按生产要素分配应是按要素的所有权与使用权分配。为了适应这种分配,m 转化为平均利润+超额利润。价值也因之转化为生产价格,即 c+v+m 转化为成本+平均利润+超额利润。两权合一的资本分得其中平均利润。两权分离时,资本所有权分得利息,使用权分得剩余利润。两权合一的土地分得超额利润,两权分离时,土地所有权分得地租,使用权分得剩余超额利润。

本来,商品价值 c+v+m 因分配关系转化为成本+平均利润,然后因土地问题又发生一个超过这真正价值的虚假的社会价值问题。由于土地有限,人口增长使劣地也必须开发,劣地产品(农产品、矿产品)的个别价值就调节市场价值。但市场的真实价值是社会平均价值。二者之差就形成虚假的社会价值,即超额利润。可见,虚假的社会价值的物质成因是土地有限性,从而以劣地为条件的个别生产力低于社会平均条件的平均生产力,反比表现为个别价值大于社会平均价值。这大于真正价值的部分就是虚假的社会价值即超额利润。再由于优地的经营垄断,土地产品中的超额利润,又落入级差优级土地使用者手中,形成级差超额利润,其中一部分以级差地租形式归属土地所有者。

(三)按劳分配与按要素分配的结合点——人力要素

按劳分配是针对劳动力的使用而言的。但劳动力也是生产要素,也有一个按要素分配问题。就简单劳力来讲,它的使用权已通过工资形式出售给使用者,并以工资形式实现所有权。它不能分得平均利润,至多获得为数不多的奖金。复杂的智力要素不同。它除了高工资实现必要劳动创造的价值外,它的使用可以只出售一部分,另一部可以分得利润的相应部分,这也就是人们所谓的"人力资本"的实质问题。

原载《当代经济研究》2001 年第 11 期

正本清源论价值

价值是一个多义词，通俗将它理解为"有意义的事物"。我们讲的价值则是一个特定的科学范畴，是反映商品经济本质联系的基本概念。商品经济从而市场经济的发展，价值范畴也与时俱进，内涵日益丰富，但其基本含义并未过时。我们知道，商品具有两重性，它的物质内容是使用价值，是生产力的结果；它的社会形式是价值，是商品生产者之间的社会生产关系，是将他们的私人劳动化作社会等同劳动的生产关系。因此，价值被界定为生产商品的劳动的凝结。

既然商品具有两重性，生产商品的劳动也相应具有两重性，具体劳动属生产力（生产使用价值的能力）方面，抽象劳动属生产关系（按商品生产者的社会平均劳动计算）方面。由于是同一事物的两重性，两方面就容易混淆。但又不应形而上学地分开，因为是同一事物的内容与形式关系。同一劳动，作为具体劳动生产使用价值，同时作为抽象劳动又创造价值。使用价值不是价值，但价值要以使用价值为载体，使用价值中包含价值。生产力本是具体劳动生产使用价值的能力，当着具体劳动转换为抽象劳动，生产力生产使用价值的量的变化，便表现为单位使用价值的价值量与生产力成反比，还使剩余劳动增加，正比增殖价值。

说到剩余价值，它必须始终存在。有了剩余劳动才有剩余产品，才会有积累，才有社会生产力的发展。在远古时代，出现了剩余劳动，人类才从野蛮进入文明。在未来时代，有高度发达的生产力，才有高度的剩余劳动率，人类才有美好的前途。从商品经济到市场的形成，也和剩余劳动的存在分不开。只有有了剩余产品才会发生交换，产品才采取商品形式。在商品社会，包含剩余劳动的生产商品的劳动凝结为价值，其中剩余劳动凝结为剩余价值。因此，商品价值结构包含剩余价值m，即c+v+m。市场经济只要求商品属于不同所有者，而不问生产商品的要素归谁所有，所以它可以和不同的要素所有制结合。同理,m也是中性的,问题只在它被谁占有。人们往往将它与资本主义捆在一起,其实社会主义公有制更要有m,这样国有资产才能保值和增值。

m由剩余劳动创造,而不是由资本、土地创造。按要素分配实是按要素的所有权与使用权分配m。在分配关系中,由于等量资本要分得等量利润,m就转化为平均利润;并预留一部分作为超额利润,以实现土地所有权与使用权。于是商品价值(c+v+m)转形为生产价格(成本+p+超额利润)。两者在社会总和中相等,但在各个部门中背离。这又造成错觉好像利润不是m的转形而是资本、土地等要素创造的。一些谬论与这一错觉有关。不过劳动力这一要素与资本、土地不同。一般技术水平不高的劳动力,只能凭借所有权取得工资,他提供剩余劳动,却被使用者占有。但具有高科技的脑力劳动者,除了凭借高智力所有权取得高额工资外,还可以只出卖一部分使用权,保留一部分作为参与分配剩余价值的条件。这是形成"人力资本"的内因。

马克思主义的基本原理是科学的,应该坚持。但它随着生产力的发展而发展,再加上人们认识的深化,它又不断创新。例如,创造价值的劳动,由过去的以体力为主到现在的以智力为主,并由直接劳动为主转为以间接劳动为主等。可见,要在坚持中创新,在创新中坚持。

原载《毛泽东邓小平理论研究》2002年第2期

试校《资本论》中某些计算问题

一、《资本论》中某些计算问题

《资本论》是马克思整个一生科学研究的成果。它是马克思理论最深刻、最全面、最详细的证明和运用。经过一百多年实践的检验,证明它的严密的科学结论是正确的,因而我们仍然应该认真学习和坚持《资本论》所阐述的马克思主义基本原理。

《资本论》中在计算方面存在着一些笔误,但这是一个微乎其微的问题,无损于基本理论的光辉。《资本论》花了马克思毕生精力,他来不及全面修订就与世长辞了。恩格斯接下马克思浩繁的遗稿,但他眼病严重,也不能对这些次要的数字作精细的验算,他在《资本论》第三卷出版一年以后也逝世了。试校两位导师来不及订正的一些计算,过去已经有人做了一些,本文准备做一些补充。

(1)《资本论》第一卷是经过马克思多次修订的,但仍不免有漏改的地方。具体如下。

① 第163页第一段关于流通货币的总额问题,马克思说:"假定流通手段和支付手段的流通速度是已知的,这个总额就等于待实现的商品价格总额加上到期的支付总额,减去彼此抵销的支付,最后减去同一货币交替地时而充当流通手段、时而充当支付手段的流通次数。"这里所说的减去同一货币重复流通的次数,显然是笔误。在这个公式中,只能除以"流通次数",而不能"减去……流通次数"。如果说"减去",只能减去同一货币重复流通次数所包括的货币数额,而不能减去流通次数本身。这可以从同页的例子得到证明:一个农民卖谷物得到2镑,然后用以支付织布者,织布者又用它去买圣经;在这里,同一个2镑,流通过三次,或者说重复流通过二次。因为有这重复流通的货币额2镑×2=4镑,就不必在原有2镑之外再拿出4镑投入流通,

因而流通中所需要的货币总额可以等于待实现的商品价格总额6镑减去重复流通的4镑,即等于2镑;也可以等于待实现的商品价格总额6镑除以流通次数3次,从而得出同样的结果2镑。

② 第449页写道:"根据培恩斯先生的计算,由一蒸汽马力推动的450个走锭精纺机纱锭及其附属设备,需要两个半工人看管;每个自动走锭纺纱机纱锭在十小时工作日的情况下可纺出13盎司棉纱(平均纱支),因此两个半工人一星期可纺出$365\frac{5}{8}$磅棉纱。可见,大约366磅棉花……在变为棉纱时,只吸收了150个劳动小时,或15个十小时工作日……"这里面包含着培恩斯计算的错误。

经复算,"一星期"应改为"一个十小时工作日";"150个劳动小时"应改为"25个劳动小时";"15个十小时工作日"应改为"2.5个十小时工作日"。因为两个半工人在一个十小时工作日(不是一星期)里,支出25个劳动小时(即2.5个十小时工作日),就可以推动450个纱锭,从而纺出了棉纱为:

$$450 \text{纱锭} \times 13 \text{盎司} = 5\,850 \text{盎司或} 5\,850 \div 16 = 365\frac{5}{8}\text{磅}$$

③ 第二十二章第四节叙述在积累率已定前提下,几种决定剩余价值量从而决定积累量的情况。而剩余价值量(不是剩余价值率)首先取决于劳动力的剥削程度。但是,在第691页却有这么一句话:"剩余价值率首先取决于劳动力的剥削程度。"显然,这里面,"剩余价值率"是"剩余价值量"的笔误。

如果说"剩余价值率首先取决于劳动力的剥削程度",那不仅不符马克思原意,而且是同义反复。因为第七章已经指出,剩余价值率本来就是劳动力受剥削程度的表现。况且,马克思在第九章就曾根据公式(第352页)

$$M = \begin{cases} \dfrac{m}{v} \times V \\ k \times \dfrac{a'}{a} \times n \end{cases}$$

指出,剩余价值量应由剩余价值率$\left(\dfrac{m}{v}\right)$和可变资本量(v)来决定;而在劳动力价值(k)不变条件下,剩余价值量也可由剩余价值率$\left(\dfrac{a'}{a}\right)$和工人人数(n)

来决定。

现在在第二十二章第四节马克思又重新运用上述第九章所讲过的原理。他在本节第二段(第691页)说,"我们记得(显然,叫我们记得第九章讲过的规律——作者注),剩余价值率(按第九章规定应该是剩余价值'量'——作者注)首先取决于劳动力的剥削程度"。又在本节最后一段(见第702页第三段)接着说,"在劳动力的剥削程度已定的情况下,剩余价值量(注意,这里是剩余价值'量'——作者注)就取决于同时被剥削的工人人数,而工人人数和资本的量是相适应的"。把这一节里前后两句话连贯起来阅读,再对照一下第九章讲过的原理,这里的剩余价值率的"率"字是剩余价值量的"量"字的笔误,不就很明白吗?

(2)《资本论》第二卷是马克思较完整的遗稿,恩格斯在编校时改正了一些笔误,但也有漏改的地方。

① 例如,第160页第二段的原意是:随着资本主义生产的发展,商品经济统治着全社会,生产部门的原材料储备(生产资本的储备)会相对减少,与此相应,它在商业部门作为商品资本的储备形式则会相对增加。马克思明确地指出:"如果在产业资本家手中这种储备减少了,那不过表明,它在商人手中以商品储备的形式增加了"(第160页)。但是,第160页第二段开头一句话,却是这么说的:"这里('这里'指原料,它采取生产资本的形式——作者注)表现为储备减少的现象……部分地说,只是商品资本形式的储备即真正商品储备的减少;因此,只是同一个储备的形式变换。"显然,这当中"商品储备的减少"是笔误,按马克思原意,应改为"商品储备的增加"。

② 又如,第311页最后一段的数字(见下面引语)是不确切的。

"无论是600镑在6×8=48周内起作用(产品=4 800镑),还是全部资本900镑投入6周的劳动过程,然后在3周的流通期间闲置不用,抽象地说,都是一样的。在后一个场合,它在48周的时间内,有$5\frac{1}{3}×6=32$周起作用$\left(产品=5\frac{1}{3}×900=4\ 800镑\right)$,而在16周内闲置不用。但是,我们撇开固定资本在闲置的16周内损耗更大……"

按照假设,在48周中,在前一场合经过8次6周的劳动过程,每次劳动过程投入600磅,其产品就=8×600=4 800磅。后一场合则是全部资本900磅投入6周劳动过程,然后在3周的流通期间闲置不用,那么在48周中的前45周经过了5次劳动过程和5次流通期间;后3周经过了$\frac{1}{2}$次劳动过程(每次劳动过程为6周);共经历了$5\frac{1}{2}$次$\left(不是5\frac{1}{3}次\right)$劳动过程。所以900磅资本是在$5\frac{1}{2}×6=33$周$\left(不是5\frac{1}{3}×6=32周\right)$起作用,产品$=5\frac{1}{2}×900=4 950$磅$\left(不是5\frac{1}{3}×900=4 800磅\right)$。可见,后一场合的结果,和前一场合相比,不能说"都是一样的",而是不一样的。并且,在后一场合资本是在15周(=48周减去33周劳动期间)闲置不用,而不是16周闲置不用,其中包括固定资本也是闲置15周而不是16周。因此,第312页最后一段应改为:

"600磅在6×8=48周内起作用(产品=4 800磅),同全部资本900磅投入6周的劳动过程,然后在3周的流通期间闲置不用,并不是一样的。在后一个场合,它在48周的时间内,有$5\frac{1}{2}×6=33$周起作用$\left(产品=5\frac{1}{2}×900=4 950磅\right)$,而在15周内闲置不用。但是,我们撇开固定资本在闲置15周时损耗更大……"

③ 又如在第571页论述扩大再生产公式(a)

$$4\ 000c+1\ 000v+1\ 000m=6\ 000$$
$$1\ 500c+376v+376m=2\ 252$$

时指出,"因为我们假定第Ⅱ部类的剩余价值也有一半要积累,所以在这里应该有188转化为资本,其中有$\frac{1}{4}=47$要转化为可变资本,以整数计,可以说有48要转化为可变资本;而剩下140要转化为不变资本"。

376Ⅱm要以一半(即188)用于积累。在第二部类资本构成(4∶1)不变下,用于积累的188Ⅱm就应该以$\frac{1}{5}\left(不是\frac{1}{4}\right)$转化为追加的可变资本,即以

$188 \times \frac{1}{5} = 37.6 \left(不是 188 \times \frac{1}{4} = 47 \right)$ 转化为可变资本,以整数计(如果是47,它本来就是整数),可以说有38(不是48,47这个整数也不会变为48)要转化为可变资本;而剩下来的,即188-38=150(不是140),要转化为不变资本。

所以,在第571页这段话中,应当把"有 $\frac{1}{4} = 47$"改为"有 $\frac{1}{5} = 37.6$";把"48"改为"38";把"140"改为"150"。与此相联系的,还要把第571页第三段中"140IIm"改为"150IIm","140Im"改为"150Im"。

④ 第588页第二段有这么一句话,"$I\left(v+\frac{m}{x}\right)$ 必须总是小于 II(c+m),其差额就是第II部类的资本家阶级在IIm中无论如何必须由自己消费的部分"。这句话没有说完。

因为在扩大再生产条件下,从第II部类总产品II(c+v+m)扣除本部类工人的消费IIv以后的余额II(c+m),再减去第I部类工人和资本家的消费 $I\left(v+\frac{m}{x}\right)$,其差额应等于第II部类资本家的消费 $II\frac{m}{x}$,加上为两部类追加的可变资本 $I\Delta v + II\Delta v$,即:

$$II(c+m) - I\left(v+\frac{m}{x}\right) = II\frac{m}{x} + I\Delta v + II\Delta v$$

可见,上面引的那句话,如果把它说完就应该是:"$I\left(v+\frac{m}{x}\right)$ 必须总是小于 II(c+m),其差额就是第II部类的资本家在IIm中无论如何必须由自己消费部分 $II\frac{m}{x}$,加第I部类和第II部类追加劳动力的消费部分 $I\Delta v + II\Delta v$。"

(3)《资本论》第三卷中的很多计算,有些还只是初稿,笔误的地方就更多了。恩格斯为此还专门请了数学家、《资本论》第一卷英文版译者赛米尔·穆尔来整理有关笔记,但仍存在下面一些笔误。

② 第63页第十一行:"因为以同数乘除分子和分母,分数的值不变,所以我们可以把 $\frac{v}{C}$ 和 $\frac{v_1}{C_1}$ 化为百分比,也就是,使 C 和 C_1 各=100。这样,我们就

得到 $\frac{v}{C} = \frac{v}{100}$ 和 $\frac{v_1}{C_1} = \frac{v_1}{100}$，我们还可以把上述比例中的分母去掉，于是就得到：

$p' : p_1' = v : v_1$……"

这里"使 C 和 C_1 各 = 100"，并不是就绝对值来讲 $C = C_1 = 100$。一般说来，C 并不等于 C_1，C 和 C_1 也不 = 100，而是就相对值来讲，把 C 和 C_1 各分成 100 个份额。既然从绝对值来讲，$C \neq C_1 \neq 100$，我们就不能得到：

$\frac{v}{C} = \frac{v}{100}$ 和 $\frac{v_1}{C_1} = \frac{v_1}{100}$，从而也不能得到 $p' : p_1' = v : v_1$。

② 由于 $\frac{50\%}{66\frac{2}{3}\%} = \frac{3}{4} > \frac{10\%}{20\%} = \frac{2}{4}$，所以第 79 页第十三行的

$$50\% : 66\frac{2}{3}\% < 10\% : 20\%$$

应改为： $50\% : 66\frac{2}{3}\% > 10\% : 20\%$

又由于 $\frac{50\%}{150\%} = \frac{1}{3} < \frac{10\%}{15\%} = \frac{2}{3}$，所以第 79 页第十八行的

$$50\% : 150\% > 10\% : 15\%$$

应改为： $50\% : 150\% < 10\% : 15\%$

③ 第 155—156 页指出洛贝尔图斯的错误见解。这种见解认为资本量的变化不会影响利润率。马克思说，"这种见解只有在以下两个场合才是正确的"。第一个场合是其他条件都不变，只有货币价值发生变动。第二个场合是资本价值量发生实际变动，但只要剩余价值率 m' 不变，资本构成 $\frac{v}{c+v}$ 不变，利润率 $p'\left(= m' \times \frac{v}{c+v}\right)$ 也不会变。这个第二种场合实际是不能成立的。因为按照假设，m' 不可能不变，从而 p' 也不会不变（理由见下条）。实际上，第二个场合应该是：剩余价值率 m' 可变，资本构成 $\frac{v}{c+v}$ 也可变，只要两者发生相反方向、相同比例的更动，两者的变动对利润率 p' 的影响就会相互抵销，利润

率也不会变动。

④ 第 157 页第二段,假定预付资本由于再生产它们自己所必需的劳动时间的增加或减少而引起增值或贬值,在这个条件下,"如果这种增值或贬值以同等程度影响资本的一切部分,那么利润也就会相应地表现为加倍的或减半的货币额。"

这句话漏了一个条件,这里所讲的情况只有剩余价值率不变的条件下有可能。因为利润的量就是剩余价值的量 M,按第一卷第九章公式 $M = m'V$[①],只有在 m' 不变时,M 才与 V 按同方向同等程度变化。

但是,按照第三卷第 157 页所讲的条件,m' 不变的前提是不存在的,因为资本的增值和贬值,就可变资本来讲,并不意味着劳动力的增减,而是劳动力价值的变化,所以,这里可变资本价值的变化,并不改变劳动力所创造的价值,而只改变这个价值额的分配,也就是使剩余价值量从而利润量发生相反方向不必同等程度的变化。在第 130 页第四段,马克思就曾指出这个反方向的变化,他说:"在工作日长度不变时,和这种增值相适应的是剩余价值的减少,和这种贬值相适应的是剩余价值的增加。"据此,上述第 157 页那句话宜改为:"如果这种增值或贬值以同等程度影响资本的一切部分,那么利润也就会相应地反方向地表现为减少或增加的货币额。"

⑤ 在第 223 页第三段有这样一句话:"……生产价格由 120 下降到 $116\frac{4}{7}$,即下降 $3\frac{3}{7}\%$。"显然,如果从生产价格下降的绝对量来讲,应该是

$$120 - 116\frac{4}{7} = 3\frac{3}{7},\text{而不是 } 3\frac{3}{7}\%$$

如果从生产价格下降的相对量来讲,应该是

$$1 - \left(\frac{116\frac{4}{7}}{120}\right) = 1 - 97\frac{1}{7}\% = 2\frac{6}{7}\%,\text{也不是 } 3\frac{3}{7}\%$$

所以,上面那句话应改为"……生产价格由 120 下降到 $116\frac{4}{7}$,即下降

---

① 《资本论》第 1 卷,第 352 页。

$3\frac{3}{7}$",或改为"……生产价格由 120 下降到 $116\frac{4}{7}$,即下降 $2\frac{6}{7}\%$"。

⑥ 在有关商业利润的问题中,假定产业资本年产品 = 720c + 180v + 180m = 1 080,又假定商业资本为 150(其中 50 为纯粹流通费用),则在平均利润率的公式$\left(\text{原来是}=\frac{180m}{720c+180v}=20\%\right)$中,分子 180m 应减去纯粹流通费用 50(因为这 50 应由剩余价值来补偿),分母 720c + 180v 应再加追加的商业资本 150,从而平均利润率应为:

$$p' = \frac{180m - 50}{720c + 180v + 150} = \frac{130}{1\,050} = 12.38\%$$

因此,生产者的出厂价格应为:(720c + 180v) + (720c + 180v) × 12.38% = 1 011.43,商人的出售价格应为购入价格加商业利润加纯粹流通费用,即 1 011.43 + 150 × 12.38% + 50 = 1 011.43 + 18.57 + 50 = 1 080。

这样,出售价格 1 080 正好符合它的价值 720c + 180v + 180m = 1 080。

但是,在《资本论》中,平均利润率因在分子 180m 中忘了减去纯粹流通费用 50,而等于 $17\frac{1}{7}\%$(实际是 12.38%),出厂价格也就不是 1 011.43,而是 $1\,054\frac{2}{7}$;出售价格不是总价值 1 080,而是再加 50,即 1 130。第 325 页倒数第二行至 326 页第三行有这样一段话:"全部剩余价值 180 现在就要按照生产资本 900 加上商人资本 150,总共是 1 050 来分配了。因此平均利润率会下降到 $17\frac{1}{7}\%$。产业资本家按照 $900 + 154\frac{2}{7} = 1\,054\frac{2}{7}$ 的价格把商品卖给商人,商人再按照 1 130 的价格(即 1 080 + 50 的费用,这是他必须再收回的)把商品卖掉。"据上述分析,这段话似宜改为:

"全部剩余价值 180 现在就要扣除 50,然后按照生产资本 900 加上商人资本 150,总共是 1 050 来分配了。因此平均利润率会下降到 12.38%。产业资本家按照 900 + 111.43 = 1 011.43 的价格把商品卖给商人,商人再按照 1 080 的价格(即 1 011.43 + 18.57 + 50 的费用,这是他必须再收回的)把商品卖掉。"

⑦ 在商业的利润问题中,还有一个笔误的地方:"对商人资本来说,利润

率是一个已定的量,一方面由产业资本所生产的利润量决定,另一方面由总商业资本的相对量决定,即由总商业资本同预付在生产过程和流通过程中的资本总额的数量关系决定"(第 345 页)。这当中"利润率"是"利润量"的笔误。

因为,这里是假定把纯粹流通费用 K 撇开不说,同时也就把这个追加资本获得的利润 ΔK 撇开不说,只考察商人在购买商品时所预付的资本(见第 341 页第二段);再假定这个总商业资本为 c_2,预付在生产过程和流通过程中的资本总额为 c_1+c_2,则总商业资本 c_2 的相对量(c_2 相对于资本总额 c_1+c_2)为 $\frac{c_2}{c_1+c_2}$;又因为产业资本所生产的利润量即是剩余价值量 m,所以平均利润率为 $\frac{m}{c_1+c_2}$;这样,商业利润量就等于 $c_2 \times \frac{m}{c_1+c_2}$。又因为这个商业利润量 $= c_2 \times \frac{m}{c_1+c_2} = m \times \frac{c_2}{c_1+c_2}$,所以对商人资本来说,利润量是一个已定的量,一方面由产业资本所生产的利润量 m 决定,另一方面由总商业资本的相对量 $\frac{c_2}{c_1+c_2}$ 决定。

如果不是利润量,而是利润率,利润率是等于 $\frac{利润量}{c_1+c_2}$ 或 $\frac{m}{c_1+c_2}$,而不会等于 $m \times \frac{c_2}{c_1+c_2}$。

⑧ 马克思在论述作为级差地租的内容的超额利润时,假定某生产部门的工厂绝大多数是用蒸汽机推动的,社会生产价格 $= 100 + 100 \times 15\% = 115$,又假定有少数厂是用自然瀑布推动的,其个别生产价格 $= 90 + 90 \times 15\% = 103.5$,因而后者获得超额利润 $11.5 (= 115 - 103.5)$。

这就是说,少数利用自然瀑布的工厂主用预付资本 90 取得 15% 的平均利润外,他们还赚得 12.8% 的超额利润。因为 $\frac{超额利润}{预付资本} = \frac{11.5}{90} = 12.8\%$。

但是,在第 722 页第十五行,却把"赚到 12.8% 的超额利润"误为"赚到 10% 的超额利润"。

⑨ 第 765 页第二段,假定 B 级土地亩产 2 夸特,每夸特生产价格为 $1\frac{1}{2}$ 镑;

又假定在 D 级土地连续投资四次其产量=4+1+3+2=10 夸特。然后得出结论："D 和 B 之间的差额=10-2=8 夸特,按每夸特值 $1\frac{1}{2}$ 镑计算, = 12 镑,但 D 的货币地租以前=9 镑……按每英亩计算的地租额还是会增长 $33\frac{1}{3}$%。"

实际上,级差地租就实物地租来讲,是等量资本投在等量土地上的产量的差额,在 D 级土地上每一次投资的结果都应减去在 B 级土地一次等量投资的结果(2 夸特),因此,D 级土地四次投资的结果每次减去 2 夸特,其总和便是 D 级土地四次投资之后所应缴纳的实物地租,即:(4-2)+(1-2)+(3-2)+(2-2)= 10-4×2 = 10-8 = 2 夸特。又因为每夸特的生产价格为 $1\frac{1}{2}$ 镑,所以 D 的货币地租等于 2 夸特× $1\frac{1}{2}$ 镑 = 3 镑。可见,在 D 级土地追加三次投资结果并没有带来追加的实物地租,反而减少了 1 夸特地租(先前 D 和 A 的差额=3 夸特,现在 D 和 B 的差额=2 夸特),货币地租也没有增加,反而由原来的 9 镑下降到 3 镑。因此,上面那段话应改为:"D 和 B 之间的差额= 10-2×4 = 2 夸特,按每夸特值 $1\frac{1}{2}$ 镑计算, = 3 镑,但 D 的货币地租以前=9 镑,这样,按每英亩计算的地租额反而减少了 6 镑"。

⑩ 在有关级差地租问题中,第 823 页曾就第 776 页表 III 的下列数字指出,B 级土地总产品 $3\frac{1}{2}$ 夸特,共耗生产费用 6 镑。

土地级别	耕地(英亩)	资本(镑)	平均利润	生产费用	产量(夸特)	售价(镑)	收益(镑)	地租夸特	地租镑
A	1	$2\frac{1}{2}$	$\frac{1}{2}$	3	1	3	3	0	0
B	1	$2\frac{1}{2}+2\frac{1}{2}=5$	1	6	$2+1\frac{1}{2}=3\frac{1}{2}$	3	$10\frac{1}{2}$	$1\frac{1}{2}$	$4\frac{1}{2}$

"这是总产品的个别生产价格,平均计算是每夸特 1 镑 $14\frac{2}{7}$ 先令,就是

说约为 $1\frac{3}{4}$ 镑。按 A 级土地决定的一般生产价格 3 镑计算,这一个别生产价格会提供每夸特 $1\frac{1}{4}$ 镑的超额利润,$3\frac{1}{2}$ 夸特合计 $4\frac{3}{8}$ 镑。按 B 级土地的平均生产价格计算,这体现在约 $1\frac{1}{2}$ 夸特中。"

这当中我加着重号的地方都是不确切的。因为 1 镑 $14\frac{2}{7}$ 先令折合为镑(1 镑 = 20 先令)应是:$1+14\frac{2}{7}\div 20=1+\frac{100}{7}\div 20=1\frac{5}{7}$ 镑,而不是"约为 $1\frac{3}{4}$ 镑"。按 A 级土地决定的每夸特一般生产价格 3 镑计算,扣除这个 $1\frac{5}{7}$ 镑后,超额利润就 $=3-1\frac{5}{7}=1\frac{2}{7}$ 镑,而不是"$1\frac{1}{4}$ 镑"。既然每夸特超额利润为 $1\frac{2}{7}$ 镑,B 的总产品 $3\frac{1}{2}$ 夸特就有超额利润 $=1\frac{2}{7}$ 镑 $\times 3\frac{1}{2}$ 夸特 $=4\frac{1}{2}$ 镑(B 的货币地租就是由此转化而来),而不是"$4\frac{3}{8}$ 镑"。这个数目正好体现在 $1\frac{1}{2}$ 夸特中,而不是"体现在约 $1\frac{1}{2}$ 夸特中"。

因此,在上述第 823 页那段话中,"约为 $1\frac{3}{4}$ 镑"应改为"$1\frac{5}{7}$ 镑";"$1\frac{1}{4}$ 镑"应改为"$1\frac{2}{7}$ 镑";"$4\frac{3}{8}$ 镑"应改为"$4\frac{1}{2}$ 镑";"约 $1\frac{1}{2}$ 夸特"应改为"$1\frac{1}{2}$ 夸特"。

⑪ 第 825 页假定在上述 B 级土地上,不是连续投资两次,而是连续投资四次,并且每次投资的生产率不断下降,其情况如下:

B 地四次连续投资额(镑)	$2\frac{1}{2}+2\frac{1}{2}+2\frac{1}{2}+3\frac{1}{3}=10\frac{5}{6}$
相应的生产费用(镑)	$3+3+3+4=13$
相应的产量(夸特)	$2+1\frac{1}{2}+1+1=5\frac{1}{2}$

在这里,从四次投资额来讲,是 $10\frac{5}{6}$ 镑;它比原来的投资额(即第一次投资 $2\frac{1}{2}$ 镑)增加了三倍多。但在第 825 页最后一段却是这样讲的:"我们已由 $10\frac{7}{10}$ 镑的投资,按 13 镑,每英亩生产 $5\frac{1}{2}$ 夸特;投资额比原来的投资额增加了三倍"。显然,这里面的"$10\frac{7}{10}$ 镑"应改为"$10\frac{5}{6}$ 镑";"三倍"应改为"三倍多"。

在这里,从地租来讲,按起调节作用的价格(即上表中 A 地每夸特的生产价格)3 镑出售,$5\frac{1}{2}$ 夸特卖 $16\frac{1}{2}$ 镑,减去生产费用 13 镑,还有超额利润或地租 $3\frac{1}{2}$ 镑。它比上表中 B 地两次投资所形成的地租 $4\frac{1}{2}$ 镑反而下降了 1 镑。这 $3\frac{1}{2}$ 镑货币地租,如折合为实物地租,只要除以 A 地每夸特的生产价格 3 镑,就是 $3\frac{1}{2}\div 3 = 1\frac{1}{6}$ 夸特。它比上表中 B 地两次投资所形成的实物地租 $1\frac{1}{2}$ 夸特反而下降了 $\frac{1}{3}$ 夸特,但在第 826 页第一段中却是这么讲:"这 $3\frac{1}{2}$ 镑,按 B 级土地现在每夸特的平均生产价格计算,也就是按每夸特 $2\frac{4}{11}$ 镑计算,代表 $1\frac{25}{52}$ 夸特。货币地租下降了 1 镑,谷物地租下降了大约 $\frac{1}{2}$ 夸特……"这里面,"按 B 级"应改为"按 A 级";"$2\frac{4}{11}$ 镑"应改为"3 镑";"$1\frac{25}{52}$ 夸特"应改为"$1\frac{1}{6}$ 夸特";"大约 $\frac{1}{2}$ 夸特"应改为"$\frac{1}{3}$ 夸特"。

⑫ 以上对 B 地的连续投资中,前三次每夸特的生产费用都不高于 A 地每夸特的生产价格,只有第四次投资才超过 3 镑进行生产。马克思接着假定,不仅第四次投资,而且第三次投资也是按照超过起调节作用的生产价格的价格进行生产的,并且假定了如下的数字:

B 地四次连续投资额（镑）	$2\frac{1}{2}+2\frac{1}{2}+3\frac{1}{3}+3\frac{1}{3}=11\frac{2}{3}$
相应的生产费用（镑）	$3+3+4+4=14$
相应的产量（夸特）	$2+1\frac{1}{2}+1+1=5\frac{1}{2}$

这 $5\frac{1}{2}$ 夸特按 3 镑出售，得 $16\frac{1}{2}$ 镑；减去 14 镑生产费用，还留下 $2\frac{1}{2}$ 镑作为地租。这 $2\frac{1}{2}$ 镑货币地租，按 A 地生产价格（每夸特 3 镑）折算为实物地租，等于 $2\frac{1}{2}\div3=\frac{5}{6}$ 夸特。所以，总还是有地租，虽然比以前少。

但原文中却有笔误："我们假定，不仅第三个投资，而且第二个投资也是按照超过起调节作用的生产价格的价格进行生产的，……还留下 $2\frac{1}{2}$ 镑作为地租。按 B 现在的平均生产价格计算，这等于 $\frac{55}{56}$ 夸特。"①其中，"第三次"是"第四次"的笔误；"第二次"是"第三次"的笔误；"按 B"应改为"按 A"；"$\frac{55}{56}$ 夸特"应改为"$\frac{5}{6}$ 夸特"。

⑬ 在土地价格问题上，由于土地价格不仅由地租决定，而且还由利息率决定，所以，不能从土地价格的增加直接得出地租增加的结论，也不能从地租的增加（这种增加总会引起土地价格的增加）直接得出土地价格增加的结论。但在第 879 页第二段，却把这句话误写为"……也不能从地租的增加（这种增加总会引起土地价格的增加），直接得出土地产品增加的结论"。这里，"土地产品"应改为"土地价格"。

二、学习马克思和恩格斯实事求是的学风

马克思在编写《资本论》的过程中，不断向恩格斯请教，请恩格斯提供实

---

① 《资本论》第 3 卷，第 826 页。

际材料;写好以后,又将清样寄给恩格斯请他批评改正。这些都可以从马恩书信中看到。

恩格斯对在世时的马克思十分热爱,对死后的马克思十分敬仰。马克思逝世后,恩格斯整理和出版《资本论》第二卷和第三卷,他谦逊地只保持编者身份以维护马克思的著作,"使本书既成为一部连贯的、尽可能完整的著作,又成为一部只是作者的而不是编者的著作"①。他还驳斥洛贝尔图斯对《资本论》第一卷的污蔑谰言②。但是,恩格斯是用科学的态度来整理马克思的遗稿,对遗稿中一些计算中的问题,总是力求保持其正确部分。例如,在第二卷第十五章关于周转时间对预付资本量的影响问题中,恩格斯就这样说过:"马克思虽然精通代数,但他对数字计算,特别是对商业数字的计算,还不太熟练,……而他又如此纠缠在周转的计算中,以致除了有一些未完成的计算外,最后还出现了一些不正确的和互相矛盾的地方。在前面印的各个表格中,我只保存了最简单的和计算正确的部分"③。

对《资本论》第二卷第十五章,恩格斯还做了如下的科学批评:"这种不厌其烦的计算造成的不确切的结果,使马克思把一件在我看来实际上并不怎么重要的事情看得过于重要了。"④ 我在学习过程中,觉得马克思在他的手稿中,不仅在第二卷第十五章,而且在第三卷第三章关于利润率和剩余价值率的关系问题上,也存在着过于烦琐的计算。这一章"是用数学的方法(用方程式)来说明的"⑤。我以为只要掌握以下推导出的基本方程式,就可简要说明利润率 p' 和剩余价值率 m' 的关系。

设利润率 $p' = m' \dfrac{v}{c+v}$,变化了以后的利润率为 $p'_1 = m'_1 \dfrac{v_1}{c_1 + v_1}$,则 $\dfrac{p'_1}{p'} = \dfrac{m'_1}{m'} \times \dfrac{v_1}{v} \times \dfrac{c + v}{c_1 + v_1}$。

这就是第三卷第74页所要分析的基本公式。马克思虽然注意到这个公式,但他没有一以贯之运用这个公式,以致花了那么大的篇幅来说明 p' 与 m'

---

① 《资本论》第2卷,第3页。
② 同上书,第9—25页。
③ 同上书,第315页。
④ 同上。
⑤ 同上书,第9页。

的关系。如果采用上述基本公式，只需几页就可以把问题阐述得更简要、明确。至于如何叙述那不属本文范围之内。这里不过是我在学习导师马克思、恩格斯的学风后，解放思想的一些想法而已。

当然，恩格斯对马克思在计算上的批评，也必须进行验证，有时也不一定是正确的。在《资本论》第三卷第四十四章中，马克思假定在较优土地 B 上的连续投资的生产率下降，如果社会需要增产谷物一夸特，"如果这一夸特追加产品通过 B 上的追加资本来生产，能够比通过 A（劣等土地——作者注）上的等量资本追加，或通过耕种更坏的 A_{-1} 级土地来生产更便宜……那么 B 上的追加资本，就会调节市场价格"①。例如，B 级土地上三次连续投资为 $2\frac{1}{2}+2\frac{1}{2}+2\frac{9}{10}=7\frac{9}{10}$ 镑，相应的生产费用为 $3+3+3\frac{1}{2}=9\frac{1}{2}$ 镑，相应的产品产量为 $2+1\frac{1}{2}+1=4\frac{1}{2}$ 夸特。如果最后一次的产量 1 夸特的生产费用 $3\frac{1}{2}$ 镑调节市场价格，在这场合，3 镑生产费用的 A 级土地，也会提供 $\frac{1}{2}$ 镑货币地租，折合谷物地租 $=\frac{1}{2}\div 3\frac{1}{2}=\frac{1}{7}$ 夸特。至于 B 级土地本身，它的货币收益 = 产量×单价 $=4\frac{1}{2}\times 3\frac{1}{2}=15\frac{3}{4}$ 镑，转化为货币地租的超额利润则 = 货币收益 − 生产费用 $=15\frac{3}{4}-9\frac{1}{2}=6\frac{1}{4}$ 镑，折合为谷物地租 $=6\frac{1}{4}\div 3\frac{1}{2}=1\frac{11}{14}$ 夸特。马克思并把这些结果归纳在下表中②：

土地等级	英亩	生产费用（镑）	产量（夸特）	售价（镑）	货币收益（镑）	谷物地租（夸特）	货币地租（镑）
A	1	3	1	$3\frac{1}{2}$	$3\frac{1}{2}$	$\frac{1}{7}$	$\frac{1}{2}$
B	1	$9\frac{1}{2}$	$4\frac{1}{2}$	$3\frac{1}{2}$	$15\frac{3}{4}$	$1\frac{11}{14}$	$6\frac{1}{4}$

① 《资本论》第 3 卷，第 835 页。
② 同上书，第 837 页。

马克思这张表并无错误。恩格斯却对它有所误解,他说,"这里的计算,又是不完全正确的。B 的租地农场主为 $4\frac{1}{2}$ 夸特花费了,第一,$9\frac{1}{2}$ 镑生产费用,第二,$4\frac{1}{2}$〔应是 $6\frac{1}{4}$〕镑地租,合计 14〔应是 $15\frac{3}{4}$〕镑;平均每夸特 = $3\frac{1}{9}$〔应是 $3\frac{1}{2}$〕镑。因此,他的总生产的这个平均价格〔不是平均价格,而是第三次投资的个别价格〕,成了起调节作用的市场价格。按此计算,A 的地租就是 $\frac{1}{9}$〔应是 $\frac{1}{2}$〕镑,而不是 $\frac{1}{2}$ 镑〔是 $\frac{1}{2}$ 镑〕;B 的地租和以前一样〔和以前不一样,以前只投资两次,现在投资三次〕仍然是 $4\frac{1}{2}$ 镑〔不能仍然是 $4\frac{1}{2}$ 镑,而是必然会增加到 $6\frac{1}{4}$ 镑〕。$4\frac{1}{2}$ 夸特按每夸特 $3\frac{1}{9}$〔应是 $3\frac{1}{2}$〕镑计算 = 14〔应是 $15\frac{3}{4}$〕镑,其中 $9\frac{1}{2}$ 镑是生产费用,剩下 $4\frac{1}{2}$〔应是 $6\frac{1}{4}$〕镑作为超额利润"[1]。这当中的六角括号内所做的校正是我加进去的。

在这一段引文中,恩格斯对马克思数字的一系列误解,是由两个原因造成的:其一,把在 B 地上的三次投资所需缴纳的地租和原来两次投资所需缴纳的地租混同起来;其二,并由此计算平均价格作为起调节作用的市场价格。实际上,马克思已经讲明前提,起调节作用的价格是 B 地第三次投资产物的 1 夸特的生产费用 $3\frac{1}{2}$ 镑[2],从而地租也会发生变化。

试作以上校改,期望得到指正。

原载《中国社会科学》1980 年第 3 期

---

[1] 《资本论》第 3 卷,第 837 页。
[2] 同上书,第 836 页。

关于《试校〈资本论〉中某些计算问题》

我写的《试校〈资本论〉中某些计算问题》在《中国社会科学》1980年第3期发表以后,有些同志提出了不同的意见,现在一并答复如下。如有不妥,欢迎指正。

(1) 福建师范大学政教系研究生何干强、夏桂年同志在《中国社会科学》1980年第6期指出[①]:《资本论》第三卷第79页的两处笔误 $50\%:66\frac{2}{3}\% < 10\%:20\%$ 和 $50\%:150\% > 10\%:15\%$,《试校》第(3)[②]条把它们改为 $50\%:66\frac{2}{3}\% > 10\%:20\%$ 和 $50\%:150\% < 10\%:15\%$;但按马克思行文原意,应改为 $66\frac{2}{3}\%:50\% < 20\%:10\%$ 和 $150\%:50\% > 15\%:10\%$。我完全同意他们的意见。

(2) 河南师范大学《资本论》研究室研究生许兴亚同志在《中国社会科学》1981年第2期(第224页)提出了应该如何理解《马克思恩格斯全集》第二十四卷第590页的一段话的问题[②]。这段话是:"在资本主义生产中,……$I\left(v+\frac{m}{x}\right)$ 必须总是小于 $II(c+m)$,其差额就是第 II 部类的资本家在 IIm 中无论如何必须由自己消费的部分。"

他的意见大致可以归纳为三点:

① 他列举了德、英、俄等版本的有关译文,然后说,上述《全集》的中译本的译文"单就语法上来看,并不为错。但若从马克思的全部扩大再生产公式上来看,这种译法显然是有出入的,而郭、王的译本中的译文则是:'更小多少,就看第 II 部类资本家阶级在 IIm 中无论如何必须自己消费多大的部分而

---

① 何干强、夏桂年:《对〈试校《资本论》中某些计算问题〉的意见》,《中国社会科学》1980年第6期,第218页。
② 许兴亚:《对〈试校《资本论》中某些计算问题〉的评议》,《中国社会科学》1981年第2期,第224页。

定'(见郭大力、王亚南译《资本论》第二卷,人民出版社 1964 年版第 581 页)。这种译法,一方面,在语法上同样是正确的;另一方面,写成公式正好就是扩大再生产的第二个前提条件公式,即:$II\left(c+m-\dfrac{m}{x}\right)>I\left(v+\dfrac{m}{x}\right)$。所以,应该说,既不是马克思'没有讲过'这个公式(见前引张薰华同志《论扩大再生产平衡条件的基本公式》一文①),也不是马克思的这句话本身'不精确'或'不完全',而是《全集》本中的译文不够准确。"

我早就觉得郭、王本这部分译文在文字上"比较确切"②,但我又认为,这两种译法虽在文字上有出入,它们的内容却不仅"在语法上同样是正确的",而且在语义上基本上也同样是正确的。《全集》的译文说"其差额就是……",和郭、王本上说"更小多少,就看……而定",从它们的含义来讲不是一回事情吗!

与此相反,许兴亚同志不是根据《全集》中译本的译文是否符合德文原文的含义作为标准,而是以他自己的标准来判断《全集》中译文的正确性,即不是以德文原文的含义,而是以"从马克思的全部扩大再生产公式上来看,这种译法显然是有出入的",因而断定"《全集》本中的译文不够准确"。我以为这是不恰当的。

况且,他说"马克思的全部扩大再生产公式"的"第二个前提公式"$II\left(c+m-\dfrac{m}{x}\right)>I\left(v+\dfrac{m}{x}\right)$不能从《全集》译文写成,但能从郭、王译文中"写成",这也不符合实际。按《全集》译文只能得出 $II(c+m)-I\left(v+\dfrac{m}{x}\right)$ 这一差额 = $II\dfrac{m}{x}$。按郭、王译本也只能得出:$II(c+m)-I\left(v+\dfrac{m}{x}\right)$ 这一差额$\left(\text{即} I\left(v+\dfrac{m}{x}\right) \text{比} II(c+m) \text{"更小多少"}\right)$"就看"$II\dfrac{m}{x}$ 这部分"而定"。既然要由 $II\dfrac{m}{x}$ 来定,$II\dfrac{m}{x}$ 是多少,$II(c+m)-I\left(v+\dfrac{m}{x}\right)$ 也是多少。其结果还不是和按《全

---

① 张薰华:《论扩大再生产平衡条件的基本公式》,《经济研究》1979 年第 10 期,第 54—58、72 页。

② 张薰华、洪远朋:《〈资本论〉提要》第二册,上海人民出版社 1978 年版,第 243 页。

集》本译文写成的公式 $II(c+m)-I\left(v+\dfrac{m}{x}\right)=II\dfrac{m}{x}$ 一样吗?怎么能够把这样一个等式"写成"一个不等式 $II\left(c+m-\dfrac{m}{x}\right)>I\left(v+\dfrac{m}{x}\right)$(或不等式 $II(c+m)-I(v+m)>II\dfrac{m}{x}$)呢?就从郭、王本译文文字上来说吧,既然这个差额要由 $II\dfrac{m}{x}$ 来定,"定"就意味着一个等式,而不是一个不等式。

实际上,$II\dfrac{m}{x}$ 不能决定 $II(c+m)-I\left(v+\dfrac{m}{x}\right)$ 这一差额的大小,而只能决定这个差额的分配。在这个差额中,如果 $II\dfrac{m}{x}$ 占的比重大一些,能够用于两大部类作为追加劳动力的消费部分 $I\Delta v+II\Delta v$ 就会相应地减少,反之也就相反。许兴亚同志没有注意到郭、王本的"而定"两字,当然更不会注意到这个"定"字只能定这个差额的分配。

② 许兴亚同志从他的误解出发,说我在《论扩大再生产平衡条件的基本公式》一文中的有关论断是"欠妥当的"。

我在该文中的有关论断共两点:一是"马克思在《资本论》中也没有讲过公式(5)",即没有讲过公式 $II\left(c+m-\dfrac{m}{x}\right)>I\left(v+\dfrac{m}{x}\right)$;二是上述待校正的"这句话本身不是一句精确的话,而且从这句话也不能得出公式(5)"。我觉得并无不妥之处。

首先,马克思在《资本论》中没有直接讲过公式 $II\left(c+m-\dfrac{m}{x}\right)>I\left(v+\dfrac{m}{x}\right)$,这是事实。当然,从许兴亚同志的文章看来,他认为上面摘引的马克思那句话,只要根据郭、王本的译文,就可以得出或"写成"这个不等式。能吗?这是不行的。上面已经说明,即使从郭、王本的译文,也只能"写成"一个等式,而不能写成一个不等式。正因为这样,所以,我说"从这句话也不能得出公式(5)"。

既然不论哪种中译本,从这句话都不能得出 $I\left(c+m-\dfrac{m}{x}\right)>I\left(v+\dfrac{m}{x}\right)$,也就是不能得出 $I(c+m)-I\left(v+\dfrac{m}{x}\right)>II\dfrac{m}{x}$,而只能得出 $I(c+m)-I\left(v+\dfrac{m}{x}\right)=II\dfrac{m}{x}$;但

事实上

$$I(c+m)-I\left(v+\frac{m}{x}\right) = II\frac{m}{x}+I\Delta v+II\Delta v$$

可见,在马克思的原话中还应该加上 $I\Delta v+II\Delta v$。所以我说原话"不是一句精确的话"。为精确起见,我才把原话校改为:

"$I\left(v+\frac{m}{x}\right)$ 必须总是小于 $II(c+m)$,其差额就是第 II 部类的资本家在 II_m 中无论如何必须由自己消费部分 $II\frac{m}{x}$,加第 I 部类和第 II 部类追加劳动力的消费部分 $I\Delta v+II\Delta v$。"①

如果按郭、王译本的文字,也宜做如下的校改:

"但 $I\left(v+\frac{m}{x}\right)$ 必须比 $II(c+m)$ 总是更小,更小多少,就看第 II 部类资本家阶级在 II_m 中无论如何必须自己消费多大的部分 $II\frac{m}{x}$,加第 I 部类和第 II 部类追加劳动力的消费部分 $I\Delta v+II\Delta v$ 而定。"

③ 许同志还认为我在《试校》中说马克思原话"没有说完"也"是欠妥当的"。

其实,由于前面已经说明的原因——原话未讲到 $I\Delta v+II\Delta v$,所以《试校》中才说"这句话没有说完"。

(3) 重庆大学马列主义理论师资班陈德敏同志,在《中国社会科学》1981年第5期第103—104页提出,《资本论》第二卷第311页最后一段中的"数字是正确的,没有出现笔误",因此不同意《试校》第(2)②条的看法②。

《资本论》第二卷第311页这段话是:"无论是600镑在6×8=48周内起作用(产品=4 800镑),还是全部资本900镑投入6周的劳动过程,然后在3周的流通期间闲置不用,抽象地说,都是一样的。在后一个场合,它在48周的时间内,有 $5\frac{1}{3}\times6=32$ 周起作用$\left(产品=5\frac{1}{3}\times900=4\,800\,镑\right)$,而在16周内

---

① 张薰华:《试校〈资本论〉中某些计算问题》,《中国社会科学》1980年第3期,第56页。
② 陈德敏:《对〈试校《资本论》中某些计算问题〉的一点异议》,《中国社会科学》1981年第5期,第103—104页。

闲置不用。但是,我们撇开固定资本在闲置的 16 周内损耗更大……"

争议的焦点在于,陈德敏同志把预付流动资本的周转额混为周转中劳动期间形成的产品价值额。

根据《资本论》第二卷第 300 页第二段可以导出:

公式(1)　产品价值=劳动期间数目×预付资本额

公式(2)　周转资本额=周转次数×预付资本额

由于概念上的混淆,导致陈德敏同志在《评议》中的一系列矛盾。

首先,从公式(1)和(2)可以知道,产品价值和资本周转额的区别在于,一个是按劳动期间数目计算,一个是按周转次数计算。又由于劳动期间包含在周转之中,在周转次数为整数时,劳动期间的数目才和周转次数相等,从而产品价值才和周转资本额相等,否则就不会相等。但是,即使在这样的情况下,两者也只是数量上相等,在本质上还是两回事情。陈德敏同志举了一个周转次数(6 次)的例子,不过是用数量上的相等混淆了两者本质上的区别。因为产品价值只能按劳动期间数目计算;至于这个数目在周转次数为整数时正好和周转次数在数量上相等,那是另一回事情。

因此,我还保留原来校改的意见,并认为校改以后也符合第 312 页第一段后半段的原意:900 镑流动资本只投入劳动过程,生产的产品价值似乎也有增加,"但是……固定资本在闲置 15 周时损耗更大"。

第二,如果周转次数不是整数,这正是第 312 页第一段的后一个场合的例子。即劳动期间为 $5\frac{1}{2}$,周转次数似乎是 $5\frac{1}{3}$。我认为产品价值应该= $900 \times 5\frac{1}{2} = 4\,950$ 镑,陈德敏同志则认为应该按照周转次数计算,因而应该= $900 \times 5\frac{1}{3} = 4\,800$ 镑。显然,他是把周转资本额混为产品价值。况且,按照第 303 页的计算方法,实际的周转次数还不是 $5\frac{1}{3}$ 而是 $5\frac{1}{6}$,实际的周转额也不是 4 800 镑而是 4 650 镑。这是因为 900 镑预付资本不是一次投入而是每周投入 150 镑,最后三周只应按照实际投入的 450 镑计算周转额,所以周转资本额应= $900 \times 5 + 450 \times \frac{3}{9} = 900 \times 5\frac{1}{6} = 4\,650$ 镑。

第三,陈德敏同志说,"在前种场合,当每次劳动过程使用资本的一部分 600 镑时,产品就是 $\frac{48}{6} \times 600 = 4\,800$ 镑。对这点没有争议"。其实,按照他把产品价值理解为周转资本额的观点,他在这个场合虽然和我似乎没有争议,却和他自己的观点发生了潜在的"争议"。因为在这个场合,资本的周转次数并不等于劳动期间数目,即不等于 8 次,而是等于 $7\frac{2}{3}$ 次（最后 6 周只是 9 周的 $\frac{2}{3}$ 次）。这样,按照他理解的"产品",就不是 $\frac{48}{6} \times 600 = 4\,800$ 镑,而是 $7\frac{2}{3} \times 600 = 4\,600$ 镑。

第四,实际上,前一个场合的产品价值(不是周转额)= 4 800 镑,后一个场合的产品价值(也不是周转额)= 4 950 镑,两者不相等,所以我说两者"并不是一样的"。

即使将错就错,按陈同志将产品价值误作周转资本额,那前一场合应是 4 600 镑(不是 4 800 镑),后一场合应是 4 650 镑(也不是 4 800 镑),因而也不能说这两个场合"都是一样的"。

(4) 赵文绪同志在《湘潭大学社会科学学报》1981 年第 1 期的《也谈〈资本论〉中的几处计算问题》中,针对《试校》第(1)②条,第(2)②条,第(3)①条,第(3)⑥条提出了相反的意见。现分别答复如下。

① 比较《试校》第(1)②条,赵同志认为只要把《资本论》第一卷第 449 页的"一个十小时工作日"改为"每周六个十小时工作日"就可以了,与此相应,其他的地方就不应改动了。

在手工纺车的效率等于纺机中一个纱锭的效率的条件下,我同意赵同志的意见。

② 赵文绪同志对《试校》第(2)②条所提的意见,和前面陈同志所提的意见完全一样,他也是把产品价值混为预付流动资本的周转额,以至对《试校》有所误解。

③ 对《资本论》第三卷第 63 页第十一至十四行,赵文绪同志认为不应修改。他把 v 和 v_1 看作既是绝对数又是相对数。我则在《试校》第(3)①条中

明白地指出,在 $C \neq C_1 \neq 100$ 时,就不能"得到 $\frac{v}{C} = \frac{v}{100}$ 和 $\frac{v_1}{C_1} = \frac{v_1}{100}$",从而也不能得到"$p' : p'_1 = v : v_1$"。因为同一个数值符号 v 或 v_1 不能既是这个数又是另一个数,例如,v 不能既是 10 又是 12.5%,v_1 不能既是 8 又是 16%。

对此,武汉大学经济学系王建民同学在来信中还做了如下论证:

假定 $C \neq C_1 \neq 100, m/v = m_1/v_1$,可以导出

$$\frac{1}{C} \neq \frac{1}{C_1} \times \frac{1}{C} \times \frac{m}{v} \neq \frac{1}{C_1} \times \frac{m_1}{v_1},$$

$$\frac{m}{C} \times \frac{1}{v} \neq \frac{m_1}{C_1} \times \frac{1}{v_1}, \quad p' \times \frac{1}{v} \neq p'_1 \times \frac{1}{v_1},$$

即
$$p' : p'_1 \neq v : v_1$$

④《资本论》第三卷第 325 页最后一段涉及纯粹流通费用的补偿问题。《试校》第(3)⑥条认为,这一段中平均利润率的计算忘了从 180 m 减去纯粹流通费用 50,因而做了相应的校改。赵文绪同志则认为,纯粹流通费用先要通过高于商品价值的价格出售商品,然后经过曲折的道路,再由剩余价值来补偿,"因此,并不是马克思在平均利润率公式中,'忘了'从 180 m 中减去纯粹流通费用 50,而是为了更现实地揭露资本主义经济运动的规律,根本就不应该先从剩余价值总额中扣除纯粹流通费用的"。他还摘引了第 321 页的一句话作为论据。这句话是:即使纯粹流通费用"不形成商品价值的实际追加,也会作为形成一个名义价值的要素加入商品的出售价格"。

我认为,不能把这句话理解为纯粹流通费用是追加到商品价值上的名义上的价值,因而出售价格应该高于商品价值。而应该理解为:在商人的出售价格中并不因为包含了纯粹流通费用而实际追加了商品价值,从而按照总价值出售的商品也不会因此追加了价格。不过在出售价格(=购买价格+商业利润+纯粹流通费用)的构成中,却包含着这个"形成名义价值的要素"。可见,从这句话不能得出价格高于价值出售的结论。

值得注意的是,紧接着第 321 页这一句话的下一句话(赵文绪同志没有摘引)指出:"但是,这全部追加资本不管是流动的还是固定的,都会参加一般利润率的形成。"纯粹流通费用都会参加一般利润率的形成!怎样参加

呢？当然是在一般利润率的分子180m中减去纯粹流通费用50,和在分母中加上作为商业资本的同一个纯粹流通费用,一般利润率的形成才会有平均利润,才会有生产价格。撇开竞争的假象不说,出售价格是以生产价格为中心,生产价格的总和则等于价值的总和。这个资本主义经济运动的规律决定着"商人的出售价格之所以高于购买价格,并不是因为出售价格高于总价值,而是因为购买价格低于总价值"[1]。就纯粹流通费用来讲,"商人资本使这个剩余价值的一部分从产业资本手里转到自己手里,从而占有这部分剩余价值"[2];另一方面则"使产业资本家的利润减少"[3]。

可见,赵同志所说的"根本就不应该先从剩余价值总额中扣除纯粹流通费用"这一观点,既不符合资本主义经济运动的规律,又违背了上述马克思的一系列科学论断。

原载《中国社会科学》1982年第2期

---

[1] 《资本论》第3卷,第319页。
[2] 同上书,第327页。
[3] 同上书,第331页。

《资本论》中的经济危机理论

一、"经济危机"这一范畴的特定含义

危机是什么？是生产过剩。生产过剩是"危机的基本现象"[①]。但是，"**生产过剩**这个词本身会引起误解。只要社会上相当大一部分人的最迫切的需要，或者哪怕**只是**他们最直接的需要还没有得到满足，自然绝对谈不上**产品的生产过剩**(在产品量超过对产品的需要这个意义上讲)。相反，应当说，在这个意义上，在资本主义生产的基础上经常是**生产不足**"[②]。"生产资料和现有人口相比不是生产得太多了。正好相反。要使大量人口能够体面地、像人一样地生活，生活资料还是生产得太少了。……对于人口中有劳动能力的那部分人的就业来说，生产资料生产得不是太多了。正好相反。……要使他们的绝对劳动时间能够由于劳动时间内所使用的不变资本的数量和效率而得到缩短，已经生产出来的生产资料还很不够。"[③]

因此，不能把危机理解为生产不足。展开而言，人类在未进入共产主义社会以前，即还未达到"社会财富的一切源泉都充分涌流的时候"，人类社会生产总是不足的。如果说危机是生产不足，那就会得出错误的结论：在未到达共产主义社会以前，人类社会几千年来就一直处在危机之中，就天天处在危机之中；而且社会主义生产也是处在危机之中。

既然经常是生产不足，又说是生产过剩，显然作为危机的基本现象的生产过剩具有特定的含义。它不是生产的绝对过剩，而是生产的相对过剩。它表面上是相对于有支付能力的需要的过剩。"一切现实的危机的最后原因，

[①] 《马克思恩格斯全集》第 26 卷第 2 册，第 603 页。
[②] 同上书，第 602 页。
[③] 《资本论》第 3 卷，第 287 页。

总不外乎群众的贫穷和他们的消费受到限制"①。但实质上是相对于保存资本价值和增殖资本价值的过剩。"构成现代生产过剩的基础的,正是生产力的不可遏止的发展和由此产生的大规模的生产,这种大规模的生产是在这样的条件下进行的:一方面,广大的生产者的消费只限于必需品的范围,另一方面,资本家的利润成为生产的界限。"②请注意,这里的"生产的界限是资本家的利润,决不是生产者的需要"③。"就是说,生产资料应当**作为资本执行职能**,从而应当同随着自己的量的增加而增加的价值成比例地增殖这个价值,生产追加价值。"④或者说,"资本的生产过剩,从来仅仅是指能够作为资本执行职能即能够用来按一定剥削程度剥削劳动的生产资料——劳动资料和生活资料——的生产过剩"⑤。总之,如果生产不能带来利润,也就是不能增殖资本,它便成为过剩的。

再就范围来讲,生产过剩指的是一般的生产过剩,而不是指不同生产部门之间的不平衡。或者说,经济危机指的是普遍的危机,而不是指以生产的比例失调为基础的局部危机(有些部门生产过多,另些部门生产过少)。"就是说,不是以社会劳动在各生产领域之间的分配比例失调为基础的危机。"⑥资本主义生产的无政府状态,导致比例经常失调,如果把这也叫作危机,就超出了前述经济危机的特定含义。

特定含义的经济危机在范围上具有普遍性。"危机(因而,生产过剩也是一样)只要包括了主要交易品,就会成为普遍性的。"⑦

二、危机的可能性和现实性——危机的形式

这个问题首先见于《资本论》第一卷第三章。又由于李嘉图否定一般的危机的可能性,所以在《剩余价值理论》第二册第十七章第(11)节再次专门论述这一问题。

---

① 《资本论》第3卷,第548页。
② 《马克思恩格斯全集》第26卷第2册,第603—604页。
③ 同上书,第602页。
④ 《资本论》第3卷,第284页。
⑤ 同上书,第284—285页。
⑥ 《马克思恩格斯全集》第26卷第2册,第595页。
⑦ 同上书,第577页。

1. 危机的第一种形式(商业危机)的可能性和现实性

危机的第一种可能性来源于商品形态变化过程,即卖和买的分离。这种可能性是由货币执行流通手段的职能产生的,后者又是商品内在矛盾外化的结果。

在交换过程中,商品的内在矛盾外化为两种商品在互相交换中的关系——作为使用价值的商品和作为价值形式的商品。但在物物交换的过程中,卖买还未分离(同一过程既是卖又是买),没有可能发生危机。

货币产生以后,商品与商品的直接交换 W—W 转化为 W—G—W 的序列,即以货币 G 为媒介的商品交换——商品流通

……

$$W_1—G、G—W_2$$
$$W_2—G、G—W_3$$
$$W_3—G、G—W_4$$

……

这当中,作为流通手段的货币 G 使卖买分离。在上面卖买分离并社会化交错在一起的序列中,一个人的商品卖不掉,他就没有货币买,后面相继的商品所有者的商品就随着不能卖。所以说,在商品内在矛盾外化为商品与货币的对立以后,因卖买的分离,就产生了危机的可能性。这是商业危机形式的可能性,是危机的第一种可能性。

在社会总资本的再生产和流通中,固定资本的价值补偿和物质替换,或者货币积累和现实积累,都会发生片面的单纯的买和片面地单纯的卖。生产的无政府状态,又会使它们不平衡,从而增加了危机的可能性[①]。

当然,危机的可能性只有在资本主义生产方式已经占统治地位,商品生产从而商品流通已经强加于整个社会的情况下,才会成为现实。

商业危机的现实情况是:资本主义的大量生产,商品除了直接卖给别的产业资本家以外,主要是卖给大商人(批发商)。而在资本主义的生产者看来,只要他的商品能卖掉,他的资本的循环就不会中断,并能扩大规模进行下去。至于他卖给大商人的商品是否为社会所需要,是否已经为直接消费者所

---

① 参见《资本论》第 2 卷,第 556—557 页。

买去,他根本不管它。这时从社会来说,即使他的商品已经过剩,他仍然会盲目扩大再生产。另一方面,从大商人看来,在表面处于繁荣时期,各个资本都在积累,生产消费和个人消费都有所增加,行情还在看"涨",他大批进货进行投机。实际上,生产已经过剩。"这时,商品的潮流一浪一浪涌来,最后终于发现,以前涌入的潮流只是表面上被消费吞没。商品资本在市场上互相争夺位置。后涌入的商品,为了卖掉只好降低价格出售。以前涌入的商品还没有变成现金,支付期限却已经到来。商品持有者不得不宣告无力支付,或者为了支付不得不给价就卖。这种出售同需求的实际状况绝无关系。同它有关的,只是**支付的需求**,只要把商品转化为货币的绝对必要。于是危机爆发了。"① 这就是说,资本主义生产过剩危机是通过商业危机暴露出来,而商业危机常常又以货币危机或信用危机为先导。

"因此,在危机中可以看到这样的现象:危机最初不是在和直接消费有关的零售业中暴露和爆发的,而是在批发商业和向它提供社会货币资本的银行业中暴露和爆发的。"②

2. 危机的第二种形式(货币危机)的可能性和现实性

危机的第二种可能性来源于货币作为价值尺度和价值实现(交换价值的独立存在)的两种作用在时刻上(赊购时与还债时)的分离。危机的第二种可能性"就包含在这两个时刻的分离中"③。这种可能性也可以说是由货币执行支付手段的职能产生的,是由信用交易的支付连锁的可能中断产生的。

在信用交易中,债权人和债务人之间也类似于上述商品流通中的一环扣一环的连锁关系,或者不如说,它就是这个连锁关系的另一种表现。其中,如果某人因为商品卖不掉而无法到期还债,一系列人也随之不能还债(作为债权人无法收回债款,他作为债务人就不能支付)。"因为同一笔货币是对一系列的相互交易和债务执行这种职能,所以**无力支付的情况**就不止在一点上而是在许多点上出现,由此发生**危机**。"④ 还要注意,这种场合所以发生危机,

---

① 《资本论》第 2 卷,第 89 页。
② 《资本论》第 3 卷,第 339 页。
③ 《马克思恩格斯全集》第 26 卷第 2 册,第 587 页。
④ 同上。

"不仅是因为商品一般地卖不出去,而且是因为商品不能在**一定期限内**卖出去……由于以这一定商品在这一定期限内卖出为基础的一系列支付都不能实现。这就是本来意义上的货币危机形式。"①

这种形式的可能性只有在支付的锁链和抵销支付的信用制度获得充分发展的地方,才会转化为现实。

在资本主义发达的国家里,"货币在很大程度上一方面为信用经营所代替,另一方面为信用货币所代替。[第一,]在信用收缩或完全停止的紧迫时期,货币将会突然作为唯一的支付手段和真正的价值存在,绝对地同商品相对立。因此,商品会全面跌价,并且难于甚至不可能转化为货币……一旦劳动的社会性质表现为商品的货币存在,从而表现为一个处于现实生产之外的东西,货币危机——与现实危机相独立的货币危机,或作为现实危机尖锐化的货币危机——就是不可避免的。"②

这种货币危机是任何的普遍的生产危机和商业危机的一个特殊阶段。但是,货币危机有时不一定是生产危机和商业危机的结果,而是导源于银行、交易所和金融本身的问题。在这种情况下,它只对生产和商业发生反作用③。

3. 危机的两种形式的可能性的相互关系

从上述可以知道,由于第二种可能性只是第一种可能性的延伸,所以在没有第二种可能性,也就是在没有信用经营的情况下,或者说在没有货币执行支付手段职能的情况下,第一种可能性也可能出现。但是,在没有第一种可能性的情况下,即在没有买和卖彼此分离的情况下,却不可能出现第二种可能性。

因此,如果说危机的发生是由于买和卖的彼此分离,那么,一旦货币执行支付手段的职能,危机就会发展为货币危机,在这种情况下,只要出现了危机的第一种形式,危机的第二种形式就自然而然地要出现。因此,在研究为什么危机的一般可能性会变为现实性时,在研究危机的条件时,要较多注意危机的第一种形式。因为这种买和卖的分离所表现的商业危机,"是危机的元

---

① 《马克思恩格斯全集》第 26 卷第 2 册,第 587 页。
② 《资本论》第 2 卷,第 584 页。
③ 参见《资本论》第 1 卷,第 162 页。

素形式"①,"是危机的最一般形式",或者说是"危机的抽象形式"②,即危机的最一般表现。

但是,商业危机也只是危机的形式,而不是危机的原因。为此"要就危机来自作为资本的资本所**特有**的,而不是仅仅在资本作为商品和货币的存在中包含的资本的各种形式规定,来彻底考察潜在的危机的进一步发展"③。

现在,待考察的是商业危机的可能性转化为现实性的深刻原因。

三、危机的根源和必然性——危机的内容

危机的原因是什么?危机的形式为什么会转化为现实性?

"危机所以必然产生,是因为生产的集体性和占有的个人性发生了矛盾。"④就是说,危机的根源在于资本主义的基本矛盾。这个矛盾在于:资本主义生产方式包含着绝对发展生产力的趋势,但它的目的又仅仅限于保存和增殖资本价值。这个矛盾的激化便爆发为危机。

在《资本论》中关于生产过剩危机的叙述是逐步展开的。在论述资本的直接生产过程的第一卷已经看到,作为资本主义生产特征的剩余价值生产和剩余价值转化为资本,都是以发展生产力为手段以达到资本价值增殖的目的,这里手段和目的的矛盾已经潜在地包含着危机的要素。但是,在直接生产过程中,危机虽然已经潜伏着,却不能表现出来,因为这里还没有涉及流通过程。

只有在本身同时就是再生产和流通过程中,危机才能初次显露出来。但是,第二卷又只限于资本的再生产和流通,还没有包括分配过程,在这里,危机的萌芽虽有所显露,但只能作不充分的叙述。

这种叙述只有到第三卷才能得到补充,或者说,危机的理论只有在论述资本主义生产总过程时才能获得展开。正是在第三卷第十五章,马克思精辟而又丰富地展开了这一理论。在那里可以看到,社会生产力的发展可以使一般利润率倾向下降;利润率下降又必须追加资本以保存资本和增加利润;而

---

① 《马克思恩格斯全集》第26卷第2册,第573页。
② 同上书,第588页。
③ 同上书,第585页。
④ 《列宁全集》第2卷,第139—140页。

追加资本(积累)的物质内容又是发展生产力;生产力的发展又使利润率进一步下降,下降到一定点时就和生产力发生强烈的对抗。"手段——社会生产力的无条件的发展——不断地和现有资本增殖这个有限的目的发生冲突。"①

所以,危机的形式虽是商业危机和货币危机,但它的内容却是生产过剩危机。生产过剩实质上是生产力的发展和资本主义生产关系发生了矛盾,即社会生产力的发展,如果强大到资本外壳所不能适应的程度;或者说,生产力的发展,如果超出资本价值的增殖的目的,它就过剩了。这种过剩一旦成为普遍的情况,就会爆发为危机。

就直接生产过程来讲,生产力的发展相对于不能增殖资本价值而过剩,具体体现在生产力的两个要素(生产资料和劳动力)作为资本的过剩,即表现为资本过剩和人口过剩。

这种生产过剩,就直接生产过程的结果来讲,又表现为商品生产过剩。"资本是由商品构成的,因而资本的生产过剩包含商品的生产过剩。"②

所以,在危机发生的时候,反映资本过剩的是占资本比重最大的固定资本闲置起来,工厂开工不足、停工以至倒闭;反映人口过剩的是失业人口突然猛增;反映商品生产过剩的是商品滞销,库存增加以至被破坏。

又由于这种生产过剩同时是再生产过程中积累的过剩,"因此,资本的生产过剩……仅仅是资本的积累过剩"③。

生产过剩危机和商业危机货币危机的关系则是:首先是资本生产过剩,从而发生生产的结果商品资本过剩,潜伏着生产过剩危机就由此导致商业危机,最后导致货币危机。但作为危机爆发的导火线的却正好颠倒过来,先是爆发货币危机,而后商业危机,而后生产危机。一定期限内支付债务的锁链的破坏,商品因缺乏货币而难以实现并强制贬值,从而再生产过程就陷入停滞和混乱。

总之,资本主义经济危机的根源在于生产相对过剩,在于资本主义生产方式的内在矛盾。资本主义生产的目的是价值增殖,它体现着资本主义生产

---

① 《资本论》第 3 卷,第 279 页。
② 同上书,第 285 页。
③ 同上书,第 279 页。

的全部性质,体现着资本主义生产关系。正是代表着资本关系的特定利益的这个特定目的,在它容纳不了资本关系本身所造成的财富的时候,危机就爆发了。

但是,不少人却认为危机的根源在于群众消费不足。持这种论点的代表人物有西斯蒙第、洛贝尔图斯、杜林等人。马克思以及坚持马克思的科学的危机理论的恩格斯和列宁都一再驳斥消费不足论。

马克思首先指出,工人群众的消费正是在危机的前夕(繁荣阶段)有所增加,如果说危机是因为工人群众消费不足,那危机就不会发生了。他说:"我们只须指出,危机每一次都恰好有这样一个时期做准备,在这个时期,工资会普遍提高,工人阶级实际上也会从供消费用的那部分年产品中得到较大的一份。按照这些具有健全而'简单'(!)的人类常识的骑士们的观点,这个时期反而把危机消除了。因此,看起来,资本主义生产包含着各种和善意或恶意无关的条件,这些条件只不过让工人阶级暂时享受一下相对的繁荣,而这种繁荣往往只是危机风暴的预兆。"① 这句话打中了消费不足论的要害,因此,恩格斯特地加了一个注指出,这句话"供可能出现洛贝尔图斯危机学说的信徒们参考"。

恩格斯还在批判杜林时指出:"遗憾的是,群众的消费不足,他们的消费仅仅限于维持生活和延续后代所必需的东西,这并不是什么新的现象。自从有了剥削阶级和被剥削阶级以来,这种现象就存在着。……但是,只有资本主义的生产形式才造成危机。因此,群众的消费不足,也是危机的一个先决条件,而且在危机中起着一种早已被承认的作用;但是,群众的消费不足既没有向我们说明过去不存在危机的原因,也没有向我们说明现时存在危机的原因。"②

列宁则把西斯蒙第(包括洛贝尔图斯)的理论和马克思的理论加以对比,指出:"我们所谈到的两种危机理论,对危机的解释完全不同。第一种理论用生产和工人阶级的消费之间的矛盾来解释危机,第二种理论用生产的社会性和占有的私人性之间的矛盾来解释危机。由此可见,第一种理论认为现象的根源在生产*之外*……第二种理论则认为生产条件正是现象的根

---

① 《资本论》第 2 卷,第 457 页。
② 《马克思恩格斯选集》第 3 卷,第 673 页。

源。……这两种理论都用经济制度本身的**矛盾**来解释危机,然而在指明这一矛盾时却分道扬镳了。试问,第二种理论是不是否认生产和消费之间存在矛盾的事实,即消费不足的事实呢?**当然不否认**。它完全承认这种事实,但是把这个事实放在应有的从属的地位,把它看成只和资本主义总生产一个部类有关的事实。它指出这个事实不能解释危机,因为危机是由现代经济制度中的另一个更深刻的基本矛盾,即生产的社会性和占有的私人性之间的矛盾引起的。"①

四、危机的周期性及其物质基础

危机只是资本主义生产方式矛盾的暂时解决,它解决的手段又造成更大的矛盾,因而危机具有周期性。马克思说:"危机永远只是现有矛盾的暂时的暴力的解决,永远只是使已经破坏的平衡得到瞬间恢复的暴力的爆发。"又说:"资本主义总是竭力克服它所固有的这些限制,但是它用来克服这些限制的手段,只是使这些限制以更大的规模重新出现在它的面前。"②

这个周期如何具体地通过呢?

生产力的发展与一般利润率下降,在一定程度上互相促进,到了一定点上发生强烈对抗,爆发为危机。危机之后,由于有廉价的劳动力和贬值的生产资料,从而有较高的利润率,这又为新的生产高涨准备了条件。资本主义生产方式就这样靠牺牲既得的生产力来发展生产力。通过利润率倾向下降的规律的作用,同样恶性循环将再次发生。

危机之所以具有周期性,就其物质基础来讲,又主要是由固定资本再生产周期引起的。在周期性的危机中,营业依次通过萧条、复苏、繁荣和危机几个阶段或几个时期,资本并不是只在某一阶段才投下,资本投入的时期是极不相同和极不一致的,虽然如此,但危机总是形成(或构成)大规模投资的起点③。经过危机以后,资本家力图使自己的企业仍能获利,因此,除加强剥削工人外,不得不采用新机器和新的生产方法,于是固定资本大规模更新。而且危机引起资本集中,也是促进固定资本大规模更新的一个因素。固定资本

---

① 《列宁全集》第2卷,第136—137页。
② 《资本论》第3卷,第278页。
③ 参见《资本论》第2卷,第207页。

每一次大规模更新,就引起新的需求,但一次更新之后,固定资本周转的周期又要相隔若干年(例如平均为十年),而有关生产部门却还在盲目地继续扩大再生产,这又导致危机再度爆发。

固定资本再生产成为危机周期性的物质基础(注意:不是产生危机的物质基础),周期性危机又再形成固定资本再生产周期的物质基础。这样相互影响的关系,"正如天体一经投入一定的运动就会不断地重复这种运动一样,社会生产一经进入交替发生膨胀和收缩的运动,也会不断地重复这种运动。而结果又会变成为原因,于是不断地再生产出自身条件的整个过程的阶段变换就采取周期性的形式"①。

原载《中国经济问题》1982 年第 3 期

---

① 《资本论》第 1 卷,第 730 页。

用怎样的观点发展《资本论》

——与熊映梧同志商榷

熊映梧同志在《社会科学》1983年第7期发表了一篇题为《用发展观点研究〈资本论〉》的论文①。读后使人感到,文章虽在有的地方是"用发展观点研究《资本论》",但文章的第二部分却在许多地方误解了《资本论》。

熊文共三大部分,以下按次谈谈我的观感。

一

关于第一部分,我同意他的主调,即:"《资本论》是一部博大精深的著作,不仅在经济学史上占有重要的地位,而且对当代及未来经济科学的发展仍然具有伟大的指导作用。"并且,我基本上同意他在第一部分的四点看法。

不过,在熊文表述中,也有值得商榷之处。

其一,文章虽然正确指出,"《资本论》深刻地揭示了资本主义社会经济运动的一系列规律,使社会主义学说从空想变成了科学",但是,众所周知,《资本论》第一卷深刻揭示的一系列规律中,主要是价值规律(第一篇)、剩余价值生产的规律(第二到六篇)以及因剩余价值转化为资本所产生的资本主义积累的规律(第七篇);正是资本主义积累的规律导致剥夺剥夺者的科学结论,才"使社会主义学说从空想变成了科学"。熊文的第二部分却通过所谓贫困化问题"用发展的观点"具体否定了资本主义积累规律。这就从根本上否定了科学的社会主义学说。

其二,在论述"从抽象上升到具体"的方法时,文章认为:"《资本论》第一卷讲的资本,既非工业资本或农业资本,也不是商业资本、借贷资本,而是'资本一般'。"这不符合实际。

"资本一般"这个范畴见于马克思1857—1858年经济学手稿的《资本

---

① 本文之后引用该文时不再一一注明出处 编者注。

章》。马克思原想在《资本章》只叙述"每一种资本作为资本的那种规定,或者说是使任何一定量的价值成为资本的那种规定"①。但是,在写作过程中,他对"资本一般"这一范畴的内涵和外延又有所发展。1858年,他在准备正式出版《政治经济学批判》时,曾打算把全部著作分成六个分册:②

(1) 资本:
 ① 资本一般:
  a. 价值。
  b. 货币。
  c. 资本一般(资本的生产过程;资本的流通过程;两者的统一,或资本和利润、利息)。
 ② 竞争。
 ③ 信用。
 ④ 股份资本。
(2) 地产。
(3) 雇佣劳动。
(4) 国家。
(5) 国际贸易。
(6) 世界市场。

马克思说:"在最后三册中,我只打算作一些基本的叙述,而前三册专门阐述基本经济原理,有时可能不免要作详细的解释。"③后来,在创作过程中,他改变了主意,将不属"资本一般"的那些基本经济原理都纳入《资本论》之中,也就是把前三册中的竞争、信用、股份资本、地产、雇佣劳动等都纳入《资本论》前三卷之中。由此可知:

① 不能把《资本论》第一卷所讲的资本等同于"资本一般",因为马克思在写《资本论》直接手稿时,已经突破了"资本一般"的范围。

② 《资本论》第一卷论述的资本是产业资本特别是其中的工业资本,这是读过《资本论》的人所共知的。难道不变资本和可变资本不是产业资本中

---

① 《马克思恩格斯全集》第46卷(上),第444页。
② 参见《马克思恩格斯全集》第29卷,第299页、531页、534页。
③ 《马克思恩格斯全集》第29卷,第534页。

的生产资本吗？难道工场手工业和机器大工业的资本不是工业资本吗？

可见，"用发展观点研究《资本论》"，首先要用发展观点研究《资本论》的创作史，不能把马克思早期不成熟的思想，例如"资本一般"的结构，等同于后来成熟的著作《资本论》的内容。

二

熊文第二部分表明，所谓"用发展观点研究《资本论》"，作者实质上是指《资本论》"有其历史局限性"，它的某些原理对现代资本主义来说，已经过时了。文章的这一部分还认为《资本论》只注意质的分析，忽视了量的分析；只注意"静态分析"，忽视了"动态分析"；"《资本论》的某些个别结论根据不足，未必能成立"。

熊文认为，"《资本论》的某些原理，是从资本主义前期的实际情况中概括出来的，它们未必适用于资本主义发展的一切阶段"。具体地说："是否存在一条在一极是财富的积累，同时在另一极……是贫困、劳动折磨，受奴役、无知、粗野和道德堕落的积累的绝对规律呢？"熊文认为，资本主义前期条件，使这条积累规律得以存在，而"现代资本主义的情形已远非昔比，上述条件已经发生了重大的变化"，这条规律就失去存在的条件了。原因有以下三条。① 现代资本主义是以发达的生产力为基础，它基本上是依靠相对剩余价值的生产方法，而不是靠使劳动者贫困的方法获取利润的。② "马克思主要依据存在大量农村过剩人口概括的'相对人口过剩规律'已经失去客观基础。当然，资本主义社会仍然存在严重的失业问题，但是，失业人数并不总是越来越多，劳动市场也不是经常供过于求，无论是实际工资，或劳动力价值，总的趋势都不一定是下降的，而是成曲线起伏波动"。③ 工人阶级的发展壮大，迫使资产阶级政府不得不做出让步。

资本主义积累的规律，制约着同资本积累相适应的贫困积累，因此一极是财富的积累，另一极是苦难的积累①。文章并未否定财富的积累，只否定苦难的积累。"苦难"这个词德文原文是 Elend，过去译为"贫困"是不确切的，因为"苦难"不仅包括"贫困"，而且包括"劳动折磨、受奴役、无知、粗野和

---

① 参见《资本论》第1卷，第743—744页。

道德堕落"等。文章虽也摘引了马克思原话,但是,在论证自己观点时,又只就贫困的积累来谈,否定的却是苦难的积累。不过,上述三条理由是否定不了苦难积累的。

具体说来,第一条理由不能否定在现代资本主义生产方式下工人阶级仍然处于受奴役、受剥削的地位。况且,在马克思时期,资本主义生产已经"基本上是依靠相对剩余价值的生产方法"。《资本论》在叙述相对剩余价值生产时,并不是以"资本的哄骗和欺诈手段"作为论证,而且特别声明要排除这类现象①。"因为我们假定,一切商品,包括劳动力在内,都是按其十足的价值买卖的。"②第二条理由说马克思主要是依据存在大量农村过剩人口概括出"相对过剩人口规律"。这是强加给马克思的。马克思并不是依据大量农村过剩人口而是依据资本积累概括出相对过剩人口规律。"事实是,资本主义积累不断地并且同它的能力和规模成比例地生产出相对的,即超过资本增殖的平均需要的,因而是过剩的或追加的工人人口"③。这种相对过剩人口存在的客观基础是资本主义剥削制度,因为失业人口的存在使劳动力的供给总是大于劳动力的需求,从而资本可以取得比较廉价的劳动力。因此,不管失业人数的多少,它总会保持一定的数量,总是和资本制度形影不离。试问,有哪个资本主义国家消灭了失业现象?其次,我们说劳动力价格(工资)因失业人口的存在而被压低,只是就劳动力的供求关系而言,并不意味着工资有下降趋势。随着社会生产力的发展,劳动力的再生产费用将扩大自己的范围,劳动力的价值从而价格也会有所增加。马克思说过,劳动力的再生产费用"是历史的产物,因此多半取决于一个国家的文化水平"④,"这种费用是随生产方式的变化而变化的"⑤。上述第三条理由说资产阶级实行让步政策,无非也是想说明工资"不一定是下降的",工人阶级并不是越来越贫困而已。但是,后面两条理由仍然和第一条理由一样,并不能否定在现代资本主义条件下工人阶级仍然处于受奴役、受剥削的地位,并不能否定另一极仍然是苦难的积累。

---

① 参见《马克思恩格斯选集》第 1 卷,第 65 页;《资本论》第 1 卷,第 365 页。
② 《资本论》第 1 卷,第 365 页。
③ 同上书,第 726 页。
④ 同上书,第 199 页。
⑤ 同上书,第 593 页。

形成工人阶级苦难的有各种因素,并不仅限于贫困;而且这个贫困因素也会发生变化,这不足为奇。马克思在论述资本主义积累的一般规律时早就指出,"像其他一切规律一样,这个规律的实现也会由于各种各样的情况而有所变化"①。因此,"从发展观点来研究",工资的上升虽然使贫困状况有所变化,但并不能消除工人阶级受剥削受奴役这些基本因素。马克思说得很清楚:"吃穿好一些,待遇高一些,特有财产多一些,不会消除奴隶的从属关系和对他们的剥削,同样,也不会消除雇佣工人的从属关系和对他们的剥削。由于资本积累而提高的劳动价格,实际上不过表明,雇佣工人为自己铸造的金锁链已经够长够重,容许把它略微放松一点。"②这也表明,不管现代资本主义发生了什么新情况,雇佣奴隶受奴役的从属关系和对他们的剥削这一基本情况并未改变,否则就不成为资本主义。这样,由积累规律所形成的这一基本情况在现代资本主义社会仍然发生作用,并未过时。

遗憾的是,有些同志过去把工人阶级苦难的积累仅仅理解为贫困的积累,忽视了最重要因素是受奴役受剥削的积累。因而在对外开放以后,有些人看到发达资本主义国家工人阶级"吃穿好一些,待遇高一些,特有财产多一些",就望文生义地否定资本主义工人阶级苦难的积累。熊文并不是没有注意到这个问题,而且特别指出:"我们在研究资本与雇佣劳动的关系时,如果不着眼于资本主义剥削制度的实质——榨取剩余价值,而把注意力转到工人生活状况方面,试图从所谓'无产阶级相对贫困化和绝对贫困化'推导出资本主义必然灭亡的结论,那真是'差之毫厘,谬之千里'了!"文章还摘引了恩格斯的话:"工人阶级处境悲惨的原因……应当到资本主义制度本身中去寻找。"③但是,文章中的上述三条理由恰恰是"不着眼于资本主义剥削制度的实质……而把注意力转到工人生活状况方面"。熊文为什么会前后矛盾呢?如果不是自相矛盾,那么,前面三条理由是针对某些《资本论》研究工作者吗?像是又像不是。因为所论述的是"是否存在一条'在一极是财富的积累,同时在另一极……是贫困、劳动折磨、受奴役、无知、粗野和道德堕落的积累'的绝对规律呢?"从行文的逻辑看来,文章似乎是认为《资本论》在论述这

---

① 《资本论》第1卷,第742页。
② 同上书,第714页。
③ 《马克思恩格斯选集》第1卷,第67页。

条规律时,"不着眼于资本主义剥削制度的实质——榨取剩余价值,而把注意力转到工人生活状况方面"。如果是这个意思的话,那就误解了《资本论》。

在谈到剥夺剥夺者时,熊文认为这"尚属'未来学'的范畴"。文章摘引了《资本论》第一卷的最后结论:"资本的垄断成了与这种垄断一起并在这种垄断之下繁盛起来的生产方式的桎梏。生产资料的集中和劳动的社会化,达到了同它们的资本主义外壳不能相容的地步。这个外壳就要炸毁了。资本主义私有制的丧钟就要响了。剥夺者就要被剥夺了。"①然后说,"马克思在这里做出的社会主义必然代替资本主义的预测,已在一些国家变成了现实,并将继续得到证明。但是,世界资本主义私有制的丧钟是否马上都要响了,剥夺者是否很快就统统被剥夺了呢? 现在看来,马克思列宁都对资本主义的灭亡,社会主义的兴起估计得早了一些,快了一些"。我认为,这是对《资本论》第一卷的最后结论的误解。首先,《资本论》这一科学结论的总标题是"资本主义积累的历史趋势"②,它讲的只是"历史趋势",并没有讲马上会怎样怎样。其次,这一革命结论是有条件的。它的经济条件是资本的外壳已经和生产的高度社会化达到"不能相容的地步"的时候;它的政治条件是随着财富积累和苦难积累的对立,工人阶级"反抗也不断增长"③,也就是说革命的形势已到来的时候。马克思只是说,当这两个条件成熟时,"资本主义私有制的丧钟就要响了。剥夺者就要被剥夺了"。马克思在这里并没有说资本的丧钟"马上都要响了",因为"马上"不"马上",要看上述两个条件是否都成熟! 马克思在这里也没有说剥夺者"很快就要统统被剥夺了",因为上述两个条件在各国不是同时成熟,也就谈不到"很快就要统统被剥夺了"!

熊文还认为《资本论》在方法上"基本上是静态分析,因而不免有局限性"。这里,所谓"静态分析"实是指"质的分析",所谓"动态分析"实是指"量的分析"。简单地说,文章认为《资本论》基本上是质的分析,"撇开其量的规定性",因而有局限性。并且认为《资本论》只在第一卷第一章第3节,即"价值形式或交换价值"那一节,才"运用'静态分析'和'动态分析'相结

---

① 《资本论》第1卷,第874页。
② 同上书,第872页。
③ 同上书,第874页。

合的方法……可惜,马克思并没有始终这样做"。熊文接下来又不把"量的规定性"等同于"动态分析",又认为分析"量变"时,有"静态分析"和"动态分析",主张从动态来分析"量变"。文章是这么说的:"分析劳资关系中的'量变',就必须采取'动态分析'法。在'静态分析'时,假定国民收入(＝V+M)是一个常数,那么,M 增加,必然 V 减少。所谓'无产阶级贫困化',特别是'无产阶级绝对贫困化'之说,往往就是从这种'静态分析'得出的结论。如果我们正视这一个世纪、特别是第二次世界大战后生产力大发展的现实,不难看到,剩余价值和积累的增加,对工人生活状况的影响可能是多种多样的……。"

读过《资本论》的同志会对上述论点感到奇怪。

其一,《资本论》在叙述资本和雇佣劳动关系时,从头到尾基本上都是动态分析!怎能无视这一事实说它"基本上是'静态分析'"呢?马克思明明指出:"资本作为自行增殖的价值,不仅包含着……建立在劳动作为雇佣劳动的基础上的一定社会的性质……它只能理解为运动,而不能理解为静止物。"①正因为如此,三卷《资本论》都是从运动的过程(生产过程、流通过程和总过程)来叙述资本和雇佣劳动关系的。怎能说这是"静态分析"呢?《资本论》的"最终目的就是揭示现代社会的经济运动规律"②。如果是"静态分析"又怎么会揭示经济运动规律呢?《资本论》第一卷叙述了资本的产生、成长、壮大和资本积累的历史趋势,第三卷第五篇又通过生息资本到虚拟资本的叙述,指出资本如何由自由竞争阶段发展到垄断阶段。难道这不是动态分析吗?

其二,《资本论》三卷始终都是既有质的分析又有量的分析,而且是把二者结合在一起的。怎能无视这一事实说"马克思并没有始终这样做"呢?就以第一卷第一篇为例吧,它不仅对价值形式那一节进行质与量统一的分析,而且在开始的时候,先对价值进行质和量的分析。指出"只是社会必要劳动量……决定该使用价值的价值量"③。并且指出商品的价值量与劳动生产力成反比的关系。在终结的时候,又对价值的完成形式(价格形式或货币形

---

① 《资本论》第 2 卷,第 121—122 页。
② 《资本论》第 1 卷,第 10 页。
③ 同上书,第 52 页。

式)进行质和量的分析。指出,"价格偏离价值量的可能性,已经包含在价格形式本身中。……在这种生产方式下,规则只能作为没有规则性的盲目起作用的平均数规律来为自己开辟道路"①;又指出货币流通量的规律。难道这不是始终进行质与量的统一的分析吗?

其三,说《资本论》所讲的"贫困、劳动折磨、受奴役、无知、粗野和道德堕落的积累",是从常数国民收入 V+M 中 V 与 M 的对立变化这一所谓"静态分析"得出的结论。《资本论》是这样分析吗?

其四,所谓"正视"20 世纪以来当代资本主义国家国民收入分配的多种多样情况之说,也是不确切的。

熊文指出:"(1)在生产力没有多大发展、国民收入额不变或增长不多的时候,剩余价值和积累的增加,往往引起工人收入的减少;(2)在生产力有一定程度的发展、国民收入有所增加时,剩余价值和积累的增加,工人收入可能保持不变。"首先,说生产力的变化会引起 V+M 变化,这是值得商榷的。既然已经"假定国民收入(=V+M)",其中 M 是剩余价值,V 是可变资本价值(它等于劳动力价值),而不是用不变价格计算的净产值。在这样的假定下,仅仅生产力的变化,并不能引起 V+M 的变化。在投入的劳动量不变,劳动强度也不变下,劳动生产力的变化只能影响产品实物产量的变化,而不能引起总产品价值量的变化。《资本论》明确指出:"不论劳动生产率如何变化,从而不论产品量和单个商品的价格如何变化,一定长度的工作日总表现为相同的价值产品"②。其次,文章说"剩余价值和积累的增加,往往引起工人收入的减少"。这又颠倒因果关系。《资本论》明确指出,在正常状况下,"剩余价值的增加或减少始终是劳动力价值相应的减少或增加的结果,而绝不是这种减少或增加的原因"③。

熊文还提出:"(3)在生产有较大的发展、国民收入有较大的增长时,剩余价值、积累和工人收入可以同时增加。"请注意,这里讲的是"生产"而不是"生产力"的发展,按照原来的假设,在这种情况下,V+M 可以因投入劳动的增加或劳动强度的提高而增加。《资本论》早就指出,在这种情况下,"劳动

---

① 《资本论》第 1 卷,第 123 页。
② 同上书,第 594 页。
③ 同上书,第 596 页。

力的价格和剩余价值可以同时按照相同的或不同的程度增加"①。

由此可见,以上三种情况,《资本论》都在基本原理上进行过分析,而且是科学地进行分析。熊文说《资本论》没有涉及这些情况,这不符合实际。

现在,我们来分析熊文所谓"根据不足,未必能够成立"的《资本论》的某些个别结论",即《资本论》中关于绝对地租、生产价格和人口规律的结论。

关于《资本论》中的地租和生产价格理论,熊文提出以下三点质疑。① 说马克思"只承认农业、矿业及建筑业的地租,为什么否认加工工业中的地租存在呢？难道制造厂、商店、银行等企业不需要立足之地吗？在现代大都市及交通要冲,尺地寸金,地租更是任何一种生产价格中不可忽视的部分"。② "完全的生产价格(PP)应当是：$PP=K+AP+GR$(成本+平均利润+地租)",马克思却没有把地租纳入生产价格之内。③ "现代发达的资本主义国家农业资本有机构成一般都高于工业资本有机构成,马克思论证绝对地租来源的前提已不复存在。"

事实上,对第①点来说,马克思在第三卷第四十六章讲的是建筑地段的地租,而不仅是建筑业的地租。建筑地段就是建筑物立足之地。当建筑物建成之后,建筑物或作厂房或作店房,于是建筑地段就转化为制造厂、商店、银行等企业立足之地,建筑地段的地租也就转化为这些企业所要支付的地租了。马克思明确地提出所有工业中存在着地租问题,他说："固定资本的发展(这种固定资本或者合并在土地中,或者扎根在土地中,建立在土地上,如所有工业建筑物、铁道、货栈、工厂建筑物、船坞等等),都必然会提高建筑地段的地租。"② 马克思也没有忽视商业企业所支付的地租,他在论述商业资本家加速资本周转可以取得超额利润时指出："如果那些使他能加速资本周转的条件本身是可以买卖的,例如店铺的位置,那么,他就要为此……把他的一部分超额利润转化为地租。"③ 可见,马克思并未否定工商企业中地租的存在！

对第②点来说,完全的生产价格(PP)的含义只应包括成本+平均利润,即 $PP=K+AP$。如果再加上地租 GR,那就不是生产价格,而是垄断价格！这

---

① 《资本论》第 1 卷,第 599 页。
② 《资本论》第 3 卷,第 875 页。
③ 同上书,第 350 页。

是一种因土地经营垄断和土地所有权垄断所形成的垄断价格。按照从抽象到具体、从分析到综合的方法,《资本论》第三卷"地租篇"已经把生产价格和地租综合为市场价格(这里假定供求平衡)。地租应当纳入市场价格之内,而不是纳入生产价格之内。完全的市场价格应当是生产价格(PP)加地租GR,即:市场价格=PP+GR=K+AP+GR。在这个意义上,我同意熊映梧同志的一个观点,即认为加工工业产品的价格也应当包括以上三个部分;分歧在于他把这个价格理解为生产价格,我则理解为市场价格。

对第③点来说,现代发达的资本主义国家农业资本有机构成是否一般都高于工业资本有机构成,这有待于用事实来论证。即使农业资本有机构成已经高于工业资本有机构成,马克思论证的绝对地租还有另一来源。在《资本论》第三卷第四十五章(即"绝对地租"章)明确指出:"如果农业资本的平均构成等于或高于社会平均资本的构成,那么,上述意义上的绝对地租……就会消失。……而这种地租在这种情况下……只能来自产品的垄断价格。"①正因为这个缘故,马克思又说:"绝对地租的先决条件或者是产品价值超过它的生产价格以上的已经实现了的余额,或者是超过产品价值的垄断价格。"②怎能说"马克思论证绝对地租来源的前提已不复存在"呢?

熊映梧同志在另一篇文章《马克思的生产价格理论、地租理论与社会主义经济建设》中,认为"高于价值的垄断价格"的"加价"说违背了"马克思经济学说的一条基本原理,即:社会总价格=社会总价值",并且引用第一卷第一章注(20)和第四章作为论证。他是这么说的:"一位庸俗经济学者利用价格与价值不一致的现象,否定劳动价值论。马克思颇有风趣地指出:'布罗德赫斯特先生也可以说……这个大原理破产了。'"又说:"马克思在《资本论》第一卷第四章说明剩余价值来源时,早就批判了'加价'说。"③

我认为,这都是对《资本论》的误解。首先,第一章注(20)讲的只是有关简单价值形式的"相对价值形式的量的规定性",这一页(第一卷第69页)还没有谈到价格形式,也就谈不到"价格与价值不一致的现象"。这里只是说,

---

① 《资本论》第3卷,第865页。
② 同上书,第910页。
③ 熊映梧:《马克思的生产价格理论、地租理论与社会主义经济建设》,《学术月刊》1983年第5期,第4页。

相对价值形式的量（即表现商品价值量的等价物的量）是由商品的价值量（成正比）和等价物的价值量（成反比）共同规定的。有时，商品价值量并未变动，表现商品价值量的等价物的量却因等价物的价值量发生变动而变动，这完全符合劳动价值论。庸俗经济学者布罗德赫斯特并不是"利用价格与价值不一致的现象"，而是利用商品价值量和表现它的等价物的量的变动不一致的现象，否定劳动价值论。他的错误在于不理解等价物的量还要由等价物自身的价值量来共同规定。

以上原理也适用于价格形式。有时，商品价值量未变，价格却因货币的升值或贬值而发生变动。这类现象根本不是"价格与价值不一致的现象"，而是价格与价值一致的现象。这和垄断价格的"加价"说是风马牛不相及的。

至于第一卷第四章所批判的"加价"说，只是就"剩余价值的来源"来讲的，而不是就绝对地租的来源来讲的。绝对地租的来源不是剩余价值的生产问题，而是已经生产的剩余价值通过土地产品价格（包括上述垄断价格）而实现并进行分配和再分配的问题。

最后，关于人口规律，熊文认为马克思在《资本论》第一卷第二十三章，"把资本主义劳动力供求规律或劳动人口规律（从属于资本积累规律）和共有的人口规律（或人口经济学规律）混淆了"。这也是对《资本论》的误解。我同意一些同志的理解，认为马克思所讲的"抽象的人口规律"①是指作为生物学意义的人口的规律，因而"只存在于历史上还没有受过人干涉的动植物界"，也就是说，这种含义的"抽象的人口规律"实际上是不存在的。② 这种含义的"抽象的人口规律"并不是共有的人口规律。马克思只是在论述资本主义特有人口规律时顺便批判"抽象的人口规律"论，这里并没有论述共有的人口规律，也没有否定共有的人口规律。可见，说马克思把资本主义特有的人口规律和共有的人口规律"混淆了"，是强加给马克思的，实际上并非如此。

马克思虽然没有集中地论述共有的人口规律，但有关的基本原理已经见于《资本论》同一章之中。按照从内容到形式的叙述方法，第一卷第二十三

---

① 《资本论》第1卷，第728页。
② 同上。

章是从生产力的技术构成的变化展开到它的形式——资本有机构成的变化,来叙述资本主义特殊的人口规律。如果撇开资本的剥削形式,仅仅从物质内容来看,依据社会生产力发展的要求,生产力技术构成的提高、劳动力及人口必然较慢于生产资料的发展。这就是共有的人口规律的基本规定性。这一规定性还会展开为生产资料较快于生活资料发展的规律,并综合为物质再生产和人口再生产平衡的规律。马克思虽没有具体展开这些理论,但已播下了这一基本理论的"种子",正待我们用发展的观点去研究去"培育"这宝贵的"种子"。发现这颗"种子"就必须对《资本论》深入钻研,在没有发现以前特别不宜对马克思错加指责。

三

文章的第三部分说,"《资本论》并不是经济科学的终结,而是引导人们在经济实践中不断发展经济科学的指针"。这点我同意。上面讲的有关共有人口规律的理论就是一个很好的例子。我们都反对把《资本论》奉为经济科学的"顶峰",反对认为凡是《资本论》讲的话都"句句是真理",都主张用发展的观点研究《资本论》。但是,发展《资本论》的原理决不等于否定《资本论》的基本原理。我们正是在坚持《资本论》的基本原理前提下来发展《资本论》的原理。《资本论》所揭示的生产力发展规律、国民经济按比例规律、人口发展较慢于生产资料发展的规律、商品的价值规律等规律以及关于提高经济效率的理论,关于利润、利息和地租的理论都和我们社会主义四个现代化有关,我们都要既坚持又发展这些原理。撇开以上对《资本论》的误解地方不说,文章的作者也是这么做的,这可以从熊映梧同志的许多著作中得到证明。

《资本论》并未对社会主义、共产主义描绘出详细的蓝图。所以恩格斯才说,不要期望从中找到什么"真正社会主义的秘密学说和万应灵药"①,也不可能从中看到"共产主义千年王国"②是什么样子。但是,《资本论》论的是资本,它至少适用于分析资本制度,所以恩格斯接下来是这样说的:"谁有眼

---

① 《马克思恩格斯全集》第16卷,第243页。
② 同上。

睛,谁就会看到……这里所指的是根本消灭资本。"①不管现代资本主义发生了什么新情况,《资本论》所揭示的资本主义社会的经济运动规律的有关基本理论并没有过时!《资本论》所揭示的资本积累规律以及资本积累的历史趋势的原理,使社会主义由空想变为科学。坚持这些理论也就是坚持科学的社会主义! 当然不应把这些原理当作僵硬的教条,它必须和各国具体实践相结合,从而发展这些原理。

原载《学术月刊》1984 年第 1 期

---

① 《马克思恩格斯全集》第 16 卷,第 243 页。

不要轻易抛弃《资本论》的经济范畴

《资本论》中的一些经济范畴,不仅存在于资本主义社会,而且也存在于社会主义经济中。我们不应该轻易抛弃这些范畴。这是《资本论》研究中值得注意的一个问题。

大家都知道,斯大林是一位伟大的马克思主义理论家,他曾经揭示了社会主义经济中不少的真理,但是,他对《资本论》中某些范畴和某些原理所做的论断,是值得讨论的。例如,他认为在社会主义社会,不仅必须抛弃剩余价值、平均利润率范畴,"也必须抛弃从马克思专门分析资本主义的《资本论》中取来而硬套在我国社会主义关系上的其他若干概念。我所指的概念包括'必要'劳动和'剩余'劳动、'必要'产品和'剩余'产品、'必要'时间和'剩余'时间这样一些概念"①。实际上,这些概念不是"硬套"在社会主义关系上的。

1. 关于抛弃"必要"劳动的问题

斯大林在这里把必要劳动加上引号,或许是指"这种劳动对资本和资本世界来说所以必要,是因为工人的经常存在是它们的基础"②。如果仅仅是指这个含义,社会主义政治经济学部分当然应当抛弃它。问题是马克思并没有在必要劳动上面加上引号,并且指出,"这种劳动对工人来说所以必要,是因为它不以他的劳动的社会形式为转移"③。就是说,在任何社会(包括社会主义社会和共产主义社会)都存在着必要劳动,并不以它的社会形式为转移。因为任何社会要存在,首先要保证劳动人口的再生产。在社会主义社会,必要劳动不仅存在,而且还要扩大它的范围。

2. 关于抛弃"剩余"劳动的问题

所谓必要劳动将会扩大自己的范围,又包含着两方面的含义:"一方面,

---

① 《斯大林选集》下卷,人民出版社1979年版,第551页。
② 《资本论》第1卷,第250—251页。
③ 同上书,第250页。

是因为工人的生活条件将会更加丰富,他们的生活要求将会增大。另一方面,是因为现在的剩余劳动的一部分将会列入必要劳动,即形成社会准备基金和社会积累基金所必要的劳动。"①其中,前一方面的含义的必要劳动是原来意义的必要劳动(再生产劳动力的必要劳动),后一方面含义的必要劳动已经不是原来意义的必要劳动。如果按照后一方面含义,那么剩余劳动也变为必要劳动而不存在。斯大林就据此把剩余劳动也抛弃了。

其实,剩余劳动是和原来意义的必要劳动相对称的剩余劳动,它也是不应该抛弃的。马克思说:"剩余劳动一般作为超过一定的需要量的劳动,应当始终存在。"②恩格斯进一步指出:"劳动产品超出维持劳动的费用而形成剩余,以及社会的生产基金和后备基金靠这种剩余而形成和积累,过去和现在都是一切社会的、政治的和智力的发展的基础。"③

3. 关于剩余劳动率问题

在社会主义社会和共产主义社会,不仅存在着剩余劳动,而且存在着剩余劳动率(即剩余价值率的流动劳动的形式④)。共产主义一代新人的成长还要以剩余劳动率的提高为条件。因为共产主义社会生产力的高度发展,使必要劳动减少,使剩余劳动相对于这种减少而增加;再加上剩余劳动自身也有同样高度的生产力,所以工作日还可以缩短。剩余劳动率的提高和工作日的缩短结合在一起,使劳动者有更多时间从事脑力活动和社会活动,使劳动者得到全面发展。

斯大林把剩余劳动和必要劳动都抛弃了,不说自明,作为这两者的比率的剩余劳动率在他那里更无立足之地了。况且,剩余劳动率和剩余价值率一脉相通,而剩余价值率在资本主义社会里又表现资本对劳动力的剥削程度,那就更不必谈了。实际上,如果撇开资本形式,它的物质内容只是生产力发展的结果,且会反过来影响生产力的发展。它在社会主义和共产主义社会也是一个非常重要的范畴。

4. 关于抛弃剩余价值的问题

我们既然承认商品经济的存在,就要承认价值的存在,就要承认劳动要

---

① 《资本论》第1卷,第605页。
② 《资本论》第3卷,第927页。
③ 《马克思恩格斯选集》第3卷,第574页。
④ 参见《资本论》第1卷,第251—252页。

凝结为价值。马克思说:"把价值看作只是劳动时间的凝结,只是对象化的劳动,这对于认识价值本身具有决定性的意义,同样,把剩余价值看作只是剩余劳动时间的凝结,只是对象化的剩余劳动,这对于认识价值本身也具有决定性的意义"①。可是,我们现在有些同志承认了商品经济的存在,又承认了剩余劳动的存在,却又回避作为剩余劳动的对象化的价值的存在。

抛弃剩余劳动形成的价值,也就随之抛弃剩余劳动率的价值表现形式。实际上,应该抛弃的是它们的资本价值形式,而不是它们的价值形式,后者还是客观存在的。为了反映这个存在,有的同志只好用"剩余产品的价值"或"净余价值"来代替剩余劳动形成的价值,当然也是可以的。但是,有人还用工资利润率来代替剩余劳动率的价值形式,听了之后则有不伦不类之感。利润这个范畴是剩余劳动形成的价值对总资金的关系的结果。利润只是剩余劳动形成的价值的现象形态,把剩余劳动形成的价值看作总资金的产物才表现为利润。如果把剩余劳动形成的价值看作仅仅是工资的产物就不是利润。提出"工资利润率"这个概念,与其说是理论上的错误,还不如说是常识性的错误。

5. 关于抛弃平均利润率的问题

在社会主义社会,既然承认了利润和利润率的存在,作为总利润率,作为利润率的社会平均数的平均利润率,从而作为按平均利润率计算的平均利润,也是客观存在的,也是抛弃不了的。况且,它还是测量资金使用效率的一种社会尺度,"抛弃"它又有什么好处呢?

总之,我们不能把商品经济和资本主义经济混为一谈,也就是不能把内容和形式混为一谈。社会主义生产关系代替了资本主义生产关系,旧的形式抛弃了,商品经济仍然保留着,不能把商品经济的一些范畴随同它们的资本形式统统抛弃。马克思说:"如果我们把工资归结为它的一般基础,也就是说,归结为工人本人劳动产品中加入工人个人消费的部分;如果我们把这个部分从资本主义的限制下解放出来,把它扩大到一方面为社会现有的生产力(也就是工人自己的劳动作为现实的社会劳动所具有的社会生产力)所许可,另一方面为个性的充分发展所必要的消费的范围;如果我们再把剩余劳

---

① 《资本论》第1卷,第251页。

动和剩余产品缩小到社会现有生产条件下一方面为了形成保险基金和准备金,另一方面为了按照社会需要所决定的程度来不断扩大再生产所要求的限度;最后,如果我们把有劳动能力的人必须总是为社会上还不能劳动或已经不能劳动的成员而进行的劳动的量,包括到1.必要劳动和2.剩余劳动中去,也就是说,如果我们把工资和剩余价值,必要劳动和剩余劳动的独特的资本主义性质去掉,——那么,剩下的就不再是这几种形式①,而只是它们的为一切社会生产方式所共有的基础。"②因此,我们在研究社会主义经济形态时,只应抛弃商品经济范畴的独特的资本主义性质,而要保留它们的一般内容,并揭示出它们的社会主义形式。

原载《学术月刊》1981年第10期

---

① 指雇佣劳动者取得的工资、职能资本家取得的利润、生息资本家取得的利息和土地所有者取得的地租等几种收入形式。
② 《资本论》第3卷,第991—992页。

辩证法在《资本论》中的应用

马克思在世的时候,曾经想写一本《辩证法》,但由于写作《资本论》的重担,没有时间做这项工作①。不过,马克思虽然没有遗留下专著《辩证法》,但却遗留下《资本论》的辩证逻辑。《资本论》是第一次把辩证方法应用于政治经济学的典范。恩格斯曾指出:马克思的全部见解(Auffassungsweise),不是一种教义,而是一种方法②。列宁也指出:"不钻研和不理解黑格尔的全部逻辑学,就不能完全理解马克思的《资本论》"③。而当我们弄清这种方法的时候,《资本论》的体系和结构也就明显地呈现出来。

马克思在《资本论》中所应用的辩证方法究竟具体表现在哪些方面呢?据我粗浅的理解,试把它分为矛盾分析法,资本形态变化运动分析法,研究方法和叙述方法,数量分析法。这些方法互相渗透,是辩证方法在不同角度上的表现。从这些方法的有机联系里面可以看出,在《资本论》中,逻辑、辩证法和唯物主义的认识论是同一个东西,而马克思的唯物主义辩证法则从黑格尔那里吸取了全部有价值的东西,并且发展了这些有价值的东西。

一、矛盾分析法

大家知道,商品是资本主义生产的最简单元素,《资本论》就是从分析商品的矛盾开始的。"这一分析从这个最简单的现象中(从资产阶级社会的这个'细胞'中)揭示出现代社会的一切矛盾(或一切矛盾的萌芽)。"④

从下面分析中可以看到,商品内在矛盾中潜伏着商品生产关系和生产力的矛盾,在一定条件下,这个矛盾又转化为资本主义生产关系和生产力的矛

---

① 参见《马克思恩格斯全集》第29卷,第250页;第32卷,第535页。
② 参见《马克思恩格斯全集》第39卷,第406页。
③ 《列宁全集》第55卷,第151页。
④ 同上书,第307页。

盾。由于商品是资本主义社会一切矛盾的萌芽,由于它能展开为现代社会的基本矛盾,因而分析商品也就能揭示出现代社会的一切矛盾。

《资本论》第一卷第一章首先着重分析商品的内在矛盾——使用价值和价值的对立统一。接着指出,商品这种二重性质来源于劳动二重性,同一劳动当作具体劳动,它生产使用价值;当作抽象劳动,它创造价值。然后说明,一个商品只能表现自己是使用价值,无法表现自身的价值;一个商品的价值,只有通过它与另一种商品进行交换,才能表现出来。在交换关系中,商品的内在矛盾即使用价值和价值的矛盾,表现为外在的使用价值和交换价值的对立,即外化为使用价值形式和价值形式的对立,并发展为商品和货币的对立。然后又进一步指出,劳动二重性不过是商品生产者的私人劳动的二重社会性质①。因此具体劳动和抽象劳动的矛盾是包含在私人劳动和社会劳动的矛盾之中;而私人劳动和社会劳动的矛盾则体现着商品生产的私有制和社会化的劳动的矛盾。第二章再把商品在交换中所表现的矛盾,人格化为商品的代表者即商品所有者在物物交换的交换过程的矛盾——商品交换者的个人过程和社会过程的矛盾。这个矛盾促使货币产生。货币又使这个统一的过程分裂为卖与买的过程,并使这对矛盾转化为卖和买的矛盾(第三章)。于是又出现资本总公式的矛盾,引出了特殊商品劳动力。商品劳动力的特殊性在于这个商品的矛盾的特殊性,它不仅具有价值和使用价值,而且具有特殊的使用价值——劳动,也就是说,它的使用价值(劳动)能够创造价值,而且能够创造出比它自身价值更大的价值,即能够创造剩余价值(第四章)。

当这个具有劳动力的雇佣劳动者被带入生产过程,商品生产过程的二重性——创造使用价值的劳动过程和创造价值的价值形成过程,便转化为资本主义生产过程的二重性——劳动过程和价值增殖过程。劳动过程实际是生产力发挥作用的过程,价值增殖过程则是资本主义生产关系的运动过程,所以,生产过程的二重性实际是社会基本矛盾作用的过程(第五章)。这个基本矛盾还表现为劳动过程中劳动的日益社会化(即协作范围的不断扩大),从而生产的日益社会化,和价值增殖过程中资本占有制的矛盾(第十一章到第十三章)。这个基本矛盾还表现为以无限发展生产力为手段,只是为了达

---

① 参见《资本论》第1卷,第91页。

到价值增殖这一有限的目的,即无限的手段和有限的目的的矛盾。它表现为生产力的两个要素(生产资料和劳动力)及其结合的结果(产品)作为资本的过剩,即资本过剩、人口过剩和商品资本过剩,基本矛盾这样激化便爆发为生产过剩经济危机(第三卷第十五章)。基本矛盾通过积累而继续发展,最后,"生产资料的集中和劳动的社会化,达到了同它们的资本主义外壳不能相容的地步。这个外壳就要炸毁了。资本主义私有制的丧钟就要响了。剥夺者就要被剥夺了"[①]。

《资本论》就这样阐明了资本的产生、发展和灭亡的自始至终的矛盾运动。

二、资本形态变化运动分析法

上面我们从资本主义基本矛盾的萌芽出发,分析资本主义基本矛盾的产生、发展和解决。现在侧重分析矛盾的一个侧面——体现生产关系这方面的价值增殖运动所采取的形式,即资本价值的变形运动。马克思说:"资本作为自行增殖的价值,……是一个经过各个不同阶段的循环过程,……它只能理解为运动,而不能理解为静止物。"[②]而且,"资本的运动是没有限度的"[③]。

大家知道,产业资本价值的变形运动用符号来表示就是:

$$G—W\cdots P\cdots W'—G'.G—W\cdots P\cdots W'—G'.G—W\cdots\cdots$$

其中 G 为预付的货币资本,W 为采取商品形式的生产要素(生产资料 Pm 与劳动力 A),P 为生产资本,W′为商品资本,G′为增殖了的货币资本。又 G—W 或 $G—W\begin{smallmatrix}\nearrow Pm\\ \searrow A\end{smallmatrix}$ 为购买过程,W…P…W′为直接生产过程,W′—G′为出售过程。

(1)按照从本质到现象的方法,《资本论》第一卷主要分析这个运动的本质阶段,即直接生产过程 W…P…W′。但这个过程又以 G—W 为前导,特

[①] 《资本论》第 1 卷,第 874 页。
[②] 《资本论》第 2 卷,第 121—122 页。
[③] 《资本论》第 1 卷,第 178 页。

别要以 $G—W{\begin{smallmatrix}Pm\\A\end{smallmatrix}}$ 中的 G—W(A)，即劳动力 A 的购买为前提。而 A 之成为商品，又必须先有商品、货币存在。因此，按运动的发展，第一卷首先从分析商品和货币开始。

第一篇，由商品的使用价值与价值内在矛盾运动，外化为交换过程中商品与商品的对立运动（一个商品的价值表现在另一个商品身上），并发展为商品与货币的对立运动（商品的价值表现在货币身上），形成了 W—G—W 序列的商品流通运动。

第二篇，商品流通的 W—G—W 转化为资本流通的 G—W—G′。并特别论述了 G—W 中的 G—W(A)。

第三到六篇，集中论述 G—W—G′ 的中介运动 W…P…W′，即在 G—W，W′—G′ 当中的直接生产过程。

第七篇，再从 G—W…P…W′—G′ 的不断反复的运动中，即从再生产运动中来考察直接生产过程。

(2)《资本论》第二卷再把第一卷讲的直接生产过程（W…P…W′）和流通过程（G…W 与 W′—G′）综合在一起，专门论述产业资本的变形运动。

产业资本在运动中依次采取三种形态（G,P,W′），在这个无限变形运动中，资本的每一种形态，每经三个转化阶段就重现一次也就是循环了一次。资本有三种形态，因而资本循环也有三种形态 G…G′，P…P，W′…W′。

第二卷第一篇前三章按次分析资本变形运动的三种循环（G…G′，P…P，W′…W′），第四章再论述它们的总循环是三种循环的统一，即

$$G—W\cdots P\cdots W'—G'.\quad G—W\cdots P\cdots W'—G'.\quad G—W\cdots\cdots$$

第二卷共三篇，第一篇侧重分析 G…G′，第二篇侧重分析 P…P，第三篇侧重分析 W′…W′。总之，第二卷是以产业资本的变形运动一通到底的。

(3)《资本论》第三卷前三篇仍然是在前述产业资本的运动基础上进行的分析。

第四篇，商业资本的运动不过是产业资本运动的出售阶段 W′—G′ 的独

立化。如果商品 W′由商人来购买,产业资本的 W′—G′便是商人的 G—W,然后商人再把 W′卖给消费者即 W′—G′,所以商人资本的运动是 G—W—G′,它是产业资本运动派生的运动,可以图示如下(图中方框表示产业资本的 W′—G′便是商人资本的 G—W)。

$$G—W\cdots P\cdots \boxed{\begin{array}{c} W'—G' \\ G—W \end{array}}—G'$$

第五篇,生息资本的运动,主要是从产业资本运动中暂时游离出来的货币资本独立化的运动,这个运动也是从属于产业资本的运动的。它表现为 G—G′,即贷出货币资本 G 经过一定时期收回更多的货币资本 G′。它实质上是以产业资本运动为中介为基础的,即应该是

$$G—G—W\cdots P\cdots W'—G'—G'$$

三、研究方法和叙述方法(或称圆圈法)

《资本论》的叙述方法采用了黑格尔的逻辑方法。但是,黑格尔的逻辑方法是从观念的东西出发,是唯心的辩证方法。《资本论》的叙述方法则是以唯物的研究方法为基础,是唯物的辩证方法。在黑格尔的辩证方法中,一旦把观念的东西和物质的东西的相互关系颠倒过来,黑格尔的唯心辩证法便被改造为马克思的唯物辩证法。这不是对黑格尔辩证法的全盘否定,而是扬弃。

马克思在编写《资本论》的时候,研究的方法是从实际出发,从感性认识上升到理性认识,这个思维行程就是从现象到本质、从具体到抽象、从复杂到简单。叙述的方法则是根据研究的结果,把它所反映的客观事物,从理论上表述出来,因而与上述思维行程正好相反,它是从本质到现象、从抽象到具体、从简单到复杂。在研究的行程中,"完整的表象蒸发为抽象的规定"[①];在叙述的行程中,"抽象的规定在思维行程中导致具体的再现"[②]。

我们现在要掌握的正是这个叙述的方法。这个方法是经过马克思改造的黑格尔的逻辑方法。在黑格尔的逻辑学中最初的概念是最抽象的,最后的

[①] 《马克思恩格斯选集》第 2 卷,第 701 页。
[②] 同上。

概念是最具体的。"逻辑理念的发展是由抽象进展到具体"①。"这个前进运动的特征就是：它从一些简单的规定性开始，而在这些规定性之后的规定性就愈来愈丰富，愈来愈具体。因为结果包含着自己的开端，而开端的运动用某种新的规定性丰富了它。……在继续规定的每一个阶段上，普遍的东西不断提高它以前的全部内容，它不仅没有因其辩证的前进运动而丧失了什么，丢下了什么，而且还带着一切收获物，使自己的内部不断丰富和充实起来"（黑格尔《大逻辑》②）。黑格尔把"理念"的这样发展比作"圆圈"。他还说："科学表现为一个环绕自身的圆圈……同时这个圆圈是许多圆圈的一个圆圈。"③这种圆圈的圆圈"犹如投石于水，圆圈形的波纹一个套一个、一个大一个地四散漫开，这就是'辩证进程'的全貌"④。

对《资本论》的叙述方法，似可用类似的圆圈的圆圈表示出来，本文试做探索如下。

1.《资本论》前三卷体系的展开

第一卷论述资本的直接生产过程。从这个"简单的规定性开始"，再加上流通过程的新的规定性，又展开为第二卷所论述的资本的流通过程——这是包含直接生产过程在内的广义的流通过程。第三卷又在广义的流通过程的基础上再加上分配过程的新规定，展开为资本主义生产的总过程。用圆圈的圆圈来表示就是

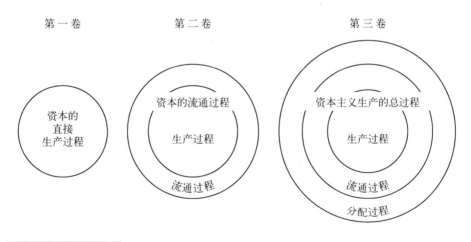

---

① 黑格尔：《小逻辑》，商务印书馆1980年版，第190页。
② 转引自张世英：《论黑格尔的逻辑学》，上海人民出版社1959年版，第121页。
③ 转引自《列宁全集》第55卷，第201页。
④ 萧焜焘：《关于辩证法科学形态的探索》，《中国社会科学》1980年第2期，第27页。

内圈是"普遍的东西",是简单的、抽象的、本质的东西。由内圈向外圈的展开,展开为复杂的、具体的东西,因而是越来越接近现象的东西。外圈并没有丢掉内圈,而是在内圈的规定上再加上新的规定,使内圈不断丰富和充实起来。

2. 由商品展开为资本(第一卷第一章到第五章)

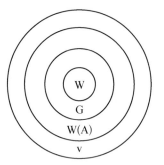

商品是资本主义社会财富的元素形式。《资本论》是由叙述商品开始的。商品 W 首先展开为货币 G(商品加上一般等价物的新规定性便转化为货币),再展开为商品劳动力 W(A),然后展开为可变资本 v。

恩格斯在《"资本论"第一卷书评》中说:"我们首先举出全书整个巧妙的辩证的结构,举出在商品的概念中货币如何已经作为自在地存在的东西被表述出来,货币如何转化成资本。"①

3. 资本本身的各种形式的展开

《资本论》论的是资本。"资本是资产阶级社会的支配一切的经济权力。它必须成为起点又成为终点。"②从第一卷的起点到第三卷的终点,《资本论》论述了各种形式的资本。这各种形式的资本是怎样展开的,它们的内在联系如何,也可以通过圆圈的圆圈来表示。

资本是带来剩余价值的价值,在各种形式的资本中只有可变资本(被占有的劳动力)能够创造剩余价值,因而可变资本 v 是资本的基本规定或其本质的东西,是内圈是核心。其他各种资本形式只有和可变资本发生直接的或间接的联系时才成为资本。

第一卷首先分析了可变资本 v,然后分析与 v 直接联系起来的生产资料转化为不变资本 c。"生产资料……只有在同时还充当剥削和统治工人的手段的条件下,才成为资本。"③v 和 c 合在一起便形成生产资本 P。

第二卷又在生产资本的基础上,论述了它在流通过程中的变形运动,它本身会采取固定资本和流动资本的形式,它还会转化为流通资本,即转化为

---

① 《马克思恩格斯全集》第 16 卷,第 233 页。
② 《马克思恩格斯选集》第 2 卷,第 707—708 页。
③ 《资本论》第 1 卷,第 878 页。

商品资本 W′和货币资本 G 与 G′。

第三卷再在产业资本循环运动中所采取的商品资本形式 W′和货币资本形式 G 和 G′的基础上,论述这些流通资本首先会独立化为商业资本,即独立化为商品经营资本和货币经营资本。产业资本是具有生产和实现剩余价值的职能的资本,商业资本则是具有实现剩余价值的职能的资本。在以上职能资本运动中游离出来的货币资本又独立化为非职能资本,即生息资本,以及银行资本、虚拟资本等。

用圆圈的圆圈表示就是:

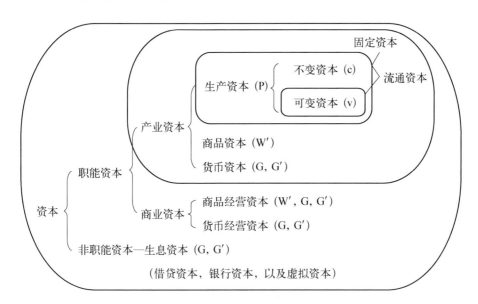

4. 剩余价值的各种形式的展开

上面资本形式的展开是以 v 为内核的,其所以如此,是因为只有 v 能创造剩余价值 m。现在从另一方面,即从剩余价值 m 来看,它的基本规定是 v 的产物,是 v 的增量 Δv,即 $\Delta v = m$,这是内核。然后,随着上述资本形式的展开,当它表现为其他形式的资本的产物时,它就表现为各种相应的形式。当它表现为总生产资本(c+v)的产物时便表现为

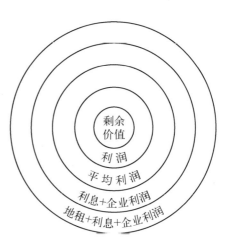

利润 p，即 $\Delta(c+v)=p$；当它表现为预付的社会总资本（职能资本家预付的生产资本与流通资本）的产物时，就表现为平均利润 $\bar{p}$；当其中预付货币资本独立化为生息资本时，它的一部分就表现为资本的所有权的产物（利息），它被分割为利息和企业利润；在土地所有权发生作用时，它的一部分又表现为土地所有权的产物（地租），因而剩余价值再分割为地租、利息和企业利润。

在研究《资本论》的时候，掌握这种圆圈的圆圈的方法，使我们能掌握事物的有机体系，弄清它的主要脉络。《资本论》中许多重要理论都是采取这种方法的。例如价值规律问题，也要先从直接生产过程看它的基本规定性，然后展开到流通过程注意它又有什么新的规定，再到生产的总过程看还有哪些更新的规定，才能既深入而又完整地理解这个规律。

这种叙述方法由分析抽象的基本规定开始，然后不断把新加入的规定综合在一起作为结果，这结果就越来越具体。因而由抽象到具体的这种方法又是由分析到综合的方法。马克思说："具体之所以具体，因为它是许多规定的综合，因而是多样性的统一。因此它在思维中表现为综合的过程，表现为结果，而不是表现为起点"①。

四、数量分析法

任何事物不仅有质的规定，而且有量的规定。《资本论》到处都遇到数量分析问题。这里只能择其要者举几点。

1. 在质的规定的基础上进行量的分析

例如价值规律的基本规定性是：一个商品的价值量由生产该商品的社会必要劳动量来决定。本来质的规定只是价值由社会必要劳动决定，但必须加上量的规定，才能完整地表示价值规律的基本规定性。

2. 量变到质变规律的应用

马克思在论述货币转化为资本时，实际上讲了三个条件：（1）劳动力成为商品以及这种商品的购买（第一卷第四章），但这仅是前提条件；（2）被购买的劳动力进入生产过程生产剩余价值（第一卷第五章），这好像已经转化为资本了，其实不然；（3）还有一个数量条件，货币所有者不仅占有了剩余价值，而且要使他的预付货币量增加到一定数量，从而使占有的剩余价值量

---

① 《马克思恩格斯选集》第 2 卷，第 701 页。

也增加到某一程度上,以致他能够脱离劳动用全部时间来占有从而控制别人的劳动,预付的货币才转化为资本。"在这里……单纯的量的变化到一定点时就转变为质的区别"[①](第一卷第九章)。

3. 平均数规律的应用

在生产无政府状态下,偶然性占统治地位,必然性正是通过偶然性离差的相互抵消来为自己开辟道路。马克思说:"在这种生产方式下,规则只能作为没有规则性的盲目起作用的平均数规律来为自己开辟道路。"[②]

既然《资本论》所论述的规律到处以平均数规律出现,对平均数的方法及其规律的应用就特别重要。

以价值规律为例。它的基本规定是一个商品的价值量由社会必要劳动时间决定。社会必要劳动时间是指社会平均条件下的必要劳动时间,因而又可以叫作社会平均劳动时间。价值规律在流通过程要求等价交换从而要求价格与价值相符,表现为价格以价值为中心的运动,由于价格又以平均价格为中心〔因为个别价格 p 与平均价格 $\bar{p}$ 的离差会在总和中相互抵销,即离差的总和 $\sum(p-\bar{p})=0$〕,所以又表现为平均价格与价值相符。"等价物的交换只是平均来说才存在,并不是存在于每个个别场合"[③]。可见,不理解平均数规律也就无法理解价值规律。

再以一般利润率为例。由于两个总和的相对数具有单个相对数的平均数的性质,所以一般利润率,即社会剩余价值的总和 $\sum m$ 和社会资本的总和 $\sum(c+v)$ 的相对数 $\dfrac{\sum m}{\sum(c+v)}$,又是各个单个利润率(单个相对数)$\dfrac{m}{c+v}$ 的平均数,因而一般利润率又表现为平均利润率。这个关系可以从平均数的加权公式 $\bar{x}=\sum xf/\sum f$ 得到证明。因为

$$一般利润率 = \frac{\sum m}{\sum(c+v)} = \frac{\sum \dfrac{m}{c+v}(c+v)}{\sum(c+v)} = \frac{\sum p'(c+v)}{\Sigma(c+v)} = \bar{p}'$$

---

① 《资本论》第 1 卷,第 358 页。
② 同上书,第 123 页。
③ 《马克思恩格斯选集》第 3 卷,第 364 页。

其中 p′相当于变量 x，c+v 相当于权数 f，p̄′为 p′的平均数（即平均利润率）。

4. 函数分析法

通过函数分析法可以全面掌握各种变数的相互制约的、综合的关系。

例如，通过公示 M=m′·V，可以知道剩余价值量 M 是由剩余价值率 m′和预付可变资本量 V 共同决定的。

又如，通过公式 $p'=\dfrac{m}{c+v}=\dfrac{m}{v}\cdot\dfrac{v}{c+v}=\dfrac{m'}{\dfrac{c}{v}+1}$，可以知道利润率 p′或者由 m、c+v 决定，或者由 m′、$\dfrac{c}{v}$ 决定。

再如，通过公式 股票行市=$\dfrac{股息}{利息率}$，可以知道股票行市不仅由股息决定，而且由利息率决定。

这类函数公式比比皆是，能帮助我们全面分析问题。

原载《学术月刊》1980 年第 7 期

《资本论》论经济规律

中国共产党始终把马克思主义作为自己指导思想的理论基础。邓小平说："我坚信,世界上赞成马克思主义的人会多起来的,因为马克思主义是科学。"①什么是科学？科学是探索所研究对象的内在规律性,从而阐述规律的理论。马克思主义创始人的代表性科学著作就是《资本论》。《资本论》"的最终目的就是揭示现代社会的经济运动规律"②。邓小平理论和马克思主义一脉相承。他的理论的精髓是实事求是,即从实事中探求规律。他在总结历史经验教训时说："毛泽东同志是伟大的领袖,中国革命是在他的领导下取得成功的。然而他有一个重大的缺点,就是……没有按照社会经济发展的规律办事。"③他认为十一届三中全会所提出的新的政策和发展目标,"从何处着手呢？就要尊重社会经济发展规律"④。在《邓小平文选》的其他文章中也一再强调,"我们要按价值规律办事,按经济规律办事"⑤。坚持邓小平理论的党的第三代领导集体也非常重视这个问题。1997年12月,江泽民、李鹏、朱镕基在中央经济工作会议上作了重要讲话,会议指出："做好经济工作,必须按经济规律办事。各级领导干部要重视学习……认真总结和深化建设有中国特色社会主义经济的规律性的认识,不断提高驾驭和运用经济规律的能力"⑥。《资本论》正是系统地论述经济规律的科学巨著,可惜许多领导干部难以挤出时间攻读这三大厚本子。本文试作简要的介绍。

从字面上看,好像《资本论》论的只是资本,其实不尽如此。因为资本作为生产关系,只是其物质内容(生产力)的社会形式;资本又是一种价值关

---

① 《邓小平文选》第3卷,第382页。
② 《资本论》第1卷,第10页。
③ 《邓小平文选》第3卷,第116页。
④ 同上书,第117页。
⑤ 同上书,第130页。
⑥ 《中央经济工作会议在京召开》,《人民日报》1997年12月12日第1版。

系,依附于商品经济体制,后者也是一种社会形式。《资本论》论述的是关于资本主义商品生产、流通和分配的总过程。商品经济(亦即市场经济)如果去其资本形式,这里留下的是关于商品经济的一般原理。就书中阐述的规律来讲则是,阐明作为物质内容的生产力的发展规律,表现生产力的价值规律,生产关系反作用于生产力的价值增殖规律等。

对我们的学习来说,就是要将这些从特殊的资本外壳剥离出来的一般内容(生产力以及商品经济)与新的形式(社会主义)相结合,从而深化对规律的认识,提高驾驭和运用规律的能力。至于商品经济为什么能够与社会主义相结合,则是因为:形成市场,只需要商品属于不同所有者,而不在乎生产要素归谁所有。

一、社会生产力发展规律

各种经济形式的变化都决定于其物质内容(生产力),并反作用于这个内容。社会主义的根本任务是发展生产力。因此,要特别剖析生产力发展规律。

大家知道,生产力包含三要素:劳动力,劳动资料和劳动对象(后两者合称生产资料)。其中,劳动力来自人力资源(人口中具有与生产力发展水平相适应的素质和适度数量的劳动力)。生产资料来自自然环境提供的物质资源(有的来自大自然环境因子,如适于生命系统发展的水、大气、土壤和多样性生物;有的来自非生态因子如矿物,它们是决定生产力的自然条件)。又由于人口也属生命系统,依存于生态环境;它的素质与数量在生产和生活活动中影响资源是否合理利用,从而影响生态环境是否健康存在。由此又知道,为使生产力健康发展,必须协调人口、资源与环境的关系。而要协调这些关系又有赖于科学和教育的发展。科学是人类智力的结晶,它通过教育提高人口素质,约束人口数量。科学又物化为机器设备等(劳动资料),运用自然规律去改造自然物(资源转来的劳动对象),使资源得以合理利用,减少"三废"并使"三废"成为再生资源,环境也因之得以保护。因此在经济规律中最重要的是人口经济规律、环境经济规律和科学技术经济规律,它们制约着生产力发展规律。我们正是依据这三条规律,制定了三项基本国策(控制人口数量、提高人口素质;保护生态环境;科教兴国)。但我们贯彻还不得力,甚至还有偏差,原因就在于许多人对有关规律不甚了解。

在探索和揭示规律过程中,我们会深深感到,各经济规律不是彼此孤立,而是彼此辩证地联系在一起,成为经济规律体系;即使是同一规律在不同层面上也有不同表现。这是因为客体世界是一个整体,规律是客体世界内在联系所决定的方方面面必然性。经济也是一个整体,各个经济规律则是从不同角度展示各种必然性,它们在整体中却是联系在一起的。我们在认识、驾驭规律时,不应顾此失彼,而要统揽全局。

下面再看《资本论》中是怎么说的。书的第一卷第一章第1节就提出:"劳动生产力是由多种情况决定的,其中包括:劳动者的平均熟练程度,科学的发展水平和它在工艺上应用的程度,生产过程的社会结合,生产资料的规模和效能,以及自然条件。"①下面分别叙述这些决定因素。

1. 关于劳动者的素质与数量问题

生产力指劳动生产使用价值的能力。这里的劳动指活劳动和过去劳动的结合。其中活劳动由劳动者提供。

就劳动者的素质来讲,生产力决定于"劳动者的平均熟练程度",并且"少量的复杂劳动等于多量的简单劳动"。因此,为了提高劳动生产力必须提高劳动者的知识和技能。于是教育就越来越重要。"未来教育对所有已满一定年龄的儿童来说,就是生产劳动同智育和体育相结合,它不仅是提高社会生产的一种方法,而且是造就全面发展的人的唯一方法。"②马克思还说:"最先进的工人完全了解,他们阶级的未来,从而也是人类的未来,完全取决于正在成长的工人一代的教育。"③

再就劳动者的数量来讲,由于生产力是劳动者(用 A 表示)与生产资料(用 Pm 表示)的结合,这里又有一个结合的量的比例问题。这个量是用劳动来计算的,A 的使用是活劳动,Pm 是过去劳动量的凝结物。这个量又可分为耗用量与占用量。就劳动的耗用量来讲,"劳动生产率的提高正是在于:活劳动的份额减少,过去劳动的份额增加,但结果是商品中包含的劳动总量减

---

① 《资本论》第 1 卷,第 53 页。
② 同上书,第 556—557 页。
③ 《马克思恩格斯全集》第 16 卷,第 217 页。

少;因而,所减少的活劳动大于所增加的过去劳动"①。就劳动的占用量来讲,两者的比率 Pm/A 则是标志生产力水平的技术构成。在这个构成中,Pm 中劳动手段的增加是生产力增长的条件,劳动对象的增加则是生产力增长的结果。"但是,不管是条件还是结果,只要生产资料的量比并入生产资料的劳动力相对增长,这就表示劳动生产率的增长。"②当然,这里的前提是占用的 Pm(特别是劳动手段)必须充分使用。如果闲置少用,转移到单位商品的过去劳动(以折旧费形式)就会大量增加,以致包含在商品中的劳动总量不能减少反而增加,那就是劳动生产力的下降。

再将两者的素质与数量结合在一起来看。Pm/A 是生产力的技术构成,是在质的基础上的量的比例,因而量的变化是和质的变化结合在一起的。当然,劳动者的量大质低,生产力低下,就出现劳动力密集型产业,即 Pm/A 中的分母额大。机器大工业的兴起,Pm 与 A 的素质的提高,生产力的发展,要求 Pm 的量比并入 Pm 的 A 相对增长,Pm/A 中分子份额大,形成生产资料密集型产业。随着新的技术革命,分子分母的技术含量有着突变,形成技术密集型产业,社会生产力有着突变性大发展;这时社会所需人口的数量将进一步缩小,所需人口的素质则要大大提高。

2. 关于"生产过程的社会结合,生产资料的规模和效能"

《资本论》在分析生产过程的社会结合的历史过程中,对上述 Pm/A,一方面叙述 A 如何经过简单协作、分工协作到使用机器的协作,创造和发展了单个劳动力不能展开的社会劳动生产力;另一方面叙述 Pm 的规模扩大与效能增加,既是生产过程社会结合的结果,又融入这结合之中,与社会化的 A 共同提高社会生产力。

值得注意的是,书中不仅叙述工业如何从"生产过程的社会结合,生产资料的规模和效能",以提高劳动的社会生产力,而且就此特别分析了农业生产力问题。农业的主要生产资料是土地,只有在大块土地上进行规模经营,才会有高效能——高的生产力。书中指出,小块土地经营"占统治地位的,不是社会劳动,而是孤立劳动。在这种情况下,财富和再生产的发展,无

---

① 《资本论》第 3 卷,第 290 页。
② 《资本论》第 1 卷,第 718 页。

论是再生产的物质条件还是精神条件的发展,都是不可能的,因而,也不可能具有合理耕作的条件"①。一旦土地规模经营,农业科学技术才有用武之地,土地资源的自然力得以充分利用,农业生产力就会大幅度提高。这时"对农业工人人口的需求就随着在农业中执行职能的资本的积累而绝对地减少,而且对人口的这种排斥不像非农业的产业中那样,会由于更大规模的吸引而得到补偿"②。

3. 关于"科学的发展水平和它在工艺上应用的程度"

科学是潜在的生产力,它通过在工艺上的应用形成技术并转化为现实的生产力。"随着大工业的发展,现实财富的创造较少地取决于劳动时间和已耗费的劳动量,较多地……取决于一般的科学水平和技术进步"③。其所以如此,是因为科学以使"劳动者利用物的机械的、物理的和化学的属性,以便把这些物当作发挥力量的手段,依照自己的目的作用于其他的物"④。同时按照科学原理塑造的技术设备,又是为了"以自然力来代替人力,以自觉应用自然科学来代替从经验中得出的成规"⑤。其结果,"大工业把巨大的自然力和自然科学并入生产过程,必然大大提高劳动生产率"⑥。在这种情况下,"社会的劳动生产力,首先是科学的力量"。

书中还分析了科学的发展规律,生产科学技术的精神劳动与教育的关系,以及它和生产物质产品的劳动的关系。首先,这个精神劳动也是社会化劳动,但科学不仅是当代科研工作者精神劳动协作的成果,更重要的是一代代科学家批判地继承下来的精神劳动的结晶。书中将这种特殊的精神劳动称之为"一般劳动"。"一般劳动是一切科学劳动,一切发现,一切发明。它部分地以今人的协作为条件,部分地又以对前人劳动的利用为条件。"⑦科研工作者所从事的劳动既包含着前人和今人的集体智慧,又要在继承的基础上有所发展,或发现新定理,或发明新技术,也就发展了科学和技术,提高了一

---

① 《资本论》第 3 卷,第 918 页。
② 《资本论》第 1 卷,第 739—740 页。
③ 《马克思恩格斯全集》第 46 卷(下),第 217 页。
④ 《资本论》第 1 卷,第 209 页。
⑤ 同上书,第 443 页。
⑥ 同上书,第 444 页。
⑦ 《资本论》第 3 卷,第 119 页。

般劳动的生产力。科学技术是在继承前人的和学习今人的成果的基础上才能加速发展。否定继承,万事从头做起;或闭关锁国拒绝这样宝贵的精神财富,都是愚蠢的。第二,"因为再生产科学所必要的劳动时间,同最初生产科学所需要的劳动时间是无法相比的,例如学生在一小时内就能学会二项式定理"①。也就是说,发展科学不仅教育为本,而且教育是最经济的。第三,当在科学类工艺上应用时,生产科学的一般劳动力渗入生产产品的劳动。这当中,虽然投入的是大量的一般劳动,毕竟是一个确定的量,但它能使自然力代替劳动力却是一个持续的量。也就是说科学技术为生产产品所节约的劳动量必然大于生产科学技术自身的劳动量。

4. 关于自然条件

"劳动生产率是同自然条件相联系的。这些自然条件都可归结为人本身的自然……和人的周围的自然。"②人本身的自然指他的体力与智力,人周围的自然是生态环境所提供的资源。"劳动首先是人和自然之间的过程,是人以自身的活动来中介、调整和控制人和自然之间的物资变换的过程。"③

因此,劳动生产率是劳动的三种生产力(劳动的自然生产力、社会生产力和技术生产力)综合的结果。如果滥用资源,其代谢物就会破坏自然生态环境,也就从根源上破坏了生产力。恩格斯语重心长地说:"我们不要过分陶醉于我们人类对自然界的胜利。对于每一次这样的胜利,自然界都对我们进行报复。……我们连同我们的肉、血和头脑都是属于自然界和存在于自然界中的;我们对自然界的整个支配作用,就在于我们比其他一切动物强,能够认识和正确运用自然规律"④。马克思在《资本论》中也期望着未来社会"联合起来的生产者,将合理地调节他们和自然之间的物质变换"⑤。

二、价值规律

对属于商品生产、流通和分配的各个过程,价值规律有着不同的规定性。价值规律的基本规定性在商品生产过程。"作为价值,一切商品都只是

---

① 《马克思恩格斯全集》第26卷第1册,第377页。
② 《资本论》第1卷,第586页。
③ 同上书,第207—208页。
④ 《马克思恩格斯选集》第3卷,第998页。
⑤ 《资本论》第3卷,第928页。

一定量的凝固的劳动时间。"①"在这里,单个商品是当作该种商品的平均样品"②,即以平均质量为前提。这里的劳动时间也是按平均来计算的,即在现有的社会正常的生产条件下,生产该商品所耗的社会平均劳动。这个劳动不仅是所耗活劳动,而且包括凝结在所耗生产资料中的过去劳动。这个单位商品合起来的所耗劳动量还是按现有的条件下再生产它所耗量计算的,即"每一种商品……的价值都不是由这种商品本身包含的必要劳动时间决定的,而是由它的再生产所需要的社会必要劳动时间决定的"③。例如自然资源(水、森林……),不应认为它本身未经人类劳动的投入而无价值,它的价值是由再生产所耗劳动决定的。

从价值规律的基本规定来看,它实质上是以价值反比的形式反映生产力变动的规律。"劳动生产力越高,生产一种物品所需要的劳动时间就越少,凝结在该物品中的劳动量就越小,该物品的价值就越小。相反地,劳动生产力越低,生产一种物品的必要劳动时间就越多,该物品的价值就越大"④。我们正是运用这一机制,推行社会主义市场经济,促使社会生产力发展。例如,在同种商品生产的市场竞争中,某个生产者提高生产力使之高于社会平均生产力,也就是使产品个别价值低于社会平均价值。他以低于平均价值高于个别价值的价格出售,就可以取得超额剩余价值并占有市场。其他生产者就被迫也提高生产力才不会被市场淘汰。这个生产部门的整体生产力就因之提高了。

在交换过程中,双方的商品虽然使用价值不同,但所耗社会必要劳动必须相等,才不会一方吃亏一方占便宜。于是价值规律便展开为等价交换规律。再因为交换过程发展以货币为媒介的流通过程,在这个过程中价值表现在货币身上,也就是采取价格形式。但供求关系不断使价格背离价值,等价交换则要求价格在波动中趋于价值而与价值相符。这样,"不同生产部门的商品按照它们的价值来出售这个假定,当然只是意味着:它们的价值是它们

---

① 《资本论》第1卷,第53页。
② 同上书,第52页。
③ 《资本论》第3卷,第157页。
④ 《资本论》第1卷,第53页。

的价格围绕着运动的重心,而且价格的不断涨落也围绕这个重心来拉平的"①。"市场价格的不断波动,即它的涨落,会互相补偿,彼此抵消,并且还原为平均价格,而平均价格是市场价格的内在基准"②。

在分配过程中,由于商品的出售价格须满足分配(m 分割为利息、地租和利润)的要求,才能再生产,价值便转形为再生产价格,于是平均价格发生结构性变化。这样,产成品 W′原来的价值是:转移生产资料的旧价值 C+劳动创造的新价值(V+Pm);现在转移为:成本 K+平均利润 P+超额利润(r+R)。其中 P 又分割为支付的利息 I 与企业利润 PE,r 用于支付绝对地租,R 用于支付级差地租。

价值规律就实际表现为市场价格以再生产价格为中心波动的规律。此时,再生产价格已不是原来的平均价格,在一个生产部门内部它并不一定等于价值,它是在各部门的总和中等于价值的总和。其所以如此,是因为级差超额利润 R 不是该 W′生产者所创造的价值,而是社会转移的价值,它要在社会总和中才能均衡。

那么,市场价格的波动与价值规律又有什么关系呢？大家知道,波动源于供求变动。商品的供给量是由一定产业部门商品的实际生产量,或者说是由实际所耗劳动量(即由前述的、被称为第一种含义的、生产单位产品实际所耗社会必要劳动的总量)决定的。商品的需求量则是按社会需要该部门应该的生产量,或者说是按社会分工,社会按比例地为生产该物品应投入的劳动量(即第二种含义的社会必要劳动)。由按比例规律决定的第二种含义的社会必要劳动时间,会转化为有支付能力的需求,转化为有支付能力的价格总额。它不管商品供给量怎样,不管第一种含义劳动总量如何,也就是不管价值总额大小,只能按这个价格总额来实现,从而迫使生产(从而供给)按比例地进行。

可见,市场价格波动的规律实是商品价值(或再生产价格)实现的规律,其深层次联系则是为国民经济按比例发展规律开辟道路。而按比例规律也可以说是资源按比例合理配置的规律。所以,市场的价格波动也就起着配置资源的作用。

---

① 《资本论》第3卷,第199页。
② 《资本论》第1卷,第193页。

三、价值增殖规律

现在待考察的是生产力(生产的物质内容)与生产关系(生产的社会形式)相互关系的规律——生产力决定生产关系的规律和生产关系反作用于生产力的规律。在一定的社会经济形态中,则说要考察生产关系反作用于生产力的规律。一般来说,一定的生产关系下所进行的生产,它当然是为了该生产关系的利益。在人类进入文明时代以后,这种利益只能来自剩余劳动。于是代表该生产关系的生产资料所有者,占有剩余劳动(剩余产品或剩余价值m)便成为他生产的目的,为了达到这一目的,他又要以发展生产力为手段,才使劳动者能够提供剩余劳动。这里,目的制约着手段,所以说是反作用。于是,在市场经济体制下,生产剩余价值并通过积累增殖资本(或资金)价值便成为生产的目的。这个以提高生产率为手段达到价值增殖的目的的规律(简称价值增殖规律)贯穿在三卷《资本论》之中。

在第一卷,首先叙述了价值规律,接着就叙述资本在壮大自己的过程中,如何运用简单协作、分工协作、机器大工业发展生产率作为手段,来达到生产m的目的。然后,再叙述m的转化为资本最后达到资本价值增殖的目的。书中还指出,这种增殖还会进一步促进生产力的发展。因为"剩余价值不断再转化为资本,表现为进入生产过程的资本量的不断增长。这种增长又成为一种扩大的生产规模以及随之出现的提高劳动生产力和加速剩余价值生产的方法的基础"[①]。

在第二卷,论述资本为了达到价值增殖的目的,还要以提高生产速度减少资本预付(占用)量(表现为加速资本周转)为手段,占有年剩余价值的目的。而这还是要以提高生产力和按比例地进行生产作为手段。

在第三卷,由于分配的需要,生产的目的的剩余价值m采取了利润P的形式。资本价值增殖规律就进一步发展为:以提高生产力为手段,达到最大限度占有利润,至少也要取得平均利润,并进行积累的目的。但是,提高生产力会使平均利润率下降,这又和资本价值增殖发生矛盾,"手段——社会生产力的无条件的发展——不断地和现有资本的增殖这个有限的目的发生冲突"[②]。矛盾

---

① 《资本论》第1卷,第720页。
② 《资本论》第3卷,第279页。

的激化便导致经济危机。资本为了自身的利润促进社会生产力的发展。最后,当社会生产力发展到这个资本外壳容纳不了的时候,社会主义形式就会取代资本形式。

第三卷还具体分析了生产关系与分配关系的关系——前者决定后者,后者实现前者。不仅指出利息是资本所有权的实现形式,利润是资本使用权实现形式;而且指出"地租是土地所有权在经济上借以实现即增殖价值的形式"[①]。据此,贷出资金收不到利息就等于否定资金所有权。书中还专门指出,如果出让土地取不到地租,就"意味着土地所有权的废除,即使不是法律上的废除,也是事实上的废除"[②]。

《资本论》是一百多年前出版的。但书中所揭示的社会生产力规律、价值规律、价值增殖规律并未过时,而且恰恰是社会主义市场经济内在必然性,是我们经济工作中必须遵循的。

原载《特区经济》1998 年第 3 期

[①] 《资本论》第 3 卷,第 698 页。
[②] 同上书,第 849 页。

在社会主义建设中
发展《资本论》的理论

《资本论》是马克思"整个一生科学研究的成果。它是工人阶级政治经济学的科学表述。这里所涉及的不是鼓动性的词句,而是严密的科学结论"①。无产阶级政党的"全部理论内容是从研究政治经济学产生的"②。正因为这个缘故,新中国成立以来,《资本论》在我国得到了广泛的传播。但是,由于"左"的干扰也影响到《资本论》的研究工作,同时又由于重视第一卷的学习而忽视了第二卷特别第三卷的学习,因而造成了实践中的种种盲目性。为了加速社会主义建设,我们必须继续克服"左"的思想影响,特别要在分析生产力的基础上来分析生产关系,并大力宣传第三卷的基本原理,在实践中发展《资本论》的理论。以下就有关的几个重大理论问题进行回顾与瞻望。

一、在研究对象问题上突破传统的理解

关于《资本论》的研究对象问题,已争论了几十年,其焦点在于如何理解初版序言如下一段话:"Was ich in diesen Werk zu erforschen habe, ist die Kapitalistische Produktionsweise und die ihr entsprcchenden Produtions — und Verhehreverhältnisse." 中译文无论是郭大力、王亚南版本,或是中央编译局版本,都译为:"我要在本书研究的,是资本主义生产方式及与其相适应的生产关系和交换关系。"③有些同志把这里的"生产方式"一词理解为生产力和生产关系的统一,但多数同志则把这个词理解为"生产形式",亦即生产关系。但后一理解和下半句译文——"及与其相适应的生产关系……"——发生同

---

① 《马克思恩格斯全集》第 16 卷,第 411 页。
② 《马克思恩格斯全集》第 13 卷,第 525 页。
③ 《资本论》第 1 卷,第 8 页。

义反复。有些同志无视这一矛盾,认为《资本论》把政治经济学研究的对象限于生产关系。"文化大革命"期间,越过了这一界限,似乎就和"唯生产力论"发生牵连。几十年来,许多政治经济学教科书很少谈到生产力的问题,一些政治经济学研究工作者也因此很少紧密地联系生产力去研究生产关系的问题,很少深入调查生产力发展中的问题,加上有些同志包括我自己在内对自然科学、技术科学知之不多,这样,怎能适应我国社会主义现代化建设的要求呢?

事实上,生产关系和生产力是形式和内容的关系,形式与内容两个方面是不能割裂开来的。对《资本论》研究对象的德文原文,我们认为关键不仅在其中"Produktion sweise"一词既可理解为"生产方式",又可理解为"生产形式",而且在于最后一个词"Verhältnis"既可理解为"关系",又可理解为"条件"(condition)。在恩格斯校正的英文版中这个词就被译为"condition"。这句话的英译文是:"In this work I have to examine the capitalist mode of production, and the conditions of production and exchange corresponding to that mode."于是马克思那句话就可以译为:"我要在本书研究的,是资本主义生产方式,以及和它相关的生产条件和交换条件。"在这里,既可以把"生产方式"理解为生产力和生产关系的统一,也可以仅仅理解为生产形式或生产关系,它不会和下半句"以及和它相关的生产条件……"发生同义反复的问题。这里的"生产条件"指的是生产的物质内容,即生产力的构成要素(作为生产的客体条件的生产资料和主体条件的劳动力)。简言之,《资本论》研究的对象是资本主义生产关系,以及和它相关的生产力。当然,这只是我的理解。孰是孰非,应由《资本论》的实际内容来论证。

《资本论》多处用过"条件"和"形式"这两个词,特别在第一卷第二十一章第二段和第三段,马克思就说过:"生产的条件同时也就是再生产条件。"[①] "生产具有资本主义的形式,再生产也就具有同样的形式"[②]。再生产就其物质条件来讲总是生产资料和劳动力的再生产,就其资本形式来讲则是不变资本和可变资本的再生产。况且,马克思早在《政治经济学批判·导言》第 I

[①] 《资本论》第1卷,第653页。
[②] 同上。

章已经指出:"现代资产阶级生产——这种生产事实上是我们的研究的本题。"①即研究的对象是生产——形式和内容统一的生产,生产方式。

其实,《资本论》自始至终都是在生产力发展的基础上来研究生产关系的。第一卷第一章第 1 节叙述劳动价值论时就指出:"生产商品所需要的劳动时间随着劳动生产力的每一变动而变动。劳动生产力是由多种情况决定的,其中包括:工人的平均熟练程度,科学的发展水平和它在工艺上应用的程度,生产过程的社会结合,生产资料的规模和效能,以及自然条件。"②在第 2 节又指出:"生产力当然始终是有用的具体的劳动的生产力,它事实上只决定有目的的生产活动在一定时间内的效率。……那种能提高劳动成效从而增加劳动所提供的使用价值量的生产力变化,如果会缩减生产这个使用价值量所必需的劳动时间的总和,就会减少这个增大了的总量的价值量。反之亦然。"③后来又补充指出:"商品的价值,取决于加入商品的总劳动时间,即过去劳动的时间和活劳动的时间。劳动生产率的提高正是在于:活劳动的份额减少,过去劳动的份额增加,但结果是商品中包含的劳动总量减少;因而,所减少的活劳动要大于所增加的过去劳动。"④《资本论》开篇提到的这些有关生产力的重要原理,对指导以提高经济效率为核心的我国社会主义经济建设是极其重要的。我们常说"效率就是生命",效率说到底就是劳动生产力。按照上述原理,为了提高劳动生产力,就要加强对劳动者进行教育和培训,以提高平均熟练程度;就要大力促进科学的发展并提高它在工艺上应用的程度;就要扫除各种障碍使生产在越来越大的范围内进行社会结合;就不仅要注意生产资料的规模,而且特别要注意它的效能,例如不断更新技术设备、提高设备利用率、节约原材料、研制新材料等;还要保护环境,维护生态平衡,合理地运用自然条件,等等。根据上述原理,我们还可以知道,生产的增长并不一定等于生产力的提高,因而并不一定等于效率的提高。只有靠提高劳动生产力来增加生产,才能节约劳动时间。过去,我们只注意总产值指标,而不注意这个总量是由节约劳动时间还是由增加甚至浪费劳动时间带来的,结果使

---

① 《马克思恩格斯选集》第 2 卷,第 685 页。
② 《资本论》第 1 卷,第 53 页。
③ 同上书,第 59—60 页。
④ 《资本论》第 3 卷,第 290 页。

经济效率大为降低;另一方面,虽然工厂也计算劳动生产率这一指标,但计算方法还不够科学,它只是按活劳动来计算,而不是按照商品中包含的活劳动和过去劳动的总量来计算。这样,如果某工厂工人稍有减少,却购进昂贵机器,并且虽然机器的潜在生产率很高,使用率却很低。这时,生产固然增加了,劳动生产率可能反而下降了。过去,农村使用的大型农机也多遇到这种情况。这是由于所增加的过去劳动大于所减少的活劳动,以至商品中包含的劳动总量反而增加了。在这种情况下,劳动生产率实际上是下降了,但仅按活劳动计算劳动生产率的方法却会颠倒地虚假地表现为"提高了"。于是,设备的积压,物资的浪费,就不能在"劳动生产率"这一指标上反映出来。这个在实践上的重大问题,是《资本论》理论上早已解决的问题。能说《资本论》不研究生产力吗?能说政治经济学不应该大讲这一类的原理吗?

《资本论》第一卷的叙述进到资本的商品的生产过程以后,第五章指出,这个过程具有二重性——劳动过程和价值增殖过程,即生产力作用的过程和生产关系作用的过程。这是内容和形式的关系,劳动过程的(也就是发挥作用的生产力的)人的要素劳动力和物的要素生产资料,在价值增殖过程表现为资本形式,即表现为第六章所讲的可变资本和不变资本。生产过程的二重性又是目的和手段的关系,"在资本主义生产过程中,**劳动过程**只表现为**手段**,**价值增殖过程**或**剩余价值的生产**才表现为**目的**"①。以在劳动过程中提高劳动生产力为手段,达到生产和占有剩余价值,以增殖资本价值的目的,就是资本主义的基本经济规律。于是问题转到剩余价值和剩余价值率(第七章)上面。而这又不过是劳动生产力提高的结果,"没有一定程度的劳动生产率……就不可能有剩余劳动"②,也就没有剩余价值的被占有。并且,即使有了一定程度的生产力,如果生产力不继续提高,为了提高剩余价值率,就只能进行绝对剩余价值生产(第三篇),只有提高生产力,才能进行相对剩余价值生产(第四篇)。相对剩余价值生产是由个别扩展到一段:起初,某一资本企业提高劳动生产力,占有超额剩余价值,然后竞争迫使每个资本企业都要提高劳动生产力,以免于被淘汰(第十章)。接下来又指出,随着社会生产力由简单协作、分工协作到机器大工业的发展(第十一到第十三章),相对剩余

---

① 《马克思恩格斯全集》第49卷,第60页。
② 《资本论》第1卷,第585页。

价值的生产也就相应地得到巨大的发展。在第十三章的手稿中,马克思特别重视科学技术在社会发展中的作用。为了说明社会生产力的发展,他研究了十九世纪主要工业部门的大量科学技术发展的资料,并把手稿标题为《机器。自然力和科学的应用》。正是在这份手稿里,他还高度评价中国的三大发明的革命作用。"火药把骑士阶层炸得粉碎,指南针打开了世界市场并建立了殖民地,而印刷术……变成科学复兴的手段,变成对精神发展创造必要前提的最强大的杠杆。"① 然后在第五篇,又补充了以自然为条件的劳动生产力对剩余价值的影响(第十四章),以及劳动生产力的变动对剩余价值量的影响(第十五章)。又在第六篇论述了劳动生产力与工资形式的关系,以及各国劳动生产力的差异所影响的工资的国民差异。社会主义制度消除了资本主义的剥削关系,但仍然保存商品生产。社会主义的商品生产过程仍然具有二重性——劳动过程和价值增殖过程。不过后一方面已经不是资本而是资金的价值增殖过程。它仍然要以提高生产力为手段,仍然要盈利。但是长期以来这被看作"利润挂帅",许多企业在这样"左"的思潮禁锢下,也就安于落后,亏损也无妨,坐吃大锅饭。其实,马克思早已明确指出,即使到了共产主义社会,剩余劳动和剩余劳动率也应当存在②;并且生产劳动被规定为提供剩余劳动的劳动③。而在社会主义阶段,由于仍然进行商品生产,一切劳动的支出仍然表现为价值。剩余劳动也会凝结为价值,剩余劳动率也会以价值形式表现出来,只是前者不被资本所占有,后者不再表现资本对劳动力的剥削程度。长期以来,由于忽视剩余劳动(表现为盈利)与剩余劳动率(表现为盈利率)这两项最重要的指标,也就使企业丧失了提高劳动生产力的内在的经济动力;又由于忽视竞争,使企业缺乏提高劳动生产力的外在压力。企业只有在上述动力、压力下,才会密切注意科学技术的最新发展并迅速把它转化为直接的生产力。这些,不正是我们当前改革中的重要问题吗?

第一卷接下来论述提高生产力和扩大再生产的关系。第七篇在第二十二章中讲到发展科学技术提高生产力与内含的扩大再生产的关系,指出"科

---

① 《马克思恩格斯文集》第8卷,第338页。
② 参见《资本论》第3卷,第927页、992页。
③ 参见《马克思恩格斯全集》第26卷第1册,第142—143页。

学和技术使执行职能的资本具有一种不以它的一定量为转移的扩张能力"①。在第二十三章中,又指出提高生产力与外延的扩大再生产的关系,指出生产力发展与积累的相互促进关系。"提高社会劳动生产力的方法,同时也就是提高剩余价值或剩余产品的生产的方法,而剩余价值或剩余产品又是积累的形成要素……这种增长又成为一种扩大的生产规模以及随之出现的提高劳动生产力和加速剩余价值生产的方法的基础。"②从这里可以知道,剩余劳动从而剩余劳动凝结的价值不仅是企业提高生产力的内在的经济动力,而且更重要的是它本身成为新的生产力的源泉。因为积累就其物质内容来讲,就是剩余产品转化为追加的生产资料(生产力的物的因素),和追加的劳动力(生产力的人的因素)所需要的生活资料。在这一章,又运用了生产力技术构成从而资本有机构成这一指标叙述了人口规律和资本积累的规律,科学地预见到"资本主义积累的历史趋势"(第二十四章)。就是说,当着资本外壳容纳不了社会生产力发展的时候,"这个外壳就要炸毁了"③。《资本论》第一卷就这样从头到尾地叙述生产关系和生产力的内在联系,叙述生产力怎样决定生产关系,生产关系又怎样反作用于生产力。怎能说《资本论》只研究生产关系而不研究与之相关的生产力呢?又怎能说第一卷只是关于生产关系方面的叙述呢?

《资本论》第二卷主要论述单个资本的再生产和流通的速度问题与社会总资本再生产和流通的产品的实现问题。这些问题的物质内容也是和生产力分不开的。这里讲的速度问题实际是单个资本的生产时间和流通时间如何缩短问题。马克思明确指出,"缩短生产时间的主要方法是提高劳动生产率"④,"缩短流通时间的主要方法是改进交通"⑤。而改进交通的主要方法又是提高交通部门的劳动生产率。这里讲的实现问题实际是两大部类的产品得以实现的比例问题。由于消费资料的生产实际是为了劳动力也即人口再生产,所以两大部类生产的比例实际由社会生产力的构成比例(作为物的

---

① 《资本论》第 1 卷,第 699 页。
② 同上书,第 720 页。
③ 同上书,第 874 页。
④ 《资本论》第 3 卷,第 83 页。
⑤ 同上书,第 84 页。

因素的生产资料和作为人的因素的劳动力的比例)决定的。

《资本论》第三卷主要论述剩余价值的分配问题。这个问题也是和生产力发展分不开的。首先,如果没有一定程度的生产力,也就没有剩余价值,也就没有东西可供分配。其次,剩余价值转化为平均利润必须经过利润率、平均利润率等中间环节,这些也都受劳动生产力的制约。从利润率公式 $p'=m/(c+v)$ 可以知道,为了提高 p' 就要节约 c,就其物质内容来讲,也就是减少一定产品所包含的物化劳动问题,因而也是一个企业如何提高劳动生产力的问题(第五章)。同时,如果社会上有关部门的劳动生产力普遍提高了,以致生产资料和生活资料的价值下降从而价格下降,分母 $c+v$ 也会减小,从而也会提高 p'(第六章)。再从利润率的转化公式 $p'=m'/\left(\dfrac{c}{v}+1\right)$ 知道,由于劳动生产力既表现为资本有机构成 c/v,又决定了剩余价值率 m',前者处于分母地位,后者处于分子地位,利润率就是在生产力本身和生产力作用结果的这样的矛盾中运动(第三章)。"因此,一般利润率日益下降的趋势,只是劳动的社会生产力的日益发展在**资本主义生产方式下所特有的表现**。"[①]一般(平均)利润率的规律又会导致"手段——社会生产力的无条件的发展——不断地和现有资本的增殖这个有限的目的发生冲突"[②]。这个冲突,表示生产力已经强大到资本关系难以适应的地步;或者就资本来讲,生产力的发展由于不能增殖资本便成为过剩的。生产力相对于资本增殖而过剩会从三个方面表现出来:① 表现为生产力主体要素(劳动力从而人口)的过剩,即人口过剩;② 表现为生产力客体要素(生产资料)的过剩,即资本过剩;③ 表现为生产力的客、主体要素作为资本结合结果的商品的生产过剩。第十五章就这样紧紧抓住社会生产力在其发展过程中所遇到的资本增殖的矛盾,并在分析这一基本矛盾的激化的基础上来说明经济危机。至于利息(第五篇),好像与生产力无关,其实也不然。前面说过,没有一定程度的生产力就没有剩余价值,也就没有平均利润,就没有平均利润来分割为利息和企业利润。平均利润之所以分割为利息和企业利润又是由于资本所有权和使用权的分离,其物质内容则是生产力被资本所占有和被使用的分离;而利息又反作用于生产

---

① 《资本论》第 3 卷,第 237 页。
② 同上书,第 279 页。

力。利息迫使借钱经营的企业不得不加速资本的周转,从而不得不为此提高劳动生产力。利息的存在又导致股份公司的形成。这是社会化的资本,它容许生产进一步社会化。"因此,信用制度加速了生产力的物质上的发展和世界市场的形成;使这二者作为新生产形式的物质基础发展到一定的高度,是资本主义生产方式的历史使命。同时,信用加速了这种矛盾的暴力的爆发,即危机,因而促进了旧生产方式解体的各要素"①。最后,关于地租,这好像只是土地所有权问题。但它的实体都是超过平均利润的超额利润,这个超额利润的物质基础又归结到生产力的差别。我们知道,作为绝对地租的物质基础是土地产品生产部门的生产力和加工工业部门的生产力的差别;作为级差地租的物质基础是土地产品生产部门内部以使用土地为条件的生产力差别。在第六篇里,马克思还特别指出:国民经济各个部门的发展,又以农业足以提供剩余劳动的生产力为基础。

总之,《资本论》无论是在叙述生产过程时,或是在叙述流通过程和分配过程时,虽然主要揭示生产关系,却处处分析与它相关的生产力。况且,只有把生产关系归结到生产力的深度,才能对生产关系做科学的分析,才不会被生产关系所呈现的一些假象所迷惑。

由此可见,在我国社会主义建设中,深入学习和发展《资本论》中关于生产力的理论,弄清商品经济中各个范畴与生产力的内在联系,必将大大提高实际工作中的经济效率,加速社会主义四个现代化建设的进程。

二、重视学习和宣传《资本论》第三卷

50年代以来,我国一些大学经济学专业虽然开设了《资本论》课程,一般只通读第一卷;第二卷和第三卷只选读很少部分。自1980年第二卷节录本(《学习马克思关于再生产的理论》②)出版以后,全国又掀起了学习第二卷热潮。之后,第三卷虽也逐渐被人们注意,但还没有得到普遍的重视。况且,长期以来,在学习和运用第三卷的原理时,"左"的干扰也比较多。

其实,按照从抽象到具体的叙述方法,三卷《资本论》是一个艺术的整

---

① 《资本论》第3卷,第500页。
② 林子力、刘国光:《学习马克思关于再生产的理论》,人民出版社、中国社会科学出版社1980年版。

体,不可分割。我曾用"人体"作为比喻。第一卷叙述了它的骨骼系统(直接生产过程),第二卷进一步叙述包含骨骼的肌肉系统(包含生产过程的流通过程),第三卷最后叙述包含着骨头和肉的表皮系统(包含生产和流通的分配过程即生产总过程)。这样,从第一卷到第三卷,就把这个"人体"从里到外都叙述清楚了。所以,第三卷是非学不可的。它内容丰富,并且是现实中遇到的一系列重大的问题——成本、利润、利息、地租以及价格构成等。如果撇去资本性质,这些范畴也适用于社会主义经济。恩格斯对第三卷评价很高,说它"是一部光彩夺目的著作,在学术上甚至超过第一卷"[1],"是我所读过的著作中最惊人的著作……最困难的问题这样容易地得到阐明和解决……并且整个体系具有一种新的简明的形式"[2]。

第三卷"资本主义生产的总过程"是以平均利润为轴心展开的:职能资本以平均利润形式瓜分剩余价值(第一到四篇);生息资本以利息形式分割平均利润(第五篇),土地所有权以地租形式占有超过平均利润的超额利润(第六篇);最后综合为生产关系和分配关系(第七篇)。利润、利息和地租这各种收入的源泉都是来自劳动者所创造的剩余价值,而不是来自作为资本的生产资料,也不是来自土地,否则就会陷入资本拜物教和土地拜物教。剩余价值之所以采取以上分配形式,只是由于生产资料所有权、土地所有权等生产关系所决定的。

但另一方面,在商品经济下,我们又不能忽视剩余价值生产中物的条件。没有生产资料,没有土地(即使加工工业,它的厂址也要建立在土地上面),就不能进行剩余价值生产。况且,生产资料(包括土地)是生产力的客体要素,"生产力特别高的劳动起了自乘的劳动的作用,或者说,在同样的时间内,它所创造的价值比同种社会平均劳动要多"[3]。这是因为,一个企业占有较多较好的生产资料,生产力就比较高,在同样的时间内劳动者会创造更多的产品,从而实现更多的价值,带来更多的利润。社会主义社会也是商品生产,这些规律仍然通行。过去,我们的企业多采用成本利润率这一指标,也就忽视了固定资产尚未折旧部分对劳动生产力从而对经济效益所起的作用,现

---

[1] 《马克思恩格斯全集》第36卷,第325页。
[2] 同上书,第299页。
[3] 《资本论》第1卷,第370页。

在逐步改用资金利润率这一指标来衡量经济效益,是合乎科学的改革。资金利润率从社会范围来讲,就是平均资金利润率,它表示等量资金的一般经济效益是等量利润即平均利润。前面说过,它的物质内容是由社会生产力决定的。但平均利润要通过生产价格来实现,因此,价值转化为生产价格,生产价格是市场价格波动的中心。长期以来,社会化商品生产所形成的包含平均利润的生产价格,被混同于"资本主义经济的基本特质"。现在,经济工作中失误的教训使我们懂得,社会主义资金的使用效益,在行业之间、工商之间也应当有一个平均的标准。

既然等量资金的使用会取得平均利润,资金就应当有偿使用,资金的所有者就应当分得这平均利润的一部分。在全民所有制企业中,资金属全民所有,归企业使用。资金的所有权和使用权的分离使平均利润分割为利息和企业利润。国家银行应该代表全民掌握全民所有的资金,以信贷形式给企业,以利息形式在经济上实现全民所有权。以往由于忽视利息的作用,也就忽视银行的作用。我国资金不由银行掌握,而由财政无偿调拨,结果造成资金的积压和浪费,造成许多企业之间劳多少得、劳少反而多得的不合理现象。应当充分发挥银行作用,银行以利息形式(并且利率不能太低)使资金有偿使用,使企业不敢积压和浪费资金,也不敢多占资金。这样,才能使企业吃不到国家资金的大锅饭,在同等的社会条件下,开展竞争,才能使企业老老实实地依靠自己的努力来提高本企业的经济效率。

但是,这还不够公平,还有土地的使用问题。既然土地的使用会取得超过平均利润的利润,土地也应该有偿使用,这个超额利润应该归土地所有者。过去,由于忽视地租的作用,忽视土地所有权不仅是指私有权而且也指公有权,以致土地和资金一样,也是无偿使用,浪费了大量的宝贵的土地。其实,在全民所有制企业中,和资金一样,土地属全民所有,归企业使用。土地的所有权和使用权的分离使剩余价值分割为平均利润和超额利润。国家为实现土地所有权,应当以地租或土地使用费形式收取这项超额利润。又由于作为级差地租的实体的超额利润是虚假的社会价值,不是土地经营者所创造的价值,是社会转移来的价值。因此,即使是集体所有制企业,因经营土地而带来的这部分超额利润,原则上(按劳分配,不劳不得)也应由国家收取地租。从这个意义来说,土地应逐步国有化。因此,对集体企业,对经营商品生产和流通的专业户,也应课以土地税,以税代租。这样,才使企业、集体和个人吃不到国家土地的大锅饭。

最后,由于作为地租实体的超额利润也要通过产品(首先是土地产品,其次是加工产品)的价格来实现,这样,价格的构成就不仅包括成本、按资金计算的平均利润,而且包括因使用土地而带来的超额利润;土地产品(农产品、矿产品)的价格就会调高,财政就可以免除贴补,反而有地租供作收入;加工工业就会节约使用土地,就不能利用过去不合理的低廉的原料、能源价格转移别人的成果,虚构自己的盈利,而要扎扎实实地依靠自己的努力把经济搞上去。当然,与此同时,工资也要同步合理调整。总之,利润、利息和地租所体现的资金和土地的经济效益,都要通过价格来实现。否则都是空话!我们一定要大力改革目前不合理的价格体系,才能真正理顺各种经济关系。

可见,只要撇去资本的形式,《资本论》第三卷的理论对我们分析社会主义商品生产的总过程是何等重要!如果我们一手抓住资金的有偿地合理使用,另一手抓住土地的有偿地合理使用,并且使价格体系合理化,通过价格在经济上实现资金的价值增殖和土地的"价值增殖",我们的财政上出现的困难将会得到克服,我们的社会主义建设将会更快地发展。

原载《复旦学报(社会科学版)》1984年第5期

《资本论》与当代

《资本论》是100多年前出版的。它和当代有着什么关系,理论界存在着几种情况:① 认真学习,掌握它所揭示的社会发展规律,以及规律在当代的具体展开,活学活用。② 也曾努力学习,但忽视所揭示的规律,搬弄片言片语,成为教条主义者。③ 未学《资本论》,或摆设几本《资本论》做做样子,无知地胡说《资本论》过时了。④ 恶意反马克思主义,全面否定《资本论》的科学性。

《资本论》在当代之所以重要,在于它揭示社会发展规律,是科学的发展观。规律是事物内在必然性。当代社会都有它的物质基础的生产力发展规律,表现生产力的人际关系的生产关系,包含市场经济中商品所有者的关系的规律。即生产力决定生产关系,生产关系反作用于生产力规律,生产关系决定分配关系,分配关系实现生产关系;价值规律以反比表现生产力,价值增殖规律以正比表现生产力,特别重要的是:关于能够提供剩余产品的农业生产力是国民经济基础的规律,以及生产力本身决定于自然条件(人口、资源、环境)的规律。叙述这些规律是《资本论》中的基本理论,也正是科学发展观,是当代社会发展应遵循的规律。

但这并不意味我们要将书中这句话或那句话当作教条抱住不放,而是说它的基本理论并未过时。一方面,书中有些论点、有些科学闪光之处,马克思未具体展开,正有待我们在新的历史条件下予以充分论述。另一方面,基本理论也会随着客体条件的变化而展开、而丰富。因为一方面人们的认识是一个由表及里,由此及彼,逐步贴近客体的过程;另一方面客体世界又处于变化中,人们的认识也随之变化,因而理论也随之不断发展。恩格斯早就指出:"我们的理论是发展着的理论,而不是必须背得烂熟并机械地加以重复的教条。"[①]

[①] 《马克思恩格斯选集》第4卷,第588页。

以下从社会发展来审视某些基本原理在当代的发展。

一、作为生产力源泉的自然条件

《资本论》开篇就指出:"劳动生产力是由多种情况决定的,其中包括:工人的平均熟练程度,科学的发展水平和它在工艺上应用的程度,生产过程的社会结合,生产资料的规模与效能,以及自然条件。"①这里面每一情况都未过时。我们侧重分析其中两个要点,一是自然条件,二是科学技术。

第一卷第十四章指出:"劳动生产率是同自然条件相联系的。这些自然条件都可以归结为人本身的自然(如人种等等)和人的周围的自然。外界自然条件在经济上可以分为两大类:生活资料的自然富源,例如土壤的肥力,鱼产丰富的水域等等;劳动资料的自然富源,如奔腾的瀑布、可以航行的河流、森林、金属、煤炭等等。"②这就是说,生产力的发展依存于:自然生态环境提供的自然资源养育人口的发展。

此前,在第十三章已经指出,不注意保护环境滥用资源的机器大工业兴起的危害性。然后在第三卷第五章,专门论述资源的节约使用问题,指出在节约中应首先要减量化,然后要循环化。即"应该把这种通过生产排泄物的再利用而造成的节约和由于废料的减少而造成的节约区别开来"③。"循环"经济这个概念和它的效益早在第一卷第二十二章就已提出:"化学……教人们把生产过程和消费过程中的废料投回到再生产过程的循环中去,从而无需预先支出资本,就能创造新的资本材料。"④

再说人口问题。这实是人口与土地资源关系。人口可以暴增,土地则是不变的,人口超过土地承载力,天灾人祸随之而来。人口为什么暴增呢?源于小农经济。《资本论》第一卷第三篇第34注解中引用杨格的话说:"……小农耕种……除了繁殖人口别无其他目的,而人口繁殖本身是最没有用处的。"小农经济之所以形成和发展,又和封建经济联在一起。第一卷第二十四章中指出:"封建生产的特点是土地分给尽可能多的臣民……封建主的权

---

① 《资本论》第 1 卷,第 53 页。
② 同上书,第 586 页。
③ 《资本论》第 3 卷,第 117 页。
④ 《资本论》第 1 卷,第 698—699 页。

力不是由他的地租的多少,而是由他的臣民的人数决定的,后者又决定于自耕农的人数。"①

当今中国仍保留小农经济,人口因此增大到13亿,且性别失调,男比女多出数千万。现在人口每年仍新增千万。并因小农经济保存封建羁绊。这使中国难以按科学的规律向前发展。

二、科学技术是第一生产力

在上述决定生产力的诸因素中,马克思特别强调科学技术是首要的生产力。"随着大工业的发展,现实财富的创造较少地取决于劳动时间和已耗费的劳动量,较多地……取决于一般的科学水平和技术进步,或者说取决于科学在生产上的应用。"②

科学技术对物质生产有如此重要作用,它们自身的生产和再生产又有什么特点呢?第三卷第五章指出,生产科学技术的精神产品的协作劳动是"一般劳动",生产物质产品的协作劳动是"共同劳动"。"应当把一般劳动和共同劳动区别开来。二者都在生产过程起着自己的作用,并互相转化,但二者也有区别。一般劳动是一切科学劳动,一切发现,一切发明。它部分地以今人的协作为条件,部分地又以对前人劳动的利用为条件。共同劳动以个人之间的直接协作为前提。"③

一般劳动包含一代代科学工作者继承和发展的协作,是人类智力的共同结晶。当然,科学工作者所从事的劳动虽然包含前人和今人集体智慧,但他个人的作用也是巨大的,他的创新会发现新定理,或发明新技术。

一般劳动包含前人的精神劳动,凝结了众多科学工作者心血。"对脑力劳动的产物——科学——的估价,总是比它的价值低得多,因为再生产科学所必要劳动时间,同最初生产科学所需要的劳动时间是无法相比的,例如,学生在一小时内就能学会二项式定理"④。同样,这一原理也适用于技术创新的一般劳动。这启示社会应如何补偿知识创新以及知识分子的劳动补偿

---

① 《资本论》第1卷,第265—266页。
② 《马克思恩格斯全集》第46卷(下),第217页。
③ 《资本论》第3卷,第119页。
④ 《马克思恩格斯全集》第26卷第1册,第377页。

问题。

这一原理又引申出教育的巨大作用。教师的劳动不仅传授已有的科研成果,还要自己也从事科研劳动,以丰富教学内容,才能培育出又多又好的知识分子。

科学技术是第一生产力,一国的经济实力就看它拥有多少高质量的知识分子。就发达的资本主义国家来讲,它不仅大量兴办高质高等学校,培育本阶级的知识分子,而且通过仕途或金融诱饵,将被统治阶级中的杰出人才吸收过来,"巩固了资本本身的统治,扩大了它的基础,使它能够从社会下层不断得到新的力量来补充自己。……一个统治阶级越能把被统治阶级中最优秀的人物吸收进来,它的统治就越巩固,越险恶"①。对社会主义社会,险恶之处在于资产阶级通过争取知识分子,还起了和平演变的作用。

在社会主义社会,知识分子本是工人阶级中脑力劳动者。但是工人阶级要使自己的成员都成为有知识的人,还需经历漫长的岁月。这就要求特别尊重现有的知识分子,并欢迎来自资本主义国家的高知人才。但最重要的是大力办好教育,特别优待教师。"最先进的工人完全了解,他们阶级的未来,从而也是人类的未来,完全取决于正在成长的工作一代的教育。"②

三、市场经济与发展生产力

市场经济是以商品为细胞的经济(第一版序言)。它的主要作用就是促进生产力的发展。

市场经济只要求商品属于不同占有者,而不问生产商品的要素归谁所有。在这里"人们彼此只是作为商品的代表即商品占有者而存在"③。"商品生产和商品流通是极不相同的生产方式都具有的现象"④,它"不能对这些生产方式作出判断"⑤。因此,它既可与要素私有制结合,也可与要素公有制结合,它具有共性。因此,与商品联结在一起的价值、剩余价值、价值增殖与资本等也都具有共性,它们的运行规律都在于促进生产力的发展。

---

① 《资本论》第3卷,第679页。
② 《马克思恩格斯全集》第16卷,第217页。
③ 《资本论》第1卷,第103—104页。
④ 同上书,第136页。
⑤ 同上。

1. 价值规律

商品价值是由社会必要劳动时间决定的。"社会必要劳动时间是在现有的社会正常的生产条件下,在社会平均的劳动熟练程度和劳动强度下制造某种使用价值所需要的时间。"①"劳动生产力越高,生产一种物品所需要的劳动时间就越少,凝结在该物品中的劳动量就越小,该物品的价值就越小……可见,商品的价值量与实现在商品中的劳动的量成正比地变动,与这一劳动的生产力成反比地变动。"②

价值规律是市场的内在规律,它由外在的竞争规律为之开辟道路。它迫使生产者提高生产力,使产品的个别价值低于市场平均价值。"他必须低于商品的社会价值来出售自己的商品,又会作为竞争的强制规律,迫使他的竞争者也采用新的生产方式"③。

价值规律还要求节约生产和流通(资本循环)中各项费用,为此要求减少资本的占用量,并缩短资本在生产和流通(资本周转)中所经历的各种时间。这都和发展生产力联在一起,也是当代经济中重要的问题。《资本论》第二卷专门阐明这个问题。

2. 剩余价值规律

既然劳动凝结为价值,剩余劳动也就凝结为剩余价值,它也具有共性,既不姓"公",也不姓"私",只不过看它"嫁"给谁。

劳动生产力的提高,使维护劳动力再生产的必要劳动相对缩小,剩余劳动相对增加,剩余劳动再转化为追加的生产力,使社会日益发展。"剩余劳动一般作为超过一定的需要量的劳动,应当始终存在"④,才有生产力的发展。在市场规律中,当着生产者因提高生产力使个别价值低于社会平均价值时,他就能从市场中取得剩余价值。因生产力提高还从内部取得剩余价值。

简言之,价值规律是单位商品价值与生产力成反比的规律,剩余价值规律是生产者取得剩余价值与生产力成正比的规律。二者共同促进生产力的发展。正因为市场如此作用,"资产阶级在它的不到一百年的阶级统治中所

---

① 《资本论》第1卷,第52页。
② 同上书,第53—54页。
③ 同上书,第370—371页。
④ 《资本论》第3卷,第927页。

创造的生产力,比过去一切世代创造的全部生产力,还要多,还要大。"①社会主义社会更应该利用市场作用来发展生产力。

3. 价值增殖与资本

当着生产者投入的资金用于取得剩余价值,使其价值增殖,资金便转化为资本。资本也具有共性,既可以私有,也可以公有。国有资本也应该增殖。国有企业必须提高生产力,使自己价值增殖,才有生命力,否则就会被市场淘汰,危及社会主义根基。

4. 市场经济破解封建羁绊

市场经济倡导自由(买卖自由)、平等(等价交换),因而本能地反对封建羁绊(反对官商结合),从而解放和发展生产力。这样,市场经济就曾成为资产阶级用来推翻封建制度的武器。当今社会主义中国尚未解脱封建羁绊,发展市场经济既能破除封建羁绊,又因此促进生产力发展,它的作用异常重要。

5.《资本论》与西方经济学

总览《资本论》,它所阐述的就是资本主义市场经济,若去其资本主义外壳,就是市场经济内核。以上对这内核只择其要点作一般阐述。若将这内核与社会主义外壳对接,就成为社会主义市场经济。因此,《资本论》中所揭示的市场经济规律,既可以用以说明当代资本主义社会,也可以应用于社会主义的中国。

但是,《资本论》是发展的理论。它曾在批判西方古典政治经济学中创立,更应该随着市场经济的高度发展而发展。因此,我们还应该吸收当代西方经济学——当今资本主义市场经济学中科学的部分。区别只在于《资本论》是从工人阶级观点来分析,西方经济学则从资产阶级观点来阐述。只要注意这一点,侧重学习其配置资源、发展生产力的原理,对我国社会主义建设也是非常有用的。

四、生产关系与分配关系

生产关系与分配关系实质是:作为生产力的要素的所有者与使用者,如何分配作为生产力发展带来的价值增殖。《资本论》第三卷专门阐述这一问题。

---

① 《马克思恩格斯选集》第 1 卷,第 405 页。

1. 前面仅是抽象地论述一个部门内部的价值增殖及其归属问题

第三卷由抽象到具体,阐述各部门之间的竞争,使市场价值转化为生产价格,使价值增殖部分转化为平均利润进行分配。各个生产部门劳动生产力水平不同,因而资本有机构成不等。如果商品按它的价值出售,各部门的利润率就彼此不等。"但是资本会从利润率较低的部门抽走,投入利润率较高的其他部门。通过这种不断的流出和流入,总之,通过资本在不同部门之间根据利润率的升降进行的分配,供求之间就会形成这样一种比例,以致不同的生产部门都有相同的平均利润,因而价值也就转化为生产价格。"[1]这样,市场价格的变动就不直接表现为以价值为中心的波动,而首先表现为以生产价格为中心的波动。

这样,前面所说的关于市场价值的形成和实现的原理,"也适用于生产价格,只要把市场价值换成生产价格就行了"[2]。

《资本论》第一、二卷所揭示的经济规律都是与商品价值直接联系在一起的。现在,价值转化为生产价格,这些规律也随之和生产价格、平均利润、平均利润率联系在一起,展开为新的运动形式。

《资本论》第三卷前四篇,阐述两权(所有权与使用权)合一的职能资本如何平均地分配利润。

第五篇开始,论述两权分离的资本如何瓜分平均利润。这时,作为所有权的资本成为生息资本,职能资本就只是使用权的资本。平均利润就相应瓜分为利息和企业利润。

生息资本贷出的条件:① 按时归还,并与时间成正比;② 带着利息归还。它不管借款人使用时盈亏如何。"只要它被贷放出去,或者投到再生产过程中去……那就无论它是睡着,还是醒着,是在家里,还是在旅途中,利息都会日夜长到它身上来。"[3]这就迫使借款人(职能资本的使用者)必须努力,才能取得企业利润。其中,包括他必须加速资本循环周转,以减少借入的资本。

近代以来,借贷资本逐步集中于银行,资本市场也日益发达。

社会主义制度下的国有企业资本,也有一个所有权和使用权的关系问

---

[1] 《资本论》第3卷,第218页。
[2] 同上书,第200页。
[3] 同上书,第443页。

题。资本的所有权当然属于国家,资本的使用权则交给企业。因此,宜将资本的无偿调拨改为有偿使用。如果国家通过银行掌握资本所有权,那么,利息便会作为资本所有权在经济上借以实现的形式,扣除利息以后的企业利润则是运用资本使用权的结果。这样,利息和企业利润的划分,既首先保证了国家的利益,又促使企业在努力节约资本的前提下取得相应的企业利润。

如果全民所有制企业占用资本不付或少付利息,全民所有制就会蜕变为企业所有制。现实的情况正令人忧虑,2007年9月21日的《经济参考报》曾有肖华的一段报道,摘录如下。

"国有企业上交红利是国际的一个惯例,丹麦、芬兰、法国、德国、新西兰、挪威、韩国以及瑞典等国都是如此,而且许多国家上交的红利一般为盈利的1/3至2/3,分红水平高的达到盈利的80%—90%。新西兰还根据国有企业的资本结构、未来投资计划和盈利前景等因素来制定分红计划。对照这些国家,我国红利上交税后利润最大也是10%,显然是太少了。"①

2. 在分配关系中还有一个土地所有权与使用权问题

这是第三卷第六篇论述的,也是当今重大问题。实际上,价值不仅因分配转化为平均利润,而且还追加一份超额利润,它因土地使用权而取得,因土地所有权转化为地租。这样,价值所转化的生产价格就不仅是成本+平均利润,还要追加一个超额利润,它是市场价格波动的实际中心。

第六篇指出,由于社会需要和土地有限,客观上要求一部分人经营。于是土地产品的价值由最劣土地产品的个别价值来调节,而不是由它的真实价值(平均价值)来调节。这项个别价值超过真实价值的部分就形成超额利润。这不是土地产品生产者(土地使用者)创造的价值,而是社会转来的价值,应该归还社会(土地的社会所有者)。虽然土地使用者,通过土地产品会取得这项超额利润,他应该将它作为地租还给社会。社会由国家代表,地租应收归国家所有。

如果超额利润不转化为地租,这项由社会转来的价值就会被土地使用者不劳而获。如果转化为地租,但不为国家所有,就使土地占有者侵吞这项国有资产。

"消灭地产并不是消灭地租,而是把地租——虽然形式发生变化——转交给社会。所以,由劳动人民实际占有全部劳动工具,决不排除保存租赁关

---

① 《国企上交的红利是否应多些?》,《经济参考报》2007年9月21日。

系。"①马克思和恩格斯早在《共产党宣言》中就曾指出,无产阶级在取得政权以后,第一项措施就是:"剥夺地产,把地租用于国家支出。"②

按照地租原理,土地也不应归集体所有。恩格斯在论述大规模地采用合作生产时,曾特别指出"事情必须这样来处理,使社会(即首先是国家)保持对生产资料的所有权,这样合作社的特殊利益就不可能压过全社会的整个利益。"③

同样,按照上述原理,建筑基础地租不宜消灭,而要保存下来"用于国家支出"。废弃地租等于放弃"社会的整个利益"。特别对大城市由于地理位置所形成的高额超额利润,如果不作为地租收上来,其结果导致社会主义国家蒙受损失,又使城市臃肿起来。

社会主义国家代表全民的利益,土地当然更应该国有化。但是,它虽然消除了土地所有者阶级,却暂时遇到土地占用者的阻碍,使地租未能纳入中央财政收入,这是一个重大的亟待改革的问题。

总而言之,作为生产关系的资本所有权与使用权,土地所有权与使用权,既决定价值的分配关系,又由这分配关系来实现。所以,"分配关系本质上和这些生产关系是同一的,是生产关系的反面"④。

生产关系要由分配关系来实现。改变了分配关系也就等于改变了生产要素所有权,也就是改变了经济制度。例如,土地所有权是由地租来实现,如果出租土地取不到地租,就"意味着土地所有权的废除,即使不是法律上的废除,也是事实上的废除"⑤。同样,资本的所有权是由利息来实现的,如果贷款取不到利息,就意味着否定资本的所有权。

同时值得注意的是,由于资本市场的价格是利息,土地市场的价格是地租,这两个市场就不仅是配置资源的市场,而且是实现产权的市场。因此,经济体制改革的关键在于规范这两个市场。

原载《上海行政学院学报》2007年第6期

---

① 《马克思恩格斯选集》第3卷,第267页。
② 《马克思恩格斯选集》第1卷,第421页。
③ 《马克思恩格斯文集》第10卷,第547页。
④ 《资本论》第3卷,第994页。
⑤ 同上书,第849页。

坚持与发展《资本论》原理

《资本论》论述的是关于资本主义商品生产、流通和分配的总过程。商品经济(亦即市场经济)如果去其资本形式,这里留下的就是关于商品经济的一般原理,从方法论来讲,就是从特殊外壳剥出一般内容,现在则进一步将这一般内容(商品经济)与新的形式(社会主义)相结合,既坚持又发展《资本论》的商品经济理论。

理论应该是阐述一门学科研究对象内在规律性的机理。坚持不是对书中某句话当作教条抱住不放,而是说《资本论》所揭示的有关社会生产力发展规律、生产力与生产关系相互作用的规律、价值规律等理论,并未过时,对这些原理应该坚持。不过由于一方面人们的认识是一个由表及里,由此及彼,逐步贴近客观的过程;另一方面客体世界又处于变化中,人们的认识也随之变化,因而理论也随之不断发展。恩格斯早就指出:"我们的理论是发展着的理论,而不是必须背得烂熟并机械地加以重复的教条。"[①]

一、研究对象的展开

各门学科的研究对象究其总体来讲是客体世界。每门学科从不同角度探索客体世界某一方面的规律,有着各自的特殊研究对象。现代科学的主要特点在于从整体上反映客体世界的规律性,是人们系统认识世界的知识体系。其中因子之一的经济学应随之协同发展。长期以来,经济学研究的对象限于生产关系,很少联系生产力,不联系人口、资源与环境的协调发展,空谈生产关系,自我切断了与科学体系中的网络,也就难以揭示经济运动中的内在联系(规律性)。只有克服这个问题,经济科学才能发展,才能科学地引导经济持续、快速、健康发展和社会全面进步。

---

① 《马克思恩格斯选集》第4卷,第588页。

作为理论经济学的政治经济学，它的研究对象究竟是什么？这是多年争论的问题，争论的焦点在生产力是不是它的研究对象。争论双方的论据则是对《资本论》1867年初版序言下面一句话的不同理解。那句话是"我要在本书研究的，是资本主义生产方式以及和它相适应的生产关系和交换关系。"①如果将话中的"生产方式"理解为生产形式（即生产关系），那么就会得出"生产关系以及和它相应的生产关系"，这样的前言与后语同义反复，显然是不对的。后来在1872年法文版中，马克思多处将"生产方式"指为"生产（技术）方式"②，即生产力。但恩格斯又有另一种说法。大家知道，他在1878年出版的《反杜林论》中讲过，"政治经济学作为一门研究人类各种社会进行生产和交换并相应地进行产品分配的条件和形式的科学"③。这里条件指生产的物质内容，即生产力的构成要素；形式指生产关系。当时马克思看过并无异议。马克思于1883年逝世，1886年由恩格斯校订的英文版《资本论》问世。上面初版序言那句话被译为："我要在本书研究的，是资本主义生产形式，以及和它相应的生产和交换的条件。"这又和《反杜林论》一致。简单地讲，法文版讲的是生产力以及相应的生产关系；英文版讲的是生产关系以及相应的生产力；两者虽次序颠倒，但都提到生产力（生产技术方式或生产条件）。

事实上，这符合《资本论》的内容。《资本论》第一卷第一章第1节就开宗明义地指出："劳动生产力是由多种情况决定的，其中包括：工人的平均熟练程度，科学的发展水平和它在工艺上应用的程度，生产过程的社会结合，生产资料的规模和效能，以及自然条件。"④这一种情况都在书中加以阐述。对此我已在《马克思主义的真理颠扑不破》⑤一文中具体说明，这里就不再讲了。况且，书中所揭示的两条重大规律都是和生产力分不开的。其中，价值规律归根到底是以反比形式表现生产力变化的规律，剩余价值以及价值增殖规律则是以提高生产力作为手段的规律。这些原理贯穿在三卷《资本论》之中。所有这些原理对当今我国社会主义经济建设也是非常重要的。

---

① 《资本论》第1卷，第8页。
② 参见胡钧：《对〈资本论〉研究对象的再认识》，《经济学家》1997年第2期。
③ 《马克思恩格斯选集》第3卷，第528页。
④ 《资本论》第1卷，第53页。
⑤ 张薰华：《马克思主义的真理颠扑不破》，《当代经济研究》1994年第5期。

可喜的是,近年来许多经济学家开始重视对生产力的研究。现在的问题是理论经济学的对象还应该延伸到向作为生产力的源泉的生态环境和人口进行研究。如果生态环境遭到破坏,使再生性资源不能再生,非再生性资源难以寻得替代,社会经济就不能持续发展。如果环境中生命支撑系统全面崩溃,人类社会就会随之灭亡,也就谈不上经济的发展。但环境之所以遭受破坏,又是由于人口数量过剩、素质过低。我们现在经济建设的过程,不正是处处遇到这些基本问题吗?虽然马克思在上述决定生产力的因素中已经指出,它包括劳动者(人口)和自然条件(生态环境),但未展开。这正有待我们去研究去发展。

二、坚持与发展劳动价值论

劳动创造价值,价值则表现为价格。这一内在必然性是通过外在偶然性离差(偶然因素使价格背离价值)为自己开辟道路。庸俗经济学只抓住偶然性的价格变化,否定其内在价值,也就是否定劳动价值论。为了坚持经济学的科学性,当然要坚持劳动价值论。

但是,一旦注意到环境保护问题,就会想到劳动价值论也有待发展。价值是商品经济的生产关系。价值的实体(劳动)则体现社会生产力的高低,因为单位商品的价值量是由社会必要劳动(社会平均劳动)量决定的,这一劳动量又与社会生产力成反比。商品生产者的微观生产力从而所生产的商品的个别劳动,要在宏观的平均中折合为社会必要劳动,才凝结为社会价值。但是,在传统的分析中,往往只注意生产者如何节约内部劳动,忽视生产商品中内部应有的环保劳动,放任"三废"污损环境,使外部社会不得不投入大量劳动来治理污染。这实际上也是以破坏社会生产力来发展个别生产力。由此可知,生产该商品实际所耗的劳动不应只限于生产者内部劳动,还应加上外部整治环境的劳动。这外部劳动远远大于内部应有的环保劳动。例如,一个造纸厂内部环保劳动(设备与人员)被"节约",结果污染了一条河,外部社会再投入劳动治理这条河,所耗劳动可能百倍于内部应有的环保劳动。这样生产该商品(纸)实际所耗劳动应该等于内部劳动加外部劳动。明确了这一原理,就要求我们进一步研究在实际上如何使外部劳动内部化。

关于劳动价值论,我们还要注意到:"每一种商品……的价值,都不是由这种商品本身包含的必要劳动时间决定的,而是由它的再生产所需要的社会必要劳动时间决定的。"①这一原理使我们易于理解资源的价值与价格。未经人类开发的自然资源,不是劳动产品,没有价值,因其稀缺性,可以有价格。但由于资源的过度使用,不得不用劳动来使之再生,那再生资源就具有价值,这时原始的自然资源也不因其不包含劳动而无价值,也要按再生资源所耗劳动而计其价值。例如,一棵原始森林树的价值,是由人工林场再生产同类树所需要的社会必要劳动时间决定。而且,当着一些生产者破坏环境,使资源损毁,社会不得不投入大量治理环境劳动,这也是投下大量使资源再生的劳动,从而使资源的价值、价格上涨。如果忽视这一点,让资源无价或低价,就会导致滥用资源,进一步破坏环境。

三、农业问题

农业是培育生物的产业。而生物有植物、动物、微生物以及形成生物物种的基因。因此,农业首先应分析广义农业,即由林、农(狭义农业)、牧、渔以及培育微生物与基因的产业组成。人们平常讲的是狭义的农业,是除林业外的种植业。森林是生态环境的支柱,森林被毁会导致水土流失,土地荒漠化,也就毁了农业。因此,如果说农业是国民经济的基础,那林业就是国民经济的基础的基础。但林业不应是砍伐森林的木材业,而应是培育森林的产业。其所耗内部劳动,与上述污染环境的工业正好相反,不是增大外部劳动,而是保护了环境和资源,节约了外部劳动,降低了各种生态资源的价值和价格,这也是劳动价值论展开中一个具体待研究的问题。

再者,说农业是国民经济的基础并不确切。《资本论》是这样讲的,"超过劳动者个人需要的农业劳动生产率,是全部社会的基础。"②就是说农业要具有能提供剩余产品的生产力才是社会的基础。农业生产力越高这基础就越厚实。书中又说,"在农业中(采矿业中也一样),问题不仅涉及劳动的社会生产率,而且涉及由劳动的自然条件决定的劳动的自然生产率。可能有这

---

① 《资本论》第3卷,第57页。
② 同上书,第888页。

种情况：在农业中,社会生产力的增长仅仅补偿或甚至补偿不了自然力的减低"①。这里讲的正是水土流失导致土地荒漠化。所以为了提高农业生产力,首先要保护"劳动的自然条件"(生态环境)。为了保护作为自然条件的土地,也为了土地利益不被个人、集体或地方所侵占,马克思还主张土地国有化。因为非国有的"土地所有权本来就包含土地所有者剥削地球的躯体、内脏、空气,从而剥削生命的维持和发展的权利"②。当然,进一步讲,这还应该是社会主义的国有化。

为了提高农业生产力,不仅要保护土地的自然力,而且要使小块土地经营转化为大块土地规模经营以发挥劳动的社会生产力。这是因为,"小土地所有制的前提是：人口的最大多数生活在农村；占统治地位的,不是社会劳动,而是孤立劳动；在这种情况下,财富和再生产的发展,无论是再生产的物质条件还是精神条件的发展,都是不可能的,因而,也不可能具有合理耕作的条件"③。我国的包产到户不正是这种情况吗？

总之,农业的发展既要求生态化又要求规模化。但是,这又遇到人口的阻碍,规模经营从而农业生产力的提高,"使农业人口减少到一个不断下降的最低限量"④,使农业的潜在过剩人口成为显现的失业人口。他们人数众多(我国有几亿过剩农业人口),文化素质又低,为安排他们而建立的乡镇工业,技术低下,"三废"严重,污染环境,以牺牲全民生态环境来安排这部分中一小部分人就业,实则得不偿失。他们进入城市,城市原有人口也已经过剩,工厂为了提高生产力,不少工人也成为过剩,纷纷下岗。外来农民更难进城上岗。这说明经济学者必须花大力气研究人口问题。

农业经营还有一个生产关系问题。小农经济不管它怎样调动个体农户的积极性,都不能形成社会劳动的生产力,因而应该转化为大农场经营。这可以是私人农场,或公有制农场。就我国来讲,当然应该是以社会主义公有制为主体的国有农场和集体农场。但这不是人民公社的复归,因为人民公社虽号称集体所有制,却未将过剩人口剥离出来,既阻碍了生产力的发展,又在

---

① 《资本论》第3卷,第867页。
② 同上书,第875页。
③ 同上书,第918页。
④ 同上。

分配上搞大锅饭主义将它吃垮了。

四、社会主义与市场经济的结合

根据《资本论》第一卷第二章的原理,市场经济只要求商品属于不同所有者,而不论生产该商品的要素是否属于商品所有者。这样,市场经济既可与要素的资本主义私有制结合,也可与要素的社会主义公有制结合。正因为这个缘故,《资本论》中有关商品经济的一般原理都可运用于社会主义市场经济。邓小平则在实践中检验了这一原理,形成了建设有中国特色的社会主义理论。

现在的问题是,一旦社会主义与市场经济结合,公有的生产要素(土地、资金等)也要商品化、市场化,并通过合理价格来实现公有制。要素价格实质上是国民收入的分配形式。按照第三卷的原理,生产要素作为商品只出卖一定期限内的使用权而不出卖所有权。这样使用权的价格(利息、地租和工资)又实现要素的所有权。只有土地与资金的价格合理才能保证国有资产的保值和增值,否则还会使国有资产大量流失。我国当前体制改革的转轨过程中,要素市场与要素价格还很紊乱,亟待理顺。例如,我国农村土地尚未国有化,城市土地虽名为国有,大量土地仍被企事业、房屋占有者无偿占用,新出让土地的批租权限又层层下放,批租收入(地租)大部分变为地方或原地企事业收入,实际上否定了土地的国有制。对这个问题,《资本论》早已讲得很清楚。"地租的占有是土地所有权借以实现的经济形式,而地租又是以土地所有权……为前提。"①如果国家出让土地取不到地租,在经济上就等于否定土地国有制,这也就"意味着土地所有权被抽象掉,土地所有权被废除……即使不是法律上的废除,也是事实上的废除"②。与此相类似,国有资金的出让价格是利息。国有企业对国家投入的资金必须有偿使用,以实现国家所有权,"即利息是资本自身的果实,是撇开了生产过程的资本所有权的果实"③。现在一些企业正是在逃避利息,甚至连本金也变成国有银行的坏账了。

---

① 《资本论》第3卷,第714页。
② 同上书,第849页。
③ 同上书,第420页。

至于劳动力价格(工资),它涉及按劳分配问题。劳动力的使用便是劳动,劳动又分为必要劳动与剩余劳动。按劳分配不应只停留在按必要劳动分配,更要看剩余劳动是被工人阶级所共同分配,还是被私人所剥削。

总之,改革中这些重大问题,《资本论》都有所启示。《资本论》中朴实的道理正有待我们去展开。

原载《当代经济研究》1997年第6期

股份制的资本性质

股份所有制是社会化形式的资本所有制。在社会主义社会,以公有制为主体的股份制也不过是以公有制为主体的公私合营的国家资本主义。在社会主义初级阶段,为了发展生产力从而发展社会主义,既然容许私有经济在一定范围内发展,当然在一定程度上也应容许股份经济的发展。但是,在理论上没有弄清股份制的性质和它的运行机制,以及在实践上还不知道什么是规范化股份制的情况下,1984年以来,却已出现了不少"股份企业"。现在蓦然发现它们基本上不是规范化的股份制,并且出现了严重的化大公为小公(以企业股形式)与化公为私(以个人股形式)的问题。那么,今后我国的股份制规范化能否克服这些问题呢?我以为还是要从问题的深层结构——生产力的社会属性或所有制问题谈起。

一、股份制是适应生产社会化的资本形式

随着资本主义生产方式高度发展,单个小资本容纳不了巨大规模的社会生产力,资本也社会化,成为股份资本。正如马克思所说:"那种本身建立在社会生产方式的基础上并以生产资料和劳动力的社会集中为前提的资本,在这里直接取得了社会资本(即那些直接联合起来的个人的资本)的形式,而与私人资本相对立,并且它的企业也表现为社会企业,而与私人企业相对立。这是作为私人财产的资本在资本主义生产方式本身范围内的扬弃。"① 也就是说,股份制虽然是适应生产社会化的形式,虽然扬弃了单个的私人资本,但并未消除生产力的资本属性,仍然只是资本范围内的扬弃。

有的文章为了论证自己的观点,将马克思的话断章取义,片面摘引股份公司是"与私人企业相对立的""社会企业",似乎马克思已经认为股份公司

---

① 《资本论》第3卷,第495页。

是社会主义性质了。显然是不妥的。

　　与之相辅的观点还认为股份制是持股人的集体所有制,因而是社会主义的公有制。按照这种观点,有着高度发达的股份经济的美国、日本、新加坡等国家,岂不仅是发达的资本主义,而且是发达的社会主义了? 实际上,股份制只能说是资本的"社会主义",它和生产资料劳动者集体所有制有着本质的区别。前者所有权与经营权分离,并按资分配;后者两权合一,并按劳分配。

　　对按劳分配与股份制的关系,又有如下一些观点:有人认为,劳动者以其按劳分配的货币收入购买股票,不应算作按资分配;有人更进一步说,按劳分配所得的货币是一种物化劳动,用这种货币购买股票,股票就是代表这种物化劳动,然后按这种物化劳动取得红利,也是一种按劳分配;有的人则说,即使不是按劳分配,由于对红利的量的限制,也不是资本主义社会的按资分配;等等。大家知道,股票的性质与购买它的货币来源的性质是两回事情。股票只代表物化劳动的所有权,而不是物化劳动本身,况且按劳分配的"劳"指的是活劳动,至于红利的量的限制也不能改变股份的性质,在股价暴跌时红利成为负数,股票仍然是资本。

　　股份公司为什么仍然具有资本的性质呢? 这是因为股份公司的产权以股票形式存在。股票既是"资本的所有权证书",又"是对这个资本所实现的剩余价值的一个相应部分的所有权证书"①。这就是说,股份公司的产权不是作为一般的所有权,而是作为资本的所有权,属于股票持有者。而资本的所有权又要靠剩余价值的分配权来实现,否则就是一句空话。既然股票所代表的产权要剩余价值的相应部分(股息或红利)来实现,显然这是按资本分配,不是按劳动分配。

　　股份资本(作为社会化资本)是对资本的个人所有制的否定,但股票又可以为个人所占有,这好像造成了对自身的否定,好像这也是否定之否定。有的文章借这个假象来解说股票的个人所有制不再具有资本性质,还移花接木地假借马克思在《资本论》第一卷第二十四章结尾时的一句话:"这种否定不是重新建立私有制,而是在资本主义时代的成就的基础上,也就是说,在协作和对土地及靠劳动本身生产的生产资料的共同占有的基础上,重新建立个

---

① 《资本论》第3卷,第529页。

人所有制。"①言下之意,似乎对社会主义公有制的产权也要重新建立这种"个人所有制"。其实,这是对马克思那段话的误解。马克思的原意是:资本所有制是对前资本主义社会从事小生产的劳动者的个人所有权的否定,社会主义所有制又是对资本所有制的否定,这个否定的否定是在生产资料的公有制的基础上,重新建立消费资料的个人所有制。恩格斯在《反杜林论》第一篇第十三章中就此曾指出:"对任何一个懂德语的人来说,这就是说,社会所有制涉及土地和其他生产资料,个人所有制涉及产品,也就是涉及消费品。"②《反杜林论》发表于1877—1878年,马克思不仅看过而且为它写了一章(第二篇第十章《批判史》论述),他对此解释并无异议。

股份企业(不论是私人集资、集体企业转化、全民企业转化)所发行的股票,如为个人(不论是否劳动者)所持有,就带有资本性质;如为集体企业或全民企业所持有,它是否仍保存原有的公有性质,那还要看股息归谁所有。如果表面上以公股占最大比重,实际上公股不分股息,只有个人股才分红利,这种公股徒有其名,这种股份制实是化公为私。如果是国营企业相互参股(法人股),而红利又不上缴财政,并在企业内当作个人收入进行分配,这种类型的占最大比重的公股,则已是化大公为小公的"公股"了。

二、股票是建立在信用基础上的特殊商品

信用关系就是借贷关系。借贷资本是一种特殊商品,即资本商品。股票也是一种资本商品,是比借贷资本更特殊的商品。一般的借贷资本有借有还,并且按预定的利率增殖。投到股票上面的资本则有借无还,如果投资者想收回投资,只能将股票抵押或卖出去,是否亏本或赚钱则要看卖价如何。

股票是一种特殊商品,"这些商品的价格有独特的运动和决定方法。它们的市场价值〔指市场价格——作者注〕在现实资本的价值不发生变化(即使它的价值已增殖)时,会和它们的名义价值〔股票面值——作者注〕具有不同的决定方法"③。

假定企业资产(现实资本)为100万元,发一万张股票,每张票面值(名

---

① 《资本论》第1卷,第874页。
② 《马克思恩格斯全集》第3卷,第509页。
③ 《资本论》第3卷,第530页。

义价值)为100元。于是,每张股票按万分之一的比例索取总利润的相应部分(股息),如果总股息为10万元,则股息率为10%,每张股票可取得10元股息(股息=股票面值×股息率)。但是,股票面值只代表现实资本(产业资本和商业资本),只是现实资本的所有权的证书,而不是现实资本本身。况且,投到股票上的资本是按股票购买价格计算的资本,更不是现实资本,而是用于取得利息的资本,并且在这里利息是以股息形式出现,即:

$$股票市场价格 \times 利息率 = 股息$$

或

$$股票市场价格 = 股息/利息率$$

就上例来说,如利息率为5%,那张名义为100元的股票,在股息为10元时,它的卖价就=10元/5%=200元。股票的实际价格与名义价值(面值)之比,正好等于股息率与利息率之比,即:

$$\frac{股票价格}{股票面值} = \frac{股息/利息率}{股息/股息率} = \frac{股息率}{利息率} = \frac{10\%}{5\%} = \frac{2}{1}$$

由于股息从而股息率要到年终结算时才能确定,利息率则随时在变动,再加上企业的信誉以及证券市场上的供求变化,使人们难以捉摸股票价格的变化,就使这个价格带有投机性。

股票是特殊商品,既然是商品就要有市场,在市场上它就有特殊的价格决定与独特的运动。现在的股份制试点并不符合这些要求。而要符合这要求,投机性就不可避免,并造成一批食利者,因为购买股票是作为生息资本的投资。况且股票价格和面值的差额还会使集资创业者不劳而获巨额的创业利润。以上例来说,面值100元的股票,卖价却到200元,投资一百万元,卖出股票一万张却拿到二百万元,创业利润高达一百万元。当然实际不一定这样,要看股息率与利息率的差距而定。虽然现在有些试点单位只按面额出售,没有巨额创业利润出现,但是,一旦证券市场按股票应有价格出售,这项创业利润就会转归持股者所有。

股票面值代表现实资本,但又只是"现实资本的纸制复本"[①],而不是现实资本本身。另一方面股票价格还因利息率的作用又与股票面值相偏离,更

---

① 《资本论》第3卷,第540页。

不等于现实资本。例如,上述代表100元现实资本的所有权证书的股票,因利息率等于5%,可以卖到200元。为买这张股票投下的200元资本就是股票资本。它的增大(积累)并不一定意味着现实资本的增殖(积累)。在现实资本不变时,股市可以暴涨暴跌。暴涨时使持股者暴富,暴跌时则会使他破产。但若有人在暴跌时买进股票,"一旦风暴过去,只要这种证券代表的不是一个破产的或欺诈性质的企业,它们就会回升到它们以前的水平。它们在危机中的贬值,会作为货币财产集中的一个有力的手段来发生作用"[①]。财产就这样集中到在风暴中低价买进的投机者手中。

可见,"只要这种证券的贬值或增值同它们所代表的现实资本的价值变动无关,一国的财富在这种贬值或增值以后,和在此以前是一样的"[②]。其作用只在于货币产权的转移。因此,尽管投入股票的生息资本增加,并不等于为扩大再生产聚集了更多的资金。

三、股票价格和各种商品价格的关系

普通商品的买者所购买的是这个商品的使用价值,他支付的是这个商品的价值所转形的价格,市场价格波动的中心的基础价格=成本+平均利润+超额利润。

资本商品(借贷资本)的买者(借款人)所购买的是资本商品的使用价值,但这种使用价值不是物质的有用性,而是价值的增殖能力,即带来平均利润的能力。他支付的不是这个资本商品的价值,因为这个价值额是在没有任何等价物的情况下借入的,它以后会采取偿还形式回到卖者(贷款人)手里。他支付资本商品的价格是资本产品(平均利润)的一部分,即利息。这种资本商品的买卖特点在于卖者只出让资本的使用权,并未出卖资本的所有权。

土地作为商品就长期租赁关系来讲,买者(承租人)所购买的是土地的使用价值,即能生产和流通普通商品的使用价值。他支付的也不是这个土地作为商品的价值,因为土地不是劳动产品没有价值。他支付商品土地的价格是凭借土地所带来的超额利润部分。当卖者(出租人)取得这个价格时超额利润就转化为地租。所以,土地价格实质是土地所提供的地租的购买价格,

---

① 《资本论》第3卷,第530—531页。
② 同上书,第531页。

它是按普通利息率计算的。即土地价格＝地租÷利息率。商品土地的买卖特点也在于卖者只出让土地的使用权,并未出卖土地的所有权。

作为特殊资本商品的股票的使用价值是双重的:财产所有权证书和索取股息红利证书。因而买者支付的价格也表现为双重的结构:股份资本的价值(股票面值)和预期资本的增殖部分。股票买卖的特点则在于它是资本所有权的买卖。

股票价格＝股息÷利息率,这与上述土地价格计算形式类似,但又有重大区别。地价是购买土地使用权的价格,股价是购买资本所有权的价格;前者在租约满期时即失去土地使用权,购买土地的资金也不能收回;后者是无限期的,并且可以通过出售股票收回当初为购买股票而投下的资本。当然,前者在未满期前,存在可以转租情况,也可以通过转租收回部分资金,并且由于地租有上涨趋势,利息率又呈下降倾向,地价的大幅度上涨趋势往往在补偿承租人原初支付的购买价格后还有大量增殖的部分;后者则波动性较大,购买股票比购买土地具有更大的风险。

股票本身虽是一种特殊的资本商品,但它的价格又与一般的资本商品的价格(利息)不同,它不仅包括按利息率计算的股息红利价格,而且包含资本的价值;但它又不是现实资本的价值,只是现实资本的纸制复本,只是现实资本的所有权证书,因而只是虚拟资本的价值。

股票价格更不同于普通商品价格。它既不具有普通商品的使用价值(物质的有用性),又不像普通商品那样按自身的真实价值交换。

股票价格虽区别于以上三类商品的价格,但又与之有着内在的联系。利润、利息和地租不过是剩余价值分配为平均利润和超额利润的再分配形式,因而商品价值 c+v+m 转化为再生产价格,即:

$$c+v+m = 成本(c+v)+利润(m)$$
$$= 成本+平均利润(再分割为利息和企业主利润)$$
$$+超额利润(再转化为地租)$$

可见,一般的资本商品价格(利息)和土地价格(地租),其源泉来自普通商品再生产价格的构成部分。股票价格也是这样。由于股份资本不仅扬弃资本的个体性,而且扬弃资本的职能性(生产和实现剩余价值的职能),所以,在股份公司内部,实际执行职能的资本家转化为单纯的经理,即别人资本的管理人,他们的薪金只是,或者应该只是某种熟练劳动的工资,而不是企业主利润,于是,平均利润(不只是利息而且加上企业主利润)的大部分就以股息红利形式再转化为股票价格。

在商品经济中,商品价格是价值规律的表现。但是,我国的计划价格严重地违反价值规律,人为地压低土地产品(农产品、矿产品)价格和运输价格,使加工工业得以通过这样压低的价格购入生产资料并维持低工资,实是侵占土地产品生产部门与运输部门的劳动(表现为低成本)以增加红利,再加上土地的无偿或低偿使用,又将本应作为地租应上交而又未上交国家财政的超额利润进一步扩大红利。可见,在一些加工工业推行股份制多数是旱涝保收。这部分红利不是股份制的优越性带来的,而是侵占其他部门劳动的结果。所以,在价格体系未理顺以前,在加工工业推行股份制,只能带来更多的分配不公,执股人不仅能按资分配本企业的剩余价值,而且能按资侵占其他部门的社会剩余价值。

有人说,从中国现状看,实行股份制可以抑制通货膨胀。这也是值得商榷的。我认为中国当前通货膨胀的症结在于过度积累。由于中国人口过剩,社会生产力过低,作为积累源泉的社会总产品中剩余产品过少,而又自不量力,过度进行基本建设,于是导致通货膨胀。我们不应病急乱投医,舍本而逐末。

四、股份制与承包制

股份制是生产资料所有制的形式,简单地说就是一种产权形式。在股份企业中,凭借股份资本额的多少产生董事和董事长,代表生产资料作为资本的所有者(股票持有人)。但董事会并不具体经营业务,也就是前面说的股份资本扬弃了资本的职能性,它是挑选经理来承包业务经营。所以,股份制包含着承包制。正因为这个缘故,在资本主义社会一个没有财产但精明强干、稳重可靠、经营有方的人,通过这种方式也能成为资本的管理人,进而成为资本家。通过这一途径,资本也能从社会下层不断得到新的力量来补充自己,扩大自己的基础,巩固自己的统治。

但是,承包制仅是经营方式或经营权,它可以适用于各种所有制形式。

对全民所有制来讲,为使产权与经营权分离,也应该实行承包制。我国现行的这种承包制正是在社会主义公有制的前提下的经营方式。它也应该从社会各阶层中选贤任能,并吸收股份制中承包制某些好的经营方式,以巩固和发展社会主义公有制。

我国现行的承包经营责任制还不完善,缺点不少;我国股份制试点企业中的承包制也有很多问题,有待改进;我们不应把全民所有制企业的承包方式尚待克服的缺点,错怪在所有制上面,好像把社会主义公有制改为股份制就解决了问题。其后果将不是解决承包制问题,而是使国有的一部分财产蜕变为持股人的私有财产或一部分人的集体财产。

总之,社会主义社会为了不使自己停留在初级阶段,必须发展社会生产力,为此又容许发展其他经济成分,当然也应该包括股份经济。但是,在实行股份制的过程中,必须保证国有财产不受任何损失。与此同时,国家应把主要力量用于完善社会主义公有制下的承包经营责任制,以促进生产更大范围内的社会化,创造更高的社会生产力。

原载《学术月刊》1989年第8期

论价值规律制约的货币流通规律

货币是交换过程转化为流通过程的条件。它的运动规律和价值规律有着内在的联系：货币是在等价交换制约的交换过程中产生，也由等价交换规律所制约。

货币流通规律的物质内容是金属货币流通规律，又表现为金属货币的价值符号（纸币）流通规律。这一规律还与货币的信用符号（信用货币）相联系。

一、金属货币流通规律

一般说来，货币（G）流通规律是和它的五种功能联系在一起的。以下按照由分析到综合的顺序叙述，并假定价格与价值一致。

下面从一种商品谈起，然后展开为货币在商品流通总体中的规律性。

1. 价格是商品和货币的价值比

由于商品自身无法表现自己的价值，它的价值要在等价交换的过程中表现在和它交换的商品身上。例如 20 尺布的价值，在布和上衣交换时，它就表现在使用价值 1 件上衣上面。所谓 20 尺布 = 1 件上衣，从定性分析讲，它是

$$\text{商品 20 尺布} —— \text{商品 1 件上衣}$$
$$\text{使用价值 \ 价值 \ 使用价值 \ 价值}$$

从定量分析来讲，它是

$$20 \text{ 尺布} \times \text{每尺布价值} = 1 \text{ 件上衣} \times \text{每件上衣价值}$$

于是有

$$\frac{\text{每尺布价值}}{\text{每件上衣价值}} = \frac{1 \text{ 件上衣}}{20 \text{ 尺布}}$$

也就是说，两种商品（布与上衣）的交换比例是由它们的价值比价（实际

是价值比)决定的。随着上述简单的价值形成展开为扩大的价值形式,进而转化为一般价值形式,最后黄金作为一般等价物,出现了货币形式。而用货币表现商品的价值就是价格形式。在上列等式中,如果用 1 克黄金代替 1 件上衣,就转化为价格形式。于是又有

$$\frac{每尺布价值}{每克黄金价值}=\frac{1 克黄金}{20 尺布}$$

也就是每尺布的价格等于$\frac{1}{20}$克黄金,这个价格是每尺布的价值和每克黄金价值的比决定的。因此,撇开供求不说,或者说假定供求平衡,并且假定商品价值不变,该商品的价格也可以上涨或下跌,这是由等价交换规律制约的交换中,由货币的贬值或升值引起的。

由此可见,所谓用货币来表示商品价值,就是用货币来衡量商品价值,就是商品的价格。因此,货币的价值尺度问题,实际是价值与价格的关系问题。

2. 作为价值尺度的货币流通规律

以上我们从某种商品(例如布)的价值和黄金的价值在等价交换中探讨了价格形式。现在再从全社会总商品的总价值如何表现在货币(黄金)总额上面,从而探讨为流通总商品所需要的货币量的变化规律。

货币形式是价值的完成形式。商品价值的形式,不论是它的胚胎形式还是它的完成形式,都有一个共同特点,就是处于等价形式上的等价物必须是有价值的商品,是"等价"的"物"。当然,货币(黄金)形式也不例外。总之,货币的本质是商品,是充当一般等价物的特殊商品。货币和其他商品一样具有价值,是人类劳动的凝结物,又和其他的商品一样具有特殊的使用价值,如金可以镶牙,可以作电子产品的原料等;它当作货币商品,具有充当一般等价物的特殊的社会功能,取得了一种形式上的使用价值(货币的五种功能)。价值尺度是货币的首要功能,是货币流通量的规律的质的规定性。

我们之所以重申"货币的本质是商品"这一货币的基本规定性,为的是说明,不管用什么符号(纸币或信用货币)来代替金币执行职能时,符号本身并不是商品,没有价值,不是"等价"的物,只是等价物的符号。由此可知,这些符号的变化规律是以金币的变化规律为基础的。

根据上述原理,仍然用上面的例子,假定每尺布的价格(P)为 1/20 克黄

金,也就是用 1/20 克金来尺度每尺布的价值。如果市场上待流通的商品(布)的量(Q)为 10 000 尺,则为此而需要的流通的货币量(G)为

$$P_{布} \times Q_{布} = \frac{1}{20} \times 10\,000 = 500 \text{ 克金}$$

这里只是就一种商品布来讲的。现设市场上待流通的并能够实现的商品有 n 种,它们的量分别为 $Q_1, Q_2, \cdots, Q_n$,相应的价格分别为 $P_1, P_2, \cdots, P_n$,则每种商品的价格总额,也就是各种商品所需要的 G 量为 $P_i Q_i$,其中 i=1, 2, $\cdots$, n。由此可见,这全部商品流通所需要的货币量 $\sum G$ 应该等于每种商品流通所需要的货币量 $P_i Q_i$ 的总和,即

$$\sum_{i=1}^{n} G = \sum_{i=1}^{n} P_i Q_i \text{ 或简写为 } \sum G = \sum PQ \qquad (1)$$

这是体现 G 流通规律的抽象的、简单的公式。一看就知道,这个等式是由等价交换规律所规定的。它表明 $\sum G$ 是商品价格总额决定的,进一步讲则是由 $\sum G$ 的价值总额等于商品价值总额决定的。

在论述一种商品的价格时已经说过,价格是商品价值和货币价值的比率,而不是由商品价值单方面决定的。如果商品价值不变,货币价值发生变动,价格也会变动,会随着货币价值变动而反比例地变动。这个原理也可推广用于公式(1),即在其他条件不变下,价格从而价格总额会因货币的升值或贬值发生反比例的变动,于是又使 $\sum G$ 发生相应的变动。

3. 作为流通手段的货币流通规律

公式(1)是一个抽象形式。当货币作为流通手段时,它还要追加一个新的规定性——货币流通速度。货币流通速度表示商品形态变换的速度。

在商品转化为货币之时,当作观念的价值尺度的货币,就转化为在交换过程奔来奔去的当作流通手段的现实的货币。货币流通规律指的正是这个现实的货币的流通规律。

在商品流通中,商品不断地更新,又不断地因被购买从流通中退出,作为流通手段的货币却不断地留在流通领域奔来奔去,从一个人的手里,转到另一个人手里。在一定期间(例如 1 年)内,转手越快,同一枚货币可以实现更

多商品的价值,从而减少商品流通所需的货币量。假定同名称的货币的年流通次数为 V_1,则公式(1)就转化为公式(2)

$$\sum G_1 = \frac{\sum PQ}{V_1} \left(\text{作为流通手段的货币量} = \frac{\text{实现的商品价格总额}}{\text{同名称货币的周转次数}} \right) \quad (2)$$

这就是说,$\sum G_1$ 不仅与 $\sum PQ$ 成正比,而且与 V_1 成反比。如果同时期货币流通速度为1次,即 $V_1=1$,那(2)式就还原到(1)式。如果 $V_1>1$,货币的流通总量 $\sum G_1$ 就小于它实现的商品总额 $\sum PQ$。

我们还要注意到,P、Q、V_1 "这三个因素,即价格的变动、流通的商品量、货币的流通速度,可能按不同的方向和不同的比例变动,因此,待实现的价格总额以及受价格总额制约的流通手段量,也可能有多种多样的组合"[①]。其中,"各种因素的变动可以互相抵消,所以尽管这些因素不断变动,待实现的商品价格总额,从而流通的货币量可以依然不变"[②]。

"流通手段量决定于流通商品的价格总额和货币流通的平均速度这一规律,还可以表述如下:已知商品价值总额和商品形态变化的平均速度,流通货币量或货币材料量决定于货币本身的价值。"[③]假设商品价值为 T_W,货币价值为 T_G,则商品价值总额为 $\sum T_W Q$,价格 P 为 T_W/T_G(前面说过,价格为商品价值和货币价值的比率),把这项关系代入(2)式就有

$$\sum G = \frac{\sum PQ}{V_1} = \frac{1}{T_G} \cdot \frac{\sum T_W Q}{V_1} \quad (2a)$$

这就是说,在 $\sum T_W Q$ 和 V_1 不变时,$\sum G$ "决定于货币本身的价值" T_G。实际上,这个公式告诉我们,$\sum G$ 是由 T_W、T_G、Q、V_1 等四个因素决定的。

4. 作为流通和支付手段的货币流通规律

实际的货币流通规律不仅包括作为流通手段的 G 的流通规律,而且包括作为支付手段的 G 的规律。现在,再探索作为支付手段的 G 的规律,然后

---

① 《资本论》第1卷,第144页。
② 同上书,第145页。
③ 同上书,第145—146页。

把它和公式(2)综合在一起。

支付关系是和债务关系或信用关系联系在一起的,并和商品流通中的赊购关系联系在一起。在商品赊购关系中,一般有三类债务关系:① 过去赊购的商品价格总额(设为 $\sum p_0g_0$),现在到期要支付;② 现在的债务,期内要偿还,但由于商品生产者相互锁链般的赊购关系,媒介他们相互转账的机构和方法使这些支付(设为 $\sum p_1g_1$)互相抵消,最后支付的只是债务差额(设为 S);③ 现在赊购的商品的价格总额(设为 $\sum p_2g_2$),要到以后才偿还,现在无须支付。从这里可以看到,所要支付的只是 $\sum p_0g_0$ 和 S。而为了支付 $\sum p_0g_0 +S$ 所需的、作为支付手段的货币量 $\sum G_2$,还与它的流通速度 V_2 有关。这个流通速度又决定于两种情况:一是与债权债务关系的锁链成正比,二是与支付期限的间隔成反比。这样,我们又得出下列公式

$$\sum G_2 = \frac{\sum p_0g_0 + S}{V_2} \left(\text{作为支付手段的货币量} = \frac{\text{到期的债务} + \text{本期债务差额}}{G_2 \text{的周期次数}}\right)$$

(3)

现在,再把公式(2)和(3)综合在一起。但要注意这不是把它们简单地加在一起!因为公式(2)原来假定债务关系不存在,商品价格总额 $\sum PQ$ 全由 G_1 来实现。现在出现了债务关系,赊购的 $\sum p_2g_2$、互相抵消的支付 $\sum p_1g_1$ 以及债务差额 S 等都不必用 G_1 来实现,这使公式(2)的分子发生变化;另一方面,由于扣除了这些项目,分母 G_1 的流通速度 V_1 也会发生变化,因为 V_1 本来就是平均的速度,现在参加平均化的因子发生了变化。为简单起见,现在假定 V_1 不变,则公式(2)转化为下式。

$$\sum G_1 = \frac{\sum PQ - \sum p_2g_2 - \sum p_1g_1 - S}{V_1}$$

(2b)

这样,G_1 实现的是 $\sum PQ - \sum p_2g_2 - \sum p_1g_1 - S$,$G_2$ 支付的是 $\sum p_0g_0 + S$,G_1 和 G_2 合在一起完成的功能是 $\sum PQ - \sum p_2g_2 - \sum p_1g_1 + \sum p_0g_0$,这

是分子的方面;另一方面,分母则是 V_1 和 V_2 的加权平均数,用 $\overline{V}$ 来表示,于是成了货币流通量的规律的完成形式,即:

$$\sum G = \frac{\sum PQ - \sum p_2g_2 - \sum p_1g_1 + \sum p_0g_0}{\overline{V}}(=\sum G_1 + \sum G_2) \quad (4)$$

即:一定期间流通所需的货币量 $=\dfrac{\text{流通中商品价格总额}-\text{赊销商品价格总额}-\text{彼此抵销的支付}+\text{到期的支付总额}}{\text{同一货币单位的平均周转次数}}$

例如,$\sum PQ = 600, \sum p_2g_2 = 200, \sum p_1g_1 = 100, \sum p_0g_0 = 150, S = 50,$ $V_1 = 5, V_2 = 10, \overline{V} = 6\dfrac{3}{7}$,则有:

$$\sum G_1 = \frac{600 - 200 - 100 - 50}{5} = \frac{250}{5} = 50$$

$$\sum G_2 = \frac{150 + 50}{10} = \frac{200}{10} = 20$$

$$\sum G = \frac{600 - 200 - 100 + 150}{6\frac{3}{7}} = \frac{450}{6\frac{3}{7}} = 70$$

又若在(4)式两端各乘以 $\overline{V}$,再各加上 $\sum G$,然后进行移项(将 $\overline{V}\sum G$ 移到等式右端),又有:

$$\sum G = \sum PQ - \sum p_2g_2 - \sum p_1g_1 + \sum p_0g_0 - \sum G(\overline{V}-1) \quad (5)$$

公式(4)和(5)在内容上是一致的。区别之处在于,公式(4)是用除法,即除以流通速度 $\overline{V}$;公式(5)是用减法,即减去同一货币重复流通的次数所包含的货币量 $\sum G(\overline{V}-1)$。就上面例子来讲,流通次数 $\overline{V}$ 为 $6\dfrac{3}{7}$,货币 $\sum G(=70)$ 的重复流通次数 $\overline{V}-1$ 为 $5\dfrac{3}{7}$,则重复流通的货币额 $\sum G(\overline{V}-1) = 450 - 70 = 380$。这样,按照(5)式就有:

$$\sum G = 600 - 200 - 100 + 150 - 380 = 70$$

这就是说,货币流通的公式既可用除法——公式(4),也可用减法——公式(5)。

5. 货币流通规律与作为贮藏手段的货币

作为贮藏手段的货币是退出流通的货币,不属于流通的货币量 $\sum G$。但是,货币贮藏的量调节流通的货币量,它起着蓄水池的作用,随着流通的缩小或扩大而增加或减少,同时特别要为支付手段(包括作为世界货币的支付)形成必要的准备金。因此,"一个国家现有的金属货币量不仅要够商品流通使用,它还必须够应付货币流通的变动,这种变动部分地由流通速度的变化,部分地由商品价格的变动,部分地由货币作为支付手段或作为真正流通手段执行职能的比例的差别和变化而产生。现有货币量分为贮藏货币和流通货币的比例是不断变化的,但货币总量总是等于作为贮藏货币而存在的货币和作为流通货币而存在的货币之和。这个货币量(贵金属量)是逐渐积累起来的社会的贮藏货币。这个贮藏货币因磨损而消耗掉的部分,必须像别的产品一样,每年重新补偿"①。

6. 货币流通规律与作为世界货币的货币

现在从国内范围转向世界范围。贵金属在世界范围的流动是双重的。一方面,贵金属从产地分散到整个世界市场,为各国的流通领域所吸收,进入各国流通渠道,补偿磨损了的金银铸币,供给奢侈品作原料,并且沉淀为贮藏货币。另一方面,作为世界货币的贵金属,又随着汇率的变动不断往返于不同国家的流通领域。在这里,前一方面的活动作为世界货币的贵金属为各国国内流通提供流通货币材料和贮藏货币,是一国国内货币流通规律得以实现的条件。后一方面的活动则是世界货币自身的流通规律。

汇率是用一国货币表示另一国货币的"价格"。汇率平价是由两国货币的含金量的比例决定。外汇供求的变化,使汇率环绕着平价而波动。但波动是有限度的。这个限度就是从一国输送黄金到另一国所需要的费用(主要是运费,还有包装、保险等费用)。如果超过平价加这项费用,黄金就会输出;

---

① 《资本论》第2卷,第360页。

如果低于平价减这项费用,黄金就会输入。

二、纸币流通规律

纸币,即强制通用的国家纸币。

纸币是金币的价值符号,代表金币的价值量,实际上代替金币而流通,受金币流通规律的支配。"纸币流通的特殊规律只能从纸币是金的代表这种关系中产生。这一规律简单说来就是:纸币的发行限于它象征地代表的金(或银)的实际流通的数量。"①

纸币流通规律也是和货币的五种功能联系在一起的。

1. 从价值尺度看纸币规律的特点

既然商品价值观念地表现在一个金量上,这个金量又由纸币象征地体现出来,似乎可以不要这个中间环节的金,让纸币直接尺度商品价值。况且,"表面上看来,价值符号直接代表商品的价值,它不表现为金的符号,而表现为在价格上只表示出来、在商品中才实际存在的交换价值的符号。但是,这个表面现象是错误的"②。这是因为,纸币只是金币的价值符号;金币本身具有价值才能尺度商品的价值,纸币本身没有价值不能直接尺度商品的价值,它只有在代表金币(作为金币的符号)时才能通过金币间接地尺度商品的价值,虽然这个间接的过程并不显眼。

总之,纸币只有代表作为一般等价物的金才成为价值符号。如果忽视这个基本规定性,以为纸币可以与黄金无关,那就等于说货币可以不是一般等价物,而作为一般等价物的价值尺度功能也就不存在了。那么,纸币就只是"纸"而不是"币"了。

我们还要看到,正是纸币这一基本规定性决定了纸币流通的特殊规律。纸币流通规律的特点并不在于纸币流通的量正好等于金币的实际流通量,因为在这场合,它正好与金币流通规律相吻合,只是货币流通规律的一般性。它的特殊性在于,纸币流通的量偏离金币的实际流通量时,它仍然只能代表金币的实际流通量。这也就是马克思所说的:"当纸币发行数量适当时,纸币完成的并不是它作为价值符号所特有的运动,而它特有的运动不是从商品

---

① 《资本论》第 1 卷,第 150 页。
② 《马克思恩格斯全集》第 13 卷,第 105 页。

形态变化直接产生的,而是由于它同金的正确比例遭到破坏产生的。"①

当着纸币同金的正确比例遭到破坏,同名称的纸币就代表着较多或较少的金量。假设需要流通的金货币为100亿两,代替这金量发行的纸币为10 000亿元。如果发行量不到这两个数目,每元纸币就代表更多的金;反之也就相反。例如,当着纸币发行量膨胀到20 000亿元,这时仍然只代表100亿两黄金。这样,同一商品价值,原来用一元的价格来表现,现在用二元的价格来表现;也就是说,商品价格也随着纸币超过其应有发行量而正比例地上涨。这就是通常讲的通货膨胀。由此可见,在其他条件不变下,物价总水平的变动,不过是纸币发行量变动的结果。更深入来看,"价格的上涨不过是流通过程强制价值符号去等于它们代替流通的金量而产生的反应"②。也就是说,"价值符号不论带着什么金招牌进入流通,在流通中总是被压缩为能够代替它来流通的那个金量的符号"③。

因此,纸币虽是国家强制通用,国家在发行纸币时并不能点纸成金。国家固然可以把印有任意的铸币名称的任意数量的纸币硬塞到流通中去,但纸币一经进入流通,就受流通的内在规律的支配。

2. 从货币其他功能看纸币规律的特点

以上说明,纸币流通规律的主要特点来自价值尺度的变形。除此以外,在货币其他功能上,纸币规律也有相应的特点。

首先,纸币是国家强制通用的,它不具有世界货币的功能,它的运动一般限于国内市场。

在国内市场上,作为流通手段的金量 $\sum G = \sum PQ/v$,即金币(用 G 表示)规律中,商品价格总额 $\sum PQ$ 是自变量,$\sum G$ 随 $\sum PQ$ 变动而变动。但在纸币(用 M 表示)规律中,这个公式颠倒过来,即 $\dfrac{\sum PQ}{v} = \sum M$,$\sum M$ 似乎是自变量,$\sum PQ$ 随 $\sum M$ 变动而变动。这个现象也适用于作为支付手段的量上。

---

① 《马克思恩格斯全集》第13卷,第112页。
② 同上书,第110页。
③ 同上书,第111页。

至于贮藏货币,只有具有价值的货币才会被贮藏。纸币只有在币值比较稳定,或者银行利率足以补偿它的贬值时,才会存贮起来,如果过度发行,币值大幅度下降,人们就会尽快把它推向流通,这又加快了纸币的流通速度v。本来在上述金币公式中,v也是自变量,现在在纸币公式中,$\sum M$却是自变量,v也变为因变量了。

由此可以知道,纸币规律虽然只是用纸币表现的金币规律,但它是以颠倒的形式来表现金币规律。"金因为有价值才流通,而纸票却因为流通才有价值。已知商品的交换价值,流通的金量决定于金自己的价值,而纸票的价值却决定于流通的纸票的数量。流通的金量随着商品价格涨跌而增减,而商品价格却似乎是随着流通中纸票数量的变动而涨跌。商品流通只能吸收一定量的金铸币,因而流通的货币量交替地紧缩和扩张是必然规律,而纸票却似乎不论增加多少都可以进入流通。……金铸币显然只有在商品价值本身用金计算或表现为价格的时候才代表商品价值,而价值符号却似乎直接代表商品价值。"[①]

三、货币流通规律与信用货币

前面先是流通的货币量限于金币,后来展开为作为金币的价值符号的纸币,总的说来就是流通中的现金数量。现在进一步考察货币(金币或纸币)的信用符号——信用货币——和货币流通量的关系。

1. 信用关系下的货币流通规律

从公式(3)知道,作为支付手段的货币支付的是到期的债务和本期的债务差额;从公式(4)知道,一定期间的流通的货币量还应该减去赊销商品价格总额和彼此抵销的支付。这种债权债务关系也就是信用关系。体现这种关系的信用货币就是商业票据和支票、本票、汇票等。现在的问题是,信用货币如何通过影响公式(4)的分子和分母以影响流通的现金量。

商业票据代表着商业信用,即商品经营者相互给予的信用。如果这些票据通过背书而在流通中作为支付手段来发挥作用,那么,没有货币的介入,也可以进行结算,其中只有差额要用现金来支付。例如,布厂为购买棉纱用票据支付给纱厂,纱厂又用这张票据从棉商处购买棉花,如果这个棉

[①] 《马克思恩格斯全集》第13卷,第111—112页。

商兼营棉布买卖,也曾对布厂发出债务票据,如果这两张票据正好互相抵销,它们就绝对地作为货币来执行职能,因为在这种情况下,它们已无须最后转化为货币了。当然,实际并不正好抵销,这两张票据的差额就要用实际的货币来支付。

当商业票据持有者需要现款时,可以把这张票据提请银行贴现(未到期票据扣利息贴换成现金)。银行既可以用现金来贴现,也可以用自己的票据(主要是支票)来贴现。于是,银行信用代替了商业信用,银行的信用货币代替了商业的信用货币。但是,这还只是银行信用的一部分。除此以外,银行还通过抵押贷款、存款透支等等方式向客户提供信用。因此,银行的信用货币在数量上远远超过商业的信用货币。这个超过部分还可以代替流通手段进入流通。银行票据通过以下两种途径来节约流通的货币量:其一是如果债权人和债务人都在同一银行开有户头,票据所代表的债权债务关系就由同一银行转账结算,根本用不到现金;其二是如果双方在不同银行开有户头,那就由不同银行通过票据交换进行非现金结算。

由此可见,无论是商业信用,特别是银行信用,都可以增大公式(4)分子中的"彼此抵消的支付"①,从而减少流通中的实际货币量。

另一方面,信用又会作为媒介,以提高公式(4)分母中的"通货的流通速度",从而进一步减少流通中的货币量。如果没有信用介在中间,货币不过当作单纯的流通手段来用,它就随着买卖从一个人转到另一个人手里。在A(货币的原来所有者)用1 000元向B买,B再向C买,C向D买,D向E买,E向F买的时候,同一个1 000元货币流通了五次。这样,它会在有些人手里停留较长时间。例如B暂时不向C买,D暂时不向E买,货币就会先在B后在D手中停留相当长的时间。但若B将它存入银行,银行立即贷给C,C向D买,D也将它存入银行,银行再立即贷给E,E向F买。这样,同一枚货币在没有现实买卖作为媒介的情况下,在存款和贷款上发生转手,从而加速了它在现实买卖序列中的转手,通货的流通速度也就因此而加快。

2. 信用货币的量不等同于现金的量

表面上看来,一个人将现金存入银行,然后根据存款开出支票,用支票购

---

① 《资本论》第1卷,第163页。

买商品或支付债务,支票和现金起了一样的作用。实际上,两者是有区别的。从性质上来看,前面已经说过,支票只是现金的信用符号,而不是现金本身。现在再考察它们的量的区别。

从社会范围来看,信用货币的量是放大了的现金的量,它大大超过现金的量,这个超过部分实际是虚拟的货币量。这种放大的根源来自银行存款和贷款对现实存入现金的放大。例如,在前面的买卖序列六人中,B以现金1 000元存入银行,银行将它贷给C,C向D买,D又将这到手的同一个1 000元存入银行,银行再将它贷给E,E向F买。这时,同一个1 000元现金,对银行来说,已经放大为2 000元存款和2 000元贷款。如果F再将这笔现金存入银行,银行再把它贷出,那么存款和贷款又各放大为3 000元,而且,这个1 000元现金还在外部流转,还不在银行手里。存款人B、D、F却可以共开出3 000元支票投入流通。从这个例子还可以看出,存款放大的数量从而信用货币的数量取决于两个条件:① 同一货币所完成的购买或支付的次数,在这里是A向B买、C向D买、E向F买,共购买三次;② 同一货币作为存款流入银行的次数,在这里是通过B、D、F三人的手三次流入银行,形成3 000元存款。这两方面的运动是交错在一起的,首先是前面的三次买卖,然后才有后面的三次存贷。

从这里还可以知道,支票和贷款是以存款为基础的。如果发放没有存款保证的贷款,社会导致信用膨胀,导致信用货币的膨胀。于是中央银行不得不调拨现金来弥补,这又导致通货的膨胀。这就是说,信用货币的量不仅通过影响公式(4)等号右端的分子和分母间接影响流通的货币量,而且有时还会直接影响等号左端流通的货币量。

在信用制度下,纸币(国家纸币)是通过银行发行的,各种贷款最后都与银行贷款有关,因而信用货币也会归结为以银行作出发点。这样,虽然货币在流通中或多或少地要经过各种人之手,但大量的流通的货币却属于以银行等形式组织和积聚的货币资金部门。这个部门以预付资金的形式将货币投入流通,按照预付资金总要回归到它的出发点的规律,它最后又会以货币形式流回到银行手中。① 因此,银行起着巨大作用,它干预着货币的流通。银

---

① 参见《资本论》第2卷,第459页。

行对货币的收或放,会导致货币市场上银根的紧或松,而通货量的变化又会影响物价的变化。也就是说,银行对货币流通的主观干预仍然会由货币流通的客观规律所制约。

银行不仅用信用货币取代相当大部分的作为价值符号、流通手段和支付手段的现金,而且还使作为货币贮藏的现金缩小到尽可能少的限度。在银行制度下,社会各个方面暂时沉淀的货币贮藏都会转化为银行存款,银行通过贷款把它们投入流通,只留下极小部分作为准备金。由于这个准备金不仅是信用发行和存款的准备金,而且是作为世界货币的准备金,因而最终还会还原为黄金贮备。

由于信用关系就是借贷关系,信用货币的量实际就是借贷资金的量。又由于前者的量会直接或间接影响流通的货币量,后者的量又和利息率联系在一起,因此,利息率也会影响通货的流通量。一方面,市场银根的紧或松会使利息率上升或下降;另一方面,利息率的升或降又会反过来影响对借贷资金的需求,影响信用货币的量,从而间接地影响通货(纸币)的量。

原载《贵州社会科学》1986 年第 11 期

加速资金周转,少花钱,多办事

生产是一个运动,而运动是不能中断的,运动意味着连续性。这种连续性本身就是一种生产力。为什么呢？我们知道,生产力包含着劳动力(A)和生产资料(Pm)两个因素,这两个因素必须结合才能使潜在的生产力因素变为现实发挥作用的生产力,才能使生产运动连续进行。因此,生产运动的连续性,从它的内容来讲,就是现实发挥作用的生产力。

生产运动从它的形式来讲,表现为资金运动。因此资金运动又是生产力运动所采取的一种形式。资金运动表现为资金形态变化及其循环,表现为资金的循环和周转。一个企业的资金在运动中依次采取三种形态。首先表现为预付的货币资金形态(G);预付的货币资金被用来支付劳动力(A)的工资和购买生产资料(Pm),而当这些劳动力和生产资料进入生产领域,就转化为生产资金的形态(P);生产过程的结果是一定量的增殖了价值的商品成品,于是资金又采取商品资金的形态(W′);商品必须出卖,然后资金又回到货币资金的形态(G′)。这也就是说,资金的循环过程必须经历三个阶段。第一阶段是货币资金转化为生产资金阶段,即 $G{<}^A_{Pm}\cdots P$;第二阶段是生产资金转化为商品资金阶段,即 $P\cdots W′$;第三阶段是商品资金又回到货币资金阶段,即 $W′—G′$。因此,货币资金的循环公式是:

$$G{<}^A_{Pm}\cdots P\cdots W′—G′$$

在资金的无限运动中,不仅货币资金,而且生产资金和商品资金都可以作为起点。其中每一种形态,每经三个转化阶段,就重现一次;而每一次重现,就意味着这种形态的资金循环了一次。不过具有典型意义的还是上述货币资金的循环公式。

在资金的无限运动中,预付资金形态每循环一次就是资金周转一次,周转就是预付资金的反复循环。

资金运动不能中断，破坏运动的连续性就是破坏生产力。在"四人帮"横行时，他们破坏了国民经济的比例关系，使生产资料的购买阶段 G—Pm 难以进行，使商品的出售阶段 W′—G′ 不能畅通；特别是他们煽动停工停产，破坏社会主义协作关系，使生产阶段 P…W′ 中断，使生产力遭受严重破坏。一个个企业的资金不能正常运转，整个国民经济也就被弄到了崩溃的边缘。

粉碎"四人帮"以后，企业经过了初步整顿，资金运动逐步正常起来了。但是，资金运动的速度必须加快，资金的使用效能必须提高。我们知道，企业流动资本需要量是同它的周转速度成反比例的。例如，在资金每年周转一次时，需要资金四万元，如果周转速度加快四倍（每季周转一次）时，维持原有生产规模就只需一万元流动资金了。周转越快，资金的效能也越高。在这里，每季周转一次的一万元流动资金，它的效能可以等于每年周转一次的四万元资金。可见只要加速资金周转，就可以少花钱，多办事。用上面这个例子来讲，就是可以用一万元钱办四万元的事！目前，我们不少企业经营管理非常落后，资金积压甚多，若能狠抓资金管理，加速资金的周转，必然反过来促进生产力的高速度发展。

那么，如何提高资金的周转速度呢？速度问题无非是一个时间问题。资金每周转一次（或者说每循环一次）所经历的时间越长表示速度越慢，时间越短表示速度越快。因此，问题的中心就转到如何缩短资金周转一次所经历的时间上。为此，又要搞清楚每次周转中资金要经历哪些过程，弄清楚这当中每一个环节，然后对每一个环节下功夫研究如何缩短每个过程所经历的时间，其结果周转一次所经历的总时间必然大大缩短。

具体来说，资金运动总是通过生产领域和流通领域的运动。资金在生产领域停留的时间是它的生产时间，资金在流通领域的时间是它的流通时间。所以，资金完成它的循环的全部时间，等于生产时间和流通时间之和。

生产时间又分为：

（1）劳动时间。这是生产力两因素相结合的时间，因而是生产力发挥作用的时间。所以，它是周转时间中最重要的时间。这个时间的缩短，往往和提高劳动生产率联系在一起。例如，制造某种产品，假定需要劳动时间三个劳动日，由于采用现代生产技术，缩短为两个劳动日等。当然，采用新技术,又要投入更多的固定资金。但若组织好专业化协作,并且改进工艺流程,发掘现有设备能力,就能在投资不多的情况下,大幅度缩短劳动时间。

(2) 非劳动时间。这部分时间又可分为:

① 备料时间。如果库存材料过多,一部分材料长时期积压,资金周转时间必然因此而延长,预付资金的数量也会由此而增加。必须看到,库存材料是生产力的物的因素,积压材料就是使生产力的潜在因素不能转化为现实的生产力。况且,为了保管这些材料还要投入保管费用,这些费用的一部分还要追加到商品价格中去,其结果无异于降低了劳动生产率。因此,必须充分利用库存材料,使它的数量缩小到保证生产的正常需要。

② 停工时间。这里说的是正常的停工时间,例如晚上不开工的时间。这部分时间也是生产力处于潜在状态不能发挥机能的时间。在这个时间内,建筑物和机器等劳动资料,不论怎样,总会磨损自己的一部分使用价值,因而在停工期间,仍然要按折旧率转移它们的价值,使单位产品所包括的物化劳动量增加,也就是使劳动生产力下降。相反,如果有条件实行三班制,从而尽可能缩短停工时间,就能使厂房和机器设备充分利用起来,其结果也就提高了劳动生产力。

当前,特别是由于原材料动力工业远远落后于加工工业的需要,许多工业或是由于原材料不足而停工待料,或是由于缺电而停工待电。为了消除这类不正常的停工时间,从而免除停工期间人力物力的白白浪费和减少资金的积压,必须缩短基本建设战线,大力发展原材料动力工业,并对加工工业实行择优供料,择优供电,才能从国民经济的全局出发来缩短停工时间。

③ 自然作用的时间。例如铸件要有一个硬结时间,酿酒要有一个发酵时间,特别是农产品要有一个自然生长的时间。在自然作用的时间里,劳动对象受时间长短不一的自然过程的支配,要经历物理的、化学的或生理的变化,在这个过程中,生理的变化时间较难缩短,因此,自然作用的时间在种植业较难缩短。加工工业则不同,它可以用物理和化学的方法来缩短物理或化学变化的作用时间。

流通时间作为买卖时间是非生产时间。流通时间对于生产时间,或者说,对于一定量资金作为生产资金的作用,起了一种消极的限制作用,即资金在流通领域停留的时间越长,资金在生产领域的部分就越小。因此,流通时间更有必要缩短。

流通时间包括:

(1)购买时间,即采购生产资料的时间。本来如果物资供应计划安排得好,这部分活动不需要很多时间,但因我国现行物资管理办法不够完善,加上计划又留有缺口,造成采购人员满天飞,到处"找米下锅"的现象。这不仅大大延长了购买时间,而且支出大量的纯粹流通费用。

(2)销售时间。销售时间大致包含三个部分:商品的储备时间,它运往市场的时间和它在市场上待售的时间。

为了缩短商品的储备时间和它在市场上待售的时间,商品在质量上必须合乎规格,在数量上必须合乎社会需要。如果商品质量太差就卖不掉。如果商品数量不按社会需要盲目生产,即使产品质量好,那些过多的产品也不能卖出。如果某种产品已经生产过多,商业部门仍然继续收购,对生产这种产品的工厂来讲,虽然它已经通过了 $W'—G'$ 阶段,售卖时间好像也不太长,可是,实际上这些商品仍然处在储备时间之中。只是这段时间已由工厂转嫁到商业部门,本来应由该企业负担的为这段时间积压的资金和追加的纯粹流通费用,也随之转嫁到商业部门。因而损失还是国家的。

销售时间的长短还由产地和市场的距离远近,交通运输条件的好坏来决定,也就是还包括运输时间在内。运输时间不仅会影响出售时间,而且会影响购买时间。假定运去的商品是订货,那么这段运输时间就构成购买者的购买时间的一部分。运输时间与买卖时间不同,它是在流通时间中具有生产性质的时间。运输过程是生产过程在流通过程中的延续。这种为使用价值变换场所而耗费的运输劳动(物化劳动和活劳动)会追加到商品价值中去。尽量节约运输中人力物力的消耗就能提高劳动生产力。

缩短流通时间的主要方法是改进交通运输和合理安排生产布局。

由此可见,为加速资金周转而斗争是国民经济各个部门的共同任务;从一个企业来讲,也不仅是财务部门一个部门的事,而是涉及计划、生产、技术、劳动、供应、销售等所有部门的事。

现在把上述资金运动所经历的时间综合如下:

流通时间	生产时间				流通时间
购买时间	备料时间	劳动时间	自然作用时间	停工时间	销售时间
G—Pm	…P…				W'—G'

为了加速资金周转,就要尽量设法缩短上述各种时间,其结果就会减少资金的预付数。假定我们把这些时间的总和缩减一半,其结果就可以省出资金一半,就等于原有的资金起了加倍的作用,生产的能力也将增大一倍,这个潜力是何等的大啊!

为了加速资金周转,似可试行采用以下经济手段:

(1) 实行固定资金全额信贷,或对固定资金征收占用费,以改变固定资金无偿调拨办法。这样,企业就会把积压不用的固定资金设法调出,就会提高现有设备的利用率。其结果必然减少固定资金的预付量,必然减少单位产品中由固定资金转移的价值部分。

(2) 对土地按级差收税,以改变企事业单位对土地无偿占用的现象。这样,企事业单位就不能多占土地,乱占土地,并把市中心区留给那些占地不大,周转迅速的商业企业。处于较好地理位置的商业企业,为了支付土地税,就会充分利用地理条件,加速资金周转,取得超额利润。

(3) 实行流动资金全额信贷,以改变流动资金的大部分无偿供给办法。这样,生产部门的库存材料将下降到生产的必需数量,库存成品更会尽量减少。商业部门的流通资金实行全额信贷后,还会拒绝收购那些社会不需要的产品。所有这些,将会使企业的流动资金的预付量大大减少。

现在的办法却是:企业无偿占有国家的固定资产和部分流动资金,从而对积压和浪费也可以不负责任。如果对企业的固定资金征收占用费,对流动资金实行全额信贷,就不仅会加速企业资金的周转,而且会通过税款和利息来体现资金的全民所有制,来保证国家的经济利益。

(4) 如果进一步按资金利润率来核算利润,把企业利润和资金周转联系在一起,并通过利润分成把国家、企业、劳动者个人三方面的物质利益结合起来,就会使企业和工人也关心资金周转速度。

(5) 在企业内部试行"资金本票"管理(见 1979 年 6 月 10 日《人民日报》)。例如上海绝缘材料厂试行这个办法后,今年头四个月与去年同期相比,不仅产量、产值、利润增加,而且每百元产值占用的流动资金减少六元二角七分,银行贷款下降百分之十。这个厂还把试行"资金本票"管理方法和奖励制度结合起来,实行多缴利润多得奖的原则,促使大家都注意合理使用资金,加快资金周转。

原载《思想战线》1979年第4期

论提高资金使用效率的途径

——学习马克思关于再生产理论的体会

马克思在《资本论》第四卷(即《剩余价值理论》)指出,"生产逐年扩大是由于两个原因:第一,由于投入生产的资本不断增长;第二,由于资本使用的效率不断提高"[①]。我国一方面人口众多,劳动生产力水平低,劳动者只能提供少量剩余劳动,表现为积累资金短缺,能投下的资金不多;另一方面,已经投下的资金浪费很大,周转不灵,因而提高资金使用效率的潜力很大。根据这样的国情,我国当前发展生产只能走投资少、效率高的路子,特别要把重点放在提高资金效率上面。

如何提高资金的使用效率呢?三卷《资本论》中的再生产理论给我们很多启示。根据这些理论,我以为提高资金效率的路子,主要有两个方面:第一,节约商品在生产和流通中(即循环中)所消耗的各项费用;其次,缩短资金在再生产和流通中(即周转中)所经历的各种时间。而为了保证企业能够顺利地通过这两方面的路子,除了企业自身的努力外,至少还必须具备两个条件:其一,社会总资金的再生产和流通必须按比例地进行。正因为这个缘故,我们要对失调的比例进行调整。其二,资金的再生产和流通与资金效益的分配运动不可分割。又因为这个缘故,我们还要对割裂资金总运动的管理体制进行改革。

下面以《资本论》第二卷内容为线索,联系第一、第三卷的有关内容叙述上述体会。

一、商品生产和流通所经历的各种时间和消耗的各项费用

资本是一个无限的运动。资本在运动中不断经历的购、产、销三个阶段,实际上就是反复经过的商品的生产过程和流通过程,这可以从货币资本的循环形式看出:

[①] 《马克思恩格斯全集》第26卷第2册,第598页。

我们感兴趣的是上列商品生产过程和流通过程所经历的时间和消耗的费用。商品生产和流通所经历的时间是由商品的使用价值性质决定的。商品生产和流通所消耗的费用则和商品的价值的形成和实现联系在一起,并且归根到底是由劳动的耗费来计量的;其中,生产性劳动形成价值;非生产性劳动不仅不形成价值,反而要由剩余价值来补偿。根据《资本论》第二卷第五章和第六章的内容,可以制图如下:

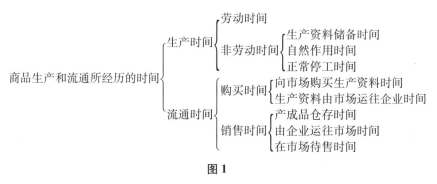

图 1

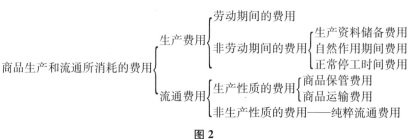

图 2

社会主义经济也是商品经济,因此,撇开资本性质,这里的有关原理也适用于社会主义企业的资金形态(不是资本形态而是资金形态)变化及其循环。社会主义企业资金循环也是经历商品的生产和流通,因而在时间和费用上也具有上面两个表所示的内容。

1. 资金在再生产和流通中所消耗的费用的节约

《资本论》第一卷到第三卷多次论述了这个问题。这个费用的节约意味着资金耗用量的减少,也就是从根本上提高了资金的效率。

提高资金的周转速度虽然是提高资金使用效率的重要途径,但是,更重要的途径还在于资金投下后所转化的各项费用的节约。在不利情况下,虽然资金周转较慢是件坏事情,但迟早还可回收;相对而言,如果投下的资金所转化的费用超过正常的标准(更不必说不应有的浪费),那就得不到补偿,连回收也不可能了,从而造成社会资金的绝对损失。反过来,如果厉行节约、杜绝浪费,从而节约商品再生产和流通中消耗的各项费用(参阅图2),生产和流通同量的商品所耗用的资金就大为减少,资金的效率也就随之大为提高。

根据再生产原理,从节约资金耗用量方面提高资金效率,有几个值得注意的问题。

(1)为了节约各项费用,必须先弄清各项费用的单耗标准。按照价值规律的要求,单位商品的生产费用应该以社会平均生产费用为标准,也就是以社会必要劳动时间为标准。这不仅对耗用的活劳动是如此,对耗用的死劳动(过去劳动)也是如此;而且要把两者加起来进行核算。在机器等固定资金过于昂贵又使用率不高时,大量的过去劳动就转到较少量的产品中去,以致单位产品所包含的劳动总量反而增加了。这样,使用机器不仅没有节约资金,反而浪费了资金;使用机器不仅没有提高劳动生产力,反而使它下降了。我们在引进某些大型设备和使用农机时都有这个问题。

(2)流通过程中的保管费用和运输费用是生产性质的流通费用。因此,单位商品价值由社会必要劳动时间决定这一规定,还要具体理解为,不仅由直接生产过程中耗费的社会必要劳动时间来决定,而且要加上耗费在流通过程中的运输和保管的社会必要劳动时间。就节约运输劳动来讲,一个企业在建厂时就要研究厂址的地理位置以及厂内建筑物的总体规划等。

(3)根据单位产品所消耗的劳动量(过去劳动与活劳动的总量)与劳动生产力成反比的原理,马克思说:"真正的经济——节约——是劳动时间的节约(生产费用的最低限度——和降低到最低限度)。而这种节约就等于发展生产力。"[①]即:节约劳动时间＝发展生产力。因此,一个企业只要节约单位商品的生产费用,就意味提高了劳动生产力;一个企业只要努力提高劳动

---

① 《马克思恩格斯文集》第8卷,第203页。

生产力,就能节约单位商品的生产费用,获得较大经济效果。

(4) 提高劳动生产力从而提高资金使用的效率,还表现为资金潜力的挖掘或资金伸张力的展开。

《资本论》第一卷第二十二章第4节和第二卷第十八章第Ⅱ节一再讲到,在生产资金形式上,资金有一种伸张的潜能。这种潜力来源于生产资金的物质要素的生产力,或是运用科学进步于工艺上以提高劳动的技术生产力,或是运用协作方法以提高劳动的社会生产力。

科学技术的进步首先体现在作为固定资金的技术设备上面,在固定资产更新时,旧有资金以效率更高的形式再生产出来,无需追加资金就能带来扩大再生产。科学技术的进步运用于流动资金上面,它可以使原料和辅助材料得到综合利用,可以减少"三废",变废为宝,创造出新的劳动对象。正因为以上两方面的作用,马克思说:"科学和技术使执行职能的资本具有一种不以它的一定量为转移的扩张能力。"①

至于用协作的办法以提高劳动生产力,它不仅在一个企业内可以节约资金,而且在厂际之间组织专业化协作,还可以节约更多的资金。但是,为了进行专业化协作,又有必要改组工业企业,推动企业联合,也就是要对管理体制进行相应的改革。

(5) 纯粹流通费用是非生产费用,更应该节约。为此又必须改革流通体制,打破地区、部门的界限,减少流转环节。

2. 资金在再生产和流通中所经历的时间的缩短

《资本论》第二卷第二篇特别论述了资本周转速度问题,也就是论述了资本在商品再生产和流通中所经历的时间问题。在其他条件不变的情况下,时间的缩短,意味着资本占用量的减少,也是资本效率的提高。

如果我们弄清商品生产和流通所经历的种种时间,对图1所列每段时间进行调查研究从而采取措施,尽可能地缩短其中应该而且可能缩短的时间,结果总时间必然有所缩短。资金循环时间缩短(即资金周转速度加快),就意味着同额投资在一定时期(例如一年)内可以生产和流通更多的商品;或者倒过来说,在一定时期内生产和流通同量商品只需较少的投资(即占用较

---

① 《资本论》第1卷,第699页。

少的资金)。总之,加快资金周转速度意味着资金使用效率的提高。

根据再生产的原理,从资金周转方面提高资金效率,也有几个值得注意的问题。

(1) 固定资金的周转速度由固定资产的寿命决定,这个寿命又由固定资产的损耗率决定,应该根据固定资产的实际损耗率来拟定固定资产折旧率,不能要定多少就定多少。

固定资产的实际损耗率是固定资产四种损耗率的综合。这四种损耗可以归结为使用价值方面的损耗和价值方面的损耗:前者包括由使用引起的损耗,和由自然力侵蚀造成的损耗;后者包括由生产劳动资料的部门提高劳动生产力带来固定资产的贬值,和由生产劳动资料的部门生产了性能更好、效率更高的新机器等引起固定资产的贬值。只有根据固定资产的物质(使用价值)损耗率和价值损耗率综合确定合理的折旧率,才能在保存生产力同时发展生产力。

长期以来,我们企业的固定资产折旧率定得较低,人为地缩小了成本,夸大了利润,阻碍了固定资产的及时更新,阻碍了技术和生产力的发展,也阻碍了资金效率的提高。

(2) 固定资产折旧基金的性质是补偿基金,不是特定含义(剩余价值转化为追加资金)的积累基金。

折旧基金是固定资产旧有价值的转移部分,并以货币形式积累(一般意义的积累)起来的基金,它与剩余价值转化而来的积累(特定意义的积累)无关,因此,折旧基金的性质是固定资产的补偿基金。《资本论》第二卷第八章第二节标题中的"积累",显然是指一般意义的积累,即为了补偿固定资产,"事先积累一笔或大或小的货币"[①]。我以为应该在这个一般意义的积累上科学地理解马克思所说的,"我认为,**折旧基金**,即补偿固定资本磨损的基金,同时也就是积累基金。"[②]另一方面,马克思还明确地指出,折旧基金绝不是特定意义(剩余价值转化的新的投资)的积累基金。在固定资产价值贬值时,折旧基金可以用来扩建厂房,或用于改革机器以提高机器效率,其结果就发生了规模扩大的再生产。但这是由固定资产的价值补偿,也就是由价值的

---

① 《资本论》第 2 卷,第 202 页。
② 《马克思恩格斯全集》第 26 卷第 3 册,第 58—59 页。

简单再生产所带来的使用价值的扩大再生产;它不是由追加投资进行积累,即不是由价值的扩大再生产所带来的使用价值的扩大再生产。因此,这样运用折旧基金,只是相对于原有固定资产进行更新改造,从而发生使用价值扩大再生产,而不是挪作其他项目进行新的投资。马克思说得很清楚:"这种规模扩大的再生产,不是由积累……引起的"①,而是由固定资产补偿的价值"再转化为追加的或效率更大的同一种固定资本而引起的"②。

这里讲的转化为"同一种固定资本"就是说不应挪作别用。这里讲的"不是积累……引起的",就是说折旧基金是补偿基金不是特定意义的积累基金。过去不少同志把马克思关于折旧基金的有关原理,理解为既是补偿基金又是特定意义的积累基金,在实践上就把企业的折旧基金上交挪去搞新建工程。结果既使基本建设战线过长,又使一些老企业的厂房年久失修,机器老化,劳动生产力难以提高。这就必然使资金的使用效率大幅度下降。

(3) 流动资金的周转速度由商品生产和流通所经历的时间来决定。企业除了按生产期间投入资金 I 以外,为使商品在流通期间再生产不中断,还要为在流通期间继续生产再投入一个资金 II(见《资本论》第二卷第十五章)。流动资金 I 和 II 在周转中会有一部分以货币资金形式暂时闲置(游离)出来,通过银行的中介,可以使这部分暂时闲置的资金社会地转入再生产运动,从而社会地提高它们的效率。

(4) 流动资金的周转包含可变资金的周转,后者是创造利润的因素,因此,流动资金的周转也很重要。

(5) 流动资金周转速度较快,投资少,见效快。固定资金周转较慢,投资多,见效一般也较慢。但是,固定资金的物质要素(机器等技术设备)是科学技术力的物化,是提高劳动生产力的物质条件,因而又不能不对此有所投资。如果能加速商品再生产和流通,从而加速流动资金周转,又提高固定资金利用率,企业资金的总周转速度还是会快的。

二、社会总资金的再生产和流通必须按比例地进行

以上我们从微观的角度论述了提高资金使用效率的两方面路子。但是,

---

① 《资本论》第 2 卷,第 192 页。
② 同上。

要走通这两方面的路子,必须以社会总资金的再生产和流通按比例地进行这一宏观条件为前提。一个企业的产品如果不合国民经济按比例的要求,这部分产品便不能实现。产品卖不掉,不仅企业资金周转中断,而且价值得不到补偿,所投下的资金就白白浪费了,企业的一切努力都付之东流。反之,如果产品适销对路从而顺利地得到实现,企业才有可能从节约资金耗用量和减少资金占用量来提高资金的使用效率。

产品的实现问题是《资本论》第二卷第三篇的中心问题。在这部分里,集中研究了两大部类交换的平衡条件问题。这无疑是学习的重要的内容。但实现问题毕竟是流通的问题,社会总产品是否能够全部顺利实现,归根到底决定于各个生产部门是否按照社会需要的比例来进行生产。流通中的实现问题不过是再生产中按比例问题的反映,市场机制作用不过是对再生产比例的反馈作用。因此,为了弄清提高资金使用效率的宏观条件,我们不能限于流通中的实现问题,而要深入到《资本论》第一卷和第三卷中所论述的关于再生产和社会需要的一些基本比例关系的问题中去。

这些比例关系大致可以分为以下几个层次。

1. 社会必要劳动和社会剩余劳动的比例,以及由此引申的消费和积累的比例,两大部类的比例,农轻重的比例

必要劳动和剩余劳动在任何社会都是需要的。必要劳动是劳动者为了再生产必要生活资料从而再生产劳动者自己所投下的必要的劳动。这种劳动之所以必要,是因为社会首先必须保证劳动者从而人口的再生产才能存在。剩余劳动则是劳动者超出必要劳动的界限做工的时间,它是以必要劳动为界限、为起点的超出部分的剩余的劳动,而不能是侵占必要劳动来作为"剩余"的劳动,这就是必要劳动和剩余劳动比例关系的界限。剩余劳动产生的条件则是劳动者必须具有能够超出必要劳动提供剩余劳动的生产力。

必要劳动和剩余劳动从其结果来看,形成了国民收入。两者的比例关系又表现为国民收入分解为消费和积累的比例关系——必要劳动表现为消费部分,剩余劳动则是积累的源泉。两者的比例界限又表现为消费与积累的比例界限——消费或者说人民群众的必要的消费是界限、是出发点,在保证这个界限以后才能积累,决不应侵占必要消费来积累。

必要劳动和剩余劳动的关系、消费和积累的关系,从再生产来讲,又会体

现在消费资料生产和生产资料生产两大部类的关系上面。其中投入消费资料部类的劳动(包括活劳动和过去劳动)可以看作是社会的必要劳动,投入生产资料部类的劳动(扣除为消费资料的生产资料所投入的劳动)可以看作是社会剩余劳动。马克思说,和一个劳动者的劳动分为必要劳动和剩余劳动一样,劳动者阶级的全部劳动也可以这样划分,为劳动者阶级生产全部生活资料(包括为此所需的生产资料)的那部分,是为整个社会进行的必要劳动;其余部分则是为整个社会进行的剩余劳动。① 这不过是劳动者的社会分工。因此必要消费资料(以及为此需要的生产资料)的生产是起点,至于积累从而追加的生产资料的生产,就要看社会劳动有多少高的生产力,从而社会劳动者能提供多少剩余劳动而定。决不应挤去一部分必要消费资料(包括为此所需的生产资料)的生产去生产追加的生产资料。

就作为必要消费的资料来讲,其中最重要的是粮食,而粮食是由农业来生产的。种植粮食作物的农业劳动者必须具有一定高度的生产力,使自己种得的粮食不仅自给,而且能为社会提供商品粮。抽象地讲,农业劳动者必须具有一定高度的生产力,使自己不仅能提供必要劳动,而且能提供剩余劳动。并且,由于作为剩余产品的粮食经过交换,又替换工业的必要劳动,这样,从社会的观点来说,农业的剩余劳动也就成为社会的必要劳动,而**能够提供剩余产品的农业劳动生产率就成为国民经济的基础**,成为其他部门(轻工业和重工业等)生产的出发点。这也就是马克思说的,"超过劳动者个人需要的农业劳动生产率,是全部社会的基础"②。进一步讲,轻工业基本上也是提供生活资料,因而投到轻工业的劳动,如同投到农业的劳动一样,虽然也分为必要劳动和剩余劳动,但宏观地讲,也成为社会必要劳动的部分;相对于工业内部来说,轻工业也是起点,而重工业的自我服务部分则可以看作是社会的剩余劳动。正因为这个缘故,我们在安排计划时,一定要以农轻重为序。

我们过去把这些比例关系的次序颠倒了,现在正是要把它们调整过来。

2. 物质再生产和人口再生产的比例,两种再生产和环境负载能力的比例

上述物质再生产的比例,无论两大部类的比例或者农轻重的比例,都可以归结为社会必要劳动和社会剩余劳动的比例,并以社会必要劳动为界限为

---

① 参见《资本论》第3卷,第713页。
② 《资本论》第3卷,第888页。

出发点,而社会必要运动又由劳动者从而人口的再生产所决定,因此,物质再生产和人口再生产是基本的比例关系。

就两大部类再生产和人口再生产的比例来讲,生产资料和人口的比例反映着一国的平均技术水平,反映着一国的社会生产力水平。生产资料(生产力的客体要素)的再生产必须较快于人口的再生产,一国的社会生产力才有可能发展。另一方面,消费资料和人口的比例则反映着一国的平均生活水平,反映着一国贫富状况。消费资料的再生产也必须较快于人口的再生产,人民的生活才有可能富裕起来,劳动者(生产力的主体要素)的体力和脑力才能够保持和发展。又因为后一比例的发展以前一比例的发展为条件,所以,从生产力发展来讲,生产资料会较快地增长。

我国是世界上人口最多的国家,过去只抓物质再生产,忽视了人口再生产的严重意义。现在,在调整中必须把它当作非常重要的工作来抓。如果人口数量减不下去,即使把第二部类的生产搞上去了,还会为增长的人口所抵销。

再就农轻重的再生产和人口再生产来讲,由于剩余劳动首先由农业来提供,如果农业人口过多,农业的劳动生产力就难以提上去,农业就只能提供很少的剩余劳动,工业和国民经济的其他部门就难以发展,非农业人口也必须严加控制。而且在人口过多、农业劳动生产力低下,特别是手工操作的条件下,劳动力的多少对农业生产和农户收入起着决定性作用,这又会再生产更多的过多农业人口,因此,我国人口再生产问题在农村特别严重。

况且,自然环境对人口的负载还有一个比例关系,过去不加注意,人口膨胀从而物质再生产的失调,已经导致毁害自然环境(工业方面污染环境、滥用资源,农业方面破坏生态平衡)。这样以牺牲环境为代价去发展的生产,所得甚微,所失浩大。从全局看,从长远看,如果破坏了财富的源泉——土地和劳动者,后果不堪设想,更不说经济效果了。

还要注意,由于土地的有限性,在人口继续增加的情况下,人均土地从而人均耕地面积仍然会不断减少,又导致越来越求助于提高单位面积产量。但是,如果过度使用土地,土地的自然肥力就会得不到补偿而衰退。马克思说,"在农业中(采矿业中也是一样),问题不仅涉及劳动的社会生产率,而且涉及由劳动的自然条件决定的劳动的自然生产率。可能有这种情况:在农业中,社会生产力的增长仅仅补偿或甚至还补偿不了自然力的减低……所以,尽管技术发展,产品还是不会便宜"①。我国某些地区把两熟制改为三熟制后,增产不增收,经济效果不佳,不正是因为上述原因吗?

总之,必须两种生产一起抓,而且要一直抓到自然环境的负载比例上面去。在调整比例时,特别要降低人口再生产的数量,这才不是扬汤止沸,而是釜底抽薪,才能从根本上为提高劳动生产力,为提高资金使用效率创造前提。

三、资金的再生产和流通与资金效益的分配

《资本论》第二卷所论述的资本的再生产和流通过程并没有结束资本的生活过程,在现实世界里,它还要由分配过程来补充。根据第三卷前四篇的有关原理,资金效益的分配集中表现在年利润率这一指标上面。年利润率这一指标从它的完整意义来讲,它的分母应是预付的资金总额,即为再生产和流通预付的全部资金。只要在再生产和流通中节约了资金的耗用量,如果它会使预付资金(资金占用量)减小,从而使分母减小,就会反比例地提高年利润率。另一方面,以年为计算单位的年利润率,它的分子是每次周转带来的剩余价值乘上商品再生产和流通的年周转次数,即一年的获利总额。只要加速再生产和流通,同量资金就能在一年带来更多的利润,由于它处于分子的地位,必然正比例提高年利润率;况且,加速资金周转还可以减少资金占用量,使分母进一步减小,年利润率进一步提高。这些都体现在下列公式中:年利润率＝年利润总额/预付资金总额。一个企业的利润,宜按照这个资金利润率来计算,而不宜按照成本利润率来计算。因为成本利润率忽视了固定资金的使用效率与效益分配的关系。从社会范围来讲,上述年利润率转化为总利润率或平均利润率(它的分子是年利润社会总和,分母是产业资金和商业资金的总和)。单个企业还必须以平均利润率为标准,努力提高本企业的资金使用效率,使本企业的年利润率不低于既有的平均利润率。当然这又要以合理的价格为前提。

根据第三卷第五篇关于资本所有权和使用权的分离以及由此引起的利润的分配的原理,既然提高资金使用效率的效益集中表现在利润上面,对利

---

① 《资本论》第3卷,第867页。

润的分配,从体制上来讲,就要兼顾国家、企业和劳动者个人三者的利益。

就全民所有制体制来讲,资金所有权属于国家而不是属于企业所有,企业只有资金使用权。在这方面,灵巧的机器是国家银行,银行代表国家管理企业资金,银行通过全额信贷体现资金的全民所有权,它首先要求企业保存好资金,如果企业浪费资金便无法归还国家资金,企业便要承担法律上的责任;然后还要求企业按时付息,如果企业不注意资金使用效率,便无法到期付出利息,这也要承担法律责任。总之,把资金的供给制改为全额信贷制或有偿使用制,国家一方面通过银行信贷和国家税收将资金所有权收上来,另一方面又通过计划机关拟定符合按比例规律要求的计划,在计划的指导下,将资金的使用权放下去,这样改革,能促进资金使用效率的提高。况且,国家只按资金的占用量来收取利润的一部分(利息或以税代利),既保证了国家利益,又为企业和个人的利益分配留下了余地。

严格地讲,根据第三卷第六篇的原理,国家的利益还应包括土地所有权的利益。或是用地租的形式或是用地税的形式再分割一部分利润。这是值得财政部门研究的重大课题。

在扣除了国家利息税收之后,只要企业努力提高资金使用效率,它的利润中就会有余额作为企业纯利润留给企业。国家给予企业自主权再将纯利润中的一部分,根据劳动者在提高资金使用效率中各人所起的不同作用,用于发放相应的奖金。这样,就把提高资金使用效率同国家、企业和个人的利益结合起来,其结果又反过来促进资金效率提高。

原载《复旦学报(社会科学版)》1981年第5期

论扩大再生产平衡条件的基本公式

一

大家知道,马克思关于社会总资本的再生产和流通的理论,首先是从使用价值(物质形式)的角度,把社会生产划分为生产资料的生产和消费资料的生产两大部类;再从价值的角度,又把每个部类的产品价值分为不变资本(c)、可变资本(v)和剩余价值(m)三个组成部分;然后分析社会总资本的再生产的综合平衡问题,以及与此相对应的社会再生产总产品在流通中的实现问题。"实现问题就是:如何为每一部分资本主义产品按价值(不变资本、可变资本和额外价值)和按物质形式(生产资料,消费品,其中包括必需品和奢侈品)在市场上找到代替它的另一部分产品。"[①]

斯大林早已指出,马克思关于再生产理论的一些基本原理,不仅对分析资本主义的再生产是有效的,而且对分析社会主义再生产也是适用的。

在积累(从而扩大再生产)的情况下,为了说明两大部类之间的综合平衡问题(从而实现问题),我们先假定剩余价值(m)分解为三个部分:一部分用于追加不变资本(Δc),一部分用于追加可变资本(Δv),余下的用于资本家个人消费$\left(\dfrac{m}{x}\right)$,即$m = \Delta c + \Delta v + \dfrac{m}{x}$。为了顺利地进行积累,必须具备以下两个条件。

其一,从第I部类的总产品(生产资料)I(c+v+m)来讲,它不仅要补偿一年间两大部类耗费的生产资料的价值,即不变资本 Ic+IIc,还要有余额为两大部类提供追加的生产资料,它的价值就是追加的不变资本 IΔc+IIΔc,总的说来就是:

---

① 《列宁全集》第3卷,第7页。其中"额外价值"即剩余价值——作者注。

$$I(c+v+m) = Ic+IIc+I\Delta c+II\Delta c \qquad (1)$$

其二,从第 II 部类的总产品(消费资料)II(c+v+m)来讲,它不仅要补偿一年间两大部类所耗费的用于工人和资本家的消费资料的价值,即 $I\left(v+\dfrac{m}{x}\right)+II\left(v+\dfrac{m}{x}\right)$,还要有余额为两大部类提供追加的消费资料,它的价值就是追加的可变资本 $I\Delta v+II\Delta v$,总的说来就是:

$$II(c+v+m) = I\left(v+\frac{m}{x}\right)+II\left(v+\frac{m}{x}\right)+I\Delta v+II\Delta v \qquad (2)$$

这两个条件又集中表现在两大部类之间综合平衡的公式(或者叫作实现条件的公式)上,即:

$$I\left(v+\Delta v+\frac{m}{x}\right) = II(c+\Delta c) \qquad (3)$$

这个公式的内容是:在第一部类总产品(生产资料)的价值中相当于工人(包括追加工人)和资本家的消费部分,必须等于第二部类总产品(消费资料)的价值中相当于补偿和追加生产资料的部分,才能达到两部类之间的综合平衡,才能使两部类的产品都得到实现。

本文的要点就在于论证公式(3)是积累和扩大再生产平衡条件的基本公式。

二

一般说来,国民经济两大部类再生产实现条件的公式,应该是两大部类平衡条件的等式,而不是不等式(我把不等式叫作留有缺口的公式)。理由很简单,不等式只在个别情况包含着平衡的可能性,在绝大多数情况下却留有缺口。留有缺口,就不能平衡,就会有一部分社会产品不能实现。既然有一部分社会产品不能实现,留有缺口的不等式怎能是社会总产品平衡条件的公式呢?

但是,有些同志却认为扩大再生产实现的条件,从第 I 部类对第 II 部类的关系来讲是:

$$I(v+m) > IIc \qquad (4)$$

或者，从第 II 部类对第 I 部类来讲是：

$$\text{II}\left(c+m-\frac{m}{x}\right) > \text{I}\left(v+\frac{m}{x}\right) \tag{5}$$

就公式(4)来讲，它只要求 I(v+m) 大于 IIc，大多少呢？它没有回答，于是留下了缺口。例如，我们用《资本论》第二卷第二十一章第 III 节例式(a)来考察扩大再生产①。

$$\text{I. } 4\,000c + 1\,000v + 1\,000m = 6\,000$$
$$\text{II. } 1\,500c + 376v + 376m = 2\,252$$

这个公式满足了 I(v+m)>IIc 的要求，因为 I(1 000v+1 000m)>II1 500c。但若积累率为 $\frac{1}{2}$，即剩余价值 m 一半用于积累($\Delta c+\Delta v$)，一半用于资本家的消费$\left(\frac{m}{x}\right)$；又追加的不变资本(Δc)和追加的可变资本(Δv)的比例仍然等于原有的资本有机构成(4∶1)，则上式可以分解为：

$$\text{I. } 4\,000c + \overbrace{1\,000v + 1\,000m}^{400\Delta c + 100\Delta v + 500\frac{m}{x}}$$
$$\text{II. } 1\,500c + \underbrace{376v + 376m}_{150\Delta c + 38\Delta v + 188\frac{m}{x}}$$

其中，第 I 部类要向第 II 部类交换的有 $\text{I}\left(1\,000v + 100\Delta v + 500\frac{m}{x}\right) = 1\,600$；第 II 部类要向第 I 部类交换的有 II(1 500c+150Δc)＝1 650。I 是 1 600，II 是 1 650，两方不相等。两方不相等也就是不平衡，差额 50 表明 II 有过多的 50 不能实现，或者说如果 II 按这样规模扩大再生产，就有缺口 50，即 I 无法为 II 提供相当于这 50Δc 的机器、原料或动力等。

再就公式(5)来讲，它只要 $\text{II}\left(c+m-\frac{m}{x}\right)$ 大于 $\text{I}\left(v+\frac{m}{x}\right)$，而不问前者比后者

---

① 《资本论》第 2 卷，第 569 页。

大多少,因而也是一个留有缺口的公式。上面例式也满足了这个公式的要求,即:

$$\text{II}\left(1\,500c+376m-188\,\frac{m}{x}\right) > \text{I}\left(1\,000v+500\,\frac{m}{x}\right)$$

实际上,这里的 $\text{II}\left(c+m-\frac{m}{x}\right)$ 是第 II 部类总产品 $\text{II}(c+v+m)$ 扣除本部类工人和资本家的消费 $\text{II}\left(v+\frac{m}{x}\right)$ 的余额。根据公式(2)可以知道,这个余额还要扣除第 I 部类工人和资本家消费的 $\text{I}\left(v+\frac{m}{x}\right)$,其最后余额正好为两大部类提供追加的可变资本 $\text{I}\Delta v+\text{II}\Delta v$,即:

$$\text{II}(c+v+m)-\text{II}\left(v+\frac{m}{x}\right)-\text{I}\left(v+\frac{m}{x}\right)$$
$$=\text{II}\left(c+m-\frac{m}{x}\right)-\text{I}\left(v+\frac{m}{x}\right)=\text{I}\Delta v+\text{II}\Delta v$$

从上例可以看到 $\text{II}\left(1\,500c+376m-188\,\frac{m}{x}\right) - \text{I}\left(1\,000v+500\,\frac{m}{x}\right) =$ $1\,688-1\,500=188$。另一方面,$\text{I}100\Delta v+\text{II}38\Delta v = 138$。就是说,II 虽然提供 188 用于积累,实际却只能积累 138,即 II 有过多的 50 不能实现。这和公式(1)的结果一样,公式(2)不过从另一方面来掩盖这个缺口 50。

三

其实,马克思并没有无条件地讲过公式(4),而是在把 $\text{I}(v+m)$ 超过 $\text{II}c$ 的部分做出精确的规定下来谈公式(4)。他说:"不言而喻,既然把积累作为前提,$\text{I}(v+m)$ 就大于 $\text{II}c$,而不像简单再生产那样,和 $\text{II}c$ 相等;因为 1. 第 I 部类已经把它的一部分剩余产品并入自己的生产资本,并把其中的……转化为不变资本……2. 第 I 部类要用它的剩余产品,为第 II 部类进行积累时所必需的不变资本提供材料"[①]。就是说,和简单再生产相比较而言,为要积累,

---

① 《资本论》第 2 卷,第 580 页。

I(v+m)就不能和IIc相等而要大于IIc,因为Im中,1.要拿出一部分作为IΔc;2.还要拿出一部分作为IIΔc,即:

$$I(v+m) = IIc + IΔc + IIΔc \tag{6}$$

马克思还进一步明确指出:"在以资本的增加为基础的生产中,I(v+m)必须=IIc加上再并入资本的那部分剩余产品,加上第II部类扩大生产所必需的不变资本的追加部分"[①]。显然,这句话用符号来表示就是公式(6)。

为了说明公式(6),马克思不用上述留有缺口的例式(a),而将规模扩大再生产的开端例式改为例式(B)[②]

$$I.\ 4\,000c + 1\,000v + 1\,000m = 6\,000$$
$$II.\ 1\,500c + 750v + 750m = 3\,000$$

并且假定I的积累率为$\frac{1}{2}$,II的积累率为$\frac{1}{5}$,在资本有机构成不变下,上例可以分解为:

$$\begin{array}{c} \overbrace{400Δc + 100Δv + 500\frac{m}{x}} \\ I.\ 4\,000c + 1\,000v + 1\,000m \\ II.\ 1\,500c + 750v + 750m \\ \underbrace{100Δc + 50Δv + 600\frac{m}{x}} \end{array}$$

这个例式满足了公式(6)的要求,因为

$$I(1\,000v + 1\,000m) = II1\,500c + 1\,400Δc + II100Δc$$

这就表明,两大部类生产达到了平衡。而前述例式(a)则不能满足公式的要求,因为

$$I(1\,000v + 1\,000m) \neq II1\,500c + 1\,400Δc + II150Δc$$

这里,II有过多的50不能实现,或I对II有缺口50,不能平衡。

---

① 《资本论》第2卷,第583页。
② 同上书,第574页。

其次,马克思在《资本论》中也没有讲过公式(5)。他曾这样说过:"$I\left(v+\dfrac{m}{x}\right)$必须总是小于$II(c+m)$,其差额就是第II部类的资本家在IIm中无论如何必须由自己消费的部分。"[①]这句话本身不是一句精确的话,而且从这句话也不能得出公式(5)。

在另一地方,马克思完整地叙述了与公式(5)相区别的另一平衡条件。他说:"就像第I部类必须用它的剩余产品为第II部类提供追加的不变资本一样,第II部类也要同样为第I部类提供追加的可变资本。就可变资本来说,当第II部类以必要消费资料的形式再生产它的总产品的更大部分,特别是它的剩余产品的更大部分时,它就既为第I部类又为它自己进行积累了。"[②]这句话如果也用公式来表示,那就是前面讲过的$II(c+v+m)$在扣除两大部类工人和资本家的消费以后,还要为两大部类提供追加的可变资本,并且前面已经讲过:

$$II\left(c+m-\dfrac{m}{x}\right)-I\left(v+\dfrac{m}{x}\right)=I\Delta v+II\Delta v$$

再将上述等式中的项目加以搬动就有:

$$II\left(c+m-\dfrac{m}{x}\right)=I\left(v+\dfrac{m}{x}\right)+I\Delta v+II\Delta v \tag{7}$$

这个公式不仅说明$II\left(c+m-\dfrac{m}{x}\right)$必须大于$I\left(v+\dfrac{m}{x}\right)$,而且回答了公式(5)不能回答的"大多少"问题——即其余额正好为两大部类提供追加的可变资本$I\Delta v+II\Delta v$。

四

那么是不是说,扩大再生产实现条件的基本公式有两个,即公式(6)和(7)呢?如果这样说,我们一开始讲的公式(1)和(2)岂不也可成为基本公式?况且,我们还可以导出其他一些平衡公式。把许多形式的平衡公式都说成是基本公式,也就失去了"基本"两字的意义了。实际上,这些都不是基本

[①] 《资本论》第2卷,第588页。
[②] 同上书,第583页。

公式,而是基本公式的派生形式。两大部类积累和扩大再生产平衡条件的基本公式只能是公式(3),或者换句话说,公式(3)是社会总资本再生产和流通平衡(或实现)的必要而又充分的条件。

为什么公式(3)是基本条件呢? 大致有三条理由。

第一,基本公式应该表示两大部类基本交换关系的平衡(相等)。

在两大部类产品价值中,如将 $m=\Delta c+\Delta v+\dfrac{m}{x}$ 代入就有:

$$\text{I. } c+v+m=c+v+\Delta c+\Delta v+\dfrac{m}{x}$$

$$\text{II. } c+v+m=c+v+\Delta c+\Delta v+\dfrac{m}{x}$$

将上式中等号后面的项目重新组合,就有:

$$\text{I. } (c+\Delta c)+\left(v+\Delta v+\dfrac{m}{x}\right)$$

$$\text{II. } (c+\Delta c)+\left(v+\Delta v+\dfrac{m}{x}\right)$$

这当中,就第 I 部类来讲,I$(c+\Delta c)$ 在本部类实现,要向 II 交换的只有 I$\left(v+\Delta v+\dfrac{m}{x}\right)$;就第 II 部类来讲,II$\left(v+\Delta v+\dfrac{m}{x}\right)$ 在本部类实现,要向 I 交换的只有 II$(c+\Delta c)$。因此,只要 I 向 II 交换的和 II 向 I 交换的彼此相等(平衡),即只要

$$\text{I}\left(v+\Delta v+\dfrac{m}{x}\right)=\text{II}(c+\Delta c)$$

社会总产品就能得到实现。因此,公式(3)是平衡条件的基本公式。

再把这个基本公式去鉴定前面两个例式。例式(a)不合基本公式的要求,因为

$$\text{I}\left(1\,000v+100\Delta v+500\dfrac{m}{x}\right)\ne\text{II}(1\,500c+150\Delta c)$$

相反,例式(B)符合基本公式的要求,表示出平衡,即:

$$\text{I}\left(1\,000v+100\Delta v+500\frac{m}{x}\right)=\text{II}(1\,500c+100\Delta c)$$

第二,公式(3)之所以是基本公式,还因为公式(1)、(2)、(4)、(5)、(6)、(7)是由它派生出来的。

首先,我们看公式(3)与公式(6)、(4)、(1)的关系。

如果在公式(3)的等号两端各加上 $\text{I}\Delta c$,就可以得出公式(6),因为

$$\text{I}\left(v+\Delta v+\frac{m}{x}\right)+\text{I}\Delta c=\text{II}(c+\Delta c)+\text{I}\Delta c$$

又因为 $m=\Delta c+\Delta v+\frac{m}{x}$,代入上式就有:

$$\text{I}(v+m)=\text{II}c+\text{I}\Delta c+\text{II}\Delta c \tag{6}$$

显然,这个公式(6)包含着公式(4),即包含着 $\text{I}(v+m)>\text{II}c$。但不能反过来说,$\text{I}(v+m)>\text{II}c$ 包含着公式(6)。

如果在公式(3)的等号两端各加上 $\text{I}c+\text{I}\Delta c$,也就等于在公式(6)的等号两端各加上 $\text{I}c$,从而又可以导出公式(1),即:

$$\text{I}(c+v+m)=\text{I}c+\text{II}c+\text{I}\Delta c+\text{II}\Delta c \tag{1}$$

然后,我们再看公式(3)与公式(7)、(5)、(2)的关系。

如果在公式(3)的等号两端各加上 $\text{II}\Delta v$,就可以得出公式(7),因为

$$\text{I}\left(v+\Delta v+\frac{m}{x}\right)+\text{II}\Delta v=\text{II}(c+\Delta c)+\text{II}\Delta v$$

或写为

$$\text{II}(c+\Delta c+\Delta v)=\text{I}\left(v+\frac{m}{x}\right)+\text{I}\Delta v+\text{II}\Delta v$$

又因为 $\Delta c+\Delta v=m-\frac{m}{x}$,代入上式就有公式(7),即:

$$\text{II}\left(c+m-\frac{m}{x}\right)=\text{I}\left(v+\frac{m}{x}\right)+\text{I}\Delta v+\text{II}\Delta v \tag{7}$$

显然,这个公式(7)包含着公式(5),即包含着 $\text{II}\left(c+m-\frac{m}{x}\right)>\text{I}\left(v+\frac{m}{x}\right)$。

但也不能反过来说 $\text{II}\left(c+m-\dfrac{m}{x}\right) > \text{I}\left(v+\dfrac{m}{x}\right)$ 包含着公式(7)。

如果在公式(3)两端各加上 $\text{II}\left(v+\dfrac{m}{x}\right) + \text{II}\Delta v$，也就等于在公式(7)两端各加上 $\text{II}\left(v+\dfrac{m}{x}\right)$，从而又可导出公式(2)，即：

$$\text{II}(c+v+m) = \text{I}\left(v+\dfrac{m}{x}\right) + \text{II}\left(v+\dfrac{m}{x}\right) + \text{I}\Delta v + \text{II}\Delta v \qquad (2)$$

第三，由于简单再生产寓于扩大再生产之中，因此作为基本条件的公式(3)，也包含着简单再生产的基本公式

$$\text{I}(v+m) = \text{II}c \qquad (8)$$

因为在简单再生产情况下，剩余价值全部为资本家消费，即 $\dfrac{m}{x} = m$；没有积累，也就是追加资本等于零，即 $\Delta c = 0$，$\Delta v = 0$；把这些代入公式(3) $\text{I}\left(v+\Delta v+\dfrac{m}{x}\right) = \text{II}(c+\Delta c)$，就得出 $\text{I}(v+m) = \text{II}c$。

其次，在简单再生产情况下，又有两个公式是从 $\text{I}(v+m) = \text{II}c$ 派生出来的。一个是在 $\text{I}(v+m) = \text{II}c$ 两端各加 $\text{I}c$ 得出的

$$\text{I}(c+v+m) = \text{I}c + \text{II}c \qquad (9)$$

另一个是在 $\text{I}(v+m) = \text{II}c$ 两端各加上 $\text{II}(v+m)$ 得出的

$$\text{II}(c+v+m) = \text{I}(v+m) + \text{II}(v+m) \qquad (10)$$

既然以上(9)和(10)两公式是由公式(8)派生出来的，而公式(8)又寓于公式(3)之中，所以作为基本公式的公式(3)即：

$$\text{I}\left(v+\Delta v+\dfrac{m}{x}\right) = \text{II}(c+\Delta c)$$

是社会总产品实现(不管是扩大再生产还是简单再生产)条件的总公式。

原载《经济研究》1979 年第 10 期

论平均速度的计算方法

计算平均速度的方法一直沿用几何平均法。几何平均法当用以概括较长期的统计资料时,经常与实际结果相背离,特别难以反映资本主义生产发展的周期性,这就规定了几何平均法在应用上的局限性。为了寻求其他的计算方法,苏联卡加冈斯基曾提出方程的计算法(原文未见过)。其后,卡拉谢夫在苏联《统计通报》1949年第2期又曾著文加以发挥(见《统计译丛》第六辑,财经出版社1955年版)。

他们两位的积极建议虽然是富有建设性的,但是,仅就卡拉谢夫的论文看来,他不仅没有看到方程法比几何平均法有着更大的局限性,相反地却用了一些不够恰当的例证来夸大方程法的作用。

还有一些人,对方程法并不加以研究,而只是一味抹杀几何平均法。这方面突出表现在同一辑"统计译丛"转载的卡巴查尼卡的文章中。在这篇论述中,充满了对几何平均法不恰当的否定。

为了对几何平均法和方程法作出较恰当的估价,我们将从两者的计算方法与实际效用加以对比;并且初步澄清对几何平均数的看法。

卡加冈斯基所创设的方程法是先设 x 为平均速度,则按 x 计算的逐年发展水平为 $(a_0)x, (a_0x)x = a_0x^2, (a_0x^2)x = a_0x^3, \cdots, (a_0x^{n-1})x = a_0x^n$。它们的和要与实际发展水平之和相一致,以公式表示,即:

$$a_0x + a_0x^2 + \cdots + a_0x^{n-1} + a_0x^n = \sum_1^n a_i$$

或

$$x^n + x^{n-1} + \cdots + x^2 + x - \frac{\sum_1^n a_i}{a_0} = 0。$$

根据数学的论证,这个方程必有而仅有一个正根,设为 R(f(R)=0),它就是所求的平均速度。

不难看出,计算平均速度的高次方程法,也假定速度的增长是按几何级数进行的——首项为 a_0x,公比为 x;但要求这个级数的总和等于实际水平的总和。从方程中可以看出,平均速度 R(即方程的正根)的大小随 $\sum a_i$ 与 a_0 而变,在 a_0 固定下,随 $\sum a_i$ 而变化,计算期中任一年的实际水平 a_i(i = 1, 2, …, n)的变动,都影响到 $\sum a_i$,从而也影响到平均速度的大小。

为了对两种计算方法进行比较,还要介绍一下时间数列的两种不同类型。当数列各项水平表示某种现象发展到一定时点所达到的水平时,叫时点数列,例如在一定时点上的人口数、企业数、农户数、生产设备数等。当它表示某种现象在各个时间内活动的成果时,叫时期数列,例如产量、产值、商品流转额等。

在社会经济现象中,主要的时点数列大多都是一贯上升的(累积的)数列(也有停滞在一个水平上忽升忽降的数列,例如个别企业的库存余额、个别城市的人口变动等,在类似的情况下一般没有计算平均速度的必要)。这种数列的期末水平 a_n 是继承前面各期水平 a_i(i = 0, 1, 2, …, n-1)发展的结果,因而有着不可相加的特性。例如,我国人口 1953 年为 602 百万,假定 1954 年为 610 百万,显然这两个数字相加起来是无意义的。

由于 a_n 与 a_i(i = 0, 1, 2, …, n-1)是如此不可分割,而 $\sum a_i$ 又是无意义的总和,因此,对时点数列中一贯上升或一贯下降的数列在计算平均速度时,以从 a_n 出发的几何平均法最为恰当,而与 $\sum a_i$ 相连的方程法则毫无意义。关于这一点,卡拉谢夫的论文中完全没有考虑过。

在时期数列的条件下,问题就比较复杂些。时期数列的期末水平 a_n,它一方面与中间水平 a_i(i = 1, 2, …, n-1)都有联系,另一方面它又是独立的。应用几何平均法时,是假定逐期水平 a_i(i = 0, 1, 2, …, n)近似于等比级数(即几何级数)的,从数学形式来讲,几何平均数就相当于这个级数的公比。于是,像上面已经说过,用几何平均法所求的平均速度 G,在 a_0 固定下,最后归结到只与 a_n 有关,亦即 G 的大小以 a_n 的大小为转移。但是现象的发展结果、实际的发展水平所组成的时期数列(a)并不总是等比数列。这一情况说明用几何平均法所得的平均速度是带有极大的偶然性,它只考虑到基期水平 a_0 与期末水平 a_n,而不考虑到两者之间各年水平的变化。在 a_0 固定下,它随着期末水平 a_n 的变化,时而夸大,时而缩小,这对整理较长期的统计资料,特别是分析资本主义国家经济发展情况时,可能是带有虚构性的。由于资本主义扩大再生产的进程是周期地为经济危机所打断,生产的进程显然不是按等比发展的,在这种情况下,平均速度有可能脱离了物质的现实性,成为形式数学的东西。

在这种情况下,即在数列不是近似地按等比发展的情况下,乍看起来,方程法好像解决了几何平均法所不能解决的问题;因为它考虑到各个时期水平的变化,任何一个 $a_i(i=0,1,2,\cdots,n)$ 的变动,都足以影响 $\sum a_i/a_0$ 的变动,而平均速度 R 又以 $\sum a_i/a_0$ 为转移。从这些现象出发,卡拉谢夫认为几何平均法总是有利于资本主义而有损于社会主义的。他为了要"证明"这个论点,当然以方程法作为标准(我们在这里也假定它是个标准,实则它并不能作为标准),而尤其遗憾的是他还进行了一个不够实事求是的求证做法。我们仍旧拿卡拉谢夫所举的例子作为例证。

表 1 苏联和美国的工业产值

年 份		苏联工业产值		美国工业产值	
		年速度	总速度	年速度	总速度
1929 年		—	100.0	—	100.0
1930 年		129.7	129.7	80.7	80.7
1931 年		124.8	161.9	84.4	68.1
1932 年		114.1	184.7	79.0	53.8
1933 年		109.1	201.6	120.6	64.9
1934 年		118.2	238.3	102.3	66.4
1935 年		123.1	293.4	113.9	75.6
1936 年		130.3	382.3	116.5	83.1
1937 年		110.9	424.0	104.7	92.2
1938 年		112.5	477.0	78.1	72.0
总和		—	2 492.9	—	661.8
1930—1938 年平均速度	G	119.0	—	96.0	—
	R	120.0	—	93.5	—
G 对 R 离差		−1.0	—	2.5	—

根据表 1 材料,即令方程法可以作为标准,我们也仅能够讲:在这一具体例子中,几何平均法对方程法来讲,一方面对美国的速度"高估"了 2.5%,他方面对苏联又"低估"了 1%。卡拉谢夫还不以此为满足,他却计算了八年(1930—1937 年)的美国工业产值平均速度来和苏联的九年(1930—1938 年)平均速度相比(如果缺乏 1938 年的资料时,当然也可用以作为近似的对比,问题在于我们并不缺乏 1938 年的资料)。这样的不同年限的对比,使得几何平均法(G)对方程法(R)的离差人为地提高到

$$G = \sqrt[8]{0.922} = 0.99, R = 0.932 G - R = 0.058$$

或 5.8% 实则几何平均数仅夸大了 2.5%,给卡拉谢夫这样一搞,却说成是夸大了 5.8%。

显然,卡拉谢夫看见美国的总速度在 1937 年是高于 1938 年(92.2 > 72.0)的,为了有利于他的论点,终而违背了应有的科学态度。

问题还不仅如此,即使以方程法为标准,也不能认为几何平均法总是有利于资本主义国家的。这不难从表 2 中第 I 第 II 两种假定情况里得到说明。两种假定都是将美国 1932 年与 1938 年的工业产值的总速度略加改变。虽然这是假定的。但仍旧反映苏联工业产值不断增长,而美国则停滞不前。这就是说,在我们的改变下,并没有破坏问题的实质。

表 2

年 份	第 I 种假定情况	第 II 种假定情况	第 III 种假定情况
1929 年	100.0	100.0	100.0
1930 年	80.7	80.7	184.7
1931 年	68.1	68.1	161.9
1932 年	78.4	71.2	129.7
1933 年	64.9	64.9	238.3
1934 年	66.4	66.4	201.6
1935 年	75.6	75.6	293.4
1936 年	88.1	88.1	477.0
1937 年	92.2	92.2	424.0

（续表）

年 份		第Ⅰ种假定情况	第Ⅱ种假定情况	第Ⅲ种假定情况
1938 年		44.4	54.6	382.3
总和		661.8	661.8	2 492.9
1930—1938 年平均速度	G	92.3	93.5	—
	R	93.5	93.5	120.0
G 对 R 离差		−1.2	0	—

根据表2的结果，由于速度的总和 $\left(\sum \dfrac{a_i}{a_0} = \dfrac{\sum a_i}{a_0}\right)$ 没有变动，所求得的 R 与表1的 R 完全相同，这时只有 G 在变动。在第Ⅰ种情况下几何平均法对苏联低估了1%，对美国却低估1.2%；可见，几何平均法并不总是"偏爱"资本主义的。而在第Ⅱ种情况下，G＝R，说明 G 对 R 也有不偏不倚的可能。

但是方程法的严重缺点是暴露在第Ⅲ种假定情况中。本来我们觉得方程法能通过 $\sum a_i$ 来反映每个 a_i 的变动影响，并且假定（a_i）大致是一个几何数列，但事实上总和 $\sum a_i$ 未必总能反映 a_i 的变化。有时某一项的变化，又为另一些项的变化抵销于总和中。表2第Ⅲ种数列就不是一个几何数列，与表1苏联的工业速度有着完全不同的性质，但用方程法所得的平均速度（1.20）却因总和（24.929）相等而相等。

可见，即使数列不是在等比发展的条件上，几何平均法还考虑到期末水平 a_n，而仅仅考虑到总和的方程法则不仅不能正确地反映其中任何一项，而且连 a_n 也不能反映。

又从实际的需要看来，我们所关心的总是从某一特定时期的生产力水平发展到另一时期所达到的水平，换句话说，我们所关心的是基期水平 a_0 和期末水平 a_n，而不是所有年份中产量的总和 $\sum a_i$。从而对平均速度的计算，大都采用几何平均法。

特别对计划中的平均速度指标，几何平均数法是最合适的方法。

在社会主义条件下，生产是有计划按比例地不断增长，也就是说再生产是按比例地扩大着。现象发展的实际结果虽然不总是等比的，但它总是环绕着一定比例而变动,这就使得平均速度指标对编制国家计划起着巨大作用。在生产一贯不断增长的条件下,国家力求生产力不断高涨。我们拟定较长期(如五年或十年)计划时总是根据需要与可能,科学地估计期末应有的可能的水平。为保证计划期末所欲达到的这一水平,用几何平均法计得的平均速度指标 G 反映了逐年应有的增长速度,使得经济活动环绕着这一标准化的指标向前发展,特别应该把它当作一个最低指标,年年努力去超过它,其结果大大提高了国家的生产力水平。

国家计划一经核定便成为物质的东西,考虑到期末水平而应用几何平均法所计得的逐年平均速度 G(当然,如果计划仅是从总和出发,仍然要用方程法,但这类情况是少见到的)在计划的保证下,就不会是虚构的东西。这里还顺便地提一提,卡巴查尼卡在他的论文中,曾经假设了评定两个企业执行五年计划的例子,来否定几何平均法。实际上,个别企业每年所必须完成的是年度计划,从而他的例子是不能成立的。当然也就不能用作否定几何平均法的依据。

虽然计划中平均速度的计算,基本上采用几何平均法,但是由于计划数列是假定按等比地发展着,使得几何平均法所计得的平均速度与方程法相一致(因为方程法也假定数列是按等比地发展着)。由于这一原因,在计划工作中,方程法就成为几何平均法的一个很好的辅助工具——由于 G=R,再从 R 反过去求 $\sum a_i$。这就是说,当我们用几何平均法求得平均速度 G 后,马上就可以用方程法的逆运算求得按 G 发展的所有计划年间生产的总和 $\sum a_i$。从方程法这一辅助作用出发,卡拉谢夫所编制的一份数表仍然有发表的价值("统计译丛"第六辑未予转载)。本文附注中也提供了一个图算法,供大家参用。

综上所述,在时间数列近似于等比发展时,几何平均法和方程法是具体计算平均速度的两种方法。它们各有不同的特点,在基期水平 a_0 固定下,几何平均法从期末水平 a_n 出发,方程法则从总和 $\sum a_i$ 出发。

但实践中一般都从 a_n 出发,所以平均速度的计算大都采用几何平均数,特别对于时点数列,根本不能使用方程法。

在计划中也是使用几何平均法,但可同时采用方程法的逆运算作为它的辅助工具。

〔附注〕方程法的图算法

用方程法所求的平均速度实际上就是下列方程的正根。

$$f(x) = x^n + x^{n-1} + \cdots + x^2 + x - \frac{\sum a_i}{a_0} = 0$$

若将 $f(x)=0$ 写成 $F(x)=\varphi(x)$，则 $y=F(x)$ 与 $y=\varphi(x)$ 二曲线的交点的横坐标 R 就是方程的正根，$f(R)=0$。这里，我们令

$$F(x) = x^n + x^{n-1} + \cdots + x^2 + x\left(= \frac{x^{n+1}-1}{x-1} - 1\right)$$

$$\varphi(x) = \sum a_i/a_0$$

在方格纸上画好 $y=F(x)$ 之后，就能根据 $R(R=G)$ 极方便地找到 $\sum a_i/a_0$，再乘以 a_0 即得 $\sum a_i$ 的近似值。

原载《统计工作通讯》1956 年第 24 期

国民经济按比例发展规律和
国民经济发展速度规律

社会生产力是一个运动着的有机系统。它从源泉(自然力、人力和科学技术力)开始,到直接生产力的构成要素(劳动力、劳动资料和劳动对象),到这些要素结合的结果(必要产品和剩余产品);结果(剩余产品)又转化为生产力新的源泉,并通过积累转化为新的生产力,取得更多的结果。社会生产力就是这样在它自身的系统中循环不已、螺旋形上升地向前发展[①]。

社会生产力系统在运动中又衍生出两个规律:一是这个系统的横向比例(源泉、要素、结果各自的结构,以及由此派生的一系列经济比例)的规律,另一是这个系统的纵向转化(由源泉转化为直接生产力、由生产力转化为产品及其实现)的速度规律。这两个规律就其抽象形式来讲,是生产力发展规律的补充,共同构成生产力规律的体系,它们都是人类社会的共有规律。在商品经济下,它们通过价值规律表现出来。

一、国民经济按比例发展规律

国民经济按比例发展规律指的是:按照社会生产力发展所需要的社会分工,社会将总劳动时间(物化劳动和活劳动,以下同)按比例地分配给各生产部门,使各部门协调地发展,以获得整个社会的效益。它的基本内容是:社会生产力系统各个层次内部结构比例是国民经济的基本比例,其他比例都由此派生;国民经济按比例投入的劳动时间是第二种含义的社会必要劳动时间,它调节再生产,要求第一种含义的社会必要劳动时间与自己趋向一致。

---

① 参见张薰华:《论社会生产力发展规律》,《学术月刊》1985年第3期。

国民经济按比例发展规律和国民经济发展速度规律

1. 由基本比例派生的国民经济比例体系

首先,国民经济的根本比例是作为生产力源泉的人口和环境的比例。地球上的环境(立体意义的土地)是有限的,人口则是可以增加的。如果人口的增长超过土地的负载力,就会破坏环境和生态的良性循环,就会反过来危及人类生存。在社会生产力还没有全面现代化以前,世界人口会加速发展。根据统计,人类历史从公元前几十万年到人类进入文明时期,到以西罗马帝国灭亡(公元476年)为标志的古代史的结束,人口缓慢地只增到4亿;其后,经过一千多年的中世纪,到1830年,人口才达到第一个十亿;此后速度惊人,1900年已达第二个十亿(中经70年),1960年达第三个十亿(又缩短为60年),1976年达第四个十亿(再缩短为16年),现在(1985年)又将达到第五个十亿,显然,到本世纪末将达到甚至超过第六个十亿。剧增的人口和有限的土地,它们的比例关系表现为人均土地的急剧减少,成为当前世界粮食短缺、资源减退、能源紧张、环境污染的直接原因。我国是世界人口最多的国家。本来,我国"地大、物博"是优势,但和"人多"一比就变成一个穷国了。我们现在的许多问题,撇开社会形式不说,归根到底,就是人太多了,就是社会生产力的源泉的比例发生了问题。可见,控制人口过快增长是解决问题的关键。

其次是生产力自身的构成要素的比例,即生产资料和劳动力的比例。这个比例形成生产力的技术构成。它的价值表现在资本主义社会为资本有机构成,在社会主义社会表现为资金有机构成。由于社会生产率的水平"表现为一个工人在一定时间内,以同样的劳动力强度使之转化为产品的生产资料的相对量"[①],所以,社会生产力的提高会表现为技术构成的提高,即表现为生产资料较快于劳动力的发展,也就是较快于人口的发展,并进一步表现为较快于生活资料的发展。但是,在人类历史的长河中,虽然人口较慢于生产资料的发展,人口自身的速度还是很快的。这是因为在生产力还不太发达时,技术构成比较低下,发展生产主要靠增加劳动力,人口就会迅猛增大。只有生产力高度发展,并且在世界范围内全面现代化,生产的增加才主要靠以科学技术为条件的劳动生产率,这时人口将在素质上提高而在数量上有所下降。上述世界人口剧增的现象将会由社会生产力来抑制,一直紧缩到适合比

---

① 《资本论》第1卷,第718页。

例的数量。目前,我国人口相对于社会已有的生产资料量已经大批过剩。把过剩人口塞进生产企业,只能使企业的技术构成下降,使生产力下降,和发展生产力这一根本任务背道而驰。如何安置过剩人口又不阻碍社会生产力的发展,是当前一项重大课题。但是,更重要的问题则在于继续抓紧控制人口出生率,否则后患无穷。

再次是作为生产力的结果的产品构成比例,撇开补偿生产资料的那部分产品不说,就是必要产品和剩余产品的比例。必要产品是社会用以保证劳动力从而人口再生产所必要的产品。剩余产品是以必要产品为界限、为起点的超出部分的产品——这就是两者比例关系的界限。在这个界限的基础上,随着生产力的发展,剩余产品又较快于必要产品的发展,并通过积累转化为追加的新的生产力。必要产品和剩余产品的总和形成国民收入,它们的比例关系决定着国民收入分解为消费和积累的比例关系——必要产品表现为消费部分,剩余产品是积累的源泉。消费或者说人民群众的必要消费是界限、是出发点,在保证这个必要消费的界限以后方能积累,决不应侵占必要消费来积累。另一方面,在这个界限的基础上,又要看到积累对发展生产力的积极作用,也不应把积累基金分光吃光。

必要产品和剩余产品实际是必要劳动和剩余劳动的产品表现。这一比例关系首先决定消费与积累比例关系,后者又体现在消费资料生产和生产资料生产两大部类的比例关系上面。马克思说:"一个工人的劳动分为必要劳动和剩余劳动,工人阶级的全部劳动同样可以这样划分,为工人阶级生产全部生活资料(包括为此所需的生产资料)的那部分,完成整个社会的必要劳动;工人阶级所有其余部分所完成的劳动,可以看作剩余劳动。"①

两大部类的比例关系又具体化为农、轻、重之间的比例关系。必要生活资料中最重要的是粮食,而粮食是由农业来生产的。种植粮食作物的农业劳动者必须具有一定高度的劳动生产力,使农业不仅能生产必要产品,而且能生产剩余产品,用以替换工业的必要劳动。这样,从社会的观点来说,农业的剩余产品便成为社会其他部门赖以建立和发展的基础。进一步讲,轻工业基本上也是生产生活资料的,因而投到轻工业的劳动和农业一样,虽也分必要

---

① 《资本论》第3卷,第713页。

劳动与剩余劳动,但社会地讲,基本上也成为社会必要劳动的部分;相对于工业内部来讲,能够提供剩余产品的劳动生产率的轻工业也是起点,而重工业则可以看作是社会的剩余劳动的部分,它主要用于生产生产资料。由于社会生产力的发展要求剩余劳动较快于必要劳动的发展,并要求生产资料较快于消费资料的发展,重工业会较快于轻工业和农业的发展。由此可见,农业为基础以及农轻重为序的规律,重工业较快发展的规律,都是生产力发展规律在比例关系上的表现形式。

在重工业内部又分为采掘工业和加工工业。浅加工工业宜与采掘工业结合在一起,例如煤炭就地火电化,矿砂就地冶炼,可以节约大量运输劳动。深加工工业技术复杂,占地较小,能耗与无效运量较少,宜放在城市近郊。于是又发生了生产力布局中的比例问题。

但不管生产力如何布局,总会发生生产和物流运输的比例关系。所有这些生产部门(农、轻、重、交通运输)都有着建设和生产的比例。整个国民经济还有生产部门和非生产部门的比例。总之,所有这些比例都由社会生产力结构所派生,并服务于社会生产力的发展。

2. 第二种含义的劳动时间调节生产、分配、流通按比例地进行

第一种含义的社会必要劳动时间是生产单位产品实际耗费的劳动时间;第二种含义的社会必要劳动时间是为生产该产品总量社会按必要比例分给该部门的劳动时间,即生产该产品应该耗费的劳动时间。

社会生产力的发展,要求生产、分配、流通按分工的比例进行,但实际经济活动(首先是第一种含义的社会必要劳动时间)受偶然因素的干扰,并不正好合乎比例的要求。体现按比例规律的第二种含义的社会必要劳动时间就加以调节,使之按比例发展。

(1)生产过程中的按比例规律。按比例规律首先要求在现有的物质基础上,为保证社会生产力顺利发展,社会只应将总劳动时间按分工所需要的比例分给各生产部门进行生产。这种按一定比例分配社会劳动的必要性,绝不可能被社会生产的一定形式所取消,而可能改变的只是它的表现形式。在商品经济下,它的表现形式就是价值规律。"事实上价值规律所影响的不是个别商品或物品,而总是各个特殊的因分工而互相独立的社会生产领域的总产品;因此,不仅在每个商品上只使用必要的劳动时间,而且在社会总劳动时

间中,也只把必要的比例量使用在不同类的商品上。"①这种由按比例规律决定的第二种含义劳动,它调节生产实际耗费的时间(第一种含义劳动的总量),使后者与自己趋于一致,也就是使生产趋向于按比例地进行。

(2) 分配过程中的按比例规律。既然社会分工要求按这样的比例把社会总劳动时间投到各生产部门,各生产部门也就只能按这样的比例来分配劳动的果实,这是由等量劳动相交换的规律决定的。"社会的一部分人,由于分工的缘故,要把他们的劳动用来生产这种既定的物品;这部分人,当然也要从体现在各种满足他们需要的物品上的社会劳动中得到一个等价物。"②先是作为按比例投入各生产部门的劳动时间,然后这同一按比例的时间(它不管实际的生产时间是多少)又是各部门能够作为收益分配的时间。这是由第二种含义社会必要劳动决定的、第二种含义的按劳分配规律。

(3) 交换(或流通)中的按比例规律。各生产部门按比例投入劳动,并按同一比例分配劳动,这同一比例的劳动又表现为社会对各生产部门有支付能力的需求。"因为商品生产是以分工为前提的,所以,社会购买这些物品的方法,就是把它所能利用的劳动时间的一部分用来生产这些物品,也就是说,用该社会所能支配的劳动时间的一定量来购买这些物品。"③具体说来,社会年总产品如果按社会需要的比例生产出来,它们的供给量就会和有支付能力的需求相一致,从而全部得到实现。假定社会总劳动为2 880,按比例地分配给(投入)A、B、C、D四个部门。A分得1 000(其中100为本部门生产,50、10、840分别为B、C、D生产),这1 000又同时是社会对A的有支付能力的购买力(见下表最后一栏),使A的产品全部得到实现。同时,A对各部门的有支付能力的购买力也正好等于1 000(见下表最后一行)。

部门	A	B	C	D	按比例投入的总劳动
A	100	50	10	840	1 000
B	200	60	20	80	360
C	300	70	10	60	440

---

① 《资本论》第3卷,第716页。
② 同上书,第208页。
③ 同上。

(续表)

部门	A	B	C	D	按比例投入的总劳动
D	400	180	400	100	1 080
部门购买力	1 000	360	440	1 080	2 880

如果 A 不按 1 000 来生产,以致超过 1 000 或者不到 1 000,即供过于求或者求过于供,但第二种含义的社会必要劳动时间使社会对 A 的购买力仍为 1 000,它决定了 A 的产品的价格总额。这个价格总额不管市场商品的供给量怎样,也就是不管第一种含义的社会必要劳动时间的总和怎样,不管价值总额怎样,只能按照这个价格总额来实现,从而迫使实际生产量向按社会分工比例的需要量看齐。在这个过程中,当供过于求时,第二种含义的劳动使价格跌到价值以下,一些生产条件差的企业会被淘汰,生产条件好的企业生产的商品比重上升,第一种含义的劳动减小因而劳动生产力上升,价值也随之减小。反过来,当求过于供时,第二种含义的劳动使价格涨到价值以上,生产条件差的单位不仅不会淘汰,而且还可以赚钱。它们还会扩大生产规模,使所生产的商品比重上升,第一种含义的劳动增大,劳动生产力下降,价值也就随之增大。总之,第二种含义的劳动时间调节价格,价格又反过来调节生产比例,并影响生产力的变动。

按比例规律是各个社会共有的规律。在社会主义社会,人们把它表述为有计划按比例的规律。但是,长期以来,人们没有注意到,在这个规律中"按比例"是主体,"有计划"只是为了"按比例"。忽视"按比例"而强调"有计划",甚至制定违反客观应有的比例的计划,那样,计划反而使比例更加失调。这个苦头过去已经吃了不少。因此,只有遵循按比例规律来拟定的计划,才是我们应该推行的计划。

计划是为了贯彻按比例规律,价值规律从而价格运动也是按比例规律的贯彻。市场对计划会起反馈作用,它对合乎规律要求的计划起着验证的作用;对违反规律的计划起着冲击的作用。因此,既要看到市场的消极作用,更要看到它的积极作用。

二、国民经济发展速度规律

国民经济发展速度规律也由社会生产力系统所衍生,又服从于国民经济按比例规律。

国民经济发展速度从单项建设工程或某种产品来说,包括基本建设速度和再生产速度两个方面。前者是形成新的生产能力的时间,后者是已经形成的生产力在运转中创造产品以及产品实现的时间。这里的时间都是按日历时间计量的。

国民经济的发展速度从总体来说,一般是指年总产品的发展速度和年基本建设规模的发展速度。下面从总体速度谈起。

1. 生产速度主要依靠生产力的发展

产品产量(或建设规模)的逐年扩大又由于两个原因:第一,由于劳动生产率的不断提高①,表现为资金使用效率的不断提高;第二,由于投入生产的劳动(物化劳动和活劳动的总和,以下同)不断增长,在商品经济下表现为投入资金的不断增长。假定 Q 为产量,P 为不变价格,按不变价格计算的总产量(即总产值)为 $\sum QP$;再设相应的劳动耗用量(或资金耗用量)为 $\sum T$,劳动生产率为 $\sum QP / \sum T$;再设"0"为基期,"1"为计算期;就有:

$$\frac{\sum Q_1 P}{\sum Q_0 P} = \frac{\sum Q_1 P / \sum T_1}{\sum Q_0 P / \sum T_0} \cdot \frac{\sum T_1}{\sum T_0} \tag{1}$$

即: 产量速度=生产率速度×劳动耗用量速度

从这个公式可以知道,以工农业总产值特别是工业总产值所代表的国民经济发展速度,既可以主要是发展生产力(因而提高生产效率)的结果,也可以主要是增加劳动(包括物化劳动)耗用量的结果。也就是说,发展生产和发展生产力是两个虽有联系但有区别的概念。发展生产可以是提高生产力的结果,也可以不是提高生产力而是投入更多的劳动的结果。因此,生产增长了并不一定就是生产效率提高了。我们决不能满足于生产的增长,而要注意生产力的提高。我以为,正是在这个意义上,我国经济建设总的奋斗目标是,在不断提高经济效益的前提下,力争全国工农业年总产值翻两番。

但是,人们往往没有注意到生产的增长速度主要应该依靠提高劳动生产

---

① 包括机器设备、资源等的使用效率。

力,而不应是靠拼人力物力的大量耗费。一些地方正是违背了这一经济规律,不顾经济效率,层层盲目攀比超高速度,有的地方甚至要求乡镇企业当年翻番,并以此对干部大奖大罚。这当然有体制上的原因,政府工作人员和企业领导人是投资的决策人,而对投资项目的成败,对盲目追求高速度所带来的严重后果,并不负担经济责任。也有政策的原因,某些经济政策和我们的奋斗目标背道而驰。例如,有些金融、税收、价格政策扶植生产力极为低下的大批小企业来增加产值。其结果必然限制社会生产力的发展,因而不是在不断提高经济效益的前提下,力争全国工农业年总产值翻两番;而是在不断增大劳动(包括各类资源)的耗用量的前提下,力争全国工农业年总产值翻两番。这种违背生产力发展规律的做法,必然导致能源、交通、原材料的滥用,造成社会规模的浪费,结果没有发展生产力,反而损害生产力。可见,只有提高劳动生产力才有稳妥的速度。也就是说,速度应该服从于生产力的发展。

2. 建设速度与发展生产力

生产速度应该主要依靠生产力的发展。生产力的发展又主要依靠两个方面,一是既有的生产力通过技术改造,在新陈代谢中发展自己;一是追加新的生产力以壮大自己。后者表现在基本建设规模上面,也就是表现在建设速度上面。因此,建设速度是为发展生产力而应有的速度。如果不顾社会生产力发展的要求,也就是不顾经济的效率,盲目追求高速度,那是虚假的速度,结果适得其反,必然导致国民经济大起大落。

基本建设包括固定资产的简单再生产(重建)和扩大再生产(新建),它们都是为产品扩大再生产增加生产能力。

固定资产的有形和无形寿命决定了它的周转周期。它的寿命一旦完结,就要通过重建来替换。这种重建不是复制古董,而是更新技术进行改建,这种改建往往同扩建结合在一起。因此,即使在固定资产简单再生产情况下,一般总会增加生产能力,内涵地、外延地扩大产品的再生产,提高国民经济的增长率。

如果说重建——固定资产更新——是社会既得的生产力在新陈代谢中继续发展自己的活力,那么新建——新增固定资产——则是社会追加的生产力,是社会既得的生产力在运动中增殖的部分。社会生产力运动的结果创造了剩余产品,剩余产品的一部分通过积累进一步开发社会生产力的源泉(自然资源、人力资源和科学技术资源),转化为追加的生产力,也就增殖了自己。新增生产力当然更不限于外延地,而且内涵地促使产品扩大再生产,进一步提高国民经济的增长率。当然,新增生产力不仅包括新增固定资产(劳动资料),而且包括追加的劳动对象和劳动力。追加的劳动对象对企业来讲表现为流动资金的追加,但社会往往要为此建设新的油井和矿井,在这种情况下也表现为固定资产的建设。但不管怎样,这些都是客体要素,如果没有事先培训劳动力(主体要素),工人不懂得如何操纵机器等技术设备,即使工程竣工了,还是不能成为现实的生产力。因此,建设速度这一概念应该是从开发自然资源和人力资源到新增生产力正式运转所经历的日历时间,而不仅仅是固定资产的建设周期。不过,在正常情况下,固定资产的建设周期还是近似地反映了新增生产力的建设周期。

由于固定资产是生产力的物化,具体地讲是科学技术力的物化,近代科学技术的突飞猛进,要求加快固定资产的建设速度。在七十年代,国外工业部门的技术手段就有百分之三十左右因过时而被淘汰,电子工业甚至高达百分之五十。如果一个项目十年八年建不起来,即使设计时是新技术,投产时就可能变成落后的了,甚至刚建成就要改造,这就难以赶上世界先进水平。况且,缩短建设周期,还可以降低建设费用,及早为社会提供产品,提供积累,加快投资的回收[①]。

为了缩短建设以加速国民经济的发展,似应注意以下一些基本点:

(1)既然固定资产是科学技术的物化,投资的战略方向就应当放在技术革命和技术改造上面,国民经济才能持续地增长。不然的话,即使工程周期缩短,建成后却效益低下,甚至会阻碍国民经济的发展。

(2)投资的数量界限首先由投资的性质所决定。如果是重建,投资的源泉是累积起来的折旧基金。过去我们将折旧基金挪去铺新摊子,使已有企业在技术上难以发展,搞一个新企业就丢掉一些老企业,造成沉重的损失。如果是新建,投资的源泉则是社会剩余产品转化的积累基金。当着新建规模突破这个界限,就会破坏积累和消费的比例,导致再生产中一系列比例的失调,结果欲速不达,并造成巨大浪费,反而破坏了已有的生产力。几十年来,我们

---

① 参见《基本建设要讲求投资效果》,《人民日报》1979年7月3日。

或者挪用折旧基金铺新摊子,或者抑制必要消费搞建设,基本建设战线经常过长,建设速度反而越来越慢,这是个很严重的教训①。

(3) 缩短建设周期的直接手段是缩短固定资产建设的生产时间(施工时间)和流通时间(主要是购进建材的时间)。固定资产的形成,无论新建或重建,都要经过生产过程和流通过程。如果是厂房,都需要进行工程地质勘探、设计、购料和施工;如果是机器设备,都需要进行设计选型、购买(或自制)、安装和调试;直到竣工投产,进入生产使用阶段。所谓缩短固定资产的建设周期,就是缩短这个总过程中每个阶段所经历的日历时间。

(4) 就某一单项固定资产的建设来看,新建和重建虽然经历着同样的生产过程和流通过程,但从总体工程来讲,新的建设项目往往百废待兴,既有主体工程,又有基础设施与生活设施工程;重建工程则是在已有设施的基础上的单项工程。因此,新建(所谓铺新摊子)比局部重建投资较大,周期较长。如果国民经济建设已有相当规模的成果,社会生产力配置上也有了一定的基础,在资金不够充裕的情况下,就应该将投资的重点放在原有企业原有工业基地的改建和扩建上。因为改建和扩建类似于单项固定资产的重建,不是百废待兴、旷日持久,而是投资少、速度快、效益高,是多快好省的路子。

3. 发展速度必须满足按比例规律的要求

速度规律不仅服从和服务于社会生产力发展规律,而且服从并服务于按比例规律。

建设的规模不仅要由积累和消费的比例来决定,而且要和一般产品生产的规模成比例,表现为建筑部门和一般产品再生产部门的比例。这些产业都不断从市场取走生产资料和生活资料,一般产业能在较短时期不断向市场投放产品,建筑行业则在较长周期内只取走而不投放产品。这样,由积累和消费的比例决定的社会对建设规模的承受能力,就决定了建设和生产的比例。另一方面,从积极的意义来看,固定资产的建设速度本身就是为了加速协调国民经济的比例关系,以促进社会生产力的发展。就重建来讲,它应当随着产业结构的改革,不断改变自己的物质形态,适应新产品、新工艺的需要。就新建来讲,它对已有的产业结构起着填平补齐、拉长短线的作用,使国民经济

---

① 全国大中型建设项目的平均建设周期:"一五"时期为 6.5 年,"四五"时期为 10 年,"五五"时期为 13.2 年。

比例更加协调地发展,并由此促进再生产的速度。如果重复长线建设,就会破坏国民经济的合理比例,形成无效的生产能力,带来社会规模的浪费。

生产的规模当然也要符合按比例规律的要求。一方面从产出来讲,长线产品应该压缩;短线产品也不应因货缺价俏导致大家一哄而上,以致很快又形成过剩。另一方面,从投入来讲,按照上述公式(1),在一定生产力的水平前提下,生产规模(或建设规模)的逐年扩大,必须有相应的生产物资和劳动力的增加,也就是要以社会已经按比例地生产出为此追加的原材料、能料等生产资料(包括交通运输设施)和追加的生活资料(为了追加劳动力)为基础。如果社会还不具备这些条件,生产规模(或建设规模)的增大,就会搞无米之炊,导致比例失调。

例如,近年来基建投资过大,远远超过了钢材、木材、水泥生产所能提供的数量,不得不依靠进口以弥补不足。但是,从长远来讲,一国国民经济的综合平衡不能建立在进口的基础上面。并且,由于我国科学技术力还有待于发展,企业的劳动生产力还很低下,精加工制成品还很少,因而目前主要出口原料性的初级产品,这当然是很不利的;其次,现在出口的一些粗加工制成品,缺乏竞争能力,往往削价出售。可见,许多外汇是出卖原料取得的,有些外汇则是不惜血本取得的。当然,出卖一部分国内原料以换进一部分国外的原材料,例如卖出一部分石油以买进一部分高品位的铁矿砂,也是一件好事情。但是,从长远来说,必须逐步实现由主要出口原料性的初级产品转向主要出口制成品,由主要出口粗加工制成品转向精加工制成品。因此,既不应该用得来不易的外汇以支撑国内过快的生产增长速度和过大的建设规模,更不应该过多地进口高档消费品以阻碍民族工业的发展。况且,即使过高速度任其发展下去,继续依靠外汇来维持,必将导致外汇枯竭,最后还是搞无米之炊。

又如,近几年来全国乡镇企业发展过快,引起钢材、煤炭、化工原料供应紧张,引起交通运输紧张,用电缺口也很大,特别是一些乡镇企业连片地区,由于缺电停产而损失的工时达 $40\% \sim 70\%$。这些企业一起上,使得谁也吃不饱,最后受按比例规律的制约,谁也上不了。即使有些勉强上去了,它们污染环境,破坏生态平衡,以致破坏生产力的原始源泉,其后果更为严重。

总之,在社会生产力系统中,规律是有层次的,因而是有顺序的。首先是社会生产力发展的规律,然后是由生产力规律派生的按比例规律,第三才是由生产力规律和按比例规律制约的速度规律。反映在计划工作上就应该是在发展生产力和按比例发展的基础上力争高速度。如果违反发展生产力、按比例、速度为序的规律,把速度放在第一位,结果必然破坏比例,损害生产力,反而降低了速度。在这个问题上,我们是有深刻的历史教训的。我们过去制订计划似多在速度指标的高低上兜圈子,以致国民经济多次大起大落,不仅造成国民经济比例多次严重失调,也使我们社会生产力难以顺利发展。今后,如果我们注意按照客观规律所要求的顺序,把发展生产力和按比例放在首要地位,我国的国民经济就会健康地高速度地发展。

4. 年总速度与再生产速度

国民经济发展速度是指逐年年总产品(表现为按不变价格计算的工农业总产值)的发展速度,和年总建设规模(表现为年基建投资总额)的发展速度,为简单起见,这里把它叫作年总速度。再生产速度则指产品的再生产周期或固定资产的建设周期。这两种速度指标的区别在于,前者是从总产量(或总投资量)的年与年之间的对比来讲的,后者则是从生产的周期的长短来讲的。它们又相联系,例如,社会生产某种产品的生产能力为 100 万件,如果生产周期(再生产速度)为六个月,即年周转两次,那么,这个生产部门年总产量就等于 200 万件;如果这个速度加快到年周转三次,那么,这个生产部门年总产量就等于 300 万件。可见,年总速度又是随着国民经济各个组成部分的再生产速度而变化的。

仍从公式(1)出发,由于在一个周期以内,撇开固定资产不说,劳动的耗用量决定了劳动的占用量,两者是相等的。在多次周转(例如年周转 n 次)时,按年计算的劳动的耗用量就等于劳动占用量的 n 倍。这时,产量和劳动耗用量都按 n 倍增大,它们的比例即劳动生产率可以不变。但由占用的劳动表现的劳动效率还是提高了 n 倍。这种提高纯粹是速度带来的效益。假定 t 为劳动的占用量(表现为资金的占用量),n 为年周转次数,则公式(1)中的劳动耗用量 $\sum T$ 转化为 $\sum nt$;再设 $\bar{n}$ 为年平均周转次数,又有 $\sum nt = \bar{n} \sum t$,其中 $\sum t$ 为劳动占用总量(或资金占用总量);于是,公式(1)转化为:

$$\frac{\sum PQ_1}{\sum PQ_0} = \frac{\sum PQ_1 / \sum T_1}{\sum PQ_0 / \sum T_0} \cdot \frac{\bar{n}_1}{\bar{n}_0} \cdot \frac{\sum t_1}{\sum t_0} \qquad (2)$$

上述关系也可以倒过来表示,即在产量和生产率不变下,劳动(或资金,以下同)的占用量和周转速度成反比,年周转次数越多,资金的占用量就越少。我们还要注意到,周转速度的变化实际上是和生产力的变化结合在一起的。再生产速度越快,一年中生产的产品也就越多,同额的固定资产折旧费将分摊到更多的商品中去,其他一些费用(如仓储费用等)也因此得到节约,使商品中劳动的耗用量进一步减少,也就是使生产力得以提高,并使劳动占用量进一步减少。

劳动占用量从它的社会总和来讲,它是一定历史时期积累的劳动,因而是一定的量;并根据社会分工的需要按比例地被分配到各个部门各个企业,转化为建设资金、再转化为固定资金和流动资金。于是,问题便归结为,在一定时间内,如何以有限的占用资金生产出更多的产品。上述公式(1)和(2)告诉我们,这首先要提高劳动生产率和按比例地发展,同时要加快再生产速度。也就是说,不仅要以发展生产力、按比例、速度为序,而且要进一步具体化为以发展生产力、按比例、提高再生产速度、年总速度为序来安排计划,才能促使国民经济在可靠的基础上高速度地发展。

产品再生产速度包括生产速度以及作为再生产媒介的流通的速度;资金周转速度则包括流动资金的周转、固定资金的周转和它们的平均周转速度。

(1)流动资金随着产品的生产和流通总是一次性转移自身的价值,因此,它的周转速度由产品的生产时间和流通时间来决定,即由再生产速度来决定。也就是说,流动资金周转速度的变化,从而流动资金占用量的变化,都反映着再生产速度的变化。而为了加快再生产速度就必须缩短生产时间和流通时间。

"缩短生产时间的主要方法是提高劳动生产率"[①]。"缩短流通时间的主要方法是改进交通"[②],即提高交通运输的劳动生产力。可见,再生产速度(以及建设速度)本身又直接决定于劳动生产力。

流动资金包含着可变资金,它每周转一次就带来一份剩余价值,年周转 n 次就带来 n 份剩余价值。因此,加快周转速度会带来双重的效益:① 可以减少资金的占用量,从而减少利息的支出;② 可以增加年利润的收入。

---

① 《资本论》第3卷,第83页。
② 同上书,第84页。

（2）固定资金的周转速度由它的寿命决定。它的寿命又由它的损耗决定。它的损耗是双重的,即物质(使用价值)的损耗(有形损耗)和价值的贬值(无形损耗)。物质损耗又可分为使用带来的损耗和自然力对它的侵蚀;价值贬值或因为机器制造业劳动生产力的提高,或因为出现了性能更好、效率更高的新机器,都使现有同类机器发生无形损耗。这也就是说,固定资产的周转速度由它的综合损耗(有形的和无形的损耗)率来决定。应该由实际综合的损耗率来拟定固定资产的折旧率。如果折旧率低于实际损耗率,就会人为地缩小成本,夸大利润,蚕食老本,其结果阻碍固定资产及时更新,阻碍技术的发展,阻碍生产力的发展,也就阻碍了资金效率的提高。

（3）流动资金周转速度较快,投资少,见效快。固定资金则与此相反。但只要一方面能加速商品再生产和流通,从而加速流动资金的周转,另一方面又能提高固定资金的利用率,从而把折旧费分摊到更多产品上面,企业资金的总周转速度还是会加快的。

在商品经济下,资金的有偿使用,或者说利息这一杠杆,对减小资金占用量和加快再生产速度起着非常重要的作用。利息既按资金占用量计算,又按资金的占用时间计算,也就是说,它的高低直接调节企业的资金占用量和再生产速度,因而调节国民经济的发展速度。因为多占资金就要多付利息,生产周期或建设周期越长也要多付利息,为了减轻利息负担,就迫使各个单位尽量减少占用资金,又迫使基本建设单位缩短工期,迫使各个企业加快再生产和流通的速度。

原载《学术月刊》1986年第1期

第二编
 马克思主义理论研究方法和
经济规律探索

《共产党宣言》的理论与实践

1847年11月,共产主义者同盟在伦敦代表大会上,委托马克思恩格斯起草一个党纲,这就是《共产党宣言》。《宣言》发表至今已经150周年,它教育了一代代共产党人。邓小平就说,"我的入门老师是《共产党宣言》和《共产主义ABC》"①。《宣言》有它本身的经历。它出现的时候曾受到过当时人数尚少的科学社会主义先锋队的热烈欢迎。后来,随着革命的起伏,它虽然有时被排挤,但"马克思主义是打不倒的……因为马克思主义的真理颠扑不破"②。马克思主义的精髓是实事求是。《宣言》的精髓就是从历史实践中求得社会发展规律而形成的理论。学习这一理论,并在现代实践中丰富和发展这一理论,是对《宣言》最好的纪念。

一、《宣言》的基本理论与实际运用

马克思和恩格斯在《宣言》1872年德文版序言中有这样一段话:"不管最近25年来的情况发生了多大的变化,这个《宣言》中所阐述的一般原理整个说来直到现在还是完全正确的……这些原理的实际运用,正如《宣言》中所说的,随时随地都要以当时的历史条件为转移"③。关于基本原理,恩格斯在1888年英文版序言中指出,"这个思想就是:每一历史时代主要的经济生产方式与交换方式以及必然由此产生的社会结构,是该时代政治的和精神的历史所赖以确立的基础,并且只有从这一基础出发,这一历史才能得到说明"④。关于原理的实际运用,恩格斯于1887年1月27日致美国威士涅威茨基夫人一函中说道:"我们的理论是发展着的理论,而不是必须背得烂熟并

---

① 《邓小平文选》第3卷,第382页。
② 同上。
③ 《马克思恩格斯选集》第1卷,第376页。
④ 同上书,第385页。

机械地加以重复的教条。越少从外面把这种理论硬灌输给美国人,而越多由他们通过自己亲身的经验……去检验它,它就越会深入他们的心坎。"①

具体说来,《宣言》是从生产方式的变革(从生产力的发展到生产关系的改革)、交换方式的变革(自给自足和闭关自守状态被市场经济所改变),分析代表生产关系的人格化阶级的社会结构及其行为。这是历史唯物主义的分析方法。因为生产力是生产方式的物质内容,生产关系是其社会形式,上层建筑则是这个形式的形式;另一方面,由于生产的社会化而形成的巨大社会生产力又发展了交换形式,它也会反映到上层建筑上面。科学的方法就在于抓住内容决定形式、形式又反作用于内容的原理,深入地分析了历史的运动。且在分析时特别抓住生产力变革这一物质内容。

《宣言》历史地分析:当封建的所有制关系不再适应已经发展的生产力时,取而代之的是资本主义生产关系以及相应的、人格化的资产阶级。指出现代资产阶级是一个长期发展过程的产物,是生产方式和交换方式的一系列变革的产物。指出新生的资产阶级对生产力、生产方式、交换方式的反作用,对政治法律制度、意识形态的作用又是如此巨大。"资产阶级在它的不到一百年的阶级统治中所创造的生产力,比过去一切世代创造的全部生产力还要多,还要大。"②其所以能够如此,是它将与封建割据相应的、分散的个体经济,改造为社会化的生产方式,并相应建立起市场化的交换方式。物质的生产和交换如此,必然反映到上层建筑。资产阶级"消灭生产资料、财产和人口的分散状态……使生产资料集中起来,使财产聚集在少数人的手里。由此必然产生的结果就是政治的集中……结合为一个拥有统一的政府、统一的法律、统一的民族阶级利益和统一的关税的统一的民族"③。资产阶级还运用市场的交换方式,"无情地斩断了把人们束缚于天然尊长的形形色色的封建羁绊,它使人和人之间除了赤裸裸的利害关系,除了冷酷无情的'现金交易',就再也没有任何别的联系了"④。总之,资产阶级在历史上曾经起过非常革命的作用。

---

① 《马克思恩格斯选集》第4卷,第588页。
② 《马克思恩格斯选集》第1卷,第405页。
③ 同上。
④ 同上书,第403页。

但是,资本毕竟是社会生产力发展到一定程度所采取的社会形式。随着生产力(物质内容)的继续发展,资本形式也会不相适应。就像封建关系相对于奴隶制末期来讲,也是非常革命的,但到后期却成为生产力的羁绊。于是,新的社会形式——社会主义、共产主义的生产关系必然会产生。马克思和恩格斯在《宣言》1890年德文版序言中指出:"《共产党宣言》的任务,是宣告现代资产阶级所有制必然灭亡。"①值得注意的是,这一革命的结论是有条件的。它的经济条件是资本这个外壳已经和高度发展的社会生产力达到不能相容的地步;它的政治条件是随着财富积累和苦难积累的对立,无产阶级的反抗也不断增长,也就是说革命形势已到来的时候。对此,在《宣言》发表20年后,《资本论》第一卷做了更深入的阐明。1867年10月11日马克思在致库格曼的信中说:提供《资本论》这部著作,"以便把党提到尽可能高的水平,并通过叙述方式本身使庸俗观点无计可施"②。

二、社会主义初级阶段的基本路线、纲领在基本理论上和《宣言》一脉相承

我国进入社会主义的时候,就生产力发展水平来说,还远远落后于发达国家。这就决定了必须在社会主义条件下经历一个相当长的初级阶段。按照生产力与生产关系,进而与上层建筑的辩证关系,也就是按照历史唯物主义原理,形成了党的基本路线以及由之展开的基本纲领。因此,它在基本理论上是和《宣言》一脉相承的。我们党的社会主义初级阶段的基本路线,是以经济建设为中心,并与四项基本原则、改革开放两个基本点结合在一起的。以下试从理论上加以剖析。

1. 关于一个中心

一个中心就是经济建设。因为中国解决所有问题的关键在于依靠自己的经济发展。但是,经济发展有一个增长方式与增长速度问题。经济发展速度或增长速度,在增长方式上可以是提高生产力的结果,也可以不是提高生产力而是投入更多的生产要素的结果,甚至有些是破坏社会生产力的结果。在资源利用率低下的情况下,投入更多资源只会转化为更多的"三废",破坏

---

① 《马克思恩格斯选集》第1卷,第389页。
② 《马克思恩格斯全集》第31卷,第562页。

社会生产力的源泉(生态环境)。

由此可知,以经济建设为中心是党的基本路线。这和"社会主义的根本任务是解放和发展生产力"相一致。过去,人们未能认识经济发展规律,盲目从事经济建设,拼资源、高投入、低效率去追求经济建设速度。现在,中央非常重视这个问题,提出要根本转变增长方式。只有转到保护和发展生产力的方式上,经济建设才能健康、快速发展。为此,我们还要保护社会生产力的源泉。它们是:① 自然环境;② 在生态环境中生存的适度的人口;③ 人的智力结晶的科学。这三者在经济建设中相互依赖又相互矛盾。自然环境为生产力提供物质资源,资源在经济建设过程中的代谢物又返回环境,其中有些是非生态因子,会损害生态环境。人口有双重性,作为动物是自然的人,他们只有在生态环境中才能生存;但作为社会的人,他们又能消灭自己的天敌,也就是消除了生态食物链相生相克的制约,可以暂时在数量上盲目膨胀自己。人口爆炸,环境不胜负载,终而无情地惩治人类。人口膨胀,先是毁林开荒,土地荒漠化接踵而来;后来为安置低素质的过剩人口的工业,污染水、大气和土壤,毁损人类赖以生存的环境。因此,人口必须适度,必须在数量上、素质上符合社会生产力发展的需要,才能既保护环境又发展生产力。为了提高人口素质,也为了发展生产力,还要发展科学和教育。科学是第一生产力,在于它能按照自然规律充分利用自然资源,提高资源利用效率并保护环境。科学的发展从而人类智力素质的提高,则又以教育为本。从这些我们又知道,三项基本国策(保护环境;控制人口数量,提高人口素质;科教兴国)也是为了基本路线的中心的核心——保护和发展生产力。

由此还可以理解,为了经济建设,我们必须协调人口、资源、环境和经济发展的关系,使社会能够持续、健康、快速发展。也就是说,在现代化建设中必须实施科教兴国战略和可持续发展战略。只有可持续发展才是硬道理。

2. 关于中心与坚持四项基本原则

党的基本路线中两个基本点从理论上讲应有主次之分,即主要是四项基本原则,其次才是改革开放。如果颠倒了,说四项原则服从于改革开放,它就不是基本原则,也就难以坚持了。况且,中心与四项原则其内容实是社会经济形态的整体,改革开放则是为了完善这个整体。

既然中心的核心是保护和发展生产力,其社会形式(生产关系)就应该以社会主义公有制为主体、国有经济起主导作用,也就是坚持社会主义道路。这是第一项基本原则。在这样经济基础上所建立的政治上层建筑,是实行人民民主专政的国体和相应的中国共产党的领导。这是第二、三项基本原则。然后再集中表现在意识形态的上层建筑上面,那就是坚持马克思主义。这是第四项基本原则。

总之,一个中心和四项原则的关系,实是生产力(物质内容)、生产关系(社会形式)和上层建筑(形式的形式)之间的辩证关系。因而也就和《宣言》的基本理论一脉相承。

3. 关于改革开放

改革是全面的。首先是在经济领域,即与生产关系相联系的经济体制改革。同时还要相应调整上层建筑的一些方面。其所以如此,是为了解放和发展生产力。

具体说来,我们的经济改革是建立社会主义市场经济体制。市场经济只要求市场上交换的商品属于各自的所有者,而不问生产商品的要素归谁所有,因而它本身没有姓"资"姓"社"的问题。这是社会主义与市场经济结合的可能性。市场经济的基本规律是价值规律。价值规律是以反比形式表现生产力发展的规律,即单位商品的价值量由社会必要劳动量决定,后者又与劳动生产力成反比。"劳动生产力越高,生产一种物品所需的劳动时间就越少,凝结在该物品中的劳动量就越小,该物品的价值就越小。相反地,劳动生产力越低,生产一种物品的必要劳动时间就越多,该物品的价值就越大。"[①] 建立市场经济体制正是为了遵循价值规律可以促进生产力的发展。价值规律又表现为价格运动,通过价格运动调节供求关系又会贯彻国民经济按比例配置资源的规律。这些都是社会主义与市场经济结合的必要性,即结合也是为"一个中心"服务的。

这是在四项基本原则下的结合。首先,我们不是一般地建立市场经济制度,而是在社会主义条件下发展市场经济。但由于我国还处于社会主义初级阶段,我们一方面要坚持和完善社会主义公有制,另一方面还要让多种所有制经济共同发展,从而共同促进生产力的发展。第二,这里讲的所有制是指

---

① 《资本论》第1卷,第53页。

生产要素所有制。在市场经济中,基本要素也表现为特殊的商品。它的特殊性在于只出卖使用权,不出卖所有权,实际是通过市场的分配方式。它的价格则起着双重作用,既是使用权的价格又是所有权的实现形式。这样,基本生产要素的土地市场和金融市场便成为社会主义与市场经济的结合点。按照地租是社会转移的价值,应归代表社会的国家所有,即土地应当国有化,国家应垄断土地的一级市场,地租或地价应是中央财政收入,不应将批租权与地租下放给地方。在土地问题上,特别要正确处理国家、企业、个人之间和中央与地方之间的分配关系,逐步提高中央财政收入的比重。至于一个企业是国有、集体所有或非公有,则要看其资金归谁所有。国有资金投入企业必须有偿使用,用利息来实现企业国家所有权。《宣言》第二部分就曾讲过,"最先进的国家几乎都可以采取下面的措施:1.剥夺地产,把地租用于国家支出……5.通过拥有国家资本和独享垄断权的国家银行,把信贷集中在国家手里"[①]。第三,就资源配置作用来讲,也非"一市就灵"。市场的基础作用在于价格机制,它调节供求均衡。但在调节过程中,总会经历非均衡阶段,即资源配置不合理甚至暂时浪费的阶段。因此,还须有国家的宏观调控。况且,对于生态环境的基础因子属公共物品,市场还会失灵。例如,江河的水如果国家不去管理,流域的市场微观主体(企业)就会把它污毁了。

生产关系人格化为阶级关系,后者的集中表现便是政治关系。以国有制为主导、公有制为主体的生产关系,决定了我们的政治应是工人阶级领导的、工农联盟为基础的人民民主专政制度。工人阶级是通过它的先进部队——中国共产党来领导。工人阶级之所以是领导阶级,不仅适应生产关系的主体、主导地位,还由于它代表先进的生产力。高科技的现代生产力也就要求工人阶级知识化,特别是党员干部的高知识化。马克思说:"最先进的工人完全了解,他们阶级的未来,从而也是人类的未来,完全取决于正在成长的工人一代的教育。"[②]列宁也说:"只有了解人类创造的一切财富以丰富自己的头脑,才能成为共产主义者。"[③]

在工农联盟上,这里的农民应是公有制(农村集体所有制)的人格化,也

---

① 《马克思恩格斯选集》第1卷,第421—422页。
② 《马克思恩格斯全集》第16卷,第217页。
③ 《列宁选集》第4卷,第285页。

应代表向专业化、现代化发展的农业生产力。因此,为巩固工农联盟,就要逐步壮大集体经济实力。联盟的物质基础则是农业生态化(因为农业是培育生物的产业),和土地规模经营(农业科学才有可用之地)。只有这样发展农业生产力,才有丰富的剩余产品转化为商品,农民才能富起来。市场经济体制则促进这种转化。中国共产党的坚强领导与巩固的工农联盟,和经济的繁荣发展,会使代表非公有制的阶级和各个阶层归附于革命的阶级,即掌握着未来的阶级。正如《宣言》所说的,"现在资产阶级中也有一部分人,特别是已经提高到能从理论上认识整个历史运动的一部分资产阶级思想家,转到无产阶级方面来了"[1]。而一些小私有者,为了"维护他们将来的利益,他们就离开自己原来的立场,而站到无产阶级的立场上来"[2]。正因为这些深层次的原因,我们形成了生动活泼的政治局面。

至于对外开放,也是为了一个中心,并遵循四项基本原则。开放首先是为了合理利用国内外资源,参与国际分工,从国际范围提高社会生产力。这并非一国的私利,而是有利于各个国家。因此,国与国之间应超越社会制度和意识形态的差异,扩大互利合作。开放也是为了引进科学技术,促使我国生产力更快地发展。开放还可以借鉴发达国家市场经济中管理的经验等等。但是,我们并非引进资本主义的社会制度,而且在改革中还要反对资产阶级自由化,警惕国际国内敌对势力的渗透、颠覆和分裂活动。我们也决不学习和引进各种丑恶颓废的东西。"我们要向人民特别是青年介绍资本主义国家中进步和有益的东西,批判资本主义国家中反动和腐朽的东西。"[3]

在意识形态层面还要注意到,由于市场经济将一切表现为商品,而货币则是取得商品的社会权力,于是形成拜金主义。就这一层面讲,它可以和资本主义相结合,因为资本也是一种价值,也表现为货币。但与社会主义既结合又矛盾。我们坚持的是服务于社会主义的马克思主义。我们虽然培育市场经济,十分重视货币的作用,但反对拜金主义。

---

[1] 《马克思恩格斯选集》第1卷,第410页。
[2] 同上书,第411页。
[3] 《邓小平文选》第2卷,第168页。

三、刻苦学习马克思主义理论,增强辨别是非的能力

和马克思主义一脉相承的邓小平理论,抓住"什么是社会主义、怎样建设社会主义"这个根本问题,坚持科学的社会主义理论。

《宣言》的第三部分对伪社会主义理论进行揭露和分析。这也是值得借鉴和深思的。《宣言》首先揭露反动的社会主义。其一是封建的社会主义。当着法国和英国的封建统治被资产阶级推翻,贵族们也打着社会主义旗帜去反对资产阶级。"但是,每当人民跟着他们走的时候,都发现他们的臀部带有旧的封建纹章,于是就哈哈大笑,一哄而散。"[①]其二是小资产阶级社会主义。这个阶级是指中世纪城关市民,特别是指农村广大的小农等级。它摇摆于无产阶级和资产阶级之间。这种社会主义虽然精辟地分析了资本主义生产关系中的矛盾,却又习惯地企图恢复旧的所有制——工业中的行会制度和农业中的宗法经济,因而也是反动的。《宣言》接着批判了资产阶级的社会主义。这种社会主义的背景是"资产阶级中的一部分人想要消除社会的弊病,以便保障资产阶级社会的生存"[②]。它的论调归结起来就是:"资产者之为资产者,是为了工人阶级的利益。"[③]《宣言》最后还分析了批判的空想的社会主义和共产主义。

《宣言》虽然已经历时 150 年,但我国现在仍然人口多、底子薄,封建主义、资本主义腐朽思想和小生产习惯势力在社会上还有广泛影响。这些势力的代表性人物,也会在新的历史条件下,打着社会主义旗号来反对社会主义的公有制。当然,也会有一些人,在未弄清什么是社会主义时,易于受骗上当。因此,学习马克思主义和邓小平理论是非常必要的。

原载《复旦学报(社会科学版)》1998 年第 2 期

---

① 《马克思恩格斯选集》第 1 卷,第 423—424 页。
② 同上书,第 429 页。
③ 同上书,第 430 页。

试论马克思主义基本原理

马克思主义是科学。这一科学的基本原理蕴于哲学社会科学之中。因此,繁荣发展哲学社会科学必须坚持马克思主义的指导地位。这就要求解放思想、实事求是、与时俱进,在坚持中发展,因发展而繁荣。

一、首先要从哲学的高度理解马克思主义——科学的世界观和方法论

哲学是关于世界观和方法论的学科,是最高层次的意识形态。它随着历史的发展逐渐科学化为马克思主义的哲学——唯物的世界观和辩证的方法论。了解它的产生过程,可以重温恩格斯写的《路德维希·费尔巴哈和德国古典哲学的终结》①。在西欧中世纪末期,由于封建生产关系已经容纳不了社会生产力的发展,爆发了资产阶级革命,建立了资产阶级生产关系。反映在哲学上就是在与封建神学、经院哲学的斗争中,英国和法国较早地出现了唯物主义。但在德国社会经济则比较落后,资产阶级虽想革命又怕革命,反映在哲学上先是出现了黑格尔唯心的辩证法,后又出现了费尔巴哈唯物的形而上学。这两种观点的出现,既与社会经济还不发达有关,也和当时自然科学还处于初创阶段相联系。

随着社会生产力巨大的发展,科学通过技术日益成为第一生产力。自然科学分门别类地建立;又发展到交叉联系,将自然界的各方面过程作为一个整体来研究。同样,人文社会科学各门学科也因物质生产力的发展而发展、而交叉,并且文理相通。于是哲学摒弃了黑格尔的绝对精神,取其辩证法;批判了费尔巴哈的形而上学,存其唯物主义;创立了辩证唯物主义。

由此可知,马克思主义基本原理具有两大特点。其一,作为意识形态,从

---

① 《马克思恩格斯全集》第21卷,第301页。

唯物论来讲,人们应该求真务实,并且由于它建基于物质生产力的一定高度,当然也会随着生产力的发展而发展。恩格斯就说过:"不言而喻,在事物及其相互关系不是被看作固定的东西,而是被看作可变的东西的时候,它们在思想上的反映,概念,会同样发生变化和变形;它们不能被限定在僵硬的定义中,而是要在它们的历史的或逻辑的形成过程中来加以阐明。"①因此,"我们的理论是发展着的理论,而不是必须背得烂熟并机械地加以重复的教条"②。其二,从辩证法来讲,人们在实事求是过程中,还要运用科学的方法论,才能求得事物的运动规律,才能按规律办事。因此,学习基本原理就还该学好辩证法。马克思说,对他的理论,"谁能辩证地思维,谁就能理解它"③。

中国有着数千年封建制度,阻碍了生产力的发展,科学也难以发展,唯心论与形而上学随之盛行。新中国建立以后,虽然封建制度早已变革,但羁绊犹存。三中全会重申实事求是的思想路线,重新提出不唯上、不唯书、只唯实。解放思想、实事求是的唯物主义精神得到贯彻后,20世纪80年代以来社会主义建设突飞猛进。再从方法论来讲,由于旧的经济增长方式多靠投入资源,少赖提高生产力,科学也就难以发展。再加上地方分割经济,以致在建设中形而上学盛行,或顾此失彼,或为眼前利益而失千载之功。值得高兴的是中央提出了科学发展观。这发展观科学之处,抽象地讲应是唯物辩证法,也就是求真务实,从发展社会生产力着眼,辩证地统筹局部与整体、当前与未来,按客观规律使人类社会可持续发展。这里面也包含着作为第一生产力的科学的发展,包含着哲学社会科学和自然科学各门学科辩证地交叉渗透,在渗透中发展。

二、基本原理中的经济学——剖析生产方式

学习马克思主义基本原理,特别要学习它的经济理论,因为它的全部理论内容是从研究政治经济学产生的。那么,如何运用唯物辩证法来剖析生产方式(生产力与生产关系辩证联系的方式),从而求得社会经济运动规律呢?

马克思主义基本理论具体说来,就是阐述生产力、生产关系、上层建筑各

---

① 《资本论》第3卷,第17页。
② 《马克思恩格斯选集》第4卷,第588页。
③ 《马克思恩格斯文集》第10卷,第261页。

自的规定性,以及它们之间的内容决定形式、形式反作用于内容的规律。这三者之间辩证关系表明:上层建筑(政治、法律、文学、哲学)不能从它们本身的发展来理解,相反,它们根源于经济基础(生产力与生产关系所合成的生产方式)。而对经济基础的剖析应该到政治经济学中去寻求。

马克思的政治经济学代表作是《资本论》,它的研究的对象是"资本主义生产方式以及和它相适应的生产关系和交换关系"[①]。最终目的就是揭示现代社会的经济运动规律。这也说明,马克思主义的基本原理在于阐述社会经济规律——它首先注意作为物质内容的社会生产力规律,再辩证地考察生产关系的规律,还注意到上层建筑的影响。

三、关于社会生产力发展的原理

《资本论》第一卷第一章第一节明确指出:"劳动生产力是由多种情况决定的,其中包括:工人的平均熟练程度,科学的发展水平和它在工艺上应用的程度,生产过程的社会结合,生产资料的规模和效能,以及自然条件。"这些原理渗入书中方方面面,以下略举一些与当今发展有关的重要问题。

上列决定生产力的情况中,可以分为两个层次:作为生产力的源泉的自然条件和生产力自身的构成。

1. 自然条件

生产力由人力和物力结合而成。人力和物力则源于自然环境所提供的人口和资源。人口合理发展,资源合理开发与使用,生产力才能发展。反之,则破坏环境,那就不仅破坏生产力,而且社会就不能持续发展,甚至人也难以生存下去。面对这个危机,当今实践迫使经济学不得不注意这个命根子的问题。

其实,马克思早就从基本原理的延伸注意到这个问题。他说:"劳动生产率是同自然条件相联系的。这些自然条件都可以归结为人本身的自然……和人的周围的自然"[②]。保护自然环境就等于保护生产力。况且人类生存于自然环境又受环境承载力的约束。自然环境为人类提供生活资料资源和生产资料资源。为了人类美好的未来,人类必须约束自己的数量,并通

[①] 《资本论》第1卷,第8页。
[②] 同上书,第586页。

过教育提高人口的文化素质。也就是说,"人类的未来,完全取决于正在成长的工人一代的教育"①。另一方面,资源应当合理使用。"应该把……通过生产排泄物的再利用而造成的节约和由于废料的减少而造成的节约区别开来,后一种节约是把生产排泄物减少到最低限度和把一切进入生产中去的原料和辅助材料的直接利用提到最高限度"②。这也就是现在讲的循环经济(排泄物的再利用),首先应该使资源减量化,然后是"三废"资源化。而且循环经济这个概念,马克思早就提出了。他说,"化学……教人们把生产过程和消费过程中的废料投回到再生产过程的循环中去,从而无须预先支出资本,就能创造新的资本材料"③。

经济学应该研究人口、资源、环境如何协调持续发展。"社会化的人,联合起来的生产者,将合理地调节他们和自然之间物质变换"④,使人类有着美好的未来。因此,社会主义者也应是环境保护者。

2. 生产力自身的构成

在现代生产力发展中,仍应依据社会生产力发展规律阐述生产力自身构成在各方面的应用。例如,科学技术如何成为首要生产力(或称第一生产力),生产过程的社会结合(现在发展为产业集聚的综合生产力),物流与信息化的作用(现在发展为第三产业对发展生产力的巨大作用)等等,这方面论著很多,这里就不展开。

"生产资料的规模和效能"这一原理,在农业经济中也特别重要。为什么农业是国民经济的基础,又为什么"三农"是当今中国重中之重的问题,就在于农业生产力。马克思科学地指出:"超过劳动者个人需要的农业劳动生产率,是全部社会的基础"⑤。因为有了农业剩余产品(主要是粮食),社会各个部门才得以发展。"三农"(农业、农民、农村)实是农业生产力与农民人口、农村土地资源的关系问题。中国农地小块经营,导致人口量大质低,且男女性比失调,既破坏生态环境,又用不上科学技术。马克思曾经赞同杨格一句话,"小农耕种,即使他们耕种得很好,又有什么用呢?除了繁殖人口别无

---

① 《马克思恩格斯全集》第16卷,第217页。
② 《资本论》第3卷,第117页。
③ 《资本论》第1卷,第698—699页。
④ 《资本论》第3卷,第928页。
⑤ 同上书,第888页。

其他目的,而人口繁殖本身是最没有用处的"①。又因为小农以家族为单位,"小农经济……一部分构成封建生产方式的基础"②。这些都教导我们,农业应发展农地规模经营,农民应严控人口数量、提高文化素质,以提高农业生产力,才有坚实的国民经济基础,还可以破解历史遗留的封建羁绊。

四、关于生产关系的原理

生产力的物质内容是人力与物力。生产关系则是其中的人力所有者与物力所有者作为要素所有者的人际关系,以及生产的结果(产品转换为商品)的商品所有者的人际关系(生产关系所延伸的交换关系)。马克思早就指出,市场经济只要求商品属于不同所有者,而不问生产商品的要素是公有或私有。因此,社会主义可以与市场经济结合,而且不仅可能还有必要。因为市场经济的基本原理揭示,它能促进生产力的发展。

1. 商品所有者的交换关系(市场经济)

在市场经济中,基本规律是以价值形式体现生产力的规律。价值规律以单位商品的价值量成反比形式表现生产力,价值增殖规律以剩余价值成正比形式表现生产力,市场竞争规律则为之开辟道路。《共产党宣言》指出,资产阶级利用市场经济,在历史上起过非常革命的作用。"它无情地斩断了把人们束缚于天然尊长的形形色色的封建羁绊,它使人和人之间……除了冷酷无情的'现金交易',就再没有任何别的联系了。"③其结果是"资产阶级在它的不到一百年的阶级统治中所创造的生产力,比过去一切世代创造的生产力还要多,还要大"④。

社会主义的根本任务是发展生产力,当然也应该结合市场经济,斩断几千年残留的封建羁绊,为创新生产力开辟道路。我们过去却忽视了这一原理。

2. 生产要素所有者的生产关系

生产关系主要是生产力要素的所有者与使用者的关系。撇开劳动力不

---

① 《资本论》第1卷,第265—266页。
② 同上书,第388页。
③ 《马克思恩格斯选集》第1卷,第403页。
④ 同上书,第405页。

说,在市场经济中,生产关系主要是以价值表现的生产资料作为资本的所有权与使用权,和土地的所有权与使用权。生产关系的反面是分配关系。分配关系通过利益的分配实现生产关系。

在市场经济中,资本与土地的两权即所有权和使用权主要靠分配剩余价值来实现。资本两权分别以利息和企业利润来实现。土地两权分别以地租和剩余利润来实现。并因此使商品价值采取生产价格形式。《资本论》第三卷集中论述了这些问题。这对社会主义生产关系来说,也是非常重要的。社会主义以公有制为经济基础。在市场竞争中,国有经济必须提高生产力,使国有资产保值和增值,才能据有主导地位,才能保住并发展社会主义。在此前提下,还兼容私有制企业适度发展,也是为了发展社会生产力。至于土地,它所带来的超额利润,是社会转移的价值,应当归还给代表社会的国家,也就是应当国有化。理论上已经很清楚,宪法中也予以肯定。但中央有关单位却将地权下放给地方。地方政府因此滥用土地,既破坏环境,破坏生产力合理布局,又使国有资产大量流失。这都说明,学习马克思主义基本原理在实践中的重要性。

原载《上海市经济学会学术年刊》2006年

马克思主义原理的创新性

马克思主义原理揭示人类社会历史发展规律。社会发展意味着创新,理论也随之创新。创新中包含人的文明发展,资本则起了特别作用。社会主义理应通过市场利用资本促进生产力以及文明的发展。

一、马克思主义原理具有的创新性

马克思主义是追求人类美好未来(共产主义社会)的主义,是阐述人类发展的历史规律的理论。

马克思主义是科学,不是空想。它从历史实践中揭示人类社会发展的一般规律。它唯物辩证地阐述:生产力(由人力与物力结合的物质内容)、生产关系(人力所有者与物力所有者结合的社会形式以及派生的产品所有者的关系)、上层建筑(生产关系集中表现的政治、法律、意识形态等社会形式)三者之间关系。人类社会的发展历史正是建基于生产力的发展,从而引领生产关系与上层建筑的作用与反作用。恩格斯早就指出:"我们的理论是发展着的理论,而不是必须背得烂熟并机械地加以重复的教条。"[①]马克思自己也说:"不论我的著作有什么缺点,它们却有一个长处,即它们是一个艺术的整体;但是要达到这一点,只有用我的方法"[②]。

人类社会发展的规律,是由上述抽象的基本规律,展开到各个历史时期的创新的具体规律。阐述基本规律的基本原理是不会过时的。不同历史阶段的具体规律则是不断创新的。这是因为生产力创新了。生产关系、上层建筑所起的作用,也会随之形成新的具体规律。这些规律也贯穿在人类物质文明与精神文明的辩证发展中。

---

① 《马克思恩格斯选集》第 4 卷,第 588 页。
② 《马克思恩格斯文集》第 10 卷,第 231 页。

二、文明与人的发展

文明指人类社会进步状态。文明包含物质文明与精神文明。前者建基于生产力的发展,后者则是它所表现的意识形态。人的发展则与这两类文明结合在一起。

人之所以异于一般动物,在于智力的发展。初始的人是由猿转化而来的。这种转化,"首先是劳动,然后是语言和劳动一起,成了两个最主要的推动力……猿脑就逐渐地过渡到人脑……脑和为它服务的感官、越来越清楚的意识以及抽象能力和推理能力的发展,又反作用于劳动和语言"①。既然人的发展在于智力的发展,智力也就日益寓于人的劳动之中。具有智力的劳动又推动生产力的发展,推动了物质文明的发展,壮大了精神文明的物质基础。

人的精神文明发展,是历史地先从少数人开始,然后逐步扩展到多数人。

人类初始从猿转化的人,还是野蛮人,他们的智力还处于蒙昧状态。其后,在发展生产力中出现了微量剩余产品,这使社会少数人能摆脱体力劳动专门从事智力活动。最初这是极为有限的,文明的幼芽的成长以野蛮的奴隶制为条件。"当人的劳动的生产率还非常低,除了必要生活资料只能提供很少的剩余的时候,生产力的提高、交换的扩大、国家和法律的发展、艺术和科学的创立,都只有通过更大的分工才有可能,……这种分工的最简单的完全自发的形式,正是奴隶制。"②从这时开始,分工中的文明采取对抗形式,即有文化的少数人,统治无文化的多数人,也就是所谓"无君子莫治野人,无野人莫养君子。"

无论在奴隶制,以至封建制中,分化出来的有文化的阶层,人数很少,认识也很浅薄。后来逐步发展,越来越受到重视。这时,一般说来,知识多限于技术经验的记载,没有上升到科学的高度。

有知识的人少,对社会又如此重要,自然得到统治阶级的重视。封建王朝通过科举制度将被统治阶级中优秀知识分子吸引进来,鼓吹"学而优则仕",以加强统治。为此还特别推崇老师,将孔子封为圣人,作为"万世师表"。后来虽然有知识的人增多了,但人口绝大多数还是无知识的、从事小

---

① 《马克思恩格斯选集》第3卷,第992页。
② 同上书,第561页。

农经济的农民。

及至资本兴起,土地规模经营的大农业,进而机器大工业,再发展到现代产业,都要求科学的发展和它在工艺上的应用。在现代资本统治下,有文化的人口因此猛增。它在促进物质文明的基础上促进精神文明,促进人的发展。

三、资本、文明、人的发展

资本为什么能对文明、人的发展起巨大作用,是因为它建立在高度发展的生产力基础上,又具有增殖自己的冲动。生产力的发展带来剩余劳动。资本以价值形式占有剩余劳动增殖自己,又要求不断发展生产力,使自己不断增殖。因此,"资产阶级在它的不到一百年的阶级统治中所创造的生产力,比过去一切世代创造的全部生产力还要多,还要大"[①]。

资本的内在冲动和发展生产力的辩证联系又是由外在的市场竞争为它开辟道路。资本是价值,价值寓于商品,商品价值则由市场竞争来实现。市场竞争迫使商品生产者必须提高生产力,使自己的产品个别价值低于社会平均价值,才能使资本增殖。而这也就促进了文明的发展。

就文明和人的发展的具体表现来说,资本是从大农业的规模经营开始的。因而大量农村人口转化为城市人口,脱离了乡村生活的愚昧状态,文明由此迅猛发展。进而,"由于一切生产工具的迅速改进,由于交通的极其便利,把一切民族甚至最野蛮的民族都卷到文明中来了"[②]。"它使未开化和半开化的国家从属于文明的国家"[③]。

"发展社会劳动的生产力,是资本的历史任务和存在理由。资本正是以此不自觉地创造着一种更高级的生产形式的物质条件。"[④]这个更高级形式就是社会主义。

四、社会主义市场经济中的资本、文明、人的发展

资本的充分发展,先是在西欧,而后是北美,再后是日本。它们的共同特

---

① 《马克思恩格斯选集》第1卷,第405页。
② 同上书,第404页。
③ 同上书,第405页。
④ 《资本论》第3卷,第288页。

点:为了增殖,首先在国内大力发展生产力。由此,人口中大多数也受到良好教育。但在国外,却要使落后国家既无力与它竞争,又使这些待发展中国家受它剥削,让这些国家处于半封建半殖民地状态。旧中国就是被害的样本,在农村保持封建的经济基础小农经济,在城市则是屈从帝国主义的官僚资本。由此可知,在如此世界大环境中,中国要成为一个独立自主的民族资本国家是不可能的。"只有社会主义才能救中国,这是……历史结论。中国离开社会主义就必然退回到半封建半殖民地。"①

社会主义的新中国没有经过发达资本主义阶段,它"在经济、技术、文化等方面现在还不如发达的资本主义国家,这是事实。"②如何补上这段历史的不足之处是科学发展观中重大的问题。我们已经知道,历史的兴衰都与生产力是否发展有关。既然社会主义的根本任务是发展生产力,这是公有制企业的命根子,它还要利用私有资本增大社会生产力,并运用市场平台,通过竞争达到目的。

这样,我们在理论就要弄清以下两大问题:① 公有制与资本关系;② 社会主义与市场经济能否结合,结合后又应注意什么问题。

资本是占有剩余价值的价值,它可以是资本公有者占有自己的剩余价值,也可以是资本私有者占有他人的剩余价值。但过去人们只注意后一情况,也就把资本看作只是剥削关系。更有甚者,人们还把剩余价值与私有制混为一谈。其实马克思早就指出,为了发展生产力,剩余劳动必须始终存在。而在市场经济中,劳动凝结为价值,剩余劳动必然凝结为剩余价值。它不仅可以私有,也可以公有。公有资产也会价值化为公有资本,使自己增殖。

再说市场经济,我们过去把它也等同资本私有制,使我国经济长期难以发展生产力。其实马克思也早指出,市场经济只要求商品属于不同所有者,而不问生产商品的要素是私有或公有。并且指出,商品生产者迫于市场竞争的压力,必须提高生产力。发达资本主义国家之所以能创造巨大生产力,是和借助市场竞争分不开的。

因此,中国的社会主义必须与市场经济结合在一起以发展生产力。

社会主义要求公有经济为主体、国有经济为主导,市场经济则要求资产

---

① 《邓小平文选》第2卷,第166页。
② 同上。

转化为资本。为此,首先资源(土地以及矿山、河川、湿地)和它们的产品,应该国有。在源头市场中,土地产品成为商品,依供求关系定其价格,由此又决定该土地的地租。其次资源国有不等于国有企业的企业所有,国企也必须通过市场价格购买资源作为原料,并节约使用以提高生产力。再次,国企不应该是养过剩人口的收容所。它还应该杜绝官商结合,通过市场,吸引高质人才,创新发展生产力,在市场竞争中使国有资产保值和增值。

中国经济的发展,还应该破除封建羁绊,溶化小农为大农,使农地规模经营,并在农村优化普及教育。农业生产力这样的发展,必然促进第二、三产业发展。文明的发展,中国广大人民(人口中大多数目前还是农民)也就随之大发展,农业工业化,农民城市化与工人化,工人的知识化。中国社会主义就会由初级阶段发展到高级阶段。正如马克思说:"最先进的工人完全了解,他们阶级的未来,从而也是人类的未来,完全取决于正在成长的工人一代的教育。"①

原载《上海社科院马克思主义创新论坛2007论文集》

---

① 《马克思恩格斯全集》第16卷,第217页。

基本原理在于揭示规律

马克思主义的世界观是唯物论,方法论是在唯物前提下的辩证法。"马克思的整个世界观不是教义,而是方法。"①运用唯物辩证法探索规律,进而阐述规律,形成马克思主义的基本原理。

经济科学的基本原理侧重阐述生产力决定生产关系的规律(社会基本经济规律)和生产关系反作用于生产力的规律(社会主要经济规律)。又由于生产关系要由生产成果的分配关系来实现,所以马克思说分配关系是生产关系的反面。并以地租为例,说出租土地如得不到地租,等于否定土地所有权,即使不是法律上的否定,也是事实上的否定。可见按生产要素分配实是按要素的所有权分配。

生产关系主要由生产资料所有制决定,它决定生产的性质,并在规模上影响社会的性质。生产关系从生产结果的交换形式看,还有一个商品所有者的关系,它形成市场经济体制。市场经济就是商品经济,它只要求商品属于不同所有者,而不问生产该商品的要素归谁所有。因此,它可以和资本主义结合,也可以和社会主义结合。商品经济的基本规律是价值规律,以及由之衍生的价值增殖规律(生产剩余价值并进行积累的规律)。剩余价值也是中性的,既不姓"公",也不姓"私"。这是因为在价值构成 c+v+m 中,已经包含了剩余价值 m;而在社会发展的历史过程中,"剩余劳动……应当始终存在"②,在商品社会它就凝结为剩余价值。问题只在于它被谁占有,这成为分配关系的核心问题。资本要占有它以增殖,社会主义国有资金也要占有它以保值和增值。

价值以及价值增殖属生产关系,它们的规律从深度层次看,当然也表现生产力的运动,又反作用于生产力。价值规律是单位商品的价值量与劳动生

---

① 《马克思恩格斯选集》第 4 卷,第 664 页。
② 《资本论》第 3 卷,第 927 页。

产力成反比的规律,价值增殖规律是以生产力为手段达到正比增殖价值的规律。商品生产者不论姓"公"姓"私",只要提高生产力,就能正比地使投入的资本增殖;同时,他的产品个别价值反比下降,又在市场竞争中战胜对手取得超额剩余价值。在优胜劣汰竞争中,还迫使其他生产者也必须提高生产力。资产阶级正是依靠这两条规律,扫除了封建羁绊,"在它的不到一百年的阶级统治中所创造的生产力,比过去一切世代创造的全部生产力还要多,还要大"①。中国几千年封建制度虽已打倒,但阴魂未散,羁绊犹存。社会主义更应利用这两条规律,扫除封建羁绊(地方封锁、"诸侯经济"等等),促进生产力的发展。为此,在坚持四项基本原则的前提下,还应发挥私有制企业的积极性。

原载《高校理论战线》2002 年第 2 期

---

① 《马克思恩格斯选集》第 1 卷,第 405 页。

马克思主义的真理颠扑不破

全国第七次《资本论》学术讨论会在杭州召开。中心议题是：以《邓小平文选》第三卷和党的十四届三中全会通过的《中共中央关于建立社会主义市场经济体制若干问题的决定》的精神为指导，运用《资本论》研究社会主义市场经济理论。此外还讨论：运用《资本论》研究当代资本主义经济、《资本论》的创作史和方法论。

我们不仅是在这美好的地方，而且是在美好的气候中召开这次会议的。回顾十年来风风雨雨，虽然"《资本论》过时"之说一度甚嚣尘上，中国《资本论》研究会会员同志作为专业研究者却自岿然不动，因为我们懂得"马克思主义的真理颠扑不破"[①]。《邓小平文选》出版以后，更使我们受到鼓舞。在这本书的最后部分，他说："我坚信，世界上赞成马克思主义的人会多起来的，因为马克思主义是科学。……因此，不要惊慌失措，不要认为马克思主义就消失了，没用了，失败了。哪有这回事！"[②]

一

马克思主义是科学。马克思主义创始人的代表性科学著作就是《资本论》。

邓小平同志提出毛泽东思想的精髓是实事求是，他也继承了这一思想。所谓实事求是就是从实事中探求规律。他在总结历史经验教训时说："毛泽东同志是伟大的领袖，中国革命是在他的领导下取得成功的。然而他有一个重大的缺点，就是忽视发展社会生产力。不是说他不想发展生产力，但方法不都是对头的，例如搞'大跃进'、人民公社，就没有按照社会经济发展的规

---

① 《邓小平文选》第3卷，第382页。
② 同上书，第382—383页。

律办事。"①一代伟人,千古之恨就在"没有按照社会经济发展的规律办事",探索社会经济发展规律是何等重要! 他是如此重视这个问题,因而认为,党的十一届三中全会提出一系列新的政策和我们的发展目标,"从何处着手呢? 就要尊重社会经济发展规律"②。他在其他的文章里面也一再强调,"我们要按价值规律办事,按经济规律办事"③。

《资本论》的"最终目的就是揭示现代社会的经济运动规律"④。资本主义社会的经济规律,是资本主义商品生产总过程中的运动规律,主要有生产力发展规律、按比例规律、再生产速度规律、生产关系和生产力相互作用的规律、价值规律、资本价值增殖规律等等。当《资本论》揭示了这些规律,也就揭示出资本主义生产方式的产生、发展和必然为社会主义所代替的规律。

社会主义社会也是商品生产,因而只要撇开生产的资本形式,这些规律也适用于我们的社会。学习《资本论》的目的在于弄清经济规律,才能按客观规律办事。使改革健康进行,使生产力顺利发展,才能实现社会主义四个现代化。

邓小平思想的要点还在于他重视发展生产力。按照社会经济发展的规律办事,正是为了发展生产力。《资本论》第一卷第一章第1节就开宗明义地指出,生产力是哪些因素决定的,价值规律又如何以反比形式反映生产力的发展。那里指出:"劳动生产力是由多种情况决定的,其中包括:工人的平均熟练程度,科学的发展水平和它在工艺上应用的程度,生产过程的社会结合,生产资料的规模和效能,以及自然条件。"⑤关于价值规律的基本规定性与生产力的内在联系,那里又指出:"商品的价值量与实现在商品中的劳动的量成正比地变动,与这一劳动的生产力成反比地变动。"⑥然后由此展开,三卷《资本论》就集中阐述了在商品经济中,也就是在市场经济中,以提高生产力为手段,达到资本(在社会主义则是资金)价值增殖目的的规律。这一规律抽象地说就是生产关系如何反作用于生产力的规律(社会的主要经济

---

① 《邓小平文选》第3卷,第116页。
② 同上书,第117页。
③ 同上书,第130页。
④ 《资本论》第1卷,第10页。
⑤ 同上书,第53页。
⑥ 同上书,第53—54页。

规律)。与此同时,还阐述了生产力决定生产关系的规律(社会的基本经济规律)。我们现在的体制改革,以及改革要保证国有资产的保值和增值,都应当按照生产力与生产关系这样相互作用的规律办事。而革新的社会主义市场经济又和商品分不开,还要按价值规律办事。

二

按照从简单到复杂的叙述方法,在《资本论》中,上述马克思关于决定劳动生产力的多种因子是逐步加以阐述的。

(1) 关于"劳动者的平均熟练程度",指出"少量的复杂劳动等于多量的简单劳动"①。可见,为了提高劳动生产力必须提高劳动者的知识和技能。

(2) 劳动生产力不只是活劳动的生产力,还包括"生产资料的规模和效能",即包括物化劳动(过去劳动)的生产力。"劳动生产率的提高正是在于:活劳动的份额减少,过去劳动的份额增加,但结果是商品中包含的劳动总量减少;因而,所减少的活劳动大于所增加的过去劳动。"②而这正是我们核算中忽视的重大问题。我们比较注意全员劳动(即活劳动)的生产率,忽视过去劳动的节约(节约原材料、燃料、提高机器设备效能)对提高生产力的作用。

(3) 以上是就单位产品包含的劳动的绝对量来讲的。如果就产品产量并且就两种劳动的相对量来讲,那就是标志生产力水平的生产力技术构成。在这构成中,生产资料的增加,就劳动手段讲,它是劳动生产力增进的条件,就劳动对象讲,则是劳动生产力增进的结果。"但是,不管是条件还是结果,只要生产资料的量比并入生产资料的劳动力相对增长,这就表示劳动生产率的增长。"③具体说来,如果用 Pm 表示生产资料,A 表示劳动力,这比率就是 Pm/A,它标志着生产力状况,因而可用以标志企业的落后、中等和先进的状况。因此,在产业政策上必须从发展战略着眼,从发展社会生产力着眼,既要解决当前过剩人口举办一些劳动力密集企业的问题,又要看到它不是发展方向,它将向生产资料密集型企业转化。不转化就使社会生产力长期陷入低

---

① 《资本论》第 1 卷,第 58 页。
② 《资本论》第 3 卷,第 290 页。
③ 《资本论》第 1 卷,第 718 页。

谷,转化又将产生更多过剩人口。办法只有抑制人口出生率。但为使社会生产力有突变性大发展,还必须进行技术革命,使 Pm/A 中分子分母的素质变化,形成技术密集型企业。生产资料 Pm 中的劳动资料部分逐步自动化,劳动对象部分变为指定性能的材料等;劳动力 A 的数量不仅相对减少,而且文化、科技素质提高。这时,社会所需的人口数量将进一步缩小,所需要的人口素质则大大提高。

(4)"生产资料的规模和效能"又是以"生产过程的社会结合"为前提的。《资本论》在分析生产社会化的历史过程中,一方面叙述活劳动如何经过简单协作、分工协作到使用机器的协作,创造和发展了单个劳动力不能展开的社会劳动生产力;另一方面叙述过去劳动(主要是生产手段)如何由手工工具到大规模的机器体系,发挥了生产资料的规模和效能。而这一历史发展过程也是上述技术构成不断提高的过程。我们现在也正在经历这些过程。也应该注意过程中如何提高劳动的社会生产力。

(5)当工场手工业向机器大工业过渡以后,当"整个生产过程不是从属于工人的直接技巧,而是表现为科学在工艺上的应用的时候……在这些生产力中也包括科学"①。不仅如此,在这个时候,科学不仅是生产力,而且生产力首先是科学力。这是因为蕴藏在生产力中的科学力量可以用物的自然属性来改造物,并用自然力来代替劳动力,节约劳动时间,"而这种节约就等于发展生产力"②。具体说来,"随着大工业的发展,现实财富的创造较少地取决于劳动时间和已耗费的劳动量,较多地取决于在劳动时间内所运用的动因的力量,而这种动因自身——它们的巨大效率——又……取决于一般的科学水平和技术进步,或者说取决于科学在生产上的应用。"③可见,"生产力中也包括科学"④。

在《资本论》第三卷第五章还专门指出科学技术自身的发展规律,指出生产科学技术的劳动是脑力的一般劳动。"这种劳动部分地以今人的协作为条件,部分地又以对前人劳动的利用为条件"⑤。所以,"对脑力劳动的产

---

① 《马克思恩格斯全集》第46卷(下册),第211页。
② 同上书,第225页。
③ 同上书,第217页。
④ 《马克思恩格斯全集》第8卷,第188页。
⑤ 《资本论》第3卷,第119页。

物——科学——的估价,总是比它的价值低得多,因为再生产科学所必要的劳动时间,同最初生产科学所需要的劳动时间是无法相比的,例如学生在一小时内就能学会二项式定理"①。这说明,教育不仅是传授科学知识的基础,而且具有巨大的经济效益。这还说明改革开放引进新技术的巨大经济效益。

我们注意到生产科学的是科学家,生产科学又传播科学的是教师。但由于科学要在工艺上的应用才转化为生产力,也就是说,它并不是直接的生产力,因而生产科学的成果不直接体现为经济成果。科学家包括教师为此付出的大量的复杂劳动往往得不到应有报酬。因此国家必须改善知识分子待遇,使科学和教育的再生产费用得到补偿。"知识分子是工人阶级中掌握科学文化知识较多的一部分,是先进生产力的开拓者,在改革开放和现代化建设中有着特殊重要的作用。能不能充分发挥广大知识分子的才能,在很大程度上决定着我们民族的盛衰和现代化建设的进程。"②

我们还要注意,工人阶级之所以成为领导阶级,在于它代表了先进的生产力。既然现代生产力"首先是科学的力量",劳动者就不应是文盲和科盲。为此,"我们必须把教育摆在优先发展的战略地位"③。马克思说:"最先进的工人完全了解,他们阶级的未来,从而也是人类的未来,完全取决于正在成长的工人一代的教育。"④

所有这些理论,使我们更深入地理解"科学技术是第一生产力""中国要发展离不开科学""尊重知识、尊重人才"等重要论点;更紧迫地注意限制人口数量、提高人口素质的严峻性。

(6) 决定生产力的因子,还有自然条件。"劳动生产率是同自然条件相联系的。这些自然条件都可以归结为人本身的自然(如人种等等)和人周围的自然。"⑤人周围的自然就是生态环境,主要是广义的土地(包括水)。由于"在农业中(采矿业中也一样),问题不仅涉及劳动的社会生产率,而且涉及由劳动的自然条件决定的劳动的自然生产率"⑥,如果破坏生态环境,劳动的

---

① 《马克思恩格斯全集》第26卷,第377页。
② 《江泽民文选》第1卷,第233页。
③ 同上。
④ 《马克思恩格斯全集》第16卷,第217页。
⑤ 《资本论》第1卷,第586页。
⑥ 《资本论》第3卷,第867页。

综合生产力就会下降。《资本论》期望着未来社会"联合起来的生产者,将合理地调节他们和自然之间的物质交换"①。这些原理使我们懂得保护环境和上述人口政策一样是我们的基本国策。现在全世界包括我国,土地三分之一在沙化中,大气温室效应明显,水污染严重,这一切都在削弱人类生存环境质量。

我国要发展经济,要在产量产值上翻番,但要讲效益。这在《邓小平文选》、在党的十四届会议文件中都一再提到。我们一定要在提高生产力的基础上翻番,而不应以拼资源破坏环境为代价。

三

经济体制改革的目标是建立和完善社会主义市场经济体制。这里一个重大问题是社会主义国有企业与市场经济能否相容?《资本论》第一卷第二章告诉我们,市场经济只要求商品属于不同的所有者,而不论生产该商品的要素是否属于商品所有者。

在下列生产和流通的过程中

$$G_1 - G_2 - W \begin{cases} Pm \begin{cases} Pm_1 \\ Pm_2 \end{cases} \\ A \end{cases} \cdots P \begin{cases} c \\ \cdots W' - G_2' - G_1' \\ v \end{cases}$$

如果产成品商品 W' 归生产者所有,生产要素中 Pm_1(土地)归国家所有,劳动力 A 归劳动者所有,用于购买 W 的 G_2 是从国有银行借来的,这样土地 Pm_1 与资金 G_1 属于国有,企业只有经营权。根据这个原理,全民所有制各个企业都是生产资料的全民所有(即生产资料属同一所有者),但各自的产品却可以属于企业所有(即商品属不同所有者)。这样,全民所有制企业之间就通过产品的企业所有制发生名副其实的商品关系,社会主义与市场经济就这样有机地结合在一起。

《资本论》第三卷第五篇和第六篇还告诉我们,在两权分离情况下,财产所有权还要由剩余价值的分配来实现。为此 W' 的价值 $c+v+m$ 要转化为再

---

① 《资本论》第3卷,第928页。

生产价格：

$$成本\ \kappa + 平均利润\ \bar{p} + 超额利润\ R$$

其中，R 用以作为地租以实现土地国家所有权，$\bar{p}$ 分割为利息用以实现资金的国家所有权，留下的净利润用以实现资金的企业经营权。可见，所谓产成品商品归企业所有，实是一种分配关系，而这分配关系又要靠再生产价格来实现。因此，理顺价格就成为改革成败的关键。

从上述过程的因素来看，由于这些要素 G、Pm_1、Pm_2、A 也商品化，它们和最终产品 W' 一起组成市场体系。它们的价格也有内在联系，并形成价格体系。有关这些原理也可以从《资本论》第三卷得到说明。

四

社会主义市场经济这一经济基础反映到意识形态上面，既有相容之处，又有矛盾。

市场经济要求自由（自主经营）、平等（等价交换）和进取精神（竞争），这是和社会主义相容的。但市场经济主要从微观利益出发，商品经营者只希望他的商品能卖得好价钱，而货币又能在市场买到一切，于是滋生个人主义、拜金主义。社会主义则主要从宏观利益出发，主张集体主义、爱国主义。《资本论》第一卷第四章对个人主义、第三章对拜金主义由以产生的经济根源做了分析，还揭示了资产阶级所谓的自由、平等的虚伪性。这有利于我们弘扬集体主义、爱国主义。为此，我们要"坚持两手抓，两手都要硬，把社会主义精神文明建设提高到新的水平。"[①]总之，我们要处处坚持社会主义，并集中精力把经济建设搞上去，不断地把有中国特色的社会主义事业全面推向前进。

小平同志希望各级干部在繁忙工作中挤出时间学习，"熟悉马克思主义的基本理论，从而加强我们工作中的原则性、系统性、预见性和创造性"[②]。我们研究会的同志们义不容辞地要为此做出贡献。

原载《当代经济研究》1994 年第 5 期

[①] 《江泽民文选》第 1 卷，第 237 页。
[②] 《邓小平文选》第 3 卷，第 147 页。

试论马克思主义理论建设问题

现实中所称的马克思主义众说纷纭,孰是孰非应加以科学界定,去伪存真,形成科学的马克思主义。

一、正本清源

马克思主义应是唯物的世界观和辩证的方法论。用这个原理审视社会,得出社会发展的物质内容是生产力,形式是生产关系,形式的形式是上层建筑;并且说明物质内容决定社会形式,形式又如何反作用于内容的辩证关系。这些基本原理形成各门社会科学的理论根基,其中特别重要的是阐述作为社会基础的经济规律的政治经济学。对此,可以从马克思的《〈政治经济学批判〉序言》[①]中寻到证明。

正本清源还包括澄清附加在马克思主义名下的观点。例如,将政治经济学研究的对象限于生产关系,这并非马克思的观点;《资本论》第一卷第一版序言指出它应是生产方式(生产力)以及和它相应的生产关系和交换关系[②]。又如,商品经济(市场经济)等同于资本主义经济,也非马克思的观点;《资本论》明确指出商品经济只是商品所有者之间的关系,而不问生产商品的要素归谁所有[③]。由此可以推论,市场经济既可与资本主义结合,也可与社会主义结合。

二、破除教条式理解

马克思主义形成也有一个从感性认识到理性认识的深化过程。在它未达到真理(主义)以前,也会犯常人的错误,这是正常的。对此,马克思和恩

---

① 《马克思恩格斯选集》第2卷,第1页。
② 参见《资本论》第1卷,第8页。
③ 同上书,第102—103页、127页。

格斯为我们树立了好榜样。他们说:"1845年……我们决定共同阐明我们的见解与德国哲学的意识形态的见解的对立,实际上是把我们从前的哲学信仰清算一下。"①因此,我们不应把早期的马克思的某些错误言论也当作教条来遵奉。

即使是成熟的理论如《资本论》,因为它是一个辩证联系的完整整体,而不是脱离整体、撕裂开来的一句句教条,不应形而上学地将这些言论视作句句是真理。况且,这个总体本身,也是随着历史的发展而发展而创新的。恩格斯在《资本论》第三卷序言中说:"在事物及其互相关系……被看作可变的东西的时候,它们在思想的反映,概念,会同样发生变化和变形;它们不能被限定在僵硬的定义中,而是要在它们的历史的或逻辑的形成过程中来加以阐明。"②

三、基本原理与中国实践

基本原理告诉我们,社会发展的根本动力来自生产力的发展,因此,社会主义的根本任务是发展生产力。但中国还是一个生产力落后,特别是农业生产力非常落后的国家,表现在生产关系层面上,它应该利用市场经济扫除封建羁绊并促进生产力的发展,还要利用资本主义共同发展社会生产力。但是,它必须主要在公有制经济中发展生产力,在市场经济体制中,使公有制的比重占主体和主导地位,成为名副其实的社会主义经济制度。

原载《毛泽东邓小平理论研究》2004年第12期

---

① 《马克思恩格斯选集》第2卷,第4页。
② 《资本论》第3卷,第17页。

以马克思主义指引新经济学科建设

近几十年来,新的经济学科在发达国家中不断涌现,这些新学科的特点在于比较注意科学技术革命所引起的社会生产力的变化,并且和自然科学相结合。就我们来说,对外来的新学科更应该要开放。我曾在一篇论文中提出这样的观点:"科学和技术是在继承前人的成果的基础上才能加速地发展,否定继承,万事从头做起,不仅收效甚微,而且永远落在人家后面。科学和技术是人类共同的财富,闭关锁国拒绝这样宝贵的财富是愚蠢的,积极引进科学和技术则是明智的。"①

但是,我们对新学科的建设,应该在马克思主义的指导下,有所创新!马克思学说的科学性在于它揭示了生产力、生产关系和上层建筑的辩证关系,发现了决定人类历史运动和发展的基本规律。作为社会科学的经济科学是和自然科学(以及技术科学)相通的。自然科学是潜在的生产力,因而首先要把它"看成是历史的有力的杠杆"②。经济科学则不仅研究生产力还要研究生产关系,这就决定了经济科学中的新的学科更应该以马克思所揭示的唯物辩证法作为指导思想,才能科学地发展。

近几年来,我校经济学系开设了一些文理相通的课程,例如经济生态学、环境经济学、人口学、经济计量学等。我系部分教师补学了生态学,经济生态学任课教师则努力将生态学与经济学结合起来,这都是可喜现象。

但是,建立一门新的经济学科,需要经过艰苦的努力。以环境经济学为例,如果看不到环境与社会生产力的联系,不能对作为社会生产力的原始源泉的环境与生产关系以及上层建筑的关系做出具体的辩证的分析,就不能揭示环境经济规律。马克思早就注意这个问题,《资本论》也多处分析到这个问题。例如第一卷第十三章最后一节"大工业和农业",讲到大工业和人口城市化后环境被破坏问题;第三卷第五章第Ⅵ节"生产排泄物的利用",讲到

---

① 张薰华:《论社会生产力发展规律》,《学术月刊》1985年第3期,第1—7页。
② 《马克思恩格斯全集》第19卷,第372页。

节约生产资料以减少排泄物以及排泄物的再利用问题,也就是如何减少"三废"与"三废"作为再生资源的再利用问题;第一卷第二十二章第Ⅵ节,讲到化学的进步把"三废"变为再生资源,使劳动生产力提高、生产内含地扩大、形成资本的伸张力。第三卷第四十八章还指出,在未来的社会"社会化的人,联合起来的生产者,将合理地调节他们和自然之间的物质变换,把它置于他们的共同控制之下,而不让它作为一种盲目的力量来统治自己;靠消耗最小的力量,在最无愧于和最适合于他们的人类本性的条件下来进行这种物质变换"①。

又如土地经济学也是一门新学科。土地是自然环境的主要因素,对土地经济的研究有助于具体理解环境经济学。但是如果不了解马克思主义的地租理论,就不能建立起科学的土地经济学。忽视地租理论,导致我国价格体系紊乱,使土地等稀缺资源遭到浪费,生态环境也由此更加受到破坏。1985年,我们在进一步学习马克思有关学说的基础上,与校内外同志合作,集体编写了一本《土地经济学》,比较详细地叙述了"土地与生产力"和"土地与生产关系"。

再说交通经济学虽不是很新的学科,却有待于用马克思主义经济学原理去革新它的内容。交通首先是社会生产力的构成部分。生产力的各个要素就是通过交通这个动脉连接起来成为运动中的现实的生产力。马克思和恩格斯早在《共产党宣言》中就明确指出:"轮船的行驶,铁路的通行,电报的使用……河川的通航"②都属于社会所创造的生产力。交通的特点是空间上的位移。这个特点又和土地的经济使用分不开。各种交通运输方式,或者直接占用陆地(铁路和公路),或者不占地面但依托于土地(管道),或者不占用陆地而利用水面(水运),或者既不占陆地也不占用水面(空运),但水运仍然要在陆地兴建码头与库场,空运也要在陆地建立机场,等等。空间上的位移除与使用土地直接相关外,还与推动这种位移的能源消耗有关。这种能源的消耗因使用土地的方式不同(水运、陆运或空运)而各异,能源(煤炭、石油)本身又是土地产品。因此,不理解马克思的地租学说,就难以更新交通经济学,就不能正确处理社会主义商品生产关系下的运输价格问题,使运输经济难以健康地发展。

原载《世界经济文汇》1987年第3期

---

① 《资本论》第3卷,第928页。
② 《马克思恩格斯选集》第1卷,第405页。

经济科学的创新与发展

这个问题要从经济学研究对象谈起。几十年来,对这个问题争论不休,多数人包括我在内,一直认为应是生产关系,并以为这是马克思、恩格斯的观点。后来注意到马恩的观点也是发展的。无论从马克思的《政治经济学批判》的序言和导言、《资本论》的初版序言来说,或者从恩格斯的《反杜林论》第二篇来说,实际都是说对象是社会生产力和生产关系,也就是"生产方式以及和它相适应的生产关系和交换关系"[①],或者说"政治经济学作为一门研究人类各种社会进行生产和交换并相应地进行产品分配的条件和形式的科学"[②]。我在《复旦大学学报》1983年第2期一篇论文中论证了这个问题[③]。

我这种想法是受马克思主义哲学的启发:内容与形式总是辩证地统一,内容决定形式,形式反作用于内容。生产力和生产关系是生产的物质内容和它的社会形式的关系。因此,经济科学不应只重视研究生产的社会形式而忽视生产的物质内容。当然也不应反过来只重视生产的物质内容而忽视生产的社会形式。总之,不要用形而上学代替辩证法。我这种想法更由于《资本论》的论证:它从生产力和生产关系这一基本矛盾的胚芽(商品)出发,以孕育着这一矛盾的劳动二重性为轴心,也就是以运动中的生产力(劳动过程)和在运动中表现这种生产力的生产关系(价值形成过程进而增殖过程)为轴心,展开为资本主义生产方式内在矛盾的运动——其发生、发展与转化为社会主义生产方式的必然性。

一旦经济学科重视研究社会生产力,就会摒弃主观随意性,就会充实这门学科的内容,就会辩证唯物主义地叙述生产关系;还会以生产力为环节引

---

① 《资本论》第1卷,第8页。
② 《马克思恩格斯选集》第3卷,第528页。
③ 参见张薰华:《价格理论与理论价格》,《复旦学报(社会科学版)》1983年第2期,第1—6页、39页。

入自然科学、文理相通综合形成交叉学科、边缘学科等等。这样,经济学科就会有所创新,有所发展。

一方面经济学科要结合实际重视研究生产力,研究生产力和生产关系的相互关系。另一方面,实践中如何保护和发展生产力,如何处理好生产力和生产关系的关系,也亟待于科学的经济学的理论指导。

例如,我们要发展生产力首先应保护生产力,特别要保护社会生产力的源泉——生态环境。森林是生态系统的支柱。它首先是大气循环中的交换器,使大气中二氧化碳比重下降,氧比重上升,方使动物和人类得以生存。它还是水循环的枢纽,是绿色水库,并调节气候。它保护着土壤,并荫护动物的生长。但是,地球上从人类历史初期的80亿公顷森林面积,减少到28亿公顷,现在还在以每年减少1100万的速度下降。我国情况更令人忧虑。全国131个林业局实际上有一些是砍伐森林局,我国森林覆盖率不到12%,远远低于世界低下的平均水平22%,致使生态环境受到严重的破坏。

又如采矿业有着特殊的生产力。矿产品是非再生资源,挖一些就少一些,采矿业的生产力是和递减的自然力结合在一起的。一些发达的资本主义国家为了资本家阶级未来的利益,尚且因此预存一些重要资源,如西欧、北美、日本等国都在地下储备石油等等。我们却提出"有水快流",为什么不留一些给子孙呢?还有,为了开矿,就不顾保护矿区土壤与植被;为了淘金,一些私人乱采乱挖,甚至不惜破坏一个县的耕地。

我也反对平均主义,赞成一些人先富起来。但是,某些人、某些单位以破坏社会生产力源泉(包括污染水体和大气)来使自己先富起来,却是令人不能容忍的。

人们还把"生产力"和"生产"混为一谈。其实,这是既有联系又有区别的两个概念。生产的增长,可以是提高生产力的结果,也可以是耗费大量资源的结果。我国的许多企业特别是某些乡镇企业,它们的劳动生产力很低,主要靠增加投入取得产值。这些企业技术条件较差,资源利用率低,未被充分利用的资源转化为"三废",反而破坏了生态环境。这实际也是以破坏社会生产力来发展这些企业的生产。这就是说,生产的增长也可以是破坏社会生产力的结果。可是,我们的许多措施却在扶植这些企业,环境保护部门对它们也无可奈何!

在商品经济下,社会生产力的发展、社会生产力和商品生产关系的内在联系集中表现在价值规律上面,价值规律又表现为价格运动。价格体系不合理,首先引起利益的不合理分配,一些人劳而少得,另一些人不劳而获。其结果会阻碍生产力的发展。产品价格被无理压低的部门,无力也无兴趣提高劳动生产力,产品价格被过分拔高的部门,则无须提高劳动生产力就可以坐吃高价的好处。因此,我认为价格体系的改革仍然是改革成败的关键。

如此等等,无一不亟待经济学科的创新和发展。

原载《学术月刊》1987年第9期

经济理论争鸣中的若干问题

一、以科学的态度研究经济科学

无产阶级导师马克思,以其毕生精力在革命实践中同时进行理论的创造。马克思的经济学说所涉及的不是鼓动性的词句,而是严密的科学结论。不过,在他的著作里也非句句是真理,因为作为伟大的科学家,他的认识也不能穷尽真理。马克思对待争鸣的态度是:"任何的科学批评的意见我都是欢迎的,而对于我从来就不让步的所谓舆论的偏见,我仍然遵守伟大的佛罗伦萨人的格言:走你的路,让人们去说罢!"①

新中国成立初期,对中国经济学界影响最大的,除马克思、恩格斯、列宁外,还有斯大林。斯大林与前辈导师不同,他的特点是:虽然在理论上有过不少贡献,但因缺乏批评与自我批评精神,往往用武断代替科学。例如,他认为在社会主义社会,不仅必须抛弃剩余价值、平均利润率等范畴,还"必须抛弃……包括'必要'劳动和'剩余'劳动、'必要'产品和'剩余产品'、'必要'时间和'剩余'时间这样一些概念"②。在他的观点统率下所编写的苏联版《政治经济学教科书》50年代风行我国,成为当时政治经济学范本。在当时条件下,平民百姓难以与之争鸣。敢于和斯大林争鸣的是毛泽东,他有着类似斯大林的地位,也遇到社会主义经济建设中亟待解决的理论问题。1959—1960年,毛泽东与身边的工作人员读苏联《政治经济学教科书》下册时,针对斯大林的某些观点提出了不同看法。但是,他主要是以所谓"三面红旗"的观点而不是以科学的观点与斯大林争鸣。

应该肯定,毛泽东同志对坚持和发展马克思主义,确实做出了杰出的贡献。但是,在经济理论方面,正如他自己说生产力方面的知识很少,

---

① 《资本论》第1卷,第13页。
② 《斯大林选集》下卷,人民出版社1979年版,第551页。

侧重注意生产关系的问题(见1962年在"七千大会"上的讲话)。

必须指出的是,不靠科学只靠长官意志,是管理不好中国这样大的国家。在科学面前,领导人物不仅要提倡别人争鸣,而且欢迎别人与自己争鸣,并且从善如流,才能科学地发展社会主义的事业,经济科学也将因此而繁荣起来。

科学的经济学是透过现象探索其本质。庸俗的经济学则是将现象当作本质;而若事物的表现形式和事物的本质会直接合而为一,一切科学就都成为多余的了。

有句古话:上有所好,下必甚焉。上面有喜欢人家奉承的长官,下面就会有一些人专门对上面察言观色,摸领导人员的意图,然后"翻译"为理论文章。于是庸俗经济学盛行,它依势风行,其本非科学,其势使然也。这种学风如任其发展甚至加以提倡和支持,就会导致"黄钟毁弃、瓦釜雷鸣"的局面,科学的经济学就难以争鸣,无法发展。

作为经济理论工作者,应该具有科学态度,不做风派人物;应该具有理论的勇气,不做阿谀奉承之辈。

二、科学的经济学应批判地吸收各家之长

当代资产阶级经济学既有其庸俗的一面,也有其科学之处。具体说来,它在定性分析方面多系庸俗的,在定量分析的方法上又具有一定的科学性。与此相反,马克思主义的经济学,在定性分析上是科学的,在定量分析的方面则较单薄。当年,马克思主义经济学的创始人批判地继承了资产阶级的古典经济学,才创立了科学的经济学。今日,我们更应批判地吸收各家之长,丰富和发展马克思主义的经济学。

如果简单地全盘否定当代资产阶级经济学,说它全是庸俗的;或者无知地全盘否定马克思主义经济学,说它早已过时了;都是非科学态度。争鸣应是实事求是地鸣其长避其短,荟萃人类精神劳动的成果。

三、经济理论工作者应科学地对待自己

作为一名经济理论工作者,不仅要依据科学理直气壮地与别人争鸣,而且要勇于自我批评。认识真理有一个过程,往往是由错误到正确、由片面认识到全面认识的过程,这是正常的。对此,马克思和恩格斯也为我们树立了

好的榜样。他们说:"1845年……我们决定共同阐明我们的见解与德国哲学的意识形态的见解的对立,实际上是把我们从前的哲学信仰清算一下。"①我深深地体会到,只有善于与自己的过去"争鸣",才能公平地与别人争鸣。

原载《学术月刊》1991年第2期

---

① 《马克思恩格斯选集》第2卷,第4页。

试论经济科学的发展

一、经济科学与科学体系

科学是人类在与环境进行物质交换过程中,逐步发现自然规律与社会规律的理论结晶;是人类在历史过程中积累和升华的知识(精神劳动的产品)。由于客体环境是一个有机整体,各门学科则从不同角度探索和反映这一整体的各个部分的规律。近代科学就此分门别类地建立起来,科学的不断分化一直持续到现代。但现代科学的主要特点在于从整体上反映物质世界的规律性。因而科学本身不仅愈分愈细,愈来愈专门化,更重要的是由分化趋于综合,即整体化。也就是说,现代科学是人们系统认识物质世界各种运动规律及其表现形式的知识体系。这个知识体系既有纵横的层次,又有纵横的交叉,形成一个网络系统。

学科的纵向层次是从揭示物质运动基本规律的物理学,和揭示物质运动中数量关系和空间形式的规律的数学开始的。然后是派生出来的化学(物理学研究分子运动成为化学);再次是生物学(化学研究有机高分子运动成为生物学)。再次这些学科的研究对象从立体上延伸,又产生天文学和地学。但层次并未到此终止,由于人既是自然的人,又是社会的人,自然界的运动延伸到人的产生,就进而延伸到人的社会运动。反映这个运动的科学也就由自然科学延伸到社会科学。这个延伸的交叉点是环境科学(生态学研究人类社会成为环境科学);接着是经济学(环境科学研究资源的开发、利用与复归,也就进入了经济学);再次是政治学、法学(经济学研究经济的集中表现形式便转向政治学和法学);然后是研究经济、政治更上层表现的文学;最后都集中表现为哲学。史学和数学一样,也贯穿各学科,不过,数学侧重于自然科学,史学侧重于社会科学。

每一学科还有它横向层次,即每门科学都可以分为基础科学和应用科学。这是从一般原理到特殊原理的层次。

在这个科学体系中所有学科的研究对象虽各不相同,但从总体上讲,都是同一客体世界,它们网络相通,只是分工不同。就纵向脉络层次看,每一层次的学科都是从前面所有层次学科逐层演化而来,又演化为后面所有层次的学科。学科之间首先则是通过邻近的边缘学科联系在一起的,例如化学物理学、生物化学、经济生态学、经济法学,等等。20世纪以来,正是由于边缘学科的发展,强化了学科的整体性。

科学体系整体的发展,还表现在交叉科学和综合学科或学科群的发展。体系中每一学科不仅与邻近学科直接相联,而且在体系的网络中,与所有学科相通,它就不仅要与"近邻"相连,而且可与"远亲"相连。例如,生物学与地学结合成生态学,生态学与经济学结合成生态经济学或环境经济学,等等。这些交叉学科的发展又逐步形成以某一学科为中心的综合学科或学科群。

环境学科似可名之为综合学科。环境是以人为中心的地球环境,它分为三个层次:① 生命系统赖以生存的,具有阳光、大气、土地、水、简单化合物等因子的环境;② 在生存环境上活动的生命,并与生存环境复合为生态环境;③ 从生命系统中"蜕变"出来的特殊动物——人,由人类的特殊社会活动所形成人类生产与生活的社会环境,并与生态环境复合为人工生态环境。在第一层次上,环境科学与物理学、化学交叉,特别与地球物理学、地球化学交叉;在第二层次上,它又与生物学交叉;在第三层次上,则与人文科学,特别与经济学交叉。

至于学科群,从每一学科内部分工来讲,都可由基础理论与其诸多应用学科而形成一个群体。例如,经济学与部门经济学(工业经济学、农业经济学、交通经济学、商业经济学、货币银行学),与计量经济学(计量经济学、经济统计学、会计学)……所形成的群体。再从学科之间交叉来讲,经济学既可通过环境科学与文理各科相连,更因为它在科学的纵向体系中,处于文理交接的中间地位,可以与各学科交叉起来。因此,随着科学体系的发展和完善,也就促使经济学得以协同发展。

二、经济学发展的思想障碍

各门学科的研究对象就其总体来讲是客体世界。但是,每门学科又从不同角度探索客体世界某一方面的规律,有着各自的特殊研究对象。

经济学的研究对象是什么?这是个多年争论的问题,这个问题不解决,会影响经济学的发展。争论的原因似由于未将经济学与政治经济学分开。争论的焦点则在"生产力是不是政治经济学的对象"。

大家知道,生产的物质内容是生产力,它的社会形式是生产关系。生产力是作为自然物的人(劳动力)与物(生产资料)之间的关系;生产关系是作为社会劳动者的人(劳动力的所有者)与人(生产资料的所有者)之间的关系。内容(生产力)决定形式(生产关系),形式又反作用于内容,二者辩证地联系在一起。因此,不应抛弃内容只空谈形式,也不应注意内容时又忽视形式。长期以来,政治经济学的对象只限于生产关系,进而延伸到经济学对象也限于生产关系。由于在研究对象中抛弃生产力,经济学在上述科学体系中就切断了通往体系中各学科的网络,使自己处于孤立地位。经济学这样故步自封,束缚自己,也就难以发展。

争论是从对马克思、恩格斯的有关论点开始的。在《资本论》初版序言中,马克思说:"我要在本书研究的,是资本主义生产方式以及和它相适应的生产关系和交换关系。"①在恩格斯校订的英文版中,这句话英译文是:"In this work I have to examine the capitalist mode of production, and the conditions of production and exchange corresponding to that mode.(即:我要在本书研究的,是资本主义生产形式,以及和它相应的生产和交换的条件。)"这里,生产形式指的是生产关系;生产条件指的是生产的物质内容,即生产力的构成要素(生产的客体条件是生产资料,主体条件是劳动力)。因此,简单地说,《资本论》研究的对象,是资本主义生产关系,以及和它相关的生产力。

这样理解,不管在用语上是否符合原文,但它符合《资本论》的内容。因此,不应只注意生产关系,而要密切结合生产力的状况,即要把生产的形式和内容密切结合起来。

这样理解还和恩格斯在《反杜林论》中的观点相吻合。在这本书的第二篇第一章中,恩格斯是这么说:"政治经济学作为一门研究人类各种社会进行生产和交换并相应地进行产品分配的条件和形式的科学——这样广义的

---

① 《资本论》第1卷,第8页。

政治经济学尚待创造。"①恩格斯对什么是生产和交换的条件,也做了简单的说明。他说:"人们在生产和交换时所处的条件,各个国家各不相同,而在每一个国家里,各个世代又各不相同。因此,政治经济学不可能对一切国家和一切历史时代都是一样的。从弓和箭,以石刀和仅仅是例外地出现的野蛮人的交换往来,到上千马力的蒸汽机,到机械织机、铁路和英格兰银行,有一段很大的距离。"②显然,这里讲的弓和箭、石刀,蒸汽机到纺织机,铁路等都是就生产力来讲的。

但是,列宁在《俄国资本主义的发展》中却这么说:"政治经济学决不是研究'生产',而是研究人们在生产上的社会关系,生产的社会制度。"③

将政治经济学的对象限于生产关系,且将生产力完全排除在外,导致我国实际工作中,脱离了生产力发展水平,在生产关系方面盲目追求"一大二公",急于过渡等问题;特别在"文化大革命"期间,对所谓"唯生产力论"进行大批判。从50年代到70年代,几乎是30年跨度,科学的经济学很难得到发展。

经济学如果突破生产关系的界限,向着生产力延伸,它就还会延伸到作为生产力的源泉的环境和人口(这点下面还将叙述)。但是,斯大林在《论辩证唯物主义与历史唯物主义》一文中说:"地理环境无疑是社会发展的经常的和必要的条件之一,它当然影响到社会的发展,——加速或者延缓社会发展进程。但是它的影响并不是**决定的**影响,因为社会的变化和发展比地理环境的变化和发展快得不可比拟。"④又说:"人口的增长对社会的发展有影响,它促进或者延缓社会的发展,但是它不可能是社会发展的主要力量,它对社会发展的影响不可能是**决定的**影响。因为人口的增长本身并不能说明为什么某种社会制度恰恰被一定的新制度所代替"⑤。斯大林这些话虽不无道理,但在理论上不符社会发展规律,在实践上又导致人们忽视人口、环境与经济发展的关系。

---

① 《马克思恩格斯选集》第3卷,第528页。
② 同上书,第525页。
③ 《列宁选集》第1卷,第188页。
④ 《斯大林选集》下卷,人民出版社1979年版,第440页。
⑤ 同上书,第440—441页。

就理论方面来说，社会发展规律就是生产力决定生产关系，或者说生产关系一定要适应生产力发展规律。对此，斯大林正确地指出："社会发展史首先是生产的发展史，是各种生产方式在许多世纪过程中依次更迭的历史，是生产力和人们生产关系的发展史。"[①]这里，"先是社会生产力变化和发展，然后，人们的生产关系，人们的经济关系**依赖**这些变化，**与这些变化相适应地发生变化**"[②]。现在的问题是：既然社会主义生产力是社会发展的决定的原因，那么，对**社会**生产力有着决定作用的、作为社会主义生产力的源泉的地理环境与人口，为什么对社会发展反而没有决定性影响呢？

就实践来讲，历史上楼兰古国曾是林草丰茂，由于人口增加，林草被毁，水源减少，蒸发量又远远超过降雨量，一旦土地沙化，整个国家成为沙丘，人口也流失了，什么生产关系都难以发展。再说，斯大林逝世后半个世纪以来，世界人口爆炸，发展中国家的地理环境，以及依附于地理环境的生态环境遭受严重破坏，发展中国家也就难以发展。我国近年来虽然经济发展很快，但仍苦于人口与环境问题。由于人口过剩，环境难以承载。或毁林开荒以增耕地，生态系统支柱削弱了，水土反而流失了；或兴办劳动力密集型、技术低下的企业，资源得不到充分利用，转化为大量"三废"污染环境，等等。我国已将限制人口数量、提高人口素质，和保护环境列为两项基本国策。这个问题也引起世界人民普遍注意，由联合国倡导的人口、环境和经济协调发展的呼声，受到各国的响应。经济学面对这样重大现实问题，必将有所反映。

三、时代要求发展经济科学

当今时代面临着经济突飞猛进的发展，却又困扰于人口爆炸，资源滥用，生态环境严重破坏。时代要求经济科学在研究生产的社会形式同时，还研究生产的物质内容（生产力）并延伸到社会生产力的源泉（环境、人口、科学技术）。这样才能科学地说明基本国策与经济发展的关系，使各级领导干部不是口头上而是真正地贯彻基本国策，使我国社会主义经济健康地、持续地发展。

试问，哪一项经济活动与环境、人口、科学技术无关？例如，现在全国上

---

① 《斯大林选集》下卷，人民出版社1979年版，第443页。
② 同上书，第444页。

下注意保农业,省长抓米袋子,市长抓菜篮子。这是不是就能抓好农业呢?那还要看各级干部怎样理解农业。农业是培育生物的产业,它首先是广义的农业(林、农、牧、渔业)。它的发展必须首先遵循生态经济规律、保护生态环境。因此,农业经济应发展为生态农业经济。但是,人们讲的农业仅是狭义的农业(不包括林业的种植业),米袋子、菜篮子都属狭义农业的结果。这就发生林业与农业(狭义农业,下同)之间的关系问题。

人们常说,"农业是国民经济的基础"和"粮食是基础的基础"。其实这样的说法是不确切的。科学地讲,应该是"能够提供剩余劳动的农业劳动生产力是国民经济的基础",能够保护和发展森林的林业则是农业的基础。过去,排的次序是农、林、牧、副、渔已经有问题。现在更加扭曲,在农村,工副业反而跃居首位,林业一再衰退到末位,成为工副、农、渔、牧、林。应该科学地扭转为林、农、牧、渔、副。山区尤应理顺这一顺序,才能保护生态环境,才能发展农、牧、渔业,并在这基础上发展工副业。

再说农村工副业,它主要为了安排农村过剩人口,它的技术构成一般比较低下,原材料得不到充分利用,"三废"就特别严重。一个厂可以污染附近一条河、一大片农田,几十个厂可以污染一条淮河。在生产关系上似是"以工补农",在生产力上则是以工害农。当然,有些乡镇工业是好的,但这还是少数。

再说农业自身的问题。农业劳动生产力是由作为生态环境各因子特别是土壤的自然力、劳动力、科技力三者结合的生产力。前面说过,土壤的自然力要靠森林来保护,还要防止化学污染。即使如此,土地还要规模经营,才能发挥这种自然力。但是,一旦规模经营,就要求农业劳动者量少质高,并要求相应高度的农业科学技术。可是,这些年来所经历的过程,恰恰相反。我国合作化过程中一些"左"的错误主要来自生产关系,土地规模经营也被一道抛弃了。包产到户将土地细分,小块小块分户经营,初期固然调动了小农经济的积极性,但不能持久,因为农业的自然生产力从而与之结合的农业社会劳动生产力并未提高,不能为社会提供丰富的剩余产品。

难道经济学、政治经济学、部门经济学都不应研究这些重大的经济问题吗?不过,为了避免在研究对象问题上作不必要的争论,可否将一般理论经济学的研究对象,延伸到生产力,并联系环境、人口、科学技术;政治经济学虽限于生产关系,但也要联系生产力以及生产力的源泉;各部门经济学也都应该如此;还要建立环境经济学、人口经济学、科学技术经济学等。这就使经济学得以发展。

经济学还要与研究上层建筑的学科相交叉,使自己获得进一步发展。例如,经济法学、文化经济学等。这些交叉学科也应联系到深层的物质内容——环境。例如,文学中的诗词多以自然景观寓意。从寓意讲,有些是反映了当时的生产关系;从自然景观讲,从中往往可以看出环境的状态与变迁。因此,经济学的研究者还应该培育自己的文学知识。例如,复旦大学曾经内迁重庆嘉陵江边,那时仍是"千里嘉陵江水色,含烟带月碧于蓝"(唐·李商隐)。可是,这半个世纪却因流域森林被毁,江水早已由碧变黄了。

四、经济科学在探索经济规律中发展

原则不是科学的出发点。任何科学的目的都是为了揭示所研究对象的规律。经济学只有在揭示经济规律时才成科学,才能够发展。我们的经济学,50年代多以斯大林观点为出发点,60年代到70年代多以毛泽东观点为出发点。"毛泽东同志是伟大的领袖,中国革命是在他的领导下取得成功的。然而他有一个重大的缺点,就是忽视发展社会生产力。不是说他不想发展生产力,但方法不都是对头的,例如搞'大跃进'、人民公社,就没有按照社会经济发展的规律办事。"[1]如果不是探索规律阐述规律,而是将最高指示文饰为理论,经济学就失去其科学性,不仅谈不上发展,而且贻害于实际经济工作。现在,党的十一届三中全会提出的一系列新的政策和我们的发展目标,"从何处着手呢? 就要尊重社会经济发展规律"[2]。这就要求经济学科学地阐述社会经济规律。这也要求经济理论工作者具有科学态度和理论勇气,才有助于经济科学的发展。

原载《复旦学报(社会科学版)》1995年第3期

---

[1] 《邓小平文选》第3卷,第116页。
[2] 同上书,第117页。

经济学创新与唯物辩证法

马克思曾经说过,他的著作"是一个艺术的整体;但是要达到这一点,只有用我的方法"①,这方法是唯物辩证法。他启示我们应该从哲学的高度来审视经济学、探索经济规律、创新经济学。

哲学是关于世界观和方法论的科学。马克思主义的世界观是唯物论,方法论是在唯物前提下的辩证法。《资本论》中的辩证方法就是唯物辩证法。应该说,辩证法是黑格尔发现的"天才"学说。但它从绝对精神出发,即以唯心为前提,又是"荒谬的"。马克思剥去了黑格尔唯心论所形成的辩证逻辑的神秘外壳,保存了它的合理内核,充实了唯物的前提,创新了哲学,也就创新了经济学。这是批判地继承和创新,不是全盘否定。因此,"不钻研和不理解黑格尔的全部逻辑学,就不能完全理解马克思《资本论》"②。

一、黑格尔圆圈法的创新

黑格尔认为,逻辑理念的发展是"从单纯的规定性开始,而后继的总是愈加丰富和愈加具体。因为结果包含它的开端,而开端的过程以新的规定性丰富了结果。……使自身更丰富、更密实。"③他还把这样的发展比作圆圈的圆圈,说"科学表现为一个自身旋绕的圆圈,中介把末尾绕回到圆圈的开头;这个圆圈以此而是圆圈中的一个圆圈"④。但是,黑格尔没有画它,马克思也没有去画它。20世纪70年代末,我按其机理试绘出来,使我豁然贯通。1980年就此发表了论文《辩证法在〈资本论〉中的应用》⑤,这里不再具体重述。此后,就以这样科学的形象思维去阐述马克思主义的基本原理,去创新经济学。

---

① 《马克思恩格斯文集》第10卷,第231页。
② 《列宁全集》第55卷,第151页。
③ 《逻辑学》下卷,商务印书馆1976年版,第549页。
④ 同上书,第551页。
⑤ 发表于《学术月刊》1980年第7期。

马克思主义的基本原理阐述生产力和生产关系以及上层建筑之间的辩证联系的规律。经济学的基本原理侧重阐述其中的生产力决定生产关系的规律(社会基本经济规律),和生产关系反作用于生产力的规律(社会主要经济规律)。

经济学研究的对象是生产方式;目的是揭示对象的规律性(经济规律);方法则是唯物辩证法,即从生产方式的物质内容(生产力)出发,到其社会形式(生产关系),并延伸到这形式的形式(上层建筑)。马克思在《政治经济学批判》一书中早就指出,一定的生产方式以及与它相适应的生产关系,简言之,"社会的经济结构,即有法律的和政治的上层建筑竖立其上并有一定的社会意识形式与之相适应的现实基础"①。我们可以图示如下。

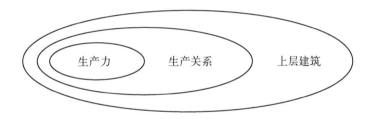

图中内圈是内容,外圈是形式。它们的辩证关系是内容决定形式,形式反作用于内容。

90年代以来,生产力的源泉(环境、资源、人口)问题突出,涉及整体圈层能否持续发展;在生产关系中又突出社会主义能否与市场经济结合。与时俱进,我又将以上三个圈层细分为六个层次,即每圈内部又分为两个层次。

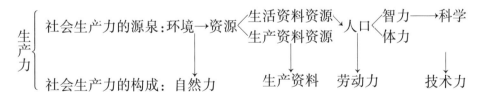

生产关系 { 产品进而商品所有制形成的生产关系,即俗称的市场经济体制
生产产品的要素所有制形成的生产关系,它决定社会的性质,如资本主义所有制或社会主义所有制

---

① 《马克思恩格斯选集》第2卷,第2页。

上层建筑 { 政治法制制度所组成的上层建筑
更高层的上层建筑——社会意识形态

这六个圈层浑然一体,它们只是内容与形式的关系。于是,上圈又可扩展为六个圈层。

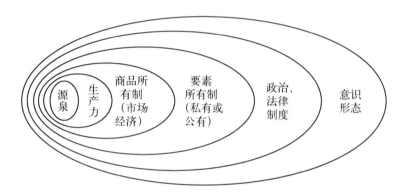

其中内四圈是社会生产方式所展开的经济结构,是外两圈赖以建立的基础,因此"物质生活的生产方式制约着整个社会生活、政治生活和精神生活的过程"①。

圈层之间不仅是内容与形式的关系,而且还是一般与特殊的关系。一般性(共性)寓于特殊性(个性)之中。因此,我们的分析行程就从一般到特殊。又由于中间圈层即是内圈的形式,又是外圈的内容,因而在对比时还必须说明它们对各自内容的反作用,又对各自的形式的正作用,这也是应该对比的。

二、作为开端的生产力两圈

传统的政治经济学教科书将经济学研究对象唯心地限于生产关系,将其物质内容(生产力)排斥在外,导致改革开放前在经济工作上遭遇了挫折。但在《资本论》中却是将两者紧密结合在一起的。② 深入学习《资本论》的有关原理,必将有利于教科书的创新,有利于经济建设健康发展。

现在的问题是对生产力本身的研究也应创新。并体现在它的两圈(它的源泉和它自身)中。

---

① 《马克思恩格斯选集》第 2 卷,第 2 页。
② 张薰华:《马克思主义的真理颠扑不破》,《当代经济研究》1994 年第 5 期。

1. 生产力的源泉

核心的圈层是生产力的源泉圈,如果源泉被毁,后续各圈层就不能发展,这就要求发展经济学创新为可持续发展经济学。

源泉又扎根于生态环境的三个圆圈中。

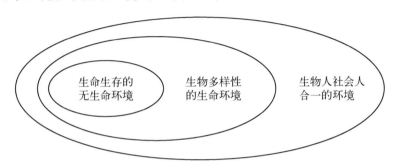

内圈为生命发育提供阳光、水、大气、土地以及其中的化合物,也为生产力提供无生命资源。中圈则提供有生命的资源。外圈提供人力资源。内圈与中圈复合为自然生态环境,三个圈复合为人工生态环境。内圈决定外圈,外圈又反作用于内圈。按照生物食物链金字塔原理,各生物种群都有各自的天敌来控制塔的各层次的生物的十分之一比例关系。作为动物的人当然也受此制约。但作为社会人却基本消除了他的天敌(吃人野兽),人口就可以暂时爆炸,于是向地球过量索取资源;人口素质过低又导致滥用资源,终而毁损生态环境,使人类难以持续发展。由此可以得出结论,生态环境是根基,人口的反作用是关键。发展中国家包括中国的问题无不与人口有关。近十年来,环境经济学、生态经济学、资源经济学、人口经济学蓬勃兴起,并带动了社会科学与自然科学的结合,新的创新点必将愈加丰富。

2. 建设于人工生态环境的生产力

环境提供各类资源,成为生产要素,经过配置形成生产力。生产力的发展伴随着从体力劳动(手工生产),到少数智力劳动统率体力劳动(机器大工业),到智力劳动(知识经济)。人口变化也相应地从数量膨胀,到量的减少质的提高。这也是环境的无情克制的结果。

作为自然人的劳动力主要是体力。作为社会人的劳动力主要是智力。两方面合一的劳动力是由体力为主发展到智力为主。机器大工业时代,智力发展结晶为科学。科学在工艺上的应用形成技术。科学通过教育和培训提高生产力的主体要素(劳动力)的素质;又物化到机器设备和指定性能的原材料之中,使生产力的客体要素(生产资料)成为具有科学"灵魂"的物;从而使生产力发生乘数效应。正是由于社会生产的巨大效率"取决于一般的科学水平和技术进步,或者说取决于科学在生产上的应用"[1],马克思说,"生产力中也包括科学"[2]。他还说,一旦"生产劳动给每一个人提供全面发展和表示自己的全部能力即体能和脑能的能力的机会,这样,生产劳动就……成了解放人的手段"[3]。

随着科学的发展和劳动者的知识化,人类将自动约束自己的数量,合理使用物质资源,优化生态环境,使社会生产力健康地发展。当然,这还要经历漫长的岁月。这些也是生产力经济学、技术经济学、知识经济学、信息经济学所要研究的问题。还是产业经济学,特别是农业经济学所应注意的问题。例如人们所谓"农业是国民经济的基础",其实并不精确。《资本论》早已科学地指出:"超过劳动者个人需要的农业劳动生产率,是全部社会的基础。"[4]农业要有高度生产力,一方面相应的农业劳动者大量减少,农民才会富起来;另一方面大量超过农民需要的剩余产品满足社会各方面需要,才使社会有着深厚的发展基础。这都可以从经济发达国家和发展中国家的农业生产力对比中看出。中国问题也在这里,小农经济低下的生产力,使人口量大质低,引发出一系列问题。

三、生产关系的两圈

社会生产的结果是产品。产品归谁所有是一类生产关系;生产产品的要素(资源以及生产资料、劳动力)归谁所有、由谁使用,这又是另一类生产关系。

两类生产关系既相联系,又相区别。长期以来,人们误解《资本论》,将两类生产关系混为一谈,将市场经济等同资本主义经济。还将命令经济(实是封建经济变形)等同计划经济,用以否定市场经济。

---

[1] 《马克思恩格斯文集》第8卷,第188页。
[2] 《马克思恩格斯全集》第46卷(下册),第217页。
[3] 《马克思恩格斯选集》第3卷,第681页。
[4] 《资本论》第3卷,第888页。

其实,在市场关系中,"人们彼此只是作为商品的代表即商品占有者而存在"①,而不问生产该商品的要素归谁所有。因此"商品生产和商品流通是极不相同的生产方式都具有的现象,尽管它们在范围和作用方面各不相同"②。也就是说,市场经济既可与要素私有制结合,也可与要素公有制结合。市场经济是共性,要素所有制是个性。共性寓于个性之中,《资本论》论的是资本主义市场经济,是资本外壳中的市场经济。如果去其资本外壳,存其市场经济内核,再与社会主义外壳结合,就可创新为社会主义市场经济理论。这正是对《资本论》理论最重要的创新。

1. 第三圈层的机理

"在商品生产者的社会里,一般的社会生产关系是这样的:生产者把他们的产品当作商品,从而当作价值来对待,而且通过这种物的形式,把他们的私人劳动当作等同的人类劳动来互相发生关系。"③也就是说,这种生产关系体现为价值,交互关系的载体则在市场中,所以,价值规律是市场经济的基本规律。它既受制于内两圈(物质内容),又要在外三圈(社会形式)有所表现。

价值规律首先要表现第二圈生产力变化。它的基本规定性应是"商品的价值量与实现在商品中的劳动的量成正比地变动,与这一劳动的生产力成反比地变动。"④因此,一切决定生产力的要素作为劳动都会有所表现。

困难的在于如何反映第一圈层。自然资源本非劳动产品,没有价值,但在市场经济中也会以商品形式进行流通。这可以有两种情况:(1)由于"要出售一件东西,惟一的条件是,它可以被独占,并且可以让渡"⑤。在这种情况下,没有价值的物可以有价格。自然资源属公共品,应由代表公众的国家来独占。国家垄断一级市场,卖价收入应归国家所有。(2)"每一种商品的价值……都不是由这种商品本身包含的必要劳动时间决定的,而是由它的再生产所需要的社会必要劳动时间决定的。"⑥自然资源虽然原生价值等于零,但由于资源过度使用,不得不用劳动使之再生,那就不仅再生资源具有价值,

---

① 《资本论》第1卷,第103—104页。
② 同上书,第136页。
③ 同上书,第97页。
④ 同上书,第53—54页。
⑤ 《资本论》第3卷,第714页。
⑥ 同上书,第157页。

原始的自然资源也应按再生资源所耗劳动计其价值。

2. 第四圈层

任何生产资料所有制都是以提高生产力为手段,达到占有剩余劳动的目的。市场经济中,剩余劳动凝结为剩余价值,它既不姓"公"也不姓"私",问题只在它被谁占有。由于资本主义生产的目的是以剩余价值形式占有剩余劳动以增殖资本,就和市场经济紧密结合在一起。社会主义也因为这缘故应和市场经济紧密结合起来,因为公有资本也要增殖。不仅如此,更重要的是为了增殖就要正比提高生产力。提高生产力又反比使商品个别价值下降,使生产者在市场竞争中战胜对手,并取得超额剩余价值,还迫使其他生产者都要提高生产力。资产阶级正是利用市场经济"斩断了把人们束缚于天然尊长的形形色色的封建羁绊,它使人和人之间除了……'现金交易',就再也没有任何别的联系了。"①更重要的是它还使"资产阶级在它的不到一百年的阶级统治中所创造的生产力,比过去一切世代创造的全部生产力还要多,还要大"②。

社会主义的根本任务是发展生产力。社会主义更应利用市场价值规律与价值增殖规律去清除封建羁绊,并促进生产力的发展。

四、上层建筑的两圈

1. 政治法律制度

"法的关系正像国家的形式一样,即不能从它们本身来理解,也不能从所谓人类精神的一般发展来理解,相反,它们根源于物质的生活关系"③。

市场经济关系要求自主经营、自负盈亏和等价交换。这在政治上就要求自由、平等;在法权上反对人治要求法治。

生产要素的所有制也因法的介入表现为所有权或财产权。于是产权经济学兴起了。

再说政治制度。国家总是代表占主导地位的生产关系人格化阶级的利益,并用"看得见的手"对各圈层进行宏观调控。中国共产党领导下的政府政策涉及每一圈层。按次为:① 以控制人口数量、提高人口素质和保护生态

---

① 《马克思恩格斯选集》第1卷,第403页。
② 同上书,第405页
③ 《马克思恩格斯选集》第2卷,第2页。

环境为基本国策；② 根本任务是发展生产力，为了"中国先进生产力的发展要求"，还将"科技兴国"作为基本国策；③ 培育市场经济体制；④ 维护国有经济为主导、公有制为主体，各种经济共同发展；⑤ 将人治改为法治；⑥ 法治再辅以德治。所有这些都是为了"中国最广大人民的根本利益"。

2. 意识形态

内五圈是物质存在，最外圈是意识形态。存在决定意识，意识反作用于存在。现在核心两圈的问题——保护生态环境和尊重科学与人才以发展生产力——已经被多数人意识到。当中两圈则比较复杂。市场经济要求自由、民主，它反对封建专制思想，都是积极的。这在表面上也适于资本主义生产关系及其政府；但其实只是对资产阶级的自由和平等。社会主义发展的是真正的自由人的联合体，是最广大人民的民主。市场经济主要从微观利益出发，滋生个人主义，还产生了商品拜物教甚至是货币拜物教与资本拜物教，这又是它消极的方面。社会主义主要从宏观利益出发，提倡集体主义。

意识形态中还有一个宗教问题。这是由于人们对于内层各圈中物质运动规律还不了解而产生的。"只有当实际日常生活的关系，在人们面前表现为人与人之间和人与自然之间极明白而合理的关系的时候，现实世界的宗教反映才会消失。"①

总的说来，先进文化作为上层建筑的意识形态，它的前进方向既应表现先进生产力的发展要求，还要表现生产关系的改革创新，并促进人民群众思想、道德、科学、文化素质的提高。

经济学作为一种学说也是意识形态。它的创新首先要尊重唯物论，去探索内五个圈特别是内四个圈的物质运动规律。还要运用辩证法，探索各圈层的内在联系，提示经济规律体系。

原载《中国〈资本论〉研究会第 11 次学术年会论文集》(2002 年)

---

① 《资本论》第 1 卷，第 97 页。

经济学体系与唯物辩证法

客体世界是一个有机的整体——它的各个方面、各个组成因子相互辩证地联系在一起。近代科学就此先是分门别类建立起来,然后又由分化到综合,形成知识体系。这个知识体系既有纵横的层次,又有纵横的交叉,形成一个网络系统。这一网络以对物质生产力研究为通道,由自然科学进入社会科学。因而在学科体系中经济学左右相连,这是经济学体系外部相连部分。又由于每门学科都有其基础理论部分和应用科学部分,因此经济学体系中也有它的内部组成部分。

在具体学科(自然科学和社会科学)体系中,有一门学科既渗透于每门学科之中,又凌驾于它们之上的主导学科——哲学。因为每门学科都是从所研究对象(物质的客体)中,运用辩证方法揭示和叙述客体的运动规律为目的。恩格斯一再指出,马克思主义不是一种教义,而是一种方法。这方法是唯物辩证法,就经济学而言更为明显。

一、体系中的主导(经济哲学)

马克思主义的世界观是唯物论,方法论是在唯物论前提下的辩证法。马克思扬弃了黑格尔的唯心论,继承其辩证法;扬弃了费尔巴哈的形而上学,继承其唯物论;形成了唯物辩证法。哲学引导各门具体学科探知规律,又从具体学科发展中丰富自己。在经济学体系中的主导当属经济学与哲学的结合,即经济哲学。

就方法论而言,黑格尔曾将其辩证法比作圆圈的圆圈。内圈向外圈的展开表明逻辑理念的发展,是"从单纯的规定性开始,而后继的总是愈加丰富愈加具体,因为结果包含它的开端,而开端的过程以新的规定性丰富了结果"[①]。

[①] 《逻辑学》下卷,商务印书馆1976年版,第549页。

就唯物论来说,内圈应是生产方式的物质内容(生产力),中圈是它的社会形式(生产关系),外圈是这形式的形式(上层建筑)。这三个圈层之间的辩证关系形成马克思主义的基本原理。

基本原理与时俱进,既形成党的基本路线,也创新为"三个代表"思想。就基本路线来讲,一个中心的核心是发展生产力,两个基本点是完善社会主义生产关系与上层建筑以促进生产力的发展。就"三个代表"来讲,首先要代表先进生产力的发展要求,同时还要代表最广大人民的根本利益(体现为社会主义生产关系),代表先进文化(上层建筑)的前进方向。

经济哲学在马克思主义基本原理中特别重要。因为经济学研究的是内圈和中圈,是外圈上层建筑赖以建立的经济基础。

在经济哲学导引下,我又将每个圈层一分为二,形成6个圈层,如下图所示。

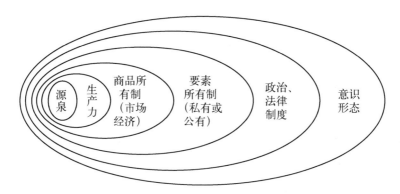

二、经济学宏观体系中的各个分支

在上述各圈层网络之中,每一圈层都有其特定的经济学,它们辩证地联系在一起,形成经济学宏观体系。

1. 内两圈相连的经济学分支

传统经济学以生产关系为对象,忽视生产力。这在实践上造成很大危害。1962年,毛泽东在"七千人大会"上说:"我注意得较多的是制度方面的问题,生产关系方面的问题。至于生产力方面,我的知识很少。"[①]"文革"以

---

① 《毛泽东文集》第8卷,第303页。

后,与马克思列宁主义一脉相承的邓小平理论,重申社会主义的根本任务是解放和发展生产力,才带来中国经济的腾飞。如是,生产力经济学随之兴起,并带动社会科学与自然科学的结合。由此,又追溯到生产力源泉(环境、资源、人口),形成环境经济学、生态经济学、资源经济学、人口经济学。它们又有子系统经济学,例如资源经济学中有土地经济学、海洋经济学、矿山经济学、资源再生经济学,等等。人口经济学中有为人口保健的卫生经济学,为提高人口素质的教育经济学,以及老年经济学等。而为了人类美好的未来,就必须协调人口、资源与环境的关系,使之健康发展,于是又兴起可持续发展经济学。在实践中,这些理论又形成我们的基本国策。我们更应该在理论上创新,"树立全民环保意识"[①]。又由于社会生产力是一个由生产要素到产品的运动,这就包含人流、物流和信息流。于是又有客运经济学、物流经济学和信息经济学,合起来就是交通经济学。它们又有各自子系统经济学,这是因为人流、物流有陆运、水运、空运之分;信息流有邮递、电传之分。再由于生产力日益成为科学在工艺上的应用,因而技术经济学、计量经济学日益被人们所重视。

2. 中两圈相连的经济学分支

第3圈是产品归谁所有的生产关系,是商品经济学或市场经济学的研究对象。第4圈是生产产品或商品的生产要素归谁所有的生产关系,是各个特定社会经济学的研究对象,如资本主义经济学、社会主义经济学等。第3圈与第4圈虽有区别又总是联系在一起。商品经济既不姓"公",也不姓"私",但它总是"嫁"接姓"公"的或姓"私"的。过去,人们将商品经济等同资本主义经济,使我们长期未能利用市场价值规律与价值增殖规律和竞争规律以促进生产力发展。自邓小平提倡发展生产力作为"社会主义的根本任务",在"改革开放"方针驱动下,我国社会以后,生产力快速发展。其实马克思早已讲过,市场经济是与各种要素所有制结合,只是到了资本主义社会特别发达起来。但他未讲社会主义市场经济。因为他设想的社会主义是资本主义已经发达到容纳不了生产力发展的社会。这样的社会是否容纳市场经济将在实践中来验证。现实的社会主义国家(苏联、东欧

---

① 《中国共产党第十六次全国代表大会文件汇编》,人民出版社2002年,第22页。

各国、中国等等)恰恰相反,是一些欠发达国家。如果否定市场经济就会阻碍生产力的发展。东欧剧变也与理论上失误有关。中国社会主义的特色就在于嫁接了市场经济体制。对此,既有宏观经济学,还有微观经济学。

由于中两圈是内两圈的社会形式,社会主义政治经济学与市场经济学就会渗入上述内两圈经济学体系各分支经济学中,并使部门经济学(如工业经济学、农业经济学)延伸到商业经济学、金融学。不同部门的经济学又有各自的子系统经济学。

3. 外两圈相连的经济学分支

外两圈本身虽不属经济学的对象,但它们是经济行为的规范与表现。经济学与第5圈结合形成制度经济学,与第6圈结合形成文化经济学,等等。

三、经济学微观体系的篇章结构

每一特定的经济学分支,虽然它的篇章侧重叙述所在圈层的规律,但它又与其他五个圈层有着内在联系(也是规律性)。例如,环境经济学或资源经济学不仅要叙述它自身的规律,还要叙述它与人口的关系和可持续发展规律,以及它与生产力的关系,与市场经济、产权、法律、国策、生态文明的联系等等。再如,政治经济学既要重点叙述生产力与生产关系的联系,即从生产、流通和分配来叙述价值与生产力成反比的价值规律,剩余价值与生产力成正比的价值增殖规律;还应分析人口、资源、环境、政治、法律、意识形态与它的关系等等。

原载《经济经纬》2003年第2期

经济哲学与经济学哲学

20世纪90年代,经济哲学这一新兴学科受到经济学界和哲学界的关注。但对"经济哲学"的定义见仁见智,尚无定论。例如,有人说,"经济哲学是一门专指用哲学的世界观、方法论来研究经济活动和经济行为的学科"。另有人则认为,经济哲学"不是用哲学观点来分析和研究具体的经济问题。经济哲学是从经济中引出的哲学"。我以为前一种说法实指经济学,而不是经济哲学。因为经济学如同各类具体学科一样,都是在哲学指导下来研究它的特定对象的,但不是哲学本身。后一种说法实指哲学要从经济的辩证运动来丰富自己。而经济的辩证运动规律则是经济学所揭示的,也就是说哲学要从经济学来丰富自己。由此可以推论,经济哲学既不是对经济现象贴上哲学的标签,也不等于经济学加哲学,而是研究两门学科如何相互渗透(哲学如何指导经济学,经济学如何丰富哲学)的学科。因此,这门学科与其定名为经济哲学,不如定名为经济学哲学。

经济学哲学是一种具体学科(经济学)与哲学的渗透,而不是具体学科(自然科学、社会科学的各个分支)之间的相互渗透,即不是一般所说的边缘科学或交叉科学。下面就从这一特点谈起。

一、从哲学与具体学科的辩证关系看经济学哲学

每门学科都有自己的研究对象,以及相应的研究方法和对研究成果的理论叙述方法,其目的则是在各自的领域内揭示对象的运动规律。

客体世界是一个有机的整体(它的各个方面、各个组成因子相互辩证地联系在一起的整体)。哲学以这个整体为研究对象,用主观辩证法来反映客体世界的辩证运动规律,作为科学的哲学就这样形成唯物的世界观和辩证的方法论,达到了揭示世界的一般规律(事物发展的辩证运动规律)的目的。

人类经济生活的发展,近代技术的发展,要求科学从不同角度提供反映

这整体某一方面的特殊规律的知识,近代科学就此分门别类建立起来。科学的不断分化一直持续到现代。现代科学又由分化趋于综合。自然科学成为人们系统认识物质世界各种运动规律及其表现形式的知识体系。这个体系一直延伸到社会科学。这里面每一学科都是具体地叙述某一方面的特殊规律,它们所组成的知识体系也是反映客体世界的整体。不过,这和哲学又有区别,哲学所揭示的是物质世界整体的一般的、抽象的规律,自然科学、社会科学所揭示的是这个整体的某一方面的特殊的、具体的规律以及其规律体系。但是,抽象来自具体,特殊中含一般,这就决定了哲学与具体学科之间的辩证关系——哲学从具体科学中抽象出一般原理,具体学科的发展推动哲学的发展;反过来,哲学对具体科学又起着世界观和方法论的指导作用。

这样,作为具体学科理论工作者,虽有他自己的世界观和方法论,即有自己的哲学,但他只有使自己的观点符合客观实际,为此其方法又必须是辩证的,才能探得所研究对象的内在规律,从而形成科学理论。另一方面,作为哲学理论工作者,总要熟知一门具体学科,了解知识体系和科学学,既使自己的论述不致流入玄谈,又使哲学有所发展。对此,就经济学和哲学两方面来看,目前还不够令人满意。有些学者做了如下的评论:一部分经济学理论工作者未在哲学方面下过足够的功夫,也就不能自觉地运用科学的哲学观点及其方法论去研究经济学方面的问题;而一部分的哲学理论工作者,也未在经济学方面下过足够的功夫,形而上学地看待哲学的指导作用,往往用标签的方式把哲学名词贴到经济学术语上,使哲学庸俗化。

二、经济学在具体学科中的地位

具体学科是从物理学展开出来的。随着技术革命的要求,物理学在研究分子运动时就展开为化学,化学在研究有机分子时再展开为生物学,生物学在研究作为生物的自然人时,这人又蜕变为社会的人,于是进入社会科学。社会科学的起点是经济学,因为人类的活动建基于物质生产,经济学研究生产的物质内容(生产力)及其社会形式(生产关系),揭示这内容与形式的相互作用的运动规律。依据经济基础与上层建筑的辩证关系,经济学再展开到政治学、法学、文学……最后推动了哲学的发展。从上述学科的发展可以知道,正是生产力发展要求技术创新,要求科学在工艺上的应用,才使分离出来的具体学科百花齐放,也使哲学成为独立的科学。也就是说,当"社会的劳动生产力……包括科学的力量"[1],或者说当"科学技术是第一生产力"[2],这时经济从而经济学所揭示的经济规律就会对自然科学起反作用。自然科学就会加快奔向经济学,并通过经济学走向人文科学。自然科学在这种走向中受到经济关系的激励和上层建筑的扶植而加速发展。例如,我们正在经济上兴建高科技产业,在政策上将科教兴国作为基本国策,在科研上广召天下贤士等等,必将促进自然科学的发展。另一方面,从经济学与其他人文科学来看,也由于内容(经济基础)与形式(上层建筑)的关系,使经济学处于决定的地位。马克思曾说:"我的研究得出这样一个结果:法的关系正像国家的形式一样,既不能从它们本身来理解,也不能从所谓人类精神的一般发展来理解,相反,它们根源于物质的生活关系,这种物质的生活关系的总和,黑格尔按照18世纪的英国人和法国人的先例,概括为'市民社会',而对市民社会的解剖应该到政治经济学中去寻求。"[3]

三、哲学对经济学的指导

马克思主义的哲学是辩证唯物论——世界观是唯物的,方法论是辩证的。这个方法又分为两个方面:① 因为是唯物的,所以研究方法是从实际出发,由表及里从感性认识深入理性认识;② 然后是对理性认识的叙述方法,由里及表从内在规律来阐述外在的表象。以《资本论》为代表的马克思经济学说充分体现了哲学对经济学的指导作用。马克思说:"不论我的著作有什么缺点,它们却有一个长处,即它们是一个艺术的整体;但是要达到这一点,只有用我的方法"[4],又说:"谁能辩证地思维,谁就能理解它"[5]。大家知道,当辩证唯物论运用于社会科学(包括经济学)便形成历史唯物论。它揭示社会发展中基本矛盾的一般规律,而不是社会生活各个方面的具体规律。它蕴藏在各具体社会科学之中,特别存在于经济学之中,所以对社会的解剖"应该到政治经济学中去寻求"。当然,解剖的方法是辩证法。列宁也指出:"不

---

[1] 《马克思恩格斯文集》第8卷,第206页。
[2] 《邓小平文选》第3卷,第274页。
[3] 《马克思恩格斯选集》第2卷,第2页。
[4] 《马克思恩格斯全集》第10卷,第231页。
[5] 同上书,第261页。

钻研和不理解黑格尔的全部逻辑学,就不能完全理解马克思的《资本论》。"①对此,我曾写过《辩证法在〈资本论〉中的应用》②和《〈资本论〉脉络与辩证方法》③,不再赘述。本文只从哲学原理来阐述经济学的创新和当前经济改革中的规律性问题。

1. 关于经济学研究对象问题

在哲学范畴中,内容与形式的关系是:内容决定形式,形式反作用于内容。《资本论》始终抓住这一对矛盾,具体分析经济中的基本矛盾——生产力(物质内容)与生产关系(社会形式)的辩证运动。书中第一篇就从分析这一矛盾的胚芽(商品的内在矛盾)开始。商品具有二重性,其深层就是社会基本矛盾,即一方面是生产使用价值的生产力,另一方面是创造价值的生产关系(体现商品生产关系的社会平均劳动)。寓两方面于一体的就是价值规律。价值规律,从内容决定形式来讲,就是:"劳动生产力越高,生产一种物品所需要的劳动时间就越少,凝结在该物品中的劳动量就越小,该物品的价值就越小。相反地,劳动生产力越低,生产一种物品的必要劳动时间就越多,该物品的价值就越大。"④再从价值形式对生产力的反作用来讲,人们为了取得更多的经济利益,他就要遵循价值规律去发展生产力。

然后,书中就从这一矛盾萌芽展开到资本主义商品生产过程,即一方面是生产使用价值的劳动过程(生产力),另一方面又是生产剩余价值并转为价值增殖过程(生产关系)。过程中资本价值增殖是生产的目的,提高生产力则是达到这一目的的手段,所以资本就要发展生产力。这也是生产关系对生产力的反作用。可以说,这是《资本论》逻辑的主线。一旦生产力(内容)高度发展,以致资本主义生产关系(形式)容纳不了时,内容就要采取新的形式。科学的社会主义理论也就由此取代了空想的社会主义。

正是哲学原理的指导才有以上逻辑。可见,经济学决不应只研究生产关系,忽视生产力。但从苏联《政治经济学教科书》开始,传统的经济学却抛开生产力这一物质内容,囿于生产关系,导致政策上重大失误,经济工作中种种

---

① 《列宁全集》第55卷,第151页。
② 发表于《学术月刊》1980年第7期。
③ 《〈资本论〉脉络》,复旦大学出版社1987年版,第205—217页。
④ 《资本论》第1卷,第53页。

弊端积重难返。今后,经济学发展就要同时研究生产力。

2. 关于拜物教与理性经济人

存在和意识的关系是哲学的根本问题。辩证唯物论一方面由存在决定意识批驳了唯心论;另一方面又从意识的反作用批判了机械唯物论。由生产力到生产关系所形成的经济基础作为存在,它会反映到上层建筑的意识形态上面,意识也会起很大反作用。经济学也必须探索这一问题。

在社会主义市场经济中,社会主义的精神文明与市场经济的意识形态基本上可以相容,但也有矛盾之处。拜物教就是其中一个问题。市场要求自由(自主经营)、平等(等价交换)和进取精神(竞争),这些和社会主义相容。但市场经济主要从微观利益出发,商品经营者只希望他的商品能卖得好价钱,而货币又能在市场上买到一切,于是滋生个人主义、拜金主义。社会主义则主要从宏观利益出发,提倡集体主义。我们也重视企业和个人的经济利益,对国有企业也要求利益最大化使国有资产保值和增值,但反对和抵制个人主义、拜金主义(货币拜物教)。但是,只要存在商品经济关系,拜物教意识就不会很快消亡。"在商品生产者的社会里,一般的社会生产关系是这样的:生产者把他们的产品当作商品,从而当作价值来对待,而且通过这种物的形式,把他们的私人劳动当作等同的人类劳动来互相发生关系。"① 于是,人的关系表现为物的关系,见物不见人,物也就神化了。"只有当实际日常生活的关系,在人们面前表现为人与人之间和人与自然之间极明白而合理的关系的时候,现实世界的宗教反映才会消失。"②

在资本主义市场经济中,资本主义的精神文明与市场经济的意识形态则是吻合的。虽然市场经济只要求商品属于不同所有者,而不问生产该商品的生产资料归谁所有,所以能和社会主义相结合。这种结合(商品私有加生产资料公有),在意识上就有着以上的反映(既相一致又相矛盾)。但当它与资本主义私有制相结合时(商品私有加上生产资料私有),两者在意识反映上就一致了;并且,货币拜物教还会展开为资本拜物教。不仅如此,在特定的生产关系中,经济关系总是体现为代表这特定的生产资料所有者的意志和行为。资本家一般说来是人格化的资本,他追求的不是使用价值和享受,而是

---

① 《资本论》第1卷,第97页。
② 同上。

价值增殖。资产阶级经济学中所谓的"理性经济人"(善于推理、算计的利己者),实是资本主义市场经济关系的人格化和意识化,也是现代西方主流经济学的公理性假说,并且是它立论的初始环节。哲学上存在与意识的关系,也就指导我们在学习西方经济学时,注意哪些可作社会主义市场经济借鉴,哪些不应照搬。

3. 关于辩证逻辑指导下的理论叙述方法

按照黑格尔的逻辑理念,科学开篇所叙述的东西,是未发展的,因而是抽象的、简单的,并具有普遍的性质。普遍的性质是事物的基本规定性;在它发展过程中,不断追加新的规定性,使自身丰富起来,成为特殊的、复杂的、具体的事物,并越来越接近外部现象。这种逻辑形成过程还是由分析到综合的过程,因为从分析简单的规定性开始,再分析追加的规定性时,并没抛弃原有的规定性,而是综合在一起,"使自身更丰富、更密实"①。黑格尔还把"逻辑理念"这样发展比作圆圈的圆圈。

黑格尔这一学说既是天才的,又是荒谬的。就其叙述方法来讲是天才的。但他认为这一思维行程的起点是"绝对精神"的转化,终点则是"绝对精神"的具体再现,这又是荒谬的。《资本论》在唯物论基础上采用了他的叙述方法。因此,"不钻研和不理解黑格尔的全部逻辑学,就不能完全理解马克思的《资本论》"②。

按照上述叙述方法,可以将资本主义商品经济体制和社会主义初级阶段的商品经济体制,分别做如下的图示,其中外圈是内圈的展开,外圈没有离开内圈,而是与内圈结合在一起,使内圈更密实更丰富,并反作用于内圈。

又由于生产关系要由分配关系来实现,分配关系则由市场价格来实现,

---

① 《逻辑学》下卷,商务印书馆1976年版,第549页。
② 《列宁全集》第55卷,第151页。

上述圆圈又具体化为以下图示。

《资本论》第一、二卷分析里面两个圈的关系,第三卷侧重分析外面两个圈并与前两个圈综合起来,论述"资本主义商品生产总过程"。从前面两个图形看,只要将资本主义生产关系换为社会主义公有制,上述第三个图形所包含的经济学原理,不仅可以而且应该用于我国经济运行之中。

四、经济学促进哲学的发展

以下从三个层次来讨论这个问题:① 经济的发展如何促进科学哲学的发展;② 其中具体科学发展的作用;③ 具体学科中经济学的作用。

1. 近代科学哲学的产生

近代科学哲学指辩证唯物主义与历史唯物主义。了解它的产生过程,可以重温恩格斯写的《路德维希·费尔巴哈和德国古典哲学的终结》。在西欧中世纪末期,由于封建生产关系已经容纳不了社会生产力的发展,爆发了资产阶级革命,建立了资本主义生产关系。反映在哲学上就是在与封建神学和经院哲学的斗争中,17世纪英国和18世纪法国出现了唯物主义。18世纪末19世纪初德国的社会经济则比较落后,一方面国内封建势力还很大,资产阶级又想革命又感力不从心;另一方面又被法国人民大革命吓破了胆,资产阶级虽想革命又怕革命。这反映在哲学上就是辩证法和唯心主义。辩证法是革命的,唯心主义则是对法国唯物主义的反动。唯心主义的辩证法在黑格尔那里达到最高峰。

18世纪30年代,随着经济的发展和反对现有宗教的实践,青年黑格尔派(左翼)转向英法唯物主义。这时出现了费尔巴哈的机械唯物主义。它反对唯心主义却保有形而上学。它的产生也是经济发展的反映,特别是与自然科学尚不发展相联系。18世纪自然科学在其初创时期,只有固体力学比较完善,英法唯物主义者主要依靠力学的成就来了解物质世界,他们的世界观也就带有机械的、形而上学的性质。

社会生产力巨大的发展,要求自然科学的发展。19世纪以来的自然科学已成为整理材料的科学,它把自然界的各方面过程作为一个整体来研究,就必然要出现辩证法。用同样的方法来考察人文科学,就会发现各学科所研究的问题,都是由于经济关系的变化,确切地说,都是由于生产方式发生了变化。而专门研究生产方式的科学就是马克思主义经济学。它的建立也就创立了科学的哲学。于是科学哲学摒弃了黑格尔的绝对精神吸取其辩证法,批判了费尔巴哈的形而上学存其唯物主义,创立了辩证唯物主义,又将其运用于社会科学形成历史唯物主义。

2. 现代科学哲学的发展

近十年来,世界经济的迅猛发展,不仅迫使经济学要研究生产力,而且要追溯到社会生产力两个源泉(人口与环境)。由于人口爆炸、资源滥用、环境破坏,更迫使经济学要研究人类社会的可持续发展问题。这个问题在一百多年以前还不那么严重。马克思虽然讲过"社会化的人,联合起来的生产者,将合理地调节他们和自然之间的物质变换"[1],但未具体分析。其后,斯大林在其哲学著作《辩证唯物主义与历史唯物主义》中,反而强调人口、地理环境决不能成为社会发展的主要原因、决定原因。但是,近几十年来,人口发展使地理环境不胜负载。生态环境不存,人将焉附?社会能否持续发展,难道不是历史唯物主义的主要的、决定的问题吗?我相信,随着经济学对这个事关人类生存问题的研究,也随着各门学科的相互渗透向高科技发展,从而使资源得以合理利用,使人口得以量少质高,环境得以保护,科学的哲学必将日益丰富起来。

原载《东南学术》1998年第6期

---

[1] 《资本论》第3卷,第928页。

自然科学奔向社会科学，
社会科学融通自然科学

科学是人类在与自然环境进行物质交换过程中，逐步发现自然规律与社会规律的理论结晶，是人类在历史过程中积累和升华的知识，因而是不断发展的。客体世界是一个有机整体，社会生产力的发展，要求科学从不同角度提供反映这一整体各个方面的规律的知识，近代的自然科学，进而社会科学，就此分门别类地建立起来。科学的不断分化一直持续到现代。但现代科学发展的主要特点在于由分化到综合，要求从整体上探索客体世界的规律性。科学的整体化使自己成为知识体系。于是，每一门特殊领域的学科，不过是这个体系中的子系统，门门学科不过是这个体系中的构成因子，它们在体系中相互联系，并在联系中发展自己。

一

知识体系是一个有层次的结构。这个层次结构表现客体世界从物质到精神、从自然内容到社会形式的顺序。由此可以知道，自然科学如何奔向社会科学。

自然科学的兴起是从物理学开始的。古希腊时期，由于人类认识的局限性，理论的自然知识（即被称为"第二哲学"的物理学）和思辨自然哲学（被称为"第一哲学"）浑然一体。及至封建社会，社会生产力的发展，物理学才从哲学中独立出来，但又受封建制度与神学的阻碍。资产阶级革命使科学获得解放。产业革命则要求科学通过技术应用于生产，以便遵循自然规律改造自然，并用自然力代替劳动力；科学也就成为第一生产力，即马克思指出的"生产力中也包括科学"。资本主义商品生产方式正是以提高生产力作为手段，达到资本增殖的目的，它当然要求科学为提高生产力服务。这样，自然科学就突飞猛进地发展。

首先,是物理学的深化与分化。深化指物理学对原子的研究深入质子、中子到基本粒子等的研究。分化指物理学研究分子运动时产生了化学;化学研究以碳氢为主体的有机物,这种有机物复杂到具有自身代谢能力并产生了生命,又建立起生命科学(生物学)。这些自然学科在空间上扩展,又建立起地球物理学(地质学、地理学)和天体物理学(天文学)。又因为任何物质都有一个量度与空间形式问题,数学也就成为独立学科,并渗透到各门学科之中。

当生物学研究到作为动物的自然人时,产生了人类学。这自然人又蜕变为社会的人。于是自然科学展开到社会科学、人文科学。人文科学指研究人类社会文化的科学,所以它可以被社会科学所涵盖。具体说来,随着近代工业革命,自然科学在工艺的应用转化为现实的生产力,而生产力是构成人类社会的其他一切活动的物质基础。这一物质基础的社会形式则是生产关系。探索生产力与生产关系相互作用的规律的理论形成科学的经济学。对作为生产关系人格化的阶级关系的研究,又形成政治学与法学。既反映自然环境又反映社会环境的文学艺术是更高层的人文科学。

探索自然物质变化过程和社会变化过程的规律形成了历史科学。探索客体世界的辩证运动的主体辩证法又形成哲学,也渗透各学科之中。

又因为由自然科学展开到社会科学,其联结点在于科学在工艺上的应用,即科学是通过技术才转化为现实的生产力,也就展开到经济学、到社会科学。由此又可以推论,每门学科都可以分为基础理论学科和应用学科。就自然科学而言,它的应用学科就是技术学科。20世纪后半叶,自然科学之所以飞速发展,是和工程技术提供的现代精密实验手段分不开的。另一方面,科学的飞跃又必然带来新的技术革命——科学的整体化必将带来技术的整体化,形成了科学密集的技术。科学与技术这样紧密结合在一起,以致我们在探索社会科学与自然科学的关系时,也同时考虑到它们和技术学科的关系。当然,科学的基础理论仍居首位,技术不过是它的应用。

由自然科学延伸到社会科学的各个层次是通过边缘学科、交叉学科联系在一起的。如果说,20世纪科学发展的前沿是这些学科,那么,21世纪科学必将达到整体化。具有典型性的是环境科学。大家知道,人类社会与自然生态系统复合形成的环境具有三个层次:① 生命赖以生存的环境,它具有支撑生命的各种物质因子,是地球物理学、地球化学研究的对象;② 在上述环境中生长的生命因子,是生物学研究的对象;③ 在生命系统中出现了特殊的动物的人,是社会科学研究的对象。这三个层次紧密地复合在一起,也就使自然科学与社会科学紧密复合在一起成为环境科学。

二

科学是人类智力发展的历史结晶。人类是由无智到有智,由知识的片面性到整体性。人口爆炸,人类社会的盲目实践,首先对环境进行生物性破坏,如破坏森林与生物多样性。由此又引发对生命支撑系统物理性破坏,如破坏大气正常循环及其所含化学因子,破坏水的正常循环与土壤流失。在工业化开始后,又因为科学的片面性,使资源得不到综合利用,成为"三废",对环境进行化学性破坏。生态环境的破坏,不仅一般生物生存成为问题,人类自身也难生活下去。人类社会终于觉悟到,为使自己可持续发展,必须保护环境。而环境科学的整体性又迫使每门学科都要克服自己的片面性。就社会科学来讲,它应该融通到自然科学。

先就经济学来讲,长期以来,人们将它的研究对象囿于生产的社会形式(生产关系),而不让它涉及生产的物质内容(生产力),自我割断与自然科学的链结点。其结果就忽视作为社会生产力的源泉,即忽视自然生态系统的自然力及其能提供的资源、合乎生态规律的人口数量与素质、将自然力转化为生产力的科学技术。这样,就导致人口数量爆炸,人口素质下降,资源滥用,环境破坏、社会经济不能持续发展。试问经济学不应研究可持续发展问题吗?不应研究自然科学如何通过技术转化为第一生产力吗?不应研究科学技术自身生产规律与提高人口素质的关系吗?

就政治学来说,自从人类从野蛮进入文明时代,不管代表哪一生产关系的统治阶级,为了加强自己的统治地位,都要利用知识分子。自然科学的兴起带来了资本主义时代,资产阶级特别注意吸收掌握科学的知识分子,来为资本增殖服务,并加强自己的统治。正如马克思指出:"一个统治阶级越能把被统治阶级中的最杰出的人物吸收进来,它的统治就越巩固,越险恶。"[①]

[①] 《资本论》第3卷,第679页。

社会主义社会本质上不同于以前的剥削制度,工人阶级又该怎样对待科学和知识分子呢？首先,工人阶级之所以成为先进阶级,是因为它代表现代高科技的生产力,就必须使自己的成员知识化。于是,教育被提到基础地位。马克思早就指出："最先进的工人完全了解,他们阶级的未来,从而也是人类的未来,完全取决于正在成长的工人一代的教育。"①列宁也说："只有用人类创造的全部知识财富来丰富自己的头脑,才能成为共产主义者。"②至于知识分子,在社会主义的我国,他们是脑力劳动者,是工人阶级的组成部分。工人阶级为了强化领导地位,也为了使自己的成员知识化,就必须尊重科学知识,关键在于尊重已经掌握知识的人才。

再说法学。我国制订了《中华人民共和国科学技术进步法》《中华人民共和国农业技术推广法》,并积极参与有关可持续发展的国际立法。联合国也要求各国的"这些法律和条例必须根据周密的社会、生态、经济和科学原则"。到1994年,我国已制定4部环境法律、8部资源管理法律。所有这些,都说明法学离不开自然科学。

就文学艺术来讲,虽然与自然科学远离一些,但也应从深处来评说。古代诗词与文章有很多是描述自然景观的,或叙述屯垦戍边与战争的,这都可以作为生态环境变迁的印证。例如,古代金沙江是"金江长流日日清",长江中下游也因之保存千余年景观"春来江水绿如蓝"。自20世纪40年代以来,由于金沙江以至川江两岸植被被毁,水土流失,再加上污染,金沙江以至整个长江水不清了,再也见不到绿如蓝的碧水了。又如西北部的居延海地区,原来有着丰裕的草场,由于"居延城外猎天骄,白草连天野火烧",居延海也因此被毁损了。再就文学作品《红楼梦》来讲,当人们欣赏宝玉、黛玉、宝钗之间恋爱、婚姻关系时,还容易理解这是和经济学所研究的生产关系有关,因为在封建制度下,婚姻关系要与封建财产关系相适应,要门当户对、亲上加亲。但是人们是否想到宝玉与黛玉是姑表兄妹,宝钗与宝玉是姨表姐弟,按照生物学遗传基因原理,他们既不应相恋,更不该结婚。不过那时自然科学还不发达,人们的伦理观念也只能如此。虽然古人已经从实践中注意到近亲繁殖,其生不衍,但未上升到理论科学,也就说说而已。

---

① 《马克思恩格斯全集》第16卷,第217页。
② 《列宁选集》第4卷,第348页。

就历史科学来讲,过去多限于人文历史,20世纪以来,将历史深入自然地理,出现了历史地理这一新学科,并丰富了作为综合学科的环境科学。

总之,科学要发展,文理应相通,教育要在培养通才的基础上育出专才。

原载《复旦学报(社会科学版)》1997年第2期

科学的理论与科学的方法

马克思主义的基本原理作为科学的理论,在于阐明生产力(物质内容)、生产关系(社会形式)、上层建筑(形式的形式)三者之间的辩证联系的规律。这就要求采用内容决定形式、形式又反作用于内容的辩证方法。马克思说,他的著作"是一个艺术的整体;但是要达到这一点,只有用我的方法"①。他的方法是批判地继承黑格尔的方法。即批判绝对精神出发的唯心辩证法,改造为从物质生产力出发的唯物辩证法。黑格尔特有的表达方式是圆圈法。马克思在《资本论》中所用的叙述方法是和圆圈法吻合的。不过,他们都没有画出来。20世纪70年代末,当我用叙述方法讲授《资本论》时,一位学员说的"这不就是圆圈法吗"引起了我的特别注意。此后我按圆圈法机理试用图形绘画出来,并以这样科学的形象思维去阐述马克思主义的基本原理,去创新经济学。

具体来说,我们可以图示如下。

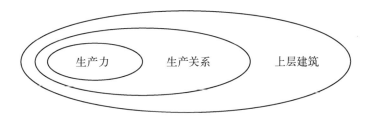

图中内圈是物质内容,中圈和外圈是两个层次的社会形式。它们的内在联系形成社会发展规律。

20世纪90年代以来,生产力的源泉(环境、资源、人口)问题突出,涉及整体圈层能否持续发展;在生产关系中又突出社会主义能否与市场经济结合。与时俱进,我又将以上三个圈层细分为六个层次,即每圈内部又分为两

---

① 《马克思恩格斯文集》第10卷,第231页。

个层次。于是,上圈又可扩展为六个圈层。

其中内四圈是社会生产方式所展开的经济结构,是外两圈赖以建立的基础,即"物质生活的生产方式制约着整个社会生活、政治生活和精神生活的过程"①。

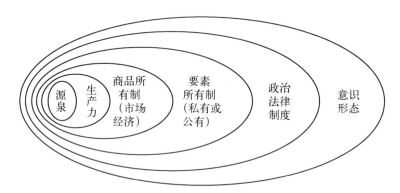

一、作为核心的两圈

核心的源泉是生态环境所承载的、为生产力提供的人力(人口)和物力(资源)。如果源泉被毁,就不仅后续各圈层不能发展,而且人类也活不下去了,那还有什么共产主义的未来呢。实践启示我们:生态环境是根基,人口通过使用资源反作用于环境是关键。近二十年来,环境经济学、人口经济学、资源经济学蓬勃兴起。马克思主义者更应该在这些新学科有所作为,因为这关系人类的未来。

马克思在《资本论》中也涉及这些问题。例如,在第一卷第十四章讲过人与自然环境的关系。在第一卷第二十二章和第三卷第五章讲过资源的节约使用和循环使用。在第一卷一个注释中赞同小农经济对人口繁殖的有害作用的说法。这些科学闪光之处,正是有待我们去充实和发展的地方。至于恩格斯,他在《反杜林论》中论述的就更多了。马克思还在给恩格斯的一封信中,提到一位资产阶级学者,因其研究森林生态,成为一位不自觉的社会主义者。这也启示我们如何与非马克思主义者中的环境经济学者交流与合作。

在生产力圈中,则应从科学的发展观注意以下要点。

---

① 《马克思恩格斯选集》第2卷,第2页。

（1）区分"生产"与"生产力"。发展生产可以是发展生产力的结果,也可以是破坏生产力的结果。科学的发展观的要点就在于优化资源配置发展生产力。

（2）注意生产力与剩余劳动的互动。生产力发展带来剩余劳动。剩余劳动的物化用于积累更快发展生产力。

（3）能够提供剩余产品的农业生产力是国民经济的基础。这是剖解"三农"问题的核心。

（4）科学技术日益成为第一生产力。这表明了培育人才的重要性。

二、生产关系的两圈

社会生产的结果是产品。产品归谁所有是一类生产关系(第三圈层)。生产产品的要素(资源以及生产资料、劳动力)归谁所有、由谁使用,这又是另一类生产关系(第四圈层)。

在市场关系中,"人们彼此只是作为商品的代表即商品占有者而存在"[①],而不问生产该商品的要素归谁所有。因此,"商品生产和商品流通是极不相同的生产方式都具有的现象,尽管它们在范围和作用方面各不相同"[②]。也就是说,市场经济既可与要素私有制结合,也可与要素公有制结合。据此,完善社会主义市场经济理论,是对《资本论》理论最重要的创新。

商品生产关系体现为价值,交互关系的载体则在市场中,所以,价值规律是市场经济的基本规律。它既受制于内两圈(物质内容),又要在外三圈(社会形式)有所表现。

价值规律首先要表现为第二圈生产力变化。它的基本规定性是"商品的价值量与实现在商品中的劳动的量成正比地变动,与这一劳动的生产力成反比地变动"[③]。因此,一切决定生产力的要素作为劳动都会有所表现。困难的在于如何反映第一圈层。自然资源本非劳动产品没有价值,但在市场经济中也会以商品形式进行流通。这可以有两种情况:① 没有价值的物可以有价格;②"每一种商品的价值……都不是由这种商品本身包含的必要劳

---

① 《资本论》第1卷,第103—104页。
② 同上书,第136页。
③ 同上书,第53—54页。

动时间决定的"①。而是由它的再生产所需的社会必要劳动时间决定的。自然资源虽然原生价值等于零,但由于资源过度使用,不得不用劳动使之再生,那就不仅再生资源具有价值,原始的自然资源也应按再生资源所耗劳动计其价值。

再看第四圈层。任何生产资料所有制都是以提高生产力为手段,达到占有剩余劳动的目的。市场经济中,剩余劳动凝结为剩余价值,它既不姓"公"也不姓"私",问题只在它被谁占有。由于资本主义生产的目的是以剩余价值形式占有剩余劳动以增殖资本,就和市场经济紧密结合在一起。社会主义也因为这缘故应和市场经济紧密结合起来,因为公有资本也要增殖。不仅如此,更重要的是为了增殖就要正比提高生产力。提高生产力又反比使商品个别价值下降,使生产者在市场竞争中战胜对手,并取得超额剩余价值,还迫使其他生产者都要提高生产力。资产阶级正是利用市场"在它的不到一百年的阶级统治中所创造的生产力,比过去一切世代创造的全部生产力还要多,还要大"②。

社会主义的根本任务是发展生产力。社会主义更应利用市场价值规律与价值增殖规律去清除封建羁绊,并促进生产力的发展。

三、上层建筑的两圈

市场经济关系要求自主经营、自负盈亏和等价交换。为此要求清除封建羁绊。这在政治上就要求自由、平等,在法权上反对人治要求法治。

生产要素的所有制也因法的介入表现为所有权或财产权。于是产权经济学兴起了。

再说政治制度。国家总是代表占主导地位的生产关系人格化阶级的利益,并用"看得见的手"对各圈层进行宏观调控。中国共产党领导下的政府政策涉及每一圈层。它维护公有制为主体、多种经济成分为辅体(第四圈);培育市场经济与之相结合(第三圈);都是为了发展生产力(第二圈);并将调控人口数量、提高人口素质,合理使用资源,以及保护生态环境都作为重要政

---

① 《资本论》第3卷,第157页。
② 《马克思恩格斯选集》第1卷,第405页。

策(第一圈)。

内五圈是物质存在,最外圈是意识形态。存在决定意识,意识反作用于存在。现在核心两圈的问题——保护生态环境和尊重科学与人才以发展生产力——已经被多数人意识到。当中两圈则比较复杂。市场经济要求自由、民主,它反对封建专制思想,都是积极的。这在表面上也适于资本主义生产关系及政府;但其实只是对资产阶级的自由和平等。社会主义发展的是真正的自由人的联合体,是最广大人民的民主。市场经济主要从微观利益出发,滋生个人主义,还产生了商品拜物教甚至是货币拜物教与资本拜物教,这又是它消极的方面。社会主义主要从宏观利益出发,提倡集体主义。

原载《海派经济学》2006年第3期

现代经济学中的两种价值判断理论

一、对西方经济学"实证—规范"两分法的评价

"实证—规范"两分法在西方经济学中最早可追溯到西尼尔和约翰·穆勒。虽然在此之前，萨伊曾将政治经济学看作是纯经济学，是实验科学的一部分，但是他并未有意识地区分规范和实证。西尼尔可以看作是西方经济学中实证经济学的最早创始人，他首先试图避开对经济现象的价值判断，摆脱政策议论，以"纯粹"的理论来建立经济学科。他认为经济学所讨论的主题是财富而不是福利，他还提出四个基本命题作为经济学的"公理"。约翰·穆勒在《政治经济学原理》中将生产与分配割裂开来，认为生产规律具有永恒的自然规律的性质，"财富的生产规律与条件，具有物理学真理的性质。其中没有任意选择的要素"[①]。而财富的分配是社会制度问题，依存于社会的习惯和法律。在西尼尔和穆勒那里，实证经济学和规范经济学采用所谓"科学"和政治经济学"艺术"的划分方式，"科学"即指实证经济学，"艺术"即指规范经济学。他们认为，随着从"科学"向"艺术"的转移，超科学的伦理成分会越来越多，这种伦理道德成分是提出有意义的政策建议不可少的。所以，经济学家不能以经济学家的身份提出任何政策建议。在讨论"实证—规范"两分法时，不能不提到大卫·休谟，他的命题是：人们不可能从"是"中推导出"应当"，即事实性的陈述说明不能产生规范性的伦理说明。"休谟的铡刀"一直引起很大的争论。后来的J·N·凯恩斯又提出"三分法"：① 实证经济学；② 规范经济学；③ 政治经济学艺术，亦即为达到一定的目的必须遵循的规则体系。一般说来，在英国的大多数经济学家接受西尼尔开端的"二分法"；而在欧洲大陆，经济学家以瓦尔拉斯和帕累托为代表，不是区分实证

[①] 约翰·穆勒：《政治经济学原理》，商务印书馆1936年中译本，第188页。

经济学和规范经济学,而是区分纯粹经济学和实用经济学。总括起来,关于"实证—规范"两分法争论的焦点在于:① 西尼尔—穆勒的"二分法";② 以帕累托最优为核心的福利经济采用的是实证经济分析,还是规范经济分析。

从以上的简要叙述中可以看出,在西方经济学说发展史上,企图将经济学变成一门像自然科学那样纯粹的科学的做法由来已久,西方主流经济学总是排斥价值判断,排斥规范经济学,主张实证经济学。马克思曾经对这种现象做了分析,认为资产阶级政治经济学将资本主义生产方式视为自然的永恒的前提是具有辩护性的,或者说是具有很强的价值判断性的。马克思认为,他们撇开人与人之间生产关系的研究,而专门研究物的关系,以物的关系掩盖人与人之间的关系,充满着拜物教气息。在马克思看来,经济学的研究不可避免地要涉及经济基础与社会伦理之间的关系,不可避免地要涉及社会伦理对经济的反作用,即不可避免地涉及价值判断。"实证—规范"两分法,一方面反映了人类追求单向度理性的倾向;另一方面,也反映了经济学家面对解释经济现象时多元价值判断的困惑。从某种意义上说,"实证—规范"两分法是一个陷阱。价值判断的幽灵是无所不在的,你永远也无法摆脱价值判断。不仅规范经济分析是由价值判断构成的,而且实证经济分析也先验地存在或隐或现的价值判断。例如对一个客观经济现象或事实的描绘,具有不同价值取向的人会有不同的说法,这是不可避免的。

反对休谟判别法的尼格尔主张在社会科学中区分两种价值判断,即描绘性价值判断和评价性价值判断。描绘性价值判断包括判定新理论的有效性所应遵循的标准以及按一定的可靠性标准对资料进行选择及题材的选择等;而评价性价值判断是指对社会状况的评价。尼格尔认为,在社会科学中不可能没有描绘性价值判断(一种方法论判断),它至少在理论上可以摆脱评价性价值判断即规范性价值判断。但是应该看到在社会科学中,任何判断都必须遵守一些公认的法则。从尼格尔的两种价值判断中可以引出另一种区分,即纯粹价值判断和非纯粹价值判断。所谓纯粹价值判断是指适用于所有场合的价值判断,不符合这一条件的价值判断则属于非纯粹性价值判断。但是这种分法同尼格尔的分法一样,也是为了将规范性价值判断从社会科学中驱逐出去。马克斯·韦伯倡导非价值判断社会科学,但他并不否认社会科学充满政治倾向,也不否认对人类行为的意向进行合理的分析,他认为社会科学的非价值论不仅是可能的而且是很重要的。罗伯特·海尔布伦纳对韦伯的价值自由论进行了反击。他指出,经济学研究的困难之处在于确定经济学的潜在前提。他否认经济学家应当重视非价值分析,否认单纯依靠自然科学的方法即可研究经济学。自然科学家可以精确地检验其研究前提,进行实验推理并得出结论,但经济学家却不能采用此法,因为经济学家不能在实验室里做重复实验。缪尔达尔也反对价值自由论,他认为区分实证经济学和规范经济学是不可能的,不公开求助于人们的希望和意向就不可能验证经济假说的真伪。他反对将价值判断隐匿在科学论证中,主张将价值判断看作经济分析的前提,这样反而可以加强经济分析结果的客观性。海尔布伦纳和缪尔达尔强调经济学研究中价值判断存在的普遍性是有其道理的,但是他们并未能更深入地研究不同的价值判断问题。在库恩的范式理论中,经济学更符合艺术模式而非科学模式。当常规科学功能不佳时,范式的替代不可避免。虽然不同范式之间存在交流失灵和翻译困难,但经济学范式较量的结局是接受新的但不毁坏旧的。所以从某种意义上说,经济学范式的替代是一组价值体系的屈服和另一组价值体系的胜利。

既然经济学的研究不能摆脱价值判断,开展对经济学价值判断问题的研究就成为研究现代经济学方法论中的迫切课题。

二、现世性价值判断和终极性价值判断

经济学从本质上说是研究人类行为的学问。我们认为在经济学研究中存在着两种基本的价值判断:一种是终极性价值判断,一种是现世性价值判断。所谓终极性价值判断是指在物质资料生产中,以人的自由、全面发展为核心,以制度安排对人存在的意义为标准的判别方法。它认为制度的变迁或替代是必然的。所谓现世性价值判断是指以稀缺资源配置和物质财富的生产和分配为核心,以"自然形成"的既定制度是永恒合理的作为标准的判别方法。它以理性和实用主义为基础。在经济学中不采用现世性价值判断就不可能真正构建起经济学理论的大厦,但是经济学还必须以终极性价值判断为导向,使其敞开对人类的终极关怀,使其富有人文精神。只有将这两种价值判断方法结合起来,才能使经济学真正成为一门成熟的科学。终极性价值判断与马克思主义经济学的关系:第一,从经济制度上说,马克思认为资本主义的私有产权制度

是充满矛盾的,是一种野蛮制度。由于资本主义的生产关系与它的巨大的生产力的外壳不相容,所以它具有历史的暂时性,必定要被一个更美好的"自由人联合体"的社会所取代。第二,从劳动价值论上说,马克思将凝结在商品中的抽象劳动看作价值的实体。这体现了尊重劳动、崇尚劳动、反对剥削的精神。第三,从对资本主义生产过程的分析看,马克思运用劳动二重性原理,剖析了生产过程的二重性,在劳动价值论的基础上创立了剩余价值论,揭示了工人受剥削的根源。在论述资本积累的一般规律时,预见了资本主义制度将被社会主义制度取代的必然趋势。第四,从对资本主义的流通过程和生产总过程的分析来看,由于对剩余价值的追求,使得这个社会的流通和再生产过程充满矛盾,通过对总生产过程呈现出来的各种现象的分析,认为资本主义的生产关系和分配关系是极端不合理、不公平的。马克思的经济学以社会的生产关系为研究对象,以判断工人阶级在这种不合理制度下生存的命运为标准,它采用的是一种具有终极关怀性质的终极性价值判断方法。

现世性价值判断和西方经济学的关系如下。① 西方经济学以资本主义制度是自然合理的制度为其理论前提。它是在这种最符合"人性"的既定制度条件下来开展对经济学研究的。斯密认为经济学应以研究国民财富的性质、原因和增长为对象,而资本主义的经济制度是最适合促进物质财富增长的。后来的西方经济学家也基本遵循了这一传统(虽然新制度经济学也研究产权、交易费用等制度问题,但其使用的仍是新古典主义的分析框架,它也是以资本主义制度为既定的前提的)。② 西方经济学认为,完全竞争,一般均衡的市场会导致资源配置效率的帕累托最优状态。按照社会福利函数论者的说法,经济效率是最大福利的必要条件,合理分配是最大福利的充分条件。但福利经济学抽象掉了制度因素,否认了人与人之间存在着利益的直接矛盾。所谓的帕累托改善即是没有人受到损害,却有部分人的利益得到提高。这是与资本主义积累的一般规律相矛盾的。③ 西方经济学中的价值理论实际上是一种价格理论。它否认价值实体客观性的存在,从主观的边际效用出发来描述价值,并以生产要素的报酬作为分配的依据,在既定的制度前提下构建价值论和分配论。④ 无论是主张自由放任,还是主张国家干预,西方经济学都谈论个人自由、平等和社会福利的增进。⑤ 而主张国家干预的经济学家认为,宏观经济理论和政策的任务就是要通过国家来控制和调节一个国家的收入、就业和价格,把失业和通货膨胀控制在人们所能容忍的范围内,以使资本主义制度成为一个永恒和谐的经济社会制度。从这里可以看出西方经济学将人的自由全面发展问题与资本主义制度天然地联系在一起,认为资本主义的私有财产制度最能保证人的自由全面发展,有了私有制就有了一切。这样,对人类的终极关怀和制度存在对人的意义等问题就从西方经济学家的视野里消失了,或者说把人的自由全面发展也当作一个既定的前提,在这个前提下来研究物质财富的生产和分配。无论是哈耶克、奈特、布坎南还是弗里德曼,在谈论人的自由、平等和发展等问题时,只不过是在论证资本主义制度的永久合理性。而在使用终极价值判断的马克思主义经济学看来,这些是具有很强的辩护性的。资本主义制度不是永久合理的制度,而是具有历史的暂时性,是终究会被替代的制度。

从以上的分析可以看出,西方经济学是一种以现世性价值判断为基础的经济学。

两种价值判断理论是从价值观角度来看的方法论。马克思主义经济学是以终极性价值判断为导向的经济学,这是就其总体框架结构说的,或者说是从元经济学的意义上说的,并不等于它在研究具体问题时就不使用现世性价值判断,更不等于说马克思主义经济学就不研究具体的经济问题。使用现世性价值判断便于认识和实证各种经济现象之间的联系,描述经济运行的状态。同样,西方经济学是以现世性价值判断为基础的经济学,这不等于说它就不研究经济学中带有终极意义的问题。只是它将这一类问题限制在纯经济学或新古典经济学的范围内。比如,西方经济学对于社会福利函数、"外部性"或环境问题的研究,始终坚持理性人、完全竞争等假设,在资本主义私有财产制度下研究社会福利的增长、分配,将外部性问题内在化等。它始终坚持经济学的领域或范围限制,将经济学与政治学、社会学、哲学和宗教学等分割开来。从这种意义上说,正是因为西方经济学坚持其范围限制,坚持以现世性价值判断为基础,才使其成为一门狭隘但相对精细的学问。而马克思主义经济学则是一门更广义的、更有发展前途的科学。随着人类经济发展所面临的各种困境,如全球资源濒临枯竭、环境污染、道德沦丧、强权政治和制度变迁等问题,马克思主义经济学将更具解释力和生命力。

需要说明的是,我们说马克思主义经济学具有终极性价值判断的方法论的总体特征,并不否认唯物辩证法的方法论意义。唯物辩证法是从研究问题的思辨方法论角度说的,而这里所指的价值判断的方法论则是从判断事物的价值观念上说的。

三、构建中国经济学的方法论

经济学的发展也需要寻找"路径依赖"。经济学的发展往往伴随着方法论的革新并以新的方法论作为先导。在中国经济学的发展中,首先碰到的问题就是如何对待马克思主义经济学,如何对待西方经济学。在这方面,经济学界存在着激烈的争论。下面我们将对其中的两种主要观点加以分析并提出自己的看法。

第一种观点认为,马克思主义经济学研究的是经济运动的实质,它以社会的生产关系为研究对象,揭示了经济现象背后的本质。而西方经济学研究的则是经济运动的形式即生产的物质关系,它只是描述了经济的形态。这种观点可称之为"层次论"。这种观点的主要错误在于:认为研究社会生产关系就能揭示经济运动的本质,而研究物质关系则就只能描述经济运动的现象。我们认为这两者是不可分割的。以生产关系为研究对象,如果脱离了研究生产力或物质生产技术关系,就会流于形式和空谈,反而不能揭示经济运行的本质。而在研究物质关系或人与物关系的过程中必然会涉及社会的生产关系或制度。目前,西方新制度经济学的兴起即是明证。如果不研究稀缺资源的配置、供求和价值、效用函数和偏好、国民收入和货币政策的传导机制以及经济增长等,如何能揭示经济运动的本质?同时,按照马克思的说法,人的物质需要和物质生产活动同样是经济活动的一个基本方面,甚至是人与人之间经济交往的动因和前提。社会的生产关系最终是由社会的物质生产活动和条件决定的。

第二种观点可称之为"角度论",它认为马克思主义经济学与西方经济学在理论内容上的基本区别与相互关系在于它们对多侧面、具有多重规定性的社会经济活动进行研究时,其角度和侧重点不同。马克思主义经济学将物质生产或人与物的关系作为社会生产关系的物质承担者加以肯定,然后则着重考察人与人之间的社会生产关系以及这种社会生产关系在决定经济变量和经济发展中的内在作用。而西方经济学(主要指主流经济学)则将社会经济制度当作既定的背景和前提,着重分析人们的物质偏好、物质生产及稀缺资源的配置,并用人与物的关系来解释经济运动的现象。由于这两种理论的差别在于研究角度和分析侧面不同,它们具有一定的互补性,可以综合起来,并提出马克思主义的新综合。① 这种观点表面上看有道理,实际上是似是而非的。① 马克思主义经济学和西方经济学对同一经济现象的观察和解释确实存在不同的"角度"。问题在于何以会有不同的角度。这种观点并未能提出一种能综合马克思主义经济学和西方经济学的方法论。对于任何一种经济现象的解释都会存在不同的角度,这是由于经济生活的不确定性和人的主观性即我们所戴的理论眼镜决定的。但是用"角度的不同"来概括两大经济体系之间的分歧仅仅是一种直觉的感性认识。换句话说,把马克思主义经济学和西方经济学之间的区别说成是研究角度不同,等于什么也没说。无论是在马克思主义经济学内部或是西方经济学内部,即使对同一细小的问题也存在不同的角度分析。如马克思主义经济学中的重建个人所有制问题,西方经济学中对理性预期问题的争论。不仅如此,对于同一经济现象的认识,马克思主义经济学与西方经济学之间在看法上也存在交叉情况。② 马克思主义经济学和西方经济学分属两个不同的理论框架或分析体系,一般来说这是可以肯定的。在某一分析框架内部,就某一具体问题有不同的看法,说它是分析角度不同是可以的。把马克思主义经济学和西方经济学这两大基本分析框架说成是角度不同并加以综合,这种综合难免是拼凑。经济学研究的任务是揭示经济现象背后的本质或规律性(包括不同层次的规律性)。在这研究过程中,两大体系为什么会存在不同的研究角度和侧重点呢? 这主要是因为它们是以不同的价值判断为导向或基础的。这样认识才能抓住这两大体系的基本特征。③ 马克思为什么将人与物的关系作为物质的承担者而着重研究人与人的关系呢? 马克思研究社会生产关系的目的是为了剖析资本主义制度的剥削实质和揭示它的产生、发展和灭亡的规律。他并不认为现存的制度安排是合理的和永久的,而认为它是野蛮和注定会被取代的。他对经济现象和资本主义的分析采用的是终极性价值判断。而西方经济学认为资本主义制度是符合"人性"的、最利于人的自由发展的。经济学需要研究的只是

---

① 樊纲:《现代三大经济理论体系的比较与综合》,上海三联书店 1994 年版。

在此前提下揭示稀缺资源的配置、物质技术生产关系和经济运行的规律。换句话说,它是采用现世性价值判断作为分析标准的。

中国经济学的创立和发展必须采用一种新的方法论,这种方法论就是两种价值判断理论。理论综合可分为内部综合和外部综合。理论内部的综合往往是某一大的分析框架内的阶段性的发展。这一理论框架内部的反常和不连续逐渐走向连续和和谐一致。西方经济学内部四次综合即是理论内部综合的例子。从斯密、穆勒、马歇尔到萨缪尔逊,他们对同一理论框架进行不断的修正、补充和综合。但是从总体上看,他们都是在现世性价值判断的分析框架内进行的。马克思主义经济学与西方经济学之间的综合则属于理论外部的综合,或者说是一种大综合。它不是不同范式的替代,而是当今世界上两个独立平行发展的经济理论体系的综合。中国经济学应成为这个大综合的结果,它以具有终极性价值判断导向的马克思主义经济学为指导,并吸收西方经济学中有用的方法和内容,使其成为更成熟、更科学的经济学。

中国经济学应包括效率和公平两大主题。效率主题是指以促进和发展生产力为主要研究任务,研究稀缺资源的最佳配置。它包括生产理论、消费理论、市场理论以及宏观经济运行规律和经济增长理论等。它不仅追求内部效率,而且要注意外部不经济和环境经济效率等问题,它不仅研究经济的运行效率,而且还要研究制度变迁和制度绩效等问题。在研究效率的过程中,要以现世性价值判断为基础,重视经济学的实证、计量分析。引入多种科学的分析工具,努力促进中国经济学的现代化。公平主题不仅包括收入分配的公平性,而且还包括在生产关系中人的自由、机会均等和全面发展,制度安排对人存在的意义以及人"栖居"在自然环境中的可持续发展问题,使中国经济学充满着对人类的终极关怀。在研究公平时,要以终极性价值判断为导向,重视经济制度、体制转型的研究,重视人与人之间物质利益关系的研究,重视中国传统伦理文化在经济发展中的作用等问题的研究。经济学并不奢望也不可能囊括所有的社会科学,但是,经济学既然也是一门研究人类行为的科学,为什么不能将其置于更广阔的研究背景下呢?为什么不能在经济学中重新唤回对人类的终极关怀呢?

原载《经济学家》1999年第5期

论生产力决定生产关系的规律

社会发展的动力来自社会基本矛盾,也就是说,"一切历史冲突都根源于生产力和交往形式之间的矛盾"①。在社会基本矛盾中,或者说在社会生产方式中,生产关系又是由生产力决定的。因此,生产力决定生产关系的规律是社会发展的基本规律。

生产力决定生产关系的规律,就是生产关系一定要适合生产力的规律。通常有三种提法:① 生产关系一定要适合生产力状况;② 生产关系一定要适合生产力性质;③ 生产关系一定要适合生产力水平。人们在使用这些概念——"状况""性质""水平"——时,一般不做严格区分。这里,拟将它们分别表示生产力系统有关层次的因素,从而加以规范化。具体说,"状况"指生产力三要素的状况,"性质"主要指生产力中生产工具的性能,"水平"指生产力的结果的剩余劳动的水平。

一、生产关系一定要适合生产力的状况

在分析生产力的状况时,要注意生产力三要素状况以及这些状况和生产力源泉之间的关系。

人类在有史以前,处于蒙昧时代和野蛮时代。

在蒙昧时代,从生产力源泉来讲,人力资源贫乏,人口极其稀少;自然资源则广阔无垠,还未开发。从生产力要素来讲,劳动力在智力上处于愚昧状况;劳动对象直接就是土地;生产工具是从自然直接取得的材料,如石器、木棍、弓矢等等,并且基本上只作为传动工具和采集的辅助工具。生产局限于直接从土地取得使用价值,表现为采果、捕鱼、狩猎等活动。和这种以自然力为条件的生产力相适应的生产关系表现为母系氏族共产制的家庭经济。

---

① 《马克思恩格斯全集》第 3 卷,第 83 页。

但是，人并不是到处都停留在这个阶段。在亚洲，他们发现了可以驯服和驯服后可以繁殖的动物。于是，游牧部落从其他野蛮人群分离出来，形成了第一次社会大分工。分工大大提高了社会生产力，人类从蒙昧时代进入野蛮时代。游牧部落生产了更多的生活资料，他们和野蛮人比较，不仅有数量多得多的牛乳、乳制品、肉类，而且有兽皮、羊毛、毛织品……，于是诱发了商品交换和商品生产。又由于畜牧业的发展，牧草栽培和谷物种植成为必要条件，耕地就日益成为主要资料。这时，耕地仍然是部落公有的，最初是交给氏族使用，后来由氏族交给家庭公社使用，最后便交给个人使用；但基本上还是公有制。在这一阶段上，手工业活动也有了发展，出现了青铜器。

随着畜牧业、农业、家庭手工业的劳动生产力的提高，出现了剩余产品。于是，家庭公社吸收新的劳动力成为有益的事情了。部落之间的战争供给了新的劳动力。原来在生产力低下时，俘虏或是被吃掉，或是被杀掉；现在，则把俘虏变为奴隶。

生产力的提高增加了生产资料和产品，和过去自然分工的传统（男子在外生产，妇女在家主管生活），使生产资料和产品日益成为男子的财产，于是父系氏族制度代替了母系氏族制度。接着铁器发明了，手工业又与农业分离了，发生了第二次社会大分工。生产的不断增长以及随之而来的劳动生产率的不断增长，奴隶制被广泛地推行了，旧的公社土地公有制也就瓦解了。

奴隶制社会的建立，标志着人类从野蛮时代进入文明时代。和史前时代相比，生产力状况发生了巨大的变化。恩格斯曾做过如下的概括："蒙昧时代是以获取现成的天然产物为主的时期；人工产品主要是用做获取天然产物的辅助工具。野蛮时代是学会经营畜牧和农耕的时期，是学会靠人的活动来增加天然产物生产的方法的时期。文明时代是学会对天然产物进一步加工的时期，是真正的工业和艺术的时期。"[①]在奴隶制建立时，不仅作为生产力的客体要素的土地和手工工具，已经由原始共产制转化为奴隶主的私有财产；更重要的作为生产力的主体要素的劳动者，已经由"自由的"野蛮人转化为文明时代的劳动力。不过，这仍然是尚待开发的野蛮人。与这种状况相适应的生产关系就是奴隶制。"在当时的情况下，采用奴隶制是一个巨大的进

---

① 《马克思恩格斯选集》第4卷，第35页。

步。人类是从野兽开始的,因此,为了摆脱野蛮状态,他们必须使用野蛮的、几乎是野兽般的手段,这毕竟是事实。……有一点是清楚的:当人的劳动的生产率还非常低,除了必要生活资料只能提供很少的剩余的时候,生产力的提高、交换的扩大、国家和法的发展、艺术和科学的创立,都只有通过更大的分工才有可能,这种分工的基础是从事单纯体力劳动的群众同管理劳动、经营商业和掌管国事以及后来从事艺术和科学的少数特权分子之间的大分工。这种分工的最简单的完全自发的形式,正是奴隶制。"[①]"在这里我们顺便补充一下,剥削阶级和被剥削阶级、统治阶级和被压迫阶级之间的到现在为止的一切历史对立,都可以从人的劳动的这种相对不发展的生产率中得到说明。只要实际从事劳动的居民必须占用很多时间来从事自己的必要劳动,因而没有多余的时间来从事社会的公共事务——劳动管理、国家事务、法律事务、艺术、科学等等,总是必然有一个脱离实际劳动的特殊阶级来从事这些事务;而且这个阶级为了它自己的利益,从来不会错过机会把越来越沉重的劳动负担加到劳动群众的肩上。"[②]

奴隶们的生产活动,既为脑力劳动者的发明创造提供了生存条件,又在活动中提高了自己的文化水平,从而创造了光辉灿烂的古代文化,促进了社会生产力的发展。但是,由于奴隶们过着非人的生活,死亡率本来就很高,在频繁的战争中又大量丧失;奴隶的大量逃亡和大量死亡,使农业荒芜、手工业凋敝;奴隶们极端憎恨在皮鞭和棍棒下的繁重劳动,不仅消极地对待劳动,而且破坏工具与牲畜以进行反抗。这样一来,奴隶制的生产形式就不再适合生产力发展的要求了。

在奴隶制社会末期,劳动者在生产实践中已经由野蛮人转化为文明人,他们的智力已经初步开发,具有一定的手工技能;城郊土地也被开发为沃野肥田;铁器工具则被广泛使用,但由于它们是手工工具,所以是细小的、零碎的。和这种新的生产力因素的状况相适合的生产关系便是封建制度。封建制生产关系较之奴隶制生产关系,首先表现在劳动者由奴隶转化为佃农。但这种人身解放只是初步的,它还保有奴隶制的痕迹,因而佃农实际上是农奴。不过,他们毕竟不同于奴隶,也就带来了一定的生产积极性。其次表现在土

---

① 《马克思恩格斯选集》第 3 卷,第 561 页。
② 同上书,第 562 页。

地所有权由奴隶主所有制变为封建地主所有制,特别表现在土地所有权和使用权由不分离到分离这一特点上。封建地主掌握土地所有权,并以租佃形式将土地使用权让给佃农,使佃农依附于土地,从而实际上使佃农在人身上也依附于地主。奴隶主以野蛮的方式使奴隶直接隶属于他,封建地主则以精巧的形式使佃农隶属于自己。正因为如此,也提高了农民的生产积极性。第三,由于地主还让佃农有自己私有手工工具,农民有了自己的经济,积极性就更高了。封建的生产关系就这样既适合生产力的发展,又促进生产力的发展。

不过,封建经济包括城市手工业者的行会经济,毕竟是分散的、细小的经济,随着商品生产的普遍发展,生产力诸因素要求社会化地发展。这个社会化的最初形式正是资本主义生产关系。

资本主义的萌芽早已在封建社会内部产生。在城市,某些手工业师傅突破封建行会的限制,雇用更多学徒进行资本主义生产;在农村,出现了资本主义性质的富农。但这样蜗牛式的发展速度,适应不了生产社会化的要求。在英国,大规模的变革是以对农村居民土地的剥夺为基础的。结果一方面为资本主义农业夺得了地盘,另一方面,更重要的是为工业创造了雇佣劳动者。现在,生产力诸因素的状况所适应的形式是:劳动者已不依附于土地从而不依附于地主,他成为"自由的"雇佣劳动者。这是自由得一无所有,只能自由出卖自己劳动力的自由。但雇佣奴隶毕竟比农奴自由了,已经没有人身的束缚了。不过,他一进入资本的生产过程,马上又隶属于资本。资本则组织劳动者协作(从简单协作、分工协作到以使用机器为条件的大协作)逐步提高社会生产力。变化最大的是劳动工具,它已经由手工工具(手工技术的物化)转化为机器(科学技术的物化)。机器大工业不仅改造了交通运输业,而且征服了农业,它使社会生产力加速度地发展。

当社会生产力发展到相当高度时,类似的历史运动又将发生。"资产阶级的生产关系和交换关系,资产阶级的所有制关系,这个曾经仿佛用法术创造了如此庞大的生产资料和交换手段的现代资产阶级社会,现在像一个魔法师那样不能再支配自己用法术呼唤出来的魔鬼了。"[①]于是,爆发了经济危

---

① 《马克思恩格斯选集》第1卷,第405—406页。

机。危机表明,社会拥有的生产力已经强大到资本关系所不能适应的地步,它已经受到这种关系的阻碍,相对于这种关系它已经成为过剩了。因此,危机的实质是相对于资本关系的生产力过剩危机。

资本不得不用以下一些办法来适应过剩的生产力以保存自己:一方面不得不消灭大量的生产力,另一方面夺取新的市场,更加彻底地利用旧的市场。但这不过是准备更全面更猛烈的危机的方法。资本采取的最重要的方法是改变自己的形式。这就是说,当生产高度社会化,资本也采取了适应这种社会化的形式,即社会化的资本的形式或社会资本的形式,具体说来就是股份资本的形式或国家垄断资本的形式。

"但是,无论向股份公司转变,还是向国家财产转变,都没有消除生产力的资本属性。……资本关系并没有被消灭,反而被推到了顶点。但是在顶点上是要发生变革的。生产力归国家所有不是冲突的解决,但是这里包含着解决冲突的形式上的手段,解决冲突的线索。"①

这个"解决冲突的形式上的手段"和"线索"是怎样的呢?马克思在《资本论》第一卷结束部分做了科学的说明。那里指出:资本的集中,促使资本主义的基本矛盾,即生产社会化与资本主义私人占有之间的矛盾日益尖锐起来。资本主义的生产关系成了生产力的桎梏。最后,"生产资料的集中和劳动的社会化,达到了同它们的资本主义外壳不能相容的地步。这个外壳就要炸毁了。资本主义私有制的丧钟就要响了。剥夺者就要被剥夺了。"②

在社会主义社会,生产力诸因素的状况是:生产资料从资本的桎梏下解放出来,变为社会所公有;劳动者摆脱雇佣奴隶的形式,成为社会的主人。"人们自身的社会结合一直是作为自然界和历史强加于他们的东西而同他们相对立的,现在则变成他们自己的自由行动了……只是从这时起,人们才完全自觉地自己创造自己的历史。"③

但是,历史的发展往往是曲折的。最先建立的社会主义国家,不是生产力发达的资本主义国家,而是生产力还在发展中的资本主义国家和半封建半殖民地的国家,因而在生产形式上还留有许多旧社会的痕迹。按照生产关系

---

① 《马克思恩格斯选集》第3卷,第666页。
② 《资本论》第1卷,第874页。
③ 《马克思恩格斯选集》第3卷,第671页。

一定要适合生产力状况的规律,这些旧形式的痕迹,有些不得不暂时保留,以适应生产力的发展,有些则必须加以改革,才能适应生产力的发展。我们目前正是按照这一规律来进行社会主义的体制改革。

社会主义国家必须加速发展社会生产力,才能最后战胜资本主义。并且,只有在劳动者摆脱旧分工的约束,成为全面发展的人,成为有共产主义觉悟、有高度文化和掌握科学技术的人;劳动工具因最新科学技术的物化,不仅机械地代替人力,而且模拟了人的智力;劳动对象也经科学技术力的深加工成为新材料、新能源;只有这样,才能使集体财富的一切源泉都充分涌流出来,也只在这种状况成为现实时,社会生产力才会采取共产主义的形式。

由此可见,马克思主义正是根据人类社会经济发展的规律,根据生产关系一定要适应生产力状况的规律,得出共产主义必然在全世界胜利的科学结论。

如果纵观历史的发展,生产关系所适应的生产力的状况可以做如下的归纳。

(1) 作为生产力主体因素的劳动者的状况,最先是从猿转化而来的野蛮人;接着是用野蛮手段改变野蛮人;但野蛮人一旦成为文明时代的人,野蛮的奴隶制度也就过时了;劳动者在封建制度下表面上获得人身解放,却通过土地关系依附于地主;人身的进一步解放使他变为雇佣劳动者,但生产过程之内仍然隶属于资本;只有到了社会主义社会,劳动者才得到真正的解放,但还受旧分工的束缚;直到共产主义社会,他才成为全面发展的人,真正掌握了自己命运的人。

(2) 至于劳动对象的状况,最先是直接来自土地,而后是土地产品的浅加工产品,再后是深加工产品。但这又以劳动手段的发展状况为前提。

(3) 劳动手段(主要是劳动工具或生产工具)的状况,最先是手工工具,而后是机器,再后是智能机器。历史表明,生产力这样发展的状况,都选择了适合它发展的形式。

二、生产关系一定要适合生产力的性质

生产力总是指劳动的生产力,因而生产力的性质抽象地讲主要是指劳动力的性质或性能。但是,劳动的性能状况又具体表现在劳动资料即劳动手段

(主要指劳动工具)上面。劳动资料是劳动者控制和改造劳动对象的物或物的综合体,是劳动借以改造劳动对象的手段。劳动手段不仅是劳动者体力的延伸和扩大,而且是社会劳动者的智力的物化,是技能、技术进而科学的物化。马克思曾引用黑格尔的话来形容劳动者对物化的智力的运用:"理性何等强大,就何等狡猾。理性的狡猾总是在于它的起中介作用的活动,这种活动让对象按照它们本身的性质互相影响,互相作用,它自己并不直接参与这个过程,而只是实现自己的目的。"①并且,劳动手段的性能状况还决定了劳动对象的加工深度,决定了劳动对象所能达到的状况。因此,生产关系一定要适合生产力状况的规律又可表现为生产关系一定要适合生产力性质的规律。也因为这个缘故,劳动手段特别是其中的生产工具在划分经济时代中有着重要的作用。马克思指出,要区别不同的社会经济时代,不是看它生产了一些什么,而是看它怎样生产,用什么劳动手段去生产。"劳动资料不仅是人类劳动力发展的测量器,而且是劳动借以进行的社会关系的指示器。"②

劳动工具的特点在于它是人的智力的物化,又是人的体力的延伸和扩大。具体说来就是:物化的智力,反映智力的物,和推动这个物的动能。这是按照劳动工具几个特点的主次性质排列的。不过,它的主要特性(物化的智力),在现实历史过程中,开初并不明显,这是因为在人类幼年时代主要从事体力劳动,因而首先表现的是工具怎样传导、延伸和扩大人的体力的问题。这个问题最初又表现在创造工具的材料的性质上面,然后再侧重表现在推动工具的动能上面,最后再突出表现在智能上面。

1. 从制造工具的材料看生产力的性质

从原始社会到封建社会,人类主要从事手工劳动,手工工具的性质主要由制造工具的材料来显示。

在蒙昧时代的中级阶段,也就是在二三百万年前到一万年前期间,原始人学会以石击石的办法,用石作材料制作石器工具。这是粗加工的石器。史称这一期间为旧石器时代。"石器时代早期的粗制的、未加磨制的石器,即所谓旧石器时代的石器(这些石器完全属于或大部分都属于这一阶段)遍布

---

① 《资本论》第1卷,第209页。
② 同上书,第210页。

于各大洲"①。与旧石器相适应的生产关系是母系原始共产主义家庭。由蒙昧时代转入野蛮时代,大约在一万年前左右,石块被野蛮人精加工,制成石刀、石铲、石镞等工具,于是进入新石器时代。后来,野蛮人在选取自然石块时,又发现了青铜,并制作器皿,新石器时代又转化为金石并用时代。再后,又进入青铜器和铁器时代。新石器时代仍是母系原始共产主义家庭,金石并用时代则是父系共产主义家庭,金属工具的出现则标志着人类进入文明时代,进入奴隶制社会。接着是青铜器逐步被淘汰,铁器越来越发展,于是又进入封建社会。

随着手工工具发展为机械工具,社会生产力的性质发生了根本的变化。制造机器主要是钢材,适应这种性质的形式是资本主义生产关系。

目前,传统的机器正向智能机器转化,制造智能机器的新材料(半导体元件等)已在不断地发展,可以预料它将会采取更新的生产形式。

2. 从推动工具的能源看生产力的性质

从原始社会到封建社会,由于人类主要从事手工劳动,手工工具的主要性质就是由人的体力所推动的工具,同时还辅以用畜力、天然水力和天然风力所推动的工具。机器出现以后,推动它的就不是人的体力和天然的能源,而是蒸气力,随后又发展为电力。马克思曾经说过,手工磨产生的是封建主义为首的社会,蒸汽磨产生的是工业资本家为首的社会。列宁也曾说过,蒸汽时代是资产阶级时代,电气时代是社会主义的时代。当然这种说法不是绝对的。实践表明,电气时代仍然是资产阶级时代,或许核电时代将是社会主义时代。

3. 从工具所物化的智力看生产力的性质

工具就它的根本性质来讲是物化的智力。工具的发展标志人类智力的发展。

旧石器表示人类智力处于蒙昧状况,新石器表示人类智力仍然处于未开发状况。金属手工工具表示人类手工工艺的发展,标志着人类由野蛮进入文明时代。其中青铜器表示较低阶段,铁器表示较高阶段,因为后者需要较高水平的冶炼技术。

接下来是手工工具转化为机器:"简单的工具,工具的积累,合成的工具;

---

① 《马克思恩格斯选集》第4卷,第30页。

仅仅由人作为动力,即由人推动合成的工具,由自然力推动这些工具;机器;有一个发动机的机器体系;有自动发动机的机器体系——这就是机器发展的进程。"①手工工具只是手工技艺的物化,机器则是科学技术的物化。"机器生产的原则是把生产过程分解为各个组成阶段,并且应用力学、化学等等,总之应用自然科学来解决由此产生的问题。这个原则到处都起着决定性的作用。"②与此相应,机器突破手工工具进行的小生产,形成用机器等进行的大生产;并且是突破自然经济进行社会化大生产。

前面说过,与石器时代相适应的生产关系是原始共产家庭,与青铜时代相适应的是奴隶制,与铁器时代相适应的是封建制。这里,无论石器或是铜、铁器都是手工工具。最发达的手工工具在封建社会,由于它的细小、分散,可以为劳动者个人所占有。现在,在机器时代,它所物化的科学,是作为劳动者以外的外在之物出现在机械以内,它一出现便不宜为单个劳动者所占有。如果说在前资本主义社会,剥削阶级主要占有土地,而不是通过占有小手工工具来奴役劳动者,但这时的生产过程本身还从属于劳动者的直接技巧。现在由于活劳动从属于自动活动的物化劳动,即从属于机器体系,于是和机器体系相适合的形式最初便是资本。因为"整个生产过程不是从属于工人的直接技巧,而是表现为科学在工艺上的应用的时候,只有到这个时候,资本才获得了充分的发展,或者说,资本才造成了与自己相适应的生产方式。可见,资本的趋势是赋予生产以科学的性质,而直接劳动则被贬低为只是生产过程的一个要素"③。

随着现代科学的加速发展,技术正在发生新的革命。既然机器是人类的手所创造的人类脑力的精华(科学)的物化,它必然会随着这种革命而变革自己。现在,人们正在模拟人脑器官创造智能机器,生产力必将随之突飞猛进地发展。它标志着生产社会化达到了空前的规模,而适合这种生产方式的将是社会主义。

三、生产关系一定要适合生产力的水平

生产力"事实上只决定有目的的生产活动在一定时间内的效率"④。也

---

① 《马克思恩格斯选集》第1卷,第246页。
② 《资本论》第1卷,第531页。
③ 《马克思恩格斯全集》第46卷(下册),第211页。
④ 《资本论》第1卷,第59页。

就是说,生产力从它的结果来看就是生产率。前面讲过,生产率首先表现为一定量劳动(活劳动和物化劳动,以下同)所生产的产品量(水平),进而表现为剩余产品水平,也就是剩余劳动水平。

生产力和剩余劳动的关系是鸡生蛋、蛋生鸡的关系。生产力越高,劳动者再生产自己的劳动力所需要的时间(必要劳动时间)越少,剩余劳动就越多。另一方面,剩余劳动从而剩余产品的增长,即生活资料和生产资料的增长,使生产力的主体要素劳动力得到发展,生产力的客体要素生产资料得到追加。一句话,剩余劳动又是生产力发展的基础。这样,生产力发展决定生产关系的规律又可体现为剩余劳动的发展决定剩余劳动的占有形式的规律。马克思说:"使各种经济的社会形态例如奴隶社会和雇佣劳动的社会区别开来的,只是从直接生产者身上,劳动者身上,榨取这种剩余劳动的形式"[1]。

野蛮时代的人类,劳动生产力极为低下。没有一定程度的劳动生产力,就不可能有剩余劳动。没有剩余劳动就不可能有大私有者阶级。这就决定了当时的原始共产主义的公有制度。

只有当人类通过劳动摆脱了最初的动物状态,他们的劳动生产力已经发展到能够提供剩余劳动时,人类才从野蛮进入文明。但是,当时劳动生产力还非常低下,人类还要用绝大部分时间生产必需的生活资料,以致没有多余的时间来从事社会的公共事务,就必然会有一个脱离实际劳动的特殊阶级来从事这些事务;而且这个阶级为了它自己的利益,把愈来愈沉重的劳动负担加到劳动群众的肩上。于是奴隶制产生了。这是通过占有奴隶人身来占有奴隶的剩余劳动的形式。

随着生产力的发展和剩余劳动的增长,奴隶制又过渡到封建制。这是以地租形式占有剩余劳动的农奴制。农奴制较之奴隶制更有利于生产力发展,有利于剩余劳动的增长。到了封建社会后期,随着封建地租形式由劳动地租(直接占有剩余劳动)到实物地租(直接占有剩余产品)再到货币地租(占有剩余价值的形式),出现了交租农民和土地所有者仅仅是租赁关系的形式,也就必然出现租赁土地给资本家的现象。当资本主义关系产生以后,地租就由占有全部剩余劳动的封建形式转化为只占有剩余劳动一部分(超过资本

---

[1] 《资本论》第1卷,第251页。

家以利润形式占有的剩余劳动的余额)。以地租形式占有剩余劳动的封建制就转化为以剩余价值形式占有剩余劳动的雇佣奴隶制。这是社会生产力进一步发展的结果。

资本主义生产不仅以占有剩余价值为直接目的和决定动机,而且要把剩余价值主要转化为资本。从它物质内容来说,就是在资本的关系下,提高劳动生产力以提供更多剩余劳动,生产更多剩余产品,再将剩余产品更多地转化为追加的生产力。正是由于资本为了占有剩余劳动容许生产力的发展,并使剩余劳动的产品主要用于积累,也就是主要用于追加生产力,而不像奴隶主和封建地主主要用于寄生性消费。所以"资产阶级在它的不到一百年的阶级统治中所创造的生产力,比过去一切世代创造的全部生产力还要多,还要大"①。马克思还说,"资本的文明面之一是,它榨取这种剩余劳动的方式和条件,同以前的奴隶制、农奴制等形式相比,都更有利于生产力的发展,有利于社会关系的发展,有利于更高级的新形态的各种要素的创造。"②

社会生产力的发展,从而剩余劳动的发展,必将冲破一切榨取剩余劳动的制度,建立起剩余劳动的公有制,使社会生产力无限地发展。社会主义从而共产主义的公有制是建立在高度生产力——因而也是建立在高度的剩余劳动率和剩余劳动的基础上面的。提高剩余劳动率、增长剩余劳动,是人民群众长远利益的需要,是社会主义经济战略中的核心问题。

四、社会发展是生产力、生产关系和上层建筑交互作用的总过程

生产力决定生产关系的规律是社会发展的基本规律,并不意味着社会发展只是这一规律作用的自然的结果。生产力和生产关系这一对社会基本矛盾还会进一步表现为经济基础和上层建筑的矛盾,而上层建筑的社会革命正是作为外部的强制力量为上述规律的实现开辟道路。

经济基础是社会一定历史发展阶段上的生产关系;当然,这个基础本身又以生产力为物质基础。上层建筑是建立在经济基础上的政治、法律制度、机构和社会意识形态。它们之间仍然是内容和形式的关系。原来的关系是:生产力是生产的物质内容,生产关系则是这个内容的社会形式,因而生产力

---

① 《马克思恩格斯选集》第 1 卷,第 405 页。
② 《资本论》第 3 卷,第 927 页。

（内容）决定生产关系（形式）。追加的关系是：原来作为生产力的形式的生产关系，现在又作为内容（经济基础）表现为上层建筑（形式）。也就是说，上层建筑是生产力的形式的形式。经济基础虽然从直观来讲是生产关系，实际上是包含生产力在内的生产关系，即生产方式。

具体说来，生产力的客体要素生产资料和劳动力，首先在经济上表现为生产资料的所有者和劳动者之间的生产关系；在私有制社会里，生产关系又集中表现为阶级关系，即生产资料私有者阶级（奴隶主阶级、地主阶级以至资产阶级）和劳动者阶级（奴隶、佃农以至雇佣劳动者阶级）之间的关系。生产资料私有者阶级为了维护它对劳动者阶级的剥削关系，建立起以国家为主体的政治、法律制度和相应的意识形态。国家，一般地讲，是一个阶级压迫另一个阶级的工具；特殊地讲（在私有制社会），是生产资料私有者阶级压迫被剥削阶级的工具。当生产关系适合生产力的发展，而国家的政治法律制度又适合生产关系的发展时，它就会促进生产力的发展；反之则会阻碍生产力的发展，阶级矛盾就会激化。代表新的生产力的阶级就要求改变生产关系，代表旧的生产关系的阶级为了切身利益就会运用它所掌握的国家机器来维护旧的生产关系。于是，社会革命就不可避免。"迄今的一切革命，都是为了保护一种所有制而反对另一种所有制的革命。它们如果不侵犯另一种所有制，便不能保护这一种所有制"①。古往今来，已为历史所说明，革命暴力虽然不能创造新的经济制度，但却能促使在旧的经济制度内所孕育的新的经济制度加快产生。

原始共产社会末期，父系氏族之间不断进行战争，目的为了掠夺对方财产，并把战俘作为奴隶，形成了奴隶制的萌芽。其后，"掠夺战争加强了最高军事首长以及下级军事首长的权力；习惯地由同一家庭选出他们的后继者的办法，特别是从父权制实行以来，就逐渐变为世袭制，人们最初是耐心等待，后来是要求，最后便僭取这种世袭制了；世袭王权和世袭贵族的基础奠定下来了。于是，氏族制度的机关就逐渐挣脱了自己在民族中，在氏族、胞族和部落中的根子，而整个氏族制度就转化为自己的对立物：它从一个自由处理自己事务的部落组织转变为掠夺和压迫邻近部落的组织，而它的各机关也相应

---

① 《马克思恩格斯选集》第4卷，第129页。

地从人民意志的工具转变为独立的、压迫和统治自己人民的机关了。"①总之,暴力战争的催化作用,才使氏族制度转化为奴隶制度。

奴隶制社会末期,首先是奴隶起义迫使一部分奴隶主改变剥削方法,他们将土地出租给破产农民,形成了依附于大土地所有者的隶农,也就是出现了封建制度的萌芽。其后,隶农也参加起义,使封建地主阶级战胜奴隶主阶级,建立了封建国家,改变了所有制。

封建制度转化为资本主义制度,也是用血和火的文字载入人类编年史的。只要回顾一下17—18世纪英国和法国的资产阶级革命,就可以知道,像初期的奴隶主阶级或初期的封建地主阶级一样,新兴的资产阶级取得胜利,也不是因为它有特殊本领,而是因为它顺乎生产关系一定要适合生产力发展规律的要求,并表现为它的切身利益要求它参与社会革命。

资本主义所有制转化为社会主义所有制,首先是因为资本的外壳已经和生产的高度社会化从而生产力的高度发展达到"不能相容的地步"②。但是,转化的条件则是随着资本家阶级财富积累和工人阶级苦难积累的对立,工人阶级"反抗也不断增长"③,也就是说社会革命的形势已经来到,只是在这样的原因和条件下,才产生"剥夺者就要被剥夺了"④的革命结论。

马克思在《〈政治经济学批判〉序言》中对生产关系一定要适合生产力发展的规律作了综合的表述:"社会的物质生产力发展到一定阶段,便同它们一直在其中运动的现存生产关系或财产关系(这只是生产关系的法律用语)发生矛盾。于是这些关系便由生产力的发展形式变成生产力的桎梏。那时社会革命的时代就到来了。随着经济基础的变更,全部庞大的上层建筑也或慢或快地发生变革。……在资产阶级社会的胎胞里发展的生产力,同时又创造着解决这种对抗的物质条件。"⑤

原载《青海社会科学》1986年第2期

---

① 《马克思恩格斯选集》第4卷,第181页。
② 《资本论》第1卷,第874页。
③ 同上。
④ 同上。
⑤ 《马克思恩格斯选集》第2卷,第8页。

探索规律　尊重规律

理论工作是从事科学研究的工作,而科学研究工作就是探索规律和阐述规律。就政治经济学而言,恩格斯早就指出,它"是研究人类社会中支配物质生活资料的生产和交换的规律的科学"①。在全面开创社会主义建设的新局面时期,理论工作更应该严格遵循党的实事求是的思想路线,努力探索规律,深入揭示规律,协助亿万从事社会主义建设的人民群众正确地理解规律、真正的而不是口头上的按照客观规律办事。这就要求我们在探索规律时,善于去伪存真,由表及里;在阐述规律时,善于存真去伪,由里及表。如果把事物外部的偶然表象当作内部的必然联系,以至对规律做出非科学的阐述,那就不仅会损害政治经济学的科学性,而且会贻误社会主义现代化的建设。

下面仅就几条和社会主义建设有关的经济规律谈谈个人的理解。

首先,在社会主义基本经济规律中,按照斯大林的表述,生产的目的是保证最大限度满足整个社会经常增长的物质和文化的需要。但是,怎样理解这个目的呢?那就有各种说法。斯大林自己不承认社会主义社会存在剩余劳动这一范畴,从而使一部分人误以为这个目的就是保证人们对物质文化的消费需要,而没有注意到在保证消费的基础上还必须保证积累。这样就把社会主义基本经济规律说成是仅仅为了吃饭的规律。倘若只顾吃饭,吃光用光,至多维持简单再生产,就没有余力进行建设,那怎能开创社会主义现代化建设的新局面呢?我认为,社会主义生产的目的应是:以社会主义的形式不断扩大必要劳动的范围,并在这基础上社会地占有剩余劳动和进行积累,来满足社会不断增长的当前和长远的需要。我觉得陈云同志讲得很好,他明确地指出:"我们的经济工作……一、要使十亿人民有饭吃;二、要进行社会主义建设。"②

---

① 《马克思恩格斯选集》第3卷,第525页。
② 《陈云文选》第3卷,第306页。

既然一要消费,二要积累;或者说,一要吃饭,二要建设;或者说,既要保证不断提高人民物质和文化生活水平,又要在这基础上进行社会主义建设;那还要深入探索农轻重为序的规律和生产资料较快增长的规律,人口再生产和物质再生产相互关系的规律,生态平衡规律,按比例规律,等等。

在农轻重为序的规律中,农业为什么占首位？因为它是国民经济的基础。为什么农业是基础？因为投到农业的劳动是社会必要劳动,它提供的剩余劳动补偿其他部门的必要劳动,没有农业剩余劳动就没有国民经济其他部门的发展。可见,能够提供剩余劳动的农业劳动生产力才是国民经济的基础。因此,要解决农业问题,就要提高农业劳动生产力,从而提高农业的剩余劳动率。胡耀邦同志在党的十二大报告中指出"目前我国农业的劳动生产率和商品率都比较低",也就指出了我国国民经济的基础是比较薄弱的。我们决不能满足于农业的一般增产,还要进一步把着眼点放在提高农业劳动生产力,使农业提供丰富的剩余产品,从而提高农产品的商品率,社会主义建设才能加速进行。

再说轻工业,为什么它居第二位？因为它和农业一样,主要也是生产生活资料,它保证扩大必要劳动的范围。总的来说就是：只有在保证消费资料生产的基础上才能进行生产资料的生产,只有在发展农业和轻工业的基础上才能发展重工业。但这只是再生产规律的一方面。另一方面,虽然消费资料的生产是基础,没有生产资料的较快增长也不会有消费资料的持续增长。长期以来,我们一些同志没有深入探索规律的内涵,以为生产资料既然要优先增长,就把重工业放在优先地位,把农轻重颠倒为重轻农,以致比例失调。这两年大力调整比例,大力发展第二部类的生产,当然是必要的、正确的。但是,有些同志不加分析,从一时现象出发,加上对社会主义生产目的的误解,又贸然否定生产资料较快增长的规律,从一个片面走到了另一个片面。

再说人口再生产和物质再生产的规律。这条规律告诉我们：人口控制不住,农业生产力就难以提高,国民经济就难以发展;人口控制不住,整个社会生产力也难以提高,经济效益就难以保证;人口控制不住,翻两番的成就会被大部抵消;人口控制不住,还会破坏生态平衡,其后果更不堪设想。所以,正如胡耀邦同志在报告中指出的那样,"在我国经济和社会的发展中,人口问题始终是极为重要的问题"。为了解决这样一个极为重要的问题,就要按照客观经济规律来拟定生育的计划;理论界则要赶快建立马克思主义人口学,并在人民群众中进行宣传教育工作。

我还建议在高等学校甚至中等学校开设生态学或生态经济学课程,并在人民群众中进行宣传教育工作,因为国民经济中最重要的比例关系是生态平衡。

说到比例和综合平衡,那又是有计划按比例规律的问题。在这个规律中,"按比例"是主体,"有计划"是为了"按比例"。如果只强调有计划而忽视按比例,甚至制定违反客观应有的比例关系的计划,那么,计划反而使比例更加失调。这个苦头过去已经吃了不少。十一届三中全会以后,特别是近两年来党的文件一再强调要"努力做到各经济部门按比例地协调发展",十二大报告中更明确地提出,"国家通过经济计划的综合平衡和市场调节的辅助作用,保证国民经济按比例地协调发展"。可见,我们党强调的计划是"保证国民经济按比例地协调发展"的计划,而不是违反按比例规律的主观随意性的计划。

原载《学术月刊》1983年第1期

论社会生产力发展规律

社会主义的根本任务就是发展社会生产力。为了发展社会生产力,就要科学地探索社会生产力发展的规律,否则事与愿违;有些人和单位还会干出破坏生产力的蠢事,例如破坏森林、污染环境、践踏知识等等。因此,深入探索和广泛宣传社会生产力的发展规律成为当务之急。

为了阐述这一规律,首先要弄清生产力这一范畴。

所谓生产力,一般是指劳动的生产力,它不仅是改造自然的能力,而且是改造自然以生产使用价值的能力。"劳动生产力的提高,我们在这里一般是指……较小量的劳动获得生产较大量使用价值的能力"①。

生产力是一个多层次的系统。这个系统由它的源泉、自身和结果共同组成。

生产力,从它的出发点,即从它的源泉来讲,也可以分为三个层次:首先是自然力;其次,自然力又分为人本身的自然力(这个力又转化为社会力)和人周围的自然力,简言之,即人力和物力;再次,人在改造自然中所形成和积累起来的科学技术力。

生产力,从它的自身,即从它的构成要素来讲,包括三个要素,即劳动力、劳动资料和劳动对象。它们和上述生产力源泉的关系大致如下:劳动力是人力资源(现有人口)进入生产过程的那部分;劳动资料和劳动对象则由物力资源(自然资源)提供的材料所形成;随着社会生产力高水平的发展,科学技术力渗透到生产力三要素之中,每一要素都随着这种渗透提高自己的素质。

生产力,从它的结果,即从它作用的效率来讲,就是劳动生产率。它标志着单位劳动时间内所能生产使用价值(产品)的效率。这里讲的劳动时间不

---

① 《资本论》第1卷,第366页。

仅是活劳动而且包括物化劳动,它是处于运动状态的生产力的三要素——活动着的劳动力和物化劳动(劳动资料和劳动对象)的抽象和综合。生产力三要素是使用价值(产品)的直接源泉,它们的质和量,它们的组合或综合,形成生产力的性质和水平,这个特定的生产力又在它作用的结果的产品上面表现出自己的效率。这个效率是经济效益的根本所在。也就是说,为了提高经济效益其根本在于提高劳动生产力。

劳动生产率这个比率(产品对劳动的比率进而必要产品和剩余产品对劳动的比率)还会进一步表现在剩余劳动率(剩余劳动对必要劳动的比率)上面。由于剩余劳动(从而剩余产品)既是生产力发展的结果又是生产力进一步发展的物质基础,结果变为原因使生产力发展得到内在的动力。于是,生产力的源泉被进一步开发,生产力自身得以不断进行技术改造,劳动生产率进一步提高,剩余产品更多地涌出,新的生产力不断由此形成。社会生产力就是在这个系统中,在这个系统的各因素的互相作用的循环运动中来发展自己的。

现将上述种种关系所构成的生产力系统试列图如下。

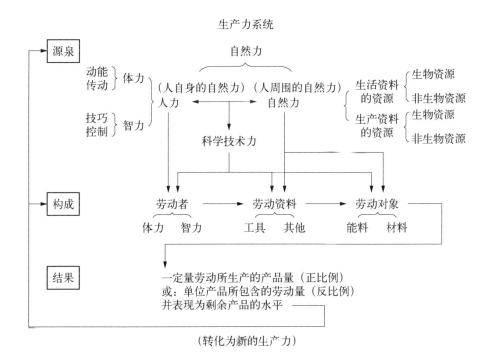

一、生产力的源泉与生产力的发展

1. 自然力的合理开发

生产力的源泉从它的抽象形式来讲,是人类赖以进行生存活动和生产活动的环境系统。对于人类来说,它周围的一切都是它的环境。环境是"人民赖以生存的基本条件,是发展生产、繁荣经济的物质源泉"[①]。环境系统对生命系统中某些个体或种群有制约的作用,它使适者生存,不适者自然淘汰。生命系统中各个个体和种群又选择各自能够适应的环境,一方面从所适应的环境中摄取养料和能量维持和再生产自身;另一方面又把排泄物以至自身的遗体还给环境。生物就是这样不断地与周围环境变换物质和能量,进行新陈代谢、自我更新的。

自从人类出现以后,生态系统发生了巨大变化。和一般动物不同,人具有两重性。一方面,人是生物学意义上的人,不管人具有怎样的特点,人仍然是具有生命的有机体,仍然要受生态环境的制约,人只能在一定的生态环境中展开自己的生命活动,并从生态环境中取得生活资料的资源。在这类资源中首先是生物资源,显然没有植物就没有动物,人类就无法生存。可见保护植被,提高一国的森林覆盖率,对保护生产力的潜在意义是多么重要!同时,人和生物资源的存在和发展就其物质源泉来讲,又有赖于非生物资源,即水、温度、阳光、大气、土壤等。水是构成生物体的基础,又是生物新陈代谢的一种介质;温度是生物发育的重要条件,并影响生物的分布;阳光供给生物以能量;大气为植物供二氧化碳,为动物供氧;土壤则集水、肥、气、热于一身,成为植物发展的基地、陆生动物的活动场所。另一方面,人又是社会意义上的人,这正是人的特点所在。动物只是单纯地适应环境,人类则不仅要适应环境,而且主要是改变环境使它适应人类生存和发展的需要。为此,还必须从环境中取得生产资料资源以进行社会生产。这类资源既是生产资料中材料的源泉,也是其中能料(作为动力的辅助材料如煤、石油、核能等)的源泉。这类资源也可分为生物资源和非生物资源。随着生物工程的兴起,生物资源将越来越显示其重要性。在非生物资源中,水和阳光等对生产也是十分重要的,

---

[①] 《国务院关于在国民经济调整时期加强环境保护工作的决定》(1981年2月),《中华人民共和国国务院公报》1981年第4期。

除此而外,大地蕴藏的矿物资源(矿产)具有特殊的重要意义,它是社会生产的重要物质基础。

矿物由元素组成。如果矿物所含的有用物质(金属和非金属)大大超过周围的岩石,达到了生产利用的要求,那就是矿产。也就是说,矿产形成的关键是使某些金属、非金属富集到一定程度的地质因素。开发矿物资源应该遵循地质规律:矿产要经过几十万年乃至十几亿年才能形成,并且是不能再生的,挖一些就少一些,因此富矿逐渐转为贫矿,品位越来越低;矿产的分布不是均衡的,有的地区盛产铁,有的地区盛产煤;同一矿山伴生矿多,许多矿种混在一起;有些矿种是稀缺的,但也有些矿种还未被广泛发现暂时表现为稀缺实际却是丰富的;有些矿种具有巨大的使用价值不过暂时还未被发现;等等。由此可知,在开发矿物资源时,首先要看到矿产形成不易又不能再生,必须尽力节约资源;要根据矿产不均衡状况布局生产力以节省运输费用;加强综合找矿、综合评价、综合开发、综合利用,做到物尽其用;加强地质研究,提高找矿勘探深度,发现矿物的各种使用价值和已知的使用价值的更多蕴藏量。

我们还要特别注意到,在自然环境中,有人类生存所必需的生活资料资源,同时也有对人体有害的生物和非生物。但是,某些对人体有害的生物和非生物往往又是重要的生产资料。在开发和利用这些资源时,如果不注意防范和节约,就不仅浪费资源,而且会破坏生态的良性循环。同样,生产和生活的排泄物("三废"与粪便垃圾)如果不作为"再生"的自然力来合理开发,也会严重地破坏环境。环境保护问题实质上是保护社会生产力问题,自然力合理开发问题实质上是合理利用环境总资源以发展社会生产力问题。

2. 人力的合理开发

人力就是人具有的劳动能力即劳动力。劳动力也是一种自然力。"人自身作为一种自然力与自然物质相对立。为了在对自身生活有用的形式上占有自然物质,人就使他身上的自然力——臂和腿、头和手运动起来。"① 在这里,"我们把劳动力或劳动能力,理解为一个人的身体即活的人体中存在的、每当他生产某种使用价值时就运用的体力和智力的总和。"② 但人力的特

---

① 《资本论》第1卷,第208页。
② 同上书,第195页。

点不在于他的体力,而在于他的智力。他的智力是在改变自然时不断发展的。动物只是本能地活动着,人却能运用智力进行有目的的活动。在生产劳动中,人的体力表现为动力的功能和传动的功能,人的智力表现为操作的技巧和控制的功能。劳动者通过大脑和神经系统获得信息,并经过加工处理,给人体动力器官(手及其他)输出指令,完成各种操作。

在漫长历史过程中,人类曾侧重开发其体力方面,自机器大工业兴起以后,便侧重开发智力资源。这个开发过程先表现为体力劳动与智力活动分离,而后又将趋于统一。又因为人力也是自然力,也就可以用人身外的自然力来代替、延伸和扩大,并因此节约劳动,提高劳动生产力。人力资源的开发是和这种代替、延伸和扩大的过程交错在一起的。

为了克服单个人体力的有限性,早在人类社会初期就发生了简单协作,并且延续到现在。大家知道,劳动者有计划地和别的许多劳动者在一起协作,就突破了个体的局限性,把他们的共体力量发挥出来。"这里的问题不仅是通过协作提高了个人生产力,而且是创造了一种生产力,这种生产力本身必然是集体力。"[①]在简单协作中,多数劳动者展开了集体的体力,少数指挥者则展开了集体的智力。这种体力和智力的分离,在剥削阶级社会里表现为对抗的形式。但不管形式如何,人类个体的体力特别是智力的不发达,必然会通过人类群体的体力和智力的分离而分别侧重发展,才能最后使人类每个个体的体力和智力获得全面发展。

分工协作是人类群体的体力和智力的进一步开发的形式。在分工协作中,人类劳动力的体力的共体力量被充分开发出来;人类的智力的共体力量也有进一步发展。原来的个体劳动者的全面智力,在大生产的基础上分解为分工协作劳动者的片面智力,而把全面的智力集中在指挥者身上。分工既使劳动者经常重复同一操作,充分发挥他的片面智能,学会消耗最少力量达到预期效果;又使指挥者将劳动者的片面智能集中为全面智力,从而进一步提高劳动生产力。

但是,不管人类共体力量如何发挥,手工劳动者的体力毕竟是有限的,手工劳动者的智力毕竟是经验中得出的成规。社会生产力进一步发展,要求以

[①] 《资本论》第1卷,第378页。

自然力代替体力,以自然科学代替经验的成规,以物化科学的技术设备代替手工技巧和手工工具。虽然劳动力在使用时总是和自然力结合在一起,在手工劳动时期,人们用风力、水力、畜力来代替一部分体力,用棍棒的杠杆作用来延伸和扩展自己的体力,不过这是很有限的。在机器大工业产生以后,人的体力才基本上由自然力(煤、石油等能源)推动的动力机所代替,人体的传动功能由传动机所代替,人的直接操作技艺和手工工具由工作机所代替。现在,一般劳动力的功能不在体力方面,即不在动力和传动功能上面,而在控制局部机器的功能上面。劳动力开始由体力为主转向智力为主的发展。另一方面,作为群体劳动(协作)的智力的集中者——指挥者,就不再是手工协作的管理者,而是掌握自然科学(特别是技术科学)的工程师和掌握管理科学的经济师。

于是,教育被提到首要地位,为了开发人力资源,现在转到主要通过教育开发人的智力资源。教育与生产劳动相结合,在机器大工业期间,一般劳动者只操纵局部机器,少数劳动者操纵复杂的机器,更少数的管理者则控制整个机器体系,他们相应地需要先接受不同等级的文化教育和职业教育。这种智力的等级是由当时的社会生产力性质决定的。随着现代技术的革命、电子计算机以及智能机器(机器人)的出现,机器就不仅代替人的体力和手工技巧,而且还代替了人的部分脑力,这就要求劳动者掌握更高的文化和科学技术,接受中等以上的教育。

3. 科学技术力的开发

科学是对自然规律的理论概括。它在工艺上的应用形成技术。技术是科学转化为直接生产力的中介。科学技术力是人类在运用自然力、改造自然物所积累起来的知识和技巧。科学技术力是使蕴藏于自然环境中的资源转化为现实生产力的最有力手段。科学(包括作为应用科学的技术科学)是历史发展总过程的产物,它抽象地表现了这一发展总过程的精华。它之所以是"抽象地表现",因为它是人类脑力劳动的结果。当科学仅仅作"抽象"的存在,即仅仅作为观念形态的存在,它还不是现实的生产力,仅是生产力的源泉之一,是精神劳动的潜在生产力。又因为它是历史发展总过程的"精华",它不是某一个个人的特殊智力,而是人类智力的共同结晶,并在这意义上,又可以叫作一般劳动的生产力。

科学技术作为一般劳动的产物,作为人类的各个个体的智力的共同结晶,会通过教育外延地扩大再生产自己,从而多快好省地开发人类的智力资源。我们知道,后人学一条科学定理所花的时间,和当初一代代科学家为创立这条科学定理所花的时间相比,是微不足道的。因此,教育是经济的,"对脑力劳动的产物——科学——的估价,总是比它的价值低得多,因为再生产科学所必要的劳动时间,同最初生产科学所需要的劳动时间是无法相比的,例如学生在一小时内就能学会二项式定理"[①]。

为了开发科学技术力,不仅要通过教育来进行外延的扩大再生产,而且要通过科学研究工作来进行内涵的扩大再生产。科学研究工作者在继承前人和外人的成果的基础上,继续探索客观世界的内在联系,揭露别人还没有发现的客观规律,发展了前人的学说,也就是实现了科学内涵的扩大再生产。如果把科研的新成果迅速用于充实教学的内容,这项科学成果就会很快得到外延的扩大再生产。同时,劳动者的智力也因此得到进一步开发。并且由于科学的加速度发展,劳动者就要不断地接受再教育以更新自己的知识。

科学不仅物化于人们头脑之中,而且物化为技术设备和技术材料,并由此转化为技术力。因此,从事技术设备和技术材料的研制工作也属一般劳动,上述关于一般劳动形成和发展的规律在这里也是存在的。也就是说,前人或外人试制新的机器设备或试制指定性能的新材料,需要耗费大量的劳动,一旦试制成功,后人再生产这种机器或材料就只需要很少的劳动。所以,利用前人或外人已经创造出来的技术力量会取得很大的经济效果。

科学和技术是在继承前人的成果的基础上才能加速地发展,否定继承,万事从头做起,不仅收效甚微,而且永远落在人家后面。科学和技术是人类共同的财富,闭关锁国拒绝这样宝贵的财富是愚蠢的,积极引进科学和技术则是明智的。

科学及技术虽然也是生产力的源泉,它同时还是开发生产力两个根本源泉(人力和自然力)的最有力手段。它通过教育深入开发人的智力,又通过技术充分开发自然资源,它的发展水平也就标志着社会生产力各种源泉的开

[①] 《马克思恩格斯全集》第26卷第1册,第377页。

发程度,从而标志着社会生产力的可能发展水平。

二、生产力的构成与生产力的发展

前面说过,生产力的构成要素包含主体要素劳动力和客体要素生产资料,或者说包含劳动者、劳动资料和劳动对象三要素。这当中,劳动力是基本要素,劳动资料中的劳动手段是人的智力和劳动经验的物化,是人类劳动器官的延长、扩张和精化,劳动对象则形成或辅助形成使用价值的物质实体。

不论生产的社会形式如何,生产力的三要素都是生产的必要构成部分,凡是要进行生产,三者缺一不可。如果只强调劳动力一个要素,那是拉萨尔的观点,即认为"劳动是一切财富……的源泉"。这种观点见之于实践会造成人口过剩,从而会拖住生产力的发展。如果只强调劳动力和劳动资料两个要素,那是斯大林的观点,即认为"生产物质资料的生产工具,以及有一定的生产经验和劳动技能来使用生产工具、实现物质资料生产的人,——所有这些因素共同构成为社会的生产力"①。这种观点见之于实践会忽视原料工业和能源工业,搞无米之炊,也会影响社会生产力的发展。

生产力的三要素来源于生产力的三源泉,但它们不是一对一的平行线关系,而是交错在一起的。前面讲过,人力资源和自然资源的开发有赖于科学技术力的发展。并且,只有科学技术力渗入三要素之中,才能使三要素的素质大幅度提高,才能使生产力加速地发展。就劳动者来讲,他必须经过教育和训练,掌握一定文化和科学技术知识,才能进入生产过程;就劳动资料(特别是其中的生产工具)来讲,它必须是物化当代科学的技术设备;就劳动对象来讲,也必须由初级产品转化为新能料和新材料。又因为科学技术不断发展而且加速地发展,三要素也必须随着不断提高自己的素质。劳动者必须不断接受再教育以适应科学技术的发展。技术设备的无形损耗将越来越快,必须加速技术改造和更新。传统的劳动对象有待于深加工,发掘其最佳的使用价值。由此可见,企业必须不断进行技术改造,企业的生产力才能永葆活力,经济效率才能越来越高。

生产力的要素在农业和采掘工业中还和土地直接结合在一起,因而劳动

---

① 《斯大林选集》下卷,人民出版社 1979 年版,第 442 页。

的社会(技术)生产力和以使用土地为条件的劳动的自然生产力结合在一起。由于农产品是可以再生的,只要保护地力从而保护劳动的自然生产力,劳动的社会生产力和自然生产力综合形成的农业劳动生产力就会稳步上升。反之,如果滥用地力或者违背农时,以致劳动的自然生产力下降,这时即使提高劳动的技术生产力,投入更多的农机和化肥,往往也补偿不了自然生产力的下降,农业生产力并不随技术生产力的提高而上升,反而由于这种提高补偿不了自然生产力的下降而下降。后一结果在采矿业则是一般规律。撇开乱采乱掘不说,在正常开采情况下,对一个矿区或一个矿井来说,由于矿产品是不能再生的,采掘一些就少一些,即使是富矿也会逐步变为贫矿以至枯竭;并且,越到后期越难开采越要投入更多的技术力量。也就是说,这时总会发生由社会条件决定的劳动生产力的提高,补偿不了由自然条件决定的劳动生产力的下降,其结果是总的劳动生产力的下降。

生产力要素在一定的技术条件下,它们的对比关系,即生产资料和劳动力的对比关系,形成生产力的技术构成。技术构成反映着生产力的水平。在这里,生产资料的增加,就劳动手段讲,它是劳动生产力增进的条件,就劳动对象讲,则是劳动生产力增进的结果。"但是,不管是条件还是结果,只要生产资料的量比并入生产资料的劳动力相对增长,这就表示劳动生产率的增长"①。当然也有例外的情况,在上述土地产品生产部门,如果土地的自然力遭到破坏或损耗过多,追加劳动的技术生产力往往仅够补偿甚至补偿不了自然力的损耗,这时尽管技术构成提高了,劳动生产力却未上升,甚至下降。

三、生产力的结果与生产力的发展

生产力从它的结果即从它的作用的效率来讲,就是劳动生产率。劳动生产率是用单位劳动时间生产的使用价值量(产品量)来标志劳动生产力的效率。这里讲的劳动不仅是活劳动而且包括物化劳动(过去劳动)。② 并且,它不是某个生产者生产该产品所消耗的个别劳动,而是社会生产该产品所消耗的社会平均劳动时间。在这里,我们把它叫作第一种含义的社会必要劳动时间。总之,劳动生产力是用单位社会必要劳动时间所生产的产品产量来表示

---

① 《资本论》第1卷,第718页。
② "全员劳动生产率"没有包括物化劳动,因而不能反映实际的劳动生产率。

自己的效率,这是一个正比的关系,劳动(活劳动和物化劳动)生产力越高,单位时间(活劳动时间和物化劳动时间)所生产的产品就越多;反之就越少。

劳动生产率也可以倒过来用单位产品所消耗的劳动量的反比关系来表示。也就是说,劳动生产力越高,生产单位产品所需要的劳动时间就越少;反之就越多。由此可以得出公式:节约产品单耗劳动时间=提高劳动生产力。当然,这里讲的劳动时间仍然应该包含过去劳动在内。值得特别注意的是,在技术革命的过程中,由于新的技术设备(过去劳动)代替了大部分人力(活劳动),单位产品中所耗的劳动量的结构发生了变化,其中过去劳动会相对地乃至绝对地增加,活劳动部分则会绝对地和相对地减少。在正常情况下,过去劳动的增加会小于活劳动的减少,才会出现单位产品所包含的过去劳动和活劳动的总量的减少,才会有劳动生产力的真正提高。如果不注意提高劳动资料的利用率,不注意节约原材料,以致转入产品中过去劳动增加的量超过了活劳动减少的量,在这种情况下,劳动生产力实际是下降了。总之,"劳动生产率的提高正是在于:活劳动的份额减少,过去劳动的份额增加,但结果是商品中包含的劳动总量减少;因而,所减少的活劳动要大于所增加的过去劳动"①。

劳动生产力的结果还可以表现为剩余产品的水平。本来,劳动生产力的结果表现为一定量劳动所生产的产品量;这个产品量又可分解为必要产品量和剩余产品量两个部分。但是,这种分解又以一定高度的劳动生产力为前提。如果劳动生产力很低,以致劳动者需要用他的全部时间来生产维持他自己和他的家庭所必需的生活资料(必要产品),他就没有剩余时间,也就没有剩余产品。因此,劳动生产力必须发展到一定高度,使劳动者只要他们的劳动时间的一部分就足以生产必要产品,才会有剩余劳动创造剩余产品。劳动生产力越发展,必要劳动就越少,剩余劳动从而剩余产品就越多。可见,剩余产品的水平是在较高标准上标志着生产力的发展。

更重要的是,剩余产品会转化为新的生产力,成为生产力进一步发展的源泉。在社会总产品中,第一部类的剩余产品会转化为追加的生产资料,第二部类的剩余产品会转化为追加的生活资料以追加劳动力,追加的生产资料

---

① 《资本论》第3卷,第290页。

和追加的劳动力共同构成新的生产力,使生产力不断壮大自己。本来,作为生产力起点的原始源泉是人力和自然力以及由之产生的科学技术力。现在,作为生产力的结果的剩余产品又反过来作为生产力的人工源泉。这个人工源泉还会反作用于原始源泉。一个社会的剩余产品越多,能够用于开发人力资源和自然资源的实力也就越大,同样,用于新增生产能力的积累量也越大。如果没有剩余产品,社会生产力的原始源泉就得不到开发,社会生产力也就难以发展。因此,虽然剩余产品是社会生产力发展到一定高度的结果,但生产力自身的发展又以剩余产品的存在和发展为前提。

由此可见,社会生产力是一个系统,并且是一个运动着的有机系统。它从源泉开始,到直接生产力的构成要素,到这些要素相互作用的结果;结果又转化为新的源泉,转化为新的生产力,取得更多的结果;社会生产力就这样在它自己的系统中循环不已、螺旋形上升地向前发展。

在生产力系统中还可以探索两个派生的规律:一个是关于这个系统的纵向转化的速度规律(即基本建设速度和再生产速度的规律),另一个是这个系统的横向的比例规律(即按比例规律)。限于篇幅将另文叙述。

原载《学术月刊》1985 年第 3 期

经济规律与平均数规律

一、平均数规律

平均数有各种形式,诸如:算术平均数、众数和中位数,此外还有几何平均数、调和平均数等。在这各种平均数中,算术平均数最重要,众数和中位数不过是算术平均数的近似值。

算术平均数又有两种表现形式——简单的和加权的形式。设有 n 个同质而异量的变数 $X_1, X_2, \cdots, X_n$,它们的简单平均数为

$$\bar{x} = \frac{X_1 + X_2 + \cdots + X_n}{n} = \frac{\sum \bar{x}}{n} \tag{1}$$

加权平均数不过是将上述公式分子中的加法改为乘法后再相加,实质上是同一个平均数 $\bar{x}$,即

$$\bar{x} = \frac{\sum \bar{x}f}{\sum f} \text{ 或 } \sum \bar{x} \frac{f}{\sum f} \tag{2}$$

其中 $\sum \bar{x}f$ 等于(1)式中的 $\sum \bar{x}$,$\sum f = n$。

从加权公式可以导出:相对数的平均数等于总和的相对数。设变数 x 为相对数 a/b,权数 f 为 b,代入公式(2) $\bar{x} = \sum \bar{x}f / \sum f$,就有

$$\overline{\left(\frac{a}{b}\right)} = \frac{\sum \left(\frac{a}{b}\right) b}{\sum b} = \frac{\sum a}{\sum b} \tag{3}$$

即相对数 a/b 的平均数 $\overline{(a/b)}$ 等于分子总和 $\sum a$ 与分母总和 $\sum b$ 的相对数

$(\sum a / \sum b)$。

由于剩余价值率、资金有机构成、利润率等等都是相对数,公式(3)的原理也适用于它们的平均数。

平均数是大量同质异量的变数在集体上的平均化。在这些变数中,每个变数都具有偶然性。它们的必然性表现在平均数上面。每个变数 x 都因受偶然因素的影响偏离平均数,它们各自对平均数的离差$(x-\bar{x})$会在总和中相互抵消,即

$$\sum (x - \bar{x}) = \sum x - \sum \bar{x} = \sum x - n\bar{x}$$
$$= \sum x - n\frac{\sum x}{n} = \sum x - \sum x = 0 \quad (4)$$

再将(1)式与(4)式结合起来观察,可知

$$\bar{x} = \frac{\sum x}{n} = \frac{\sum [\bar{x} + (x - \bar{x})]}{n} = \frac{\sum \bar{x}}{n} \quad (5)$$

从上式中可以看出,每个变数 x 都可以分解为$[\bar{x}+(x-\bar{x})]$。其中隐藏着必然性$\bar{x}$,又具有偶然性带来的偏离$(x-\bar{x})$。但在变数的总和 $\sum x$ 中,也就是在总和 $\sum [\bar{x}+(x-\bar{x})]$ 中,由于离差在总和中相互抵消,即 $\sum (x - \bar{x}) = 0$,终而使必然性$\bar{x}$显现出来。

总之,平均数规律是同质异量的变数的集体性规律。变数在单个上背离平均数,但离差在总和中会相互抵消。规律(必然性)正是通过偶然性离差的相互抵消来为自己开辟道路。

二、生产力发展规律和价值生产规律与平均数规律

平均数表现着同质异量的大量现象的规律性,它是以同质为前提的。就商品的价值规律来讲,一个商品的价值量是以同质的使用价值为前提,因为所要计算的是"使用价值的价值量"。如果所生产的产品没有使用价值(废品)或者质量较差(次品),生产中所耗劳动便不能作为计算平均必要劳动的基础。价值规律的基本规定性要求,在同质的使用价值前提下计算平均必要

劳动时间,以决定单位商品的价值量。

现设在同一质量条件下,生产某种使用价值 n 件,每件耗费的劳动时间为 $t_1, t_2, \cdots, t_n$。这里每一个 t 的计量单位(如工时)都以简单劳动为基础。社会必要劳动时间就是 $t_i(i=1,2,\cdots,n)$ 的算术平均数 $\bar{t}$,即

$$\bar{t} = \frac{t_1 + t_2 + \cdots + t_n}{n} \text{ 或 } \bar{t} = \frac{\sum t}{n}$$

就是说,决定单位商品价值量的只是平均必要劳动 $\bar{t}$,而不是任一个个别劳动 t_i。每一个个别劳动 t_i 都要折合为 $\bar{t}$ 才能形成社会价值;或者说,每一个个别劳动 t_i 只能形成个别价值(设为 w_i),社会价值 $\bar{w}$ 是个别价值(w_i)的平均数,即

$$\bar{w} = \frac{w_1 + w_2 + \cdots + w_n}{n} \text{ 或 } \bar{w} = \frac{\sum w}{n}$$

其中每一个个别价值 w_i 都要折合为社会价值 $\bar{w}$。也就是说,"商品中包含的劳动量要代表社会必要的劳动,因而,商品的个别价值……要同它的社会价值相一致"①。

平均必要劳动或社会价值都是按算术平均数计算的。"严格地说,每一单个商品或商品总量的每一相应部分的平均价格或市场价值[$\bar{w}$],在这里是由那些在不同条件下生产的商品的价值[w_i]相加而成的这个总量的总价值 [$\sum w$],以及每一单个商品从这个总价值中所分摊到的部分 [$\sum w/n$] 决定的。"②但是,平均数除了算术平均数的形式外,还有中位数和众数等形式,它们与平均必要劳动或社会价值又有着怎样的关系呢?中位数是变数(t_i 或 w_i)按大小顺序排列后当中的一个数;众数是变数中出现次数最多(众多)的数,也就是在算术平均数的形成上权数最大的数,这两个数一般不等于而只接近算术平均数。由于平均必要劳动和社会价值被严格地限制为算术平均数,所以,当提到价值由中位数或众数决定时,就应该理解为近似

---

① 《资本论》第 3 卷,第 203 页。
② 同上书,第 205 页。

的意义。举例如下。

生产条件	个别价值 w	两端产量不平衡		两端产量平衡	
		产量 q	价值 wq	产量 q	价值 wq
优 等	8	8	64	10	80
中 等	9	80	720	80	720
劣 等	10	12	120	10	100
合 计		100	904	100	900
平均价值		9.04		9.00	

在这些数例中,众数和中位数正好相重,个别价值9既是众数又正巧是中位数(因为它不仅在产量100中出现次数[80]最多,而且在100个个别价值 w_i 按大小顺序排列正巧处于当中的地位)。但是,在两端产量不平衡时,9在这里并不等于算术平均数,只是算术平均数的近似值。这时的算术平均数是 $904 \div 100 = 9.04$。马克思说:"市场价值,一方面,应看作是一个部门所生产的商品的平均价值,另一方面,又应看作是这个部门的平均条件下生产并构成该部门的产品很大数量的那种商品的个别价值。"[①]这句话的前一方面指出,市场价值应看作是一个部门内部各个生产者的商品个别价值的算术平均数,即平均价值。但后一方面又说,应看作是这些个别价值当中占很大比重的那个个别价值,即作为众数的个别价值。前面的数例已经说明,众数一般只接近而不正好等于算术平均数。所以上面这句话似宜理解为:市场价值,一方面,精确地讲,应看作是一个部门所生产的商品的平均价值;另一方面,又可近似地看作是在这个部门的平均生产条件下生产的、构成该部门的产品很大数量的那种商品的个别价值。

在下面这段中,头一句话也是就众数来讲价值决定的。"现在假定这些商品的很大数量是在大致相同的正常社会条件下生产出来的,因而社会价值同时就是这个很大数量的商品由以构成的各个商品的个别价值。"[②]显然,和上述那句话一样,这里所讲的社会价值是那个很大数量的商品个别价值(即上

---

① 《资本论》第3卷,第199页。
② 同上书,第203页。

例中的9),只是就近似值来讲的。如果大于和小于"大部分商品的中等价值"(上例就是9)的个别价值(上例就是8和10)"两端互相平衡","那么,市场价值就会由中等条件下生产的商品的价值来决定"①。这里讲的条件是"两端互相平衡"就上表后一种情况来讲,如果比9小1的8和比9大1的10出现次数(商品产量q)相等,8和10对9的离差就会相互抵消,市场价值才由9来决定。

算术平均数形成的规律表明:① 总是先有一个个的同质而异量的个别变量,然后才有它们的平均数,决不能脱离个别变量而臆造一个平均数;② 各个个别变量对算术平均数的离差会相互补充因而互相抵消,这样平均数就表现着个别变量的集体性规律。平均数规律的这些基本规定性,也适用于价值量决定的规律——总是先有一个个的个别价值,才会有平均价值或社会价值;个别价值会互相补充相互平衡为社会价值。

最后,关于土地产品的价值决定规律与平均数形成规律不一致问题。

加工工业产品生产中的价值决定规律是和平均数形成规律一致的。农业和采矿业等原产品(土地产品)生产部门的产品的价值决定规律似乎和平均数形成规律不是一致的。垄断使土地产品的价值不由平均价值决定,而由已开发的最劣地的产品个别价值来决定。这个个别价值所决定的土地产品的市场价值与按社会平均数计算的真实价值有一个差额,这个差额部分(即形成级差地租的实体的超额利润)便是土地产品价值决定中的虚假部分,即虚假的社会价值。这就是说,土地产品的真实的价值仍然应该是个别价值的社会平均数。其实,这个问题也存在于加工产品价格之中。加工工业也要占用土地,土地的位置差别也会形成级差超额利润,它会平均地渗入产品价格之中。据此,对以下几个重大理论问题就较易于理解了。

第一,关于生产力发展规律和平均数规律的关系。价值形成的规律不过是生产力发展规律在商品经济社会的表现形式。一定量的劳动时间所生产的产品越多,劳动生产力就越高,反之则相反。倒过来讲,单位产品所包含的劳动越少,劳动生产力就越高,反之则相反。这无论对个别生产者的劳动生产力来讲,或者对该部门的全部生产者的平均劳动的生产力来讲都是这样。用前面

---

① 《资本论》第3卷,第203页。

第一个平均数公式符号来表示,就是个别劳动的生产力与该劳动所生产的单位商品所耗劳动t_i成反比,该部门平均的、社会的劳动生产力与单位商品所耗平均必要劳动$\bar{t}$成反比。用前面第二个平均数公式的符号来表示,就是个别劳动生产力与个别价值w_i成反比,该部门的社会劳动生产力与社会价值$\bar{w}$成反比。也就是说,平均必要劳动或其结晶社会(平均)价值等平均数的形成和发展,不过是社会生产力的形成和发展的数量反比形式。

第二,关于生产力特别高的劳动是否创造较多的价值问题。马克思认为,生产力指的是具体劳动的生产力,并且说,"既然生产力属于劳动的具体有用形式,它自然不再同抽去了具体有用形式的劳动有关。因此,不管生产力发生了什么变化,同一劳动在同样的时间内提供的价值量总是相同的。"① 这里明确地指出,较高生产力的劳动,在同一劳动时间内,不会创造较多的价值。

但是,由于商品价值不是由个别劳动或个别价值来决定,而是由平均必要劳动或平均价值来决定,有较高生产力的个别生产者,他的劳动产品的个别劳动较少因而个别价值较低,这个个别价值在实现为社会价值时,却转化为更多的社会价值。用上表的第一个数例来讲,个别价值 8 会实现为社会价值 9.04。他虽然没有增加劳动的支出,但产品在实现为社会价值过程中,却起了类似增加劳动支出(即类似在同一劳动时间内提高劳动强度)的作用,带来了更多的价值。也就是说,"生产力特别高的劳动起了自乘的劳动的作用,或者说,在同样的时间内,它所创造的价值比同种社会平均劳动要多"②。对马克思这句话,我以为要特别注意"起了"两个字(郭大力、王亚南本译为"当作"似更确切)。即生产力特别高的劳动,仅仅起了强度较高的劳动的作用,后者在同样的时间内,会比同种社会平均劳动创造更多的价值。就这点来讲,它似乎也会创造更多的价值。但是它毕竟只是当作加强的劳动发生作用,它本身并不是加强的劳动,并未增加劳动的支出,因而实际上未创造更多的价值,而只是实现了更多价值。"如果满足通常的需求的,是按平均价值,也就是按两端之间的大量商品的中等价值来供给的商品,那么,其个别价值低于市场价值的商品,就会实现一个额外剩余价值或超额利润,而其个别价

---

① 《资本论》第 1 卷,第 60 页。
② 同上书,第 370 页。

值高于市场价值的商品,却不能实现它们所包含的剩余价值的一部分。"①

就价值形成过程来看,个别价值经过平均转化为平均价值或市场价值以后,还要折合为社会价值。但从平均数形成的原理来看,个别价值低于市场价值的负离差和个别价值高于市场价值的正离差是互相补充,互相抵消因而互相平衡,不然它们就不能实现为市场价值。

由此似可得出两个相连的结论:① 生产力特别高的劳动生产的商品只是实现了较多的价值;② 这个实现的较多的价值,从社会平均价值的形成过程看,是由生产力特别低的劳动生产的商品未能实现的个别价值部分转移而来。

第三,虚假的社会价值虽由市场价值规律造成,它的物质内容仍然要归结为生产力,即土地的级差的生产力。

三、按比例发展规律和价值流通规律与平均数规律

某生产部门各个商品生产者生产单位商品所耗劳动 t_i 具有偶然性;但由 $\sum t/n$ 所决定的,也就是由该部门平均生产力水平所决定的 $\bar{t}$,决定着商品价值量则是其中的必然性。

不仅商品生产中的价值规律如此,商品流通中的价值规律更是这样。因为流通领域"是一个竞争的领域,就每一个别情况来看,在这个领域中是偶然性占统治地位。因此,在这个领域中,通过这些偶然性来为自己开辟道路并调节着这些偶然性的内部规律,只有在对这些偶然性进行大量概括的基础上才能看到"②。具体说来,社会价值是内在规律或必然性,市场价格的变动除了由价值所决定,还受偶然性作用,因此,价格总是偏离价值的。价格与价值相符的规律只表现为价格以价值为中心(重心)的运动。根据平均数原理,变量时平均数的离差相互抵消,平均数是变量的中心,平均价格也是市场价格的波动中心。市场价格的中心既差价值又是平均价格,平均价格与价值重合,这样价格与价值相符的规律就进一步表现为平均价格与价值相符的规律。在这个意义上,等价交换的规律就通过平均价格规律表现出来。马克思

---

① 《资本论》第 3 卷,第 199 页。
② 同上书,第 938 页。

说,"在商品交换中,等价物的交换只是平均来说才存在,不是存在于每个个别场合"①。又说,"市场价格的不断波动,即它的涨落,会互相补偿,彼此抵消,并且还原为平均价格,而平均价格是市场价格的内在基准"②。又因为平均价格与市场价值重合,所以这实际是指"各种同市场价值相偏离的市场价格,按平均数来看,就会平均化为市场价值,因为这种和市场价值的偏离会作为正负数互相抵消"③。

说平均价格与价值相符并不等于说平均价格与价值等同。因为价值是客观的、直接的现实存在,而市场价格的平均价格则"只是一种近似值,一种趋势,一种平均数,但不是直接的现实。其所以如此,部分地是由于它们所起的作用被其他规律同时起的作用打乱了,而部分地也由是于它们作为概念的特性"④。具有概念特性的平均价格只是在平均数上近似地符合作为客观存在的价值。

以上分析了等价交换规律如何通过平均数规律排除偶然性离差(非等价交换)来为自己开辟道路。现在我们要转到分析偶然性本身与价值实现的规律以及按比例规律的关系。事物的偶然性是有条件的,即只是相对某一过程来讲它是偶然的。但它又是另一过程的必然性的结果。抽象地讲,它是两个或两个以上的过程的必然性(规律性)交错地起作用的结果。就等价交换或价格与价值相符的规律(必然性)来看,价格偏离价值具有偶然性,但这主要又是由于按比例规律(另一过程的必然性)作用的结果。

虽然价格偏离价值对等价交换规律来讲具有偶然性,但这是由供求失调、由比例关系失调带来的必然结果。按比例规律通过价值实现规律表现出来。这样,在价值实现规律调节下,生产也就被迫按社会需要的比例来进行。也就是说,"商品的价值规律决定社会在它所支配的全部劳动时间中能够用多少时间去生产每一种特殊商品"⑤。

关于价值决定与两种含义的社会必要劳动时间的关系还可以由平均数形成的原理加以论证。

---

① 《马克思恩格斯全集》第 3 卷,第 364 页。
② 《资本论》第 1 卷,第 193 页。
③ 《资本论》第 3 卷,第 211—212 页。
④ 《马克思恩格斯选集》第 4 卷,第 666 页。
⑤ 《资本论》第 1 卷,第 412 页。

按照前述平均数原理,总是先有实际耗费在单位商品中一个个的个别劳动,从而有一个个的个别价值,才有个别价值的平均数(平均数总是诸个别变量的平均),才有社会价值的形成。所以,商品价值量由第一种含义的社会必要劳动时间决定是理所当然的。第二种含义的社会必要劳动实际上以第一种含义的社会必要劳动的存在为前提,因为它是按比例规律规定特殊生产部门应该生产的商品总量乘以第一种含义的劳动的结果。

如果该部门实际产量为 n,实际耗费的劳动总量为 $\sum t$,则第一种含义的社会必要劳动为 $\bar{t} = \sum t/n$,这在前面已经讲过了。如果社会分工按比例要求该部门也正好生产 n 件,则第二种含义的社会必要劳动等于 $n\bar{t} = n(\sum t/n) = \sum t$,即正好等于第一种含义的社会必要劳动的总和(因为 $\sum \bar{t} = n\bar{t} = \sum t$)。第一种含义的社会必要劳动的形成过程是先有 t_i 从而 $\sum t$,而后有 $\bar{t} = \sum t/n$,这符合价值形成的规律。第二种含义的社会必要劳动是在已有的 $\bar{t}$ 的基础上乘以 n 计算出来的;就它的物化形式讲,就是在已经由第一种含义的社会必要劳动决定了的价值的基础上乘以 n 计得的总价值。它并不能决定一个商品的价值量,而只决定按比例地应该生产的 n 个商品按已经形成的价值计算的总价值量。

如果按比例要求生产 2n 个商品,即为实际产量 n 的 2 倍,则第二种含义社会必要劳动 $= 2n \cdot \bar{t} = n \cdot 2\bar{t}$。如果说第二种含义社会必要劳动也决定单位商品的实际价值量,那么,该商品的价值实体就会由原来的 $\bar{t}$ 突然变为 $2\bar{t}$。这个 $2\bar{t}$ 是在已有的 $\bar{t}$ 上面乘上 2,这也不符社会平均价值的形成规律。退一步说,就算它($2\bar{t}$)也决定商品的实际价值,这又否定了第一种含义的社会必要劳动 $\bar{t}$ 决定价值。因为同一商品价值不能既由 $\bar{t}$ 决定又由 $2\bar{t}$ 决定。

如果按比例要求生产 n/2 个商品,即实际产量 n 超过了社会的需要量,则第二种含义的劳动 $= n/2 \cdot \bar{t} = n \cdot \frac{1}{2}\bar{t}$。如果所分析的是实际生产的 n 件商品的价值决定,那已经由 $\bar{t}$ 决定了,不能由 $1/2\bar{t}$ 决定。如果指的是实现了的商品的"价值决定",如果正好又是实现 n/2 件,则每件价值实体 $= (n/2)\bar{t} \div n/2 = \bar{t}$,正好和第一种含义的劳动相等。但是,由于价格的变动使需求具有弹性,商品实现的数量可以在 n/2 到 n 之间变动。虽然第二种含义的劳动是一个常量 (n/2)t̄,分摊到不断变动着的实现的商品量的单位商品中的劳动量却是个变量。假定实现的商品量为 n/2+x,则第二种含义所"决定"的价值量为(n/2)t̄÷(n/2+xp)这就好像是由市场销售量(n/2+x)来决定单位商品价值。随着市场商品销售量的变化,同一商品的"价值",一会儿大些一会儿小些。所以,即使这样,也谈不上是第二种含义的社会必要劳动[(n/2)t̄]决定单位商品的实际价值量。

四、价值分配规律与平均数规律

新价值 v+m 的分配采取工资、平均利润和地租(超额利润)等形式。其中平均利润以利润率的平均化为前提。

这里,也是先有一个个的个别利润率,而后才有它们平均化的一般利润率。但是在形式上,它与前面所讲的作为绝对数的平均数的平均必要劳动、平均价值、平均价格等范畴有所不同,现在讲的是作为相对数的平均数的平均利润率(以及与之有关的平均剩余价值率、平均资金有机构成等)。

我们知道,相对数的平均数实际是各个个别相对数的分子总和与分母总和之比,即总和的相对数。就利润率 $p' = \dfrac{m}{c+v}$ 的平均数 $\bar{p}'$ 来讲就是

$$\frac{\sum m}{\sum (c+v)} = \frac{\sum \dfrac{m}{c+v}(c+v)}{\sum (c+v)} = \frac{\sum p'(c+v)}{\sum (c+v)} = \bar{p}'$$

由于总和 $\sum m$ 与 $\sum (c+v)$ 的相对数,并不是个别相对数 $\dfrac{m}{c+v}$ 的总和 $\sum \left(\dfrac{m}{c+v}\right)$,所以平均利润率不能由算术平均数的简单公式计得,即 $\bar{p}' \neq \sum p'/n$;而只能从上述加权公式计得,即 $\bar{p}' = \sum p' \dfrac{c+v}{\sum (c+v)}$,也就是由变量 p' 和权数 $\dfrac{c+v}{\sum (c+v)}$ ——即不同生产部门的资金 c+v 在社会总资

金 $\sum(c+v)$ 中所占比重——两个因素决定。

平均利润率还可以表现为平均剩余价值率 $\overline{m'} = \sum m / \sum v$ 和平均资金构成 $(\bar{c}/v) = \sum c / \sum v$ 的对比关系,即

$$\overline{p'} = \frac{\sum m}{\sum(c+v)} = \frac{\sum m / \sum v}{\frac{\sum c}{\sum v} + \frac{\sum v}{\sum v}} = \frac{\overline{m'}}{\left(\frac{\bar{c}}{v}\right) + 1}$$

总之,在这里所遇到的都是平均数。并且,由于利润率的平均化,资金也平均化(资金按等量计算);剩余价值也平均化(等量资金取得等量利润),平均剩余价值采取平均利润的形式,平均利润的总和正好等于剩余价值的总和,即

$$\sum \bar{p} = \sum(c+v)\overline{p'} = \overline{p'}\sum(c+v) = \frac{\sum m}{\sum(c+v)}\sum(c+v) = \sum m$$

一般利润率通过相对数的平均数的形成规律而形成,从而使等量资金带来等量利润,这又必须通过生产价格来实现。随着价值转形为生产价格,前面三个部分所叙述的价格与价值关系的原理,就要用改变的形式来复述。

以上我们只叙述了平均利润率的规律与平均数规律的关系。其他分配规律也是与平均数规律分不开的。在那些规律中,"或者您可以举工资规律即劳动力价值的实现为例,劳动力价值只是作为平均数实现的……或者以地租这种从被垄断的自然力中产生的超出一般利润率的超额利润为例。就是在这里,现实的超额利润和现实的地租也不是绝对地符合,而只是在平均数上近似地符合。"[①]

五、内在规律和竞争的强制规律与平均数规律

在商品经济下,一切内在规律会表现在价值规律上面,价值规律又表现在价格上面,价格则和竞争联系在一起。如果从量的规律来看,这又和平均数规律联系在一起。变数在集体上平均化,在个体上又背离平均数,这个规

[①] 《马克思恩格斯选集》第4卷,第666—667页。

律正是竞争赖以发生作用的条件,竞争又反过来迫使单个变数发生变化,从而改变它们的平均数。

前面说过,一个企业如果提高劳动生产率使商品个别价值低于社会平均价值,这样的偏离就有竞争力量。而相反的偏离,就会使其在竞争中被淘汰。但不论个别价值怎样变动,都会影响新的平均价值的形成。

竞争在使第一种含义的社会必要劳动总量化为(接近)第二种含义的社会必要劳动的过程中,还会使某种生产条件生产的商品占最大的比重。按照平均数加权公式 $\bar{x} = \sum xf / \sum f$ 的原理,权数 f 最大的变量(即众数)在平均数形成中影响最大,因而在这种条件下生产的商品的个别价值调节市场价值。价值因变数的权数(比重)变化而相应变化,在供过于求时,卖方竞争使劣等生产者被淘汰,具有优等生产条件的企业的比重上升,于是平均价值下降。反过来则相反。可见,竞争虽不参与价值的决定,但是由商品的个别价值通过加权平均到社会价值的形成,又要以市场的存在,以市场上的竞争作为外部的强制力量,才能使某种生产条件下生产的商品占最大的比重。按照平均数形成的规律,这种占比重最大的生产条件生产的商品,它的个别价值就会调节市场价值(即平均价值)。

原载《上海社会科学院学术季刊》1987年第1期

科学技术优先发展的规律和自身发展的规律

我认为,要把科学技术优先的发展和科学技术自身的发展当作经济规律来探讨,也就是从经济的角度来探讨这两个规律。

(一) 科学是人类精神的产物

科学并入生产过程意味着科学在工艺上(或者说在技术上)的应用。这种应用会对象化为具有指定性能的生产资料。按照指定性能设计的生产资料特别是其中的现代机器设备(在资本主义生产中表现为固定资本)本质上是人类智力的对象化,是以劳动社会化为条件的科学技术的对象化,因而也是人类劳动器官的延长、扩张和升华。马克思说,任何机器都"**是人的手创造的人脑的器官;是对象化的知识力量**"[①]。又说:"科学、巨大的自然力、社会的群众性劳动都体现在机器体系中"[②]。所以,"社会的生产力是用**固定资本来衡量的**"[③]。也就是说,社会生产力的发展的高度是通过作为对象化的科学技术的机器技术设备发展的高度表现出来,因而也可以用科学技术发展的高度来反映。

科学技术的高度发展不仅反映了社会生产力的高度发展,而且在社会生产力高速度发展过程中,科学技术还具有优先发展的必然性。这是因为,社会生产力高速度地发展要求生产资料优先增长,生产资料优先增长的规律包含生产资料的生产资料优先增长的规律,而在生产资料的生产资料中关键又是机器设备的优先发展,也就是对象化的科学技术的优先发展。因此,生产资料优先增长的规律,联系科学技术,就表现为科学技术优先发展的规律。这个规律已由近二百年来特别二十年来一些生产发达的国家的实践所证实。

---

① 《马克思恩格斯选集》第2卷,第785页。
② 《资本论》第1卷,第487页。
③ 《马克思恩格斯选集》第2卷,第776页。

当前为了加快实现四个现代化,我们狠抓科学技术这个关键,也是按照这一规律办事的。

(二)科学是人类精神劳动的产物

从事科学的劳动,既与个人的孤立的劳动不同,也与集体的共同的劳动有区别。马克思把这种劳动叫作"人类精神的一般劳动",并且指出:"应当把一般劳动和共同劳动区别开来。二者都在生产过程中起着自己的作用,并互相转化,但二者也有区别。一般劳动是一切科学劳动,一切发现,一切发明。它部分地以今人的协作为条件,部分地又以对前人劳动的利用为条件。"①

正因为科学包含着前人劳动的成果,从事科学技术的个人劳动的成果也是对后人的贡献。这种劳动不同于小生产者的孤立的劳动,因此,这种个人的研究应该得到支持。我们每个人都应该虚心学习科学,才能利用国内外前人的成果,并在这基础上推陈出新,做出自己在科学上的新贡献,才会有新的科学发展水平。前人的成果,即使是一条普通的科学定理,也不知凝结了多少劳动人民的智慧,耗费了多少科学工作者的心血,可是我们现在只要一学就接受过来。我们学一条科学定理所花的时间,和当初一代代科学工作者为创立这条科学定理所花的时间相比,真是微不足道。马克思说:"对脑力劳动的产物——科学——的估价,总是比它的价值低得多,因为再生产科学所必要的劳动时间,同最初生产科学所需要的劳动时间是无法相比的,例如学生在一小时内就能学会二项式定理。"②

又因为从事科学的劳动,部分地以今人的协作为条件,所以我们在支持个人的研究的同时,还必须大力组织某些重大项目的集体的研究,会战攻关,以及个人之间、科学研究单位之间的学术交流活动。各单位之间应该和衷共济、大力协同,才能花较少的劳动得到较大的科学技术硕果。如果追求个人或小集团的私利,互相封锁、不搞协作,甚至垄断科学技术成果,让兄弟单位继续耗费大量人力物力去探索这个成果,或者剽窃别人成果据为己有而抹杀别人的成绩,这都是极其错误的。

从事技术设备和技术材料的研制工作,也是科学工作,因而也是一般劳

---

① 《资本论》第3卷,第119页。
② 《马克思恩格斯全集》第26卷第1册,第377页。

动,这种劳动正是对象化在技术设备和技术材料之中。机器和指定性能设计的材料等生产资料既然是科学的对象化,而科学技术的发展又以对前人劳动的利用为条件,因而利用前人已经创造出来的新机器设备,会具有很大的经济效果。前人在试制一台新机器时要耗费大量的劳动,一旦试制成功,后人再生产这种机器时就只需很少的劳动。所以马克思说:"一台新机器初次制造的费用和再生产的费用之间有很大的差别"[①]。我们必须善于引进一些关键的能起带动作用的先进技术,把学习外国和自己的独创结合起来,这就不仅有利于我国经济尽快地实现四个现代化,而且使我们为取得这种技术设备所耗的劳动大为减少。

原载《学术月刊》1979 年第 1 期

[①]《资本论》第 3 卷,第 119 页。

生产力与分配关系相互作用的规律

生产的客体要素(生产资料)和主体要素(劳动力)构成生产的物质内容(生产力),它们的所有者的相互关系构成生产的社会形式(生产关系)。生产要素的所有制又决定了生产的结果(产品)的分配关系。生产关系包含着分配关系,分配关系是生产关系的反面,反正都是生产力的表现形式并反作用于生产力。

一、生产力要素的分配与生产力结果(产品)的分配

分配表现为产品的分配。但是,在产品分配之前,总是先有生产要素的分配,即生产资料的分配和社会成员作为劳动力的分配。

1. 生产要素的分配

这种分配就它的物质内容讲,是社会生产力的客体要素和主体要素的分配;社会分工还要求按比例地把它们分配在各类生产之间。只有进行了生产,才有生产的成果(产品)可供分配。并且,在社会总产品中,还要扣除用来补偿消费掉的生产资料的部分,因而可供分配的产品限于净产品。

这种分配就它的社会形式讲,就是生产要素归谁所有,决定着生产成果(产品)归谁所有。这里生产要素的分配实际就是一般意义的生产关系(生产形式),产品的分配就是一般意义的分配关系(分配形式),生产的形式决定了分配的形式。

由此可见:"分配的结构完全决定于生产的结构,分配本身就是生产的产物,不仅就对象说是如此,而且就形式说也是如此。就对象说,能分配的只是生产的成果,就形式说,参与生产的一定方式决定分配的特殊形式,决定参与分配的形式。"[①]

[①] 《马克思恩格斯选集》第2卷,第695页。

产品的分配就它的物质内容讲,可分为必要产品的分配和剩余产品的分配;就它的社会形式讲,劳动力所有制决定着必要产品的分配形式,生产资料所有制决定着剩余产品的分配形式。当然,劳动力所有制也决定于生产资料所有制。

2. 必要产品的分配

任何社会为了再生产都必须有生产资料的再生产和劳动力的再生产。因此,在社会总产品中扣除补偿消耗的生产资料的部分以后,还必须在净产品中扣除维持劳动力的再生产的消费资料,这就是必要产品。生产这种产品的劳动就叫作必要劳动。"这部分产品体现着他的劳动中被我们叫作必要劳动的那个部分,也就是维持和再生产这个劳动力所必需的劳动部分,而不管这种维持和再生产的条件是较贫乏的还是较富裕的,是较有利的还是较不利的。"①

众所周知,必要产品包括三个因素:① 劳动者本人所必需的生活资料(用以维持现役劳动力的再生产);② 劳动者子女所必需的生活资料(保证他退役和死后,更新劳动力);③ 劳动者的教育费用和训练费用(使他更新智力和获得技能)。随着社会生产力的发展,产品日益丰富,上述三个因素所包含的范围日益富裕。

必要劳动(以及必要产品,下同)对任何社会都是必要的。这种劳动对劳动者来说所以必要,是因为它不以他的劳动的社会形式为转移。这种劳动对各个阶级和各种社会来说所以必要,是因为劳动者的经常存在是它们的基础。

现在的问题是:必要产品的分配怎样适应社会生产力的变化不断变换它的社会形式。前面说过,生产力决定生产关系,生产关系决定分配关系。生产关系包含着生产资料的所有制形式和由它决定的劳动力所有制形式。就劳动力所有制形式来讲,对应的反面就是必要产品的分配形式。

当人类还处于蒙昧时期,生产力极为低下,净产品几乎全部是必要产品,还没有剩余。适应这种生产力的形式就是母系氏族共产制,当然劳动力也归氏族所公有。这里,必要产品限于从土地直接采摘的野果和渔猎的鱼和野

---

① 《资本论》第3卷,第930页。

兽,都归氏族家庭所共有,由主妇平均分配给氏族成员。

随着生产力的发展,出现了剩余产品,出现了奴隶制。这时,不仅一切产品似乎都归奴隶主所有,而且奴隶的人身从而劳动力也归奴隶主所有,似乎没有必要产品的分配问题。其实不然,奴隶主必须将他占有的产品的一部分作为必要产品让奴隶消费,才有奴隶的劳动力再生产,才有奴隶供他继续剥削。

封建制度比奴隶制度文明些,它将土地佃给农民,让农民直接占有自身劳动力和必要产品,它再以地租形式占有剩余产品。这时,必要产品和剩余产品明显存在并截然分开。

资本制度比封建制度更文明一些,它先以不文明的手段去剥夺封建社会遗留的小生产者,使他们一无所有,只剩下劳动力归自己所有,并作为商品出售。劳动者通过出卖劳动力,以实现劳动力价值的形式取得必要产品。资本还利用工资这个伪装形式,也就是用劳动的价值或价格(工资)来表现劳动力的价值或价格,好像劳动者通过工资取得的产品不仅是必要产品而且是他劳动的全部成果。

社会主义制度是生产要素的公有制,它的分配形式是按劳分配,即按劳动力的使用价值(劳动力的使用就是劳动)分配;而不是资本制度下的按劳动力的价值(劳动力作为商品所具有的价值)分配。但是仍然保留着工资这一具体分配形式。这就发生如下两个问题。① 按劳动力的使用价值分配和按劳动力的价值分配似乎是两种制度的本质区别,它们的共同点又在哪里? ② 社会主义社会仍然存在着商品经济,劳动总要表现为价值,工资也是代表着一定的价值。在资本主义社会,工资看起来是劳动的价值或价格,实际上是劳动力的价值或价格。在社会主义社会,好像是颠倒过来了。这时劳动力不是商品,因而不存在劳动力这一商品的价值或价格,工资当然不是代表这个不存在的东西。那么,它是不是就是劳动的价值或价格呢? 或者说,按劳分配在商品经济下,是否就是按劳动所创造的价值分配呢? 如果是的话,也会得出类似的矛盾,或者是劳动本身是价值,或者是社会主义的净产品全部分给劳动者,不复存在剩余产品。

关于第一个问题:社会主义制度和资本主义制度虽有不同的分配形式,但分配的物质内容都是必要产品。这种同一性不仅存在于两种社会分配形式之中,而且存在于一切社会形式之中。它们之间的主要区别在于必要产品的范围问题。原始共产主义家庭虽然也是公有制,但由于生产力水平低下,必要产品极为贫乏。奴隶制度、封建制度下的必要产品仍然贫乏,并不断受到侵占。资本制度也是剥削制度,有着共同的特点,那就是把必要产品压缩到最低限度,虽然这个最低限度已经随着生产力的发展而大为扩张。社会主义分配的主要特征正在于突破这个最低限度,它将尽快发展生产力使必要产品日益扩展它的范围。

关于第二个问题:在社会主义商品经济下,工资也不是劳动的价值或价格。价值由劳动决定,但劳动本身不是价值。如果说劳动本身也是价值(所谓"劳动的价值"),就会得出价值由价值决定;这是无谓的同义反复。工资也不是劳动创造的全部价值(工资可以看作是必要劳动创造的价值,而不是全部劳动创造的价值)。如果劳动创造的净产值都作为工资支付给工人,那就变为"不折不扣的劳动所得"①,这一点早已在马克思《哥达纲领批判》中被批判过了。

工资仍然是必要劳动创造的价值,它的实体仍然是必要劳动,这个实体的物化仍然是必要产品——保证劳动力再生产的产品。因此,社会主义按劳分配的形式,它既不是按劳动力的价值或价格分配,也不是按劳动所创造的全部价值分配,更不是按劳动的价值分配,而仍然是按劳动力再生产费用进行分配。马克思曾经这样说过:"当然,如果我们把工资归结为它的一般基础,也就是说,归结为工人本人劳动产品中加入个人消费的部分;如果我们把这个部分从资本主义的限制下解放出来,把它扩大到一方面为社会现有的生产力(也就是工人自己的劳动作为现实的社会劳动所具有的社会生产力)所许可,另一方面为个性的充分发展所必要的消费的范围……如果我们把有劳动能力的人必须总是为社会中还不能劳动或已经不能劳动的成员而进行的劳动的量,包括到1. 必要劳动和 2. 剩余劳动中去,也就是说,如果我们把工资和剩余价值,必要劳动和剩余劳动的独特的资本主义性质去掉,那么,剩下的就不再是这几种形式,而只是它们的为一切社会生产方式所共有的基础。"②

总之,不管必要产品采取什么分配形式,总是为了社会生产力主体要素

---

① 《马克思恩格斯选集》第3卷,第362页。
② 《资本论》第3卷,第991—992页。

(劳动力)不断地更新。

3. 剩余产品的分配

在社会年总产品中,首先要扣除补偿耗费的生产资料,然后要扣除必要产品,社会能分配的只能是剩下的剩余产品。正因为这个缘故,各个社会生产的目的都是为了追求剩余产品,只是占有的形式不同。奴隶制采用占有全部产品的形式。封建制采用地租形式。在资本主义社会里,由于运行的是商品经济,剩余劳动采取剩余价值的形式。这个剩余价值还会采取平均利润的形式,比例于资本的大小,分配于各个职能资本之间。这个平均利润再分割为企业主收入和利息,归于职能资本和借贷资本。资本对剩余价值实行的这种占有和分配,又会在土地私有权上遇到限制,土地所有者会在地租形态下,抽取剩余价值的一部分,平均利润是以地租的扣除作为前提。所以,资本利润(企业主收入加利息)和地租,不过是剩余价值的两个特殊部分,两个特殊的范畴。剩余价值属于资本的就叫作利润,属于土地所有权的就叫作地租,但不管叫作什么名称,它们本质上都是劳动者创造的剩余价值,它们的总和就是社会剩余价值的总和。社会主义社会仍然保有商品经济,剩余产品仍然以价值形式(剩余价值)存在,因而利润、利息和地租等分配形式仍然存在,只不过扬弃了资本剥削的性质。总之,所有这些分配形式,就其共性来讲,都是占有剩余产品的形式。或者说,都是剩余产品的分配形式或分配关系。并且,总是先有剩余产品的生产,才有产品可供社会分配;剩余产品的总量是社会分配的界限。

二、生产关系,分配关系,与生产力的发展

前一节侧重叙述分配的实体,这一节进一步分析分配的形式如何由生产的形式所决定并反作用于生产的形式,以至反作用于生产力。

1. 生产要素的所有制决定着产品分配的形式

前面说过,生产要素的分配主要指生产资料的分配。这种分配和一般讲的分配是两个概念;内涵完全不同。一般讲的分配是净产品(必要产品和剩余产品)的分配。生产要素的分配,不是净产品的分配,而是生产要素归谁所有,属于生产关系的范畴,它决定净产品归谁所有,也就是决定分配关系。

在这里,必须区别生产决定分配的内容和形式。从物质内容讲,生产要素的结合生产出产品,其中扣除补偿生产资料的部分以后,就是劳动者所创

造的净产品,即可供分配的产品。从社会形式讲,生产要素的所有权包括使用权(生产关系)决定对净产品的索取权(分配关系)。在商品经济中,净产品的价值就是劳动者活劳动所创造的新价值 v+m,它是各种收入的源泉。各种生产要素的所有权和使用权并不能创造这个新价值,它们只是对已经创造出来的新价值提出索取权。

在资本主义商品经济中,生产要素的使用(经营)权一般与所有权相分离,决定了新价值 v+m 交错分配的形式。

一般说来,生产要素总是在使用时才发挥作用,生产要素的使用权就决定了初次分配权。例如,一般生产要素(一般生产资料和劳动力)一旦为资本所占有并作为资本来使用,使用的等量资本(包括可变资本 v)就要求从 m 中分得等量利润,即取得平均利润;特殊的生产资料(土地)的资本主义使用则要求从 m 中分得超额利润。平均利润和超额利润是剩余产品在商品经济下的分配形式,这种分配都是通过商品价格来实现的。至于必要产品的分配,一方面表现为价格中补偿可变资本的部分,另一方面表现为工资。工资是劳动力的个人所有权在新价值中所取得的份额。客体生产要素的使用权和所有权因分离而取得再分配权。资本的所有权从平均利润中取得利息;资本的使用权实际分得平均利润扣除利息以后的余额(企业利润)。土地所有权从超额利润中取得地租;土地的使用权是使资本获得平均利润的条件,又是租约期内取得新增利润的权利。现将以上关系列表如下。

生产要素	资本主义的商品生产关系	相应的分配形式		分配或收入的源泉
		初次分配	再次分配	
一般生产资料	不变资本使用权 不变资本所有权	平均利润	企业利润 利息	m
土地	土地使用权 土地所有权	超额利润	租期内新增利润 地租	
劳动力	可变资本使用权 可变资本所有权 劳动力所有权	平均利润 (补偿可变资本)→工资	企业利润 利息	v+m / v

总之，首先是存在一定的生产关系，才同时存在与之相应的分配关系。以工资来讲，它先以可变资本形式同工人相对立，然后取得工人的收入形式。谈到利润，它不仅与可变资本相联系，并且与不变资本相联系，而资本就是一种生产关系。最后，资本主义的地租，那也是和资本主义生产关系分不开的。在物质劳动条件到资本的转化中，还包含着直接生产者土地的被剥夺，因而存在着一定的土地所有权形式；这样，剩余价值的一部分才会采取地租的形式。

我们还要注意到，在商品经济中，不仅第一次分配要通过价格来实现；而且第二次分配也要通过价格来实现，不过后一种价格是特殊商品的特殊价格，例如利息是资本作为商品的价格，地租是土地的价格，工资是劳动力的价格，等等。

2. 新价值是分配的界限

新价值是分配的前提也是分配的界限。不管工资率、利润率和地租率有着怎样的变化，不管调节各种收入部分互相间的比例的各种规律会起什么作用，工资、利润和地租的变动只能在新创造的商品价值所划定的界限以内进行。在新价值的范围内，由新价值所分解的各种收入又各有自身的界限，这是由各种特殊规律决定的。

工资的最低限度是由工人维持和再生产劳动力的生活资料的价值决定的，即由再生产这些生活资料所需要的劳动时间决定的，从而是由该工人所从事的必要劳动时间决定的。

工资有了界限，其他各种收入也就有了界限。这个界限就是新价值减去工资后的余额，就是一日劳动所创造的价值减去必要劳动所创造的价值的余额。这个余额首先是剩余劳动所创造的价值——剩余价值的界限，而剩余价值又是利润、利息和地租的界限。

最后，如果在某个生产部门遇到人为的垄断或自然的垄断，以致形成一个高于价值的垄断价格，从而形成一个高于剩余价值的垄断利润，那么，由商品价值规定的界限也不会因此消失。某种商品的垄断价格，不过把其他商品生产者的一部分利润，转移到具有垄断价格的商品上。这只改变了剩余价值在不同生产部门之间的分配，而不会改变这个剩余价值本身的界限。

3. 分配关系与生产力

前面说过，无论分配采取什么形式，总是必要产品和剩余产品的分配。一方面，生产力的发展高度决定了必要产品和剩余产品的规模。另一方面，必要产品的增加有利于劳动力素质的提高，从而有利于提高生产力；剩余产品的增加有利于积累，从而追加新的生产力。只要分配关系能够协调这些关系，就会促进生产力的发展，反之就会阻碍生产力的发展。分配关系不过是生产关系的一个方面，每一种分配形式都会同它由以产生并与之相适应的一定的生产形式一道消失。"分配关系，从而与之相适应的生产关系的一定的历史形式，同生产力，生产能力及其要素的发展这两个方面之间的矛盾和对立一旦有了广度和深度，就表明这样的危机时刻已经到来。这时，在生产的物质发展和它的社会形式之间就发生冲突。"①

社会主义社会仍然存在着商品经济，只要撇开资本形式，保留资金形式；撇开土地私有权，代以土地公有权；上述新价值的分配形式（利润、利息、地租、工资等）仍然存在，有关的分配规律以及与生产力的相互关系也仍然发生作用。我们过去忽视利息和地租，导致浪费资金，滥用土地，严重地影响生产力的发展。

三、按比例规律制约分配，两种含义的按劳分配

在社会主义分配关系中，人们虽然注意到对劳动者实行按劳分配的原则，往往没有注意到这种按劳分配是以另一种含义的按劳分配为前提的。

社会主义社会仍然保存商品经济。商品经济的基本规律是价值规律。价值规律的核心在于两种含义的社会必要劳动。第一种含义的社会必要劳动以反比例形式反映生产力的发展，第二种含义的社会必要劳动直接表示按比例规律的要求。前面说过，按比例规律归根到底又由社会生产力发展规律所制约。因此，在社会主义分配关系中，分配的形式必然为价值规律所制约，深入看就是为两种含义的社会必要劳动所制约。

1. 第二种含义的按劳分配是实现产品分配的前提

第二种含义的按劳分配中的"劳"是第二种含义的社会必要劳动，是相

---

① 《资本论》第3卷，第1000页。

对于作为商品生产者的企业来讲的。企业按照社会需要来生产,也就是它耗费的应当是第二种含义的社会必要劳动时间,它的产品也就能够实现,收回原来投入的劳动,也就是按应当投入的劳动来分配。如果企业不按照按比例规律要求,生产了社会不需要的产品,产品卖不掉,就无法支付工资、取不到利润,也无法支付利息和地租。总之,各种分配都不能实现。过去,由于价格体系不合理,国家对亏损企业采取"包下来"政策,违背了第二种含义的按劳分配规律,保护了某些落后企业,阻碍了社会生产力的发展。今后,在价格逐步合理化的过程中,企业自负盈亏,社会对企业实行第二种含义的按劳分配,既使企业按社会需要来生产,又使企业不吃国家"大锅饭"。

2. 本来意义的按劳分配

本来意义的按劳分配是指社会主义制度下劳动者的按劳分配。这当中的"劳"是指第一种含义的劳动,即实际耗费的社会平均劳动。因此,这可以叫作第一种含义的按劳分配。前面说过,它以第二种含义的按劳分配(即按比例的需要所决定的应该耗费的社会平均劳动)为前提。在这个前提下,企业对劳动者实行第一种含义的按劳分配,就使个人不吃企业"大锅饭"。在商品经济下,只有合乎价值规律的价格体系才能有效地贯彻两种含义的按劳分配的原则。如果不改革现行的不合理的价格体系,就会使一部分单位和个人通过不合理的价格,侵占国家、集体和其他劳动人民的成果。一部分企业或个人靠着不合理的价格不劳而获,最后会损及社会主义制度和社会生产力。

按劳分配(本来意义的,下同)就其物质内容讲仍然是必要产品的分配。但是必要产品的范围,一方面突破资本的限制,另一方面随着劳动的支出而增加。在这里,必要产品具有特殊的分配形式,表现为多劳多得、少劳少得、不劳不得。它一方面否定了不劳而获的剥削者,另一方面又激励劳动者的积极性,从而促进社会生产力的发展。

由于按劳分配是按社会平均劳动分配,因此,马克思在《哥达纲领批判》中指出,"这里通行的是商品等价物的交换中通行的同一原则,即一种形式的一定量劳动同另一种形式的同量劳动相交换"[①]。这种"等价物的交换只

[①] 《马克思恩格斯选集》第3卷,第363页。

是平均来说才存在不是存在于每个个别场合"①。"这种平等的权利,对不同等的劳动来说是不平等的权利。"②它的优点是"不承认任何阶级差别,因为每个人都像其他人一样只是劳动者"③。缺点(或"弊病")在于默认个人劳动的差别。这个差别则由旧分工导致的脑力劳动和体力劳动的对立所产生。而这在社会主义阶段"是不可避免的"④。

那么,又如何理解恩格斯在《反杜林论》中如下一段话呢?"现在怎样解决关于对复合劳动支付较高工资的全部重要问题呢?在私人生产者的社会里,培养熟练的劳动者的费用是由私人或其家庭负担的,所以熟练的劳动力的较高的价格也首先归私人所有:熟练的奴隶卖得贵些,熟练的雇佣工人得到较高的工资。在按社会主义原则组织起来的社会里,这种费用是由社会来负担的,所以复合劳动的成果,即所创造的比较大的价值也归社会所有。工人本身没有任何额外的要求。"⑤

我认为按劳分配的原则是以默认个人劳动的差别为前提的,既然复杂劳动等于倍加的简单劳动,就应该支付较高的工资。问题只在于训练有学识的劳动者的费用是由社会来负担的。为了解决这一矛盾,社会宜以预付形式将这笔费用贷给高校学生,就业以后再在较高的工资中逐步归还给社会。

原载《复旦学报(社会科学版)》1987年第1期

---

① 《马克思恩格斯选集》第3卷,第364页。
② 同上。
③ 同上。
④ 同上。
⑤ 同上书,第582页。

流通经济的科学发展

本文的目的在于科学地审视流通经济的发展,也就是从探索客观规律来审视流通经济的发展。抽象地讲,应该用唯物的世界观来审视"发展",用辩证的方法论来显示其"科学"性。对此,本文运用的方法是我多年来批判、继承和发展的黑格尔的圆圈方法论。

黑格尔认为"科学表现为一个自身旋绕的圆圈,中介把末尾绕回到圆圈的开头;这个圆圈以此而是圆圈中的一个圆圈"①。但他没有画出这个圆圈。20 世纪 70 年代末,我尝试按其机理画出该圆圈,并用以表述马克思科学地揭示的生产力(物质内容)、生产关系(社会形式)、上层建筑(形式的形式)三者之间的辩证关系,如图 1 所示。

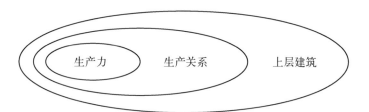

图 1　生产力、生产关系和上层建筑的关系

在图 1 中,圈中的内圈是内容,外圈是形式。它们的辩证关系是内容决定形式,形式反作用于内容。

此外,我还将图 1 扩展为六个圈层,用图 2 表示。

流通经济在内四圈,实质在核心的内二圈。本文就此顺序进行探索。

一、流通与生产力的源泉

源泉来自人口、资源、生态环境。

---

① 黑格尔:《逻辑学》下卷,商务印书馆 1976 年版,第 551 页。

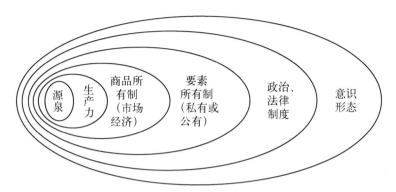

图 2　生产力、生产关系和上层建筑之间关系的扩展

社会人口处于流动中。就当前而言,我国仍保有小农经济,也就是繁衍人口的经济。我国现有 13 亿多人口,还有可能增到十五六亿,其中大部分在农村。农业经济的未来规模化将使大量人口城市化。目前,大量农民在节假日往返于城乡之间。美国农业用地的面积略大于我国,但农民数量只有我国的百分之一左右。我国农民的数量将会进一步减少,且人口的流动主要在于城市与城市之间以及城市内部。

资源主要是承载流通工具的土地(平面的陆地与水体、立体的空间)以及为矿山提供载运工具的能源。由于土地的有限性,且必须保证人类的基本生活,从这个意义上表现出了农地的不可侵占性。因此,必须合理规划土地的使用,尽可能少占陆地尤其是农业用地,多利用水运,等等。在城市内部,存在的主要问题是人口流动量大,而人均占地狭小。因此,必须优先发展公交,而且公交还宜双层化。

土地也就是环境,但其还有特殊的含义。为了让人口能够生活下去,环境应是生态环境。由于森林是生态环境的支柱,森林被毁会导致土地荒漠化,当地人口就生活不下去。因此,在兴建公路、铁路时必须注意保护森林。生态环境还要求交通工具在运行时不仅要节能减排,还不应污染环境和产生噪声危害。

二、流通与生产力

就流通与生产来讲,类比于人的有机体,人流、物流可视作脉管系统,信息流可视作神经系统。社会生产的各个要素就是通过这种脉管和神经连接起来,并最终促成运动中的现实生产。

企业外部的"三流"独立为交通业,为人流、物流服务形成客货运输业,为信息流服务形成通信业。交通业的特点在于它的生产过程不是直接生产物质产品,而是场所的变更,即将人与物从一地运到另一地,或将信息从一地传递到另一地。这个特点使它将非生产消费变为交通业的生产。交通业就随着农业(第一产业)、工业(第二产业)之后成为第三产业,并且三者日益结合而壮大。规模经营的大农业、工业分工与聚集都需要交通业的服务,交通业也就因此而日益发展壮大。

就社会生产力来讲,马克思指出:"劳动生产力是由多种情况决定的,其中包括:工人的平均熟练程度,科学的发展水平和它在工艺上的应用程度,生产过程的社会结合,生产资料的规模和效能,以及自然条件"[①]。流通使生产过程得以社会结合,从而发展社会生产力。

就交通自身生产力来讲,上述马克思所揭示的生产力发展规律,都值得交通业加以分析,这里就不具体叙述。

总之,社会生产力的发展要求节约单位产品所耗劳动(物化劳动与活劳动),其中包含交通业所耗劳动。如果生产力布局合理,就会在宏观上缩短运距,加速再生产过程,节约社会交通劳动。如果交通业能优化自身结构,还会进一步节约交通劳动。

三、社会主义市场经济中的交通业

市场经济规律的特点在于以价值形式促进生产力发展。正因为如此,中国特色社会主义就在于与市场经济的结合。

商品价值是由社会必要劳动时间决定的。"社会必要劳动时间是在现有的社会正常的生产条件下,在社会平均的劳动熟练程度和劳动强度下制造某种使用价值所需要的劳动时间"[②]。"劳动生产力越高,生产一种物品所需要的劳动时间就越少,凝结在该物品中的劳动量就越小,该物品的价值就越小……可见,商品的价值量与实现在商品中的劳动量成正比地变动,与

---

① 《资本论》第1卷,第53页。
② 同上书,第52页。

这一劳动的生产力成反比地变动"①。

交通劳动是生产劳动,在商品经济中也凝结为价值。因此,价值规律完整地讲应该是:单位商品的价值量是由生产它并把它运往市场所必要的劳动量决定的。这就决定了交通业的经济活动影响价值规律,又必须遵循价值规律。

价值规律是市场经济的内在规律,它由外在竞争规律为之开辟道路,并迫使生产者提高生产力,使产品的个别价值低于市场平均价值。"他必须低于商品的社会价值来出售自己的商品,又会作为竞争的强制规律,迫使他的竞争者也采用新的生产方式"②。

在这生产方式中包含流通的效率。流通的加速还可以加速资本周转,使较少资本占有更多的剩余价值,并会节约流通费用,进一步促进生产力的发展。

在商品流通费用中,主要是商品运输费用,此外还包括商品仓储费用和纯粹流通费用。

这里讲的仓储费用是指为了流通正常进行而必需的仓储费用。在这里,使用价值虽然没有增加,反而可能因仓存储耗而减少了。但这种减少受到限制,使用价值被保存下来。就因为这个缘故,保管费用在一定程度上会加入商品价值。这样,生产一个商品所消耗的费用,除了前面讲的生产费用以外,还要加上这项保管费用,它使商品变贵,这与劳动生产力低使商品变贵的道理一样。

仓储费用不是都会加入商品价值,这要看商品储备是正常的还是不正常的。如果是不正常的,投入的储备费用就不加入商品价值。只有正常的储备费用才会加入价值。

四、交通业中的生产关系

这里侧重叙述基础设施所占用土地的所有权与使用权问题。基础设施建基于土地,但土地有自己的所有权与使用权。就像房产与地产的关系一样,房租之中含地租,房屋的所有者应该向屋基所占土地的所有者交付地租。

---

① 《资本论》第 1 卷,第 53—54 页。
② 同上书,第 370—371 页。

基础设施使用费中也应包括占用土地的地租。

土地作为自然资源，不是劳动生产的产品，不含有劳动创造的价值，但它的使用会带来超过平均利润的利润。这是社会转移来的价值，不是土地使用者创造的价值，因而应该归社会所有。社会由国家来代表，所以土地应当国有化。顺应这一规律，我国宪法也明确规定土地国有制。就经济学讲，生产关系由分配关系实现。土地国有化无非是将地租交给国家。马克思认为，如果使用土地而不付地租，"意味着土地所有权被抽象掉，土地所有权被废除"。[①] 他还指出，应当剥夺私人占有的地产，"把地租用于国家支出"。[②]

严格地租的核算既可使基础设施的经营者不能侵吞国有资产，又能解决乱占土地建造不必要的基础设施的问题。

另一方面，科学地兴建基础设施，反而会优化附近的土地。它使周边土地特别是车站、码头、地铁出入口临近土地的价格飙升。在规划时政府就应该加以调控，防止地价上涨的利益落入地产投机者手中，宜将此项高额地租转化为建设基础设施费用，以减少政府投资。

五、流通与上层建筑

对应人流、物流、信息流所形成的产业，提供的是公共产品。这就要求政府合理规划和巨额投资兴建公共产品，将其主要交付国有企业进行建设，并通过市场运营给予一定的补偿。

交通业是耗能大户，能源价格也应市场化。政府不应对交通业的能源消耗实施低价优惠，要让交通业自己努力节能减排，提高生产力。由于城市道路面积有限，同时为了节能减排，政府应该倡导公共交通，限制小汽车。

在市场经济中，公交也必须独立核算，提高运载生产力。政府不应干预它应有的票价。特别不应从违反客观规律的意识形态出发去干涉交通业。

原载《中国流通经济》2008 年第 4 期

[①] 《资本论》第 3 卷，第 849 页。
[②] 《马克思恩格斯选集》第 1 卷，第 421 页。

试论环境经济规律

社会生产力发展规律是一切经济规律的核心规律。但是,社会生产力自身的根本源泉在自然环境(生物直接、间接赖以生存的空间)。环境规律制约着社会生产力的发展,因而制约着一切经济活动,并且和人类生活息息相关。人类通过生活和生产与环境进行物质交换和能量传递,这种交换和传递必须符合生态规律。也就是说,经济规律与生态规律有着内在的必然联系,这就是生态经济规律。因此,所谓环境经济规律,实质上就是生态经济规律。下面我们来具体考察一下这一规律。

一、生态规律

生物与环境之间的物质交换和能量传递形成生态关系。这个关系的内在联系形成生态规律。

生态系统由以下要素组成。

(1)非生物环境。这是形成生命但本身无生命的物质贮藏库。它包含着无机和有机的化合物,如水、氧、二氧化碳、无机盐和氨基酸等等,这些因素组成生物赖以生存的水体、大气、温度、土壤等环境。

(2)生物群落由植物、动物、微生物组成,其中绿色植物是生产者,动物是消费者,微生物是分解者。

上述各要素相互依存形成系统。在生态系统中,生物和非生物环境之间沿着一定的循环途径,进行物质交换和能量传递。

植物实际是初级生产者,它通过光合作用,将非生物环境中的无机元素合成为有机化合物,同时将太阳能转化为化学能贮藏起来。植物的增殖实际是非生物环境中的无机物质和能量转化为生命物质和能量的初级形式。没有这个转化就不会有动物,更不会有人类。

动物相对于植物来讲,它是消费者,即它是直接或间接靠消费植物来生存和增殖的。作为消费者,动物又分为若干层次,连同植物一起形成食物链。这里,一个个层次的消费过程实际是将已经转化到植物体中的物质和能量再转化到动物体中;一个个层次的消费者不过是这些处于转化过程中的物质和能量的临时载体。人的机体和活力就是由这些物质和能量转化来的。

在一个个生物个体的生命活动中,在生物体之间的生产、消费过程中,处处产生废弃物。这些物质又被微生物分解为基本元素和简单的化合物,返还给土壤、空气和水中,被绿色植物重新吸收。微生物是分解者或还原者。

生态系统内部的物质循环与能量转换大致可以图示如下。

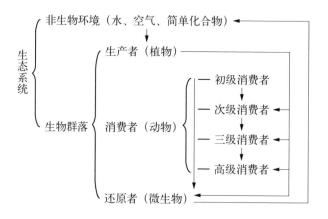

生物与非生物环境之间进行物质交换和能量传递是一个半封闭系统内部的循环。在这个循环中,处在食物链中各种生物每一种群都起着不可缺少的联结作用。在这样的运动中,物质元素与生物种群协调地发展,在动态中保持平衡,人类及一切生物由此生存、生活和发展。

因此,生态规律究其核心,就是生态系统中物质循环的动态平衡规律。这个平衡的前提是非生物环境的物质元素的相对稳定状态。如果加入系统外的因素,或者使原有元素和分子处于不稳定状态,生物赖以生存的环境一旦被破坏,生态系统就会趋于崩溃。这个平衡的关键是由非生物环境因子进入生物环境(生物群落)的生产者。因此,绿色植物特别是其中转化效益最高的森林是生态平衡的支柱。

二、生态经济规律

人类作为高级消费者,作为动物,当然服从生态平衡规律。但是,人类通过生产劳动所引起的物质变化，比整个自然界生物有机体自身转化活动所引起的物质变化要强大得多；特别是机器大工业的兴起和采矿业的发展，又从生态系统物质要素循环之外引入新的元素，并在代谢过程破坏生态系统中诸因素的相对稳定性。不过人类的经济活动最后还是服从生态平衡规律，形成新的人工生态系统，在这个系统中所运行的内在规律就是生态经济规律。

人工生态系统是在自然生态系统的基础上建立的、社会和自然复合的再生产体系。

人类在蒙昧时代，首先向生物环境中取得食物，人本身基本上还仅是自然生态系统中的高级消费者。

野蛮时代，人口很稀少，初期畜牧业和农业活动还直接依附于自然生态的物质循环之中。

由于铁器的发明，人类从野蛮进入文明时代。这时，生产力仍然是劳动力和自然力的直接结合。从奴隶制社会直到封建社会基本上还是自然经济，人们兴修水利，在江河流域肥沃之地发展农业，形成人工生态系统的物质循环。在这个循环中已经包含对森林的破坏和对天然产物的加工。不过，由于劳动对象基本上是农、林、牧、渔产品，即碳水化合物、蛋白质和脂肪，加工过程和消费过程中的排泄物，在返回自然时，一般不会损及环境。

机器大工业兴起以后，矿质原料被大规模采掘出来投入再生产过程，其中有些是原来未参与自然生态系统循环并且对生命系统有害的新的元素，它们不仅较难由微生物来分解，而且会危及微生物；有些虽是碳化物，但在大规模使用时，它们的巨量的排泄物导致的庞大的分解任务，光靠天然的微生物是难以承担的。

因此，在人工生态系统中，即在社会和自然复合的再生产体系中，谁是"分解者"（物质资源的"还原者"）以及如何来还原，就成为不同于自然生态系统，并且难以解决的新问题。不过，产生问题的原因，往往又是解决问题的手段。既然大工业把非生态循环的因素引入人工生态系统，分解这些因素还原为重新使用的物质资源，并且不损伤生态系统的物质循环，也还是工业，这就是再生资源开发工业。这样，人工生态系统似也可图示如下。

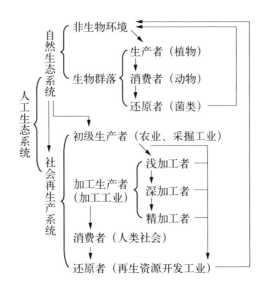

自然生态系统是社会再生产系统的物质基础,其中森林、水、大气、土地特别重要。

森林仍然是系统的支柱。但人们在经济活动中却盲目地削弱这个支柱,使生态经济系统濒临危机!

我们知道,森林首先是大气循环中的交换器。自从地球诞生以来,直到6000万年前,因为植物特别是森林的光合作用,使大气中的二氧化碳转移到活的机体,然后再转到死的机体。这样,方使大气中的二氧化碳比重下降,氧气比重上升,才使动物和人类能够出现和生存。

又由于森林在食物链中作为最大生产者的地位,再加上它的荫护作用,动物才得以繁衍。

森林在水循环中也是重大枢纽。海洋之所以在地球水循环中起决定作用,是因为它占地球总面积的71%。然而在同纬度同面积条件下,森林的蒸腾作用比海洋大50%。一公顷森林在夏季一天可以蒸发70~100吨水分,从而提高林地区的湿度,促进地区雨的形成。森林又是一个蓄水库:降水的15%~40%可以被林冠所截留,5%~10%又被林枯枝落叶层所吸收,其余50%~80%的降水,渗入地下成为地下水,而地表径流不超过1%。因此,五万亩森林所保蓄的水量,可以相当一座100万立方米库容的水库。

森林还是土壤的保护伞,起着防风固沙的作用,防止土壤的沙化。森林不仅用自身的落叶来增殖土壤的有机肥力,它还用林冠挡住降雨的冲力,用根系维护土壤的聚集。据中国科学院云南热带植物研究所定位观测结果,农田上水土冲刷量比雨林大 1 302 倍。

由于森林被毁,循环到大气中的二氧化碳没有森林去吸收它,现在再将埋藏地下的石化燃料采掘出来作为燃料,进一步增加大气中的二氧化碳、二氧化硫等有害于人类的气体。另一方面,氧气只被吸收而没有森林去制造。大气中元素的分布失去平衡,危及人类的生存。

总之,在生态经济系统中,物质循环的支柱仍然是森林。为了保持循环的动态平衡,首先要保护森林,提高地球上的森林覆盖率。

再说水的问题。地球表面71%以上是水面。但是,地球上的水94%是海洋水,而作为生命需要的水主要是淡水。在淡水中绝大部分又处于相对稳定状况——地下水和冰水。如果过度抽取地下水就会使陆地下沉,如果南北极冰川融化也会使海水上升。直接处于湖泊、河流、土壤、大气中的淡水仅占地球上水流的万分之二点六[①]。

水的循环主要靠太阳辐射热能,首先是地表水蒸腾为水蒸气,上升到大气层,遇冷再降回到地面。在处于水蒸气和雨、雪、冰等形态时都是淡水。现在的问题是:一方面降回到地面上的淡水难以蓄贮;另一方面,人口的增加、农业和大工业的浩大用水量,在进入生产、生活过程时是清净的淡水,流出过程时却变为污水,这些污水回到环境时,还以十倍、数十倍的幅度扩散、恶化江河湖海的净水,再加上废气还会转化为酸雨,使淡水进一步恶化。

为了使生态经济系统的"血液"不受污染,不迅速流失,就要一方面保水杜绝污染源,另一方面蓄水增加水资源。蓄水似应从以下方面努力。

① 大幅度提高森林覆盖率,也就是在各个地区建立绿色水库。② 在建立绿色水库的前提下,建立人工水库。③ 在建立绿色水库的前提下,在有条件的地方促使一些干涸湖泽恢复生机;疏浚河道,冲刷淤沙,降低河床高程,以增大江河容量。④ 退田还湖,并挖深江河水系的大小湖泊,从平面上、立体上增加湖泊容量。

这样,雨水分布均衡,不致在有的地方集中下雨成灾,有的地方又无雨成

---

① 参见霍凤元:《生物与环境》,上海教育出版社1981年版。

灾。从而降雨之后大部分水为森林所截留,径流量相对减小,径流所过又被水库、湖泊含蓄,然后徐徐入海。在水循环的过程中,作为淡水存在的运动阶段比较长,可用的淡水资源也就增大了。

这样的良性循环还可充分发挥水资源的多方面效用。

首先,江河湖泊本身就是一个个生态系统,蕴养着各类水产生物资源。

水是一种循环不息的可再生能源,而煤、油、气、铀、钍等能源则是经过亿万年地质变迁而形成的,不易再生,用一些就少一些。水还是清洁的能源,而矿物能源往往污染环境。水作为能源也要在正常循环时才充分发挥效用。如果水库上游及其周围缺乏森林,就容易暴发山洪,水流量的一部分未经发电就从溢洪道白白流逝。如果水库淤积,白白流逝的水就更多了。

水还是交通工具的载体。河道的疏浚,河床、湖底水平的下降,使航道加深加宽。这样,一些被流沙淤塞的内河支流又可以重新通航,并且由于水更深了,还可以通航大吨位船舶。目前,"在全国10.78万公里的通航里程中,水深1米以上的约为5.9万公里。能通航千吨级以上船舶的仅2 707公里,能通航500~1 000吨级的仅3 412公里,能通航300~500吨级的仅3 367公里,而仅通50吨级以下航道则居大多数,为73 482公里,占68.2%。"[①]这种局面有待于改变。

总之,淡水资源的开发和森林资源的开发一样,都属系统工程,并且是同一大系统的子系统。它们的开发都要遵循生态经济规律,不能就乱治乱,越治越乱,而要按照规律拨乱反正,变被动为主动。

海洋也是一个生态系统,同样蕴养着各类水产生物资源。但是,一方面海水污染越来越严重,另一方面酷渔滥捕。这些都使海洋生态平衡遭到破坏。

土地是一个立体概念,它上有气圈,下有岩石圈,中有水圈,形成非生物环境。而生物群落正是在这个环境中形成和发展的。就经济意义来说,土地是自然资源的综合体,它蕴藏着生物资源和非生物资源,其中有些作为生活资料资源,有些则作为生产资料资源。总之,土地是生态经济系统的母亲,系统中很多因素几乎都来自土地。

---

① 中国国土经济学研究会编:《国土经济学研究》,中国展望出版社1982年版,第279页。

土地,从狭义来讲,它不包括海洋面积,只是陆地面积和内陆水面;从更狭义的意义来讲,则限于陆地面积。

如果说阳光是生物能量的源泉,那么,土壤可以说是生物物质生长发育的基地。土壤的自然力是经过地质变化和生物循环的漫长历史才形成的。土壤不仅是绿色植物生长发育的基地,也是陆生动物居住和活动的场所。

地球上的土地是有限的,一国的陆地更是有限的,它是稀缺的资源。可是,有限的土地却负载着"无限增长"的人口。人口多了,就要增加耕地,势必挤林地、挤内陆水面、挤牧场,使生态系统比例失调。另一方面,人口多了,又会不断消灭耕地——臃肿的城市侵蚀城郊农田,为安排过剩人口的乡村工业侵蚀农村耕地,又由于人均土地过少不得不提高复种指数破坏了土地的肥力,再加上水土流失、"三废"污染又进一步损毁土地。

人们在社会生产和生活中,必须特别注意保护森林,净化空气,维护净水,爱护土地!否则,一种资源开发不当,势必引起整个系统的恶化,导致整个系统失去平衡。

社会再生产系统归根到底就是从环境中获取资源;然后将资源加工为各种生产资料和生活资料;在生产和消费过程中又将排泄物返还给环境。于是,相应发生两类环境问题:开发资源引起的环境破坏问题和生产、生活排泄物导致的环境污染问题。为了解决前一问题应该综合开发资源,为了解决后一问题则有待于充分利用资源和开发再生资源。只有综合开发和综合利用资源,才能消除破坏环境的因素,使系统平衡发展,并进行良性循环,让生产和生活健康地发展。充分利用资源还有它的微观经济效益。任何产业企业只要节约原料和能料,也就是节约资源,产品的原材料单耗、能源单耗就会减少;而产品物化劳动量的减少就等于该企业劳动生产力的提高。

总之,根据环境经济良性循环的要求,似应树立如下的科学观点:① 环境是一个资源系统,应该从生态系统的宏观经济效益来综合开发资源并评估单项资源的开发和利用;② 单项资源必须充分利用,否则资源便转化为污染物;③ 污染物必须再转化为再生资源,满足人工生态系统良性循环的要求。

下面分别就开发和直接使用自然资源的产业(原产品、土地产品或初级产品的产业,即农业和采掘工业),原产品加工的产业(加工工业),以及利用再生资源的产业,来探讨这一问题。

广义的农业包括种植业、林业、畜牧业和渔业。这些产业的共同特点是：依靠自然条件，选择生态系统中某些植物和动物作为劳动对象，运用它们的生命机能加以培育，生产出成熟了的生物产品。因此，在这些产业部门中，经济的再生产过程是和动植物繁衍的自然再生产过程交织在一起的，并且以自然再生产过程作为物质基础。所以，农业劳动的生产率是和自然条件联系在一起的，并且由于自然条件的生产率不同，同量劳动会体现为较多或较少的产品或使用价值。另一方面，农业劳动的自然生产力又是和劳动的社会生产力结合在一起的。如果过度耗费土地的自然肥力，或者破坏土地的自然肥力，农业生产力就会衰退。这就是说，农业的扩大再生产并不是无限的，限度就是环境的承载能力。显然，只有遵循生态经济规律，合理利用生态环境中一切有利因素（非生物资源和生物资源），才能发展这些产业并同时保护环境。

因为非生物资源与生物资源都是生态经济系统中的有机组成部分，种植业与林、牧、渔业如果按照生物食物链规律，既进行社会分工又综合在一起，就会取得综合的社会经济效益。但是，在人口密集的地方，不断发生种植业挤占林、牧、渔业的土地，破坏着生态平衡。

种植业本身也要合理运用自然资源，并保护自然资源。例如：① 采取各种手段，充分利用阳光，以减少化石燃料的消耗，防止对大气的污染；② 节约用水，特别在缺水地区，不仅要改漫灌为喷灌，而且要改喷灌为管道滴灌，因为管道输水渗漏少、蒸发少，又不占地面；③ 尽可能利用生物资源，利用食物链的关系，增加经济生物产量，提高经济效益；④ 用生物防治病虫害，杜绝化学剧毒农药，以保护水质、土质和农产品本身的质不致污染；⑤ 充分利用有机肥料，通过微生物分解，增加土壤肥力。

至于林业，人们往往把它看作伐木业，认识上的片面性在实践上就使它成为破坏森林的工业。因此，必须摒弃把森林资源看作仅仅是木材资源的片面观点。森林首先不是为了作为木材（原料）和薪柴（能料）的资源而存在，而是作为生态系统的巨大控制装置而存在。木材与薪柴只应是森林新陈代谢中的副产品。保护现有森林营造新的森林，是营建最大的基础设施，是影响世界范围的基本建设。为了生态良性循环，为了保护环境，森林存在本身就有意义。因此，林业劳动者每种活一棵树，就等于生产出一件产品，但这种产品主要不是为了出卖,而是为世界性的公共工程添砖加瓦。这种工程宜由国家来经营,而不宜于私人来经营。因为种树首先是为了环境的宏观利益,而不是为了私人的利益。

如果说林业和种植业是生态系统中生产者(植物)的培养者,那么畜牧业和渔业就是生态系统中消费者(动物)的饲养者。畜牧业和渔业的共同点都在于以植物为基本饲料,区别点则在于一个在陆地经营,一个在水上经营。

畜牧业是人类最早的产业,也是未来有发展前途的产业。这是因为动物在生态循环系统的食物链中处于较高层次,畜牧业为人类提供的是较高级的生活资料。它的未来的大发展,要求人们保护它的发展基础——草原资源。就我国而言,特别要退耕还牧,种树种草,防风固沙,合理放牧。

渔业也是重要的产业,它是从事水产品的生产。水生动物较之陆生动物有着特殊的经济效益:① 由于鱼类是冷血动物,和许多陆地生物不一样,它们无须耗费大量食物使体温超过水的温度,节约了饵料,也就是节约了能量;② 鱼类在水中依靠浮力来支持自己的身体,它们没有那么重而又较少使用价值的骨架,也无需用很大力量来支持身体和进行活动,这又进一步节约了能量;③ 由于水生生物占有的不仅是面积,而且是一定深度的体积,如果能使食物链保持最佳状态,每公顷的养殖密度可以比陆上高得多①。但是,如果只捕不养,在陆地水面上竭泽而渔,在海洋里酷渔滥捕,亲鱼幼鱼密网打尽,渔业的生物资源也是会破坏的。

林、农、牧、渔业都是开发生物资源的产业。但是这些产业(特别是农业和牧业)对生物品种的选择性很大。那些未被选育的野生生物,都是大自然在上百万年进化中保存下来的植物和动物,它们在生态系统物质循环的食物链中各占有一定位置,具有人们还未发现的特种功能,有着特殊的经济使用价值。某一种类的生物的灭绝,它的功能也随之失去,造成不可弥补的损失。为了保护野生生物及其生存环境,根本的办法在于提高森林覆盖率,防止环境污染,严禁酷渔滥捕,还必须划建各种类型的自然保护区和自然保护区网。

为了保护植物资源,还要建立"种子库"。如果让各种植物一齐繁殖,再大的植物园也难以容纳。集约的办法就是保存植物的种子。植物种子是微

---

① 参见余维克编译:《海洋资源食物、能源和矿产》,科学普及出版社1985年版,第50—53页。

小的生存实体,包含着该品种植物的遗传基因。库存种子的品种越多就越能培育出多品种的栽培植物。

不过,种子库也有不足之处。种子储存时间较短,在一般条件下过若干年又得播种再取种。随着生物科学的发展,人们又建立基因库。基因库不是传统的种子储存,不是生物体的储存,而是生物的组织储存。基因储存,时间长,费用少,例如,几个液态氮的容器就可以储存上千种水果基因。

矿物资源的开发对生态循环起着特殊的作用,它是从外部引入新的因素,闯进生态系统,使系统失去平衡,有待人工修复。

矿物本身又多是共生或伴生在一起,如果不对矿山进行综合找矿、综合评价、综合开发、综合利用,只开采本部门所需的矿种,弃其他矿种而不顾,就不仅严重地浪费资源,而且更加破坏矿区环境。

为了保护环境整体资源,在开发矿藏的同时应该规划土地的复垦,并且复垦必须与矿山开采工艺相协调,以降低复垦费用,缩短复垦周期。复垦的土地,要因地质地貌制宜,因废石尾矿含毒与否制宜,或用于植树造林,或作为牧场,也可改造为人工湖用于养殖。

农业和采矿业直接从环境资源中生产原产品,然后作为原料和能料提供给加工工业,在加工过程中又将排泄物返还给环境。作为生态经济系统"食物链"的各个层次的加工工业,理应尽可能节约原料和能料,并在这基础上,企业内部和企业之间综合利用排泄物,变废为宝,形成无公害工艺。

浅加工工业耗料、耗能、耗水都是大量的,相应的排泄物也是大量的;如果管理不善,跑、冒、滴、漏又增大了排泄物的量。为了解决前一问题须改进工艺,使资源不变为废物;为了解决后一问题,须改进管理。我国一些轻工企业的排污中,40%~60%是由于副产品没有回收利用或者工艺技术落后造成的,30%左右是由于管理不善造成的。特别是相当多的乡镇企业采用大中型企业早已淘汰的技术,大量浪费资源,严重污染环境。我国的重工企业也有类似问题。

根据国外经验,严格控制排污标准和高额罚款是迫使企业循环用水的关键。企业在被迫净化循环用水时,又会从污水中回收资源,使再循环费用得到补偿。总之,厂内治理,回收一切可利用资源,也就等于减少污染物,既节约了物耗又保护了环境。不过,即使如此,也还有些厂内难以处理的排泄物有待于厂外综合处理。这样才可以将生产一种产品的排泄物转化为生产另一种产品的原料,发挥生态经济系统中食物链的作用。

深加工工业是以浅加工工业产品作为"食物"的。它首先是精密材料工业。由于基础性研究和现代测试分析技术的发展,人们对材料的认识逐步由表面到本质,由宏观到微观,出现了一些人工合成预定性能的新材料。在它的基础上,又发展了新工艺、新流程、新装备等。这些新工艺能耗低、物耗少,排泄物也随之大幅度减少。这些新材料有的可以取代初级原料,间接地减少森林的砍伐量和采掘工业、冶炼业的物耗与污染;有的用作新工艺设备可以充分利用资源。

自然生态系统中的还原者是微生物,经济生态系统中的还原者则是再生资源的开发者,它包括物资回收利用企业、污水处理场、垃圾处理场、殡葬企业等。

在尽量节约资源的前提下,产业的生产排泄物和城乡居民的生活排泄物仍然是大量的,它们从资源转化而来,又转化为再生资源,既降解对环境的污染,又适应生态经济循环的要求,从而大幅度地提高宏观经济效益。可是,人们长期忽视再生资源的这种宏观经济效益,也就不重视开发再生资源企业的微观经济效益。这些企业不仅得不到鼓励,反而在过低的不合理价格下,缺乏生机。于是,该回收的没有回收,该转化的没有转化,致使资源良性循环途径阻塞,反而恶性地破坏环境。

开发再生资源,除了有的用作再生原料外,还有的用作肥料能源,这主要涉及城市固体垃圾的处理。固体垃圾在拣出废旧金属、塑料、玻璃、橡胶、废纸碎布等用作再生原料之后,余下来的大量有机垃圾主要加工为有机肥料,也有的国家或地区用作燃料。但是,从生态良性循环来看,用作肥料比较合乎生态规律的要求。

城市的污水治理场对开发再生水资源也是很重要的。前面说过,这要以严格控制企业排放标准为前提。我们由于没有严格控制标准,处罚又不得力,消极地建立一些污水治理场并不能从根本上解决问题。

国内外历史的和当今的经验和教训,使我们逐步明白,生态经济规律大致包含着以下基本点:① 社会经济活动以生态系统物质循环的动态平衡为前提,又反作用于生态系统;大规模的社会经济活动,一方面会改变生态结构,从量的比例上干扰和破坏这种平衡,另一方面引入新的成分,从质的结构上干扰和破坏这种平衡。② 一旦生态系统崩溃,社会生产就会随之崩溃;反之,如果顺乎生态良性循环规律,保护生态环境,充分利用自然资源,形成人工生态系统(生态经济系统)的良性循环,就会大幅度提高社会生产力,取得宏观经济效益。

原载《学术月刊》1987年第2期

第三编
社会主义政治经济学研究

初级阶段的主要问题是人口膨胀

一、人口膨胀阻碍生产力的发展

人口,特别是环境是社会生产力的根本源泉。生态环境提供的空气、水、食物、热和光等,使人类得以生存和发展,成为生产力主体要素(劳动力)的源泉。环境又直接提供生产力客体要素(生产资料)的自然富源。但是,环境尽管是最根本的源泉,人口对环境的反作用却是巨大的。在一定期间内,人口可以超过生态环境的负载力而膨胀,导致生态系统的破坏,环境将因此而惩罚人类。我们的祖先在大河上游砍伐森林,使大河变为黄河,黄土高原至今难以恢复青春。现代人在长江上游重复祖先在北方的过错,将山头一个个夷为平地,长江不正在黄河化吗?与长江相连的重大湖泊洞庭湖不正在趋向消失吗?这还是局部性的惩罚,还有全球性的惩罚,后者甚至影响人类的生存。为了发展社会生产力,先要保护它赖以发展的源泉——关键是紧缩人口以适应生态环境的负载力。保护了环境,也就保护了人类自身。

再就社会生产力自身来讲,生产力的水平表现为它内部的结构比率(技术构成),即它的客体要素与主体要素的比率(生产资料/劳动力)。在一定的技术水平条件下,单个劳动力占有的生产资料越少,意味着生产力水平越低,反之,意味着生产力水平越高。随着现代科学技术的发展,分子分母的素质发生变化,将推动生产力大幅度提高。从微观上讲,企业可以根据以上标志划分为劳动密集型、生产资料密集型和技术密集型三类。在这三种产业中,劳动密集型的生产力最低(除非它是生产手工艺品的劳动力)。我们要发展生产力,当然应当发展生产资料密集型特别是技术密集型企业,而不应发展生产力落后的劳动密集型企业。但是,由于人口过剩,为了多安排就业人口,在乡镇大规模兴办劳动密集型企业,在城市本应安排生产资料密集型企业,却因安排过多冗员,后退为生产资料、劳动力双密集企业,也降低了生产力技术构成。这实际上是在繁殖落后的因素,而不是发展社会生产力。

这种人口过剩,不仅是相对于生态环境负载力的过剩,而且是相对于生产力发展(技术构成的提高)的过剩。可见,还应该把人口放在生产力技术构成中来评价它的素质和数量,而不应孤立地作出片面的评价。早在《德国工人党纲领》中,拉萨尔派片面地提出劳动是一切财富的源泉。马克思曾在《哥达纲领批判》中予以批判,指出:"劳动不是一切财富的源泉。自然界同劳动一样也是使用价值(而物质财富就是由使用价值构成的!)的源泉,劳动本身不过是一种自然力即人的劳动力的表现。"[①]在中国,毛泽东同志较多注意生产关系,很少研究生产力,也曾简单化地看待人口问题。他在50年代初期,强调人多是好事,只要有了人什么奇迹也会创造出来。尽管他后来的观点有所改变,但对人口问题的简单化观点仍然影响深远,至今还未见有人正面指出,对于发展生产力来说,人多是件坏事;相反,人们还把过剩人口说成是"我国人口资源丰富"。其实,正是人口膨胀拖住社会生产力发展的后腿,使我们不能淘汰生产力低的劳动密集型企业,难以发展生产资料密集型特别是技术密集型等高生产力水平的企业。在实践上还表现为"拼命鞭打快牛,精心喂养慢牛"。坏事(人口膨胀)用褒词(人口资源丰富)来表达,就使人们忽视了初级阶段的主要问题。

人口过剩还对生产力的结果起重大影响,从而阻碍生产力的进一步发展。社会生产力的结果是一定量劳动所生产的产品量。这个产品总量在扣除补偿已耗费的生产资料外,余下的分为必要产品和剩余产品。如果人口过剩,必要产品的比重就随之增大,剩余产品的比重相对减小。但剩余产品是积累的源泉,是追加新生产力的源泉。膨胀的人口把剩余产品吃掉,生产力就得不到发展。1978年以来,我国积累率实质在不断下降。这种下降是经过迂回道路表现出来的:本来,生产力水平高的企业有着较多的剩余产品,但通过财政税收渠道大部分化为乌有;财政部门则用以扶植劳动力密集型的产业,以安排农业过剩人口,而这类产业积累率是很低的,有的甚至等于零。这样一起捆死,大家都不能提高积累率。

借外债积累行吗?当然不能一概而论。但即便是建立高生产水平的产

---

① 《马克思恩格斯选集》第3卷,第357页。

业,能带来较多剩余产品,如果还是将这些剩余产品去搞劳动密集型产业,积累率还是难以提高的。如果不这样做,那等待安排的几亿过剩农民又怎么办呢?况且,再过几年,我们将面临还本付息高峰,那时外资将从净流入转为净流出,又怎样积累呢?

增发通货进行积累行吗?低下的生产力水平,从而低下的剩余产品量,决定国民收入中积累率只能是低下的。为了发展生产力必须把有限的剩余产品用在刀刃上,用于追加新的并且是先进的生产力上面,而不应把它用在落后的应该淘汰的产业上面,更不应把它用于兴建楼台馆所上面。国家若"点纸成金",增发通货扶植落后产业,其结果必然是大面积地刮"共产风",从而使人民群众生活水平下降(必要产品的一部分被侵占)。

总之,人口膨胀使生产力的根本源泉(生态环境)遭到破坏,使生产力自身的技术构成下降,使生产力的结果(剩余产品率)下降,从而使生产力无法进一步发展。过剩人口紧紧缠住生产力。这问题不解决,仅从体制上改革,生产力还是寸步难行。

二、过剩人口主要来自农村

中国十亿人口,八亿农民,而发达国家的农业人口不超过10%。可见,我国人口过剩主要是农业人口过剩。我国社会生产力的低下水平主要是农业劳动生产力过低,其结果是农民也难以摆脱贫困——物质上的贫困和文化上的贫困。况且,"贫困产生人口",以手工劳动为主的生产方式,靠劳动力生产从而靠劳动力分配,虽然我国农业人口已有数亿人过剩,但每个农户仍因此要增加劳动力,农村仍在大规模地出生过剩人口,形成恶性循环。

人们似未意识到这个问题的严重性,没有真正当作一项国策来抓。典型的例子是:"1985年,这项对国计民生影响深远的政策,竟被……上边开了口子,而且是在一些人口学家的反对和告诫声中开的口子……人口问题又一次处于宏观几乎失控的状态。"于是,农村许多地方出现多胎,全国人口出生率大幅度上升,特别是1986年全国出生率达20.8‰,自然增长率达14.08‰,即净增人口1 400多万;1987年比这数目还多,达1 500万。主观的失误,往往又被归于客观原因——"又遇到了生育高峰"。其实,经专家测算,"1986年超常增长的335万人口中,由于年龄结构变化多出生的充其量不超过60万,其余200多万完全是由于在计划生育政策上开口子造成的"①。1987年由于同样的原因,又超常增长300万左右,仅仅两年就多出500万人口。

我们再来考察一下人口与农业生产力的发展问题。

1. 怎样理解"农业是国民经济基础"？

这个命题并不科学。一般教科书对此解释也未得要领。科学地讲应当是：能够提供剩余劳动的农业生产力是国民经济的基础。因为只有农业的剩余劳动产生剩余产品,才能替换国民经济其他部门的必要产品,实现这些部门的必要劳动,它们才在这个基础上得以发展。如果农业生产力低下,剩余劳动率很低,国民经济其他部门的必要劳动便只有一个薄弱的物质基础。农业劳动生产力是和农业人口成反比例的,农业人口越少,农业劳动生产力越高,剩余产品越多,国民经济赖以发展的基础就越厚实。具有现代化农业的西欧、北美正是这样。

这些年来,虽然暂时调动了农民的积极性,但未与进一步发展农业生产力结合起来,因而是一种短期行为,在某些方面甚至是一种有损于发展生产力的行为,如用地不养地以及水利工程被破坏等。农业生产力的发展要求提高生产力的技术构成(生产资料与劳动力的比例)。土地是农业的基本生产资料,技术构成的提高意味着人均或户均耕地的扩大,意味着土地的较大规模经营。现在每户仅几亩②地,只是一种破碎的小农经济。如果我们真的要发展农业生产力,并且说远点,如一个世纪以后,假定那时一户农民家庭可以经营几十公顷土地,整个乡只要若干农户经营就够了,全国农业人口也许只需几千万。过剩的七亿多人口将通过一个世纪的自然减员得以调整(当然城市居民也将随着产业调整,随着社会生产力的发展而调整)。因此,人口从现在起就要抓紧、抓紧、再抓紧,使之逐步减少,而不能再增加！这是百年大计,稍有松懈,贻患百年之后！

2. 什么是"基础的基础"？

人们不仅讲"农业是国民经济的基础",而且接着讲"粮食是基础的基础"。如果说前半句不科学,那么后半句也随之不准确。当然,粮食生产是重要的。粮食生产是农业的主要部分,因为能够提供剩余产品的谷物种植业的

---

① 有关资料摘自1988年3月6日《光明日报》。
② 1亩地约为666.67平方米。

生产力也是国民经济(包括农业部门自身)的基础,并在这意义上才宜说它是"基础的基础"。

但是,农业生产力(包括谷物种植业的生产力)的自然基础,最终说来应是生态环境。我们知道,农业是培育生物的产业,农业生产力不只是劳动的社会生产力(由社会条件——协作以及科学技术的应用——决定的生产力),还有以由劳动的自然条件决定的劳动的自然生产力(由自然条件——土地丰度、水文、气候以及生物品种的选择——决定的生产力)。如果环境被破坏,特别是森林被破坏,带来的将是水土流失,水土大气被污染,生物品种一个个被消灭,未被消灭的也在退化中。这样,农业劳动生产力只会下降,怎能上升呢?

前面说过,环境之所以被破坏还是由于人口过剩。

过去将农业(大农业)内部构成以及与之相联系的副业按重要次序排列为:农、林、牧、副、渔。这种排列不够科学。

农业应是生态农业,才有发展前途。而森林是生态系统的支柱,没有"林",生态系统就会崩溃,就没有农、牧、渔业的发展,因此"林"应放在首位。至于(工)副业非农业正业,应在末位。可见,比较科学的次序应是:林、农、牧、渔、副。人口过剩,导致大规模毁林开荒。四川许多地方开荒到山顶上,贵州某地山林大火,农民见火不救,反而说这下可以增加不少耕地;福建到处砍林,一直砍到武夷山自然保护区,县县设造纸厂,污染了溪河;江西砍树使江南出现沙漠。这种例子还可举出许多。现在,全国人均耕地仅1.5亩,增加人均耕地面积实乃当务之急。但是,怎样增加人均耕地面积呢?第一应是限制人口增长,第二是制止乱占耕地。这两条都没有抓紧。我国人口膨胀主要是农村人口过剩,我们的政策却对农村生育放宽限制;又因为安排过剩人口,还放任一些乡镇企业乱占耕地建立场地,放任一些农民乱占耕地建立私房。毁林开荒禁而不止,甚至一些林业局已成为"森林砍伐局"。可见,实际上"林"被排在最末位。迁就人口膨胀,用毁林的办法来增加耕地,这种短期行为必将导致现有耕地的水土流失,大片耕地将转化为沙漠,后果不堪设想。

再说农村工业,现在它已跃为首位。为了安排农业过剩人口,一些乡镇企业不仅可以乱占很多土地,而且国家又以免地租和三年免税优待,使它很快富起来,以至农业要它来补助。这是一种扭曲现象。实际上,农业应该靠自己富起来,而不是靠工业的施舍富起来。问题在于农产品牌价(特别是粮价)过低,农民的劳动没有得到补偿,国家通过低价收购主要农产品以维持低工资并转化财政收入,财政再将这部分收入以免租免税形式转贴给工业,即所谓农业为工业提供积累,工业再吐出一些返回农业。所以,名为以工补农,实为以农补工。但是,表现出来的却是以工补农,工业就表现为高于农业,成为以工、农、牧、渔、林为序。这样,务农的不愿务农。从农业中分离出来的过剩人口反而从工业中得到更多的利益。这对发展农业从而发展社会生产力,对抑制人口膨胀,将会起消极作用。

长期以来,我们不论在理论上还是在实践上总是在生产关系方面做文章定政策。近十年来总算扭转过来,重视生产力这一物质内容。但是,人们的惯性难以一下改变。在进行体制改革时,一些人仍然在生产关系方面兜圈子,忘了和社会主义的根本任务(发展社会生产力)有机地联系起来,忘了和基本国策(计划生育与保护环境)有机地联系起来。如果舍本逐末,本之不固,末也是弄不好的。

总之,在社会主义初级阶段,我们的一切工作,包括经济体制改革,都必须有利于社会生产力的发展①,有利于保护环境与控制人口,其焦点则在于控制人口。这需要几代人努力,而且现在就要抓紧;这需要领导者具有清醒的头脑,并且按照经济规律办事;需要以科学的认识来规范我们的行为,包括规范领导者的行为。

原载《学术月刊》1988 年第 8 期

---

① 我们强调的是社会生产力的发展,而不仅是单个企业生产力的发展,单个企业生产力的发展可以是破坏社会生产力的结果。如简陋造纸厂生产的发展可能是以砍伐森林、污染河流,即破坏社会生产力为代价的。

人口、发展生产力与失业

我国是世界上人口最多的国家。人们说中国地大物博,其实按人口计算地也不大、物也不博。并且,年国民收入的绝大部分被众多的人口吃掉,能用于追加生产力的剩余产品甚少,生产力也就难以发展。现在,农业落后的生产方式还在继续扩大再生产过剩人口。人口膨胀是我国社会主义建设中的主要问题,它阻碍我国社会生产力的发展。

社会主义的根本任务是解放和发展生产力。社会主义只有在生产力的发展赶上和超过资本主义时才能战胜资本主义。人们往往忽视了这一点,并且天真地以为,只要发展生产,就能吸收更多的劳动力,人口也就不会过剩。其实,这是一种粗放的、外延的扩大再生产,资源将因之短缺和浪费,生态环境将因之而遭到破坏,社会生产力也因自然力的被破坏而难以发展。我们必须注意,生产的发展不一定是生产力发展的结果,甚至是破坏生产力源泉(生态环境)的结果,几十年来的经验教训,正好说明这一点。我们的经济建设应该是在发展生产力基础上发展生产,即应该是内涵的扩大再生产。也就是说,应该是和社会主义根本任务联系在一起的。但是,这样一来,随着生产力的提高,在我国社会主义初级阶段仍然会有很多的过剩人口,仍然会出现失业,这是不以人们意志为转移的客观规律。因为,"劳动生产率的增长,表现为劳动的量比它所推动的生产资料的量相对减少"①。

失业现象并不是资本主义社会独有现象,特点只在于,资本主义国家主要从其生产关系利益出发,总要保持失业的存在,使劳动力这一商品经常供过于求,以便压低劳动力价格,有利于剥削。社会主义国家则与此相反,它为了发展社会生产力这一历史任务,不得不让一部分人暂时处于待业(失业)状态;它不是为了压低工人工资,而是为了发展生产力。应该实事求是地承

---

① 《资本论》第1卷,第718页。

认,发展生产力与安排就业是有矛盾的。技术更新与生产力的提高,使企业现已过剩的劳动力更加过剩,它要吸收的则是适应技术需要的、有较高文化技术素质的劳动力。但现实状况正好相反,长期以来,思想上误认为社会主义社会不应有失业发生,对劳动力统包统配,并将"三个人饭五个人吃"变为"三个人工作五个人干",将社会上宏观的显性失业转嫁到企业,成为微观的隐性失业。结果使国营大中型企业的生产效率每况愈下。如果不消除企业的隐性失业,国营企业就会被拖垮,后果不堪设想。

失业是客观存在的,与其把它隐蔽起来终而拖垮我们的国营企事业,不如让它显性化。当然,显性失业会导致社会难以安定。但是不应因噎废食,我们必须抓紧为之作好准备,如大力开展失业保障制度、职业培训教育、以工代赈的大规模的公共工程等。隐性失业不仅阻碍生产力的发展,而且会破坏社会主义生产关系。虽然劳动者是企业的主人,但这是就工人阶级的整体来讲的。就单个劳动者来讲,他还要遵循社会主义按劳分配的原则。隐性失业者吃着大锅饭,或少劳多得,或不劳而获,其结果是社会主义公有制也会被吃掉,那时失业的人就更多了。因此,在其他条件具备下,长痛不如短痛,让企业择优选择劳动力,企业不仅有用人权,而且有辞退权,真正自主经营。企业一旦消除了隐性失业,马上就会恢复生机,它的效率提高了,社会生产力也随之加速发展。况且,这还会使人才得到合理配置,并促使人人(包括待业者)努力学习,以提高自己劳动力的素质。

随着隐性失业的显性化,失业将在企业外部社会大量存在。要消除社会失业现象绝非十年八年能够实现。况且,我国大量隐性失业人口主要在农村,他们还在不断转化为城市过剩人口。因此,要消除失业人口,根本的办法是消除过剩人口的再生产,特别是大力限制农村人口的增长,而不应舍本逐末,在农村举办效率低、浪费资源并破坏环境的小型企业来安排隐性失业者,在城市则要求大中型企业将不需要的隐性失业者包下来吃大锅饭;这不是社会主义做法,而是有损于社会主义的实体与前途。

原载《上海经济研究》1991年第4期

从唯物辩证法看新中国的变化

——兼论中国人口问题

唯物辩证法抽象地讲是哲学问题,即唯物的世界观和辩证的方法论。用之剖析人类社会,则展示历史发展规律。

一、从科学发展观审视社会主义

科学发展观揭示社会主义发展规律,唯物辩证地阐述生产力(由人力与物力结合的物质内容),生产关系(人力所有者与物力所有者结合的社会形式,以及派生的产品所有者的关系),上层建筑(生产关系集中表现的政治、法律、意识形态等社会形式)三者之间内容决定形式、形式反作用于内容的关系。

因此,对社会发展中重大问题的剖析,应该从形式深入内容。① 从上层建筑深入经济基础。马克思早就指出,法的关系正像国家的形式一样,既不能从它的本身来理解,也不能从所谓人类精神的一般发展来理解,相反,它们根源于物质的生产关系。因此,对市民社会的解剖应该到政治经济学中去寻求。② 在经济基础中还要从生产关系深入生产力。上面讲的"物质的生产关系",就是指物质生产力的社会形式。③ 由生产力延伸到生产力的源泉——人口、资源、环境。

纵观以上各个层次,无不与人有关。生态环境提供资源承载人的生存与发展,生产力是人与物的结合,生产关系是人作为生产要素所有者或产品所有者之间的关系,上层建筑中的政治法律制度是生产关系(人际关系)所形成阶级或阶层之间关系,意识形态则是这各层人际关系中人的思想反映。总之,各个层次都是以人为本。科学发展观是和以人为本结合在一起的。

这可以用图1表示。内圈是内容,外圈是形式。它们的辩证关系是内容决定形式,形式反作用于内容。

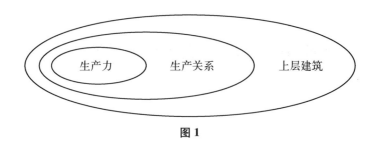

图 1

由于"劳动生产率是同自然条件相联系的。这些自然条件都可以归结为人本身的自然……和人周围的自然"[①]。人本身的自然指他的体力与智力,人周围的自然是生态环境所提供的资源。劳动首先是人和自然之间的过程,是人以自身的活动来引起、调整和控制人和自然之间的物质变换的过程。因此,在分析生产力时,应该从它的源泉(人口、资源、环境)开始,另外,在分析它的生产关系时,则要区分生产要素(人力、物力)所有者的生产关系和生产的结果(产品)的所有者的市场经济关系。

生产力的源泉(环境、资源、人口)涉及整体圈层能否持续发展;在生产关系中又突出社会主义能否与市场经济结合。为此,笔者又将以上三个圈层细分为六个层次,即每圈内部又分为两个层次,如图 2 所示。

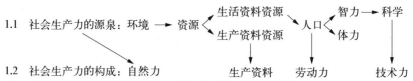

1.1　社会生产力的源泉：环境 → 资源 ＜ 生活资料资源 / 生产资料资源　人口 ＜ 智力→科学 / 体力
1.2　社会生产力的构成：自然力　　　　生产资料　劳动力　　技术力
2.1　产品进而商品所有制形成的生产关系,即市场经济体制
2.2　生产产品的要素所有制形成的生产关系,它决定社会的性质,如资本主义所有制或社会主义所有制
3.1　政治法律制度组成的上层建筑
3.2　更高的上层建筑——社会意识形态

图 2

这六个圈层浑然一体,它们只是内容与形式的关系。于是,三个圈层又可扩展为六个圈层,如图 3 所示。

其中,内四圈是社会生产方式所展开的经济结构,是外两圈赖以建立的

---

① 《资本论》第 1 卷,第 586 页。

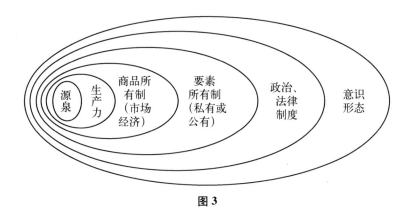

图3

基础,因此"物质生活的生产方式制约着整个社会生活、政治生活和精神生活的过程"①。

圈层之间不仅是内容与形式的关系,而且是一般与特殊的关系。一般性(共性)寓于特殊性(个性)之中。因此,笔者的分析过程就从一般到特殊。又由于中间圈层既是内圈的形式,又是外圈的内容,因而在对比时还必须说明它们对各自内容的反作用及对各自的形式的正作用,这也是应该对比的。

核心的圈层是生产力的源泉圈,如果源泉被毁,后续各圈层就不能发展。源泉又扎根于生态环境的三个圆圈中,如图4所示。

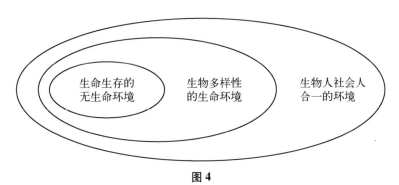

图4

内圈为生命发育提供阳光、水、大气、土地以及其中的化合物,也为生产力提供无机资源。中圈则提供有机资源。外圈提供人力资源。内圈与中圈复合为自然生态环境,三个圈复合为人工生态环境。内圈决定外圈,外圈又

---

① 《马克思恩格斯选集》第2卷,第2页。

反作用于内圈。按照生物食物链金字塔原理,各生物种群都有各自的天敌来控制塔的各层次的生物的 1/10 比例关系。作为动物的人当然也受此制约。但人作为社会人却基本消除了他的天敌(吃人野兽),人口就可以暂时爆炸,于是向地球过量索取资源;人口素质过低又导致滥用资源,终而毁损生态环境,使人类难以持续发展。由此可以得出结论,生态环境是根基,人口的反作用是关键。发展中国家包括中国的问题无不与人口有关。

再说生产力本身(第二圈层)。马克思早就指出:"劳动生产力是由多种情况决定的,其中包括:工人的平均熟练程度,科学的发展水平和它在工艺上的应用程度,生产过程的社会结合,生产资料的规模和效能,以及自然条件。"[①]在上述自然条件(人口、资源、环境)下,决定生产力最重要的是科学技术,或者说科学技术是首要的生产力。在这基础上,就会优化生产资料的配置,促进生产过程高效的社会结合。科学力量可以用物的自然属性改造物;并用自然力代替劳动力,节约劳动时间。"而这种节约就等于发展生产力。"[②]

第三圈层(市场经济)的要点也在于它与生产力的关系。市场经济的规律是价值规律,即商品的价值量(旧价值和新价值的总量)由所耗劳动量(物化劳动与活劳动的总量)决定,这个量与生产力成反比。由此可知,只要节约物化劳动和活劳动,就等于提高了生产力。价值规律的要点不仅在于它灵敏地反映着生产力的变化,还在于它因此能反作用促进生产力的发展。在市场竞争中,商品生产者必须努力提高生产力,使自己生产的商品价值量低于社会平均价值量,就能在竞争中打开销路,而且赚钱发财。竞争还迫使其他生产者也都要提高生产力。

第四圈层生产关系(生产力要素的所有者与使用者的人际关系)。企业主不仅因外部市场竞争迫使他提高生产力,他的企业内部也因提高生产力,取得剩余价值。剩余价值(剩余劳动的凝结)规律是以生产力为手段,正比地达到价值增殖(剩余价值)的目的。

第五圈层政治法律制度。国家总是代表占主导地位的生产关系人格化阶级的利益。它对市场进行宏观调控,促进社会生产力整体发展,并特别作

---

① 《资本论》第 1 卷,第 53 页。
② 《马克思恩格斯选集》第 2 卷,第 790 页。

用于核心圈层的公共品。它应将控制人口数量、提高人口素质、优化土地配置、节约使用资源,从而保护生态环境,作为基本国策。

内五圈是物质存在,最外圈的是意识形态。存在决定意识,意识反作用于存在。现在核心两圈的问题——保护生态环境和尊重科学与人才以发展生产力——已经被多数人意识到。中间两圈则比较复杂。市场经济要求自由、民主,它反对封建专制思想,都是积极的。这在表面上也适于资本主义生产关系及其政府;但在资本主义社会中,其实只是对资产阶级自由和平等。社会主义发展的是真正的自由人的联合体,是最广大人民的民主。总体说来,先进文化作为上层建筑的意识形态,它的前进方向既应表现先进生产力的发展要求,还要表现生产关系的改革创新,并促进人民群众思想、科学、文化素质的提高。

二、改革开放前的中国

一切社会的经济基础都在于能够提供剩余产品的农业生产力。有了剩余农产品,才能养活其他产业的人口,才能使其他产业的生产力随之发展。小农经济只有极为低下的生产力,形成了旧中国封建社会的经济基础。

小农经济靠的是男劳动力,总是希望多子多孙,不仅越生越穷,越穷越生,造成人口爆炸,而且还歧视女性,造成性别比失调,光棍增多。但这却是封建社会的支柱。众多的男劳动力,平时种地养活地主阶级,还为帝王将相筑城建宫,战时又为帝王将相争夺土地。地主的实力就在于他占有多少户数的劳动力。封建官僚的爵位用小农户数来表示,如"万户侯"。当然,小农因被剥削也会有反抗的一面。但农民战争并未改变小农经济制度。即或胜利,农民领袖也会蜕变为封建皇帝,如朱元璋。

封建社会的人口爆炸是靠战争来调节的。当人口超过土地承载时,就会发生争夺土地的战争。这或是民族之间的战争,或是帝王将相之间的战争,或是农民起义的战争。但胜也封建,败也封建,社会性质未变。改变的是大量人口战亡,"一将功成万骨枯","古来征战几人回"。而且死的都是男性,"可怜无定河边骨,犹是春闺梦里人"。这就暂时减少了人口数量,并调整了性别比关系,社会暂时较为和谐。但小农经济仍在孕育新的过剩人口与失调性别比。新的不和谐的战争又将发生。小农经济就这样形成封建社会表面和谐与战争极不和谐交替发生的特点。人多还导致毁林开荒、围湖造田,结果土地荒漠化、湿地消失,如楼兰古国,虽曾盛极一时,如今却早已成为沙漠。人与自然不和谐,被迫流落他乡,也就谈不上当地社会的和谐。

资产阶级反对封建专制统治是民主革命,它破除小农经济,也就优化了人口结构,从而促进生产力的发展。资本主义制与封建制不同,它实行的是以土地规模经营使农业科学技术有用武之地,促使农业人口减量化、优质化,从而也调整了性别比关系。它还通过市场经济等价交换的规制,倡导自由、平等、博爱,扫除封建羁绊。在大农业基础上,资产阶级在它不到 100 年的统治中所创造的生产力,就胜过过去一切时代。

但是,社会的发展因时因地而不同。旧中国不但不能像西欧在资产阶级民主革命中那样在破除小农经济时大量移民到美洲和澳洲,反而成为被西欧资本帝国控制的半殖民地半封建国家。辛亥革命虽革去了清代王朝,但在农村仍保有地主封建经济;在城市则形成受制于帝国主义的官僚资产阶级。一批爱国知识分子,不断寻找新的出路。他们悟到只有社会主义才能救中国,他们中的先进分子组成了中国共产党。

这样,在旧中国就形成工人阶级领导的,以工农联盟为基础的革命战争。战争就是为了破解半殖民地半封建的枷锁,以便建立新中国发展生产力。1947 年毛泽东在《目前形势和我们的任务》中指出:新民主主义革命的任务,"就是要消灭地主阶级和官僚资产阶级(大资产阶级)的剥削和压迫,改变买办的封建的生产关系,解放被束缚的生产力"[1]。对民族工商业则指出,新民主主义革命"不是一般地消灭资本主义",相反,"由于中国经济的落后性,广大的上层小资产阶级和中等资产阶级所代表的资本主义经济,即使革命在全国胜利以后,在一个长时期内,还必须允许它们存在……它们在整个国民经济中,还是不可缺少的一部分"[2]。应该说,新民主主义的理论基本上符合中国历史发展规律,具有科学性。

1949 年,新中国成立,基本上实行新民主主义政策。在农村通过土改,消除地主阶级,又兴起合作化运动,以改变小农经济。在城市,没收官僚资本,国有资本成为主导;暂时兼容私人资本与个体工商业。实质上已经开始

---

[1] 《毛泽东选集》第 4 卷,第 1254 页。
[2] 同上书,第 1254—1255 页。

社会主义革命,但未认识到没有高度发达的生产力,就没有社会主义的物质基础。1957年开始,脱离生产力基础搞"一大二公"。这也与学习苏联有关。

20世纪50年代后半期,反右严重扩大化。没有注意到知识分子是工人阶级中的脑力劳动者,更没有认识到智力是首要的生产力。反右之后,推行背离生产力的"大跃进";在生产关系方面则推行政社合一,搞公共食堂、吃饭供给制的人民公社。1962年年初,党的领导人在七千人大会上,承认自己过去只注意变革生产关系,忽视生产力。这年经济开始好转,社会逐渐安宁。

1966年5月,"文化大革命"开始,"文革"十年使中国大伤元气。

三、走向科学的社会主义

1978年5月,《光明日报》发表了《实践是检验真理的唯一标准》。由此掀起真理标准问题的大讨论,引发了思想大解放,也使人们对什么是科学的社会主义有了清醒的认识。邓小平指出:"什么叫社会主义,什么叫马克思主义?我们过去对这个问题的认识不是完全清醒的。马克思主义最注重发展生产力。"[1]

科学的社会主义就是按社会经济发展规律办事。具体说来就是要按以社会生产力为物质基础的社会发展规律办事。邓小平说:"马克思主义的基本原则就是要发展生产力。"[2]他还认为社会主义可以与市场经济相结合。其后,江泽民提出的"三个代表"重要思想,首先就是要代表先进生产力的发展要求。再后,胡锦涛在党的十六届三中全会提出科学发展观,在党的十七大进一步指出:"科学发展观,第一要义是发展,核心是以人为本,基本要求是全面协调可持续,根本方法是统筹兼顾。"[3]要"一心一意谋发展,不断解放和发展社会生产力"[4]。他们都遵循马克思所揭示的生产力、生产关系、上层建筑三者辩证联系的原理,愈来愈丰富地建设中国特色社会主义。

四、改革的核心在人口问题

中国的社会主义还处于初级阶段,还有待我们按科学发展观进行改革。

---

[1] 《邓小平文选》第3卷,第63页。
[2] 同上书,第116页。
[3] 《胡锦涛文选》第2卷,第623页。
[4] 同上书,第624页。

笔者认为改革的核心在于中国人口量大质低,也就是说应该如何科学地贯彻"控制人口数量,提高人口素质"这一基本国策。以下仍按圈层顺序,由内向外加以阐述。

(一)人口与资源、环境

在前述生态环境三个圈层中,已经提到环境如何提供资源支撑人口的发展。更具体地说,资源是人口向环境索取的物质要素。

人类社会的主要活动是生产和生活,生产资源和消费资源都来自环境所提供的物质要素。环境的第一层次(无机环境)所包含的上述那些资源,虽是无生命的,但若不改变它们的化学结构,又不妨碍它们的正常物理循环,它们是无生命的可再生资源。环境的第二层次(有机环境)的生命的多样性则是有生命的再生资源。第三层次(人类社会)中的劳动力当然也是再生资源,而且应该是智力不断进化的特种资源。

地球还向人类提供非再生资源(矿物)。对矿物的乱采与滥用产生的"三废",首先破坏第一层次资源,再损及第二、第三层次的资源。反之,如果合理开采,又注意生产清洁化,并使"三废"也回收成为再生资源,环境就会得到保护。

在生态环境中,森林起着支柱的作用。森林是环境中重要因素的调节器和保护者。首先,森林是大气循环中的交换器。它大量吸收大气中的二氧化碳,并释放出大量氧气,使动物和人类得以生存。其次,它也是水循环中的一个枢纽,能吸收降水,涵养水源,减少径流,成为绿色水库。森林的巨大蒸腾作用在同纬度同面积条件下超过海洋50%,从而提高地区湿度,调节地区温度,并促进地区雨的形成。它不仅能减少当地干热风的形成,而且作为屏障能减低风速,防止外来风暴的肆虐。所有这些表明它又是气候的调节器。最后,森林还是土地的保护伞,不仅用自身的落叶来增殖土壤的有机肥力,还用林冠挡住降雨的冲力,用根系维护土壤的聚集,通过涵养水源、减少径流的作用面防止水土流失,因上述防风作用而防止土壤沙化。

森林高效率地通过光合作用,将环境中的因素转化为生物物质,并将化学能转化为生物能。森林不仅提供近2/3的有机物质给陆地动物消费,而且庇护着动物的繁衍;森林被毁,动物包括人类就难以生存,甚至微生物也难以生存。

所有这些足以说明,森林是生态系统的支柱。一旦森林被毁,这个支柱没有了,生态系统也就随之崩溃。

长期以来,人们只注意我国 10 多亿人口的吃饭问题,习惯于以农、林、牧、副、渔为序。但是,如果注意到森林的支柱作用,没有"林"就没有"农"的发展,"林"是人类生存问题,"农"是人们吃饭问题,农业搞不好会饿死一些人,森林砍光了会使整个人类难以生存下去,我们就会懂得"林"应放在首位。"农"放在第二位并不是说农业不重要,而是说,重视农业的同时必须先重视林业。因此,科学地讲应该是以林、农、牧、渔、副为序。"林"字当头,不是文字之争,培养森林是世界的整体利益和子孙万代的利益所在。

再就物种多样性来说,我们都未加注意,如林业建立防护林只选择单一树种,种植业只注意粮、棉、油等少数品种,牧业只注意牛、羊、马等品种。况且,随着森林被毁,许多珍贵的野生物种一个个灭绝。这样,就林业和种植业来讲,当虫害发生的时候,或者害虫的天敌已经灭绝了,或者用化学农药来代替生物天敌治虫,结果不仅毒死了害虫,也毒死了害虫的天敌,还渗入农作物(粮食与瓜果蔬菜)之中,最终渗入人体,严重影响人体的健康。与此同时,由于石油化工的发展,人们还用化肥代替有机肥,用薄膜覆盖土地,又进一步破坏土地。

(二) 人口与生产力

中国人口问题之所以严重,源于小农生产力的低下。这已在前面分析过了。但从实践来看,还有几项重大问题,有待科学地说明:① 大农是否等于提高生产力;② 吃大锅饭是否就是公有制;③ 调动小农积极性能否提高社会生产力;④ 减人增效的农地规模经营,应否无条件推广。实践告诉了我们。人民公社"一大二公"。"一大"似是规模经营,实是将大批过剩人口都投入土地,出工不必出力,破坏生产力。"二公"则是吃"大锅饭"。后来搞包产到户初步解决了调动积极性的问题。但是没有规模经营,很难真正控制人口,我国现在还是每年净增人口 1 000 万,且其中约 1/10 为缺陷人口,全国累计的残障人口已超过 6 000 万。可见我国必须走科学的规模经营大道。但这要建立在合适的自然地理环境上,干旱半干旱区移入过量人口,大量农垦,其结果是土地荒漠化。

中国人口量大质低。量大阻碍生产力发展,质低难以发展生产力。既然科学技术是第一生产力,知识分子就特别重要。但是,工人阶级要使自己的成员都成为有知识的,还需要经历漫长的岁月。就我国而言,在13亿人口中,只有几千万知识分子。为了缩短知识化的过程,必须加速知识和知识分子的扩大再生产,这就要重视和尊重从事精神产品生产的现有的知识分子,特别是其中的科学家和教师,因为科学家从事着知识的内涵的扩大再生产,教师从事着知识的外延的扩大再生产(主要是知识分子的扩大再生产)。在高等学府里,一些教师同时又是科学家,既从事外延的又从事内涵的知识扩大再生产。

(三)人口与市场经济

市场是一个体系,相应的商品价格组成价格体系。土地是基本生产要素,土地市场是上游市场;土地价格(地租)也就渗入中下游市场的商品价格中。土地的有偿与无偿并存双轨制,不仅损及国家利益,而且使市场畸化。例如,占地多效率低的企业,反而比占地少效率高的企业取得更多收益。既然我们要建立社会主义市场经济体制,就应当从源头上完善土地市场,让它在公平竞争中形成合理地价,才会有中下游产品的合理价格,才能真正地建立市场经济体制。但地价的变动也和所承载人口分不开。

由于人口增长和社会需要使劣级土地的开发成为必要,投入劣级土地的劳动就应该得到补偿,于是在劣级土地上生产的个别产品价值调节市场价值,并表现为个别生产价格调节社会生产价格。优级土地有较高生产率,等量土地等量投资会生产较多产品,得到与最劣地经营者相比较多的利润,即得到超额利润。但按价值规律,商品的真实价值由生产该产品的社会平均劳动量决定,或表现为由该产品的各个个别价值的平均价值决定。土地产品的市场价值背后却是大于平均价值的最劣地产品的个别价值。这个超过的部分不是该产品生产者的劳动所创造的,而是社会转移来的价值,应该还给社会。社会则由国家来代表,因此土地应该国有化。根据马克思这一分析的原理,土地批租收入应纳入中央财政,否则某些地方官员与房地产商人就会大量侵吞国有资产。

(四)人口与生产关系

人类历史是从野蛮进入文明开始的。初始的生产关系是奴隶制,是以野蛮的手段改造人的制度。这时人口稀少,素质极为低下。然后进入封建生产关系,因小农经济而人口剧增,素质有所提高。到了资本主义生产关系,人口稳定甚至减少,素质大为上升。未来的共产主义生产关系,将应具有适当人口和高度的素质。但处于社会主义初级阶段的中国,仍保持人口量大质不高。

（五）人口与政治、法律制度

中国政府将"控制人口数量,提高人口素质"作为基本国策,这是好的政治导向。但计划生育的具体法律却尚待科学化。① 我国人口过剩源于小农经济,但人口与计划生育法却放宽农村出生人口。② 农村地区多生的条件是头胎如果为女婴,还可以再生第二胎,这不仅造成人口过剩,而且使性别比失调,使男多于女。③ 少数民族人口之所以"少",是因为限于生活地区生态环境的承载力。人多就会破坏环境,成为生态难民。关心与爱护少数民族,政府应该特别发展教育事业。文化程度高的民族,会降低生育水平,人口量不大而素质高。内蒙古自治区就是好的例证。

（六）人口与意识形态

人既是自然的人,又是社会的人。人作为自然人也受生物链和生态环境的制约,他的意识绝不应只为局部利益,以邻为壑,也不应只图眼前利益,"我死后哪管他洪水滔天"。人的意识必将逐步认识到他们和生态环境的关系。

人又是社会的人,是万物之灵,灵就灵在智力(意识)上面。智力又是首要生产力,因而人类的历史发展是和智力的发展分不开的。从猿到人;从原始的野蛮人到文明时代的人;从脑力劳动与体力劳动的对抗性分工,到对抗性的消失,到脑力劳动与体力劳动相结合,并以脑力劳动为主导的未来美好的共产主义社会。

当然,这个历史过程也是生产关系相应变革的过程。虽然人的意识总会受当时所属生产关系的影响,从而受到政治倾向的影响,但最后总会向往人类美好的未来。做人应有高尚的情操、广阔的胸怀,关心天下兴衰,致力于社会整体利益的事业,鄙视个人主义,抵制实用主义,成为一代具有人类未来理想的高尚的人。

原载《上海市经济学会学术年刊》2009年

要正确处理好土地资源和人口、环境的关系

我年纪大了,现在调研少了。考虑一下,土地问题,是不是有三个问题需要学会来深入讨论。

第一个问题：土地是资源,我觉得土地既然是资源就必须考虑它与人口、环境三者之间的关系。其一,土地作为资源,肯定要协调好它与保护环境的关系。我从上海地质处的同志处了解到,上海高楼建得这么多,把这地面压沉下去,使地下水位上升。看黄浦江围墙,以前水位在下面,现在水位越来越高。所以上海在土地规划上,应该考虑水环境、水资源保护等。这是必须统筹考虑的问题,也是可持续发展的问题。环境保护就是可持续发展的问题。其二,就是土地资源跟人口的关系。上海的土地宝贵,现在建了不少经济适用房。就是说,上海有些土地本来可以发挥更大效益。有人说这是社会保障。社会保障要看怎么保障？这作为一个问题吧,上海是否能容纳越来越多的人口？人口政策问题。土地作为资源该如何规划处理好人口与环境的关系,这是一个问题。

第二个问题：资源的配置。一个是通过国家的规划或计划来配置；一个就是通过市场配置。我们碰到许多问题,都是市场问题。我们是搞社会主义市场经济,在这个市场上各种产业、房屋都要通过土地资源配置才能进行活动,所以土地市场特别重要。俞汉卿的《完善土地市场经济发展》这篇文章写得很好,提出了一系列问题。现在90%土地无偿提供,只有10%市场配置。不要市场配置,就易滋生一系列弊病,还会导致贪污、腐化,国家财产流失。

刚才讲的拍卖和中标问题都是市场问题。你要不要按市场规律办事,如果按市场规律办,该拍卖就拍卖,它本身价值高所以价格拍上去。如果这块土地是农村的,你一定要拍得和上海一样,这是不可能的。上海土地价格本来应该高的,人为地把它压低,这是不符合市场规律的。如人为压价,资源就

不能合理配置,我觉得要完善土地市场,只能按市场规律办。

第三个问题:市场也好,资源也好,最后利益由国家来掌握。因为土地是国有的,我一直认为农村土地制度不合理。现在市场国有土地国家没有控制,流失厉害。我建议学会对这些基本理论问题,如资源如何配置、怎么通过市场配置、国家如何控制它、利益如何不流失等当前要解决的大问题,进行深入研讨。

原载《上海土地》2004年第2期

社会经济发展与脑力劳动

知识是指人类对事物的理性认识。科学是人类在历史过程中积累和升华的知识,是对事物必然性的认识,是对事物运动规律的理论概括,是高层的知识。知识的发展程度标志着人类智力发展水平,也标志着社会生产力的发展程度。但是,就单个人来说,知识不是天生的,而是从实践中产生的,并先由一部分人专门从事脑力劳动,使感性认识上升为理性认识,对认识进行加工和传播;就一般人来说,则要看他是否接受教育,是否努力学习,如果不入虎穴,是得不到虎子的。于是,掌握知识的人就成为知识分子,有识之士中的高级知识分子就是科学家。知识分子是知识的人化,人化的知识借助人的智力活动(科学研究)又发展知识。没有知识的人化就没有知识的发展,就不会有社会生产力的高度发展,就不会有社会的繁荣。历史上先进的生产关系以及代表这生产关系的统治阶级,都会重视知识分子,并且选拔一批精明能干的知识分子委以重任,来加强自己的统治。在社会主义社会,知识分子是工人阶级中的脑力劳动者部分,更应受到社会尊重和高度重视,况且工人阶级的先进分子必须用人类创造的全部知识财富来丰富自己的头脑,才能成为共产主义者。下面就从生产力、生产关系、政治上层建筑、意识形态四个层次具体探索脑力劳动对社会经济发展的作用。

一、知识、知识分子与发展生产力

社会生产力的根本源泉是人类周围环境所提供的自然力,其次是在这个生态环境中形成和发展的人力,再次是人类在运用自然力的漫长历史过程中,逐步认识自然规律和社会规律所形成的知识力和它的升华的科学技术力。科学技术力是潜在的生产力,一旦它转化为现实的生产力就不仅会按乘数扩展,还具有倍加的效率。

具体说来,人之所以异于禽兽,不在于体力,而在于智力。他们是在智力的调控下进行体力活动的。但是，人类智力的发展则有赖于知识的发展，有赖于知识的积累和升华。人非生而知之，人在实践和学习中才取得知识。随着经济的发展和历史的发展，人类劳动力就其总体来说，是先侧重发展其体力方面，同时发展其智力方面；然后，其体力方面逐步为自然力所代替，侧重发展其智力方面。只有人类高度地并且普遍地发展其智力时，才能到达必然王国的彼岸——自由王国，才能到达共产主义社会。

人类在其婴儿时期，在极为低下的生产力条件下与周围环境进行物质交换，他们只是凭着经验进行生产和生活，人类的知识还处于萌芽状况，或者不如说他们还是一群群无知的野蛮人。

随着生产力的发展出现了剩余产品。剩余产品才使社会一部分人能够摆脱体力劳动专门从事智力劳动，形成脑力劳动与体力劳动的社会分工。于是，人类历史就从野蛮时代进入文明时代。最初的文明是极为有限的，文明的幼芽的成长最初却以野蛮的奴隶制为条件。"当人的劳动的生产率还非常低，除了必需的生活资料只能提供很少的剩余的时候，生产力的提高、交换的扩大、国家和法的发展、艺术和科学的创立，都只有通过更大的分工才有可能……这种分工的最简单的完全自发的形式，正是奴隶制。"①但是，无论在奴隶制下，还是在后来的封建制下，分化出来的知识阶层不仅人数很少，认识也很浅薄，这时，一般说来，知识多限于技术经验的记载，没有上升到科学的高度。并且，脑体分工还采取对抗形式（劳心者治人，劳力者治于人），这种对抗一直延伸到资本主义社会。

资本主义生产的社会化，使分工不仅宏观地存在，而且发生大规模的微观的分工。机器大工业产生以后，在企业内部，人的体力逐步为自然力（自然界提供的能源）推动的动力机所代替，劳动力开始由体力为主转向智力的发展，虽然这时他们基本上还是体力劳动者而不是知识分子。另外，群体劳动（协作、社会化劳动）的指挥者则多是知识分子，即具有自然科学知识的工程师和具有管理科学知识的经济师。

随着现代技术的革命、电子计算机的广泛利用，以及智能机器（机器人）的发展，机器不仅代替人的体力和手工技巧，而且还日益代替人的部分脑力，

---

① 《马克思恩格斯选集》第3卷，第561页。

这就要求劳动者掌握更高的文化和科学技术,接受中等以上的教育。也就是说,现代产业工人将日益知识化,一旦"生产劳动给每一个人提供全面发展和表现自己的全部能力即体能和智能的机会,这样,生产劳动就不再是奴役人的手段,而成了解放人的手段"①。

但是,工人阶级要使自己的成员都成为有知识的人,还需要经历漫长的岁月,就我国而言,在11多亿人口中,只有2 000万知识分子。为了缩短知识化的过程,必须加速知识和知识分子的扩大再生产,这就要重视和尊重从事精神产品生产的现有的知识分子,特别是其中的科学家和教师。因为科学家从事着知识的内涵的扩大再生产,教师从事知识的外延的扩大再生产(主要是知识分子的扩大再生产)。在高等学校里,一些教师同时又是科学家,既从事外延的又从事内涵的知识扩大再生产。

生产知识的劳动,即从事科学研究和技术实验的劳动,是复杂劳动。这种投入的劳动的经济效果在于:它遵循自然规律,用自然力来代替劳动力,并通过物本身性能用物来改造物,形成物的新的使用价值;同时,又遵循经济规律,尽可能节约生产产品所耗的物化劳动和活劳动。当今一些发达国家,它们正是依靠科技来提高劳动生产力。

生产知识的劳动(精神劳动)对物质生产虽有如此重要的经济效果,它自身的扩大再生产却是比较复杂的。科学是历史发展总过程知识的精华,生产科学的精神劳动者在继承前人和外人的成果的基础上,继续探索客观世界的内在联系,揭示别人还没有发现的客观规律,发展前人的学说,实现科学的内涵的扩大再生产。但是,为使科学有新的发现,需要付出大量的复杂劳动。不过,虽然科学家为生产科学而耗费大量的精神劳动,如果一项科学发现被用于社会化大生产,就能反复使用,生产产品所节约的劳动就成为一个持续的增量,而生产该项科技成果的劳动则是一常量。这又进一步说明,科学家对发展社会生产力的重大作用。但是,由于科学并不是直接生产力,生产科学的成果不直接体现为经济成果,科学家为此付出的大量复杂劳动往往得不到应有的报酬。因此,国家应该十分重视科学家的作用,不仅要改善科学工作者的报酬,而且要从各方面改善科研的环境。

---

① 《马克思恩格斯选集》第3卷,第681页。

如果说科学家的劳动是生产科学的劳动,即使科学自身内涵地创造性发展的劳动,那么,教师的劳动则是传授科学知识的劳动,是使已有的科学成果横向扩展的劳动。后人学一条科学定理所花的时间,和当初一代代科学家为发现这条科学定理所花的时间相比,是微不足道的。因此,教育是经济的。况且,教师特别是高等学校教师,他们不仅要传授前人和外人的知识,自己还要进行科学研究,生产科学知识,并将科研成果充实教学内容,就不仅能生产(培育)更多的知识分子,而且能培养出高水平的知识分子。这些教师更应该受到社会的尊重。

科学家和教师是工人阶级中高层脑力劳动者,代表着未来的先进生产力,他们是国家的瑰宝,充分发挥他们扩大再生产知识、知识分子的作用,必将加速我国社会主义四个现代化的进程。

二、知识分子与生产关系

生产的物质内容是生产力,其社会形式则是生产关系。这里的内容和形式关系又是和社会剩余产品联系在一起的。就生产力来讲,剩余劳动以及剩余产品既是生产力的结果(只有一定高度的生产力才能使直接生产者不仅仅再生产自己,而且能够提供剩余劳动),又是发展生产力的源泉(剩余劳动以及剩余产品作为积累的源泉,用以追加新生产力的要素)。正是这样的物质内容决定了生产的不同社会形式(生产关系),因为每一种社会的经济关系首先是作为利益关系表现出来的。在人类进入文明时代以后,这种利益(代表生产关系的统治阶级所占有的利益)只能来自剩余劳动或剩余产品,只有总产品扣除补偿生产要素的消耗以后的剩余,才是社会能够占有和分配的利益。

从奴隶制、封建制到资本制,都是从直接生产者身上榨取剩余劳动的制度,它们的区别只在于榨取剩余劳动的不同的形式。甚至到了社会主义乃至共产主义社会,剩余劳动也必须始终存在(因为它是发展生产力的源泉)。社会也必须占有它(以便更好地利用它),只是性质已经根本变化,它不是由私有者阶级所占有,而是由社会所公有。但是,不论什么生产关系,为了追逐剩余劳动就必须发展生产力,而为了发展生产力又必须将所占有的剩余产品的一部分转化为追加的生产力。这正是生产关系促进生产力发展的积极的反作用。

不论什么生产关系都要追逐剩余劳动,为此又必须发展生产力,而为了发展生产力又必须发挥知识和知识分子的作用。这种现象在资本主义大生产中尤为明显。他们为了本阶级的利益,不仅重视科技人才,而且大力发展教育事业和重视教师。他们不仅大力培养本阶级的知识分子,而且使被统治阶级中的知识分子为资本主义生产方式服务,并通过生息资本的机制将被统治阶级中有才干的知识分子转化为资产阶级分子,来加强自己的统治。一个没有财产但有才干的人,一旦被金融资本看中,就可以取得贷款进行资本主义经营,成为资本家。"这种情况……巩固了资本本身的统治,扩大了它的基础,使它能够从社会下层不断得到新的力量来补充自己。"①

有些人没有看到这个问题的本质,对资本主义社会如此重视知识分子赞叹不已。其实,资本家之所以重视知识分子,是因为他们被作为生产剩余价值的手段,他们本身也是雇佣劳动者;他们中少数蜕变为资产阶级分子,也是为了加强资产阶级的力量。

在社会主义社会,知识分子的性质和地位发生了根本变化。他们中绝大多数已经不是雇佣劳动者,而是国家的主人,是工人阶级中的脑力劳动者。少数原来的资产阶级知识分子,经过生产资料的所有制社会主义改造以后,他们为社会主义建设服务,转化为工人阶级的知识分子。我们决不应把他们看作异己力量,而应借鉴历史的经验,将他们吸收进来,壮大工人阶级的力量,巩固和发展社会主义生产关系。当然,知识分子中也有一些人迷恋资本主义生产关系,力图复辟资本主义,但那只是极少数人。我们既要有所警惕,又不宜因噎废食。

工人阶级为了发展社会生产力,为了使自己的广大成员加速知识化,为了加强社会主义生产关系,不仅要十分重视本阶级的知识分子的作用,而且要团结各阶层的知识分子,为社会主义四个现代化共同奋斗。

三、知识分子与政治上层建筑

由于各阶级都要重视知识分子在经济上的作用,反映在政治关系上也要

---

① 《资本论》第3卷,第679页。

选贤任能。因为要掌管国事,就要懂得"治国平天下"之术,就要招纳经国济世之才。一个统治阶级为了加强自己的统治力量,就不仅在经济活动中吸收被统治阶级中有才干的人,而且在政治上更加如此。就这方面来讲,旧中国的封建王朝做得也颇为出色。例如,秦王朝一统天下是和它历代君主重用知识分子分不开的。李斯曾就此大加吹嘘说:"昔缪公求士,西取由余于戎,东得百里奚于宛,迎蹇叔于宋,来丕豹、公孙支于晋……缪公用之,并国二十,遂霸西戎。孝公用商鞅之法,移风易俗,民以殷盛,国以富强……惠王用张仪之计……遂散六国之从,使之西面事秦……昭王得范雎……蚕食诸侯,使秦成帝业。"[1]汉王朝取代秦以后,也很重视知识分子的作用,汉高祖十一年(公元前196年)还发了一个求贤诏令。诏曰:"盖闻王者莫高于周文,伯者莫高于齐桓,皆待贤人而成名。今天下贤者智能,岂特古之人乎,患在人主不交故也,士奚由进?……贤士大夫有肯从我游者,吾能尊显之。"诏书还说,那些确有美德的人,郡守必须前去劝勉,并为他驾车,送到京师相国府。如有贤才而郡守不举荐,发觉后就要罢他的官职[2]。封建王朝还通过科举制度将被统治阶级的优秀知识分子吸收进来以巩固各级封建统治。那时,鼓吹"学而优则仕",把知识分子引向"仕"(做官)途,一旦金榜有名,便封官封地授禄,昔日布衣之士,一下子就蜕变为地主阶级的政治代表人物。为此还特别推崇教师,将孔丘封为圣人以作为"万世师表",在一些家庭中供奉"天地君亲师位"灵位,意指除天地君亲之外,唯师最尊。至于操纵现代国家机器,政府官员如不具有现代社会科学和自然科学知识更是无法胜任的。现代政府首脑人物即使自己是知识分子,也还要依靠智囊人物共商国是。

我们在这里看到,剥削阶级是为了加强它的统治才重用知识分子,并且它还巧妙地把被统治阶级的异己力量转化为自己的力量,来加强自己的统治。马克思曾就此指出:"一个统治阶级越能把被统治阶级中的最杰出人物吸收进来,它的统治就越巩固,越险恶。"[3]它绝不是为了爱护知识分子,它对那些不服从统治的知识分子则大兴文字狱,进行残酷镇压,历代王朝中的例子比比皆是。例如,秦始皇焚书坑儒,秦二世腰斩李斯;汉王朝杀功臣,"狡兔

---

[1] 《史记》卷八十七《李斯列传》第二十七。
[2] 《汉书》卷一下《高帝纪》第一下。
[3] 《资本论》第3卷,第679页。

死,走狗烹"……明王朝,方孝孺拒绝为成祖起草诏书,竟被诛灭十族(直系亲属、旁系亲属外加学生),死者达八百七十余人。人们或者以为那是封建王朝的事,好像现代资产阶级国家是讲"人权"的。当然,较之封建王朝,它文明多了,但不过由硬的一手转化为软的一手,必要时则软硬兼施。软的一手是在意识形态中渗透资产阶级世界观,将异己力量转化为自己的力量;硬的一手则采取镇压手段,特别用以镇压殖民地、半殖民地的爱国知识分子。另外,知识和愚昧、真理和谬误是水火不相容的。革命的知识分子在为真理而斗争的时候则是义无反顾的,他们和工人运动相结合,推动了历史的发展。

在社会主义社会,工人阶级领导的人民民主专政,它吸收一切可以团结的知识分子来加强自己的统治,绝不是为了一个阶级的私利,而是为了人类美好的未来。这正是追求真理的知识分子梦寐以求的。人民民主专政是为了维护社会主义制度,社会主义的根本任务则是发展社会生产力。知识分子不仅是发展生产力的力量,作为工人阶级的智力劳动者本身又代表着先进的生产力。因此,工人阶级本能地就会爱惜知识分子。我们党中央一再指出,要"在政治上、业务上信任和依靠知识分子,从优秀知识分子中发展党员、选拔干部"[①]。所有这些都根本不同于剥削阶级与知识分子的关系。

当然,知识分子中也有人背弃真理,为了自己的私利依附于敌对势力,妄图复辟资本主义。但这些人不能代表知识分子,只是极少数败类。另外,我们也有一些同志以"左"的眼光看待知识分子,对他们重视不够,使用不当,甚至压抑人才。这两方面的问题,都必须加以克服。

四、知识分子与意识形态

知识分子的特征就在于具有知识。知识是精神产品,它本身就是意识形态。资产阶级正是在意识形态领域和我们争夺知识分子,特别是争夺青年知识分子。这是深层的阶级斗争,是无硝烟的战争,和平演变和反和平演变首先是在这个领域进行的。杜勒斯正是由此寄希望于我们的第三代、第四代。他们宣扬资产阶级人生观否定马克思主义哲学,借政治多元化理论否定人民民主专政的国家学说;借私有化理论取代马克思的经济学说;反映在文学上

[①] 《江泽民文选》第1卷,第129页。

则宣扬自我是创作的上帝,使作家成为自私的人,而不是奉献于人民的人。

虽然我们的青年知识分子中绝大多数人热爱祖国,热爱人民,热爱社会主义,但他们涉世不深,知识面不广不深,如不注意,难免受骗上当。这就要求我们坚持和发展马克思主义,繁荣马克思主义的科学,抵制资产阶级意识形态的侵蚀,造就新的一代社会主义事业的接班人。而要做到这一点,在党的领导下,仍然离不开知识分子的努力,特别包括青年知识分子自身的努力。

原载《学术月刊》1991年第5期

关于人口数量规模与素质结构的几个问题

控制人口数量、提高人口素质,以及保护环境、科教兴国是三项基本国策。三者实际辩证联系在一起,核心是人口问题。因此,不宜孤立地就人口论人口。

人口的规模主要是数量问题,人口的结构主要是素质问题。人口的规模决定于人类赖以生存的生态环境的支撑程度(消极地讲)和优化程度(积极地讲)。而生态环境的变化,除天文、地质自然原因外,主要是人自身所引发的。具体说来,环境之所以遭到破坏,就是因为人口量大质低,导致"自作孽、不可活"。只有认真、坚决地遏制人口数量,广泛提高人口素质,国家才能真正兴旺发达。而这有赖于发展科学与教育。

一、人口规模与计划生育的科学化

应该说,我国关于人口的基本国策是正确的。但是,长期以来,计划生育的计划指标却背离了基本国策。

(1) 在上海这样的大城市中,人口文化素质较高。其中知识分子的家庭一般注意优生优育,不愿多生,人口将会负增长,这在上海卢湾区已经出现。但是那些文化素质过低的家庭,却又不断超生。现行政策未能妥善解决这一矛盾。

(2) 中国人口过剩主要在农村,城市限生一个,农村超生在一些地区实际处于失控状态,生五六个的大有人在。中国农村人口越来越过剩,如何对症下药,尤为当务之急。随着农户向城镇集中,农地向农场集中,计划生育正宜抓住转机,认真推行限生一个的要求,并对宅基地、就业以及社会福利事项都予独生子女以优惠,以经济利益引导农民少生、优生。同样,对外地来沪打工人员,也要认真贯彻执行计划生育政策,并促使外地农村注意这一基本国策问题。总之,要以少生多得利、多生不得益的经济杠杆全面贯彻人口国策。

二、人口结构

人口结构择其要者有素质结构(脑体比重)、年龄结构(老龄化问题)、就业结构(上下岗问题)等。

1. 素质结构

人是动物,人的数量应受生态规律制约,人口爆炸压垮了生态环境,环境就使人类难以生存,因此我们应该十分重视控制人口规模。

人又不是一般动物,而是万物之灵,灵就灵在人具有智力。人类社会的发展是和智力发展分不开的,人口素质主要是指人口的智力素质。人类从野蛮走向文明,在生产和生活实践中,逐步探索自然规律,人类的实践经验通过脑力劳动者的智力总结,结晶为科学;然后通过教育进行科学的、外延的扩大再生产,发展更多人的智力,生产更多的知识分子。

2. 年龄结构

随着经济发展与生活改善,人类寿命也延长了。我国目前60岁老人约占10%,预计2025年将达20%。但在上海市户籍1 307万人口中,1998年60岁以上的有238万人,已达19%。据专家估计,近三分之一老人患有慢性病,约37%的老人有这样那样的困难需要照顾,其中至少有10万人生活难以自理。当然,社会应予以关怀。不过,这里也有另一方面的问题值得注意。即在健康的老人中,具有高智力、高技术的,正是我们迫切需要的人才。以复旦为例,复旦附中有些退休老教师参与办了一所复旦兰生中学,扩大了高中招生名额,培养了更多优秀学生。但在大学部,有些退休教师,虽不是博导,却有长期教学经验且成绩优秀,他们过早退休并且闲置未用,实为智力浪费。知识分子的退休政策必须改进,珍惜这份精神财富,认真在这部分老人中淘金,将他们还有的余热充分发挥,这并不增加国家负担,还能培养更多人才。

3. 就业结构

就业结构取决于产业结构,产业结构的变化则取决于社会生产力的发展。随着科学技术成为第一生产力,企业生产要素技术含量越来越高,人员结构中就会是有知识者容易上岗,知识陈旧者容易下岗。不仅大都市如此,郊区中小城市也会这样,特别是乡镇工业技术水平低下,资源不能充分利用,又污染环境,势必大部分被淘汰,原来安置的过剩农村人口也有大批人员下岗。再说郊区农业,只有规模经营才能提高生产力,农业生态化又要求农民素质提高,潜在过剩人口势必显现,农业下岗人员就更多了。

另外,在安置就业问题上,城乡下岗人员是无法全部安置再就业的。况且全国每年有一千多万个年满18岁新生劳动力要上岗,对他们应该在上岗前多加培训,提高其智力,否则也会无岗可上。这就要求不仅普及高中,而且要扩大高校招生名额。投资教育,这是兴国之本!

原载《决策参考(上海)》2000年第2期

试论人口发展规律

——兼论我国人口必须进一步控制

人总是社会的人。人口规律不是自然界的规律而是社会规律。"事实上每一种特殊的、历史的生产方式都有其特殊的、历史地起作用的人口规律。"① 因此,应该从历史的生产方式来探讨人口规律,也就是应该从历史的生产方式的内容(生产力)和社会形式(生产关系)来探讨人口规律。

一、生产力的技术构成制约人口的发展

纵观历史,即使在剥削阶级占统治地位的社会,人口中绝大多数也是劳动人口,在社会主义社会就更不必说了,在共产主义社会,则全部是劳动人口。因此,人口规律,就它的基本方面来说,实质上是劳动力的再生产的规律。

劳动力是生产力的主观要素。生产力的客观要素(生产资料)如果不和劳动力相结合,就不能进行生产,就不能成为现实的生产力。反过来看也是一样,如果劳动力没有生产资料与它结合,也不能形成现实的生产力。因此,劳动力的再生产问题,又必须放到生产力的构成要素问题中来考察,必须考察劳动力是否与生产资料相结合,考察两者结合时的质的状况和量的比例以及结合的社会形式,等等。

既然只有有生产资料(劳动资料与劳动对象)与之结合的劳动力才能形成现实的生产力,那么,也只有这部分劳动者才是现实的生产者。如果社会在一定生产力水平下,没有多余的生产资料和另一部分人相结合,这另一部分人就不是生产者。所以,不能笼统地说"人是生产者"。在后一情况下,这另一部分人就仅仅是消费者。

即使只讲那些有生产资料与之结合的生产者,如果生产力的技术构成低

---

① 《资本论》第1卷,第728页。

下,只好靠增加生产者人数来发展生产,这样增加的产量将会有很大部分用于补偿直接生产者所耗费的必要劳动,也就是有很大部分为直接生产者消费掉。这种生产者基本上是近于进行简单再生产的生产者,因而也可以说是贫乏的生产者。

只有在生产力的技术构成不断提高的条件下,较少的劳动能够生产更多的财富时,生产成果的较大部分不被直接生产者所消费,生产者提供的剩余劳动才会大量增加,积累和扩大再生产才会加速进行,社会才会高速度发展。正是因为"劳动产品超出维持劳动的费用而形成剩余,以及社会生产基金和后备基金靠这种剩余而形成和积累,过去和现在都是一切社会的、政治的和智力的继续发展的基础"①,所以,只有那些能够为社会提供较多剩余劳动的人口才是具有积极意义的生产者。

生产资料和劳动力的结合,还要有彼此相适应的质量,而且还会互相促进各自的质量。劳动者在这个结合过程,也就是生产活动中,不断提高自己的劳动技巧和智力,并把智力和技巧物化在生产工具之中,然后通过生产工具作用于劳动对象,这就使生产力的状况不断发生变化,终于显示出各个不同历史时代的特征。因此,即使劳动者有生产资料与之相结合,这些劳动者也必须具有该时代的平均智力水平,这些生产资料特别是其中的生产工具,更必须具有该时代的平均技术水平。马克思早就说过:"手推磨产生的是封建主的社会,蒸汽磨产生的是工业资本家的社会。"②列宁补充说:"蒸汽时代是资产阶级的时代,电的时代是社会主义的时代。"③处在社会主义时代的劳动者,应该具有高度的文化科学水平,能够掌握现代的自动化技术设备,绝不应是文盲和科盲。另外,劳动资料也不应停留在"手推磨"式的生产工具上面。不然的话,生产力就不会前进。

劳动力和生产资料不仅存在着质的关系,在质的关系的基础上,它们还存在着一种量的对比关系。这种量的对比关系就是生产力的技术构成。它的价值表现在资本主义社会为资本有机构成,在社会主义社会为资金有机构成。由于"社会劳动生产率的水平就表现为一个工人在一定时间内,以同样

---

① 《马克思恩格斯选集》第3卷,第574页。
② 《马克思恩格斯选集》第1卷,第222页。
③ 《列宁全集》第38卷,第124页。

的劳动力强度使之转化为产品的生产资料的相对量"①,所以,技术构成的提高,资本或资金有机构成的提高,标志着社会生产力的提高。如果人口的增长速度、劳动力的增长速度超过生产资料的增长速度,生产力的技术构成就会下降,从而社会生产力必然随之下降。生产力的技术构成或其价值表现——资金有机构成,还可以近似地通过按人口计算的主要生产资料数量或其价值反映出来。因此,我们决不能满足于生产总量的增加,而必须把它和人口数量联系起来,看看按人口计算的指标是否上升了。如果按人口计算的指标下降了,那就意味着劳动生产力不仅没有上升,反而下降了。

在人类的历史长河中,不管经过怎样的曲折,生产力总是向前发展的。人口作为劳动力,总是适应生产方式的发展需要而发展的。当生产力低下时,也就是生产力的技术构成低下时,生产的发展主要依靠劳动力的增加,这时,人口必然增加;当生产力高度发展,生产的增加主要依靠科学、技术来提高劳动生产率,这时人口将在质量上提高而在数量上持平甚至减少。总之,要牢牢掌握人口与生产资料的内在联系,掌握劳动力与生产资料的质的结合关系和量的比例,才能弄清生产力发展、生产的发展对人口发展的要求,才能弄清人口的发展规律。

二、人口发展规律的社会历史形式

人口的发展不仅要适应生产力技术构成的发展要求,而且又是在生产力的不同社会形式(生产关系)下发展的。不同的生产关系使人口发展规律表现为各种历史形式。但历史形式不能改变生产力发展对人口发展的要求。

1. 前资本主义社会的人口发展状态

在资本主义以前的社会里,生产力的技术构成低下,发展生产主要靠增加人口。这时生产力的构成的特点是:劳动力是从事手工操作的劳动力;生产资料主要是土地(在经济学上也包括江、湖、河、泽)。因此,随着土地的被开发,人口也就不断地增长。不过在这个过程中,由于生产关系的反作用,人口的增加表现为曲折地上升。

人类最早处于动物状态,他们生活在野兽中间,依靠采集和狩猎维持生

---

① 《资本论》第1卷,第718页。

存。低下的生产力使人口发展缓慢,因为食物经常没有保证,这时还产生食人之风。后来,在原始共产主义氏族家庭的血统纽带下,人类依靠自己的努力,学会了驯养动物和种植植物,特别是由于铁器的发明和使用,大大提高了土地的生产力,于是人口大量增殖起来。在这个过程中,血缘群婚转为非血缘群婚再转为个体婚,又促进了人口素质的提高。

奴隶占有制的生产方式造成了比原始公社制度更高的社会生产力,这主要是依靠组织奴隶劳动的简单协作,以及脑力和体力劳动的社会大分工。在奴隶占有制下,虽然人口也在发展,但残暴的剥削很快摧毁奴隶的身体,奴隶本身又没有家庭,只有简单的同居关系,奴隶劳动力的简单再生产也难以维持;另外,广大的小生产者逐步破产,或变为流氓无产者,或沦为奴隶;再加上毁灭性的战争使大量人口被屠杀,发展起来的人口因此又日益减少。

在封建制度下,由于地主阶级的残酷剥削和压迫,由于频繁的战争,也由于文化卫生知识的缺乏,劳动人口仍然具有很高的死亡率。不过,在封建社会里,基本劳动者(农民)依附于土地并有了自己的小家庭。劳动者与生产资料(土地)相结合的封建形式,以及进而在这个基础上建立的家庭形式,又有利于人口的繁衍。但是,劳动资料仍然是手工工具,人口中的大多数仍然是没有文化的、墨守成规的贫乏的劳动者,因而生产力的技术构成没有什么大的突破;并且,劳动者和生产资料的封建结合形式,就像蜗牛和它的甲壳互相结合一样,它排斥劳动协作,又不可能实现土地的社会化使用。在这种情况下,人口的简单的数量增长,仍然是生产力贫乏的表现。

我国从有正式人口记录的公元 2 年到 1840 年鸦片战争时,人口由 5 959 万增加到 41 200 万。1800 多年净增长 35 241 万,虽然平均自然增长率很低(每年仅增长 0.1%),而且基数不大,但是,长年累月滋生不已,终于使我国成为在世界上人口最多的国家。所以,不能小看很低的自然增长率,每年递增不过千分之一,也会把一个五千多万人口的国家变为几亿人口的国家。

2. 资本主义生产方式的人口规律

在资本主义社会里,劳动力由从事手工操作转到操纵机器,进而转到使用自动化机器;生产资料主要是机器,而机器本身又向自动化发展,机器不仅代替人的体力,而且逐步代替人的脑力。人口发展的特点是,由数量的增加转为数量的稳定甚或有所减少和质量的不断提高。这个规律的资本形式则是：随着资本有机构成的提高，不断形成相对过剩人口。

在资本主义发展的初期，人口增加主要表现为工人人口的增加。因为资本只有在它能给工人工作的时候才能增长，所以资本的增长就包含着无产阶级人数的增加。

当资本主义的工场手工业取代中世纪的行会手工业时，工艺还是手工业的，只是劳动者的数量突破了行会的限制。但是，工场手工业的进步意义却不在于劳动者人数的增加，而在于由这个增加促成的分工，在于这种分工所带来的生产力的大发展。

资本主义大工业兴起以后，机器代替了一部分体力，并代替了一部分手工技巧。它的资本主义应用，又当作助长使用童工，延长劳动日，提高劳动强度的手段出现。"资本消费劳动力是如此迅速，以致工人到了中年通常就已经多少衰老了……它的成员迅速耗损，但是它的人数不断增大。这样就需要工人一代一代地迅速更替。（这个规律对人口中的其他阶级是不适用的。）这种社会需要，是通过早婚这一大工业工人生活条件的必然后果，并通过剥削工人子女以奖励工人生育子女的办法来得到满足的。"[1]也就是说，在资本主义生产方式还不发达的阶段，工人人口的动态必然表现为用高度的出生率来补偿高度的死亡率。并且，"不仅出生和死亡的数量，而且家庭人口的绝对量都同工资的水平……成反比"[2]，他们越贫困，他们的繁殖也就越多。简单地说，就是"贫困会产生人口"[3]。马克思形象地指出："资本主义社会的这个规律……使人想起各种个体软弱的、经常受到追捕的动物的大量再生产。"[4]

随着资本主义生产方式的高度发展，无论工业农业，资本技术构成空前提高，机器不仅能够代替人的体力，而且由于"电脑"的使用还能代替人的智力。操纵这样机器的劳动就不能是简单劳动而是复杂劳动。因此，一些高度发达的资本主义国家，已经不是求人口数量的增加，而是人口文化科学技术素养的提高。

---

[1] 《资本论》第1卷，第739页。
[2] 同上书，第741页。
[3] 《资本论》第3卷，第243页。
[4] 《资本论》第1卷，第741页。

在发达的资本主义国家,由生产领域排挤出来的人口,大部分转入服务行业。服务行业靠国民收入的再分配来滋养。只有在生产力已经高度发展,从而较少的生产者已能生产社会所需要的大量财富时,国民收入才会大量增加,服务行业才能广泛地发展。

不管服务行业怎样吸收过剩人口,随着资本主义的高度发展,人口的自然增长率还是有着下降的趋势,以至下降到零增长率上下。

再从资本积累来看,"工人人口本身在生产出资本积累的同时,也以日益扩大的规模生产出使他们自身成为相对过剩人口的手段。这就是资本主义生产方式所特有的人口规律"①。资本积累使资本有机构成提高,使可变资本相对减少,于是形成相对于资本增殖平均需要的过剩人口。这种过剩人口有着以下特点:① 相对于他们不能为资本生产一定高度的利润,他们就成为过剩的;② 他们是作为就业工人的后备军以备资本主义生产周期中高涨时期之用;③ 他们的存在本身就使劳动力的供给总是大于劳动力的需求,从而资本就可以用尽可能低的价钱得到劳动力这一商品;④ 产生过剩人口的原因(资本积累),还会产生相对过剩资本,虽然两者处在对立的两极上,一方面是失业的资本,另一方面是失业的工人人口。

相对过剩人口所具有的这些特点既是资本增殖的结果,又是资本增殖的需要,所以这部分工人人口与资本主义社会总是形影不离。

3. 社会主义生产方式的人口规律

如果社会主义社会是从发达的资本主义社会过渡来的,那么,它的生产力的技术构成已经达到先进的水平,而人口还会有着更高的质量。这时,机器不仅到处代替人的繁重的体力劳动,而且在更广的范围内代替人的脑力劳动。这时,总人数可能持平,但每一个人的文化科学技术素养却提高了,因为"生产劳动给每一个人提供全面发展和表现自己的全部能力即体能和智能的机会"②。

但若社会主义社会是从不发达的资本主义社会过渡来的,特别是从半殖民地半封建社会过渡来的,那么,它的生产力的技术构成一般处于贫乏的水平。农业还是手工工具,工业中机器设备也不多;劳动者绝大多数是手工操

---

① 《资本论》第 1 卷,第 727 页。
② 《马克思恩格斯选集》第 3 卷,第 681 页。

作,是文盲和科盲。在这种基础上建立起来的社会主义社会,人口的自然增长率起初会突然增大。这是因为:

(1) 旧社会带来的高出生率一下子难以下降,旧社会的高死亡率却得到迅速改变。

(2) 在旧社会里,工业劳动力的再生产费用由私人负担;在新社会里,这项费用的相当大部分逐步由社会来负担,这也是刺激人口增长的因素。

(3) 占人口绝大多数的农民仍然是手工劳动者,在手工生产条件下实行按劳分配的原则,显然劳动力越多特别是男劳动力越多的农户提供的劳动也越多,其收入也越多,农民为了增加收入,势必多养儿子;再加上农业合作社暂时无力设置退休养老金,农民还不得不"养儿防老"。因此,占人口绝大多数的农业人口还会增长得更快。

随着生产的发展,在城市,一方面工业就业人口日趋饱和,另一方面工业资金的有机构成日益提高,城市人口出生率将会显著下降。在农村,农业的根本出路是机械化,只有用机器操作来代替手工劳动,农户才能不按照劳动力的数量来取得收入,而是按劳动力的质量所能提供的复杂劳动来取得收入。这时,一个农业劳动者可以养活一二十个人,农民收入提高,公共福利基金充裕,"养儿防老"的问题也就不存在了。这样,农业人口的出生率也会逐步下降。

在社会主义社会,发展国民经济是有计划按比例地进行的。对物的生产要进行计划调节,对人的生产也要进行计划调节。人口多的国家在建国初期,如果按照人口发展规律,一开始就和物的计划同时,拟定人口规划,实行计划生育,尽早地控制人口数量,尽快地提高人口质量,国家的社会主义实力就会更快地赶超发达的资本主义国家。

三、我国人口必须进一步控制

我国是世界人口最多的国家,人口问题特别突出。按照社会主义基本经济规律的要求,我们办一切事情都要从几亿人口出发,人口的数量和质量牵制着整个国民经济的基本比例关系,人口本身的变化又将影响下一个世纪。人口问题本是一个战略问题,可是,在新中国成立初期,一开始就没有计划控制人口出生率,那时人口已经有五亿四千多万,反而认为人越多越好,还搞什么多子女补助费,等等。谁持异议,就被戴上马尔萨斯主义的帽子,有些专家还为此被戴上政治帽子。后来,虽然在实践中发现了人多带来的许多问题,提出了计划生育问题,但人们思想上没有解决问题,人口问题仍然是理论上的禁区;再加上农业一直保持手工操作,人口也就越来越多,以致到1978年年底竟达到九亿七千多万,人口自然增长率仍然高达千分之十二,即每年还要净增一千多万人口。

四个现代化的问题,集中到一点就是提高社会生产力的问题。为此,就必须提高生产力的技术构成。贫乏而又众多的人口是难以转化为高度现代化的生产力的。我们必须狠抓人口的出生率,使之逐步下降到死亡率以下,使人口总量逐步减少,同时努力提高人口的文化科学技术水平以提高人口质量,并在任何部门都"精兵简政"。

当前,广开门路,尽可能安排待业人员就业,当然是必要的。但根本的还是要加强对人口的控制,否则还不能解决待业人口继续增加的问题。这是因为:① 农业劳动力将随机械化而减少(我国将有几亿农民从手工劳动中解脱出来);② 集体所有制工业固然可以吸收相当一部分劳动力,但是按照价值规律的要求,新建立起来的集体企业要具有同行业的平均生产条件,也要不断提高生产力的技术构成,因而不能年年吸收大批就业人口;③ 全民所有制企业在提高劳动生产力的过程中,必然会精简人员,有多余劳动力统一调剂,无须再增加新的劳动力;④ 在劳动生产力水平低下并且实行低工资、多就业的条件下,劳动者只有低下的支付能力,建立在贫乏的国民收入再分配的基础上的服务业,一时也难吸收过多的待业人口。

总之,人口问题是四个现代化中最重大问题之一,决不能掉以轻心。一方面,我们要照顾眼前利益,妥善安排待业人口。另一方面,更重要的是,一定要坚持从长远利益出发,为了四个现代化,也就是为了提高生产力,为了提高生产力的技术构成,坚决地果断地把人口出生率尽可能地降下去,一直降到人口自然死亡率以下,使我国人口总数不断减少,一直减少到和四个现代化相适应的数量和质量,我国的四个现代化才能早日实现。

原载《复旦学报(社会科学版)》1979年第5期

人口法制与依法治国

人口问题是否需要法制,人口法制在完善法律体系中的作用及其对依法治国的影响,是亟待探讨的重要问题,涉及民族的振兴。孤立地看待人口问题是误国误民的形而上学。人口再生产方式决定人与自然的关系和社会生产力的发展,关乎民族生存和国家竞争力。人口法制关乎改革的命运和中华民族的崛起。

一、人口法制与法律体系的完善

改革开放以来,我们取得了世人瞩目的成就,但也有一些曲折。国际风云变幻,道路坎坷漫长,如何少走弯路,加快国家强盛步伐,需要总结经验,避免失误,并以法制进行规范。2014年10月,党的十八届四中全会提出,全面推进依法治国,总目标是建设中国特色社会主义法治体系,建设社会主义法治国家,并通过了《中共中央关于全面推进依法治国若干重大问题的决定》(以下简称《决定》)。用法律约束导向才能在多元复杂的社会中规避暗礁险滩,科学行事,也为铲除腐败、紧密联系群众建立制度性保障。

关于用法的形式规范行事的重要性,有许多历史经验教训。回顾我们党的历史,每当用科学理念和方法进行革命和建设,就取得辉煌的胜利。就科学本质而言,它只承认事实和规律,不崇尚任何权势,以激励开拓创新。但是在人类发展史中,科学的创立发展经常遇到神权、君权的障碍,这期间经历了激烈斗争。在当今中国,依法治国把科学理念及行事准则用法规明确,减少主观意志偏差造成的失误。用法制确保科学行事才能避免各级长官意志。依法治国告诫各级干部不要做风派人物,当然,还能铸就防微杜渐的刚性屏障,有利于我们党的反腐倡廉。新中国脱胎于半殖民地半封建的旧社会,至今还存在分散落后的农业生产问题,通过法制导向,依法治国,才能在严峻和复杂的环境下调节利益关系,聚合社会力量发展生产力。

《决定》在强调坚持走中国特色社会主义法治道路,建设中国特色社会主义法治体系时,提到"有的法律法规未能全面反映客观规律和人民意愿,针对性、可操作性不强",同时强调坚持党的领导。依法治国涉及法律本身完善的问题,即法律如何科学规范,以及作为上层建筑如何适应不断变化的经济和社会基础。应对纷繁复杂的现实问题,法律体系自身有待逻辑梳理,需要哲学思维。辩证唯物主义的方法就是理顺法律自身逻辑关系、锁定核心法律、实现纲举目张的重要武器。因此,党的领导首先是确立把党的指导思想作为法制体系建设的理论指导。理论差之毫厘,实践便会失之千里,理论的重要性不言而喻。

正如马克思主义经济学不是简单教义,而是科学,是一种方法论一样,法学也应该是一种方法论,揭示法律之间的逻辑联系。黑格尔的辩证法可简述为"圆圈的圆圈";马克思扬弃其"绝对精神",矫正为客观唯物。把这一哲学理念应用于法律体系,最重要的核心应该是涉及人口、资源、环境,从而规范生产力发展的法律法规,以及依次规范生产关系包括交换关系的市场法规、涉及行政管理的法律法规、约束法律自身的宪法,以及文化精神方面的法律法规。生产力的法律对外圈层的其他法律产生重大影响。具体地讲,如果有关生产力的法律没有落实,便会导致生产关系等其他圈层的法律落空。

促进生产力发展的法律法规又应包括潜在生产力和直接生产力两个方面。前者涉及法律维护人口与资源环境协调,并促进科学技术发展。后者在前者的基础上实现创造财富能力的不断提升。作为最基础的层面,人与自然的关系一旦失调,势必扰乱整个社会的再生产系统,因此,如果人口、资源、环境的法律法规不健全,那么其他法律法规就无法完善或难以实现。

人类社会由自然环境承载,人与自然关系的法律规范事关社会生存发展。如果人类盲目扩张自身,压垮生态金字塔,就会置自身于死地。人与一般动物之别主要在于理智,因此,法律必须与自然法则吻合以此来约束人类自身。具体地讲,一国对人口总量的约束以及对人与自然交往的规制是最重要的基础性法律。该领域空白或有缺陷,其他的法律就可能成为一纸空文进而加大其他方面执法的难度,经济社会发展不仅不可持续,而且会导致生存危机。

人口问题是完善中国特色社会主义法制亟待进一步规范的重要基础性问题。目前存在缺陷,特别是与美丽中国相吻合的人口总量远景目标没有法律规范,存在争议。是让自然遵从人的意志,还是人尊重自然、顺应自然法则,导致的结局完全不同。

二、人口、资源、环境协调的法律规范

人口、资源、环境是最基础的重要问题,也是法治体系的逻辑起点。人口压力缺少法制规范会导致环境毁损。祖国的大好河山原本秀美壮丽,古代诗词歌赋以景寓情,描述了当时的自然景观。例如,长江上游金沙江千里江段,曾是"雪山不老年年白,江水长流日日清";川江干流段也由于两岸植被茂密,呈现"山桃红花满上头,蜀江春水拍山流";到了下游,"春风又绿江南岸""百分桃花千分柳,冶红妖翠画江南""春来江水绿如蓝"。由于人口过多,现在两岸植被遭到破坏,水土大量流失,水质恶化。重庆嘉陵江过去是"千里嘉陵江水色,含烟带月碧于蓝",但因流域森林被毁,河水早已由碧变黄了。扭转局面的关键在于减轻人口压力,才能使"青山不老,绿水长流"。

马寅初在 20 世纪 50 年代就认识到我国人口问题的严重性,在其发表的《新人口论》[①]中,主张把我国人口总量控制在 6 亿。此建议没有得到高层领导和有关部门的认可,错失了中华民族崛起的最佳人口规模机遇期。目前,人与自然关系紧张,经济社会发展面临一系列棘手问题都与当年没有采纳马老的主张相关。

作为经济学家,马寅初拥有很深的功底和科学的方法论。他从来不形而上学地谈论人口,所著的《新人口论》厘清了人口理论的逻辑起点,即人口再生产及政策应促进生产力发展。他的科学分析方法与结论符合唯物辩证法。他反对片面地谈论人口生产的"一要素论"[②]。

生产力"一要素论"脱离自然和生产力的客体条件,孤立地强调人口的作用,主张仅凭人口就能创造财富。这种思潮在历史上均起到破坏生产力、

---

① 马寅初的《新人口论》首次发表在 1957 年 7 月 5 日的《人民日报》上。
② 生产力"一要素论",特指回避生产力客体条件和技术构成,孤立地强调人口的作用,主张仅凭人口就能创造财富。

开倒车的作用。马克思在《哥达纲领批判》中把它作为首要问题加以驳斥①。值得关注的是,目前这种思潮依旧影响人口学界。民族振兴是依赖人口数量还是社会生产力的提高,此种辩论在中国经历了半个多世纪。目前是否能够坚持正确的人口理论,是事关能否避开暗礁险滩达到彼岸的重大原则问题。但是,这一问题被种种表象掩盖。

如果人口研究仅仅是孤立地就人谈人,犹如抛开生态环境条件、脱离生物链去片面分析某一种物种,这种伪科学的结论势必误国误民。例如,如果不考虑种群竞争和天敌,就会得出草原牧羊(牛)的产量与其繁殖成正比的结论。实际上,当羊(牛)群繁殖消耗草量超过牧草再生产能力后,草原沙漠化便铸就了牧羊(牛)的灭顶之灾。而当今草原超载放牧导致荒漠却是人多致使牛羊多的结果。尽管人是特殊的生物种群,但是不能超越生态系统的一般规律。人的特殊性还在于人口再生产必须遵循生产力发展的规律。生产力是一切社会发展的决定力量。技术构成反映了生产力水平,即生产过程单位劳动者推动生产资料运转的能力。落后生产力表现为人口的再生产,技术构成低下。先进生产力依赖智力扩大再生产,通过科技引用自然力,采用更多更廉价无污染的自然能,驱动智力物化的生产工具进行生产加工,启用功能更强、更环保的非稀缺资源作为加工材料。只有生产资料(劳动资料和劳动对象)与之结合的劳动力才能形成现实的生产力。而且,随着技术含量不断提高,技能素质较低的劳动者将被排斥在生产过程之外。不能笼统地讲"人是生产者",没有与生产资料结合的那部分人只是消费者,并且成为失业人口。因此,必须根据国土资源真实的可持续承载能力,以及按照赶超世界、技术构成提高的要求制定人口总量远景目标,并以法律的形式确保这一目标。马寅初按照正确的逻辑方法提出把我国人口总量稳定于6亿,值得认真研究。

经过了半个多世纪,马寅初研究的结论始终未能得到法律的保护,我们

---

① 拉萨尔避开生产资料,孤立地谈论劳动的作用,提出"劳动是一切财富和一切文化的源泉"。马克思对此进行了严厉的批判,指出:"劳动不是一切财富的源泉。自然界同劳动一样也是使用价值(而物质财富就是由使用价值构成的!)的源泉,劳动本身不过是一种自然即人的劳动力的表现……并且在劳动具备相应的对象和资料的前提下是正确的。"(《马克思恩格斯选集》第3卷,第357页)

在探讨基础性的法律缺陷时,又浮现研究和教育领域的学科优化及法制建设问题。人口学是一个集环境、生态、经济(生产力与生产关系)、社会、文化等知识于一体的综合学科,还与许多学科交叉。人口的重大问题研究,理应以环境和生态学家、生产力及经济学家为基础,吸纳社会和文化等学科专家共同参与研究。长期以来,该学科建设把人口综合学科瘦身为一种专科。就人而论人口的学风一旦居于主流并在很大程度上控制话语权,综合学科的科学便沦为形而上学。

当学科建设缺少科学及法律法规呵护,生态保护和保护生产力发展的法律法规就难以健全或落到实处。于是环境超载、隐性失业就牵制可持续发展战略和转型发展的落实。在过多的人口面前,森林、湿地、草原保护的法律法规往往形同虚设。例如,与长三角面积相仿的黑龙江三江平原过去是广阔无际的湿地森林无人区,目前森林几乎荡然无存,主要区域早被抽干积水改换耕地,不给生态支柱留下余地,调节气候、缓解洪水、维护生物多样性的客观要求均被过多的人口制约。东北黑土地被逐渐耗竭,余下的板结土壤不具有产粮能力,我国1/4商品粮基地潜藏着不可持续的隐忧。

人口从6亿翻倍并继续增长是以生态系统全方位被毁损,以及破坏生产力发展为代价的。从我国北部的大小兴安岭到海南五指山,从东部沿海至西部草原,毁林开荒、蚕食湿地、破坏草原的鲁莽行为遍及各地。面对生存的需要,法律法规要么空缺、苍白,要么沦为一纸空文。"人大还是法大"的问题还表现在人口及生存压力对法律的压力。

除了对法律的藐视,生态难民往往铤而走险,最后损及自身,危及全局。1998年的洪水水量不及1954年,但是水位却更高,灾情也更大。归根结底,还是因为人口压力过大,长江上游毁坏森林,中下游破坏湿地,围湖造田,甚至在枯水期河道内筑坝围堰,部分泄洪渠道也辟为耕地。以长江流域阿坝藏族羌族自治州岷江上游河谷地带为例,因人口过剩,毁林开荒开到40~60度的绝壁上。数据显示,从20世纪50年代到1998年特大洪水之前,长江流域的坡耕地增加了50%。当时四川省林业厅杨东升教授说,该省当时每年水土流失9亿吨,涌向三峡坝区的泥沙达6亿吨。再加上泥石流,流失就更严重。为什么在绝壁上还要毁林种地呢?当地政府也认为是人口增加的缘故。除了缺少森林含蓄水量,当时长江沿线湖泊锐减,如千湖之省的湖北2/3的湖泊已湮灭,调节来水削减洪峰能力锐减①。可见,水灾不过是人口压力挑战保护环境法制的结果。

三、人口压力下的产业法规问题及优化

国家安全和民族崛起主要依赖的不是人口数量,而是社会生产力水平。目前我国提高生产力的障碍依旧是过多的人口。小农经济曾经长期作为封建社会的经济基础。这种经济形态依赖体力,重男轻女,扩张人口,毁林开荒。历史上不断演绎人口超载,生态破坏危及生存,加剧社会冲突,引发战乱削减人口。由于战乱及饥荒减人幅度惊人,在我国历史上多次超过半数,于是社会恢复相对稳定,又为小农经济大量产生人口创造条件,历史又进入循环往复的过程。目前,我国农业基础薄弱,大量农业富余人口牵制农业生产力的提高。

马克思强调:"超过劳动者个人需要的农业劳动生产率,是全部社会的基础。"② 生产率反映生产力的水平,马克思主义这一基本原理可表述为:农业生产力是国民经济的基础! 农业生产力之所以难以提高,原因在于大量农业富余人口得不到转移。落后的农业生产力约束建立在农业基础上的其他产业的良性发展,反过来又牵制吸纳农业富余人口。于是,面对效率低下的农业,只能加大各种补贴、优惠。人多好办事的思想影响深远,过剩人口也被冠以"我国人口资源丰富",实际上正是人口膨胀拖住了生产力发展的后腿,使我们不能淘汰落后的劳动密集型企业,难以发展生产资料密集型特别是技术密集型产业,实践上还表现为"拼命鞭打快牛,精心喂养慢牛"。

就农业自身来说,人多势必小块经营。小块土地经营"占统治地位的,不是社会劳动,而是孤立劳动;在这种情况下,财富和再生产的发展,无论是再生产的物质条件还是精神条件的发展,都是不可能的,因而,也不可能具有合理耕作的条件"③。在落后的农业生产力基础上不可能构建生产力发达的第二和第三产业,因此,农业生产力是国民经济的基础是马克思主义经济学

---

① 一苇:《洪灾的根本原因是人口过剩——张薰华教授访谈录》,《探索与争鸣》1998年第11期。
② 《资本论》第3卷,第888页。
③ 同上书,第918页。

的重要理念。

人口压力扭曲了农业的产业顺序。过多的人口势必引发生存环境与吃饭的矛盾冲突,并影响大农业产业的发展顺序及其相关法律法规的制定。迫于人口及吃饭的压力,农业仅局限于种植业,这种片面的农业又成为国民经济的基础,相应的农业产业顺序为农、林、牧、渔、副。但是,农业再生产过程,"不管它的特殊的社会性质如何,在这个部门(农业)内,总是同一个自然的再生产过程交织在一起"①。农业首先是自然的再生产,然后才是经济的再生产。森林作为生态系统的支柱,它的完善直接关乎生态环境,减灾防灾,事关人类命运和生存问题,同时也决定农业劳动的自然生产力及生产率。因此,大农业的产业顺序应是"林"字当头,以林、农、牧、渔、副为序。重视农业首先应重视林业!

迫于人口压力,长期以来种植业不断侵占排斥维系人类命运的森林。林业被打入另册,并在很长时间里沦落为树木砍伐的木头业,而不是种植和养育树木的产业,导致生态退化,孕育多种危机。森林本是天然水库,但伴随6亿以上的人口递增,各地森林几乎毁于一旦。淮河以北降水量只有全国的19%,耕地却占到了65%,大量耕地依赖蚕食生态维持,耗竭地下水资源。人口压力不断演绎"人大还是法大"的问题,该问题未解决之前,大农业产业顺序、林业宗旨、湿地保障、地下水保护等法律法规要么空缺,要么苍白。

联合国早已强调世界人均水源太少,为水而战的战争将不断增多。我国人均水量仅为世界人均水量的1/4,且时空分布不均,许多降水以洪水形式流失,稳定的可用水源更加稀缺。为了解决吃饭问题,农业耗费了我国总供水量的70%左右,主要是用于粮食生产。许多河流湖泊水源被滥用干涸就转而大肆抽取地下水。我国随意抽取破坏地下水用于农业灌溉的现象十分普遍,甚至造成一些地区地下水源枯竭,地面沉降,海水倒渗,地下水盐碱化。法律的宽容,又引发一系列环境问题,弱化了诸多相关法律。

人口过多不仅导致森林湿地难以保护,水源耗竭,而且导致农业落后,如果不从源头治理,还会衍生出更大的环境经济问题。各地以工补农是否促进农业生产力的提高?如果不是,与马克思主义的农业生产力是国民经济基础

---

① 《资本论》第2卷,第399页。

的理念冲突。在实践上,用财政和土地优惠政策扶植的工业去补贴落后的农业生产力,结果是使产业离散、粗放,污染量高且分散排放。小冶金、小化肥、小造纸等高污染企业云集各流域,并逐渐向上游转移,致使大多数河流水质状况堪忧,引发严重水危机,水法往往形同虚设。为了解决本地区人口的生计,甚至有些环保局扮演了不光彩的角色。人口压力催生污染企业还是我国雾霾挥之不去的重要原因。为了坚持可持续发展战略,用法制加以贯彻时,不能回避首先规范人口压力的问题。

人口、资源、环境协调是经济社会发展的基础性条件,其中人又是关键因素,人如果不能调节自身,将从源头牵制中华民族的崛起。马克思主义基本原理和近代世界发展历史,都清晰地显示"科学技术是第一生产力",唯有科教才能兴国,依赖人口何以兴国?近代中国并非没有人口优势,但仍然积贫积弱,正是落后的生产方式和闭关锁国,使我们与科技发展的产业革命擦肩而过,成为列强欺辱的对象。

正确地看待人自身的发展也能为法制建设奠定理论基础。人与动物的本质区别在于:随着生产力的发展,人各自拥有的才能、智慧和特长得以发挥,并通过社会化联系聚合为人类综合的能力。这是任何动物都不具备的。可见人的本质性特征在于人口的素质。"每个人的自由发展是一切人的自由发展的条件"[①]是共产党人为之奋斗的目标。尽管这一目标要到共产主义才能完全实现,但是,生产力的发展、人口素质的提高、人们的多元才能的聚合,能加速趋近这一目标的步伐。中国进入这一良性循环尚有艰辛路途,原因就是过多的人口压力牵制转型发展,阻碍人自身素质的提高。

"三农"问题就是落后农业生产力的表现,可以看到人口数量抑制人口素质提高的影响力远远超越了农业的范畴。小农经济作为自然经济的一种形式,一方面主要依赖体力成为人口经济,另一方面排斥社会化分工。历史证明,这种经济形态不断蚕食破坏生态禁区,积累演绎社会冲突。近些年来,高污染高消耗的"低小散差",不是加工业自身合理发展的形态,而是为了大量农村富余劳动力就业,亿万农民工也往往充斥于简单的粗放产业,这些都是生态破坏、环境每况愈下的重要原因。此外,依赖简单劳动及产业粗放,还

[①] 《马克思恩格斯选集》第 4 卷,第 647 页。

是大学生就业难的重要原因之一。企业缺少创新,依托消耗资源,缺乏核心技术走向世界,又加大维护国家安全的难度。马克思在《1844年经济学哲学手稿》中指出,工业是"人的本质力量的公开的展示"①。唯有社会化分工发展才能焕发"人的本质力量",实现产业不断升级,而不是凭借人口数量的传统方式压垮基础生产力。因此,有待人口总量回落,促进落后农业转换,并以农业生产力奠基整个国民经济,实现技术雄厚的工业化跃进,以及服务于现代农业和制造业的第三产业的发达才会成为现实,并支撑中华民族的崛起。

四、反对人口转型与老龄化问题的法规

化解老龄化问题关键在于转变落后的生产方式,不断加强社会的承接能力。面对银发人口数量的快速增长,许多人的思维不是从发展生产力和社会保障出发,而是主张通过放开生育政策来解决。但是,现实是农村多子女家庭却往往出现空巢老人。该现象说明一味放开人口政策并非解决老龄化问题的良方。老龄化是世界特别是发达国家面临的棘手问题,但是发达国家崛起的历程清晰地显示:工业革命变革了劳动者与生产资料原有的陈旧关系。科学技术引用自然力不断替代先前劳动者自身的体能和简单技艺,并通过市场竞争的强制力迫使劳动者从数量扩张转向素质提高。具体地讲,以蒸汽机为代表的产业革命及随后不断的技术变革,改变了人口爆发式增长,才使这些国家步入发达阶段。老龄化仅仅是转型派生的问题。为了避免老龄化而放弃生产力发达岂不是因噎废食?世界上许多穷国正是因为人口问题产生贫困,相应落后的生产方式排斥社会化分工的结果。因此,主张以人口增长应对老龄化,实际上就是放弃中华民族崛起的远大目标。

人口总量得不到回落,以及落后的生产方式未能真正转换,隐含着人口反弹的驱动力,这些都在加大今后的老龄化压力。人口压力抑制社会生产力提高,削弱应对老龄化的公共财政提升能力。家庭养老又会遇到产业布局调整及子女异地就业问题。当然还有公共财政迫于人口压力造成的环境修复等棘手难题,只能疏于对劳动者再教育的努力。目前落后的农业尚未彻底变革,为养老准备的人口主要滞留在粗放产业和依赖简单劳动的生产线上,且

---

① 《马克思恩格斯文集》第1卷,第193页。

牵制结构转型。没有生产力的进步,公共财政支出就不可能大幅提高,以人口支撑养老往往只是美好的愿望。

解决老龄化问题不能延续传统的路径依赖,历史上养儿防老扩张人口,加剧自然灾害,首先祸及老年人;积淀的人口锁定落后的生产方式,导致国力衰竭,社会动荡,老年人又首当其冲受影响。目前,中国生态足迹(人口压力)已是国土生物承载能力的2倍,即自然抚养比已达200%,并继续抬升,结构转型步履艰难。以老年人口抚养比趋近西方为由,放弃人口总量回落目标是饮鸩止渴。

应对老龄化问题是复杂的系统工程,主导因素是人口增长还是生产力提高,这是一个原则性问题。德国老龄化问题与日本相仿,但通过提高生产力妥善化解,并且保持经济社会平稳发展。相反,日本人口压力高出德国1/3,创新投资占领技术制高点方面逊色于德国,并制约其发展潜力。就我国国情而言,解决该问题唯有保护环境,合理使用资源和人才,持续更快地发展生产力。随着教育水平的提高,经济转型和技术创新成为经济增长的主导因素,国家和社会便会有更强的能力应对老龄化问题。只要坚定地贯彻基本国策,走科教兴国的道路,可以预见我国的产业力量和技术人才将大踏步地走向世界,融入全球经济,路线正确引发的变革将有效提升经济实力和竞争力,冲出传统的落后模式。

解决老龄化的法律法规应更加侧重人口素质提高,以提升我国产业竞争力和公共财政能力,使更多的老年人才得以发挥余热,还便于延长就业年限。发展生产力还能拓展完善老龄化服务体系,促进养老产业协同居家养老,发展社会养老。加工业的实践已经证明,机器人千百倍地超越"人口红利"。随着人口回落、生产力水平提高,农村富余人口以及从加工业技术革新游离出来的劳动力将更多地直接进入养老服务业,社会养老得到补充,同时促进农业生产力提高,助推加工业结构转型。大量农村富余人口的转移正好与平稳度过今后几十年我国老龄化高峰期吻合。因此,为了化解中国的老龄化问题,应该用法律约束人口增长,同时用法律引导农业与加工业的富余劳动力转向养老产业和服务业。反之,沿袭传统思维将真正陷入老龄化困境。

法律还应强调对失独父母养老的社会责任,帮助失去自理能力的老人。此外还需要创新社会互助方式,用社会的力量化解老龄化问题,并以法律保障其运行。德国通过社会互助应对老龄化的方式值得借鉴。中国城乡依旧存在各种形式的富余劳动力,待业大学生中蕴藏各种专业人才,老年人中潜藏着互助能量,老年人与青年人之间存在经验、劳务、住房等互帮调剂能力,城乡内部和城乡之间拥有养老资源重新配置的空间,有待拓展多领域包容老年和失独家庭的社会整合及导向空间,以及效仿德国从家庭间互助的建筑形态等细节入手,等等,这些都为养老事业创新铺垫基础,也是法律创新的领域。当然,有些保障法律的出台会牵涉另一些法律问题及改革。

五、人口减压与完善市场机制的法律规范

人口与资源、环境关系失调一定会继续反映到分配领域,扰乱市场机制,反过来破坏生产力。土地作为基础性资源,土地市场问题和价格扭曲还会从源头搅乱整个价格体系,破坏国民经济运行。法律确保土地市场及机制规范具有重要意义。我国人地矛盾尖锐,土地的自然垄断性强,按照地租理论,理顺土地市场机制和分配机制,合理利用土地,集聚大量公共财政用于发展生产力和养老等福利事业。但是,市场关系一旦扭曲,不仅公共政策目标落空,还会导致土地低效利用和社会分配不公。

作为不动产,土地具有自然垄断性,土地及其产品价格由最劣等土地资源利用的再生产价格决定,较优土地能够获得超额利润。我国人地矛盾尖锐,土地价格坚挺有其正负效应。较高的地价一方面引导劣等土地加盟以平衡供求,另一方面强制土地提高使用效率。土地超额利润在土地所有权下转化为地租,主要是由自然垄断性强制社会劳动转移形成,理应回归社会,用于环境保护、科教兴国和民生事业。《共产党宣言》明确指出:劳动人民获取政权后的首要任务是"剥夺地产,把地租用于国家支出"[①]。

我国宪法规定土地为国家所有和农民集体所有。分为两种公有形式的原因依旧是人口问题。土地用途大致分为建设用地和农业用地,就前者而言,需要在社会范围内科学规划,而后者必须与农业生产力水平相吻合。在巨大的人口压力下,土地的有限性、差异性和地理位置固定性特征被强化,抬升土地的自然垄断性。土地一旦进入市场,地价便被推高。较高水平的地价

---

① 《马克思恩格斯选集》第1卷,第421页。

是人地矛盾的反应,其积极意义在于调节土地的合理利用;但是,由于地价高而形成大量土地超额利润却是由土地自然垄断性强制社会劳动转移形成,应该通过土地公有产权回归社会。此时,土地所有权的国有和集体所有两种形式就会造成混乱,我国宪法未对市场经济条件下货币地租的合理归属加以规范,这是法律亟待完善的重要问题。

就国有土地而言,我国宪法明文规定土地属于国有,但是土地批租收益长期归属地方。国家放弃土地收益权,让地方用土地出让收益应对人口压力下的环境、经济和社会问题。收益权旁落架空国有,实质上成为土地地方所有,演绎出各地土地财政,规划混乱、重复建设、囤积居奇、压价招商,破坏国土承载能力。人口压力和土地粗放利用又不断加剧人地矛盾,提高土地的自然垄断性,强制社会劳动更多地向土地及其产品转移,抬升土地超额利润,主要部分也未以地租形式回归社会,引发严重的分配问题。

在市场经济条件下,土地所有权通过收益权实现,土地及产品的经营存在地租收益。农村建设用地也可获取大量级差地租。于是,先前提到的人口压力使得土地不得不分离为国家与农村集体两种公有制的问题,进一步延伸至分配领域,使得地理位置好的农村集体得以凭借土地集体所有权获取社会转移的货币地租。应该清醒地看到,这种土地级差超额利润,也是社会转移来的价值,并非他们的劳动创造。由于我国人地矛盾十分尖锐,城郊接合部的农村即便征用土地也要预留小部分自己开发,以及各地违规开发,获得小产权房的暴利。随着周边公共设施完善,相对落后地区的农民工涌入城市,这种货币地租还会水涨船高。在土地集体所有制下,建设用地可以吸收社会劳动转移;地理位置好坏的天然条件,无情地成为农民之间劳动无偿转移的强制力,这已不符合社会主义按劳分配的原则。

改革就是要解决不科学不合理的问题。"同地同权"同样应该具有科学规范的前提,如果改革滞后,前提错误,平等权利岂不是放大问题和错误?如果城市土地收益归属的改革没有到位,货币地租不能回归社会,"同地同权"便会在更大的范围演绎土地财政的问题,土地被粗放利用,地理位置的天然差异就会造就依赖不义之财的暴富。

为了理顺土地市场及分配问题,建设用地有待城市先行改革,农村后续跟进。按照《共产党宣言》指出的"地租作为国家支出"的原则,城市土地收益进入国库,维护宪法明确的土地国有。建立根据事权下拨或竞争性财政获取机制。全面完善不动产税收。纳入统一开发的农村建设用地应在国家所有权下进行统一规划,统一开发,相应的土地收益惠及社会及全体农民,被征用土地的农民与城市居民具有同等权利,且划拨部分土地收益用于农民再教育和创业基金。未纳入征用的土地应严格限制开发,仅能转让使用权,并征收土地超额利润税收。建设用地改革由城市先行,还可避免地方政府侵害被征地农民利益。相反,农村土地开发和收益归己的"民主",实质是掩盖土地超额利润由社会转移形成的事实,维护少部分人侵占社会利益(包括农民整体利益),剥夺社会维护公正的权利。此外,理顺土地市场还能在很大程度上防止腐败。

总之,人口法制处于法律体系逻辑层面的核心,关联问题逐层影响法律的系统完善。人口过度膨胀之后合理回归才能缓解各种矛盾,理顺诸多法律关系,平稳过渡的"目标"应该用科学的人口理论加以表述。法律如果能使人口适应国土资源的可持续支撑能力和生产力稳步提高,同时确保人口压力下的地租作为国家支出用于环境保护、科教兴国、社会发展(包括老龄化问题)和国防事业,中华民族的崛起将阳光灿烂。

参考文献

[1] 马寅初:《新人口论》,北京出版社 1979 年版。
[2] 张薰华:《经济规律的探索》,复旦大学出版社 2010 年版。
[3] 赵文林、谢淑君:《中国人口史》,人民出版社 1991 年版。
[4] 赵济等:《中国自然地理》,高等教育出版社 1995 年版。

与张晓理合作,原载《马克思主义研究》2015 年第 5 期

土地与生产力

经济问题的物质内容是物质财富(使用价值)的生产和生产力问题。大家知道,"劳动并不是它所生产的使用价值即物质财富的唯一源泉。正像威廉·配第所说,劳动是财富之父,土地是财富之母"[①],土地和劳动是财富的源泉,也是社会生产力的源泉,其中土地又是第一源泉。任何社会的生产和生活都要依靠和依托于土地。土地经济决不是一个孤立的问题,而是社会生产力大系统中一个子系统问题。并且,土地以及依附土地的生态环境制约着人口发展,人口发展又剧烈地反作用于土地和生态环境。社会生产力、土地、生态环境和人口紧密地联系在一起。这里,我们正是从它们的有机结合中,侧重分析土地问题。

一、作为生产力的土地

土地既是生产力的第一源泉,又会转化为直接的生产力。它在作为直接生产力的要素存在时,有些场合是作为劳动对象,有些场合则作为劳动资料。

作为生产力源泉的土地是土地的自然力。土地是一个自然综合体,它由气候、地貌、岩石、土壤、植物和水文等组成一个垂直剖面,是一个上下垂直的立体的概念。土地蕴藏着生物资源和非生物资源,其中有些作为生活资料的资源,有些则作为生产资料的资源。土地具有如下三个特性,即有限性、差异性和固定性。

(1)地球上的土地是有限的,一国的土地更是有限的,它是稀缺的资源。

地球的表面面积为5.1亿平方公里,陆地面积(包括内陆水面)仅1.5亿平方公里,只占地球表面29.2%。洋面面积却占70.8%,因此,有人说,我们这个星球不该叫作"地球",而应叫作"水球",这更表示土地的稀缺。

---

① 《资本论》第1卷,第56—57页。

我国号称地大物博,其实"地大"也只限于960万平方公里,其中又仅十分之一能够为耕地。在有限的土地中,一方面的扩展,必然是另一方面的减少。

(2) 从立体的意义来讲,每一块土地的表层深度和质量是不同的,气候条件也是不同的,它们有着潜在的、级差的生产力。

就我国全局情况而言,西北较高亢而干旱,东南较低倾而湿润。东南半壁不仅气候条件、土壤资源大大超过西北(耕地占全国总数95%,有林地也占90%以上),水资源和已探明的重要矿产资源也占全国的绝大比重。就一个地域、一个省或一个市或一个地段来说,土地也是有差异的。从农业用地来看,江南优于江北,八百里秦川优于陕北高原;从矿山来看,富矿优于贫矿,大庆油田优于玉门油田。从工业用地来看,生产中心优于非中心地带,河口城市优于内地城市;从城市内部来看,商业中心优于其他地段,市区优于郊区,等等。具体说来,土壤的肥沃不同,或者矿山的富集不等,或港口的水深差别,或者地理位置的好坏等等原因,会使不同等级的土地(耕地、矿山或港口)之间具有不同的生产力,即土地之间具有级差的生产力。例如,在三块等面积的但土质不同的土地上投入等量劳动(物化劳动和活劳动),产品分别为300斤、500斤、700斤,这三个数字表示了这三块不同等级的土地的劳动生产力。又如在不同水深的泊位码头上投入等量劳动(物化劳动和活劳动),可以容纳不同吨位的轮船,吞吐不等数量的货物,这又表示了不同泊位的劳动生产力。可见,不管社会形式如何,土地总会有差别的。因此,即使到了共产主义社会,这种以使用级差土地为条件的级差劳动生产率也仍然存在。

值得注意的是,这种级差生产率只具有相对的意义。

首先,它是相对于土地之间的不同自然力而说的。同时,它又是相对于特殊的产品而言的。例如在农业中,广东土地适宜种甘蔗,黑龙江土地适宜种甜菜,华中土地既不宜种甘蔗,也不宜种甜菜。广东每亩甘蔗地平均可产糖588公斤,而两湖地区只产155公斤左右;河南种甜菜,单产只有黑龙江的七分之一,甜菜含糖仅7%(而黑龙江达19%),十几亩甜菜地才产一吨糖。可见,相对于种甘蔗来讲,广东土地具有较高等级的生产力,相对于种甜菜来讲,黑龙江土地具有较高等级的生产力。

其次,它还是相对于土地的位置来讲的。如在城市土地中,有些地段适于安置银行和大商业企业,有些地段适于建立工厂,有些地段适于建立生活区。处于商业中心的土地具有最高级的潜在的经济效益。如果在上海南京东路地段,不安置银行和大商业,却在那里将已有的建筑物,改为行政机关用房,或发展里弄工场,或建立大工厂,或用作住宅,例如,原某银行行址现改作某厂厂址,银行建筑物中的巨大保险柜变成了工人放衣物的柜子,等等。这样,微观地讲,占据该地区的机关、工场、工厂、住户虽然都会得到土地的较高效益,但是,相对于全局来讲,土地的最高效率却因之不能发挥出来。实践证明,这个地区安置大商业和银行最为有利,也就是说,同一土地往往具有多种用途,其中最佳用途反映土地资源的最有效利用,使土地的最佳生产力充分发挥出来。

这个问题也会发生在农业用地上面。例如,黑龙江用种甜菜的地去种甘蔗,或者广东用种甘蔗的地去种甜菜,都会使土地的生产力大为下降。根据同一原理,可以知道,大城市的郊区土地宜种蔬菜、植水果、饲禽畜、养鱼虾,不宜以种粮为主。

最后,在有些场合,级差生产力又是相对于土地的综合效益来讲的。例如矿藏资源绝大多数是多种元素伴生或共生的综合性矿床,相对于某一种资源来说,某个矿山土地可能具有低位的级差生产力,但相对于共生、伴生的资源来说,它却具有高位的级差生产力。再如水利资源往往兼有航运、发电、灌溉、养殖、工业和生活用水等多种用途,如果只顾灌溉和发电,到处修坝设闸,在提高土地(广义的土地包括内陆水面)这一方面的生产力,却同时破坏了水运、水产的土地生产力。因此,对水资源也应综合利用。

(3) 任何一块土地都有固定的地理位置,这种位置是不能搬迁的,它们在经济上靠交通运输联系起来。正是在这一联系上,不同位置的土地也具有级差的生产力。因为,在不同位置上的土地上进行生产,同量产品所耗运输劳动不等。

所谓土地"位置"也具有相对的意义,是相对于生产中心和流通中心的位置。在生产中心,少数骨干厂带动中小厂,它们进行专业化协作,一个厂的产品就是另一个厂的生产资料,地处中心的这些厂大大节约运输劳动,缩短再生产周转的时间,还节约了原料、燃料和管理费用。况且,不管是什么加工产品,它的最终产品(一般是消费资料)总要到流通中去实现。于是处于流通中心(城市的商业中心)位置的土地最宝贵。

直接生产力包含着客体要素(生产资料)和主体要素(劳动力)。作为客体要素的生产资料又可分为劳动对象和劳动资料。就直接生产力来讲,土地是基本生产资料。它在农业和采矿业,或者说在土地产品(又称原产品)生产部门,主要充当劳动对象的原始仓库。"所有那些通过劳动只是同土地脱离直接联系的东西,都是天然存在的劳动对象。例如,从鱼的生活要素即水中,分离出来的即捕获的鱼,在原始森林中砍伐的树木,从地下矿藏中开采的矿石。"①但是,在种植业和养殖业中,植物、动物不仅要从土壤中吸取养料和水分,还要依托于土地才能生长。因此,土地又是充当劳动资料。至于在加工工业和城市经济中,"土地本身又是这类一般的劳动资料,因为它给劳动者提供立足之地,给他的过程提供活动场所"②。

作为直接生产力的土地,不管是充当劳动对象的宝库,还是充当劳动资料,它仍然具有土地固有三大特性。土地的有限性决定了土地宝库中自然资源的有限性,以及能够充当劳动资料(耕田、建筑基地、河流等)的土地的稀缺性。土地的稀缺性要求保护地力和尽可能节约使用土地。土地的差异性要求因地制宜,充分发挥土地的最佳效益。土地的位置的固定性要求合理布局生产力等。

土地是自然存在的生产资料,是基本的生产资料。其他生产资料则是由土地产品转化而来的,是经过劳动加工的产物。例如,将土地产品棉花、矿砂等直接转化为劳动对象,或加工为原材料,将棉花纺成纱,将矿砂炼成钢等;又将原材料中一部分再加工为劳动资料,将钢铁制成机器,将砖瓦筑成厂房,将沥青铺成道路等。

土地既是基本的生产资料,又不是劳动的产物。这使它在劳动生产力中起着特殊的作用,成为劳动的自然生产力。

前面把土地看作是天然存在的自然力,当这种自然力与劳动结合时,它转化为直接生产力,并且是劳动的自然生产力,或者说,是以自然力为条件的劳动生产力,但这只是一种抽象,实际的(具体的)情况则是,人们在运用土

---

① 《资本论》第1卷,第209页。
② 同上。

地资源时,一般先对土地进行劳动改造,把土地开发为更有效能的生产资料。例如,在农业用地上进行农田水利建设、投放肥料,在矿山中建立技术条件好的矿井,在交通运输业用地上整修航道、铺设铁道和公路,在城市土地中进行基础设施的建设,等等。土地的开发,意味天然存在的土地转化为经过劳动加工的土地。已经开发的土地是渗入了社会劳动的土地。于是,土地的生产力,特别是渗入了劳动的技术生产力,形成了土地的综合生产力。

这种综合生产力作用的结果——劳动生产率——在不同的部门有不同的变化规律。一般说来,不管在什么部门,只要合理开发土地,起初形成的土地的综合生产力总是表现为上升的劳动生产率,但是到后来就发生了差异。

在农业,土地的自然力体现在土壤的肥力和物理结构上面。追加的社会生产力体现在追加的肥料和使用拖拉机松土等上面。由于农产品是有生命的产品(植物和动物),是可以再生的产品,所以,只要合理开发并合理使用土地,某些土地是可以稳产高产的。但是,这并不意味着,土地的综合生产力总会随着渗入社会生产力的追加而追加。如果过度损耗土地的自然力,以致土地的自然肥力丧失,土地的化学物理性能恶化(或酸化、或盐碱化、或板结),在这种情况下,"社会生产力的增长仅仅补偿或甚至补偿不了自然力的减少"①,就是说,土地的综合生产率反而下降了。结果,追加劳动并未追加产品,而且所生产的产品的劳动(包括物化劳动)耗用量反而增大了。

在采矿业,土地的自然力体现在矿物的蕴藏量、品位、埋藏的深度等方面,追加的社会生产力主要体现在矿山机械、矿井设施等方面。由于矿产品是无生命的产品,是不能再生的产品,因而是有限的产品。一个矿山(或者油田)被开发以后,它蕴藏的矿物挖一点就少一点,它的自然力因此是递减的。并且越挖越深越难挖,需要追加更多的劳动,渗入更高级的社会劳动的技术生产力。一方面是社会生产力的递增,另一方面是土地的自然生产力的递减,并且,前者的递增补偿不了后者的递减,以至土地综合的生产力的递减在采矿业成为规律。这一规律早就被马克思所重视。他说:"不同产业部门生产力的发展不仅比例极不相同,而且方向也往往相反……劳动生产率也是和自然条件联系在一起的,这些自然条件的丰饶度往往随着社会条件所决定

---

① 《资本论》第3卷,第867页。

的生产率的提高而相应地减低。因此,在这些不同的部门中就发生了相反的运动,有的进步了,有的倒退了。例如,我们只要想一想决定大部分原料产量的季节的影响,森林、煤矿、铁矿的枯竭等等,就明白了。"①

在交通运输业,土地主要充当劳动资料,土地的自然力不是体现在它的自然丰度上面,而是体现在它的地质、地貌等条件上面,追加的社会生产率主要体现在道路路基的加固、路面的平坦、航道的疏通、扩宽和加深等等上面。在这里,土地的综合生产力,既不同于农业(在农业,它可以有限度地上升,过限以后就会下降),也不同于采矿业(在采矿业,它是递减的),而是可以递增的(承载重吨位的载运工具,并保证它们高速、平稳地通过)。

在加工工业,土地也是充当劳动资料。从它被用作厂房基地来讲,土地的自然力也是体现在它的地质条件上,追加的社会生产力主要体现在地基的加固上面。例如,上海宝山钢铁厂地基地质条件不好,不得不打入大量钢管以加强土地的承载能力。一旦厂房建成,一般不必再为建筑基地追加劳动。但是,从它被用作基础设施(供水、排污、供煤气、供热等管道,电信电缆以及道路)的载体来讲,土地的自然力是次要的,主要是要在土地中投入大量劳动安置管道和在地上铺好道路,还要不断地追加劳动进行维修和更新。在生产社会化过程中,基础设备所形成的和发展的社会生产力,会表现为土地的生产率。

在城市,这里既是加工工业的中心,又是商业中心,一般还是文化科学中心,在这里,土地也是作建筑物基地和基础设施的载体。城市土地的特点是在这个载体上,物流、能流、人流、信息流密集,流量大、流速快。因此,城市土地的开发,除了用作建筑物基地外,主要是基础设施的建设。并且,在建设过程中,还应先搞好基础设备,再兴建建筑物。总之,城市土地的生产力,主要不在于它的自然力,而在于渗入的社会生产力。当然,为了保有良好的生态环境,城市还应保有一定的绿化的土地和水面,这部分土地的自然生产力仍然是很重要的。

等量劳动(表现为等量资金)与等量土地结合,因不同土地之间丰度的

---

① 《资本论》第3卷,第289页。这里:(1)"原料数量"指以农产品作为原料的数量,意思是说如误了农时,Rlffi 追加社会生产力,农产品仍会歉收;(2)"森林"指对森林只伐而不育,那就和煤矿、铁矿一样,最后必然枯竭。

差别,地质的差别,或者地理位置的差别,形成不等的土地生产力,可以把土地之间的这种生产力差别,叫作土地的级差生产力Ⅰ。同一土地追加劳动进行开发使生产力发生变化,可以把该块土地原有的生产力和一再追加劳动而一再改变的生产力之间的差别,叫作土地的级差生产力Ⅱ。级差生产力Ⅰ以土地的自然力为基础,并与粗放经营相联系。级差生产力Ⅱ以追加社会生产力为前提,并与集约经营相联系。Ⅰ是相对于不同土地的生产力差别而讲的,Ⅱ是相对于同一土地的生产力变化而讲的,前者是空间上并存的差异,后者是伴随着时间顺序出现的差异。土地的级差生产力Ⅰ和Ⅱ的联系则是:一方面,Ⅰ是许多土地的对比,Ⅱ是这些土地中一块土地的变化,因而Ⅱ以Ⅰ的存在为基础。另一方面,随着土地的普遍被开发,被开发的每一块土地的级差生产力Ⅱ都会发生不同程度的变化,于是,不同土地之间的生产力的差异也发生相对变化,也就是说,土地的级差生产力Ⅰ也随之发生变化。

假定有A、B、C、D四级土地,A是自然力最差的地。如果在等量土地(亩)投入等量劳动,它们的亩产量分别为1、2、3、4。这些亩产量表示不同等级土地的不同生产力。它们各自对A的产量的差额,便是级差生产力Ⅰ(见表1)。如果不把劳动投到C、D两块土地上,而把它连续投到B上面,以至B的劳动生产力发生变化(为简单起见,假定B的生产力变化正好和C、D一致)。这样,B就产生了级差生产力Ⅱ(见表2)。其中,B_1为第1次投入劳动的B,B_2为第2次投入劳动的B,B_3为第3次再追加劳动的。

表1

土地等级	亩产	级差生产力Ⅰ
A	1	0
B	2	1
C	3	2
D	4	3

表2

土地等级	亩产	级差生产力Ⅱ
A	1	0
B_1	2	1
B_2	3	2
B_3	4	3

二、人口、土地与生产力

土地和人口都是社会生产力的源泉。在社会生产力发展过程中,它们都被开发,但又各有特点:土地是一个常数,人口却是一个变数。以有限的土地负载有可能"无限增长"的人口,如果人口得不到控制,就会破坏环境和生态的良性循环,自然力就会无情地惩罚人类,也就破坏了社会生产力的两个根本的源泉——人与土地。因此,为了保护土地的生产力,就要严格地控制人口、保护环境、建立一个良性循环的人工生态系统。

被开发的土地一旦并入生产过程,它和人口中有劳动力的劳动者结合起来,两者便由生产力的源泉转化为直接的生产力。这种结合在不同的产业部门有不同的方式和特点。第一,在农业,人与耕地直接结合起来,土地(耕地)是主要的生产资料。这种结合的成果(粮食等)提供着人类的基本生活资料,没有耕地人类便不能生活下去。地之不足,人将焉附?因此,人口和耕地比例是人口和土地的比例中最重要的部分。又因为一定高度的农业劳动生产力是国民经济的发展基础,农业人均耕地越多标志着农业劳动生产力越高,也就意味着国民经济赖以发展的基础越厚实。反之,农业人均耕地越少,就标志农业劳动生产力越低,国民经济发展的基础越脆弱。第二,在采矿业,也是人和土地(矿山或油田)直接结合进行生产,土地也是主要生产资料,产品也是土地产品。但又和农业不同,农产品是可以再生的,农业用地只要保养得好,是可以永续使用的;矿产品是不能再生的,在矿物采完以后,以矿山(土地)为条件的生产力也就丧失了,矿山就报废了。第三,在加工工业和城市,土地是作为基地和活动场所,而不是作为主要生产资料。在这里,由于工业生产力密集,从而商业的密集,由于交通运输的发达和文教事业的集中,带来人口密集。城市中土地很少,却负载着众多的人口,环境问题也日益突出起来。

人口的惊人增殖主要发生在亚、非、拉等发展中国家。这些国家农民占绝大比重,他们到现在还是手工劳动,还是和土地直接结合进行生产,因而每个农户要求增加劳动力,继续保持高出生率。此外,近几十年来医学的发展使死亡率迅速下降,再加上人口基数越来越大,这就是发展中国家人口增加的主要原因。

同样,我国在农业没有现代化以前,农民主要还是手工劳动,因而也是主要靠劳动力生产,靠劳动力分配,从而刺激每户农民要求增添男劳动力。前面说过,手工劳动会产生人口。人口数量的调整将影响几代人,人口过多使土地不堪负担,必然会破坏生态环境。

保护城乡土地资源,保护生态环境,不仅要制止污染源,还要调整产业结构,逐步形成生态农业和"生态"工业,也就是形成无污染的工农业。

生态农业的特点和基本任务之一,是促进物质在生态系统中多次重复和循环利用,从时间的连续性和空间的多层性上提高太阳能的利用率和生物能的转化率,以及氮气资源的利用率和蛋白的利用率。例如,鸡粪可以喂猪养牛,人粪、牛粪可以喂鱼,人粪、畜粪可以转化为沼气,秸秆既可以直接作饲料,又可以先作沼气原料,沼气渣再作饲料或肥料;沼气又代替秸秆作燃料……总之,物尽其用,各得其所。因此,生态农业又可以看作无废料的农业。

"生态"工业,这里是有引号的"生态"。只是仿生态的意义。它模拟生态系统再生的原理,推行无废料工艺,实现资源合理地充分运用。例如,输入的物质和能量在生产第一种产品之后,它的"废物"又被用作第二种产品的原料,第二种产品之后的"废物"又是第三种产品的原料。最后所剩的垃圾也要加以综合利用。

推行生态农业和"生态"工业,既可以保护环境,又可以提高土地的聚集经济的效率,因而成为城市经济中根本性问题之一。除此而外,城市人口生态环境还应保有一定面积的绿化地带。绿化可以提供居民生命活动所需要的氧气,又能净化空气,改善气候,消除噪声,美化环境。国外居住区一般人均绿化面积8~10平方米以上,高的超过20平方米,我国小城市人均仅12平方米,大中城市仅2~3平方米,只能解决城市居民所需氧气的10%~20%,只好靠风吹来外地新鲜空气。绿化面积不是可有可无的,而是生态良性循环所必需的。国外许多大城市都注意这个问题。例如,德国的最大港口城市汉堡就是半城绿荫半城建筑物。过去上海建房"见缝插针",实际上是"挤绿插屋",绿地越来越少。今后在拆旧房屋的时候,似应退屋还绿,多兴建一些大大小小的公园。

总之,土地既是生产力的原始源泉,又会转化为直接的生产力。土地异常宝贵,必须按照人工生态系统的整体,因地制宜,合理布局,扬长避短,统筹安排各方面(农、工、交通、商、绿化、文教科研……)的用地,通过土地规划,发挥每个地段土地的最优效率。马克思早就指出:"社会化的人,联合起来的生产者,将合理地调节他们和自然之间的物质变换,把它置于他们的共同控制之下,而不让它作为盲目的力量来统治自己;靠消耗最小的力量,在最无愧于和最适合于他们的人类本性的条件下来进行这种物质变换。"①

原载《世界经济文汇》1986 年第 1 期

① 《资本论》第 3 卷,第 928—929 页。

土地与环境

土地有狭义广义之分。狭义的土地指平面土地(包括水面),广义的土地指立体土地。平面土地不过是立体土地的构成部分,因而应从广义土地来看待狭义土地。1972年在荷兰召开的关于土地评价国际专家会议认为:"土地包含着地球特定地域表面及其以上和以下的大气、土壤、基础地质、水文和植被,它还包括着这一地域范围内过去和目前人类活动的种种结果,以及动物就它们对目前和未来人类利用土地所施加的重要影响。"联合国粮农组织的《土地评价纲要》也认为:"土地包括影响土地用途潜力的自然环境,如气候、地貌、土地、水文与植被,它包括过去和现在的人类活动成果。"所以,土地指上自大气的对流层的下部,下至地壳一定深度的风化壳,这一立体空间的有关自然要素与人类劳动所形成的综合体。

这个综合体(土地)具有各种各样功能,是一束使用价值系统。土地的功能(使用价值)首先是作为生态环境的基本要素的生态功能。土地不仅是生命系统的载体,而且是生命系统赖以生存的命根子,土地上的沃土、净水、净气生长着植物;植物饲养动物,特别是森林还保土保水和净化空气,并庇护动物;植物动物的代谢又经微生物分解,再化作春泥等。如果土地被破坏,水土不保,特别是土、水、大气严重污染,以至生命难以生存,作为生物的人也随之难以生存,那一切都完了。所以土地优化配置必须建立在保护土地生态环境的基础上面。并且,地球的土地是有限的,保护土地生态环境涉及整个地球生物圈,因此,还必须从全球环境利益出发,针对资源的多样性和同一土地使用价值的多样性,进行优化配置。

人工生态环境就其形成来讲,包含三个层次:① 生命系统赖以生存的基础环境;② 在生存基础环境的因子(阳光、土壤、水、大气等)作用下的生命系统(植物、动物、微生物等);③ 由于人是动物属生命系统,人又不是一般动物,人类的生产和生活又反作用于生命系统,以至改变生存的基础环境,因此生态环境应再增加一个层次,即人工系统(人类生活与社会再生产系统),它与自然生态环境复合为人工生态环境。下面分别考察土地与环境的这三个层次的关系。

一、土地是生态环境的基础因素

土地是环境的基础因素,它在上述环境的三个层次中,都起着特有的重要作用。

(一)第一层次(生存的基础环境)的每一个因子都与土地结合在一起

(1)土地一词就其字面意义来讲,首先是有土之地。在地球地壳运动中形成岩石圈,岩石表层经千年的风化,破裂为细小微粒,成为土壤母质。母质的粒度结构,一般40%砂粒、40%粉粒和20%粘粒。砂粒可流通空气,粉粒与粘粒为吸水与保水,粘粒还为了稳定植物的根基。在土壤母质中还包含植物生长所必需的化学元素。这些元素有些是岩石内部渗透出来的,有的则是在生物代谢过程中相互结合组成的有机大分子。土壤表层是生物代谢物富集的区域,也是最难保持的成分。土壤是难再生产资源,形成1厘米厚的土壤需300—500年。

由此可知,用地就要保持水土,追加有机肥料。如果土壤的颗粒结构失衡,有机肥料衰竭,土壤就会沙化以至丧失。人口的增加,毁林开荒,水土流失,已使全世界(包括中国在内)1/3的土地沙化。丝绸古道、楼兰古国、延安北域、大夏建都,虽均盛极一时,一旦森林植被破坏、农田牧场随之沙化,昔日繁华城市一并埋没。但是,人们很少接受历史教训,还不知珍惜形成不易的宝贵土壤。例如,陕北开采神府煤矿,矿区表层土壤不是用于复垦,反而倾入黄河,使母亲河流失更多的血液(土壤)。长江流域继黄河之后,仍在大量砍树,水土流失惨重。

(2)土地包括水面。海洋是最大的水面。陆地水面虽小,却是调蓄淡水的基地。淡水则是陆地生物包括人在内的生命物质,又是生命代谢的介质。水土流失淤塞江河湖泊,结果,黄河在开封段成为悬河,长江在荆江段成为悬江,洞庭湖、洪泽湖成为悬湖。我们许多湖泊一个个在消失中,新疆的罗布泊已成为死亡的荒漠,内蒙古的居延海湖基本消失,号称"千湖之省"的湖北省湖泊面积大幅下降,洪湖昔日浪打浪,如今草茫茫,八百里洞庭湖只剩下东洞庭、南洞庭两条带状小湖。所有这些都使江河湖泊在水循环中失去蓄调功能。于是有雨成洪灾,随即又转为旱灾。陆地土壤也随之被破坏。

（3）土地与大气。土地的海拔高度不同,大气的含氧量也不同。高原土地与平原土地的功能相差悬殊。

（4）土地与阳光。土地的区位不同,日照不同,气候也各异。高纬度的土地与低纬度的土地的功能也不同。

(二)第二层次(生命系统)的因子与土地的关系

（1）生命系统的因子共分三大类,即植物(生产者)、动物(消费者或次生产者)与微生物(分解者)。植物扎根于土地在光合作用中生产更多的生命物质和能量。动物首先是吃植物的草食动物,然后是吃动物的肉食动物。就这种吃的关系讲,动物是消费者,但这种吃又是将生命物质层层加工转化为新的生命体,并进行能量传递,所以动物又可以看作生命体的加工生产者,即次生产者。这种吃与被吃的关系形成食物链。食物链越长,意味着生物物种越多样化、生命系统内涵越丰富,生态系统就能进行良性循环,协同进化,人类也因之得益越大。

生命系统的中心内容就是生物多样性。生物多样性分三个层次:遗传多样性、物种多样性和生态系统多样性。遗传多样性指物种内基因和基因型的多样性,它是改良生物品质的源泉。物种多样性指上述植物、动物和微生物种类的丰富性,它是人类生存和发展的基础。生态系统多样性指生物群落与生存环境(包括土地)类型的多样性,它是维护生物物种生存和进化的基本因素。多样的物种和土地的关系则是:初级生产者(植物)扎根于土地,次生产者(动物)栖息于土地,两者的代谢物又通过分解者(微生物)化作春泥,肥沃土壤,循环不已,土地失去土壤或土壤被破坏就会失去生命系统,失去多样的生物。就水生生物多样性来讲,它也有植物(水草与藻类)、动物(鱼虾等)和微生物。如果水面(广义的土地)中的水质被破坏,就会失去水生生命系统,失去多样性的水生生物。

（2）如果我们将人工生态环境的第一层次(生存的基础环境)和第二层次(生命系统)复合在一起观察,那就是自然生态环境。这个环境的中心问题虽然仍是生物多样性,但其核心则是这个环境的支柱森林的覆盖率问题。森林在生命系统中是植物的最大生产者,林地是动物隐蔽栖息之地,也是微生物富集之地。森林还是生存环境的卫士,它保持水土,调节水循环,调节大气循环,按地理位置形成生物群落与生态环境类型的多样性,即生态系统的多样性。总之,如果没有森林的大面积覆盖,或者说生态环境的支柱毁了,由多样性生物组成的生态环境也就随之崩塌了。至于森林覆盖率这个支柱和土地的关系,说到底就是林地面积的大小问题。

由此又可知,土地与自然生态环境的关系,又进一步集中为林地在全球土地、全国土地中所占的比重问题上。当然这里还未涉及人工污染的问题。

二、土地与人工生态环境

现在我们进入环境的第三个层次,即人类生活与社会再生产系统。人是动物,是上述第二层次(生命系统)的组成部分,但又有自己特殊的生活和生产方式,这就与前两层次复合为人工生态环境。一般说来,农村(林、农、牧、渔业)用地直接与第二层次相联,城镇(工、矿、交通、商业、房产业)用地直接与第一层次相联。

(一) 农村用地

顾名思义,农村用地应是农业(大农业,包括林、牧、渔业)用地。农业是培育生物的产业,故而和生命系统直接相联,它的发展应该是生态农业。因此,农村用地结构应合乎生态良性循环规律的要求,首先保证配置作为生态环境支柱的、作为生物多样性护体的、高度森林覆盖率的林地,然后再用于耕地(培植植物)、牧场(培育陆生动物)和渔场(培育水生生物)。所有这些,都应该因地制宜,优化用地结构,充分发挥大农业的综合生态效益。切勿毁林场开垦,毁草场开垦,填渔场开垦,否则虽有一时耕地增加,却带来大环境水土流失,连原有的耕地也将被毁。

长期以来,由于我们认识的局限性,忽视了生态系统的整体效益;只注意耕地(农田),忽视了林地、牧地(草原)与渔地(湖泊与鱼塘);再加上我国十多亿人口的吃饭问题,习惯于以农林牧副渔为序。况且,人们常说农业是国民经济的基础,政治上又无农不稳,这个次序似乎是无可非议的。但是,如果注意到森林的支柱作用,没有林就没有农的发展,林是人类生存问题,农是人们吃饭问题,农业搞不好会饿死一些人,森林砍光了会使整个人类难以生存下去,我们就会懂得林业是农业的基础,是国民经济的基础的基础,因而林字应该放在首位,应该是林农牧副渔为序。农字放在第二位并不是说农业不重要,而是说,只有重视林业才能真正重视农业。

自从地球上出现人类,人口的繁衍,导致毁林开荒,变林地为耕地,到了近现代更发展为毁草场开荒,围湖造田,填鱼塘造田,等等。其结果,虽然耕地面积在不断增加,但另一方面,却因林地大量被毁,水土不保,全世界土地1/3在沙化中,我国西北部土地也因之大规模沙化,农田以及草场也就随之大面积被毁。再加上城镇建设的扩展,乡村工业与农民住房的星罗棋布,耕地又被大量蚕食。因此,在保护耕地的同时,还必须优化用地结构,因地制宜,退耕还林,退耕还牧等等。除此之外,则要压缩建设用地、住房用地,特别要控制人口。1994年我国人口净增长1333万,耕地却净减少39.79万公顷,人地矛盾日趋尖锐。国家土地管理局统计显示,我国30个省、自治区、直辖市1994年耕地面积减少71.44万公顷,扣除新增耕地31.65万公顷,净减39.79万公顷。耕地减少的构成如下:① 三项建设(国家建设、集体建设、个人建房)占20%;② 灾害毁地占17%。但是这些还仅是就减少耕地来统计的。如果就人工生态系统失衡带来的灾害来看,这个39.79万公顷就微不足道了。1994年,全国1200万公顷农田遭受洪涝灾害,几十万公顷农田受旱,因旱绝牧的农田达240万公顷。这还没包括化肥、农药对农田的损害部分。

保护耕地至为重要,但如何保护则不应就事论事,而要遵循生态良性循环的规律,在保护林地的前提下保护耕地,在严格控制农村人口的前提下保护耕地。如若本末倒置,将会恶性循环,林地不保,耕地也保不了。

如三峡移民地区的人口、林地、耕地如何协调,也涉及水库的命运问题。由于金沙江两岸大量砍树,四川省长期毁林造田,长江上游水土流失已很严重,如果不在库区加紧建设防护林,而是强调移民粮食自给,农民势必在山地开垦农田,那就会加剧水土流失,三峡水库就会重蹈三门峡水库的覆辙。

此外,我们还要注意到前述森林与生物多样性关系。林地规模大、森林覆盖率高,不仅可以保护水土,而且保护生物多样性,也就是保护人类生存和发展的生物资源。但就耕地牧场来讲,即使受到保护,却不能保护生物多样性,因为在千万种物种中,农牧业仅选其中极少品种培育,大量物种反而被排出。在8万多种陆生植物中,仅有150余种由人工大面积种植,人类食物的90%源自20个物种,营养的75%来自小麦、稻米、玉米、马铃薯、大麦、甘薯等物种,其中前3种又占70%以上。为人类提供动物蛋白质的家畜种类占野生动物比例也是很小的,正是地球上林地大量被毁,许多对人类有潜在食用、药用和可为工农业提供原料的生物资源正濒于灭绝境地。为了保护人类赖以生存这一基本条件,也是为了保护经济持续健康发展的生物基础,也必须十分注意保护林地的数量和质量。

(二) 城镇用地

城市的特点在于市。市场的形成必须先有生产和交通,发达城市多建于江河港口或铁道枢纽之地,并就资源状况兴办各类工厂。城市因生产和流通又密集人口。因此,城市土地主要用于商业、金融、交通、工业、服务业、住房、教育、政府机关等。简单地说,就是土地主要用于兴建各类建筑物以及城市基础设施。这样用地的特点在于直接破坏生态环境的第一层次的因子(土壤、水、大气)。城市土地的表层土壤,绝大部分代之以石块、水泥、沥青等。

城市生产"三废"、汽车尾气、生活垃圾既污染周边水域,又污染郊区土地。并且污染不仅伤及土地平面,还伤及土地立体空间,大气污染使居民生活质量下降,而且会转化为酸雨,危害附近的林地和农地。例如,重庆市日益恶化的酸雨,使城郊森林成片死亡,使农田出现死苗、烂叶、落花、落果现象。地面水污染转而抽取地下水,过度抽取地下水,会使地面沉降。据最近资料统计,上海现在的地面标高(地面与海平面的距离)在2.2~3.5米之间,20世纪90年代以来地面每年下沉1.04厘米,致使沿江防汛墙加高,城区地下管网断裂,建筑物基础受损等(见1995年2月15日《城市导报》)。为了阻止地面沉降就不得不回灌地面水,使地下水也遭受污染。地下水越抽越深,地面水又保不住,有的是流掉了,有的是挥发了。全国现有的600多个城市中半数缺水,特别严重的有110个。大规模的城市缺水是从80年代开始的。首先发生在华北地区,如天津、北京、太原等城市;然后发生在沿海城市,如大连、秦皇岛、烟台、宁波、厦门等城市;然后延伸到内地,如西安、重庆等城市。就天津而言,到2000年,年缺水将达12亿立方米。我国城市因缺水,每年的经济损失达1 200多亿元。由此也可以知道,租地或批地应限于地面使用权,严禁自行开采地下资源(特别是地下水)。

城市是人工生态环境的第三层次(人类生活和生产系统)的集聚地,它对环境的第一层次因子(土壤、水、大气)如此损害,当然也就同时损害了环境的第二层次(生命系统)。现在的问题是如何降解这种损害,以优化人工生态环境,似可以从两方面来进行。

(1) 降解对环境第一层次的损害。

城市的建筑用地与基础设施用地总是会破坏土壤的。办法只好尽可能节约用地,并且在用地时提倡沃土搬家。城市改建中,有着不少边角荒地被建筑垃圾覆盖,如果将建筑基地剥出的沃土有计划地搬到荒地,又将荒地上的建筑垃圾搬到基地填充,那就既加强地基,又造就了绿化土壤。

浅加工工业占地多,"三废"多,运量大。宜将这类工业迁到原料产地,特别是迁靠矿区,城市就可以节约大量用地,减少大量"三废",节约大量运力。矿区也要节约用地,并严格规定必须复垦土地。

交通用地应注意发展公共交通,限制小汽车。建立高架、地下铁道,既可以节约用地,又可以大量降解汽车尾气污染。

严格限制工业"三废"排放,工业污染,特别是乡镇工业的污染,一些地区已由点到线,由线连网,由网成片。一个企业污染一条河、危害大片农村土地,比比皆是。

严格限制城市人口数量,提高人口素质,以降低城市土地承载量。

优待废品回收单位,鼓励再生资源产业,既减少垃圾,又充分利用资源。

科学地设置垃圾填埋场。填埋垃圾复土后,将地下产生的沼气引送作能源,将地面复土种树种草或作耕地。

(2) 增强对环境第二层次的工程。

既然城市用地对环境的第一层次因子主要起着负面作用,同时也就危及生命系统,危及城镇居民生活,因此,即使城市"三废"得到遏制与优化处理,还必须增强对环境第二层次的工程,这又可分为两个方面。

第一,城乡环境一体化。城市应大力扶植郊区农村,建立生态农业,特别要建设一个包围城市的生态防护林带。有着大面积的生态农村就会大量抵消城市对环境的负面作用。城市则不应将污染外迁,扩散到农村,否则就是自毁生存环境。

第二,城市必须预留高度林树覆盖的绿地。既然树林是生态环境的支柱,城市用地就应牢牢保住林地。当然,绿地包括草坪,但草坪是平面的,树林是立体的。后者的生态效益远远超过前者。有人曾测算 1 公顷树木有着如下的重要作用(见 1992 年 2 月 24 日《中国广播报》)。

每天吸收 1 000 千克二氧化碳,放出 731.34 千克氧气。

一个夏季可蒸发 626.87 吨水,一年可达 4 500~7 500 吨。1 公顷有林地比 1 公顷无林地多蓄水 298.5 吨。

一年可吸收各种灰尘 300~900 吨。

一个月可吸收有毒气体 60 千克。

1 公顷桧柏林一昼夜能分泌出 29.85 千克杀菌素,可杀死肺结核、伤寒、痢疾等病菌。

1 公顷防风林可保护 100 多公顷农田免受风灾。

每年除提供 15 立方米木材之外,不同树种还可分别提供工业原料、燃料、肥料、油料、果品等。

1994 年上海市人均绿地面积仅 1.5 平方米,世界其他大城市人均高达 30 平方米。现在上海市注意到这一问题,着手逐步改善这一状况,并特别注意到林地建设问题。

原载《中国土地科学》1995 年第 4 期

人地关系与体制改革

人一旦成为社会的人,他们和土地的关系还会表现为人与人的关系——社会生产关系。因为,人们在利用土地时,都会遇到土地归谁所有、由谁使用、土地收益分配给谁等一系列人与人的关系。在市场经济中,土地还会通过商品价值关系来表现人与人的关系。

在我国,土地所有权属于国家,使用权则商品化,既然是商品就得有价格,而这种特殊的商品关系,实际上是体现代表全体人民的国家与土地承租人之间的关系。

在由计划体制转到市场体制的过程中,首先就要使土地产品价格合理化。因为,传统体制的特点正在于人为压抑土地产品价格,表现为自然资源无价,资源产品低价,其结果导致滥用资源,提供资源的土地得不到补偿。土地也难以按合理地价有偿使用。

我们还知道,市场是个体系,相应的各市场商品的价格也形成有机的体系,土地是基本生产要素,土地市场处于体系的上游,土地价格也就渗入中、下游市场的商品价格之中。地价不合理,势必引致中、下游各类商品价格不合理,进而引起收益分配和资源配置不合理。此外,土地市场本身也必须规范化,现在国家未能垄断一级市场,层层下放给地方政府,让地方侵占全民利益,而土地出让的协议形式又使地方权力以及代表地方权力的有关人员的个人权力取代市场竞争的力量,这不仅使国有土地资产流失,使有关官员有可能以权谋私,使炒地皮者大发其财,还使社会主义市场经济体系难以建立。因此,土地制度改革必须明确以下要点。

一是,土地市场不健全,社会主义市场经济体系是建立不起来的。

二是,市场的健全有赖于价格的健全,价格合理运行又有赖于市场机制。为此,土地价格应采用招标与拍卖方式,反对权力进入市场的议价方式。

三是,合理的地价来自土地产品价格中的级差超额利润,来自社会转移价值,应归还代表社会的国家,即地租应归中央财政收入,也就是说土地最终所有权归属国家,国家垄断一级市场,而其有偿出让土地使用权的收益,应再返还用于改善土地的基础设施。

四是,按用地的不管地、管地的不用地的原则,改革国家有关机构。

原载《中外房地产导报》2000年第12期

论土地国有化与地租的归属问题

在资本主义制度下可以"售卖"土地,在社会主义制度下能否"售卖"土地?能否采取"批地"方式"拍卖"土地?地租应该由谁收取?我认为,我们完全可以采取"批地"方式"售卖"土地,地租应该交给国家。"土地国有化的理论概念是同地租论有密切联系的",因为土地所有权是通过地租来实现的,"土地国有化,无非就是把地租交给国家"[①]。因为土地的级差自然条件,而不是投入劳动的多少,使不同土地的经营者得到级差收入。这不是经营者的劳动创造的价值,而是凭借土地的自然条件不劳而获的部分,是社会转移过来的价值。因此,即使是合作社等集体组织、国营企事业单位,都不应占有这部分级差收入,都应该将这笔收入转化为地租,由国家来收取。地租正是这样在经济上体现土地社会主义国家所有制的。土地国有化不仅排除土地私有制,而且排除土地集体所有制。因为集体单位使用土地带来级差收入,也是不劳而获,也是社会转移来的价值。集体也不应侵占全民的利益,否则便违反了按劳分配的原则。

马克思、恩格斯都主张社会主义社会土地国有化,反对土地的集体所有制。马克思说:"我却认为,社会运动将作出决定:土地只能是国家的财产。把土地交给联合起来的农业劳动者,就等于使整个社会只听从一个生产者阶级摆布。"[②]恩格斯说:"事情必须这样来处理,使社会(即首先是国家)保持对生产资料的所有权,这样合作社的特殊利益就不可能压过全社会的整个利益。"[③]

我国宪法基本合乎这个精神,宪法第十条第四款规定:"任何组织或个人不得侵占、买卖、出租或者以其他形式非法转让土地。"但是,宪法又规定,

---

① 《列宁全集》第13卷,第273页。
② 《马克思恩格斯选集》第3卷,第178页。
③ 《马克思恩格斯选集》第4卷,第581页。

我国社会主义土地所有制有两种,即全民所有(国家所有)和劳动群众集体所有。这在理论上就出现矛盾,在实践上带来几个问题:(1)既然任何组织不得出租土地,也就是不能收取地租,也就等于否定了土地的集体所有。当然,按照地租的性质,在实质上否定任何组织或个人占有土地是合乎社会主义原则的。(2)但是在文字上又承认土地集体所有,这就有可能让"合作社的特殊利益""压过全社会的整个利益"。一些集体单位,特别是近郊有些农民,不正是利用土地不劳而获吗!(3)《中华人民共和国中外合资经营企业法》第五条第三款:"中国合营者的投资可包括为合营企业经营期间提供的场地使用权。如果场地使用权未作为中国合营者投资的一部分,合营企业应向中国政府缴纳使用费。"这一条款在实施时也有值得注意的地方。例如,中方某投资公司利用场地使用权作为投资与外资合营,实质上是国家将合营企业所应交付的地租(土地使用费)作为贷款给了该投资公司,该公司再作为投资与外资结合,所以该公司就应该逐步归还国家贷款并支付利息,否则便是侵吞国家应收的地租。这是对外关系中可能出现的问题。在内部关系中,已经大量出现土地的农用转非农用,机关事业单位用转非机关事业单位用,军用转非军用,学校用转非学校用……在这些转用中,也带来潜在的地租问题。

总之,在社会主义商品经济条件下,使用土地进行经济活动必然带来超额利润。这不是土地使用者的劳动创造的,而是社会转移来的价值,应该以地租形式归还给社会,也就是应该归属于国家作为国家财政的一项重要收入。地租交给国家就意味着土地国有化。反之,任何个人、集体、全民所有制企业如果使用土地不付或少付地租,就成了不劳而获者,也等于从土地经营者变为土地所有者,这是和社会主义原则背道而驰的。

原载《特区经济》1987年第5期

"土地批租"禁区的突破

——访张薰华

本报记者 潘 真

记者：您是《资本论》研究专家，怎么会对土地问题感兴趣并着手研究的？

张薰华：我在研究《资本论》时，特别注意到书中有关商品经济的原理如何对接社会主义经济，1982年编写《资本论》第三册《摘要》，也就注意到书中地租理论与社会主义的关系。

1984年我写了论文《论社会主义经济中地租的必然性》，发表在《中国房地产》杂志上，1985年1月上海市委研究室主任俞建派顾家靖来访，约我为市委研究室编的《内部资料》再写一篇相关文章。我写了《再论社会主义商品经济中地租的必然性——兼论上海土地使用问题》登在《内部资料》第6期（1985年1月21日）上。

记者：后来"土地批租"禁区的突破就是由这篇文章引起的吗？

张薰华：这篇文章引起中央有关方面注意，应约又写了第三篇《论社会主义商品经济中地租的必然性——兼论上海土地使用问题》。这篇刊登在《调查与研究》1985年第5期上，由中央下发到各省、市委领导机关，由此掀起了全国土地批租工作。

我的主要观点是，土地政策应该成为我们国家的一项根本国策，土地的有偿使用关系到土地的合理使用和土地的公有权问题。土地属于国家，只能出让使用权不能出卖所有权。级差地租应该成为国家的财源之一。可是中国的土地名为国有，且载入宪法，实际批租收入被部门与地方占有，也就等于将土地部门化、地方化。部门化，特别是地方化，容易使地方官员勾结房地产商人大肆侵吞国家财产。国有资产大量流失，主要就在房地产领域。即使不贪污也是侵占全民的利益。

记者：1987年下半年深圳开始以协议、公开招标、拍卖方式有偿有期出让城市土地使用权,但听说他们是从您那儿找到理论依据后才放开手脚大干的?

张薰华:1987年10月,"全国城市土地管理体制改革理论研讨会"在深圳召开,国家土地局和深圳市领导都参加了。我提供的论文《论土地国有化与地租的归属问题》,促进了深圳郊区土地的全部国有化,深圳一放开手脚做,就活了。

在商品经济条件下,土地的使用为价值规律所调节,而价值规律又通过价格表现出来。因此,土地必须有偿使用才能合理使用,这就是地租问题。撇开绝对地租不说,就是在较优等土地上经营商品生产和流通,必然会带来超额利润以及它的归属问题。

记者:1985年那篇论文的副标题是"兼论上海土地使用问题"。您当时就建议上海市政府迁出外滩,把外滩以高地租租给外资、外贸、金融等单位,这些建议今天都实现了。

张薰华:我很高兴,我的研究成果对政府有用。

上海是全国经济中心,它的每一块土地即使是郊区土地,相对于全国来说,都处于优越的位置,因此上海的每平方米土地都应该取得超额利润,也就是每块土地都应该收取地租,任何单位(包括行政单位、各部各省下属驻沪单位)、任何个人占用土地都必须有偿使用,即必须支付地租,并根据地段好坏,拉开地租的级差幅度,市政府机关迁出外滩,外滩高价出租,可以防止一些部门霸占土地,推动一切企事业单位加强经济核算,土地的极差效率就会被发掘出来,我们的财政收入会猛增起来。这样,一些不宜设在市中心区的单位和居民,会因地租(房租)的日益高昂而迁出;一些用地较多、运量较大的中重型工业,在能源和原材料价格继续上调之后,将负担不起市区高昂地租而迁往郊区或转迁内地,结果必然是臃肿的大城市消肿,城市经济因放下沉重的包袱而起飞。

在那篇论文中,我还建议上海深水岸线收取高地租;建议在浦东围海造地,另建大型国际机场;建议上海郊区土地不以种粮为主,种蔬菜、植水果、饲禽畜、养鱼虾,让农民迅速致富;建议以契约形式规定用地单位保证一定量的人均绿化面积,禁止企业超标排污,规定不得开采动用或破坏地下资源(包括地下水)。这些都是为了保证土地资源。只有保护好土地资源,使用土地才会具有较高的社会生产率。

记者：有些建议在 1980 年代中期是很超前的。过去，国家投资开发土地被无偿地使用，承租开发单位因此没有积极性，使用土地者没有责任心，这是改革中的重大问题。

张薰华：是啊，好在我的很多建议最终都被采纳了，但是，保护土地资源的那些建议并未及时引起重视，后来只有亡羊补牢了。

原载《联合时报》2008 年 9 月 26 日第 5 版

土地国有化与土地批租

土地承载着人口与资源。土地市场是市场体系中的源头。依附于土地的各类产业的产品价格无不包含因土地而带来的超额利润。这使地产成为国民经济中的重中之重。土地国有化是土地所有制问题,土地批租(有期限的地租)则是土地使用制问题。

一、基本理论源自《资本论》

我对地租的理解始于学习《资本论》。书中指出土地的有限性使较劣的土地也不得不使用。于是,投入已开垦的最劣地的劳动成为社会必要劳动,应该得到补偿。因而它的产品凝结的价值(假定它等于生产价格)调节市场价值。由于优等土地具有较高生产力,等量劳动可以生产更多产品,单位产品所包含的劳动量小于最劣地产品所耗劳动量,也就是单位产品的价值小于市场价值。因此,它在市场中可以得到一个超额利润。所以,土地产品的市场价值的总和总是大于这些产品的实际价值,它通过产品出售使社会过多支付而实现。

由此可知,超额利润的形成只与市场经济中土地使用权有关,而与土地所有权无关。土地使用者首先取得这级差超额利润。土地所有者只是以地租形式,从土地使用者口袋中拿部分过来装进自己的口袋。土地所有制"它不是使这个超额利润创造出来的原因,而是使它转化为地租形式的原因"[①]。

如果不转化为地租,这个由社会过多支付的价值就会被土地使用者不劳而获。如果转化为地租,土地使用者仍然得到合理的收入(平均利润)。另一方面,如果不转化为地租,也就等于否定了土地所有权(不论是私有还是公有)。如果转化为地租,土地所有权才得以实现。

---

① 《资本论》第3卷,第729页。

上面讲的是不同土地的优劣差别所形成的级差地租Ⅰ。还要注意到同一土地因开发而发生的生产力的级差变化,以致土地中单位产品价值下降,超额利润上升。它超过级差地租Ⅰ的部分,在租期内归土地开发者所有。待到租期终止时,它便转化为级差地租Ⅱ。

除了土地的级差丰度而发生的级差地租外,还有因土地位置的差别,从而交通运输所耗劳动的差别,也会转化为级差地租。对市场中心的距离而规定的建筑基地的地租,在大城市就特别高昂。"建筑本身的利润是极小的;建筑业主的主要利润,是通过提高地租,巧妙地选择和利用建筑地点而取得的。"①

严格意义的地租是为使用土地而支付的地租。实际支付的租金还包括合并在土地上的固定资本的利息和折旧费等内容。因此,房租和房价实质上是土地出租金和地价。地价是长期出租的土地租金的价格。土地按一定期限出租,"这个期限一满,建筑物就随同土地本身一起落入土地所有者手中"②。

这份使社会过多支付的地租应该还给社会。社会由国家代表,因此土地应该国有化。马克思和恩格斯早在《共产党宣言》中就曾指出,无产阶级在取得政权后,第一项措施就是:"剥夺地产,把地租用于国家支出。"③恩格斯还特别指出,土地也不应归集体所有,"这样合作社的特殊利益就不可能压过全社会的整个利益"④。总之,"土地国有化的理论概念是同地租论有密切联系的"。而"土地国有化,无非就是把地租交给国家"⑤。

二、批租理论的社会情境

《资本论》的理论是结合当时世界最发达的资本主义英国情境而写的。当时,土地国有化当然代表英国资产阶级的利益。但是英国土地所有者阶级也相当强大。英国土地法的核心却是"土地归皇室(国家)所有",也就是归土地所有者(皇室)所有。《资本论》中就指出,在英国有着"构成现代社会骨

---

① 《资本论》第2卷,第261页。
② 《资本论》第3卷,第700—701页。
③ 《马克思恩格斯选集》第1卷,第421页。
④ 《马克思恩格斯选集》第4卷,第581页。
⑤ 《列宁全集》第13卷,第273页。

架的三个并存的而又互相对立的阶级——雇佣工人、产业资本家、土地所有者"①。

"批租"一词出自中国香港地区。土地批租即按一定期限的土地出租。它只出让一定年限的土地使用权,而不出卖土地所有权。出让期间,承租人可以在二级市场转让其使用权,出租者认地不认人,到期收回土地,并无偿取得扎根于土地的建筑物。

土地作为特殊商品,在于它具有特殊的使用价值和特殊的价格。这些特殊性又逻辑地导致土地国有化。

土地具有多种功能的使用价值系统。任何一个区间的土地,都应该在科学的国土规划下规范其特殊的使用价值,而不应不顾这些配置,转作其他用途,这是批租合同中的前提条件。地租是土地使用权的价格。土地批租的价格是批期内(例如 30 年)地租的总额。对承租者来说,他开发土地可以取得超额利润,在扣除地租后,还可以取得平均利润。

地租实现了土地所有者的所有权。如果出租取不到地租,就"意味着土地所有权的废除,即使不是法律上的废除,也是事实上的废除"②。现在的问题在于谁应该是土地所有者。由于土地使用权应该服从国土规划,土地价值(从而地价),实质上是社会转移来的价值,应该归还社会,社会则由国家来代表,这就逻辑地导致土地国有化。

依据科学的地租理论,结合中国实际,1984 年,我写了《论社会主义经济中地租的必然性》,发表在《中国房地产》杂志上。随后,应上海市委研究室之约,为《内部资料》写了《再论社会主义商品经济中地租的必然性——兼论上海土地使用问题》。中央书记处研究室见后,要求我再写第三篇《论社会主义商品经济中地租的必然性——兼论上海土地使用问题》。此文刊载在《调查与研究》1985 年第 5 期上,由中央下发到各省、市委领导机关,由此兴起全国土地批租的探索。

对我来讲,撰写有关论文也可以说是学术探索。经过十多年检验,对此我在《中国经济展望》1999 年第 1 期发表论文《中国土地批租的学术探索》。

---

① 《资本论》第 3 卷,第 698 页。
② 同上书,第 849 页。

指出,现在的问题是:(1)中国法律上是土地所有权国有与集体所有并存,国有还蜕化为地方所有;(2)土地使用权则有偿与无偿并存,无偿就是蜕化为企事业所有。

关于第一个问题。虽然中国实行两种土地所有制,但宪法规定农村集体所有制单位不许出租土地,而且国家要垄断土地一级市场。这实际上等于说,国家拥有土地最终所有权。不过,由于法律界定不清,集体单位多从局部利益出发,粗放滥用减少耕地,再加上政府将国有土地批租权下放给地方,地方政府又层层下放,由市到区、到乡。本来土地国有应由国家收取地租或地价来实现,现在却被地方收取,使土地蜕变为地方所有。国有土地的收益应像国有银行的收益一样,不应层层下放给地方。现在,国有银行的管理权已经收上去了,土地的权限仍然不够科学。

关于第二个问题,由于同样原因,不应将土地无偿划拨给国有企事业,更不应让国有企事业自行出卖土地取得收益,否则便是将土地国有蜕变为企事业所有。我们不仅要防止地方侵占国家利益,也要防止企事业单位侵占全民利益。总之,在土地问题上,特别要正确处理中央与地方和国家与企业、个人之间的分配关系,以维护国家的权益。

在地租或地价收归中央财政后,地方上如需开发土地,兴建必要的基础设施,可另报中央审核,再由中央财政拨款,该收的收,该付的付,既增加中央财政收入,又加强中央对经济建设的宏观调控。如果处理不当,不仅会导致分配不公,还会让少数人大炒地皮,高额侵吞国有土地资产,有些地方领导则滥用职权批地,借以索贿、受贿。而且,地方、企业还会从各自利益出发,使土资源得不到合理利用。例如,上海市的用地结构远落后于其他国际大都市,其中工业用地过多,绿地严重偏少,一些人行道甚至也被街道组织出租给小商小贩。文中还提到,如果土地无偿或低偿使用,一些占地多而效益差的企业,比占地少效益比它高的企业,反而表现为有更多收益的虚假现象。况且,无偿或低偿使用土地,还会让那些不该留在城市的产业仍旧占用城市的宝贵土地。

住房的占地也是个大问题。住房应该商品化,不仅包含房屋本身的商品化,更应包含房屋基地的商品化,即房租之中有地租,房价之中有地价。这一方面不应让居民侵占国有土地的全民利益,另一方面由大城市的高昂地价所表现的高昂房价,还迫使一些与城市发展无关的人口迁到外地低地价地方去安居。这就要求在合理调节城市产业结构的同时合理调节城市人口。此外,还有城郊农民宅基地占地面积过大、容积率过低问题。如不注意控制人口膨胀,城市绿地、城郊农地都会变为房屋建筑群的"水泥森林",断送生态城市的前途。

以上是1999年提出的问题。现在(2010年)又经过了十多年,这些问题还没有合理解决。国家有关管理机构没有从土地的科学发展观来审视土地制度,仍然违反宪法规定的土地国有化来处理问题,一些地方个别腐败官员可以对土地为所欲为,一些热炒地皮的巨头可以成为"地王",以致国有资产大量流失。

原载《上海土地》2010年第5期

市场体系中的土地市场定位与运行

一、土地的特殊使用价值与价格

市场经济中,土地资源也要通过市场而实现其配置。大致地讲,土地的资源、要素属性在市场中是通过它的特殊使用价值的出让或转让市场而配置;土地作为环境资源的保护则通过土地所有权而取得。由于市场的资源配置功能往往与土地环境保护相悖,必须借助于政府与社会力量及土地的所有权权能而实施土地资源保护。这既是我国土地国家所有权的直接体现,也是构成我国土地使用权市场运行特殊性的前提。

我国土地使用权市场运行特殊性之一:市场中的土地使用权是政府土地规划限定下的土地使用权。土地的效用是多重的,每块土地都有不同的使用价值,但对土地的利用,每种使用则应该是土地的最佳使用价值。一块土地已用于农业种(养)植,就不能用于道路交通。一块城市土地已用于居民住宅,就不能建造城市公园。改变土地用途必须重新投入土地改造成本,但这种改造成本又是很高的,将农业用地变为城市用地需要"七通一平";将旧城区改造成新城区,不但成本巨大,而且还要组织对旧城区居民的搬迁与安置,也是个重大的城市社会问题。流行的城市土地利用效率理论认为:城市土地利用的效率,不但要求各产业按城市土地的租金梯度曲线来选择自己在城市中的区位,而且还必须满足既有的土地用途之间将不再发生转换(对城市老化的改造例外)。因此,如果城市中存在着现有的土地用途间相互转换的现象,那么,该城市的土地配置是低效率的。所以,合理而有效地利用土地必须有科学的土地利用规划,使土地得到最佳使用。

土地利用规划对土地使用权的限定体现在:第一,使用权的权限以不违背土地利用规划为边界。任何违背土地规划的土地利用行为都不利于土地资源合理配置,土地利用规划是土地使用权限的刚性约束。第二,使用权的权层细分与土地利用规划要求相吻合。如一块受让土地,市场批租为商用,但规划要求利用中必须保留相当部分的绿地。因此,这块商用土地,即使建筑容积率再高,也必须保留规划要求的绿地面积。土地使用权层遂被细分为土地出让权、土地利用权和土地资源保护权等。第三,土地空间功能的转换必须符合土地利用规划。一块土地的商用、住宅用或公共用地,其转换应在土地利用规划下进行。当然,合理的规划应当以保护生态环境为前提,协调环境、人口和经济的发展。

土地既是生态环境的主要因子,也是人类生产的基本要素,并因区位、地貌、地面和地下资源的差异,而具有多种多样的使用价值。在市场中并不出让它的全部使用价值,只出让其中某种特殊的使用价值。承租者被严格限制只具有这特殊的使用权。所以,我国土地使用权市场运行特殊性之二:是土地使用权的主干权层市场化,而非土地使用权的全部权层进入市场。土地使用权层是个体系,权层的细分是与土地的使用价值或效用相对应的。随着社会经济发展对土地效用和功能的需求与开发的增多,土地使用权层将会更加细化。而更为突出的表现又是人类社会对土地的专门利用意义增大,土地利用的专门化是种客观趋势。但在城市土地利用中,人们急功近利往往忽视对"土"的利用,只热衷于对"地"的利用,即对土壤生物的利用范围越来越小,而对土地的空间物理功能利用意义越来越高。这又与保护生态环境相悖。就土地使用权自身而言,它由如下权层而复合:土地出让权、土地转让权、土地经营权、土地抵押权、土地赠与权、土地发展权、地上通行权、地下资源开采权,等等。

与土地使用价值市场运行特殊性相对应的是土地价格的特殊性,其表现如下。

第一,土地价格是土地使用权价格,并且是出让有限制的土地使用权价格。

第二,土地价格是有限期的价格。土地的出租价格具有明确而严格的时限,时限的长短以出让的年限计算,时限不同其价格水平也不等。如果土地价格没有时限性,土地使用权永久归于土地使用者,那就不是出让土地的使用权,而是出卖土地的所有权了。以香港地区为例,其初期土地的批租期分为七十五年、九十九年和九百九十九年三种[①]。其中,九百九十九年的批租

---

① 柴强:《各国(地区)土地制度与政策》,北京经济学院出版社 1993 年版。

年限一般被认为具有了永久的拥有业主权,实际上就是土地所有权的让渡。我国政府1990年5月19日颁发的《城镇国有土地使用权出让和转让暂行条例》规定:(1)居住用地七十年;(2)工业用地五十年;(3)教育、科技、文化、卫生、体育用地五十年;(4)商业、旅游、娱乐用地四十年;(5)综合或者其他用地五十年①。这些年限限定似乎也太长。在土地出租的年限规定上,出租者与承租者总是会有矛盾的。土地所有者总想把土地出租控制在很短的年限内,而土地承租者则希望出租年限越长越好。如果土地出租期过长,实际上也就是级差地租Ⅱ的流失。因此,土地价格不但有时限性,而且时限还须合理才能保证土地所有权的合理实现。这是土地所有权运行的客观需要。

二、市场体系中的土地市场

市场是个体系,这个体系既存在于全部的社会生产与交换之中,又包含了全部社会交换关系。具体说来,从生产与交换的总过程看市场体系,它呈现如下过程和关系,见图1。

$$
\text{贷出资金G} — \text{借入资金G} — \begin{matrix}\text{上游市场}\\\text{商品W}\end{matrix} \begin{bmatrix} \text{生产资料} \begin{bmatrix} Pm_1 \\ Pm_2 \end{bmatrix} \\ \text{劳动力} \end{bmatrix}
$$

$$\cdots P \begin{bmatrix} c \\ v \end{bmatrix} \cdots$$

产成品 W′ — 销售 W′ 的货币收入 G′ — 带息还本 G′

图 1

从上列商品生产($\cdots P \cdots$)和流通(买 G—W 与卖 W′—G′)过程,可以看出,为生产商品必须持有货币 G(由此形成资金市场),再分别到上游三个市场(土地市场、生产资料市场、劳动力市场)去购买基本生产资料(土地)Pm_1,一般生产资料 Pm_2 和劳动力 A,然后带入生产过程。撇开土地不说,它们就转化为生产资金 P,Pm_2 转化为 c,A 则转化为 v。生产过程的结果,便是作为产成品的商品 W′。这个 W′ 的价值较之预付的 G 或其转化的上游 W,或其再

---

① 《中国房地产法规规章汇编》,同济大学出版社1994年版,第98页。

转化的 c+v，增殖了一个剩余价值 m，即 W′=c+v+m。这个 m 是劳动力在使用中所创造的新价值 v+m 扣除 v 以后的剩余，是可变资金的增量，即 Δv。W′卖出之后，它的价值就转化为增殖后的货币 G′。G′=原预付的 G+以货币表现的剩余价值 ΔG，如果这个 W′是经过加工后的生产资料，它的市场仍属于上游 Pm 市场；如果它是消费品（以 km 标示），它就是下游市场。由此可见在市场体系中，最为重要的是五类市场：G 市场、Pm_1 市场、Pm_2 市场、A 市场和 Km 市场。在物质类市场的商品中，土地 Pm_1 处于源头，因为 Pm_2 或者是土地产品，或者是土地产品的加工产品。而 A 的再生产则与衣食住行分不开，衣食住行直接或间接来自土地，而且生产和流通中厂址和商店也依托于土地。凡此种种都说明土地市场的重要性。而从整个社会市场体系看，必须建立以土地市场为轴心的市场体系，看到土地体现于一切市场之中，市场体系才能算是最终完善。

三、价格体系中的土地价格

以上是侧重从商品方面来论及市场体系的，也就是侧重从生产力客主体要素（Pm、A），从它们的结合的结果产成品来探讨市场体系的。现在再从商品的价值、价格方面来分析市场价格体系，看土地价格在价格体系中的地位与意义。

生产是一个不间断的运动，是一个不断再生产的过程。在市场经济中，为了再生产必须支付利息继续取得资金使用权，支付地租取得土地使用权。而经营者还要有利可图。否则，就不会再生产。因此，厂商的 W′卖出价格必须使 W′中的 m 分割为足以支付利息、地租和利润的形式。于是，商品价值（c+v+m）转形为再生产价格〔K+$\bar{P}$+(r+R)〕。其中，生产耗费的 c+v 由价格的成本 k 来补偿，m 则因生产要素的所有权与使用权先分割为 $\bar{P}$+(r+R)，即平均利润+超额利润。这些分割形式又反过来用以实现生产要素的所有权与使用权。当着以资金形式表现的这两权合一时，等量资本要取得等量利润，即取得平均利润 $\bar{P}$；当着两权分离时，P 便相应分割为利息 I 与企业利润 P_E，I 用于实现资金的所有权即实现货币所有者贷出资金（G）的所有权，P_E 则用于实现资金的使用权。当着土地的所有权与使用权合一时，等量资金投入等量土地取得的超额利润（r+R）归经营者所有；当着两权分离时，r 就用于支付绝对地租、R 则转化为级差地租Ⅰ。地租用以实现土地所有权，又表现为当年土地使用权的价格。有限期的长年土地地租称之为土地价格。在批租期内，在已定期的地价不变条件下，新增超额利润则不转化为地租，留作以实现承租者所取得的土地使用权。只有到了租期已满时，它转化为级差地租Ⅱ。

再生产过程的价格体系如图2。

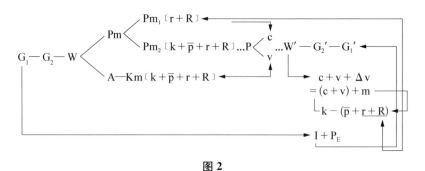

图 2

（1）土地价格（r+R）。土地不是劳动产品，没有价值；它的价值不是来自土地，而是来自土地所有权对 W′中剩余价值的索取，即 m 中的（r+R）部分（用←表示）；又表现为土地使用权的价格（用→表示），即（r+R）似乎来自土地。

（2）土地如果无偿使用，则（r+R）完全转移到生产者、消费者和资金借贷者手中，在生产者那里（r+R）→P_E；在消费者那里无须支付地租；在借贷者那里（r+R）→$\bar{P}$→（Ⅰ），贷款者可获得较高的利息。

（3）从上列再生产总公式中可以看出：土地价格或地租的实体（r+R）即包含在生产资料 Pm 价格之中，又包含在消费资料 km 的价格之中，后两者的价格最后由产成品 W′的成本来补偿；为生产 W′而直接占用的土地按再生产同期分摊的价格则由 W′价格中的超额利润（r+R）来实现，如果经营者用于支付地租来自银行贷款 G，那么，资金价格中即利息Ⅰ也包含土地价格的影响。就是说，在五类骨干市场体系中，不仅商品 Pm_1、Pm_2、km、W′的价格构成中都包含地租的实体（r+R），货币资金 G 及其价格也受这个因素的影响。这就表明，如果地价不合理，各骨干商品价格的内部结构就会出现混乱，价格扭曲的结果是市场之间、部门之间分配不公，导致资源配置失衡，社会生产力遭到破坏。

长期以来,我国由于土地无偿或低偿使用,不仅浪费了土地资源,而且导致生产资料以及主要生活资料粮食、住房、交通等价格偏低,从而名义工资偏低,使加工工业在产成品价格 $k+P(=I+P_E)+(r+R)$ 中两头受益,既使成本 k 被人为压低,又对 $(r+R)$ 不必支付或很少支付。为此,还可以少借贷,少支付利息 I,这隐含的别的产业部门来实现的、应归国家收入的 $(r+R)$,就暗暗转移到加工工业利润 P 之中了。其结果是国家地租收入大量流失,基础产业难以发展,加工工业则因可得浑水之财,而大量重复建设,盲目发展,产业结构也就因此失衡,市场体系的完善与有序也就失去了有力的依托。

四、土地资源价格、环境保护和市场行为

我们通常所说的土地使用权价格仅仅是在产权运行意义上对土地价格的高度抽象。与土地市场体系相适应,土地价格体系实际包括:土地产品价格、土地资源价格和土地环境保护价格等。土地作为生产要素,它的供给是要受土地资源的有限性制约的。因此,从资源的意义上看土地价格,必须体现土地资源有限性的资源价格特征。资源从本质意义上看不是劳动产品,它的价格决定完全取决于稀缺性所限定的资源生产力的边际。对于有限的资源来说,资源的利用边际是有成本界限的。这种成本对资源利用(或生产力)的边际限定,是资源定价的客观条件。与此同时,正是由于资源的稀缺与不同地区的资源禀赋不同,即使是同种资源,在不同的条件下,其利用的边际生产率与边际成本也是不等的。而在既定的社会经济制度(包括市场运行体制)下,一些利用条件好的部门或区域,必然获得资源超额利润。

我国的土地过去是无偿使用,土地无价格。自从开放了土地市场,土地才算有价。但总的看来土地价格是偏低的。再者土地的资源价格能否得以实现,也与土地的市场形式有关。目前,我国土地市场价格是以三种形式而存在的:(1)协议出让;(2)招标出让;(3)土地拍卖。就几种市场形式比较看,协议出让价格往往是最低的,如某特区城市 1992 年上半年批租土地 101 宗,协议出让 100 宗。与公开竞价方式相比,协议出让的地价差达 10 多倍。以深圳为例,1988—1989 年协议、招标、拍卖地价(平均)分别为 108 元/平方米、1 213 元/平方米、2 528 元/平方米,招标、拍卖地价分别是协议出让地价的

11.23倍和23.41倍①。如果把拍卖地价看成是在"公开、公正、公平"条件下显示的土地的真实价格,那么,在协议、招标中的土地价格,不是牺牲了土地的要素价格,就是牺牲了土地的资源价格,或同时牺牲了土地的要素、资源价格。而在我国土地资源入市的问题上,理论探讨尚不清楚,政策意向更不明晰,资源无价使国有资产大量流失。

市场经济中资源应有价,只有在资源价格下,才能对土地资源实施有效的保护。因此,土地资源价格不单单是完善土地市场与价格体系的问题,更是一个土地资源保护的大问题。保护土地资源与保护环境是紧密联系的,没有保护环境的观念,保护土地资源也就成了一句空话。环境保护价格也应在土地价格中得以体现。

环境与社会生产、生活的关系如图3所示。

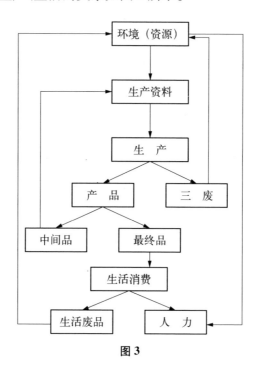

图3

生产中的"三废"要作用于土地环境,消费中的生活废品也要作用于土地环境,并恶化了土地环境质量。一方面,由于土地环境质量的恶化,提供给

---

① 《经济日报》1993年6月15日。

社会生产中的原料及其他生产资料品质下降,有的甚至根本无法利用,这必然加大了生产中利用自然资源的成本;另一方面,恶劣的土地环境作用于人类,有害于人体健康。为了保证人的健康,提高人的素质,为社会提供合格的人力资源,也必须保护土地环境质量。这是从社会生产的成本角度看土地环境价值或价格的。如果社会采取保护土地环境措施,一方面严格限制企业排污;另一方面社会治理"三废",治理成本就成为社会生产成本。

环境保护和治理如果由国家和政府来完成,即国家或政府通过对环境的保护和治理,能为社会生产和人们的生活提供一个良好的环境,那么,生产企业、社会组织和个人就必须支付一定费用来购买这种良好的环境,其价格由政府提供的环境质量供给与社会对环境质量的需求均衡状况而决定。这就是环境价格的最初含义。涉及工业与农业、乡村与城市等对环境质量的要求不同,环境价格也是不等的。

我国的土地资源环境大多是由国家和政府进行治理与保护的,如城市土地开发与改造,市政基础设施建设等。土地资源环境价格理应包含在地价之中,这是土地与环境的内在联系,是无论如何也不可分割的。对社会生产企业、社会组织和个人来说,都有个对相当质量的环境适应与需求问题,以市场机制把这种对环境的需求有偿化,把它从纯粹的环境的适应、需求中解脱出来,树立起有偿利用、适应环境的观念,才能做到真正地保护环境。因此,环境需求,"环境使用"等可以是一种独立化的市场行为,由此也决定了土地资源极为重要的市场地位。

与袁绪亚合作,原载《复旦学报(社会科学版)》1995年第1期

土地市场与市场体系

"土地是财富之母",是生态环境的主要要素,是生产的基本要素。如果土地市场不健全,市场体系便是残缺的。与此相应,由于市场机制主要是价格机制,又由于土地是基本生产要素,土地的市场价格也就和一切产品的价格相互渗透,形成价格体系。如果土地价格不合理,价格体系就呈混乱状态,其结果会导致破坏环境、浪费资源,并使国家应有的土地收益流失。这不仅与社会主义市场经济不相容,即使是资本主义国家对此也严加约束。总之,我们必须十分注意土地市场在市场体系中所处的地位,十分注意土地价格在价格体系中所起的作用。在弄清这个问题以后,我们还要弄清土地自身的合理使用(生产力方面)和土地自身的市场(价值关系即生产关系方面)的问题,前者是国土合理规划问题,后者是国家应该垄断土地一级市场问题,两方面合起来讲,土地都应该国有化。

一、市场体系中的土地市场

市场体系与价格体系形成于商品生产、流通和分配的总过程中。首先,商品生产和流通的过程可列为

$$预付货币G资金 \longrightarrow 上游市场W商品 \begin{cases} 生产资料Pm \begin{cases} 土地Pm_1 \\ 一般Pm_2 \end{cases} \\ A\ 劳动力 \end{cases} \cdots 生产资金P \begin{cases} 不变c \\ 可变v \end{cases} \cdots 产成商品W' \longrightarrow 销售后的货币资金G'$$

从上列商品生产(产…P…)和流通(购 G-W 与销 W'-G')过程中,可以看出,为了生产商品(即产成品 W'),必须持有货币 G 分别到上游三个市场(土地市场、生产资料市场、劳动力市场)去购买基本生产资料(土地)Pm_1、一般生产资料 Pm_2 和劳动力 A。然后带入生产过程,撇开土地不说,它们就转化为生产资金 P,Pm_2 转化为 c,A 则转化为 v。生产过程的结果便是作为产

成品的商品 W'。这个 W'的价值,较之预付的 G,或其转化的上游 W,或其再转化的 c+v,增殖了一个剩余价值 m,即 W'=c+v+m。这个 m 是劳动力在使用中所创造的新价值 v+m 扣除 v 以后的剩余,是可变资金的增量,即 Δv。W'卖出以后,它的价值就转化为增殖后的货币 G'。G'=原预付的 G+以货币表现的剩余价值 ΔG。如果这个 W'是经过加工后的生产资料,它的市场仍属上游 Pm_2 市场;如果它是消费品(以 Km 标志),它就是下游市场。这里我们假定它是 Km。由此可见,在市场体系中最重要的是四类市场:Pm_1 市场、Pm_2 市场、A 市场和 Km 市场。在这四类市场的商品中,土地 Pm_1 处于源头,因为 Pm_2 或者是土地产品(农产品或矿产品)或者是土地产品的加工产品;而 A 的再生产则与衣食住行分不开,衣食住行或直接或间接来自土地,而且生产和流通中厂房和商店也依托于土地。凡此种种足以说明土地市场的重要地位。

我们还要注意到,在以上四类市场的基础上,在流通中还产生另一类市场,即资金市场。在上列公式中,预付货币资金 G 是经营者自有的,即所有权和经营权合一的 G。如果他没有钱,只用借入的 G 来经营,G 就两权分离。假定作为所有权的资金为 G_1,作为经营权的资金为 G_2,他就要到资金市场借入这 G_2(在贷者手中就是 G_1)。于是上列公式又展开为

$$G_1 \longrightarrow G_2 \longrightarrow W \begin{cases} Pm \begin{cases} Pm_1 \\ Pm_2 \end{cases} \cdots P \cdots W' \longrightarrow G'_1 \longrightarrow G'_2 \\ A \end{cases}$$

这五类市场是市场体系中的骨干市场。这些市场缺一不可,否则商品再生产难以进行。这当中每一类市场还会派生其子系统市场,如 G 市场会派生证券市场、外汇市场,Pm_1 会派生房地产市场,Pm_2 则有期货市场与现货市场等等。市场体系就是以上述骨干市场为主体,有机地将这各种市场连成一体的系统。

我们还要注意,在这五类主要商品中,只有产成品 W'从而一般生产资料 Pm_2(因为 Pm_2 是从生产 Pm_2 部门的 W'转化而来的)才是一般意义的商品。土地 Pm_1、资金 G 和劳动力 A 则是特殊的商品,它们的共同特点是只暂时出计使用权,而不出卖所有权。

二、价格体系中的土地价格

以上只限于生产和流通过程,现在再引入分配过程。由于分配是由价格来实现的,在商品生产、流通和分配的总过程中,就不仅呈现出五类市场,而且呈现出这五类市场的五类商品各自的特殊价格,以及这些价格相互渗透所形成的网络——价格体系,从而可以看出土地价格在这个体系中的特殊作用。

以上我们侧重从商品的使用价值方面来论述市场体系;也就是侧重从生产力的客主体要素(Pm,A)、从它们的结合的结果产成品来探讨市场体系。现在要侧重从商品的价值、价格方面来论述价格体系;也就是从商品生产关系、从生产要素的所有权与经营权,来阐述它们与产成品 W' 价值中 $v+m$、特别是剩余价值 m 的分配关系。正是 m 的分配使 W' 的价值 $c+v+m$ 转形为再生产价格,并因此牵连各类市场的商品价格。

生产是一个不间断的运动,是一个不断再生产的运动。在市场经济中,为了再生产必须支付利息继续取得资金使用权,支付地租取得土地使用权,而且经营者还要有余利可图,否则就不会再生产。因此,厂商的 W' 卖出价格,必须使 W' 中的 m 分割为足以支付利息、地租和利润的形式。于是商品价值 $c+v+m$ 转形为再生产价格(在正常情况下,只有按这价格出售,才能再生产)$k+p+(r+R)$。其中生产耗费的 $c+v$ 由价格中的成本 k 来补偿,m 则因生产要素的所有权与使用权先分割为 $p+(r+R)$,即平均利润+超额利润,这些分割形式又反过来用以实现生产要素的所有权与使用权。当以资金形式表现的这两权合一时,等量资金要取得等量利润,即取得平均利润 p。当两权分离时,p 便相应分割为利息 I 与企业利润 P_E。I 用于实现资金的所有权,即实现货币所有者贷出资金(G_1)的所有权,同时又表现作为使用权的资金(G_2,即经营者借入的资金)的特殊价格形式。P_E 则用于实现资金的使用权。当土地的所有权与使用权合一时,等量资金投入等量土地取得的超额利润$(r+R)$归经营者所有。当两权分离时,r 就被用于支付绝对地租,R 则转化为级差地租 I。地租用以实现土地所有权,又表现为当年土地使用权的价格。有限期的长年地租就名之为土地价格。在批租期限内,在已定的地价前提下,新增超额利润则不转化为地租,留作用以实现承租者所取得的土地使用权。只有到了租期已满时,它才转化为级差地租Ⅱ。

这样,我们就可以将五类商品的价格分列如下,并图示它们的相互关系所形成的价格体系:

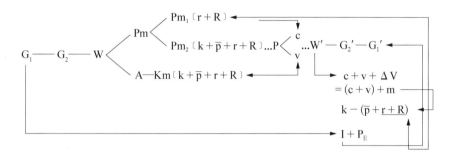

(1) 土地价格[r+R]。土地不是劳动产品,没有价值;它的价格不是来自土地,而是来自土地所有权对 W′ 中剩余价值的索取,即 m 中的 r+R 部分(用←表示);又表现为土地使用权的价格(用→表示),即 r+R 似乎来自土地。

(2) 一般生产资料价格[k+p+r+R]。它是生产 Pm_2 部门的产成品的再生产价格,故其价格结构也是 k+p+r+R。但在下列运动中。Pm_2 已不作为产成品而是作为生产资料(我们用方括号来区别它们的价格),因此它在进入生产过程后就转化为不变生产资金 c,并转移到 W′ 中,由成本 k 来补偿。

(3) 劳动力价格即再生产劳动力的生活资料 Km 价格[k+p+r+R]。它来自生产 Km 部门的再生产价格,由劳动者在生产过程创造的新价值 v+Δv 中的 v 来补偿(用←表示),也可以说是劳动力所有权对劳动者创造的新价值的一部分的分配形式,并表现为劳动力的使用权的价格(用→表示)。新价值的剩余部分 Δv,是可变生产资金 v 的增量,即剩余价值 m。

(4) 最终产成品价格 k+p+r+R。它是汇集以上三类商品价格的最终价格。

(5) 资金价格[Ⅰ]。资金 G_2 价格类似土地价格,即它的价格不是来自它本身,而是来自它的所有权对 W′ 中 m 的索取权(用→表示),即 m 中的 Ⅰ 部分;又表现为 G_1 转化为 G_2 的价格,即资金使用权的价格。这个价格最后在体现还本付息的 G_2 中实现(用第二个→表示)。

从上列再生产总公式中可以看出:土地价格或地租的实体 r+R 既包含在生产资料 Pm_2 价格中,又包含在消费资料 Km 价格中,后两者的价格最后由产成品 W′ 的成本的来补偿;为生产 W′ 而直接占用的土地的、按再生产周期分摊的价格,则由 W′ 价格中的超额利润 r+R 来实现;如果经营者用于支付地租也来自银行贷款 G_2,那么在资金价格即利息 I 中也包含土地价格的影响。这就是说,在五类骨干市场的体系中,不仅商品 Pm_1、Pm_2、Km、W′ 的价格构成中都包含地租的实体 r+R,货币资金商品 G 及其价格也受这个因素的影响,这就表明,如果地价不合理,各骨干商品价格(除 I 外)的内部结构就呈现混乱状态。价格扭曲的结果是市场之间、部门之间分配不公,导致资源配置失衡,社会生产力遭受破坏。长期以来,由于土地无偿或低偿使用,不仅浪费土地资源,而且导致生产资料和主要生活资料(粮食、住房、交通等)价格偏低,从而名义工资偏低,使加工工业在产成品价格 $k+p(=1+P_E)+r+R$ 中两头受益。既使成本 k 被人为地压低,又对 r+R 不必支付或很少支付,为此还可以少借款,不支付利息 I;这隐含的别的产业部门未实现的、应归国家收入的 r+R,就都暗暗转移到加工工业利润 P_E 之中。其结果是国家地租收入大量流失,基础产业难以发展,加工工业则因可得浑水之财而重复建设、盲目发展,产业结构也就因此失衡。

由此可以得出重要结论:在社会主义市场经济中,在改革开放中,土地的有偿有限期使用,首先应是国内土地使用制度的改革目标,而不应只着眼于对外开放中的批租问题。我们一定要全力改革国内各行各业各单位以及个人的无偿无限期用地制度,还要改革貌似有偿实则无偿或低偿用地制度,将它们转轨到有限期的合理地价的用地制度,才会理顺价格体系,才会有健全的社会主义市场经济。至于土地市场自身的这些问题,我们将另文具体阐述。

原载《'94 海峡两岸土地学术研讨会论文集》(1994 年)

体制改革中若干问题的思考

本文从以下两个层次谈谈体制改革中的若干重大问题。

一、基本国策与发展生产

社会主义的根本任务是发展社会生产力。体制改革应处处不忘发展社会生产力,而不应就事论事,实用主义,从眼前的、局部的利益出发,不顾根本任务。

例如,"生产"和"生产力"是两个不同但又相联的概念。生产翻两番可以是发展生产力的结果,也可以是不发展生产力靠增加投入的结果,还可以是破坏生产力(例如破坏环境)的结果。因此,我们就要研究什么样的体制才能真正发展社会生产力,而不破坏社会生产力。为此又要先弄清社会生产力的发展规律。特别是要弄清生产力发展的源泉——生态环境、人口与科学技术。

生态环境是人类的生态环境。环境坏了,人类也将难以生存,更谈不上什么生产力了。环境的支柱是森林。黄河的上中游森林被毁,使它在河南境内成为悬河,使地处河边的郑州市平时水源不足,洪峰时又全省紧张。再加上工农业污染,一些支流成为污水,有水也不能饮用。可见,用什么样的体制来保证培育森林并努力提高它的覆盖率,以及制止工农业污染等等,是非常重要的。况且环保本身也是一个体制问题,即环境的产权问题。环境应是国有的,实际上却变成无主的,企业或个人可以从破坏国有资源取得利益,使内部成本外部化,国有的根本资源(环境)却因之遭到破坏。

河南是农业大省,农业又如何提高生产力呢?我以为先要有大农业思想,不要把眼光限于小农业(种植业),还有林、牧、渔业。同时还要兴生态农业,为此要改变农、林、牧、副、渔序列,按生态顺序排为林、农、牧、渔、副。仍然是要大兴林业。许多宜林不宜农的土地应退耕还林。这里又有一个土地产权的问题。按照马克思的地租理论,城乡土地都该国有化。马克思还专门写文章论述,资产阶级国家土地也会国有化。社会主义国家就更应该国有化。以色列是资本主义国家,全国土地百分之九十五是国有的,它的农业在当今世界上也是搞得很好的。

就小农(种植业)来讲,它还有自身的大小问题。所谓农业的现代化,就是要求提高农业的社会生产力。为此就要求农业耕地的大规模经营,以充分发挥土地的潜在自然力和农业劳动者的技术生产力。一家一户小块土地耕种,只能使生产力倒退。我在报上看到介绍河南某个地区农村土地规模经营的好经验,读之令人鼓舞。但是,这会遇到难题:农村已经大量人口过剩,规模经营提高生产力之后,会带来更多的过剩人口;同时,现代产业所需要的高素质人才又严重缺乏。我们的体制改革是迁就落后的生产力,改来改去不解决这个大问题;还是力排困难,使改革能制约人口的增长并提高人口的素质;并为了提高人口素质,又促使科学技术发展。这又是一个大问题。我认为,发展生产力的阻力在于人口过剩,这使农业难以规模经营,使国有大中型企业也不能淘汰隐性失业人口,还带来社会的不安。而环境之所以遭受破坏,也还是由于负载不了过剩的人口。

总之,体制改革必须为了社会主义的根本任务(发展社会生产力),为此又必须处处贯彻基本国策(保护生态环境、限制人口数量和提高人口素质)。

二、社会主义与市场经济

前一问题重点放在生产力方面,体制改革则是生产关系方面。我们首先要注意的作为生产关系的体制改革如何适应并促进生产力的发展。现在,再看生产关系的本身问题。我们要建立的体制是社会主义市场经济。这里的问题核心在于社会主义与市场经济是否相容?

我们知道,所谓市场经济就是商品经济。商品是为社会生产,不是为生产者自己生产,因而要通过市场交换。商品交换过程或者说市场经济,它的必要和充分条件只要求被交换的商品各自属于它的所有者。它并不要求生产该商品的生产要素也属于该商品的所有者。正因为如此,市场经济可以和各种社会经济形态相结合。它萌芽于奴隶制社会,经封建社会,发达于资本主义社会,也与社会主义社会相容。总之,市场经济作为体制来看,要回答的只是产品的商品的产权问题。在市场上商品作为所有权存在,才使交换双方不能侵占对方劳动,才能等价交换。

此外,就社会主义经济来讲,这里指的是生产资料的社会主义公有制。这也可以说是社会主义经济的必要而且充分的条件。例如对国有企业来说,只要求生产资料归国家所有,而产品作为商品可以归企业所有。长期以来,理论上不仅强调生产资料国有,而且认为产成品商品也应国有。实践上还反过来强调产品国有,反而把生产资料变为企业所有。过去的混乱体制正是我们改革中所要理顺的,即理顺为生产资料国有,产成品商品企业所有。前者体现了社会主义经济,后者体现了市场经济。因为产成品商品企业所有,意味着国有企业只是生产资料国有,而不包括产品国有。国有企业在市场上就成为各自商品的所有者,也就符合了市场经济运行的条件。否则就不成其为市场经济了。

为了解决这个问题,在理论上和实践上都必须明确以下关系:生产关系决定分配关系又要由分配关系来实现,在市场经济中,分配关系决定价格又要由价格来实现。所谓产品归企业所有,实际是一种初次分配方式,并且是生产资料经营下放给企业的结果,还用以实现生产资料的所有权和经营权。当视产品归企业所有,企业出售产品所得货币,在扣除成本之后,其剩余价值或利润部分,还须进行再分配,即应扣除地租以实现土地的国家所有权,再扣除利息以实现资金的国家所有权,余下的纯利润则用以实现土地与资金的经营权。抽象地讲就是生产关系(生产资料的所有权和经营权)决定剩余价值的分配关系(地租、利息和企业利润),分配方式又用以实现生产关系。过去的体制让企业无偿占用土地,在经济上就等于将国有土地变为企业所有;又让企业使用国有资金不付或少付利息,在经济上也意味着将以资金表现的国有资产部分也变为企业所有;另外,旧体制又不给企业自主经营权,不给产品产权。所以,旧体制实际是生产资料部分的企有与国营,而改革的新体制则应颠倒为生产资料的国有与企营。

我们还要注意,在市场经济中,各生产要素的产权形式都会表现为商品,相应的分配形式都会表现为该商品的价格。例如,商品土地的价格是地租,商品资金的价格是利息,商品劳动力的价格是工资。但是,这三类商品是特殊的商品,在市场不出让所有权,其价格只是有限期地出让使用权的价值。

这样，市场就不只是生活资料和一般生产资料的市场，还包括土地、资金、劳动力等要素市场，共同形成市场体系。市场靠价格来运转，价格也不只是一般商品价格，还包括要素使用权价格，共同形成价格体系。体制改革的关键就在于培育各类市场，理顺价格体系。

现在的问题是土地市场与资金市场比较混乱。由于土地使用带来的超过平均利润的利润是社会转移来的价值，而社会则由国家来代表，不应让这部分利益流失到个人、集体、企业或国有单位、部门、地方之手，土地批租所得应收归国有，即国家应垄断土地一级市场（出让市场），然后才可以进入二级市场（转让市场）。现在一级市场主要是对外批地，对内基本上还未建立起来，但实际存在原隐性二级市场却已形成，或以卖房形式卖地，或以库场形式租地，或以土地折价入股，等等，使国家应收的巨额地租大部流失。即使是对外批租中，地价也过低。在地价中扣除拆迁等费用后所得甚微。改革就在于建立和完善土地市场，使土地不仅对外而且主要对内都要有偿有限期使用，并使国家能垄断一级市场，使国家该收的地租不流失。

同样的原理，与土地相连的矿产资源的产权，当然也属国有。不仅开采须经国家批准，而且要在保护环境的前提下合理开采，并向国家缴纳矿山地租（矿山批租）。广义的土地还包括水面，水产资源产权按理也属国家，也要在保护环境的前提下合理捕捞，并缴地租。至于生态环境，前面已经说过，它是根本的资源，它的产权被忽视，成为无主的，谁都可以破坏它，并从破坏中取得利益，更是体制改革工作中要特别研究的问题。

再次是资金市场。现在的资金价格（利率）过低，还是计划价格，而不是市场价格，既难以保证实现国有企业的资金国有化，又不能迫使企业节约占用资金以提高资金效益，这种"养懒汉"的价格也必须改革。但是，人们感到，现在国有大中型企业已经半数亏损，怎样能负担更高的利率呢？问题的深层原因在于，企业的隐性失业人口不能推向社会，企业就不能提高生产力，这部分人员就要将企业吃空，也就负不起应有的正利率。现在的低利率实际是负利率，这种利率刺激盲目投资，并导致通货膨胀。所以利率应当提高。企业的问题在于它不能自主用工，不能淘汰它所不需要的冗员，而这又有待社会保障制度的建立。

现有土地价格和资金价格混乱，也就是上游市场价格混乱，整个价格体系也就难以理顺。也就是说,体制本身的关键问题还远远没有解决。而问题的更深层原因还是要归结到人口过剩。因此,必须以更多的精力来控制人口数量、提高人口素质,同时花大力气迅速建立和完善社会保障制度。

原载《改革与理论》1994 年第 5 期

经济改革的几个理论问题探析

江泽民同志在十五大报告中谈到学风问题时提出:"一定要以我国改革开放和现代化建设的实际问题……为中心,着眼于马克思主义理论的运用,着眼于对实际问题的理论思考。"本着这一精神,本文就经济改革的几个理论问题作一探讨。

经济包含生产的物质内容(生产力)和这个内容所表现的社会形式(生产关系)。由于内容决定形式、形式反作用于内容的辩证关系,因此经济改革的范围不应限于经济制度的改革,更要着眼于生产力的发展。而且,无论从内容、从形式来讲,改革的目的都是发展社会生产力。

一、经济改革的物质内容

就改革的物质内容(生产力)来说,是经济增长方式的根本转变,是经济的可持续发展问题。生产的增长由两个因素决定:一是投入资源等生产要素;二是这些要素利用的效率(即生产力)。长期以来,为了追求增长的高速度,不是着眼于提高生产力,而是胡乱投入、滥用资源。资源的乱采与滥用,结果破坏了资源及其载体(自然环境)。环境提供资源是生产力的源泉,环境被破坏,使可耗竭资源迅速耗竭、可更新资源不能更新,必然损及生产力。所以,旧的增长方式实是以破坏环境与资源,终而破坏生产力为代价,增长也就难以持续发展。改革说到底就是要促进转变增长方式,转到以保护环境与资源和发展社会生产力的轨道上面。为此,又要求限制人口数量、提高人口素质,运用科学技术合理开发与节约利用资源,同时保护环境。而这也就是我们的基本国策。只有这样,经济才可持续发展。对此,理论上有着以下值得深思的地方。

(一)可持续发展首先遇到一个增长方式的用词问题

按照文件的说法,经济增长方式的转型是指由粗放型转变到集约型。其目的是"促进国民经济持续、快速、健康发展"。实际上,这里讲的"粗放"多指外延的扩大再生产,"集约"多指内涵的扩大再生产。前者实指只靠投入、不注意效率甚至损害社会生产力型,后者实指保护和发展生产力型。但是,集约这个词的原意似非如此。

粗放与集约两词初出于农业增长方式。粗放指生产要素分散投入在许多土地上的广种薄收,集约指生产要素集中投入在同一土地的精耕细作。我们现在说的这两个词并不只是指这个意义,而是近乎"外延"与"内涵"的意义。但是,"外延"这个词并不一定是"粗放"的。外延可以是粗放经营,也可以是集约经营。还可以理解为"集中投入,节约使用"。但这不包括"外延"投入也要节约使用。

况且,"集约"或"内涵"的增长方式,多就企业内部来讲,忽视外部的不经济。一些企业甚至以"节约"环保费用进行"内涵"扩大再生产。这实际上是以破坏资源与环境进而破坏社会生产力来增长自己。这种不健康的增长方式将使社会经济不能持续发展。其深层问题还在于人口数量过剩,素质过低,从而科学技术难以转化为现实的生产力。再加上体制上的原因,旧体制只顾追求经济高速度,不顾基本国策(保护环境与控制人口数量、提高人口素质),更助长了这种增长方式。

因此,增长方式的根本转变宜明确地理解为:由不能持续发展型转到可持续发展型。这样用词明确,统一大家的认识,必将有利于我国经济建设的健康发展。

我以为这里讲的"发展",可以作两重理解:

(1) 人们往往把追求经济增长速度看作硬道理,而不顾增长方式是否合理。因此这里讲的"发展"宜指社会生产力发展。就是说,只有集中力量发展生产力,发展才是硬道理。这是因为"社会主义的任务很多,但根本一条就是发展生产力","生产力不断发展,最后才能达到共产主义"。

(2) 依据前述原理,我们还应该将这里讲的"发展"理解为可持续发展。也就是说,只有可持续发展才是硬道理。可持续发展是发展生产力的前提,是更深层次的硬道理。值得高兴的是中央领导同志已经注意到这个重大问题。他们指出,"必须把经济发展与人口、资源、环境结合起来全盘考虑,统筹安排,努力控制人口增长,合理利用资源,切实保护好环境,确保国民经济持续、快速、健康发展和社会全面进步"①。"实施可持续发展战略,与实现经济体制和经济增长方式的转变是完全一致的。"②

(二)关于生产力与科学技术的关系,首先要在理论上阐明为什么科学技术是第一生产力,然后要弄清科学的发展为什么教育是基础

党的十五大报告中指出:"马克思列宁主义、毛泽东思想一定不能丢,丢了就丧失根本……在当代中国,马克思列宁主义、毛泽东思想、邓小平理论,是一脉相承的统一的科学体系。"邓小平关于科学技术与生产力的关系的理论,和马克思的有关理论也是一脉相承的统一的科学体系,马克思的有关理论也不能丢。

关于科学技术是第一生产力。马克思曾这样说过:"劳动的社会生产力……包括科学的力量,又包括生产过程中社会力量的结合,最后还包括从直接劳动转移到机器即死的生产力上的技巧。"③这是因为进入生产力中的科学的力量可以用物的自然属性来改造物。"劳动者利用物的机械的、物理的和化学的属性,以便把这些物当作发挥力量的手段,依照自己的目的作用于其他的物。"④并由此用自然力代替劳动力,节约劳动时间,"而这种节约就等于发展生产力"⑤。具体说来,"随着大工业的发展,现实财富的创造较少地取决于劳动时间和耗费的劳动量,较多地取决于在劳动时间内所运用的动因的力量,而这种动因的自身——它们的巨大效率——又……取决于一般的科学水平和技术进步,或者说取决于科学在生产上的应用"⑥。

我们还要积极发展哲学社会科学,这不仅对于坚持马克思主义在我国意识形态领域的指导地位有着重要意义,而且可以揭示经济可持续发展规律、社会生产力发展规律等。依据这些规律进行经济管理,才使科学顺利地通过技术转化为第一生产力。

国家的兴衰依存于生态环境和社会生产力的发展状况,而环境保护和社会生产力的发展则有赖于科学的发展。因此,应该"科学兴国"。但科学的

---

① 江泽民:《在中央计划生育和环境保护工作座谈会上的讲话》(1997年3月8日)。
② 李鹏在同一会上的讲话。
③ 《马克思恩格斯文集》第8卷,第206页。
④ 《资本论》第1卷,第209页。
⑤ 《马克思恩格斯全集》第46卷(下),第225页。
⑥ 同上书,第217页。

发展又有赖于教育的发展,故此结论是"科教兴国"。生产科学,教育为本,这可以从两方面来看。一方面,生产科学的精神劳动者在继承前人成果的基础上,继续探索客体世界的内在联系,揭示别人还没有发现的客观规律,发展前人的学说,实现科学的内涵的扩大再生产。这里的前提是科学工作者必须接受过高层次教育,了解前人的学说。否则,文盲、科盲怎能生产科学呢?另一方面,教育系统通过教师既进行科学的内涵扩大再生产,更重要的是将已有的科研成果扩展传授给学生,让更多人掌握已有的知识,实现科学的外延扩大再生产。教师的这种劳动同时还是扩大再生产知识分子的劳动,因而又是培育科学内涵扩大再生产动源的基础。

总之,没有教育的发展就没有科学的发展,就没有生产力的发展。况且,人口素质的低下还会导致破坏人类生存环境。我们"要切实把教育摆在优先发展的战略地位。尊师重教,加强师资队伍建设"[1]。同时,还要使教师与科研工作者所支出的复杂劳动得到补偿。"科教投资的使用要改进,这也是改革的重要内容。"[2]否则,即使教育培养出人才,人才也会带着知识流失到域外。

(三)要"把农业放在经济工作的首位"

农业的根本出路在何方?关于这个问题可以从两个层次进行探索:(1)农业(广义农业或称大农业,指林农牧渔各业)是培育生物的产业,而生物只有在良好的生态环境中才能生存和发展。所以农业只有走生态化的道路才可持续发展。(2)在生态化的前提下,农业(狭义农业或称小农业,指种植业)的改革也要以"三个有利于"为根本判断标准,也就是要走发展生产力的道路。

由于森林是生态环境的支柱,森林被毁,水土流失,草场以至农田随之荒漠化,江河湖泊即淡水资源也因之被淤毁;况且没有林就没有生物多样性。可见,没有林就没有农牧渔业。因此,按照生态规律应以林农牧渔为序,而不宜以农林牧渔为序。但是,这里所说的林业,应当定位为培育森林的产业,而不是为了取得木材的砍伐森林业。并且,这里所说的林字当头的顺序,还要因地制宜。例如我国西北部的地理条件,宜以林牧农渔为序,不应毁草场为

---

[1] 《江泽民文选》第2卷,第34页。
[2] 《邓小平文选》第3卷,第275页。

农田;又如湖泊区宜以林渔农牧为序,不应填湖造田等。这样,我们说的"把农业放在经济工作的首位"这句话,其中农业宜指大农业。如果指的是小农业,那也要以植树造林、治理水土流失、建设生态农业为前提①。为了建设生态农业,还要从质上保护生物赖以生存的物质资源(水、土、大气等所含的有机化合物),制止它们被污染。农业应以农家有机肥代替化肥,以生物治虫代替农药。大农业还要保护生物多样性包括遗传基因多样性,从而充分利用生物资源,保证农业可持续发展。因此,"将来农业问题的出路,最终要由生物工程来解决,要靠尖端技术"②。当然,这仍然要以森林的存在为前提。

至于狭义的农业,它是以种粮为主的种植业,它的发展在遵循生态规律前提下,还要着眼于发展生产力才有出路。农业生产力是由土地的自然力、农业科技力和劳动力组合而成的。为了发展生产力,这种组合又以土地的规模经营为基础,因为大块土地经营才能合理利用土地的自然力,农业科技力才有用武之地,农业劳动才由孤立劳动转化为社会劳动。这样组合的农业生产力才能发展,农民才能富起来。而且因提高生产力而带来的丰裕剩余产品,既使国民经济其他部门得以发展,还为市场扩展提供丰富的商品领域。实践已经证明,小块土地经营虽然调动了农民积极性,增长了农产品,却没有提高农业的社会生产力。并且,如同工业提高生产力必然表现为减人增效一样,农业提高生产力也会表现为减人增效,农业的过剩人口必将越来越多,这是难以避免的。这会给他们带来暂时的困难,但从根本上说,有利于经济发展,符合工人和农民的长远利益。

(四) 人口问题

为了解决我国生态环境受到损害、社会生产力难以发展的问题,我们将"控制人口数量,提高人口素质"作为中国人口政策的基本方针。应该说,这一方针具有科学性,问题是方方面面的工作未能认真贯彻它。旧的增长方式,加上薄弱的教育基础、长期的大锅饭体制和片面的福利主义,实际上刺激了人口的增长。至于计划生育,虽然成绩很大,也还有欠科学之处。

人口数量首先要从生态环境的承载力来考察,正是因为人口相对于环境是过剩,使我国生态系统恶化。

---

① 见《江泽民关于治理水土流失建设生态农业的批示》,《人民日报》1997年9月3日。
② 《邓小平文选》第3卷,第275页。

人口的数量和素质还要从生产力的发展来观察。我国的过剩人口主要在农村,随着农业生产力的发展(理所当然地包含土地规模经营),例如上海奉贤五四农场,三万亩地只要200个劳动力耕种,那样全国将有几亿农村人口过剩。而农村计划生育比城市反而放宽,这也是一种背道而驰。

如何综合治理人口问题,走可持续发展道路,使人口与经济、社会、资源、环境得以协调发展,将越来越成为重大的课题,也是改革中遇到的最大问题。

二、经济改革的社会形式

经济改革是在社会主义生产关系为主体下的改革,目的则是发展生产力。这里要思考的问题是:为什么要采用市场经济体制;市场经济与计划经济有什么关系;要素市场与要素价格对健全市场经济有什么关系;如何理解按劳分配与按生产要素分配以及国企改革;等等。

(一)市场经济体制的内在规律是价值规律

从市场经济的基本规律来讲,就是一个商品的价值量由生产该商品所需要的社会必要劳动时间决定,这个社会必要劳动时间又与生产力成反比。因此,价值规律说到底就是以单位商品价值量反比例变化的形式反映生产力变化的规律。我们正是用市场经济这一机制来促进生产力的发展。例如,在同一部门内部争夺市场的竞争中,一个商品生产者为了占有市场,并赚取更多的剩余价值,就要提高生产力以反比地降低他生产的商品的个别价值,然后按低于市场平均价值的价格出售。这就迫使该部门其他生产者都要提高生产力,才不被淘汰。这样的市场优胜劣汰机制,使部门内部由点到面地全面提高生产力。

价值规律在流通领域展开为等价交换规律,进而表现为价格与价值相符的规律。但在每个时点上价格因供求变化而背离价值。两者相符的规律则通过价格变化迫使供求平衡。"供"指商品的实际生产量,"求"指该商品合乎社会分工比例应该生产量。就资源来讲,前者指生产该商品所耗资源,后者指社会按比例应配置的资源。国民经济按比例配置资源的规律,就这样通过价格与价值相符规律为自己开辟道路。我们又是利用市场价格机制,促使产业结构、产品结构合理,优化资源配置,从而最终使各部门共同提高社会生产力。

(二) 计划与市场都是为了发展生产力

从宏观经济着眼,为了发展生产力,为了合理配置资源,就不仅要利用市场机制,还要有合乎科学的经济计划;为了保护环境资源,更须有强制性的科学计划。

旧的计划体制不是从发展生产力、按比例优化资源配置出发,而是从长官意志出发来制定计划,生产要素的计划价格又严重背离价值规律,结果导致我国人口、资源、环境不能协调发展,社会生产力难以提高,这当然是应当彻底改革的。但是,改革旧的计划体制,不等于不要科学的经济计划,不等于不要建立新的计划体制。在发达的市场经济国家,"日本就有一个企划厅嘛,美国也有计划嘛"。

计划与市场是相辅相成的,并非"一市就灵"。在有些场合,市场也会失灵。市场机制促使微观经济提高生产力,但每个生产者为提高自身的生产力,就会"节约"内部应有的环境成本,使之外部化。这或者是无偿地滥用环境资源,或者是污染环境资源。之所以如此,是因为外部的环境资源属"公共产品",在产权不明晰下,市场无法合理配置,反而助长了滥用与破坏。这就需要宏观计划加以控制。例如,黄河的水就应该在全流域计划使用。这个计划应该按水文循环规律、流域各地气象条件、降水量与蒸发量的反差状况等来拟定。上游地区宜增加植被。发展旱地作物,节约用水,才不会导致现在下游日益断流,断送下游黄金地带的经济发展。但另一方面,这又是在市场体制中的计划,还要辅以价格机制。为此就需要明确"公共物品"的产权,既不应归资源所在的地方所有,也不应归资源占用的单位或集体所有,而应由代表全民的国家所有。同时拟定资源价格,并由国家垄断环境市场。按照价值规律,商品的价值量不是由过去生产它所耗的劳动决定,而是由现在再生产它所耗的劳动来决定。黄河的水本来来自天然的水循环,未经人类劳动,没有价值。但现在下游断流,开封以至山东为取得黄河水,就要投入物化劳动和活劳动,整治黄河将黄河水再生产出来。这样,黄河水资源也就成为劳动产品,具有价值和价格。上中下游都按这个价格购用黄河水,大家就会节约用水,维护黄河流域的可持续发展。再就水质讲,国家还要通过法规迫使谁污染谁治理,以弥补市场失灵之处。

撇开环境资源不说,即就一般资源而言,市场通过价格与竞争调节供求关系时,也还需要计划加以引导。因为在供求自动变化,特别在供过于求时,虽然价格会调节到供求平衡,但这时已有许多产品压库,造成一时的资源浪费。如有先行的指导性计划,就能避免这种浪费。我们现在各地产业结构趋同,产品结构趋同,大量的产品压库,正是由于缺乏先行的计划引导。

(三) 培育市场经济——健全市场体系与价格体系

市场包括上游(资金、土地、劳动力)等生产要素市场、中游(一般生产资料)市场、下游(消费品)市场。这五大骨干市场及其分支组成市场体系。与市场体系相应的价格体系则是上游的要素价格(利息、地租、工资)和中下游产品的再生产价格(成本+平均利润+超额利润)结合而成。值得注意的是,生产要素是生产产品的要素,所以上游要素价格寓于中下游产品再生产价格之中,即工资寓于成本中,利息寓于平均利润中,地租寓于超额利润中。如果上游要素价格不合理,中下游产品价格结构就会紊乱,如果中游产品价格也不合理,下游产品的价格结构就会更紊乱。旧的计划体制只放开下游市场及其价格,以后又逐步放开中游市场及其价格。如果认为产品按计划价格由计划分配转到按市场价格由市场购销就建成了市场经济,就没有什么改革问题了,那是一种误解。根据以上原理,应该从体系上建立市场经济。改革是一项系统工程,改革的重点和难点在上游生产要素市场的培育和理顺它们的价格。

(四) 生产关系要由分配关系来实现

这是改革中一个重大理论问题,在实践中往往被人们所忽视。这里讲的生产关系在法权上指生产要素的所有权和使用权,分配关系指生产要素所有权和使用权对劳动者创造的新价值的分配权。生产关系决定分配关系,分配关系又反过去实现生产关系,两者是同一产权的正反面关系,浑然一体,不可分割。

一方面,我们要从生产关系决定分配关系来理解按劳动分配与按生产要素分配。就按劳分配来讲,由于劳动者的"劳"分为必要劳动与剩余劳动,按必要劳动部分分配形成工资,它实现劳动力的所有权,这不是社会主义社会所特有,也通行于资本主义社会。问题在于剩余劳动这部分如何分配,这又决定于资金与土地归谁所有,是公有还是私有。就按生产要素分配来讲,实质上是按要素的所有权与使用权来分配。例如,地租以土地所有权为前提,利息以资金所有权为前提。

另一方面,我们要特别注意到,生产关系要由分配关系来实现。改变了分配关系也就等于改变了生产要素所有权,也就是改变了经济制度。例如,土地所有权是由地租来实现,如果出租土地取不到地租,就"意味着土地所有权的取消,土地所有权的废除……即使不是法律上的废除,也是事实上的废除"[①]。同样,资金的所有权是由利息来实现,如果贷款取不到利息,就意味否定资金的所有权。

值得注意的是,按生产要素所有权的分配关系,在市场经济中,就是前述的上游(资金与土地)市场及其价格(利息与地租)关系。这两个市场不仅是配置资源的市场,而且是实现产权的市场。由此更加表明,这里应是改革中的重点所在。

(五) 社会主义与市场经济的结合

市场经济只要求在市场交换中,商品属不同所有者,而不问生产该商品的生产要素归谁所有。因而它既可以和生产要素私有制相结合,也可以和生产要素公有制相结合,这是社会主义与市场经济结合的可能性。社会主义的根本任务是解放和发展生产力,市场经济则通过价值规律所表现的价格机制与市场竞争的压力,迫使生产者提高生产力,这是两者结合的必要性。那么,两者结合的现实性又在哪里呢?我以为既然社会主义的根在生产要素公有制,市场经济的源头在生产要素市场,这就是两者的结合点。现实性就在于完善这个结合点。具体说来,土地是国有的,国家就该垄断土地一级市场,将地租收归国有,在这基础上开放二级市场。国有企业的资金是国有的,企业就该支付利息,这也应该是刚性的。否则,改革是难以成功的。当然,市场经济中,物质要素都要通过资金来购买,金融活动日益渗透到社会经济的各个方面。金融市场的健康运行是国民经济持续快速健康发展的基本条件。但是,土地市场的整顿也是不容忽视的。

原载《学术月刊》1998年第1期

---

① 《资本论》第3卷,第849页。

体制改革的源头在金融与地产改革

我国的经济体制改革在于建立社会主义市场经济体制。市场经济的内在规律是价值规律。价值规律则表现为价格,表现为货币的运动。金融是融通货币资金的活动,它也就成为市场经济的龙头。

首先,宏观地说,市场经济是一个系统——市场体系和相应的价格体系。市场体系由五大骨干市场及分支组成。它们是上游(资金、土地、劳动力等生产要素)市场、中游(一般生产资产)市场、下游(消费品)市场,以及它们的分支体系。与市场体系相应的价格体系则是上游的要素价格(利息、地租、工资)和中下游的产品的再生产价格(成本+平均利润+超额利润)结合而成。生产要素是生产产品的要素,所以上游价格寓于中下游产品再生产价格之中,即工资寓于成本中,利息寓于平均利润中,地租寓于超额利润中。如果上游要素价格不合理,中下游产品的价格结构就紊乱。由此可知,经济改革是一项系统工程,改革的重点和难点在上游要素市场的培育和理顺它们的价格。并且,在市场体系中一切物质要素都要用资金来购得,所以资金市场或称金融市场就成为市场体系的龙头。金融活动也就广泛地渗透到社会经济活动的各个方面,金融在宏观调控中发挥着越来越大的作用。

其次,从微观来观察,由于同样的原因,就一个企业的再生产运动来讲,它处处离不开货币资金的投入:(1)货币资金是运动的起点,"它表现为发动整个过程的第一推动力"[①],而且还是每次再生产开始时的持续推动力。(2)再生产运动不仅包括生产期间,还包括流通期间,为使生产不在流通期间中断,还要投入一个货币资金Ⅱ使生产继续进行。如果没有资金的投入,生产就会陷于停顿。

最后,我们还要特别注意到,上游要素市场不仅是配置资源的市场,而且

---

① 《资本论》第2卷,第393页。

是产权的市场。这类市场的共同特点是要素作为商品只出卖使用权而不出卖所有权。但要素价格却有双重作用：一方面它是要素使用权的出让价格，另一方面又是要素所有权的实现形式。其深层次的原理就是，生产关系（要素所有权）要由分配关系（劳动者创造的新价值所分配的工资、利息、地租）来实现，实现形式则是要素市场中的要素价格。出卖劳动力拿不到工资就等于否定劳动力所有权，贷出资金收不到利息等于否定资金所有权，租出土地得不到地租等于否定土地所有权。即使不是法律的否定，也是事实上的否定。马克思在《资本论》第三卷中再三强调了这个原理。

生产要素不仅要有偿出让，而且要有限、有期出让。既然只出让使用权，就应该限于在使用过程保持好所用要素，使用劳动力时要有劳保，使用土地时应限于国土规划与保护环境资源，使用资金时不应使之成为贷者的坏账等。既然只出让使用权，当然只是一定期间的使用，要素价格也因期间长短而定。

在上游市场中，土地是基本生产资料，资金是一切物资的货币形式，它们的价格又是生产关系的实现形式，因而土地市场与金融市场就成为社会主义生产关系与市场经济体制的结合点。土地是国有的，国家就该垄断土地一级市场，将地租收归国有，在这基础上开放二级市场。国有企业的资金是国有的，它应该来自金融市场，企业使用其支付利息，否则国有就蜕变为企有。而现在这两个市场最为混乱，寻租活动就正好浑水摸鱼，使国有资产大量流失。这样，社会主义公有制与不成熟的市场体系结合，反而损害了社会主义。体制改革正是要把重点放在金融市场与土地市场上面。

撇开土地市场不说，就金融改革来说，现在许多地方比较重视直接融资的股份制改革，但并非"一股就灵"，还应该大力加强间接融资的国有银行制度的改革。因为国有银行能以更少的资本金调度更大量的社会资金来为国有经济服务。所有这些又有赖于健全金融法制，加强金融监管，包括依法监管债务人如期还本付息。

原载《学术月刊》1998年第7期

从发展生产力剖解"三农"问题

一、作为国民经济基础的农业生产力

农业为什么是中国重中之重的问题？这是由于"农业是国民经济的基础"。但是，这样的说法只是表象，还未揭示农业生产方式内在规律。生产方式的物质内容是生产力，社会形式则是生产关系。作为国民经济基础的农业首先应从生产力来探索。"重农学派的正确之点在于，剩余价值的全部生产，从而资本的全部发展，按自然基础来说，实际上都是建立在农业劳动生产率的基础上的。"① 这一学派认为，农业资本是唯一的生产剩余价值的资本，它所推动的农业劳动也是唯一的生产剩余价值的劳动，然后将问题归结到劳动的生产力上面。马克思科学地继承和发展了重农学派这一论断。他认为不仅农业劳动，其他产业劳动也分为必要劳动 a 与剩余劳动 a′。由于相应的农业产品（以粮为主体）体现为必要产品与剩余产品，农业剩余产品就与其他产业的必要劳动 a 所形成的产品相交换，交换使 a 得以实现，才有所有部门提供剩余劳动 a′ 的可能。这可以从图 1 看出。

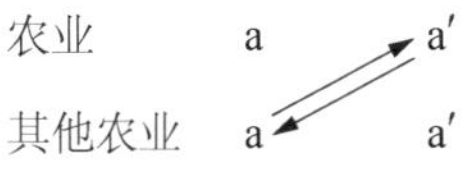

图 1

我们知道，没有 a′ 就没有社会的发展，但没有生产力的发展就没有 a′ 的发展。从图 1 看，没有农业的 a′ 就不能实现国民经济其他部门的 a，也就没有这些部门的 a′。因此，马克思科学地指出，"超过劳动者个人需要的农业劳动生产率，是全部社会的基础"②。这样，经过互换也可以将农业劳动看作全社会的必要劳动 a，其他产业则是全社会的剩余劳动 a′，即图 2。

从图 2 来看，"虽然食物直接生产者的劳动，对他们自己来说也分为必要

---

① 《资本论》第 3 卷，第 888 页。
② 同上。

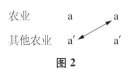

图 2

劳动和剩余劳动,但对社会来说,它所代表的只是生产食物所需的必要劳动。"①"虽然必要劳动时间在这里包含着另一种意义。为了满足社会需要,只有如许多的劳动时间才是必要的。"②这项由社会分工所需要投入农业的社会必要劳动(总量),将随着劳动生产力的提高进而农业人口的减少而减少。相应地,前一种含义的农业 a 虽在总量上会减少,在个量上却会增大,即单个农民再生产费用的增大。农民也就富裕起来。这样,前一种含义的其他产业的 a 不仅得到实现,而且得到廉价的食品,增加了社会福利。例如,美国农业生产力特别高,但农业人口特别少,农民的生活也就很富裕。反之,中国农业生产力特别低,农业人口特别多,农民也特别贫困。

在农业生产力基础上,社会分工所遵循的国民经济按比例规律,还可以历史地体现为图 2 的细分,即一国的经济发展过程,一般按着如下的顺序。当农业生产力提高,剩余产品首先为轻工业提供原料,过剩农民为轻工业提供劳动力。轻工业则为农民提供生活资料,于是促进市场的发展,为此还发展了交换过程中的交通工业,进一步吸收过剩农民。轻工业和交通业的发展,再促进重工业的发展。重工业一般不需要农业剩余产品作为原料,也不会吸收很多过剩农民,但它提供农业机械,大力提高农业生产力。它促进了采矿业,也吸收了一部分过剩农民。但是,即使如此,还是有过剩人口问题。

我们过去没有按照这一发展规律办事,反而本末倒置,不是致力于优先发展农业生产力,反而优先发展重工业,以致国民经济基础难以发展,"三农"问题更难解决。

二、农业生产力的自然基础及其载体的农村土地

农业是培育生物的产业,农业生产力的物质资源来自自然生态环境。也就是说"农业劳动的生产率是和自然条件联系在一起的,并且由于自然条件的生产率不同,同量劳动会体现为较多或较少的产品或使用价值"③。生态

---

① 《资本论》第 3 卷,第 716 页。
② 同上书,第 717 页。
③ 同上书,第 924 页。

环境提供的资源分为两个层次。首先是适合生物需要的无生命的资源,即以土地为载体的、为生物的成长提供诸多有机化合物,并在太阳能的光合作用下,转化为有生命的物质。由此可见,为了使农业可持续发展,首先要保护好生物生境中各个因子:保护土壤、净水和新鲜空气,才会使生物得以生存和发展。况且,人也是生物,生物的生境不保护,人也活不下去了。

其次是生物自身的多样性系统资源。这个系统的初级生产者是植物,它通过光合作用将无生命化合物转化为有生命的生命体;然后是吃植物的动物(生物的初级加工者),和吃动物的动物(再加工者);最后是还原者的微生物,它将植物动物的代谢物分解后还原给土壤,供植物再吸收,或分解为饲料供动物食用。生物多样性原理还启示我们,如果运用这生态食物链循环规律,可以增产生物量,也就是提高生物资源的利用效率。为此又要求提高农业的科学含量和提高农业劳动者相应的素质。

既然要保护生物多样性,相应地农业也应多样性。因此,广义的农业应包括林业、种植业、牧业、渔业、培育微生物以及生物的基因工程业等,而且各业中都要注意物种多样性。在这各业中,林业是支柱产业。没有林业就会水土流失、土地荒漠化、农田草场被毁、江河湖泊被淤,也就毁掉了种植业、牧业和淡水渔业。

长期以来,人们只注意种植业的小农,为此毁林开荒,填湖造田,在西北则改牧场种田,或超载过牧……以致水土流失,土地荒漠化,物种少样化。也就是从源头上损毁农业生产力。

三、阻碍生产力发展的小农经济

当我们注意到农业生产中自然条件质的规定性(生态环境的保护)以后,还要注意自然条件的量的规定性(土地的规模经营)。在农业中,土地具体体现为为生命提供资源的载体。土地的规模经营,不仅使土地自然力得到合理利用,而且使劳动社会化迸发出劳动的社会生产力,还使农业科学技术得以利用,使农业技术设备有用武之地。

中国历来是小块土地经营,20世纪50年代合作化过程中,虽曾一度大块土地经营,但由于体制不合理,后被全盘否定。于是在包产到户形式下退到小块土地经营。小土地经营"占统治地位的,不是社会劳动,而是孤立劳动;在这种情况下,财富和再生产的发展,无论是再生产的物质条件还是精神条件的发展,都是不可能的,因而,也不可能具有合理耕作的条件"①。

马克思还科学地指出,"小农经济和独立的手工业生产,一部分构成封建生产方式的基础"②。之所以如此,是因为小农是以一个家族为单位,是与家长制结合在一起的。中国几千年封建制度虽然被打垮了,封建思想与文化却不会很快消失。小农经济的生产方式仍然保存,封建羁绊也难以根除。邓小平指出,"我们过去的一些制度,实际上受了封建主义的影响,包括个人迷信、家长制或家长作风"③。还说,"毛主席……有家长制这些封建主义性质的东西。他不容易听进不同的意见"④。可见小农经济带来封建羁绊,不仅绊阻农业生产力的发展,而且会使官员不按客观经济规律办事,强迫下级按长官意志行动,不仅为害农业,而且束缚社会生产力的发展。

在总结农业体制的经验教训时,有几个值得探索的问题。

(1) 恢复和发展生产不等于发展生产力。20世纪50年代,合作化以及政社合一的人民公社化,虽然规模种地,却滥用劳动,又吃大锅饭,违背经济规律,反而破坏了生产力。"文革"以后,家庭联产承包制取代政社合一的合作社,恢复了生产,但没有提高原有的生产力。这就是所谓"第一个飞跃"的实质。况且小农经济还继续带给全国许多难题,人口以亿为单位增加,环境却没有很大改善。

(2) 旧的合作社之所以垮台,是由于行政瞎指挥,违背经济规律,徒有合作之名,而无合作之实。但我们不应因此将合理的、能提高生产力的合作经济也否定了。2004年《求是》第24期刊载《以色列农业发展的成功之路》对此作了回答。以色列人口密度很高,土地很少,但只用占人口不到3%的农民进行经营。它走生态农业之路,以高科技提升农业生产力,建立以农为本的集体组织基布兹和莫沙夫。"基布兹"指"集体",即以平等和公有原则建立起来的定居点。"莫沙夫"是一种政社合一的合作组织,既是行政村又是合作社。在莫沙夫里,土地和水是国有,住房、收成归农户,一般社会服务由合

---

① 《资本论》第3卷,第918页。
② 《马克思恩格斯全集》第23卷,第27页。
③ 《邓小平文选》第2卷,第348页。
④ 同上书,第347—348页。

作社集体提供;作为行政村,村民自己管理自己。以色列正是依靠合作社实现了农业生产力的高速发展,农林产品不仅自给而且大量销往欧洲。联合国粮农组织及其他国际农业机构都在推荐这一先进经验。

(3) 为了发展农业生产力,不应长期自我束缚,让小农经济几十年不变,必须尽快实现规模经营。为此不仅要发展合作经济,而且在建设中国特色社会主义中,在以合作社为主体的农业生产关系中,还应大力发展大户经济。邓小平早在1983年1月就说过,"农业搞承包大户我赞成,现在放得还不够"①。特别对从事绿化荒山与荒漠等优化生态环境的大户,政府应资助和奖励。

(4) 按照地租形成的规律,农业土地带来的超额利润,不是直接从事农业劳动者创造的价值,而是社会转移的价值,应该以地租形式还给社会,社会则是由国家代表,因此农村土地也应该国有化,不应随农村集体经济而变为集体所有。就这方面讲,以色列也提供了好的实证。现在中国不少农村,借土地集体所有之名,将农地转为非农用地,坐收地租。不少地方官员还在寻租中大肆贪污。必须从改进制度予以制止。

四、农民与中国人口问题

马克思曾经赞同扬格一句话:"小农耕种,即使他们耕种得很好,又有什么用处呢? 除了繁殖人口别无其他目的,而人口繁殖本身是最没有用处的。"②小农靠的是男劳动力,总是希望多子多孙。不仅越生越穷,越穷越生,造成人口爆炸,而且歧视女性,造成性比失衡,光棍增多,都是社会不和谐、不安定的动因。

我们要特别注意到,土地是个常量,人口是个变量。要注意避免人多了——人均土地也越少——农业生产力越下降——人口又越多,这样的恶性循环。

我们的基本国策既要控制人口数量,还要提高人口素质。这首先要办好农村教育事业,培育新生一代。对18岁以下农村儿童,不仅要推行九年义务教育,还要逐步普及高中;对已成年农民则要推广职业教育,使他们在城市化

---

① 《邓小平文选》第3卷,第23页。
② 《资本论》第1卷,第265—266页。

过程中具有就业条件。其结果会使农民感到少生优育的好处。

人口素质高了,农村人口占比少了;农村土地生态良好,且规模经营;农业生产力提高了,国民经济就具有良好的发展基础。这需要很长时间才能调整过来。但千里之行始于足下,只要遵循经济规律,就会逐步走上康庄大道。

原载《世界经济文汇》2005年第4期

社会和谐与农业生产力的发展

社会以人为本。社会由人际关系组成。社会和谐在于人际关系和谐。社会人际关系首先是经济基础中的生产关系,和它集中表现的政治关系、法制关系、文化关系。这些都和人的数量、素质、性比关联。人际关系建基于社会生产力的发展,生产力又以自然环境提供的资源为源泉。因此社会和谐不仅包含人际关系的和谐,还包含影响它的人与自然环境的和谐。

社会和谐是一个历史发展过程。即在社会生产力发展与生产关系、上层建筑互动中所发生的变化,逐步促进社会和谐。对此,应该用科学所揭示的社会发展规律来审视。人类历史由原始社会、奴隶制社会、封建社会、资本主义社会到社会主义社会的发展,也就是社会生产力的发展促进人际关系由不和谐趋向和谐的过程。

劳动使猿变为人。人的出现产生了社会。也就是说,人类是从野兽开始的,初始社会极不和谐。

人类为了摆脱野蛮状态,他们使用野蛮的手段,使社会生产力有所发展,于是出现奴隶制社会。这也可说是以不和谐的手段来降解不和谐的程度。

随着社会生产力的发展,封建制取代了奴隶制。奴隶转化为佃农,人身的初步解放大大降解不和谐。甚至封建帝王也谈什么"国泰民安"。可是封建制建基于小农经济。小农经济靠的是男劳动力,总是希望多子多孙,不仅越生越穷,越穷越生,造成人口爆炸;而且歧视女性,造成性比失调,光棍儿增多,都是社会不和谐、不安定的动因。当人口超过土地承载时,就会发生争夺土地的战争。这或是民族之间战争,或是诸侯之间战争,或是农民起义的战争。但胜也封建,败也封建,社会性质未变。改变的是大量人口战亡,"一将功成万骨枯""古来征战几人回"。而且死的都是男性,"可怜无定河边骨,犹是春闺梦里人"。这就暂时减少人口数量,并调整性比关系,社会暂时较为和谐。但小农经济仍在孕育新的过剩人口与失调性比。新的不和谐的战争又将发生。小农经济就这样形成封建社会表面和谐与战争极不和谐交替发生的特点。人多还导致毁林开荒、围湖造田,结果土地荒漠化、湿地消失,如楼兰古国,虽曾盛极一时,如今早已成为沙漠。人与自然不和谐,被迫流落他乡,也就谈不上当地社会的和谐。

资本主义制与封建制不同,它实行的是以土地规模经营为特点的大农经济,土地的潜在生产力由之迸发出来。规模经营又使农业科学技术有用武之地,促使农业人口减量化、优质化;从而也调整了性比关系。它还通过市场经济等价交换的规制,倡导自由、平等、博爱、扫除封建羁绊。在大农业的基础上,资产阶级在它不到一百年的统治中所创造的生产力,就胜过过去一切时代,这就使社会大为和谐起来。不过,它还存在几种不和谐。例如,劳资之间的剥削关系,对发展中国家的资源掠夺或转移污染。

就新中国而言,社会主义公有制理应排除生产关系内部不和谐,也应排除政治关系的不和谐。但落后的小农经济难以破解,并使封建羁绊难以斩断。由此产生的人口问题难以化解,潜伏着社会的不和谐。小农与大农所造成的人口状况以中美两国人口对比为例。两国土地相差不大,总人口中国13亿,美国3亿。中国多10亿。其中农村人口中国约8亿,美国约800万,相差100倍。

为了改变历史传承下来的恶果,我们不应就事论事,修修补补,而应具有科学发展观,大力发展农业生产力,倡导规模经营,从源头破解小农经济,同时在政策上限制人口数量,提高人口素质,优化女性利益,才会有和谐社会。如果不抓源头处理,只注意末端安抚,虽出自善意,只不过是空想社会主义。

那么,如何建设社会主义新农村呢?我以为应以科学的发展办法解决前进中的问题。

(1)既然社会和谐在很大程度上取决于社会生产力的发展水平,而农业生产力的发展则取决于土地的规模经营,也就要求我们转变农业生产形式。

首先,按照劳动价值论原理,农村土地也应该国有化。国家严控农业用地,进行生态保护。依据用地收入状况征收或免收地租,通过财税转移支付用于发展农村交通、教育、卫生、医疗等公共事业。

其次,废除土地集体所有制。现行的这种所有制,名为集体,实为地方政府占有,反而不利于农业生产力的发展。更有甚者,某些乡镇干部滥用职权获取私利,制造不和谐。

最后,仍然保持农民土地承包经营权。这就形成农地国有民营的生产形式。其中,农民可以有偿转让承包经营权,用以促进大户规模经营。大户可以是国营农场,如新疆生产建设兵团;可以是集体农庄,如农民的合作经营组织;也可以是农业私营企业。

(2) 科学地对待人口问题,要知难而进,限时限刻而进。我们已经看到封建社会是通过战争消除过剩人口,并调节性比。社会主义社会当然不应这样做,但人口已经爆炸,每年还在新增1 000万,性比也日益失调。怎么办?虽然这源于小农经济,我们也不应等到土地规模经营后再来解决这些人口问题。而应知难而进。

(3) 在解决农地规模,农民(人口)的基础上,农业生产力就会迅速发展,同时辅以农村生态建设、便利交通、兴办教育与培训等,一个社会和谐的新农村就会应运而生。

原载《上海市经济学会学术年刊》2007年

社会和谐与社会主义
新农村建设之路

　　社会以人为本。社会由人际关系组成。社会和谐在于人际关系和谐。社会人际关系首先是经济基础中的生产关系和集中表现这一生产关系的政治关系、法制关系、文化关系。这种种人际关系都和人的数量、素质关联。人际关系建基于社会生产力的发展,生产力又以自然环境提供的资源为源泉。因此,社会和谐不仅包含人际关系的和谐,还包含影响它的人与自然环境的和谐。社会和谐是一个历史发展过程,即在社会生产力与生产关系、上层建筑互动性的发展变化过程中逐步促进社会和谐。对此,应该从社会发展规律的视角来审视。人类历史由原始社会、奴隶制社会、封建社会、资本主义社会到社会主义社会的发展是一个不断促进人际关系由不和谐趋向和谐的过程。

　　人类社会是从原始社会开始的,原始社会极不和谐。人类为了摆脱野蛮状态,他们使用野蛮的手段,使社会生产力有所发展,于是出现奴隶制社会。这也可说是以不和谐的手段来缓解不和谐的程度。随着社会生产力的发展,封建制取代了奴隶制。奴隶转化为佃农,人身得到了初步解放,大大缓解了不和谐。甚至封建帝王也谈什么"国泰民安"。可是封建制建基于小农经济,而小农经济靠的是男劳动力,总是希望多子多孙,所以,越生越穷,越穷越生,越生越多,造成人口爆炸,造成生产资料和生活资料供需之间尖锐的矛盾,这些都是社会不和谐、不安定的动因。当生产力与生产关系发生尖锐矛盾、人口超过土地承载时,就会发生争夺土地的战争,或是民族之间的战争,或是诸侯之间的战争,或是农民起义的战争。但胜也封建,败也封建,社会性质并未改变。人多还导致毁林开荒、围湖造田,结果土地荒漠化、湿地消失,如楼兰古国,虽盛极一时,但如今却早已成为沙漠。人与自然不和谐,被迫流落他乡,也就谈不上当时社会的和谐。

资本主义与封建制不同,它实行的是以土地规模经营为特点的大农业经济,土地的潜在生产力由之迸发出来。规模经营又使农业科学技术有用武之地,促使农业人口减量化、优质化,它还通过市场经济等价交换的规则倡导自由、平等、博爱以扫除封建羁绊。在大农业的基础上,资本主义在它不到一百年的统治中所创造的生产力胜过过去一切时代所创造的生产力,这就使社会和谐程度大大提高了。不过,它还存在几种不和谐,如劳资之间的剥削关系,对发展中国家的资源掠夺或转嫁危机、转移污染,等等。

就新中国而言,社会主义公有制理应排除生产关系内部的不和谐,也应排除政治关系的不和谐。但落后的小农经济难以破解,封建羁绊难以斩断,由此产生的人口问题难以化解,因此,仍然潜伏着社会的不和谐。小农经济与规模化农业所造成的人口状况以中美两国对比为例。两国土地相差不大,总人口中国 13 亿,美国 3 亿。中国多 10 亿。中国农村人口约 8 亿,美国约 800 万,相差 100 倍。为了改变这一状况,我们不应该就事论事,而应以科学发展观大力发展农业生产力,倡导规模经营,从源头破解小农经济,同时,在政策上限制人口数量,提高人口素质,才会有真正的和谐社会。

那么,如何建设社会主义新农村呢?

第一,既然社会和谐在很大程度上取决于社会生产力的发展水平,而农业生产力的发展则取决于土地的规模经营,这就要求我们转变农业生产形式。首先,按照马克思主义的劳动价值论,农村土地也应该国有化。国家严控农业用地,进行生态保护。依据用地收入状况征收或免收地租,通过财政转移支付用于发展农村交通、教育、卫生、医疗等公共事业的费用。其次,废除土地集体所有制。最后,仍然保持农民土地承包经营权。这就形成农地国有民营的生产形式。其中,农民可以有偿转让承包经营权,用以促进大户规模经营。大户可以是国营农场,如新疆生产建设兵团;可以是集体农庄,如农民的合作经营组织;也可以是农业私营企业。

第二,科学地对待人口问题,要知难而进。当代中国人口增长很快,每年还在新增 1 000 万。怎么办?虽然这源于小农经济,我们也不应等到土地规模经营后再来解决人口增长问题。而应知难而进。在农村坚持实行国家的计划生育政策,控制人口数量,提高人口素质。

第三，在解决农地规模、农民（人口）问题的基础上，农业生产力就会迅速发展，同时辅以农村生态建设、便利交通、兴办教育与培训等，一个社会和谐的新农村就会应运而生。

原载《毛泽东邓小平理论研究》2006 年第 12 期

"林"字当头与林农牧渔副为序

一、培育森林是世界环境工程建设的基础设施

所谓生态是指生物及其赖以生存的环境的状态。生物与环境之间的物质交换和能量传递形成生态关系。这种相互联系又相互制约的关系形成生态系统。这个系统包含为生物提供物质与能量的非生物环境(如水、土壤、空气、阳光、简单的化合物等)和由生物自身所组成的生物环境(生物群落)。后者分成不同等级和层次,即生产者(植物)、消费者(动物)和分解者(微生物)。这各层次的生物所组成的生物链,在动态中协调部分与整体的关系,进行合乎规律的循环。森林高效率地通过光合作用,将非生物环境中的因素转化为生物物质,并将化学能转化为生物能。森林不仅提供近 2/3 的有机物质给陆地动物消费,而且庇护着动物的繁衍,一旦森林被毁,动物包括人类就难以生存,甚至微生物也难以生存。

森林还是非生物环境中重要因素的调节器和保护者。首先是大气循环中的交换器。它大量吸收大气中的二氧化碳,并释放出大量氧气,使动物和人类得以生存。它也是水循环中的一个枢纽。能吸收降水,涵养水源,减少径流,成为绿色水库。森林的巨大蒸腾作用在同纬度同面积条件下超过海洋50%,从而提高地区湿度,调节地区温度,并促进地区雨的形成。它不仅能降解当地干热风的形成,而且作为屏障能减低风速,防止外来风暴的肆虐。所有这些表明它又是气候的调节器。森林还是土地的保护伞,不仅用自身的落叶来增殖土壤的有机肥力,还用林冠挡住降雨的冲力,用根系维护土壤的聚集,通过涵养水源、减少径流的作用而防止水土流失,因上述防风作用而防止土壤沙化。

所有这些足以说明,森林是生态系统的支柱。一旦森林被毁,这个支柱没有了,生态系统也就随之崩溃。

以上所说似乎是老生常谈,是生态学的常识问题,并且一再为历史的实践所验证。但到目前为止,人们并没有真正认识到这一点。长期以来,人们只把森林当作木材的资源,忽视了森林主要是作为世界生态环境的基础设施,为了满足对木材的需要不惜毁坏人类赖以生存的森林,致使许多地方生态环境恶化,风沙、水、旱等自然灾害频繁发生,农牧业生产和人民生活受到严重影响。1991年的水旱灾害表明了我国生态系统的严峻形势。为了加固我国生态系统的支柱,也为了加固世界生态系统的支柱,我们必须摒弃把森林主要看作木材资源的片面观点。森林首先不是为了作为木材(原料)和薪柴(能源)的资源而存在,而是作为生态系统的巨大控制装置而存在。木材与薪柴只应是森林新陈代谢中的副产品。保护现有森林、营造新的森林,是最大的基础设施建设,是影响世界范围的基本建设。为了生态良性循环,为了保护环境,森林存在的本身就有意义。因此,林业劳动者每种活一棵树,就等于生产出一件产品,但这种产品主要不是为了出卖,而是为世界性的公共工程添砖加瓦。

总之,砍树取材的利益与损害森林所衍生的环境破坏造成的经济损失比较,后者可能百倍、千倍于前者,以至无法弥补。因此,我们一定要按生态规律来认识森林在整个生态系统中的支柱作用与地位。

二、在大农业的排序中,科学的顺序应是林农牧渔副

农业(广义的农业或称大农业)是人工培育生物的产业。因此,这里"经济的再生产过程,不管它的特殊的社会性质如何,在这个部门(农业)内,总是同一个自然的再生产过程交织在一起"①。这一特点也规定着,它首先是自然的再生产(即以自然再生产过程为基础),而后才是经济的再生产。因此,农业劳动的生产率是和自然条件联系在一起的,自然条件的差异会使同量劳动取得或多或少的农产品。也就是说,农业劳动生产力是一种综合生产力,它是劳动的自然生产力和劳动的社会生产力交织而成的。如果自然力得到保护,并且按照自然生态系统良性循环的结构与功能进行生产,农业就会稳产高产。反之,如果自然环境遭到破坏,即使追加劳动的社会生产力(包

---

① 《资本论》第2卷,第399页。

括技术生产力),其综合生产力仍然会下降。总之,农业按其培育生物这一特性来说,它应该成为生态农业。

具体来说,农业以有生命的植动物以至微生物作为培育对象,而这些生物在生态系统中所处的地位以及由它们所形成的生物链都表明,它们是有序的。前面已经说过,这次序应是:植物(生产者)、动物(消费者)、微生物(分解者)。其中,在培育植物产业中首先是林业而后是种植业,在培养动物的产业中又分培养陆地动物的畜牧业和培育水生动物的渔业。林是整个系统的支柱,没有林也就没有其他各业的发展。因而,在广义的农业中,理所当然地"林"字应当头。如果把种植业理解为狭义的农业(或称小农业),那么大农业的内部结构顺序就应该是:林农牧渔副。只有在宏观上理顺这个顺序,我们才能真正地建立起生态大农业,才能使我国大小农业现代化!

长期以来,由于我们认识的局限性,忽视了生态系统的整体效益,只注意小农业(种植业),忽视了大农业(林、农、牧、渔业),加上我国十多亿人口的吃饭问题,习惯于以农林牧副渔为序。况且,人们常说农业是国民经济的基础,政治上又无农不稳,这个次序似乎是无可非议的。但是,如果注意到森林的支柱作用,没有林就没有农的发展,林是人类生存问题,农是人们吃饭问题,农业搞不好会饿死一些人,森林砍光了会使整个人类难以生存下去,我们就会懂得林应放在首位。农放在第二位并不是说农业不重要,而是说,我们仍然要重视农业,但重视农业的同时也必须重视林业。

再者,"农业是国民经济的基础"这句话也不够确切。科学地讲应该是"超过劳动者个人需要的农业劳动生产率,是全部社会的基础"[①]。即超过必要劳动的劳动生产率,或者说能够提供剩余劳动的农业劳动生产率,才是国民经济的基础。对此,马克思还说过,"一般剩余劳动的自然基础,即剩余劳动必不可少的自然条件是:只须花费整个工作日的一部分劳动时间,自然就以土地的植物性产品或动物性产品的形式或以渔业等产品的形式,提供出必要的生活资料。农业劳动(这里包括单纯采集、狩猎、捕鱼、畜牧等劳动)的这种自然生产率,是一切剩余劳动的基础"[②]。因为农业劳动虽然也分为必

[①] 《资本论》第2卷,第888页。
[②] 同上书,第713页。

要劳动与剩余劳动,但农业剩余劳动的物质实体也是谷物等必要生活资料,在交换中实现了国民经济其他部门劳动者的必要劳动,在这基础上才使这些部门劳动者有可能提供剩余劳动,各个部门才能发展。

既然问题归结到如何提高农业劳动生产率上面来,就必须注意,"在农业中(采矿业也是一样),问题不仅涉及劳动的社会生产率,而且涉及由劳动的自然条件决定的劳动的自然生产率"[①]。提高农业劳动生产率的基础又在于保护和优化森林培育业。由此可以得出结论:能够提供剩余劳动的农业劳动生产率是一切社会的基础;而这种生产率又以发达的森林培育业为基础。简单地讲就是,林业是国民经济的基础的基础。因此,从理论上讲,当然也应该是林农牧渔副为序。

然而实际的情况是怎样呢?在实际中不仅不是林农牧渔副,甚至也不是农林牧副渔,而是副农牧渔林。这里工副业(乡镇工业)处于显赫地位。之所以如此,是因为土地产品(包括农林产品)的价格被人为地压低,务农得不偿失,以致表现为务工副业的等量劳动可以取得远比农业优厚的报酬,吸引了农村主要劳动力,人们也就因之重副(实是重富)轻农。至于林业,仍然处在最末的位置。本来林业应处首位,实际却贬在末位;工副业相对于林农牧渔来讲本应处末位,实际却跃处首位。这样本末倒置除上述原因外,还与农村人口问题有关。由于人口过剩,一方面要兴办一些劳动密集型乡镇企业来安置,并在财政税收上予以优惠,于是,本来是以农补工,反而表现为以工补农。长期以来,国家通过低价收购主要农产品以维持低工资并转化为财政收入,财政再用以贴补工业,即所谓农业为工业提供积累。然后乡镇工业再吐出一部分返回农业。正是这种扭曲导致"副"字当头。另一方面,人口的增加使人均耕地不足,于是毁林开荒,也就不顾毁林的后果。现在是下决心用强力来培育森林的时候了。"林"字当头,不是文字之争。培育森林事关世界的整体的利益和子孙万代的利益,关不关心这种人类的共同利益,也是对社会主义者的试金石。

三、森林资源的配置形式与林业的深化改革

在社会主义商品经济下,资源配置采取计划调节与市场调节相结合的形

[①] 《资本论》第 2 卷,第 867 页。

式。其中,有的以计划调节为主,有的以市场调节为主。由于森林资源的主要功能是作为生态良性循环的支柱,而不是作为商品木材的原料,加之森林资源的自然再生产周期很长,毁林容易恢复难,我认为森林资源配置应以计划调节为主要手段,而不应跟着市场跑。因为,"一个厂主或商人在卖出他所制造的或买进的商品时,只要获得普通的利润,他就心满意足,不再去关心以后商品和买主的情形怎样了。这些行为的自然影响也是如此。当西班牙的种植场主在古巴焚烧山坡上的森林,认为木灰作为能获得最高利润的咖啡树的肥料足够用一个世代时,他们怎会关心到,以后热带的大雨会冲掉毫无掩护的沃土而只留下赤裸裸的岩石呢?"[1]

当然,如果我们从现在起,将治山造林列为国民经济计划的主要项目之一,给予高度重视,那么,积三四十年之努力,就能使森林覆盖率和林地生产力大幅度提高,使成过熟林比重也逐步增大起来。到那时我们将允许一部分森林和林木(主要是过熟林和过密林的间伐部分)进入市场,于是形成林业资源配置计划调节和市场调节的特殊结合形式。

就市场调节这部分来讲,主要是林木价格问题。对此可从以下三个层次来分析。

(1)林木即使是原始林木,因其自然生长没有劳动投入似无价值,但是,"每一种商品……的价值,都不是由这种商品本身包含的必要劳动时间决定的,而是由它的再生产所需要的社会必要劳动时间决定的"[2]。因此,一棵树的价值不管它过去成长时是否投入劳动,它应该由现有生产条件下,再生产(重新栽种、培育到过熟)这棵树所需要的社会必要劳动时间来决定。并且,由于树木成材要几十年,投入的劳动量(表现为资金的占用量)还应按复利率来计算其追加的价值。这就意味着林木的活树价格将远远超过现在的价格。

(2)林木是土地(包括山地)产品,由于土地的稀缺性,土地产品的市场价值并不直接表现上述由社会平均劳动所凝结的平均价值,而是由最劣林地的产品个别价值调节市场价值。因为最劣土地的肥力最差,在其他条件不变的情况下,投入劳动的生产力也最低,与之成反比的个别价值也就最大,高于

---

[1] 《马克思恩格斯全集》第20卷,第521—522页。
[2] 《资本论》第3卷,第157页。

平均价值。这又意味着活树价格还应比上述按平均价值计价更高。之所以如此,是因为社会需求使最劣林地也要营林,社会就应对营林者所投入的资金、劳动给予补偿。否则就没有人愿意承包荒山①。

(3) 林木的宏观生态经济效益具有乘数效应。这种效益就其物质内容来讲,首先是林木的生态使用价值,但是在商品经济下它会表现为价值的形式。这种乘数效应所表现的价值总和又远远超出上述第(2)层次的林木再生产价格。例如,日本科学家从1971年开始,花了整整3年时间,对全国树木的社会公益效能进行了复杂的调查计算,结果表明,在1年内,这些树木可贮存水量2 300多亿吨(相当于我国现有大型水库蓄水量),防止水土流失量57亿立方米,栖息鸟类8 100万只,供给氧气5 200万吨,如果以上几项按规定单价换算为金额,其总价为12兆日元,相当于1972年日本全国的经济预算。印度学者对一株正常生长10年树木各方面作用折算后,总价值竟达20万美元,其中供氧3.1万,防空气污染6.2万,防土壤侵蚀3.1万,涵养水源3.7万,鸟昆虫栖息3.1万等,他的计算中还未包括树木为人们遮荫、纳凉的价值②。这些数字未必确切,但足以说明森林的宏观价值。

当然,以上所讲的市场调节部分仅限于过熟树木与过密林区的间伐部分。绝大部分成长中的森林则是生态系统的支柱,属培育和维护对象,不许采伐,更不得进入市场,严格控制在指令性计划项目之内。

最后,我们还要探索林业体制改革如何适应森林生长时间过长的特点,如何适应上述计划调节与市场调节的特殊结合形式,以及如何适应因林价的特殊规定而产生的利益分配问题。

一般地讲,根据森林的功能与特点,林业宜由国家经营,而不宜于私人来经营。因为种树首先是为了环境的宏观利益,而不是为了私人的利益。私人的利益只能是以伐木为主要目的,对森林的营造和培育不过是达到伐木的手段。此外,由于树木自然生长较长,木材生产本身要求有一个活树储备,它应是年利用额的40倍左右,私人也难以经营。但在上述计划与市场的特殊结合形式下,可否森林产权属国有,其过熟林木则归承包经营者所有?并且林地(包括山地)应国有化,经营地理位置良好或土壤肥沃林地所取得的超额

---

① 《荒山承包者的苦衷》,《人民日报》1988年6月18日。
② 《义务植树的价值》,《新民晚报》1987年12月31日。

利润,应以地租形式上交国家。因为这里的级差超额利润是社会转移的价值,应该归属代表社会的国家,集体单位也不应占有这一部分。国家则以这项收入治山造林,不断扩大森林覆盖面积。

原载《林业经济》1992年第3期

长江开发与保护长江

长江开发归根到底是为了发展社会生产力。社会生产力的根本源泉是生态环境。环境提供资源、发展生产、养活人口。反过来,如果人口过剩,滥用资源,又会破坏环境。因此,协调人口、资源、环境的关系是开发长江的前提条件。

在长江流域这一区域生态环境中,长江江水是最重要的资源。地球上水面很大,但绝大多数是咸水,淡水很少,两极冰山和地下水又占淡水中大部分,地表淡水主要是江河经流包括湖沟蓄水,而淡水却是最宝贵的。没有它人类便不能生存,也不能生产。长江水量充沛,经流量占全国河流的三分之一。因此,开发必须处处与保护长江水紧紧相扣,才会有健康的经济发展。

谈到长江水,使人联想起黄河水,人们往往把它们并提为大江大河。黄河本来不姓"黄",秦汉以前还只称为河,那时河的中上游森林茂密,后来由于人口增加,中上游森林被毁,水土流失,才变为黄色的河。于是河床淤高为悬河,"黄河之水天上来"。1194—1855年它又夺淮河,达600年之久,破坏了淮河,还使洪泽湖变为悬湖,以致黄淮地区水旱灾害交替发生。1992年黄河甚至一度断流。再说长江,它的上游金沙江,江水原是"雪山不老年年白,江水长流日日清"。进入长江的支流嘉陵江,昔日江水也是清澈见底的,"千里嘉陵江水色,含烟带月碧于蓝"。可是近半个世纪以来,由于人口膨胀,上游两岸森林被毁,到了川江江段两岸,开荒开到山顶上,泥沙大量流失,江水含沙量逐步增加,以致每年流失表土24亿吨,超过黄河流域50%,于是长江也变为"黄"江了。

上游砍树,不仅破坏了自身的生态系统,而且殃及中下游河道与湖泊。长江中游荆江段河床高10米,成为悬江,洞庭湖盆底高,亦成为悬湖。并且由于河床普遍淤高,以致武汉至芜湖段航道水深仅4米多,芜湖至南京段则更因南京长江大桥净空不足,只能进5 000吨轮船,长江口栏门沙处水深也仅6.9米,候潮时也只能过2.5万吨轮船。大家知道,在水陆交通中,水运不占陆地,水的浮力是无须耗费劳动的自然力,水越深载运量越大,单位吨公里成本越少,其中耗能量远远低于陆空运输。长江航运潜力相当于12条铁路干线,而现在因为陆路占地不计价,能源价格偏低,使陆运与水运比价不合理,人们因此弃水就陆,火车超载,长江水运反而冷冷清清。随着市场的发育、价格的矫正,长江必将日益显示其为黄金水道,但若这个水道本身继续遭受沙淤,以至日益水浅,就会失去航运之利,就不成其为黄金水道了。在长江水系中,流域中的一些河流不正是因为这个原因,不能通航了或缩短了能航的距离;许多湖泊一个个消失了或减少了水容量。可见,开发长江必须下狠心植树造林,努力提高长江干支流的森林覆盖率,制止水土流失,否则后果不堪设想,其中也包括它可能会损及三峡工程。

为了保护长江水,还要防止工业污染问题。由于人口过剩,不得不兴办一些劳动密集型企业,这些企业不少技术水平低,经营管理者又多缺乏保护环境的意识。在这些企业里,资源得不到充分利用,"三废"严重破坏土地并污染宝贵的江水,这也是发展中不可忽视的问题。

长江流域风景特好,但是发展旅游业也必须以环境保护为前提。例如庐山,早在抗日战争以前,就是一个避暑胜地,山上依山傍景建有一些别墅,散住着在华经商的洋人与旧社会的达官贵人。1978年笔者上庐山,见那些别墅仍然存在,有的已作旅游宾馆。1987年再上庐山时,那些房舍已作庐山企事业职工家属宿舍。只见一些别墅延伸搭台扩建,附近的大树被砍以扩大宅基地,附近景色也被破坏,山上住家的人越来越多,还办了中小学校。难道一个城市应该建立在风景独秀的高山上面吗?如果将那些与庐山保养、维护、管理、旅游业无关的人口迁出庐山,将家属宿舍搬到山下,中小学校也办在山下,再复修那些小别墅作为高级旅游宾馆,或作为高级避暑山庄,那就不仅有高额收入,而且也保护了庐山环境。但是,要做到这一点,除政府有决心外,更重要的还要遵循市场的价值规律。也就是说,庐山的土地应在经济上实现国有化,即国家要对用地(包括私房用地)收取高额地租,住房要收高额房租,把那些不该滞留在山上的闲散人口挤下山去。这也是开发长江旅游业的一个重大课题。

这一切都可归纳为人口过多的问题。因此,还必须下狠心减少流域的人口数量,同时提高人口素质。长江文化从整体上讲是较好的。上海、南京、武汉、重庆等城市大专院校、科研单位云集,历来是出人才的地方。一定要利用这个优势,支持和发展这些学校和科研机构,出更多更好的人才。改造原有的、浪费资源的、污染环境的落后产业,开发新兴的、不污染环境的高科技产业。

  总之,开发是个系统工程,不仅要统筹规划、科学开发,而且要克服地方主义和各行其是。作为社会主义建设者,大家就应该为了共同的长远利益,切勿只顾自己,切勿急功近利,共同建立一个统一管理机构,加强宏观调控,在保护生态环境的前提下,协调流域中人口、资源与环境的关系。

原载《理论月刊》1993 年第 4 期

试论环境科学与环境经济学

人口、生态、环境是一个有机的整体。环境科学是人们系统认识环境的各种运动规律及其表现形式的知识体系。这是一门文理交错的新兴学科,其中由自然科学进入社会科学的交错点便是环境经济学。

具体说来,地球表层是生态系统的载体,系统所依附的部分成为生态环境。生态环境可以分为三个层次:(1)生命赖以生存的环境(生境),它为生命的发育提供阳光、水、大气、土地以及蕴藏其中的有机化合物。(2)生命系统的多样性生物——先是通过光合作用而出现植物,然后是吃植物的动物、吃动物的动物,再是分解动植物代谢物的微生物。代谢物再化作春泥供植物吸收,或作为饲料供动物食用。生命系统与生境复合为自然生态系统。(3)人,作为自然的人(人是动物),只能在生态规律制约中生存;但作为社会的人(具有一般动物所没有的智力),当他未认识生态规律时,却会做出破坏生态环境的事。人的社会经济活动(人工)应顺乎生态规律,从而与自然生态环境复合为人工生态环境,人类的社会生活才能可持续发展。由此可知,为了可持续发展就必须维护生境中的水、大气、土地等3种物理形态(液、气、固)的正常物理循环运动,使它们在运动中更新成为再生资源;并保护其中适于生命需要的化学成分,防治有害成分的污染。在此基础上保护生物多样性,取得也是再生性的生物资源。还要特别保护作为生态支柱的森林。但是,这当中问题还在于环境提供的资源不限于生态系统中的因子,有大量非生态因子(矿物)进入生态环境,其化学结构又污染各层次生态因子,危害环境。

在方方面面的问题中,如何趋利避害,使人类有着美好的未来,这就需要科学知识。其中,揭示第一层次规律的是环境物理学和环境化学,揭示第二层次规律的是环境生物学或生态学,揭示第三层次规律的是环境社会科学。由此可知,正是物质世界中人工生态环境三个层次的客体结构,使反映这一客体的环境自然科学和环境社会科学复合在一起成为环境科学。

作为综合学科的环境科学,它一方面体现自然科学奔向社会科学,另一方面要求社会科学深入到自然科学。一般说来,自然科学的发展历史是由物理学开始的,由物理学到化学,再到生物学。当生物学研究到作为动物的自然人时,这自然人又蜕变为社会的人,于是自然科学展开到人文科学。人文科学指研究人类社会文明的科学,所以它可以被社会科学所涵盖。文明是从物质到精神,于是社会科学由研究物质文明的经济学开始,到政治学、法学,到研究意识形态的伦理学、文学等。粗略地看,两类学科的联结点在生产力经济学。因为,随着近代工业革命,自然科学在工艺上的应用转化为现实生产力。这样,"生产力中也包括科学"[①],"科学技术是第一生产力"[②]。这样,经济学在研究生产力时,就应深入到自然科学。但是,问题还不仅在于微观上科学在工艺上的应用,更在于宏观上保护社会生产力的源泉——环境与适度的人口。现在,经济科学工作者已经注意到克服自己的片面性。经济学研究的对象不能仅限于生产关系,不仅要深入到生产力,而且要追溯到开发与利用对资源影响,这些影响又与人口有着什么关系。于是建立起环境经济学或生态经济学。这门新兴学科之所以特别重要,主要在于它探索和揭示人口、资源、环境与经济发展的内在联系,分析人类自身的数量与素质,从而在社会经济生活中对资源的使用效率,终而对生态环境产生生物、物理、化学的影响。

科学是人类智力发展的历史结晶。人类是由无知到有知,由知识的片面性到整体性的。人口爆炸、人类社会的盲目实践,首先对环境进行生物性破坏,如破坏森林与生物多样性。由此又引发对生命支撑系统的物理性破坏,如破坏大气正常循环及其所含化学因子,破坏水的正常循环与土壤流失。在工业化开始后,又因为科学的片面性,使资源特别是矿产资源未得到综合利用,形成"三废",对环境进行化学性破坏。生态环境的破坏,不仅使一般生物生存成为问题,而且最终会使人类自身也难以生活下去。人类终于觉悟到,为使可持续发展,必须保护环境。而环境科学的整体性又迫使每门学科都要克服自己的片面性。

---

① 《马克思恩格斯文集》第8卷,第88页。
② 《邓小平文选》第3卷,第274页。

现在,不仅自然科学各学科都在注意研究环境问题,而且,人文科学也在日益注意这个重大问题。

就经济学来讲,它不仅要从生产力来研究环境经济,而且要从生产关系来保护环境。就我国的社会主义市场经济体制来讲,既要从宏观上制定合理的社会主义国土规划等,又要通过市场,"改革不合理的价格体系,建立资源有偿使用制度,逐步改变原材料价格偏低、资源无偿使用的状况,并依靠价值规律和供求关系来调整资源价格,彻底改变由于资源低价或无价造成的资源、能源浪费和环境污染与破坏,并逐步建立资源节约型的经济模式"。

再说法学,它是为经济基础服务的。法学的科学原则,首要的是应为发展社会生产力服务,为经济的可持续发展服务。这也表明法学与环境经济学、环境科学的关系。

国际上日益重视环境立法。联合国《21世纪议程》要求各国"必须发展和执行综合的、有制裁力的和有效的法律和条例,而这些法律和条例必须根据国家的社会、生态、经济和科学原则"。联合国为此还专门设立了环境和政策项目活动中心。1997年在肯尼亚首都内罗毕举行"第三届全球环境法规和政策培训"活动,在培训中还探讨如何利用环境法作为实施可持续发展政策的手段。中国已经加入多项有关环境与发展的国际公约,并将继续积极参与有关可持续发展的国际立法。近十几年来,中国政府逐步加强了与可持续发展有关的立法,但还不完善。正有待于按照环境科学所揭示的客观规律,包括环境经济规律,来完善这些立法。为此,也要宣传和普及环境科学知识,特别要增强立法者、执法者的环境知识。

政治学也要研究环境问题。自古以来,战争多为争夺土地资源,战火毁了森林,造成水土流失,以至土地荒漠化。现在的争夺又多与水资源匮乏有关。这在中东戈兰高地的争端上尤为明显。

至于文学,古代诗词歌赋以及流传的范文,多描述自然景观,以景寓情。这就不自觉地表现出当年环境景观,若与现代景观对照,就可以证实环境的破坏情况。例如,长江上游金沙江干流段,曾是"雪山不老年年白,江水长流日日清";川江干流段也由于两岸植被茂密,"山桃红花满上头,蜀江春水拍山流";到了下游,"春风又绿江南岸""百分桃花千分柳,冶红妖翠画江南""春来江水绿如蓝"。可是现在,两岸植被被毁,水土大量流失,水质恶化。

如何扭转这一状态,使"青山不老、绿水长流",持续、健康发展,这也和如何按环境经济学、环境科学原则办事联系在一起。

还有伦理学,它在研究人们道德规范、行为准则时,更要特别注意以保护环境为崇高准则。为此,要对全民进行环境科学知识的普及工作。

总之,为了人类社会美好的未来,环境科学及其各个分支包括环境经济学,必将在21世纪发达起来。

原载《上海环境科学》1998年第1期

生态文明建设要义论

一、生态文明的内涵

迄今为止，人类社会依次经历了原始文明、农业文明和工业文明。文明的演进过程是人类利用自然、提高社会劳动生产力的过程。特别是工业文明下的机器大工业的生产方式，使劳动生产率快速提高，但是同时也使人与自然的矛盾日益加深。不断出现的生态危机，使人类意识到只关注提高生产率、不遵循生态规律去开发利用自然带来的后果是非常严重的。这样，生态文明才从萌芽状态逐渐发展起来。

生态文明是指人类遵循人、自然、社会和谐发展这一客观规律而取得的物质、精神及制度成果的总和。生态文明同以往的农业文明、工业文明一样，主张在利用自然的过程中发展物质生产力，不断提高人的物质生活水平。所不同的是，生态文明突出生态的重要性，强调尊重和保护生态环境，强调适应自然，强调人类在利用自然的过程中必须要遵循生态规律，强调人与自然环境的相互依存、相互促进、共处共融，强调人与人的和谐是人与自然和谐的基础。

生态文明可以从狭义和广义两个角度来理解。从狭义角度看，生态文明是与物质文明、政治文明和精神文明相并列的文明形式之一，着重强调人类在处理与自然关系时所达到的文明程度。在实践中，狭义生态文明更多地是指保护环境的观念和行为，当下大多数人对生态文明概念的解读、宣传和实践中的操作都局限于此。在生态文明萌芽和发展的初级阶段，囿于生产力发展水平和认识上的局限性，狭义的生态文明无论是在理论还是实践方面都会率先发展起来。从广义角度看，生态文明是人类社会继原始文明、农业文明、工业文明后的新型文明形态。它以人与自然协调发展作为行为准则，建立健康有序的生态机制，实现经济、社会、自然环境的可持续发展。这种文明形态把生态文明表现在物质、精神、政治等各个领域,即把生态文明融入物质文明、精神文明和政治文明之中,也就是说,物质文明、精神文明和政治文明的生态化,是生态文明的完成形态[①]。

广义生态文明作为新型的文明形态,不是让人在自然面前无所作为,而是在把握自然规律的基础上能动地利用和适应自然,采用环境生态友好型的低碳循环生产方式和生活方式,使自然资源更好地为人类服务,这即是物质文明的生态化;广义生态文明要求人类尊重自然,并以此约束自己的行动,确认人与自然和谐统一的价值观,把追求生态文明作为人类追求高质量的精神生活的一项重要内容,使生态保护意识深入人心,并最终成为人类的自觉行动,这即是精神文明的生态化;广义生态文明要求人类在意识、行为和制度构建上要以生态文明为导向,通过加强环境立法及其执行力度,在目标、法律、政策、组织、机制等方面为生态文明建设提供法律和制度保障,这即是政治文明的生态化。

二、可持续发展的社会生产力是生态文明的生产力基础

马克思主义政治经济学认为,社会生产力发展是人类社会不断发展进步、走向越来越高层次文明的推动力,而社会生产力的本源是自然环境和人的劳动,在社会生产力发展过程中,必然存在着人与自然的相互作用。社会生产力是一个系统。这个系统由生产力的源泉(自然环境资源的自然力、人、科学力)、生产力本身(劳动力、劳动资料、劳动对象)以及生产力的结果(单位劳动生产的产品量)组成。在这个系统中,从社会生产力形成的源泉看,人类劳动是生产力形成的主观能动因素,自然界是人类的原始的食物仓和原始的生产资料库,人类在劳动实践中智力劳动不断发展并且把其体现在劳动工具上,劳动借助于它所创造的体现智力发展水平的劳动工具作用于自然界,形成现实的劳动生产力。从社会生产力发展的源泉看,可以分为劳动的社会生产力、劳动的科学技术生产力和劳动的自然生产力三个组成部分。劳动的社会生产力产生于劳动和劳动之间的结合,每个劳动者个体通过分工协作结合起来,摆脱了个人劳动的局限性,产生出劳动的社会生产力。劳动

[①] 张薰华:《经济规律的探索——张薰华选集》,复旦大学出版社 2000 年版。

与科学技术力(劳动者的智力劳动物化为机器等劳动资料及其生产的特殊工艺过程)相结合,产生劳动的科学技术生产力。劳动与自然力相结合产生劳动的自然生产力,即在劳动对自然的利用中产生的生产力。由于劳动的自然生产力在相当大程度上受自然条件的制约,而人类迄今为止所使用的自然资源有很多是不可再生的,因此,劳动的自然生产力与劳动的社会生产力和劳动的科学技术生产力最大的不同在于,后者通过分工协作、科学技术进步,可以得到不断发展,前者则在劳动不断地对自然条件的开发利用中,由于其中不可再生的自然资源被不断地消耗掉而趋于下降。劳动的自然生产力下降趋势在一定程度上可以通过劳动的社会生产力和劳动的科学技术生产力的发展来弥补。如科学技术的发展能够发现改善土壤条件的更好的方法,这会抵消劳动的自然生产力下降。但是,如果科学技术的发展更多的是节约劳动,提高人的劳动开发自然、利用自然的能力,结果不是使劳动的自然生产力提高,恰恰相反,由于劳动对自然力的过度使用,导致自然力萎缩,使劳动的自然生产力下降,进而导致社会生产力发展不可持续。

在社会生产力系统中,社会生产力标准规范着局部生产力。在现实的社会生产力发展过程中,局部生产者(个人、企业、集体或地区)往往只注意节约内部劳动,提高内部劳动生产力,不注意节约资源,任意向外部排污,损坏自然环境,这种行业破坏了生产力的源泉。因此,从社会生产力发展看,局部生产者生产产品所耗费的劳动还应追加治理损害自然环境的劳动,也即使外部劳动内部化。用社会生产力标准规范局部生产力,核算局部生产者的单位产品所耗社会劳动量的标准应该为:单位产品所耗社会必要劳动量=内部劳动+外部劳动。这样,局部劳动者如果只注意节约内部劳动,提高内部生产力,任意向外排污,损坏环境,其局部生产力作为社会生产力不是提高了,而是下降了[①]。表现为生产单位产品耗费了较多的不能够被社会所承认的劳动。

从社会生产力系统的三个组成部分看,人的劳动贯穿其中,起着主观能动作用。社会生产力系统中的自然环境之所以遭受破坏,人在其中起了主导作用。人作为自然人(人是动物),处于生物食物链金字塔的顶部。多样性

---

① 张薰华:《经济规律的探索——张薰华选集》,复旦大学出版社2000年版,第10页。

的生物,在食与被食的天敌关系中相生相克,维护其生态比例,一旦生物多样性比例破坏,环境就会受到损害。而人作为社会的人,在其社会生产力发展中,特别是在工业文明过程中,培养了巨大的消灭其天敌的能力,豺狼虎豹等反而成为珍稀动物,人口可以在无天敌下盲目发展,终而使环境不胜负载,也使生物金字塔崩塌。工业文明还使人通过大规模地向自然界索取资源和排放废弃物,获得了社会生产力的快速发展,但是,这种竭泽而渔的生产方式快速消耗着自然资源,并污染着生态环境。人口的膨胀和自然环境资源的快速消耗使社会生产力的两个源泉,即自然环境和人的劳动(人口)之间比例失调,长此以往的必然结局是社会生产力发展的不可持续性。所以,从社会生产力发展源泉看,人类在发展生产力时,必须要从可持续发展的视角来考虑自己的发展方式,社会生产力发展方式的选择不仅要以节约劳动为目标,而且要以尽可能节约自然条件,达到人类与自然条件的和谐相处为目标,通过社会生产力的三个组成部分的协调发展,促进社会生产力的可持续发展。

在中国现代化过程中,社会生产力两个源泉之间的矛盾日益突出,为了避免走先破坏自然环境、再进行治理传统工业的老路,就要高度重视生态文明建设。党的十八大报告提出:"建设生态文明,是关系人民福祉、关乎民族未来的长远大计。面对资源约束趋紧、环境污染严重、生态系统退化的严峻形势,必须树立尊重自然、顺应自然、保护自然的生态文明理念,把生态文明建设放在突出地位……努力建设美丽中国,实现中华民族永续发展。"①生态文明是人类社会文明不断进步的结果,是继工业文明之后人类文明演进的更高阶段。在建设生态文明目标下推动社会生产力可持续发展,必须选择顺应自然的生产方式和生活方式,自觉保护人类社会赖以生存和发展的自然环境,为生态文明建设提供生产力基础。

三、人的文明发展是生态文明建设的主观能动因素

人是推动社会生产力可持续发展的主观能动因素,是生态文明建设的主导者,所以,生态文明建设,人的文明发展至关重要。在生态文明建设目标下,人的文明发展,要合理控制人口,还要培育民众的生态文明观。

---

① 《坚定不移沿着中国特色社会主义道路前进,为全面建成小康社会而奋斗——在中国共产党第十八次全国代表大会上的报告》,人民出版社 2012 年版,第 39 页。

社会生产力的可持续发展,客观上要求人口要有一个合理的发展,但是,这并不是一个自然条件和人口之间简单的数量比例关系问题。马克思在《1857—1858年经济学手稿》中指出,人口"并不是由数字或由生活资料的生产性的绝对界限决定的,而是由一定生产条件规定的界限决定的"①。这个生产条件指的是社会生产所采取的具体方式和与此相关的生活方式,以及人的生活状态和水平。

首先,从社会生产和社会生活所采取的具体方式看,"比如说,狩猎民族在各个部落的相互争斗中出现的过剩人口,并不证明地球已不能养活这些为数不多的人,而是证明他们再生产的条件要求少数人占有大量领土"②。在《〈政治经济学批判〉导言》中,马克思也谈到同样的观点:"例如,蒙古人根据他们生产即放牧的特点把俄罗斯弄成一片荒凉,因为大片无人居住的地带是放牧的主要条件。"③所以,不同的生产方式和生活方式所决定的人口和外界自然条件的比例是不同的。如果社会选择一个节约外界自然条件的生产方式和生活方式,在一个确定的自然条件中,可以承载更多的人口。例如,以农业生产和消费为主的社会与以畜牧业生产和消费为主的社会相比,能够节约土地资源,因此一定规模的土地可以承载更多的人口。这表明,在一定的人口规模和增长速度下,转变生产方式和生活方式,从而转变经济发展方式,对外界自然条件的可持续利用起着至关重要的作用。当然,强调生产方式和生活方式对外界自然条件可持续利用的影响,并不是说人口增长可以不受外界自然条件的约束。支撑社会再生产的基本源泉是劳动力和外界自然条件,更多的劳动人口可以更多地利用外界自然条件,从而生产更多的物质财富,更多的人口也需要消费更多的物质财富,从而需要消耗更多的自然资源,所以,人口过快增长对外界自然条件产生压力,不利于外界自然条件的可持续利用。从社会生产力可持续发展角度看,应当保持人口合理规模,人口膨胀对于社会生产力的可持续发展有弊无利。

其次,从生活水平看,"贫困会产生人口"④。贫困家庭的后代生存条件

---

① 《马克思恩格斯全集》第46卷,第106页。
② 同上书,第108页。
③ 《马克思恩格斯文集》第8卷,第21页。
④ 《马克思恩格斯文集》第7卷,第243页。

恶劣,死亡率远远高于富裕家庭的后代,为了家庭的延续,贫困家庭必须有更高的人口出生率。贫困家庭往往还希望通过高出生率,获得更多的未来可以使用的劳动力。因此,一个贫富两极分化、较多人口处于贫困状态的社会,会使人口增长较快。贫困使人口增长率高这一观点,被现代社会人口发展状况所证实。随着社会公众生活水平的提高和贫困人口的消失,人口素质提高,生育观念改变,人们倾向于选择小家庭的生活方式,这会使人口增长率下降。人口、资源和环境三位一体,共同兴衰。只有转变人类社会经济发展方式,消除贫困,才能转变生育观念,合理控制人口规模,提高人口质量,也才能缓解人口过快增长给外界自然条件造成的压力。文明是人类在认识世界和改造世界的过程中所逐步形成的思想观念以及不断进化的人类本性的具体体现。人类社会文明是人类活动创造的,文明的发展本质上是人的文明的发展,人在人类社会文明不断进步、与文明进步程度相适应的社会经济发展方式选择中起主导作用。人的文明观的形成,除了受当下社会生产和生活方式的影响,民众认知和社会氛围也起着重要作用。生态文明建设,人的生态文明观即尊重自然、保护自然和顺应自然的思维理念及价值取向的培养至关重要。为培养生态文明观,对民众的生态文明宣传教育非常重要,其中对儿童的教育是培养生态文明观的最重要途径。

四、生态文明建设必须遵循生态规律和生态经济规律

生物与非生物环境之间的物质交换和能量传递形成生态关系。这个关系的内在联系形成生态规律。生态规律究其核心,就是生态系统中物质循环的动态平衡规律。这个平衡的前提是非生物环境(水、空气、简单化合物)的物质元素的相对稳定状态。如果加入系统外的因素,或者使原有因素和分子处于不稳定状态,生物赖以生存的非生物环境一旦被破坏,生态系统就会趋于崩溃。在生态系统中,生物群落中的绿色植物是生产者,动物是消费者,微生物是分解者。绿色植物通过光合作用,将非生物环境中的无机元素合成为有机化合物,同时将太阳能转变为化学能贮藏起来。植物的增殖实际上是非生物环境中的无机物质和能量转化为生命物质和化学能量的初级形式。没有这个转化,不会有动物,更不会有人类。所以,绿色植物特别是其中转化效益最高的森林是生态平衡的支柱。

人类作为动物,作为生物群落中的高级消费者,当然要服从生态规律。人类在其文明发展过程中,在上述生态关系中引入了社会经济活动因素。如果人类文明发展遵循生态平衡规律,可以形成新的人工生态系统:(1)核心层是生命赖以生存的非生物环境(基础环境),它为生命提供所需的阳光、水、土、大气、有机化合物等物质。(2)在基础环境中生存的生物群落(植物、动物、微生物以及内含的多样性基因组)复合为生态环境。其中,森林是生态环境的支柱。(3)人类社会。在这三个层次的辩证关系中,如果基础环境因子被毁,生命失去非生物资源就不能生存,人类也必然无法生存。如果作为生物群落中的人类不遵循生态规律而盲目膨胀自己,人口增长首先破坏生物群落中的生态环境的支柱(森林),然后破坏生物多样性,进而破坏基础环境(核心层)各因子的物理运动[1],最终使人类社会毁灭。

人工生态系统是在自然生态系统基础上建立的社会和自然复合的再生产系统,在这个系统中所运行的内在经济规律就是生态经济规律[2]。自然生态系统是社会再生产系统的物质基础,社会再生产系统归根到底就是人从环境中获取资源,然后将资源加工为各种生产资料和生活资料,在生产和消费过程中又将排泄物返还给环境。人们在社会生产和生活中,如果对自然资源开发不当,对排泄物处理不当,势必引起整个系统的恶化,导致整个系统失去平衡。所以,生态文明建设,一个重要的目标就是在经济发展过程中保持人工生态系统的平衡,实现社会生产力的可持续发展,因此,经济活动必须要遵循生态经济规律。

遵循生态经济规律进行生态文明建设,必须在生产和生活活动中保护自然生态系统。自然生态系统是社会再生产系统的物质基础,其中的森林、水、土地特别重要。

(一)森林是自然生态系统的支柱

森林在维护自然生态系统平衡方面作用巨大。森林是植物中光合效率最高的,通过高效率的光合作用,将非生物环境中的因素转化为生物物质,并将化学能转化为生物能。森林不仅提供近2/3的有机物质给陆地动物消费,而且吸收大气中二氧化碳,排放出氧气,使动物和人类能够生存。森林是吸

---

[1] 张薰华:《经济规律的探索——张薰华选集》,复旦大学出版社2010年版,第10页。
[2] 张薰华:《论环境经济规律》,《学术月刊》1987年第2期。

收大气中二氧化碳的"碳库",由于森林是立体的,所以,所吸收二氧化碳的效率远远超过其他植物。森林是水循环的重大枢纽和气候调节器,它能吸收降水,涵养水源形成地下水,减少径流,并且通过蒸发水分,提高地区空气湿度,调节地区温度,促进降雨形成。森林不仅能降解当地干热风的形成,而且作为屏障,能减低风速,防止外来风暴的肆虐。森林是土地的保护伞,不仅用自身的落叶来增殖土壤的有机肥力,还用林冠挡住降雨的冲力,用根系维护土壤的聚集,通过涵养水源、减少径流的作用,防止水土流失,其防风作用能够防止土壤沙化,而且在固沙方面作用巨大。

恩格斯曾经描述过森林被毁坏后对自然生态环境造成的影响:"美索不达米亚、希腊、小亚细亚以及其他各地的居民,为了得到耕地,毁灭了森林,但是他们做梦也想不到,这些地方今天竟因此而成为不毛之地,因为他们使这些地方失去了森林,也失去了水分的积聚中心和贮藏库。阿尔卑斯山的意大利人,当他们在山南坡把那些在山北坡得到精心保护的枞树林砍光用尽时,没有预料到,这样一来,他们就把本地区的高山畜牧业的根基毁掉了;他们更没有预料到,他们这样做,竟使山泉在一年中的大部分时间内枯竭了,同时在雨季又使更加凶猛的洪水倾泻到平原上。"① 特别是在机器大工业兴起以后,地下的化石能源被大规模采掘出来作为燃料,向大气中排放出大量的二氧化碳。如果森林被毁,一方面是大量的二氧化碳排放,另一方面是自然生态系统吸收二氧化碳的能力减弱,而且氧气只被动物和人类不断吸收而没有森林持续不断地制造,结局必然是生态平衡的破坏,直至危及人类生存,根本谈不上人类社会的可持续发展。

所以,在人类社会的经济活动中,社会再生产系统物质循环的基础也即自然生态系统循环的支柱是森林。为了保持社会再生产系统物质循环的动态平衡,首先要保护森林,提高森林覆盖率。在经济活动中,林业是作为国民经济基础的农业的基础,因此,在经济活动中要高度重视林业,我们通常所说的农、林、牧、副、渔排序,应改为林、农、牧、渔、副排序,才更符合生态经济规律②。重视林业,核心不是把林业当作供人类经济活动的产业来经营,而是通过保护现有森林和营造新的森林,把森林当作人类社会最大的基础设施。

---

① 《马克思恩格斯选集》第3卷,第998页。
② 张薰华:《林字当头与林农牧渔副为序》,《林业经济》1992年第1期。

这是影响世界范围的基本基础设施,是世界性的公共工程建设。

(二) 水是自然生态经济系统的血液

水,特别是淡水是维持动植物生命的重要源泉,水还是可再生的清洁能源,也是重要的交通工具载体。人口增加、农业和大工业的发展,一方面形成对淡水的大量需求,另一方面在生产和生活过程中产生大量污染淡水的污水。另外,一边是淡水的短缺和分布不均衡,另一边是大量淡水在使用和循环过程中的不断浪费。淡水的短缺和被污染,极大地影响着人类的生产和生活,损害着生态环境、景观和人类健康。海洋也是一个生态系统,孕育着各类水产生物资源,人类的生产和生活活动带来海水污染和酷渔滥捕,使海洋生态环境遭到破坏。

水是自然生态经济系统的血液,水的耗竭和污染使自然生态系统运动失去活力,其影响是毁灭性的。用水和治水是一个系统工程,水在生态经济系统中的重要地位,决定了对它的开发利用必须遵循生态经济规律,包括地下水保护、蓄积和合理利用地表水,节约生活和生产用水,防治水污染,保持海洋生态平衡等多目标综合管理。

(三) 土地是自然生态经济系统的母亲

土地有狭义、广义之分。狭义的土地指平面土地(包括水面),广义的土地指立体土地。平面土地是立体土地的构成部分,因而应从广义上来看待土地。作为一个立体概念,广义的土地,上有气圈,下有岩石圈,中有水圈,由此形成非生物环境,生物群落则在这个环境中形成和发展。土地表层的土壤是绿色植物和陆生动物等生物生长发育的基地,土壤的自然力是经过地质变化和生物循环的漫长历史形成的。就经济意义来说,土地是自然资源的综合体,蕴藏着生物资源和非生物资源,其中有些作为生活资料资源,有些作为生产资料资源。总之,生态系统和经济系统中的很多因素都产自土地,而地球上的土地有限,一国的陆地更有限,它是稀缺资源。

由于土地包含大气、土壤、水文和植被等自然环境和人类利用土地所形成的成果,因此,人类社会必须要极端重视土地的可持续利用。实现土地的可持续利用,需要社会统一管理、合理规划对土地的使用。马克思早在100多年前就指出:"整个社会,一个民族,以至一切同时存在的社会加在一起,都不是土地的所有者。他们只是土地的占有者,土地的受益者,并且他们应当作为好家长,把经过土地改良的土地传给后代。"①土地管理也是一个系统工程,需要遵循生态规律,合理规划林地、耕地、牧场,宜林则林,宜农则农,宜牧则牧,不能相互挤占或者盲目开发。土地管理还需要把控制和治理土地污染纳入其中。

人类生存所需要的许多自然资源都由土地孕育,土地是环境的主体,是自然生态经济系统的母亲。因此,在社会经济活动中,尤其是在工业化、城镇化过程中对非农用土地的占用,遵循生态经济规律利用土地至关重要。其中,合理处理人地关系是关键。由于土地有限,如果人口无限度地增长,特别是农村人口过快增长,会不断挤占耕地、林地、牧场和内陆水面,导致生态系统比例失调。中国长期以来确实在人地关系上呈现出上述状态,足以表明症结在于人口过剩②。因此,解决人地矛盾,必须从人口管理入手,通过逐步完善人口政策解决人口发展中的问题,适应我国人口总量和结构变动趋势,统筹解决好人口数量、素质、结构和分布问题,促进人口长期均衡发展。

五、生态文明建设必须按生态经济规律进行社会再生产

在人工生态系统中,人类通过生产劳动所引起的物质变化,与整个自然界生物有机体自身转化活动所引起的物质变化相比,要强大得多。工业文明下的机器大工业的社会再生产系统,因采矿业的发展,大规模地从环境中获取资源,生产生产资料和生活资料;又在生态系统物质要素循环之外引入新的元素,并在代谢过程中破坏生态系统中诸因素的相对稳定性,如把在生产和消费过程中未经处理的大量排泄物直接返还给自然界,就会产生两类环境问题:一是开发资源引起的环境破坏问题;二是生产和生活排泄物导致的环境污染问题。为了解决前一个问题,必须对资源进行综合利用;为了解决后一个问题,必须充分利用资源并开发利用再生资源。所以,在社会再生产过程中,要根据生态经济规律要求,树立如下科学观点③:(1)环境是一个资源系统,应该从生态系统的宏观经济效益来综合开发资源并评估单项资源的开发和利用;(2)单项资源必须充分利用,否则资源就会转为污染物;(3)生

---

① 《马克思恩格斯文集》第7卷,第878页。
② 张薰华:《论环境经济规律》,《学术月刊》1987年第2期。
③ 同上。

产和生活排泄物必须转化为再生资源,把向生态系统排放的污染物减少至最低。通过科学发展,满足人工生态系统良性循环要求。

生态文明建设,必须要改变工业化过程中形成的滥用自然环境资源的生产方式和生活方式,要遵循生态经济规律,用科学的观点进行生产和消费活动,对低碳经济进行合理的制度安排①,推进低碳发展和循环发展。低碳发展,核心是节约化石能源使用,保护森林和植树造林,减少大气中的二氧化碳;循环发展,核心是资源的使用须遵循减量化、再利用、资源化的原则。在实践中,要努力通过制度创新和技术创新,利用市场动力机制和政府的政策推动力,把传统的机器大工业下高碳、线性的生产方式和生活方式,逐步转变为低碳、循环的生产方式和生活方式。正如党的十八大所突出强调的,在中国未来发展中,要坚持节约资源和保护环境的基本国策,坚持节约优先、保护优先、自然恢复为主的方针,着力推进绿色发展、循环发展和低碳发展,形成节约资源和保护环境的空间格局、产业结构、生产方式、生活方式,从源头上扭转生态环境恶化趋势,为人民创造良好生产生活环境。

与王岩合作,原载《当代经济研究》2014年第1期

---

① 卢现祥、李程宇:《论人类行为与低碳经济的制度安排》,《江汉论坛》2013年第4期。

"可持续发展"论纲

"持续发展"是一个多义词。虽然1987年联合国环境与发展会议将它定义为"在不损害未来社会满足其发展要求的资源基础的前提下的发展",但见仁见智,有着不同的解释。我认为这当中包含着:组成人类社会的人口,满足其发展的经济活动,人类社会发展(人口再生产及其经济活动)要求的资源基础(对提供资源的环境的保护)。归结起来就是人类社会发展与环保的关系问题,核心问题则是人口问题。

为了科学地说明这一问题,有必要抽象地叙述人类生态系统(或称人口生态系统)。这个系统所依附的环境系统包含三个层次:(1)生命(生物)赖以生存的基础环境;(2)生命系统自身所形成的生物环境(群落),它与基础环境复合为自然生态环境;(3)作为社会的人的人类社会环境,作为生物的人又使它与自然生态环境复合为人类生态环境。揭示基础环境运行规律的是地球物理学和地球化学;揭示自然生态系的规律还要加上生物学;揭示人工生态系统的规律,正有待人文科学特别是经济学的创新研究。总之,"可持续发展"是环境系统发展,在人工进行时要有系统的理论指导,而环境科学则是文理综合的学科。

基础环境首先是地表环境。它当然也是以物理三种形态存在的,即:气态(大气)、液态(水)、固态(由地壳发展为土地)。它们在太阳能推动下,并受月球引力的影响,形成大气运动(大气圈)、海洋环流和水文循环(水圈),并综合推动地貌的变化(岩石圈)。在这物理变化中蕴含着化学因素的变化。例如,大气在运动中,二氧化碳的含量减少,氧气增加,并形成适宜生物生存的气候条件;水循环中保持着水的净洁;岩石圈经风化而形成生命所需的化学因子土壤母质;等等。由此可知,保护环境就是要保护土地(有土壤之地)、保护大气的合理化学因素的结构和保护水的纯洁性,并在这基础上保护它的正常循环运动。

建立在基础环境上的生命系统。系统的因素有：植物(生产者,它通过光合作用,将无生命的物质变为有生命的物质),动物(消费者,有吃植物的运动、吃动物的运动,又称次生产者。它将植物转化为更多的动物),微生物(还原者,将动植物排泄物和遗体还原成为有机化合物)等组成,在动物与植物的吃与被吃之间的关系又形成生命金字塔,这个金字塔的每一个层次的动物吃下一个层次,自己又被上一个层次所吃,这样相灭相生形成生物的多样性,并保持生态金字塔的平衡,自然生态系统的支柱是森林,如果森林被毁,不仅生物多样性无处依托,而且基础环境的诸因素也都会被破坏。人,作为动物的人,他处于生物金字塔的顶部;但作为社会的人,他会战胜他的天敌,又会使人口爆炸,他首先破坏森林,使生物少样化,并破坏基础环境,在工业化过程中,又进一步污染环境。结果,生物难以生存,人自身也生存不下去。可持续发展就是要求人们遏制人口爆炸,充分并合理地利用自然资源,净化基础环境,努力扩大森林覆盖率,保护生物多样化,否则是空话 。

原载《世界经济文汇》1996年第3期

从可持续发展战略看甬港深经济合作

可持续发展要求控制人口数量、提高人口素质,合理利用资源,保护生态环境;也就是要协调人口、资源、环境与社会经济发展的关系,使社会经济能健康而持续地发展。为此,不仅农村而且城市,都应该从可持续发展这一战略部署各方面工作。又因为生态环境不仅是一个地域的小环境,它涉及全球范围的环境。环境所提供的资源散布世界各地,有的可以更新,有的则会耗竭,未被充分利用的资源及其代谢物成为"三废",使可更新资源也不能再生,终而又毁了资源本身,并扩散到全球。

1980年3月5日联合国呼吁:"必须研究自然的、社会的、生态的、经济的以及利用自然资源过程中的基本关系,确保全球持续发展。"1987年联合国的世界环境与发展委员会发表的《我们共同的未来》报告中指出,过去我们只注意发展对环境的影响,现在则迫切地感到生态的压力对发展的影响。不久前我们感到国家之间在经济方面相互联系的重要性,而现在我们则感到国家之间的生态学方面相互依赖的情景,生态与经济互为因素联在一网络之中。本文依据这一精神,试从生态学方面探索人口、资源、环境相互依赖的关系,看甬港深经济合作。这个问题又可分为三个层次:(1)甬港深各自生态格局与经济发展;(2)三市的生态联系与经济合作,以及它们与全国的联系;(3)三市都是海港城市,它们与世界各国生态联系与经济联系。

为了说明以上问题,先简要叙述有关的生态经济学原理,作为本文的预备定理。一般说来,地球上的生态环境是三个层次的复合。三个层次按次:(1)生命(生物)赖以生存的基础环境(简称环境);(2)生命系统自身组成的生物群落,它与基础环境复合为自然生态环境;(3)作为自然的人(人是生物)又作为社会的人所形成的社会,它与自然生态环境复合为人工生态环境。这每一层次的基本生态因素又成为人类社会经济生活的资源。具体说来,第一层次除阳光外,是以物理三态(液、气、固)存在的水、空气、土地,它们的化学构成适合生物的需要。第二层次是多样性生物。首先是通过光合作用将环境因子中碳水化合物转化为生命物质多样性植物;其次是吃植物的动物、吃动物的动物,形成动物的多样性;最后是多样性的微生物分解植物动物的代谢物,成为有机肥料,供植物再吸取。物种之所以多样化也是由于其中遗传基因(DNA)的多样化。物种之间通过天敌关系,相生相克保持一定的比例关系(吃与被吃保持1:10比例)。维护生命系统良性循环再生。在这个生物群落中,森林特别重要,它是生态环境的支柱,森林本身蕴含多样性植物,又是多样性动物、微生物栖身之处;它调节水循环,是绿色水库;它吸入二氧化碳呼出氧气优化空气,是地球的肺;它荫护土地防止水土流失,还肥沃土壤;如果森林被毁,这些生态因子,这些由环境提供的基本资源也随之被破坏——生物物种灭绝、水土流失、土地荒漠化、温室气体增大、氧气不足,等等。第三层是人。人作为动物,在上述食物链1:10递减比例中,数量不宜多。但作为社会的人,他们又突破了天敌的制约,人口就可能可以暂时膨胀。人口膨胀首先就毁林开荒,支柱被毁,环境随之崩溃,人类自身也就随之失去生境。况且,工业的发展,人类还要开发非生态因子的矿物资源,如不善于利用,其化学成分就会严重污染生态因子,污水、毒气、毒地彻底毁害生境。因此,人力作为资源不在其数量,而在其素质,在于其智力的开发。通过科学与教育,使人类懂得生态学规律,并按生态规律活动,才能使社会经济可持续发展。

  以上是从整体来讲。就城市来说又有着特殊的情况。在城市生态环境三个层次中,第一层次(生境)的土地资源特别狭小,而且建筑物与基础设施覆盖土壤,绿地更少,其中林地特别少。人们为了追逐高额级差地租,又纷纷挤占"绿肺",于是城区大气成分难以净化,温室效应使城市成为"热岛",汽车尾气则进一步污染了大气。至于水资源,市区湿地(不超过6米的浅水层所覆盖的土地)本来就狭小,那些小河小滨原是附近江河的毛细管,现在成为城市汇集污水流向附近水域的通道。许多河滨还变为固体废物的垃圾箱,加深了水污染。城市缺净水就抽取地下水,过度抽取导致地面下沉,严重威胁沿海城市。为阻止下沉被海水淹没,不得不用地面污水回灌,地下水也变成了污水等。城市第二层次的环境资源(多样性生物)因缺乏森林,基本丧失。城市之所以发生以上诸问题来源于第三层次,即人口问题。土地荒漠化,农田减少,人口反而增加,农业生产力的提高,又使过剩人口进一步表现于农村过剩人口。人口流向城市,城市不堪负载,终而损毁生态环境。

根据以上生态原理,并借鉴许多城市因违反生态规律而造成实践中的恶果,下面试探讨甬港深三市的经济如何健康、持续发展。

(1) 严格控制人口数量,这是头等大事。人多了势必压损生态环境。为此应大力发展科教,提高人口素质。在此基础上,兴办占地少、用人少的高科技产业;另外,科学地规划国土,下狠心扩大林地,公园也以林为主。城郊尽可能迁出山区居民,山地全部覆盖森林。这方面可向日本学习,那里山青水也净,空气随之新鲜。还要借鉴香港的土地使用制度,运用城市高昂的地价,挤去占地多"三废"多的浅加工工业,挤出城市不需要的过剩人口。

(2) 大力发展深港之间的高架、轻轨、快速的公共交通,使部分香港人住深圳,又能及时到香港上班,这有利于减少港岛建房用地,又便于深港人员交流,发展两地科技与经济。深圳实际上是港岛腹地,它不仅从土地上补港地之不足,而且它的森林覆盖率的提高可以随风送港新鲜空气,提供更多的净水,发展生物多样性,而深圳农业的生态化,又能为自己也为香港提供生态食品,保证两地市民的健康生活。良好的深圳生态环境,还因交通便捷,成为两市市民假日生态休闲之处。

(3) 甬港深都是河口海边城市,宁波是钱塘江流域河口,港深是珠江流域河口,它们的经济与流域城乡经济互补,但它们都承受流域流来的污水,因此流域的经济也必须生态化。另外,它们也要遏制自己的污染,保护河口湿地、海滩湿地和附近小型岛屿。海洋生态系统蕴藏着水生生物多样性资源,这是内陆城市所不具有的。海边城市必须珍惜自己特有的珍贵资源,保护河口、海洋净洁和水生生物,但是,海港又是海船进出口中心,如何防止运输中带来的污染,以及国际贸易中所带来的生态问题,也值得三市合作研究。

原载《宁波经济》1998 年第 2 期

第四编
经济改革与经济发展研究

社会主义商品经济与发展生产力

本文是以《资本论》为理论基础,结合中国社会主义建设实际,为展开《资本论》的理论所作的专门探索。

《资本论》论的是资本主义商品经济运行机制,如果去其资本主义生产形式,存其商品经济一般形式,并嫁接社会主义生产形式,将姓"资"的转换为姓"社"的,那么,《资本论》中关于商品经济一般的论述就和社会主义商品经济联系起来,这样,《资本论》的理论就不仅适用于分析资本主义商品经济,而且能用于分析社会主义商品经济。社会主义生产关系、商品经济关系(价值关系)或将两者嫁接起来的社会主义商品经济关系,都属于生产的社会形式,生产力则是生产的物质内容。我们要考查的正是这种社会形式如何适应和促进其物质内容的发展。

商品经济作为生产关系是商品的不同所有者之间的经济关系。这不同的所有者可以是生产资料的私有者(制),也可以是生产资料的公有者(制)。商品经济起源于公有制之间发生的经济关系。"商品交换是在共同体的尽头,在它们与别的共同体或其成员接触的地方开始的。"①这种原始的商品交换关系之所以能够发生,则是因为原始共同体生产力的发展导致剩余产品的形成,有了剩余产品才有交换的可能与必要。其后,由于社会生产力进一步发展,剩余产品随之增多,商品交换进而发展到商品生产,在古代社会(奴隶制、封建制社会)就逐步形成商品经济。"真正的商业民族只存在于古代世界的空隙中"②,此时已由公有制之间关系蜕变为私有制之间关系。这种商品关系到资本主义社会达到鼎盛时期。其所以能这样,正是因为资本主义生产方式借助商品经济形式促进了社会生产力的迅猛发展。"资本的文明之一是,它榨取这种剩余劳动的方式和条件,同以前的奴隶制、农奴制等形式相

---

① 《资本论》第 1 卷,第 107 页。
② 同上书,第 97 页。

比,都更有利于生产力的发展,有利于社会关系的发展,有利于更高级的新形态的各种要素的创造。"①

又由于近代信用制度的发展,资本的所有权与使用权可以分离,作为资本的使用者可以不必是资本的所有者,"一个乐队指挥完全不必就是乐队的乐器所有者"②。但这个使用者却是所经营(生产或流通)的商品的所有者,他有权决定商品的出售价格,并将销售收入的利润的一部分以利息形式支付资本使用权的价格(对资本所有者来说,利息则实现了他的资本所有权),还以利润的另一部分以地租形式支付土地使用权的价格(对土地所有者来说,地租则实现了他的土地所有权),余下的才是他的企业利润或企业主收入。资本主义商品经济就是在这样的利益关系中运行着。这种运行又是通过市场价格来调节,最终实现生产要素的优化配置,促进社会生产力的发展。

从上述《资本论》所揭示的商品经济历史过程可以知道:(1)商品经济的发展是和生产力的发展分不开的;(2)产品作为商品交换只需属于不同所有者,而不一定要属于私有者;(3)在生产资料所有权与使用权分离的条件下,商品属于不同所有者,生产资料却可以是同一所有者。根据这个原理,全民所有制各个企业都是生产资料的全民所有者(即生产资料属同一所有者),但各自的产品却可以属于企业所有(即商品属于不同所有者)。这样,全民所有制企业之间就通过产品的企业所有制发生名副其实的商品关系,社会主义与商品经济就这样有机地结合在一起。只有这样,全民所有制企业才能真正做到自主经营(它已经通过地租和利息的支付实现了生产要素的全民所有制,并由此购得这些要素的使用权或经营权)和自负盈亏(成本、地租和利息应是刚性的,亏了也必须支付,这就迫使经营者尽量设法降低成本、节约用地和加速周转减少占用资金,才能取得盈利,而这又必须以提高生产力为手段)。

以下我们按照《资本论》固有逻辑顺序(由分析直接生产过程,到分析流通过程,最后综合为生产、流通和分配的总过程),探索社会主义商品经济与发展生产力的关系。为了说明这些问题,有必要说明下列四者各个方面的决定作用(→)与反作用(←)关系。

---

① 《资本论》第3卷,第927—928页。
② 同上书,第434页。

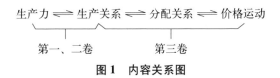

图1 内容关系图

前面说过,生产力是生产的物质内容,生产关系则是生产的社会形式。内容决定形式,形式又反作用于内容。在这个反作用中,形式又表现为生产的目的,内容则表现为达到目的手段。具体说来,在商品经济中,生产的目的是资产价值增殖,手段则是提高劳动生产力。这是《资本论》第一、二卷的主要内容。

《资本论》告诉我们,生产关系决定分配关系;分配关系的反作用则是用以实现生产关系(利息实现资金所有权,地租实现土地所有权等等)。分配关系本身又决定价值转形为再生产价格(即马克思讲的与土地相联系的特殊的垄断价格,它=成本+平均利润+超额利润),以再生产价格为波动中心的市场价格则反作用于分配关系,进而反作用于生产关系,终而通过调整生产要素的配置以影响生产力的发展,《资本论》第三卷就这样着重叙述了生产关系、分配关系与价格运动之间的关系。

一

作为《资本论》全书导言的第一卷第一篇,那里所讲的关于商品与货币的一般原理,当然适用于社会主义社会,这里就不必多讲了,值得注意的是,商品之所以是商品,是和它具有价值属性分不开的。价值是生产关系,它的物质内容当然也是生产该商品使用价值的生产力。所以,人们虽然认为价值规律的基本规定性是:"只是社会必要劳动量,或生产使用价值的社会必要劳动时间,决定该使用价值的价值量。"[1]但是,马克思还进一步指出,"生产商品所需要的劳动时间随着劳动生产力的每一变动而变动"[2]。因而价值规律更深层的规定性就是:"商品的价值量与实现在商品中的劳动的量成正比地变动,与这一劳动的生产力成反比地变动。"[3]根据这一规律可以知道:只

---

[1] 《资本论》第1卷,第52页。
[2] 同上书,第53页。
[3] 同上书,第53—54页。

要节约物化劳动和活劳动,使商品生产的单耗下降,就等于提高了生产力。由此也可以这样说,价值规律就是以单位商品价值量的反比变化反映生产力变化的规律。价值规律的要点正是在于它灵敏地反映着生产力的变化,并反作用于生产力。社会主义经济正因此通过商品经济运行机制促进生产力的发展。

这一反作用实质上是生产关系反作用于生产力。与此相应价值规律又是通过价值增殖规律来实现这一反作用。就资本形式而言,那就是资本的价值增殖规律,具体说来,就是资本为了自身的价值增殖(生产和占有剩余价值并进行积累)的目的,必须以提高生产力为手段,从而促进生产力的发展,在这一过程中,处处都符合价值规律的要求。《资本论》的前两卷就是在价值规律的基础上,专门叙述资本的价值增殖过程。分析的前提假定价格合理,从而分配机制合理。

在第一卷叙述的资本直接生产过程中,首先是剩余价值生产过程。这个过程的物质前提是,生产力必须达到一定高度,使劳动者在必要劳动 a 以外,能够提供剩余劳动 a′。"没有一定程度的劳动生产率……就不可能有剩余劳动"[1]。在工作日 a+a′ 不变的情况下,劳动生产率的提高使 a 减小,a′ 则相对 a 的减小而增加,表现为剩余价值 m(a′凝结的价值)相对于 v(a 凝结的价值)的减小而增加。"商品的价值与劳动生产力成反比"的价值规律,使劳动力的价值因生产力的提高而下降,与之相应,则是"相对剩余价值与劳动生产力成正比"[2]。这就是相对剩余价值的生产。在这里,m 表现为生产目的,提高生产力则成为达到这个目的的手段。

生产力的提高从而相对 m 生产,首先是由点到面的扩展。在同一部门内,某一生产者带头提高生产力,并超过社会中位生产力水平。按照商品价值量与生产力成反比规律,他的产品个别价值就低于社会平均价值,从而必要生活资料价值成反比地下降时,v 就会社会地下降,m 则随之社会地增加。第一卷第十章专门叙述了这个问题。

接着,第十一到十三章则叙述社会生产力提高从而相对 m 迅猛增加的历史过程,那是以简单协作到分工协作,到以使用机器为条件的协作来提高

---

[1] 《资本论》第 1 卷,第 559 页。
[2] 同上书,第 371 页。

生产力作为手段的。协作能够展开单个劳动不能展开的劳动的社会生产力,因而创造了一种新的生产力。机器则是科学技术的物化;它"要求以自然来代替人力,以自觉应用自然科学来代替从经验中得出的成规"①。"大工业把巨大的自然力和自然科学并入生产过程,必然大大提高劳动生产率"②。资本为了追逐相对 m 就这样推动和促进生产力向前发展。于是,自然科学分门别类地建立起来,技术发生重大革命,并强制劳动者接受如何借助机器进行生产的教育(且萌发未来教育的幼芽)。但也有问题,撇开资本如何借助机器加深对劳动者的剥削不说,在它的发展过程中,各个资本发展自身的生产力往往以破坏社会生产力的源泉(生态环境)为代价。其后,环境的破坏危及人类安全包括资产阶级自身的安全,才被注意起来。况且充分利用原材料与能源,减少"三废",还会降低产品单耗,提高生产力,降低成本,增加利润;另一方面,将"三废"转化为再生资源,也有利可图。第三卷第五章专门论述了这个问题,在那一章还特别论述生产科学技术的劳动的特点及其经济意义。

资本价值增殖不仅先要有 m 生产,而且还要将 m 的一部分转化为追加的资本,即进行积累。积累和发展生产力是相互促进的。一方面,既然"提高社会劳动生产力的方法,同时也就是提高剩余价值或剩余产品的生产的方法,而剩余价值或剩余产品又是积累的形成要素。因此,这些方法同时也就是……加速资本积累的方法"③。另一方面,积累或资本量的增长"又成为不断扩大生产规模的基础,成为随之出现的提高劳动生产力和加速剩余价值生产的方法的基础"④。

第二十二章补充指出,在积累过程中因善于运用科学技术提高生产力,还伴随着内涵的扩大再生产。

第二十三章再指出,社会生产力的发展会表现为资本有机构成的提高。由此可以知道,人口会相对于资本剥削的需要而进一步过剩。于是形成资本财富的积累和劳动者苦难积累的对立。于是,资本主义生产关系成了生产力

---

① 《资本论》第 1 卷,第 443 页。
② 同上书,第 444 页。
③ 《资本论》第 3 卷,第 83 页。
④ 同上书,第 84 页。

的桎梏,在条件具备时,新的生产关系就会取代资本关系。

我们从第一卷有关论述,可以得到以下启迪。

(1) 单位商品价值量与生产力变动成反比是价值规律的基本规定。价值规律则是商品经济的基本规律。社会主义商品经济的核心问题正在于,在公有制前提下,如何遵循这一规律促进社会生产力的发展。因此,党的基本路线也与之密切相连。它即是社会主义建设这个中心中的问题,并与改革开放、四项基本原则两个基本点密切有关。它本身就是改革所应遵循的规律,又运用于国内市场与国际市场。它又是社会主义制度下的商品经济。

(2) 社会基本矛盾是生产力与生产关系之间的矛盾。因此我认为,生产力决定生产关系的规律,(或者说生产关系一定要适应生产力发展的规律)是社会基本经济规律;生产关系反作用于生产力的规律(或者说以提高生产力为手段达到生产和占有剩余产品并进行积累的规律)是社会主义主要经济规律。我们的经济体制改革首先是遵循社会基本经济规律,即为了适应生产力的发展不断完善社会主义公有制,还容许其他所有制的适度发展。但是要做到这一点,还必须同时遵循社会主要经济规律,即在价格体系趋于合理化、市场发育正常的条件下,公有制也要以生产剩余价值并进行积累作为生产的目的,从而迫使企业必须以提高生产力作为达到目的的手段。剩余劳动从而剩余产品在任何社会都必须存在。否则,企业就不能生存,社会就不能发展。在商品经济中它表现为剩余价值 m,m 是中性的,问题在于它被谁占有。有资本占有时它姓"资",在社会主义企业中它姓"社",m 既是生产力发展的结果,又是进一步发展生产力的源泉,并因它而迫使企业发展生产力。

(3) 为了发展社会生产力还必须保护它的根本源泉生态环境。必须保护森林,充分利用原材料、燃料以减少"三废"(这本身就意味着提高生产力),并利用再生资源,必须协调人口与环境的关系。"贫困会产生人口",随着生产力的发展,资金技术构成的提高,还会产生新的过剩人口,过剩人口会使环境不胜负载。为了发展生产力,还必须发展科学技术和教育。《资本论》中关于资源利用与环境的论述,关于科学技术与生产力的论述,关于科学技术自身发展规律的论述,关于教育与生产劳动相结合的论述都具有现实的意义。

二

《资本论》第二卷继续叙述商品经济中社会主要经济规律的运行问题。这里生产的目的仍然是资产的价值增殖,手段则是在提高生产力的基础上加快再生产速度(表现为资本循环或周转的速度)。再生产速度问题实际是如何缩短生产和流通时间的问题。"缩短生产时间的主要方法是提高劳动生产率"①。"缩短流通时间的主要方法是改进交通。"②而改进交通又要提高交通业的劳动生产力。另外,由于流动资本包含可变资本,它每周转一次就带来一份 m,年周转 n 次,就会使 m 增大 n 倍(即=n·m),也就是 m 随着速度 n 的增大而增大。

至于固定资产,它是物化的科学技术,是生产力的物的要素,应该随着科技发展从而产生进步而不断更新。"因此,它们不是以原来的形式,而是以变革了的形式进行补偿。"③固定资产革新的速度取决于折旧率的高低,为了进行补偿又必须设置专款专用的折旧基金。随着生产力日益依靠科技进步,企业设备革新越来越重要,它作为革新的生产力,促使再生产速度加快,从而增殖更多的价值。

但是,微观的再生产速度还要以宏观按比例地生产为条件。在商品经济中,国民经济按比例发展规律是通过市场价值规律为自己开辟道路的。第二卷将国民经济基本比例归结为生产生产资料部类和生产生活资料部类的比例。两部类产品交换实现的条件也就是供求平衡、比例协调的条件。但我认为,两大部类比例最终可归结社会生产力系统的结构比例——即作为社会生产力的源泉的人口与环境的比例,和作为社会生产力的结果的产品构成(补偿生产资料的产品,必要产品与剩余产品)的比例。在这些比例中,人口的再生产、劳动力的再生产、必要产品的再生产都体现在生产生活资料的部类中。正是由于微观的再生产速度(各个资本的周转)要以宏观比例协调为前提,这就迫使各个生产者在追求自己的经济利益时,不致破坏合理的产业结构和产品结构,不致破坏社会生产力系统结构的均衡发展。否则它的产品就

---

① 《资本论》第 3 卷,第 83 页。
② 同上书,第 84 页。
③ 《资本论》第 2 卷,第 190 页。

不能实现,再生产由之停滞,结果反而害了自己。

所有这些,也是我们当前存在的问题。社会主义企业不仅应该提高生产力以增殖资产价值,还应该加速资金周转,减小资金占用量,提高占用资金的效率,增殖更多的价值。同时,还要适当提高固定资金折旧率,并善于保护和运用折旧基金,加速技术设备更新,更快地依靠新科学发展生产力,取得最大的效益。企业还应该使自己的产业和产品合乎社会分工比例的需要,从而使产品不仅在眼前,而且在相当长的时期适销对路,使再生产顺利进行,使整体社会生产力得到健康的发展。

三

在弄清生产关系(资本主义商品经济关系或社会主义商品经济关系,或表现为生产的目的是资本价值增殖或社会主义资金价值增殖)与生产力的作用与反作用后,现在要进一步弄清生产关系与分配关系与价格运动的作用与反作用的关系。

生产关系具体体现为生产要素(在商品经济中,一般生产要素表现为资本或资金)的所有权与使用权。在两权合一时,等量资本(或资金,以下同)要求平等地分配 m,即等量资金取得等量利润(平均利润)。而商品生产者又只有从出售商品取得货币来实现这种分配,于是商品价值 $c+v+m$ 相应转形为生产价格 $k+p$(即成本+平均利润)。当两权分离时,平均利润再分配为利息和纯利润,前者实现资本所有权,后者实现资本使用权。

生产关系决定分配关系,分配关系又反过来实现生产关系,这一原理对我国经济体制改革尤为重要。国有企业一般不应是国营企业。全民所有制企业应该让国有资金所有权与使用权分离。全民所有资金应该全部有偿使用,即通过国有银行以借贷资金的利息形式,或通过国有资产管理局收取资产使用费的形式,来实现资金的全民所有权,成为国家所有。此外,当资金已经有偿使用,使用权便落在企业身上,产品的所有权也应归企业所有,这样才能使企业真正自主经营、自负盈亏。所谓产品所有权实际只是一种初次分配,在扣除成本、利息和地租之后,余下的只是实现资金使用权的纯利润。

与一般生产要素作为资金的生产关系与分配关系相比较,作为基本生产要素的土地的所有权与使用权有着特殊的分配关系。由于土地有限性,使已经使用的最劣土地(生产力最低的土地)的产品个别价值调节市场价值,使商品价值进一步转形为特殊垄断价格(=成本+平均利润+超额利润)。这个土地产品中的超额利润又再表现为较高生产力的土地的级差超额利润,较优的土地使用者就是用它去购置土地使用权,对土地所有者来说则实现了土地所有权。在承租期内,如果土地使用者追加投资,进一步提高土地生产力,新增的超额利润就留下来实现土地的使用权。所有这些原理,对我们的价格体系改革、房地产改革至关重要。我国价格体系之所以混乱,多由于忽视土地产品价格中所包含的超额利润。而建立在这种超额利润基础上的房地产改革也应有理论加以指导。

撇开资本对雇佣劳动的剥削不说,关于商品经济与发展生产力这一课题,三卷《资本论》有许多重要论述。上面说的可以归结为两大问题:

(1)发展社会生产力→按社会生产力结构比例发展→微观的再生产速度→宏观的再生产速度。这个顺序不应颠倒,才会有健康的速度。如果颠倒了,盲目追求高速度,反而影响社会生产力的发展,甚至因破坏生态环境而破坏社会生产力。

(2)生产力、生产关系、分配关系、价格运动是内容与形式的关系。要特别注意其中的反作用。可见,价格问题特别重要。商品经济是通过市场联系起来的经济,市场的中心问题则在于价格,价格直接调节分配关系,分配又影响生产关系的实现,最终会通过生产要素的配置来影响社会生产力的发展。

原载《当代经济研究》1992年第2期

利用市场经济机制发展生产力

商品是以市场为媒介的经济细胞,社会主义商品经济衍生社会主义市场经济。市场经济的内在规律也就是商品的价值规律。价值规律是社会生产力发展规律的一种社会形式,即商品生产关系的规律。这个形式本身又作为内容再表现为市场价格运动。价格反过来调节分配关系与生产关系,并调节生产要素(资源)的配置,进而影响生产力的发展。这些客体的内在联系形成市场的机制作用。我们正是要运用这样的市场机制来促进社会生产力的发展。但是,要做到这一点就必须遵循客观规律,否则就会扭曲这种机制作用,终而损及社会生产力。改革开放正是为经济规律的运行开辟道路,为促进社会生产力健康地发展。

一、关于市场经济

1. 社会主义根本任务、党的基本路线与市场经济

社会主义根本任务是解放和发展生产力。这一任务则寓于党的基本路线的"一个中心"之中,即寓于"以经济建设为中心"之中。按照内容与形式的辩证关系,作为物质内容的生产力,表现的社会形式首先是生产关系,进而表现为政治法律制度,再表现在意识形态上面。这种内容与形式的关系,首先是内容决定形式,同时形式又反作用于内容。就我国情况而言,可以如图1(其中内圈表示内容,外圈表示形式):这个圆圈的圆圈的核心(生产力),它包含在"一个中心"之中。由它展开的四个层次的外圈正是我们"坚持四项基本原则"的内容。其中,坚持社会主

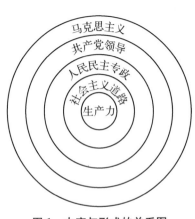

图1 内容与形式的关系图

义道路就是坚持社会主义生产关系,从而促进社会主义社会生产力的发展。又因为社会主义生产关系中包含着市场经济关系,我们正是要利用这种关系促进生产力的发展。也就是说,"我国经济体制改革的目标是建立社会主义市场经济体制,以利于进一步解放和发展生产力"①。由此还可以知道,我们的改革开放,也是为了完善这个圆圈中的各个层次,特别是其中的社会生产关系,即其中的社会主义市场经济方面。

2. 商品经济与市场经济

"社会主义要赢得同资本主义相比较的优势,必须大胆吸取和借鉴世界各国包括资本主义发达国家的一切反映现代社会化生产和商品经济一般规律的先进经营方式和管理方法。"根据我的认识,这里讲的"商品经济"就其运动来讲包含着商品生产、流通和分配的总过程。其中商品流通形成市场,市场经济通过价格实现商品分配,并从而调节资源配置,终而促进商品生产。

这里讲的"商品经济一般规律"是指价值规律,价值规律也是一个有层次的系统。它首先是商品生产过程中的价值规律,即单位商品的价值量由社会必要劳动时间决定,这一时间又与社会生产力成反比。我们正是运用这一内在联系,通过市场价格的反作用和信息的反馈,来促进生产力的发展。其次是流通过程中(也就是市场中)的价值规律,即等价交换规律或市场价格与价值相符的规律。再次是分配过程中的市场价格与再生产价格相符的规律(也就是市场的基础价格规律)。最后是由供求决定的市场价格自身的规律。由此可知,市场经济规律不过是价值规律的特殊表现形式。

3. 市场的功能与机制作用

商品的二因素(使用价值和价值)都要通过市场,才被社会所承认,或者说才能被实现。

商品的使用价值,就商品生活资料来讲,要通过市场来分配;就商品生产要素(资源)来讲,要通过市场来配置。

商品使用价值的分配或配置又是通过该商品价值的实现而实现。商品价值则要通过市场价格来实现。

---

① 引文未注出处的摘自江泽民《加快改革开放和现代化建设步伐,夺取有中国特色社会主义事业的更大胜利——在中国共产党第十四次全国代表大会上的报告》(1992年10月12日)。

商品价值的分配是为了实现生产要素的所有权与使用权,而这种由生产关系所决定的分配关系,也要由市场价格来实现。

既然市场中心问题是实现商品价值,且价值是通过价格来实现的,因而价格是市场的中心问题。如果再从深层次来讲,市场机制作用是由价值规律导引的,而价值规律在市场上则表现为价格运动,所以市场机制的关键点是价格的作用。

4. 市场经济的基础(市场的经济客体与主体)

市场是商品流通的集市场所,没有商品就不会有商品流通,也就不会有市场。因此,商品是市场的经济客体。商品又首先以所有权存在,才使交换各方不能侵占对方劳动,才能等价交换。但是,"商品不能自己到市场去,不能自己去交换。因此,我们必须找寻它的监护人,商品占有者"①。在这里,"人们彼此只是作为商品的代表即商品占有者而存在……人们扮演的经济角色不过是经济关系的人格化,人们是作为这种关系的承担者而彼此对立着的"②。所以,市场的经济主体就是商品所有者,这也是市场赖以建立的前提。商品的生产关系就是通过市场将商品生产者从而商品所有者联系起来的关系。

长期以来,人们把生产资料所有权与产品所有权混为一谈,以为全民所有制企业的产品都属全民所有,这些企业之间的交换是产品交换,不是商品交换,只不过在外表上是商品交换。这种商品外壳论至今使市场的经济主体不能到位,使我国市场经济难以发育成长。

实际上,在商品经济从而市场经济中,产品的所有权与生产资料的所有权是可以分离的。这是由于近代信用制度和土地制度的发展,资本(或土地,以下同)的所有权与使用权可以分离。作为资本的使用者可以不必是资本所有者。但这个使用者却是所经营(生产或流通)的商品的所有者。所有权决定商品的出售价格,并将销售收入的利润的一部分以利息形式支付资本使用权的价格(对资本所有者来说,利息则实现了他的资本所有权)。还以利润的另一部分以地租形式支付土地使用权的价格(对土地所有者来说,地租则实现了他的土地所有权)。余下的才是他的企业利润或企业主收入。

---

① 《资本论》第1卷,第103页。
② 同上书,第104页。

资本主义市场经济就是在这些经济主体(商品所有者)到位条件下发达起来的。

同样,在社会主义社会,全民所有制下各个企业都是生产资料的全民所有(即生产资料属同一所有者),但各自的产品却可以属于企业所有(即商品属不同所有者)。这样,全民所有制企业之间就通过产品的企业所有制发生名副其实的商品关系,社会主义与市场经济就这样有机地结合在一起。只有这样,全民所有制企业才能真正做到自主经营(它已经通过地租和利息的支付实现了生产要素的全民所有权,并由此购得这些要素的使用权或经营权)和自负盈亏(成本、地租和利息应是刚性的,亏了也必须支付,这就迫使经营者尽量设法降低成本、节约用地和加速周转减少占用资金,才能取得盈利,而这又必须以提高生产力为手段)。但是,即使如此,还有由此带来的新问题。即企业不仅要承担国有资产(存量)不流失、不贬值并支付资产使用费(利息和地租)的责任,而且要承担国有资产增值的责任,为此就要正确处理所得利润的积累与消费关系以及积累部分(资产增量)的产权问题。其目的则是保证社会主义公有制的发展。

5. 市场体系与价格体系

在市场经济中,作为最终产品的商品市场是出发点。由此作为一般生产资料的产品也是以商品形式进入市场。一旦这类市场形成,所有生产要素都会以价格形式使自己采取商品形式,形成了特殊商品以及相应的市场。它们是作为基本生产要素的土地的市场,劳务市场,信息、技术市场以及货币化的生产要素的资金市场等等,这些特殊市场又派生出房地产市场、证券市场、外汇市场等等。所有这些市场形成一个体系,特别是其中各生产要素市场与普通商品市场相互依赖,某一市场发育不全,就会导致利益扭曲分配,就不能公平竞争。

对应于市场体系,每类市场的商品又各有其特殊价格,于是又形成价格体系,在这个体系中龙头仍然是最终产品(普通商品)的价格。各生产要素的市场价格则借助它而实现。具体说来,在商品价值 $c+v+m$ 中,一般生产资料的价格进入 c 中,劳务价格(工资)用 v 来补偿,土地价格(地租)、资金价格(利息)等则是 m 的分配形式。值得注意的是,这些特殊商品并不出卖其所有权,只转让其使用权,因而工资、地租和利息只是各该特殊商品的使用权的价格,并且都是有限期内的使用权价格。前面说过这种特殊的使用权价格对出售者来说,又实现其生产要素的所有权。由以上关系可以知道,价格体系必须理顺,否则就会导致分配混乱与不公平、损害社会主义制度、浪费资源,最终损及生产力。传统的计划体制的弊病正在于人为地压低生产要素价格,造成价格体系的混乱,而合理的价格体系则是市场体系赖以维系的关键。

6. 市场与计划

我们既要看到市场的积极作用,"同时也要看到市场有其自身的弱点和消极方面"。市场的长处主要是对微观经济的调控;它对宏观调控则是事后的、消极的;它对作为社会生产力源泉的生态环境、人口、科学不仅难以调控,而且消极方面大于积极方面。与此相反,"国家计划是宏观调控的重要手段之一",是事先的对宏观经济的积极调控。因此,当我们发现旧的计划体制的弊病以后,不要把计划手段也随之抛弃了,只不过"要更新计划观念",使计划科学化,也就是使计划符合国民经济按比例发展规律和价值规律。这样,计划手段就与市场手段结合起来,各以所长互补对方所短。因此,我们在建立社会主义市场经济体制的同时,还"必须加强和改善国家对经济的宏观调控","使市场在社会主义国家宏观调控下"发挥其积极作用。有关宏观调控手段除计划指导外,还有经济政策、经济法规、必要的行政管理等。

市场与计划的内在联系在于它们都与按比例规律和价值规律联系在一起,这两条规律又和两种含义的社会必要劳动联系在一起。按比例规律决定第二种含义的社会必要劳动(即按社会分工的比例将社会总劳动分配到生产部门的必要劳动),它决定有关产品应有的总量,形成市场对该商品的需求量。价值规律则通过市场价格与竞争,使第一种含义的社会必要劳动(即生产单位产品实际耗费的社会平均劳动)的总量(这个总量决定市场上该商品的供给量)趋于第二种含义的社会必要劳动量,也就是趋于市场上的供求平衡。

二、关于生产力

要解放和发展社会主义社会的生产力,先要弄清社会生产力包含哪些内容。

首先,要区分"生产"和"生产力"。生产作为生产方式,生产力是它的物质内容,它的社会形式则是生产关系。其次,还要区分"生产量"与"生产力"。生产量的增长(它表现为生产的增长速度)可以是发展生产力的结果,也可以是增加投入的结果,甚至是破坏生产力的结果(如拼资源、拼设备、浪费资源且增大"三废"破坏生态环境等)。我们不是不要速度,而是要"在提高质量、优化结构、增进效益的基础上努力实现这样的发展速度"。

再从社会生产力本身来说,它是一个系统。社会生产力系统由它的源泉(生态环境提供的资源所具的自然力、人力资源、科学技术力),它的自身(生产资料与劳动力的结合形成生产力),它的结果(单位劳动生产产品量或单位产品所耗劳动量,即第一种含义的劳动量,并表现为剩余产品水平)。剩余产品再转化为积累、转化为追加的生产力。可见由物质生产部门整体所形成的这一系统是一个自我上升的运动。

作为运动中的社会生产力系统,还会发生大量的物流、人流、信息流,即和交通是分不开的。

在系统的各层次中,源泉特别重要,是发展社会生产力的前提条件,因此保护环境、限制人口数量、提高人口素质、发展科学技术与教育,应成为我们的基本国策。

系统中各层次的结构比例(如人口与环境比例、生产资料与劳动力比例等)是按比例规律中的基本比例。生产力结果的第一种含义的社会必要劳动量又通过决定价值而成为价值规律的核心。计划与市场不仅彼此相联,而且这两种手段最终都有可能促进社会生产力的发展。

三、利用市场机制促进生产力发展

如果宏观调控能够贯彻上述基本国策,并合理布局生产力,优化产业结构,大力发展交通,等等;如果市场体系能够形成,价格体系能够理顺;如果社会保障制度能够建立,使企业内部隐性失业转为社会的显性失业而又能维护社会稳定,等等,市场就会通过价格和竞争的机制作用促进生产力的发展。

(1)就一般商品市场包括生产资料市场来讲,同种商品的市场价格与竞争及其对生产力的影响,大致可分为以下三种情况。

① 假定供求平衡,市场价格与价值(或再生产价格,以下同)一致,就会发生生产者之间的竞争。某一企业提高生产力,不仅能在企业内部得到更多

的剩余价值,还使自己产品的个别价值低于社会价值,然后在市场上以高于个别价值、低于市场价值的价格出售,企业就会在市场上取得超额剩余价值并占领市场。这就迫使其他生产者也要提高生产力,才能在市场上不被淘汰。其结果促进了这一部门整体生产力的提高。这是价格调节竞争的结果。

② 假定供过于求,发生卖方竞争,价格下跌,以至优(生产力高的企业)胜劣(生产力低的企业)汰,其结果也表现为部门生产力平均水平的提高。这是竞争调节价格的结果。

③ 假定求过于供,发生买方竞争,价格上涨,以至优胜劣也不败,其结果虽然这个部门的整体生产力并未提高,甚至因劣等企业的增加使部门生产力平均水平有所下降。但是,这个结果会协调比例平衡,终而会促进社会生产力的发展。这也是竞争调节价格的结果。

(2) 就技术市场来讲,科学是通过技术才转化为现实生产力的,现代生产力的发展首先依靠科技的发展,技术市场对发展生产力的作用是一目了然的。

(3) 资金市场的价格(利息)的作用在于它迫使企业少占用资金,为此就要加速资金周转,这又要求加速再生产过程,最后也是迫使企业提高生产力。这可从两方面看:

① 流动资金的加速周转既可以减少占用量又可增大年剩余价值量。为此就要提高生产力以缩短生产时间,改进交通并提高交通生产力以缩短流通时间。

② 固定资金的加速周转也因为利息的压力,同时它本身还意味着加速更新技术设备,也就是生产力的加速发展。

(4) 土地市场的价格(就级差地租来讲)本身反映着以使用土地为条件的劳动的自然生产力的级差结果。这个结果在市场经济中表现为级差超额利润,后者因土地所有权转化为地租。但在批租条件下,在批租期限内(例如 50 年),土地承租者追加投资提高土地生产力,从而追加的超额利润却不转化为地租,这就会刺激土地经营者在租期内提高土地生产力的积极性。

原载《学术月刊》1993 年第 6 期

竞争为经济规律开辟道路

在商品经济条件下，一切具有普遍性的规律，诸如社会生产力发展规律、国民经济按比例发展规律、生产力和生产关系相互作用的规律，等等，都要通过价值规律表现自己。价值规律又要表现在价格上面。价格则由竞争来调节。这就是说，一切内在的经济规律都要通过外部的竞争的强制来为自己开辟道路。客观的经济规律不以人们主观意志为转移，它总要强制地贯彻自己，这种强制力量在商品经济下会表现为竞争的力量。在市场上，商品经营者"不承认任何别的权威，只承认竞争的权威，只承认他们互相利益的压力加在他们身上的强制"①。竞争就这样作为外在的强制规律支配着每一个商品经营者。因此，可以把竞争看作内在经济规律的外部"执行者"②。不过，竞争只是实现了规律，并未显示内在规律，相反地还会造成假象。我们要透过假象揭示竞争与规律的内在联系，以及它对内在规律的反作用，从而在实践中利用其积极作用，避开其消极作用。

过去，理论界总是把竞争和资本主义生产的无政府状态捆在一起，其实它是和价值规律有关，因而是和价格联系在一起的。"只有通过竞争的波动从而通过商品价格的波动，商品生产的价值规律才能得到贯彻，社会必要劳动时间决定商品价值这一点才能成为现实。"③所以，分析竞争与经济规律的关系是以价格为中心环节的。更确切地说，是以价格与价值偏离为中心环节的，因而又是和供求关系联系在一起的。如果拨开竞争的假象，就可以看出它的一些强制作用实际上是内在规律所起的作用。现分别叙述如下。

---

① 《资本论》第 1 卷，第 412 页。
② 《马克思恩格斯全集》第 46 卷（下册），第 47 页。
③ 《马克思恩格斯全集》第 21 卷，第 215 页。

一、生产力发展规律、价值规律与竞争

我们从同种商品生产者争夺销售市场的竞争(即部门内部的竞争)谈起,并且假定供求平衡,因而市场价格与市场价值一致。在这种情况下,也会发生卖方竞争。这是追逐超额剩余价值和占领销售市场的竞争,竞争的结果会促进该部门生产力的提高和商品价值的下降。

"劳动生产力的提高,我们在这里一般是指……较小量的劳动获得生产较大量使用价值的能力。"①或者倒过来说,是指一定量使用价值(即一定量或单位产品)包含着较小量的社会必要劳动时间(物化劳动和活劳动总和,以下同)。正因为如此,劳动生产力提高的规律又可以看作时间节约的规律。又因为它是第一种含义的社会必要劳动时间,在商品经济下凝结为价值,生产使用价值(产品)的社会必要劳动时间,决定该使用价值的价值量——这正是价值规律的基本规定性。可见,生产力提高的规律在这里通过反比例的关系,表现为价值形成的规律:"劳动生产力越高,生产一种物品所需要的劳动时间就越少,凝结在该物品中的劳动量就越小,该物品的价值就越小。相反地,劳动生产力越低,生产一种物品的必要劳动时间就越多,该物品的价值就越大。"②生产力发展规律不仅表现在价值规律上面,而且还会进一步表现在价值增殖规律上面。所谓价值增殖规律就是,商品经营的企业为了增殖其资金的价值,就必须以提高劳动生产力作为达到目的的手段。就是说,劳动生产力的提高,对商品生产者来说,一方面表现为单个商品的价值下降,另一方面又表现为资金的价值增殖。

具体说来,按照生产力与单位商品价值量成反比例的规律,一个企业只要努力提高劳动生产力,从而缩小生产商品所耗费的劳动时间,而当劳动生产力超过了社会平均水平,就会使商品个别价值低于社会价值。如果这个企业按照社会价值出售自己的商品,就不仅能够实现正常的剩余价值,而且会获得超额剩余价值。如果在商品的个别价值以上,社会价值以下出售商品,就会作为竞争力量,扩大销路,占领市场。同一生产部门内部,一个企业领先提高劳动生产力,并以作为手段占有剩余价值和超额剩余价值,价值规律或

---

① 《资本论》第 1 卷,第 366 页。
② 同上书,第 53 页。

者说价值由劳动决定的规律,会作为竞争的强制规律,迫使它的竞争者也采用新的生产方法,提高劳动生产力,从而提高了该部门的社会劳动生产力,同时也就降低了生产该商品的社会必要劳动时间,也就是单个商品的价值量下降了。

在这个过程中,可以看到以下的一些联系:

个别企业提高生产力→个别价值下降→个别价格低于市场价格→竞争→该部门生产力普遍提高。

在这里,竞争一方面以某个企业提高劳动生产力为前提,又反过来强制每个企业提高劳动生产力,为生产力发展规律开辟道路。

在这里,由于竞争迫使该部门生产力普遍提高,各商品生产者生产该商品所耗劳动时间也就普遍减少,社会平均劳动减少,从而商品的价值也就随之降低,商品价值量由再生产该商品所耗社会必要劳动时间决定的规律(价值形成的规律),也由此得到贯彻。

在这里,由于竞争迫使该部门生产力普遍提高,每个企业也就不得不为此进行积累以追加新的生产力。积累从而价值增殖的规律,亦因此得到贯彻。

二、国民经济按比例发展规律、价值规律与竞争

这里所涉及的仍然是部门内部的竞争,不过是把该部门作为社会分工的构成部分,即作为国民经济按比例地存在的部分来考查。如果该部门的实际生产量(它决定市场的供给量)和社会分工按比例地规定该部门应该生产的生产量(它决定市场的需要量)趋于一致(即供求平衡),那在前面已经叙述过了。现在补充考查供求不平衡的情况。这是调节价格的竞争。竞争的结果会调节生产按比例地进行,调节该部门生产力技术构成,使商品的价值发生变化。

社会分工要求按照社会需要的比例将社会总劳动时间(包括物化劳动)分别投到各生产部门,各生产部门也就只能按照这样多的劳动来实现所生产的产品。这是第二种含义的社会必要劳动时间。在商品经济下,它决定有支付能力的需求,决定该部门商品的价格总额。不管市场商品的供给量怎样,商品价值只能按照这个价格总额来实现,这就迫使生产按比例地发展。在商

品经济下,按比例规律通过第二种含义的社会必要劳动时间丰富了价值规律的内容,并通过价值规律来表现自己。本来等价交换的价值规律要求价格与价值相符。但是,"要使一个商品按照它的市场价值来出售,也就是说,按照它包含的社会必要劳动来出售,耗费在这种商品总量上的社会劳动的总量,就必须同这种商品的社会需要的量相适应,即同有支付能力的社会需要的量相适应"①。本来,价值规律规定商品的价值量由第一种含义的社会必要劳动来决定。现在又展开为这个价值量的实现由第二种含义的社会必要劳动来决定。综合起来就是:生产某种商品的第一种含义的社会必要劳动的总和要与第二种含义的社会必要劳动相一致。简言之,价值规律包含着供求趋于平衡的要求。在供求不一致时就发生竞争,竞争又通过价格迫使供求平衡,在这个过程中又影响了部门生产力的变动。

具体说来,当供过于求时,就会形成买方市场,发生卖方竞争。卖方竞争使价格下降,于是优胜劣汰,该生产部门因劣者被淘汰,削减了相应的产量,使供给减到与需求相一致,满足了按比例规律的要求。同时,由于劣者(即生产技术劣者,或劳动生产力水平低下的企业)被淘汰,该部门各个生产者的劳动生产力水平没有发生变化,但平均水平却因劣者的退出而提高了,即该部门的一般生产力水平提高了,于是该商品的价值就因此下降了。反过来说,如果求过于供,就会形成卖方市场,出现买方竞争。买方竞争使价格上涨,于是优胜劣也胜。因为价格高昂,劣者不仅不会淘汰,而且也能赚更多的钱,这部分企业反而会扩大生产规模,使供给增到与需求相一致,这也满足了按比例规律的要求。但是,它的效益则与上述情况相反。这时,该部门的劳动生产力水平,因劣者的比重增大而下降了,商品的价值却因此反而上升了。不过,一旦达到供求平衡,又将出现卖方竞争,再把生产力推向前进。

在这个过程中,可以看到以下一些联系:

两种含义的社会必要劳动不平衡→供求不平衡→竞争-价格背离价值→生产按比例进行→部门的技术构成发生变化→第一种含义劳动发生变化→商品价值发生变化。

在这里,竞争以实际投入的劳动(即该部门第一种含义的社会必要劳动

---

① 《资本论》第3卷,第214页。

的总和)和按照社会需要的比例所应投入的劳动(即第二种含义的社会必要劳动)不平衡为前提,强制价格背离价值,迫使生产按比例地进行,为国民经济按比例规律开辟道路。

在这里,由于竞争强制价格背离价值,在供过于求时,使价格下降,以致优等生产条件比重上升,部门生产力平均水平提高;在求过于供时,则相反。在达到供求平衡时,前面讲过那种以提高生产力的手段的竞争又将出现,部门生产力又将获得普遍提高。社会生产力这样曲折地向前发展的规律也是竞争为它开路的。

在这里,价值规律以竞争为媒介丰富了自己的内容。本来,价值规律在生产过程规定为:一个商品(使用价值)的价值量由社会必要劳动时间决定。在流通过程展开为:不同使用价值的交换比例以等量社会必要劳动为基础,即等价交换。这都是就第一种含义的劳动来讲的。但是,上述价值能否实现却要以第一种含义的劳动总量与第二种含义的劳动相一致为前提。正是在这个意义上,价值规律包含着供求趋向一致的要求。竞争则在外部强制地执行这一要求。

三、价值增殖规律、价值规律与竞争

前面,我们从部门内部争夺销售市场的竞争叙述过价值增殖规律,现在从部门之间争夺投资场所的竞争来叙述这一规律。前面叙述了生产力发展规律和价值形成规律与竞争的关系,以及按比例规律和价值实现规律与竞争的关系,现在叙述价值增殖规律和价值分配规律与竞争的关系。

价值增殖一般是指为经营商品而预付的资金价值会在运动中增殖自己。这是以提高生产力为手段的价值增殖运动。作为生产力的客体要素的生产资料并不创造剩余价值,却是形成剩余价值的客体条件。因此,资金的每一部分都参与商品价值中的剩余价值的分配,即等量资金要取得等量利润。平均利润的形成以平均利润率为前提。平均利润率则是通过部门之间争夺投资场所的竞争而形成。于是,剩余价值转化为平均利润,价值转化为生产价格。

设预付资金等于所耗资金,并等于 $c+v$;剩余价值为 m;利润率为 p',利润为 p;平均利润率为 $\overline{p'}$,平均利润为 $\overline{p}$;成本价格为 k,它等于所耗资金 $c+v$;

价值为 c+v+m,生产价格为 k+$\bar{p}'$。上述转化过程为

$$c+v+m = c+v+v\frac{m}{v} = c+v+vm' \quad (1)$$

$$\text{I} \rightarrow (c+v)+(c+v)\frac{m}{c+v} = (c+v)+(c+v)p' \quad (2)$$
$$= k+(c+v)p'$$

$$\text{II} \rightarrow k+(c+v)\frac{\sum m}{\sum(c+v)} = k+(c+v)\bar{p}' = k+\bar{p} \quad (3)$$

其中第 I 个转化是企业内部的事情,第 II 个转化则是通过市场竞争形成的。

在这里,竞争强制各企业、各部门的不等的利润率转化为全社会平均的一般利润率,从而使等量资金能够分配等量利润(平均利润),并通过生产价格的实现而实现。生产价格虽然偏离价值,但在总和上相一致,即 $\sum(k+\bar{p}) = \sum(c+v+m)$。体现资金价值增殖规律(等量资金取得等量利润)的价值分配规律就这样通过竞争得以实现。

这样,生产价格就代替价值作为市场价格的运动中心。于是,前面讲过的部门内部争夺销售市场的竞争中,就要用生产价格来代替价值。

例如,在生产力发展规律、价值规律与竞争中就是:

个别企业提高生产力→个别生产价格下降→个别价格低于社会生产价格→竞争→该部门生产力普遍提高。

又如,在按比例规律、价值规律与竞争中就是:

按生产价格计算的实际投入的劳动与社会需要投入的劳动不平衡→供求不平衡→竞争价格背离生产价格→生产按比例地进行→部门的技术构成发生变化→实际投入的劳动发生变化→商品的生产价格发生变化。

四、再生产速度规律与竞争

再生产速度越快,生产和流通同量商品所占用的资金就越少,为占用资金所支付的利息就越少,分摊到每个商品的价格中去的利息部分也越少,这

个商品的经营者就可以降价进行竞争。竞争又反过来强制再生产加速进行。

固定资金周转越快,意味着企业加速技术更新,不断提高劳动生产力,增强竞争力量。但是,固定资金周转越快,又意味着折旧率较高、折旧费较大,因而成本上升,这又不利于竞争。竞争迫使企业提高设备利用率,并使技术更新的效益弥补成本的上升而有余。

流动资金周转越快,不仅会减少生产和流通同量商品所占用的资金,以减少利息的支出;而且因为流动资金包含可变资金,它周转越快,年剩余价值也越多。这些条件,更使商品经营者进一步降低价格以增强竞争力量。当然,竞争又迫使商品经营者必须加快再生产速度。

再生产速度包括流通过程的速度。流通速度的加快不仅可以减少商业企业的占用资金,而且把同额的纯粹流通费用和平均利润分摊到更多的商品的价格中去,单位商品价格中包含的纯粹流通费用和商业利润随之减少,商品就可用薄利来竞销。竞争又使商业单位加快流通速度。

五、价值规律、平均数规律与竞争

我们已经论证,在商品经济下,一切内在规律会表现在价值规律上,价值规律又表现在价格上,价格则和竞争联系在一起。如果从量的规律来看,这又和平均数规律联系在一起,因为价值是由社会平均劳动决定的。

平均数是一个个变数的集体的平均化,一个个变数的集体是平均数的基础。如果这个集体中,较大、较小或中等的变数的比重(权数)发生变动,平均数就相应发生变化。此外,每个变数又不正好等于平均数,而是偏离平均数。变数在集体上平均化,在个体上又背离平均数,这个规律正是竞争赖以发生作用的条件,竞争又反过来迫使单个变数发生变化,从而改变它们的平均数。

前面说过,一个企业如果提高劳动生产率使商品个别价值低于社会平均价值,这样的偏离就有竞争力量。而相反的偏离,即那些个别价值高于社会平均价值的企业,如果不注意提高生产力以消除偏离,就会在竞争中被淘汰。但不论个别价值怎样变动,都会影响新的平均价值的形成。

又如,由于在算术平均数的加权公式中,平均价值会因不同变数的权数(比重)变化而相应变化,在供过于求时,卖方竞争使劣等生产者被淘汰,具有优等生产条件的企业的比重上升,于是平均价值下降。反过来则相反。可见,竞争虽不参与价值的决定,但是由商品的个别价值通过加权平均到社会价值的形成,又要以市场的存在,以市场上的竞争作为外部的强制力量,才能使某种生产条件下生产的商品占最大的比重。按照平均数形成的规律,这种占比重最大的生产条件生产的商品,它的个别价值就会调节市场价值(即平均价值)。正如马克思所说:"如果这个量(指商品的供给量——引者)小于或大于对它的需求,市场价格就会偏离市场价值。第一种偏离就是:如果这个量过小,市场价值就总是由最坏条件下生产的商品来调节,如果这个量过大,市场价值就总是由最好条件生产的商品来调节"①。

六、特殊条件下某些特殊商品的竞争

在资本主义生产关系下,劳动力成为商品。资本积累的规律导致人口相对过剩,使劳动力这种特殊商品经常供过于求,形成卖方竞争,即雇佣劳动者之间的竞争。竞争使劳动力价格下降到低下的水平。雇佣劳动者的相互竞争,不仅表现在一个人愿意比其他人以更便宜的工资提供自己的劳动,而且表现在一个人愿意做两个人的工作。于是对他们自己来说形成恶性循环:"工人阶级中就业部分的过度劳动,扩大了它的后备军的队伍,而后者通过竞争加在就业工人身上的增大的压力,又反过来迫使就业工人不得不从事过度劳动和听从资本的摆布。"②"但是,资产阶级所无意造成而又无力抵抗的工业的进步,却使工人们因成立团体而达到的革命团结,代替了他们因相互竞争而引起的分散状态。"③

借贷资金也是一种特殊商品,它的价格就是利息率。在资本关系下,借贷资金作为资本也就是资本商品,其价格利息率是由借贷资本的供求关系,继而由贷款者竞争(供过于求时)或借款者竞争(求过于供时)来决定。

可见,在资本主义社会制度下,竞争具有剥削的性质,范围则扩大到资本本身作为商品(借贷资本)的竞争,和雇佣劳动者的劳动力作为商品的竞争。

撇开资本性质的竞争不说,前述内在规律(生产力发展规律、按比例规

---

① 《资本论》第3卷,第206页。
② 《资本论》第1卷,第733页。
③ 《马克思恩格斯全集》第4卷,第478页。

律、平均数规律、价值规律等)在社会主义制度下,虽然有计划为它们开路,但也要有竞争的强制。"社会主义企业之间的竞争,同资本主义条件下的弱肉强食根本不同,它是在公有制基础上,在国家计划和法令的管理下,在为社会主义现代化建设服务的前提下……打破阻碍生产发展的封锁和垄断,及时暴露企业的缺点,促使企业改进生产技术和经营管理,推动整个国民经济和社会主义事业的发展。"①

原载《贵州社会科学》1985 年第 6 期

---

① 《中共中央关于经济体制改革的决定》(中国共产党第十二届中央委员会第三次全体会议 1984 年 10 月 20 日通过)。

价格理论与实践

经济运动是一个从内容(物质生产力)到形式(社会生产关系、分配关系、价格)的运动。在这个运动中,内容决定形式,形式又反作用于内容。

在商品经济下,社会生产力发展规律、国民经济按比例发展规律等一切内在经济规律都会表现为价值规律;价值规律则表现为外在的价格运动。合理的价格体系使经济规律顺利贯彻,最终导致社会生产力健康地发展。不合理的价格体系,首先使分配不合理,导致资源配置不合理,它会破坏国民经济的合理比例和社会生产力,迫使社会不得不理顺价格体系。

一、表现价值规律的价格

价值规律是一个体系,对应于它的价格体系,可如图1所示。

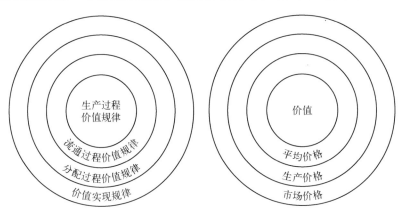

图1 价值规律和价格体系

图1中的圆圈是由抽象到具体、由本质到现象、由简单到复杂、由一般到特殊的展开过程。一些教科书或有关论文往往将价格与价值的关系过于简单地定义为"价格是价值的货币表现"。这当然没错,但不具体,它没有说明这各层次外圈是如何展开的,具有哪些新的规定性。从更深的层次来讲,或

者说从各层次的范畴的规定性(规律性)来讲,说价格是价值的表现,不如说价格是价值规律的表现,而价值规律也是由内圈到外圈的展开。现在按由抽象到具体的过程,逐层分析如下。

(1) 众所周知,价值的基本规定性为:单位商品的价值量由社会必要劳动时间决定。这个基本规定性就是生产过程的价值规律,也就是价值形成的规律。这一规律就它的物质内容来讲,就是用价值反比例地表现的社会生产力发展规律,即社会生产力的发展会比例地表现为单位产品所包含的社会必要劳动时间,这个劳动时间则凝结为价值。

在这一基本规定性中还包含着如下的定义:① 这个社会必要劳动是指生产过程中生产商品实际耗费的劳动,即所谓第一种含义的社会必要劳动。② 这个社会必要劳动不仅指直接生产过程中生产商品所耗劳动,而且还要加上流通过程中的必要运输劳动以及必要仓储劳动。③ 这里的劳动量(用时间来计量)不仅包含活劳动,而且包含过去物化的劳动。当用机器来代替部分人力时,过去劳动的增加量必须小于它所代替的活劳动量,否则生产商品所耗的总劳动量不能减小,劳动生产力不能提高,甚至下降。④ 这个社会必要劳动量(这里的劳动量都指过去劳动与活劳动总和)是生产该种商品社会各个生产者个别劳动量的平均数,是社会平均劳动量。因而,价值作为社会价值总是指社会平均价值。我们还可以把它看作各个生产者个别劳动量所形成的个别价值的社会平均数。而个别价值则要折合为平均价值。

(2) 价值是各个商品生产者的各个个别劳动的平均劳动的结晶,这表明价值是商品的特殊的生产关系。商品,孤立地来看,它所具有的这种价值属性是看不见摸不到的,它要通过物与物的交换关系才能表现出来。但是,这种表现是以等价交换为基础的。因为商品交换者是各自商品的所有者,彼此处于平等地位,不应侵占对方的劳动。当商品的价值表现在货币(黄金)上面时就形成了价格。交换过程因此展开为流通过程,交换过程的价值规律(等价交换规律)也就展开为价格与价值相符的规律,并表现为平均价格的规律。这是因为市场价格在每个个别场合经常与那个符合价值的基础价格相背离,但离差会在总和中相互抵消,即价格以价值为中心进行运动。这种离差又表现为市场价格对平均价格的离差,因而平均价格通过与基础价格相符而与价值相符。

现在的问题在于如何理解价格与价值相符。这个问题似可分为以下三个层次来理解。

第一个层次：基础价格与价值相符。

基础价格或称标准价格，是直接表现价值的价格，是与价值相符的价格，这个价格实质上是价值的比价。

基础价格如果从单价来讲，它等于单位商品的价值 t_w 与单位货币的比值 t_G 的比率（价值比价），即基础价格 $P=t_w/t_G$。

但是，人们往往忽视基础价格（单价）是一个比率（相对数），是商品价值与货币价值的比价。认为商品价值 t_w 是一个绝对数，相对数如何与绝对数相一致呢？

假定商品价值未发生变动，货币价值发生了变化，因而基础价格也随之变动，数字如表1所示。

表1　基础价格与价值的关系

时　点	1	2	3	4
商品价值 t_w（小时）	2	2	2	2
货币价值 t_G（小时）	2	2	3	4
基础价格 t_w/t_G（元）	1	1	2/3	1/2

这个符合价值的基础价格竟然在数字上与商品价值 t_w 迥然不同，并且它是用变动着的数字（1、1、2/3、1/2）去反映不变的 t_w（2、2、2、2）。显然，这是受货币价值的影响，如果将基础价格 P 乘以货币价值 t_G，它才和商品价值 t_w 相一致，即 $P \cdot t_G = \dfrac{t_w}{t_G} \cdot t_G = t_w$。

因此，说基础价格与价值相符，它包含两重意思：第一重，P 不仅是要与商品价值相符，而且直接是与商品价值对货币价值的比价相符，即 $P=t_w/t_G$；第二重，P 在与比价相符的基础上，再乘以货币的价值 t_G，才与商品的价值 t_w 相符。

第二个层次：生产价格（基础价格的展开）与价值相符。

基础价格是在流通过程中以货币形式表现生产过程中的创造的商品价值。这是由生产过程和流通过程共同规定的价格。但还未加入分配过程的规定性,还未展开为生产价格。生产价格将在分析第三个圆圈中论述。

第三个层次:平均价格透过基础价格与价值相符。

这个问题前面已经提到,现在要作具体的补充。

市场价格(p)与基础价格(P)进而与价值(t_w)的关系怎样?为了说明这个问题,假定有表2中的数字。表2中 t_w 为单位商品价值,t_G 为单位货币价值,P 为用货币计量的商品基础价格(单价),Pt_G 为 P 所代表的货币价值,p 为市场价格(单价),pt_G 为 p 所代表的货币价值。

表2 市场价格、基础价格与价值的关系

时 点	1	2	3	4	总和	平 均
t_w	4	3	2	3	12	3
t_G	2	2	3	4	11	$2\frac{3}{4}$
$P = t_w/t_G$	2	$1\frac{1}{2}$	2/3	3/4	$4\frac{11}{12}$	$1\frac{11}{48}$
$Pt_G (= t_w)$	4	3	2	3	12	3
p	1	1	1	$1\frac{1}{4}$	$4\frac{1}{4}$	$1\frac{1}{16}$
pt_G	2	2	3	5	12	3

注:由于各时点上的商品量不等,p 的平均数本应按加权公式计算。现假定各时点上的商品量相等,故按简单平均数计算。

在表2中,市场价格的平均数为 $1\frac{1}{16}$ 元,市场价值的平均数为3小时的结晶,两者计算标准不同,不能直接相比。只有化作同一标准才能进行比较,例如上述图形中,要么间接由价格来表现,要么直接由价值来表现。并且在由价格来表现时,也不能简单地理解为平均价格与基础价格相符。表2中平均价格 $1\frac{1}{16}$ 元并不直接等于平均基础价格 $1\frac{11}{48}$ 元。这是因为价格是一个相对数。

只有把价格化为按价值计量(把 p 化为 pt_G,把 P 化为 Pt_G)时,这个市场价格 p——精确地讲,这个市场价格所包含的货币价值 pt_G,才在总和上与基础价格 P 所包含的货币价值 Pt_G 的总和、与商品价值的总和相一致,即 $\sum pt_G = \sum Pt_G = \sum t_w = 12$ 小时。

或者在平均数上相一致,即 $\dfrac{\sum pt_G}{n} = \dfrac{\sum Pt_G}{n} = \dfrac{\sum t_w}{n} = \dfrac{12}{4} = 3$ 小时。

总之,价格是价值的形式,价格的定量分析必须深入到商品价值量与货币价值量的比率关系中去。但是,问题并未到此为止,因为基础价格还要展开为生产价格。

(3) 由于商品再生产的总过程,不仅包含生产和流通过程,还要进入分配过程。价值规律也就要在分配过程中进一步展开为生产价格的规律。

凡是要进行生产,就必须有生产要素:基本生产资料土地、一般生产资料和劳动力;在商品经济下,后两者又表现为不变资金 c 和可变资金 v。它们结合起来才能生产出成品商品。这样,待售的商品价格在扣除成本以后的剩余价值中,必须足以支付地租和利息并有余额作为企业利润,否则商品生产者就不能或不愿进行再生产。因此,我们把这个适应商品再生产总过程规律(在生产和流通的价值规律的基础上,适应分配过程的价值规律)的价格,叫作再生产价格(只有按这个价格出售,才能支付地租、利息和利润,才能再生产),或简称生产价格。

生产价格由商品价值 c+v+m 转化而来,其简单形式是:成本价格+平均利润。而生产价格的完成形式或被马克思称为"特殊的垄断价格"则是 k+p+r+R,其中,k 为成本价格,p 是按 $\overline{p'}$(平均利润率)的完成形式计算的平均利润,r 为支付绝对地租的超额利润,R 为超额利润。(因版面限制,分析过程从略——编者注)它是市场的内在的标准价格或基础价格,是商品生产总过程的价值规律特别是其中分配过程的价值规律的表现,市场价格实际是以它为中心波动的。并且,这个标准价格的总和 $\sum(k+p+r+R)$ 仍然等于价值的总和 $\sum(c+v+m)$。这第三个圆圈的生产价格的完成形式,还仅仅是市场的内在标准价格,而不是外在的实际的市场价格。

(4) 以上三个层次的内圈,是由第一种含义的社会必要劳动(社会生产同种单位产品实际耗费的社会必要劳动,包括物化劳动,以下同)凝结的价值,展开为平均价格,再展开为生产价格。所有这些都是就社会供给方面来考查的。现在要引入社会需求方面的因素,从供求关系来考查外在的市场价格。市场价格不管商品内在价值量有多大,只能按这个价格来实现——在供过于求时,市场价格下跌,商品价值就有一部分不能实现;反之,就不仅能全部实现,而且能取得超过自身价值的价值。

社会需求是由国民经济按比例发展规律决定的。按比例规律首先要求在现有的物质基础上,为使社会生产力顺利发展(国民经济的基本比例是社会生产力系统中的结构比例),社会只应将总劳动时间按分工所需要的比例分给各个产业部门进行生产。这种按比例分配到生产部门的劳动就是第二种含义的社会必要劳动,表现为社会对各生产部门有支付能力的社会需求,表现为价值实现的规律;或者说,按比例规律通过价值实现规律为自己开辟道路。

某种商品的供给量是由该商品的生产量决定的,也就是由生产该商品的第一种含义的劳动总量决定的。该商品的需求量则是由第二种含义的劳动决定的。因此,说供求决定市场价格,等于说两种含义的劳动共同决定市场价格。但两种含义的劳动又似乎是相互独立的。第一种含义的劳动量只按实际耗费的社会平均劳动来计算,而不论第二种含义的劳动量是多少;它决定单位商品的市场价值,而不论这个价值能实现多少。相反,第二种含义的劳动量只按按比例应该投入的社会必要劳动来计算,而不论第一种含义的劳动实际耗费了多少;它决定各特殊生产部门总量商品的市场价格总额,而不论市场价值实际是多少。但是,从本质上来看,两种含义的劳动却是相互联系的。它们相互作用着,并交叉影响价值与价格。这是因为,第一种含义的劳动以反比例形式表现社会生产力,第二种含义劳动表现国民经济比例关系,而基本比例则是社会生产力系统的结构比例,两者都导源于社会生产力。

如果用劳动Ⅰ代表第一种含义的劳动,劳动Ⅱ代表第二种含义的劳动;再用 q 代表该种商品实际生产量,Q 代表按比例应该生产量。前面已分别说明,劳动Ⅰ决定市场价值,劳动Ⅱ决定市场价格总额。现在有下面两个问题需要说明。

第一个问题:劳动Ⅰ是否参与决定市场价格?

由于劳动Ⅱ = Qt_w,有

$$市场价格总额 = 劳动Ⅱ \div t_C = Qt_w/t_C = QP$$

$$市场价格(单价)p = 市场价格总额 \div 实际产量$$

$$= \frac{Qt_w/t_G}{q} = \frac{Q}{q} \cdot \frac{t_w}{t_G} = \frac{Q}{q}P$$

由此可见，无论从市场价格总和或其单价来看，都有生产商品的劳动Ⅰ(t_w)和生产货币材料的劳动Ⅰ(t_G)参与决定。由此还可以知道，市场价格的总额 QP 也是以 P 作为计价的基础。

但是市场价格 p 对市场价值的偏离，或者不如说市场价格 p 对基础价格 P 的偏离（因为作为价格都包含货币价值 t_G 的影响），则是因为 q 对 Q 的偏离所引起，即由 Q/q 决定。相对于 Q（需求）来说，如果 q（供给）过大，p 就会下跌，反之则上涨。

第二个问题：劳动Ⅱ是否参与决定市场价值？

在劳动Ⅱ调节生产按比例发展的同时，又影响到一些生产部门的技术结构，从而改变了这些部门的生产力水平，也就改变了这些部门的商品所耗的劳动Ⅰ，由此形成了新市场价值。我们只能在这个意义下，说劳动Ⅱ参与了价值的决定。

当价值转形为生产价格，两种含义的劳动的关系就通过市场价格与生产价格的关系表现出来，就成为生产价格的决定和实现问题。

总之，从理论的形成来看，内在的价格（基础价格或标准价格）是由表现生产力规律的价值所转形的生产价格，外在的价格是表现按比例规律的市场价格总额。内在价格涉及国民收入合理分配问题，外在价格涉及资源合理分配问题，两者都反作用于社会生产力。见图 2。

二、价格体系中主要产品价格问题

国民经济各部门通过产品交换联结成为一个体系。表现这些产品的价值关系的价格也就成为一个体系。

大家知道，土地是基本生产资料，它是原料和辅助材料的自然资源宝库，又是再生产运动赖以进行的基地。产业的不同首先是由于它们与土地进行物质交换各有自己的特殊方式而不同，它们的产品也就随之各有其特殊价值、价格规定。下面我们按产业与土地的不同层次关系顺次叙述不同层次的产品的特殊价格规定，它们结合成价格体系。

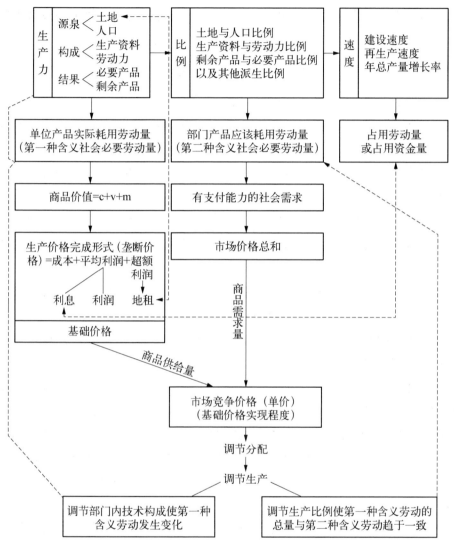

图 2　价格运动机制图

1. 土地产品的价格

土地产品是初级产品,它的价格影响到土地的收益,从而影响到一切使用土地进行生产的产品价格。土地产品作为生产资料其价格会影响一切产品成本价格中的 c,作为生活资料其价格会影响一切产品成本价格中的 v,土地的收益会使一切产品具有超额利润。因此,土地产品价格是价格体系中的出发点。

由于土地有限和社会需要,土地产品的市场价值是由已使用的最劣土地的产品个别价值来调节的。由这个价值转形的市场基础应是

成本价格+平均利润+超额利润

我国农产品、矿产品计划价格偏低,就在于忽视土地产品价格构成中的超额利润部分。所以,要实行商品经济,就要按价值规律办事,就要让超额利润得到实现。因此,今后一段时期,土地产品价格上涨是合乎规律的。

典型例证是作为主要农产品的粮食和主要矿产品的煤炭,它们的价格都过低。

谷贱伤农,自古而然。人们或许想的是让农民富起来,现行的计划价格却使农民贫困化!据《辽宁日报》报道,1988年入春以来,沈阳市东陵区白塔堡镇陆续出现480多户农户要求退回承包水田,不再耕种的现象。问题的严重性还在于,这些要"罢种"的农户,多半是生活水平一般,以种地为主要收入来源的农民。1987年他们每亩水田收粮400千克,纯收入只有30多元,还没算人工,几乎无偿劳动了一年。1988年农业生产资料猛涨,连30元也挣不到,他们只好"罢种"了①。

当然,国家可以要求支农产品(农机、化肥、农药、农用薄膜……)低价支农。但这也是和价值规律相悖的。因为这些部门投入物化劳动和活劳动也应得到补偿,它们自身的生产成本也因通货膨胀而大幅度上升,况且它们也应和一般机械工业,及一般化工企业一样取得平均利润,否则就会挫伤这些企业的生产积极性。这些年来,农机工业、农药工业……都处于困境,最后会给农业造成不利的局面——农业技术难以更新,农业难以现代化。所以,支农产品提价也是合理的。问题还是在于粮食的收购价格太低!以农业机械程度较高的东北三省为例,已有的农机严重老化,特别是大型农机,更新困难。据《经济参考报》1988年4月14日报道,1986年末三省共有大型拖拉机51 800台,其中使用15年以上的已达24 400台(经济使用年限为10年),占47%。辽宁需要更新的大型拖拉机已占保有量的68.4%。此外,黑龙江还有29 000多台联合收割机(占总数近50%)也需要更新。但更新资金严重短缺,农民无钱更新。这说明过低的粮价,不仅使农民投下的活劳动得不到全

---

① 《报刊文摘》1988年5月10日。

部补偿,而且连投下的物化劳动(包括农机折旧费)也得不到补偿。此外,农机企业也因原材料涨价而无利可图或发生亏损,不愿生产农机或转产改行。即使像洛阳拖拉机厂这样的名牌厂,1981年原计划生产"东方红"95马力拖拉机3 000台,实际只完成一半左右。不合理的价格,同样会使支农产品萎缩下去。

再说煤炭。它的价格本应包括开采煤炭所投下的全部费用——勘探、建井、开采、洗选、技术改造、利息、企业利润、社会保险等,还应追加超额利润。但我国煤炭工业的资源勘探、基本建设、技术改造和科研费用都不计入价格,只依靠国家拨款,更谈不上追加超额利润。但国家又没有足够的钱可拨,以致技术落后,而且许多煤矿因煤价过低严重亏损,重大伤亡事故时有发生,并污染和破坏环境。

低价的煤炭甚至比用作建筑材料的碎石、沙子还便宜。例如福建惠安地区每吨煤运费40元,零售价只有33元,等于把煤白白送给用户,还要倒贴运费[①]。一方面煤价过低,另一方面采煤成本却越来越高,因为矿产资源是越挖越深、越挖越少、越挖品位越低、越挖交通越不便利的。长此下去,势必使煤矿越办越穷。

2. 交通价格

交通价格包括运输价格和邮电价格,这里着重叙述运输价格。

运输业的生产资料主要是运输所依托的土地、附着于土地的基础设施、在基础设施上运行的运输工具和推动运输工具的燃料。为了从整体上提高运输业生产力,除了节约活劳动外,特别要注意节约土地,改进基础设施,革新运输工具和降低能耗。所有这些又会表现在价值和合理的运价上面。

运价也应是成本加平均利润加超额利润。成本中主要是基础设施的转移价值、运输工具的折旧费、能耗费用和工资,超额利润则与使用土地有关。现在的问题如下。

(1) 几十年来土地无偿使用,使水运和陆运的巨大经济差别被掩盖了,陆运价格偏低。

(2) 由于土地无偿使用,使土地产品特别是矿产品价格偏低,煤与石油

---

① 《价格理论与实践》1985年第2期。

价格过低,使不同运输方式的运价都因此偏低,并使各种运输方式的能耗差别不能如实地在价格上反映出来,水运能耗低的这一巨大优越性也被掩盖了。

(3) 基础设施只顾投资不顾补偿,使交通运输业不能依靠自身活力扩大再生产。这使运价进一步被压低。

(4) 运载工具折旧率人为地偏低,也压低了运价,这又使交通运输业不能依靠自身活力不断进行技术改造,提高运输生产力。

(5) 即使如此地人为压低成本,交通运输部门还难以取得平均利润。

所有这些表明,运价严重背离了价值规律的要求,使社会总劳动的一部分在交通部门得不到补偿,另一部分损失于不合理的运输所造成的无效劳动,还使其他生产部门因运输不畅而造成劳动的浪费。

3. 土地价格

作为自然物的土地,不是劳动产品,不具有价值,却有特殊的价格规定。人们往往持这样的观点,以为土地经过人类开发,故具有价值从而具有价格,这当然是对的。但我们这里是指作为纯粹的自然物的土地所具有的价格。在我国土地制度下,土地所有权不能出卖,因而土地价格只是土地使用权在使用期限内的价格,实际是期限内按利息率计算的地租价格,即

$$地价 = 地租 \div 利息率$$

4. 建筑产品价格

由于土地价格的存在,使依附于土地的建筑业产品(交通基础设施、厂房、店房、住房等等)的价格不仅仅是它自身的价格,而且隐含着土地的价格。

建筑产品往往采取分期付款方式(如基础设施使用费、房租等形式),它包括占用土地的地租,它自身的折旧费、维修费和管理费,以及投入资金的平均利润和资金的利息等。

我国现行的建筑产品不仅没有计算所占土地的价格,而且它自身的价值也远远没有实现——道路无偿使用、房租过低等。

5. 必要生活资料价格

在必要生活资料中,一方面,衣、食主要来自土地产品,住来自建筑产品,行来自交通产品,因而都受前四种价格的影响;另一方面,必要生活资料作为

工资又进入一切产品的成本,影响一切产品的价格。可见,必要生活资料价格从而工资也是价格体系的有机组成部分。

6. 加工工业产品价格

加工工业产品的价格可以看作以上各种价格的综合——土地产品价格、交通价格、建筑产品价格以及隐含在它们中由超额利润转化的地租或土地价格等等,会作为生产资料的价格进入加工产品价格的不变成本部分;又会作为必要生活资料的价格转化为工资进入它的可变成本部分;加工工业直接占用的土地的地价则是它的超额利润部分。

由于土地产品价格偏低,土地无偿使用,运价偏低,住房价格偏低,使加工产品成本偏低,这不是加工工业自身努力的结果,而是通过不合理的价格侵占了基础产业的劳动。此外,基础产业(农业、采矿业、交通业等)的一部分劳动得不到补偿,就会萎缩下去。

7. 再生资源价格(废品价格)

生产和生活中的排泄物如果作为再生资源,就不仅能够增加原料和辅助材料,而且有利于保护生态环境。例如,回收废纸作纸浆,可以少砍树木,可以减免由树木制浆所耗的化学辅助材料,并因此减少污水排放,还可以节约这段工序的能耗……因此,不应小看废品价格,而要适当提高这种价格以鼓励废品转化为再生资源。

三、结束语

我国当前价格的主要问题是通货膨胀所带来的价格总水平上升问题。

但不管价格总水平是否上升,价格体系内部结构不合理(没有按照基础价格制定计划价格)却是根本的问题。如果这个问题不解决,我国经济就难以发展。因此,在整治通货膨胀时,必须同时注意创造有利于理顺价格体系的条件,否则"剪不断,理还乱"。

原载《求索》1989年第1期

价格理论与理论价格

价格是调节国家、集体、个人之间经济利益的杠杆,也是调节劳动耗用量和占用量以及自然资源耗用量的经济效益的杠杆。在经济改革中,如果不改革价格体系,就会使一部分单位和个人侵占国家、集体和其他劳动人民的成果。一部分人靠着不合理的价格不劳而获,最终会损及社会主义制度和社会生产力。我们必须从基本理论上弄清价格体系问题,对症下药,进行综合性改革,才能调动各方面积极性,共同提高经济效率,巩固和发展社会主义经济。

一、两种含义的社会必要劳动与价格

(一)第一种含义的社会必要劳动时间决定商品价值和货币(黄金)价值,商品价值和货币价值共同决定价格

价格形式是价值形式的完成形式,它的胚胎形式是简单价值形式。价格形式的基本规定性早已孕育在它的胚胎之中,因此,要追溯到简单价值形式,例如:

$$Q_A W_A = Q_B W_B \quad \text{或} \quad 20 \text{尺白布} = 100 \text{斤稻谷}$$

其中,Q_A 和 Q_B 分别代表 A(例如白布)和 B(例如稻谷)的使用价值量,W_A 和 W_B 分别代表 A 和 B 的价值量,从这里可以知道 B 和 A 的交换比例 Q_B/Q_A 是由 A 和 B 的价值比价 W_A/W_B 决定的,即

$$W_A/W_B = Q_B/Q_A$$

如果用黄金(或其价值符号纸币)G 取代商品 B,上述关系就转化为价格形式,即

$$W_A/W_G = Q_G/Q_A$$

这就是说，商品 A 的价格（单价 Q_G/Q_A，例如 Q_G 为 10 元，$Q_G/Q_A=$ 10 元/20 尺白布=0.5 元，即每尺白布价格为五角）是由商品 A 和货币（货币也是商品）G 的价值比价 W_A/W_G 决定的，而不仅仅由商品 A 的价值决定。具体说来就是，商品的价格与商品的价值成正比，与货币的价值成反比。因此，甚至在商品价值下降时，价格可以因货币贬值而上升。

下面分别分析第一种含义社会必要劳动通过商品价值和货币价值对价格的作用。

商品价值从而货币（黄金）价值都是由第一种含义社会必要劳动时间决定的。这种时间是指："在现有的社会正常的生产条件下，在社会平均的劳动熟练程度和劳动强度下制造某种使用价值所需要的劳动时间。"从这个基本规定性可以知道：

（1）一定质量的使用价值是前提，因为这是"制造某种使用价值所需要的劳动时间"，如果质量达不到（或超过）"某种使用价值"，所耗费的劳动时间就要折合为"制造某种使用价值所需要的劳动时间"。这就决定了商品的按质论价与按值论价的内在联系。

（2）它是"在现有的"而不是在过去的生产条件下，因而是在变化中的劳动时间。这就是说，价值在不断变动中，价格也会随之变动，把"稳定"价格看作价格不能变动，这是违反客观经济规律的。

（3）它是在"社会正常的生产条件下"的劳动时间，也就是说，它是在社会平均的而不是在个别的生产条件下的劳动时间。这样，由社会平均生产条件所决定的成本价格部分，就应该按社会平均成本而不应按个别成本来计量。

在试制新产品时，新的生产条件还在逐步形成中，需要耗费大量的物化劳动和活劳动。一旦新产品试制成功并且大量生产，新的生产条件成为社会正常的条件时，生产该产品所耗劳动将大幅度减少。因此新产品的价值从而价格总是逐步下降的。

（4）它是"在社会平均的劳动熟练程度和劳动强度下"的劳动时间。这个对活劳动的规定，在社会化大生产条件下，我认为它包含着剩余劳动。这个追加的条件和结果也适合社会主义生产。社会化的大生产使社会生产力发展到相当高度，以致劳动者能够突破必要劳动提供剩余劳动。因此，在这个社会平均的活劳动部分中,一部分作为平均的必要劳动形成成本价格中的平均工资所补偿的价值,余下的部分(剩余劳动所形成的价值)表现为价格中的利润部分。这就是说,价格中的利润部分,是形成价值的社会必要劳动的必要组成部分的表现形式,不是可有可无的。过去,我们在制定某些矿产品价格,特别是在制定煤炭价格时,采取"一般保本"的办法,人为地否定利润部分。其结果使煤炭生产部门中许多企业连本也保不了,使用煤炭的各行各业却通过压低煤炭价格,将侵占煤炭生产部门的利润变为自己的,不劳而获地追加利润,大发价格之财,这不符合社会主义原则。

由于第一种社会必要劳动时间与劳动生产力成反比,所以,价值变动是生产力变动的社会表现形式,又由于价值进一步表现为价格,因此,为了从根本上解决价格问题,根子不在流通领域,而在生产领域;并且不在于一般生产,而在于提高劳动生产力。客观地讲,由于劳动生产力有提高趋势,价值从而价格就会有下降趋势。

货币(黄金)价值也是由第一种社会必要劳动时间决定的。由于黄金是矿产品,自然资源的有限性和它的不能再生产性,使开采黄金的劳动生产力有下降趋势,从而黄金价值有上涨趋势,以黄金价值的反比表现的商品价值从而价格(撇开商品自身价值不说)也有下降趋势。

但实际上使用的货币不是黄金,而是作为价值符号的纸币,由于纸币发行量的经常性膨胀,以致纸币不断贬值,这又使倾向下降的商品价值颠倒地表现为商品价格的上涨趋势。

以上论述了在价值形成规律(价值由第一种含义的社会必要劳动时间决定的规律)和等价交换规律基础上,价格由商品和货币的价值比价决定的规律。在这里,我们论述的是单个商品的价值与生产该商品实际消耗的平均劳动的关系,并且假定价格与价值相符。

(二)第二种含义的社会必要劳动时间决定有支付能力的需要,即决定能支付的价格总额,决定价格偏离价值的程度,决定价值能实现的程度

第二种含义的社会必要劳动时间,指的是为满足社会需要而生产某种商品总量时社会必须在总劳动时间中按必要的比例分配给该部门的劳动时间。这实际是由国民经济按比例发展规律决定的。当着按比例规律和商品生产联系在一起时,它就会通过价值和价格贯彻自己,就会通过价值规律为自己

开辟道路。

我们知道,只有在社会生产正好按必要比例进行的条件下,社会实际投到某一特殊生产部门的劳动量(即第一种含义的社会必要劳动时间的总和)才会和社会按必要比例应该投入该部门的劳动量(即第二种含义的社会必要劳动时间)趋于一致。但是,实际产量往往不正好等于社会需要的数量,两种含义的社会必要劳动时间在数量上经常不平衡。

生产领域中两种含义的社会必要劳动时间的不平衡,会通过流通领域中供给和需要不平衡表现出来。所谓供给就是市场上现有的产品,或能为市场而供给的产品。撇开一些细节不谈,决定供给的是一定产业部门常年再生产的总量。这个商品总量,既是一定量的能够满足社会需要的使用价值,又是具有一定量的市场价值(即等于第一种含义的社会必要劳动时间的总和)。所谓需要,也具有使用价值和价值两重性,一方面从使用价值来讲,就是生产者和消费者对生产资料和消费资料的商品的需要;另一方面,就价值来讲,又是生产者和消费者具有支付能力的需要。而为这种物品进行支付的能力,则等于社会为正好满足需要而生产该物品应投入的社会劳动时间(即等于第二种含义的社会必要劳动时间)。这是因为既然分工要求按这样的比例把社会总劳动时间投到各生产部门,各生产部门也就只能按这样的比例来分配劳动的果实(这是由等量劳动相交换的规律决定的)。也就是说,用该社会所能支配的劳动时间的一定量来购买这些物品。

流通领域中供给和需求不平衡,又会通过竞争迫使价格偏离价值,在供过于求时,卖方竞争使价格下跌;在供不应求时,买方竞争使价格上涨。这就迫使商品价值只能按照与它偏离的价格来实现。

总之,由按比例规律决定的第二种含义的社会必要劳动时间,会转化为有支付能力的需要,转化为有支付能力的价格总额,它不管市场商品的供给量怎样,也就是不管第一种含义的社会必要劳动时间的总和怎样,不管价值总额怎样,只能按照这个价格总额来实现,从而迫使生产(以及供给)按比例地进行。可见,价格问题不仅是前述的调节经济利益问题,而且是调节生产比例问题。如果生产比例合理,但所定价格背离价值(或其转形),就会破坏生产比例和供求平衡。如果生产比例不合理,但所定价格偏离价值的程度合理,会使生产比例合理;如果生产比例不合理,定价又不合理,生产比例就难以调整,我们的一些长线产品压不短,短线产品拉不长,不正是由于有不合理的价格在其中起作用吗!

第一种含义的时间决定价值,从而决定价格的重心。第二种含义的时间决定价格对价值的偏离程度,从而决定价值的实现程度。这两种含义的时间对经济效益来讲都具有极为重要的意义。如果生产不按第二种含义的时间进行,价值就不能实现,效益就等于零。反过来,如果生产按社会需要的比例进行,就要全力设法节约第一种含义的时间,这就等于提高劳动生产力,就从根本上提高经济效益,就会使生产发展,又使价值从而价格下降。

(三)第二种含义的社会必要劳动时间对第一种含义的社会必要劳动时间的反作用,价格对价值决定的反作用

第二种含义的时间决定能支付的价格总额,从而决定价值实现的程度。供过于求时,第二种含义的时间使价格跌到价值以下,一些生产条件差的单位会被淘汰,生产条件好的单位生产的商品比重上升,第一种含义的时间减小因而价值也随之减小。反过来,在求过于供时,第二种含义的时间使价格涨到价值以上,生产条件差的单位不仅不会淘汰,而且还可以赚钱,它们还会扩大生产规模,使所生产的商品比重上升,第一种含义的时间增大,价值也就随之上涨。

理论界长期争论第二种含义的时间是否决定价值。我认为,它只有在上述意义上才"决定"价值,即它通过价格反作用于第一种含义的时间,第一种含义的时间发生了变化,价值才随之发生变化。

(四)价值比价与价格比价

在两种含义的时间平衡时,价格与价值一致,两种商品的价格比价和价值比价也是一致的。我们在前述简单价值形式中已经知道,两种商品(A 和 B 或白布和稻谷)的交换比例(Q_B/Q_A)等于它们的价值反比例(或称价值比价)W_A/W_B;我们还知道,单位商品的价格 Q_G/Q_A 等于商品和货币的价值比价 W_A/W_G。在这种情况下,单位商品 A 的价格 Q_G/Q_A 和单位商品 B 的价格 Q_G/Q_B 的比例,即价格比价$(Q_G/Q_A)/(Q_G/Q_B)$,正好等于 A 和 B 的价值比价 W_A/W_B,因为

$$\frac{W_A}{W_B}=\frac{Q_B}{Q_A}=\frac{Q_B/Q_G}{Q_A/Q_G}=\frac{Q_G/Q_A}{Q_G/Q_B}$$

在两种含义的时间不平衡时,价格偏离价值,两种商品的价格比价就偏离它们的价值比价(表现为 $Q_B/Q_A \neq W_A/W_B$)。为使价格比价合理化,根本办法在于使第一种含义时间的总和趋于第二种含义时间,从而使价格和价值趋于一致[①]。

二、价值转形与价格

这个问题实质上是体现预付资金的经济效益的合理分配问题。经济效益最后表现在剩余劳动所凝结的价值 m 上面。虽然 m 由活劳动所创造,因而价格的利润构成部分,似应按社会剩余价值率 $\sum m / \sum v$ 来计算。不过,这只考虑到 v 的效益,忽略了 c 的效益。虽然 c 并不创造 m,但是由于它的物质要素(特别是其中的机器)是生产力的客体条件,而生产力特别高的劳动会当作复杂劳动来发生作用,这个作用在实际上会带来更多的 m。装配较多的技术设备,等量劳动可以带来更多的产品,实现更多的 m,在盈利率的计算上就不能不反映 c(特别是其中固定资金)的这种效益。因此,社会地讲,再生产和流通中每单位占用资金就应该从 $\sum m$ 得到一个相应的份额。价格中利润额应按平均资金盈利率 $\sum m / \sum (c+v)$ 来计算,即等于平均利润 $\bar{P}$。

那么,是不是企业占用资金越多越有利呢?不能绝对地这么说。一方面,它多占资金必须多生产 m,而后才能在盈利分配上按比例地取得相应的部分;另一方面,国家还要实行资金有偿使用制度,用利息或资金使用费加以限制。

这样,价值就转化为生产价格,生产价格就代替价值成为市场价格的波动中心。但是,由于平均利润 $\bar{P}$ 总和等于剩余价值 m 总和,所以生产价格(成本价格 k+平均利润 $\bar{P}$)的社会总和等于价值的社会总和。这就是说,价值转形为生产价格以后,市场价格的运动在总和上仍然是由价值规律支配着。

资金盈利率标志着资金每一组成部分的经济效益,即标志着资金每一部分对生产和实现 m 所起的作用。产业中的流通资金和商业中的全部资金是为实现 m 的占用资金,因而也应该取得平均利润。这就是说,购销差价、批

[①] 人们往往用价格指数的对比的剪刀差形式来说明比价问题,但是作为计算剪刀差的基期的比价不一定合理,除非当时两种含义的时间趋于一致。

零差价应反映工商双方都能取得平均利润。

又由于商业资金在周转中不能创造 m,只能将已占有的商业利润(等于平均利润)分摊在周转的商品价格之中;周转越快,实现的(销售的)商品数量越多,分摊到单位商品价格中的利润就越少。这是在多销条件下,商品零售价格可以因薄利而向下浮动。虽然薄利可以刺激多销,但这是反作用;薄利的前提仍然是多销,没有多销就不能薄利,否则商品就不能全部实现它的生产价格。

三、虚假的社会价值与价格

一般说来,产品生产总要使用土地。这不仅在土地产品(土地提供的有机产品,即农、林、牧、渔产品和无机产品,即矿产品、石油等)的生产部门如此,加工工业、交通运输业、商业无不占用土地;民用住房作为建筑业产品首先遇到的也是土地问题(宅基地)。

土地肥沃程度的差异(或富集程度的差异),或地理位置的优劣,会使投入不同土地的劳动具有级差的生产力;同一土地则会因投入追加的劳动而改变生产力。

由于地球上土地有限,就农业来说,能耕种的土地更有限,如果已耕种的最劣等地的经营是满足社会需要的,在最劣土地的投资就应当得到补偿。这就是说,土地产品的市场价值从而价格是由最劣土地提供的商品的个别价值来调节的。于是,在等量各级优等土地上的等量投资因级差生产力会取得级差的超额利润。这些超额利润便是虚假的社会价值。这些超额利润还因土地所有权会转化为级差地租。

虚假的社会价值"是由市场价值规律造成的,土地产品受这个规律支配"①。因此,在商品生产中,如果望文生义以为它是虚假的,在价格中人为地否定这部分"价值",就会使使用劣等土地的劳动者的劳动得不到补偿,使使用特优土地的一部分人不劳而获,并且还会导致自然资源的浪费和破坏。

如果正视这部分价值是客观存在的,它应该归谁所有呢? 这就是土地所有权问题。社会主义社会废除了土地私有权,但存在着公有权。社会主义社

---

① 《资本论》第3卷,第745页。

会仍然存在着商品生产,因而土地公有权在经济上借以实现的形式仍然是地租。"消灭土地私有制并不要求消灭地租,而是要求把地租——虽然是用改变过的形式——转交给社会。所以,由劳动人民实际占有一切劳动工具,无论如何都不排除承租和出租的保存。"①马克思和恩格斯早在《共产党宣言》中就曾指出,无产阶级在取得政权以后,第一项措施就是:"剥夺地产,把地租供国家支出之用。"②

并且,所谓"剥夺地产,把地租用于国家支出",实际上是指土地国有化,土地由国家占有,生产单位没有土地所有权,只有土地使用权。恩格斯在论述大规模地采用合作生产做好向完全的共产主义过渡时,曾特别指出"事情必须这样来处理,使社会(即首先是国家)保持对生产资料的所有权,这样合作社的特殊利益就不可能压过全社会的整个利益。"③

同样,按照上述原理,建筑基地地租也不宜消灭,而要保存下来"用于国家支出"。废弃地租等于放弃"社会的整个利益"。特别对大城市由于地理位置所形成的高额超额利润,如果不作为地租收上来,其结果会导致社会主义国家蒙受损失,使城市臃肿起来。

总之,社会主义社会仍然存在着土地所有权,仍然存在着商品生产,因而土地产品仍然存在着一个超额利润问题,仍然存在这个超额利润转化为地租的问题。虽然这个地租可用"改变过的形式",例如以税代租的形式,但地租总是存在的。

土地产品价格所包含的虚假的社会价值还会渗透到各类产品的价格中去。土地产品既会作为劳动对象进入成本,还会作为生活资料并通过工资的购买进入成本。此外,建筑产品价格因基地而包含的虚假社会价值也类似如土地产品价格进入成本。本来,作为虚假的社会价值的超额利润,以平均利润为前提,是超过平均利润的利润,它不参与利润率的平均化。但是,它最终要由社会剩余价值来补偿,在实践上正是通过上述机制作用进入成本,使成本虚假地增大,利润相对减小,因而实际上参与利润率平均化,使利润率下降。即

---

① 《马克思恩格斯全集》第 18 卷,第 315 页。
② 《马克思恩格斯全集》第 4 卷,第 490 页。
③ 《马克思恩格斯全集》第 36 卷,第 416—417 页。

$$平均利润率 = \frac{\sum m - 纯粹流通费 - 地租}{产业资金 + 商业资金}$$

虚假的社会价值是价格体系中的重要组成部分，它将实现国家对土地的公有权，使生产力得到合理配置，促进经济效率的提高，并从这方面保证国家收入得"大头"。

四、几类主要产品价格构成状况

1. 土地产品的价值决定与价格

我国的土地产品价格不仅因为它没有计入地租，且忽视了土地产品的特殊的价值决定。

土地的无机产品（矿产品，包括矿砂、石油等）因土地的有限和它的不能再生产性质，开发一些就少一些。因此矿产品的价值决定包含以下特点：(1) 由劣等矿山生产所耗劳动来决定，因而包含虚假的社会价值；(2) 勘探费用也应参与价值决定，因而已察明待开采的天然存在的劳动对象也具有价值；(3) 固定资产的寿命还受矿山的可开采年数的影响，因而有特殊的折旧率；(4) 一方面由于对老矿追加投资的生产力倾向下降，另一方面由于人口不断膨胀，需要开发更劣的矿山，使价值倾向上升。

土地的有机产品（农、林、牧、渔等业的产品）虽有再生产性，仍因土地的有限性和人口的膨胀，如果对土地用过于养，导致土地丰度退化，甚至生态失去平衡，劳动的社会生产力的增长往往补偿不了劳动的自然生产力的衰退和被破坏。又因以手工劳动为特点的农业生产会刺激农业人口进一步增长，农业劳动力进一步下降，这就使农产品的价值不断上升。

由于忽视了以上因素，我国不少土地产品的价格低于价值，其结果使财政负担越来越重，使有些加工工业无偿地占有土地产品生产部门的一部分利润，并造成资源浪费。

2. 建筑产品价格

建筑产品都有个建筑基地问题，因而它的价格应该包括建筑基地的地租。但过去这被忽视了。

民用建筑产品（住房）长期被当作福利品而不当作商品，过低的房租甚至补偿不了维修费用。地租、折旧、管理费、平均利润等应列入价格(房租)的均未计算,其结果既破坏了房屋本身,又违反了按劳分配规律。

3. 交通运输价格

水陆交通中,陆路要占用大量地基,由于交通运输价格不计算地租(土地使用费),陆路运价特别低下,造成陆路特别是铁路运输紧张,水运反而不发达。又由于城市适于建立码头和泊位的位置,不收取高昂的地租,就会使宝贵的土地被其他单位不合理地占用,也影响水运的发展。

总的说来,由于不计算地租,加上作为土地产品的能源价格偏低,名义工资偏低,交通运输价格也是偏低的。

4. 工资与劳动力再生产费用

在社会主义制度下,劳动力不是商品,工资不是劳动力的价值或价格,但仍然表现劳动力再生产费用。在劳动力再生产费中,国家对主食品、副食品和住房耗费了大量贴补,加上免费教育和公费医疗,对独生子女的奖励等,使我国劳动者不低的实际工资表现为过低的货币工资。因此,宜逐步取消各种贴补,并相应合理增加职工的货币工资。

5. 加工工业产品价格构成

从上述情况可以知道,在我国加工工业产品的价格构成中,成本部分被人为地压低了:原料和燃料价格被压低了,固定资产折旧率被压低了,运输价格被压低了,实际工资被歪曲表现为低下的货币工资。此外,在产品价格构成中,还有一项极为重要却又长期被人们忽视的项目,那就是环境保护费用。商品生产者(例如一个企业)往往为了本单位利益,向环境排放"三废",污染空气、毒化水质、破坏土地,以致损坏全民利益。他们在成本中抹去数量不大的环保费用,危害环境的恶果却大得不堪设想。例如,一个社办小厂,可以污染一条河流,破坏周围生态,等等。由此可知,产品的真实成本实际上是很高的。相对而言,加工工业产品价格中的利润部分本来是不高的,现在却因成本的一部分未被计算(这部分成本就以利润形式表现出来)而被夸大了。

表面上看来,财政收入可以因此增加,但这是把成本当作利润的增收部分,它不仅要返回一部分作为价格贴补,而且不利于再生产的发展,不利于人类生存环境的保护,最终将导致社会生产力的下降,导致经济效率的下降。与此相反,如果价格合理,并且督促企业从提高劳动生产率来降低成本,财政收入将会健康地发展,并可避免不合理的财政支出。

原载《复旦学报(社会科学版)》1983年第4期

价格体系改革是一项系统工程

整个经济是一个系统,反映这个系统的价格体系也是一个系统。因此,宜从这个大系统的全局来改革当前不合理的价格体系,而不宜头痛医头、脚痛医脚,否则"剪不断,理还乱"。

一、价格体系是一个从内容到形式的大系统

(一)生产力诸规律综合地表现为价值规律

1. 生产力发展规律[①]与价值规律

生产力也是一个多层次的系统,它由生产力的源泉、自身和结果共同组成。生产力的根本源泉是人力和自然力,然后是由之派生的科学技术力。生产力自身由客体要素生产资料和主体要素劳动力构成,其中生产资料又分为劳动资料(劳动工具等)和劳动对象(原材料和辅助材料)。就要素和源泉的关系来说,自然环境为生产提供资料;人口资源为生产提供劳动力;科学技术力量则渗透在它们之中——劳动力通过教育培训提高文化水平与吸收科技知识,劳动资料中的机器等本来就是科学技术的物化,劳动对象经过科学技术的深加工成为指定性能的材料。只有科学技术的渗透才能大幅度提高劳动生产力。生产力发挥作用的结果用劳动生产率来表示。本来生产的结果是产品(产出),但产出的增大可能是由于投入的增大,也可能是由于劳动生产力的提高。只有把产出和投入相比较,即用劳动生产率这一指标才能正确地表现生产力的发展程度[②]。生产率的提高意味着投入同量劳动能产出更多产品,于是反比例地表现为单位产品所包含的劳动量减少。又因为产品可以分为必要产品和剩余产品两大部分。剩余产品的出现和增加也是提高生

---

① 参阅《论社会生产力发展规律》,《学术月刊》1985 年第 3 期。
② 投入不仅包括劳动,而且包括过去劳动(物化劳动);而我们企业的全员劳动生产率只按活劳动计算是不科学的,在实践中会导致浪费生产资料。

产力的结果,它通过积累又反过来成为发展生产力的新的源泉。生产力就这样循环不已,呈现出螺旋形的上升运动。

在商品经济下,生产力的一切有关因素都会表现为价值。例如：在生产力源泉中,人口中的劳动力的再生产费用会表现为工资;环境中的主要部分土地通过土地产品附加超额利润,转化为地租,再转化为土地"价值";科学技术作为复杂劳动形成软件的价值。在生产力自身构成要素中,生产资料作为不变资金价值 c,劳动力作为可变资金价值(工资部分)v。在生产力结果的产品中,除了生产资料转移的旧价值 c 外,必要劳动 a 创造的价值用以补偿 v,剩余劳动 a' 创造了剩余价值 m。因此,产品的总价值=c+v+m。

在商品经济下,不仅生产力系统中的有关因素会表现为价值,而且生产力的发展规律也会通过价值的反比例变动表现出来,它表现为生产中的价值形成规律。生产力的提高反比例地表现为单位产品包含的社会必要劳动量的减少。正是这个社会必要劳动量形成(凝结为)价值。

2. 国民经济按比例发展规律与价值规律

国民经济中比例关系千千万万,抓不住根本比例关系就会堕入烟海,顾此失彼,不知所措。根本比例是社会生产力系统各个层次中的比例,其他一切比例都由此派生。具体说来就是：国民经济中最根本的比例首先是作为生产力源泉的人口和环境的比例,如果人口的发展超过土地的负载力,就会破坏环境和生态良性循环,就会反过来危害人口生存。其次是生产力自身构成要素的比例,即生产资料和劳动力的比例。生产力的发展要求生产资料较快于劳动力的发展。假定一个工厂的生产资料只需要 1 000 个劳动力与之相结合,却因为安排过剩人口而安排了 2 000 个劳动力,劳动生产力就会随之下降。微观的比例如此,宏观的比例也是这样。也就是说,应该从发展社会生产力的角度,预测环境的负载力和生产资料的发展,来计划人口的生育。最后是作为生产力结果的必要产品与剩余产品的比例。这一比例决定了消费和积累的比例,并进一步展开为两大部类比例、农轻重比例、农轻重各业内部各生产部门比例、建设和生产比例、生产部门和非生产部门比例等。生产力的发展要求剩余产品较快于必要产品的发展,否则就会影响由此派生的一系列比例关系。

国民经济按比例的规律要求在现有的物质基础上,形成最优的社会分工,保证社会生产力顺利发展。具体说来就是要求依据分工的需要,将社会总劳动(物化劳动和活劳动)按比例地分到各生产部门。就一个生产部门来说,价值形成规律指的是**实际**耗费的社会必要劳动量决定商品的价值量;现在讲的则是社会分工要求对这个部门**应该**投入的劳动总量,正是这个量决定该商品的价格总额,它不管实际投入劳动总量,也就是不管这个部门商品总量的价值总量如何,它们只能按照这个价格总额来实现。这样,按比例规律就表现为价值实现规律。

3. 国民经济发展速度规律与价值规律

国民经济发展速度主要包括两方面:一是由开发生产力源泉到形成直接生产力的基本建设速度,二是由已经形成的生产力所带动的再生产和流通的速度。如果说,劳动生产力变动的规律反比例地体现在单位产品劳动耗用量上面,那么,经济速度变动的规律就反比例地并综合地体现在单位产品劳动耗用量特别是劳动的占用量上面。

劳动生产力越高,耗用在单位产品中的劳动量越少,价值也就越小,这个价值形成规律现在有如下的具体补充:再生产的速度越快,一年中生产的产品也就越多,同额的固定资产折旧费将分摊到更多的商品中去,其他一些费用(如仓储费用)也因此得到节约,使商品中劳动的耗用量进一步减少(也就是使资金的耗用量减少)。不过,这仍然是生产力规律与价值形成规律的问题,它是速度规律中的共性问题。

速度规律的特殊性在于:为生产和流通一定量(或单位)商品所占用的劳动量(表现为资金的占用量)与生产和流通的速度成反比。具体说来,在一定生产规模下,一个企业再生产速度越快,也就是资金周转越快,资金的占用量就越少。后面在论述利息时,可以看到,这一规律将会通过价值分配规律来实现,也就是通过商品价值的一部分被分配为利息的规律来强制地实现。

(二)价值规律表现为价格运动

价值规律也有自己的体系,它包括:生产中的价值规律、流通中的价值规律、分配中的价值规律(包括特殊商品的价值规律)和价值实现规律。以下分别叙述它是如何表现在价格运动之中的。

(1)生产中的价值规律就是前面讲过的价值形成规律,即生产力的水平会反比例地表现为单位产品所包含的社会必要劳动量,这个社会必要劳动量凝结(形成)为价值,价值又通过价格来表现。这里的内在联系就是生产力发展规律以反比例形式通过价值形成规律表现在价格上面,使价格灵敏地反映社会劳动生产力的变化。例如,半导体收音机原来的价值表现为 20 元,现在劳动生产力提高一倍,它就反比例表现为下跌一半,即变为 10 元。

(2) 流通中的价值规律就是由等价交换所决定的价格与价值相符的规律。商品交换者彼此不应侵占对方的劳动,这就决定了交换中的价值规律是以等量劳动交换为内容的等量价值交换,即等价交换。交换过程介入货币以后转化为流通过程。等价交换的规律就转化为价格与价值相符的规律,因为只有在两者相符时才能等价交换。但是,价格不仅表现由生产力决定的、实际耗费的劳动所形成的价值,而且直接表现由社会分工决定的、该商品生产部门应投入的劳动所实现的价值。一个生产部门实际耗费的劳动总量决定市场的供给量,应该投入的劳动量决定市场的需要量,只有在供求平衡时价格才与价值一致,否则就要背离。由于供求经常不平衡,价格经常与价值不一致,流通中的价值规律要求价格与价值相符,实际就表现为价格以价值为中心的运动。后面将会看到,这一运动实际是和价值实现规律连结在一起的。

(3) 分配中的价值规律就是随着价值转形转化为生产价格规律,并进一步转化为特殊意义的垄断价格规律。在商品价值 $c+v+m$ 中,c 是生产资料转移的价值,是补偿基金,不能作为收入来分配;v 是转化为工资的部分,是补偿劳动力的再生产费用,社会也不能挪用这项基金;社会能分配的只是剩余价值 m(即表现为利润的部分)。本来,m 由活劳动所创造,而不是由生产资料所创造;但是,生产资料是生产力的客体要素,而生产力特别高的劳动会当作复杂劳动来发生作用,这个作用在实际上带来更多的利润。因此,一个企业占有更多更好的生产资料,在正常情况下,它必然会赚更多的钱。

生产资料可分两大类,一类是土地,另一类是土地产品及其加工产品。后者作为劳动产品具有价值,在企业作为占用资金的一部分。由于上述生产资料的作用,企业占用的资金,不论是固定资金和流动资金,都应该从社会 m 总额中分配到一个份额。于是 m 转化为平均利润,价值转化为生产价格。

又由于土地也是生产资料,如同资金一样,它的所有权也要求在社会 m

总额中分配一个相应部分,这是超过平均利润的超额利润。这样,生产价格(成本+平均利润)因增加一个超额利润,又转化为垄断价格(成本+平均利润+超额利润)。这就是市场价格实际波动的中心。这些价格的社会总和等于价值的社会总和。

分配中的价值规律还会导致两种特殊的商品的特殊价值规律。这就是资金的价值运动规律和土地的"价值"运动规律。

资金在它的使用中会带来平均利润,这个特殊的使用价值使它成为特殊商品,即资金商品。这种特殊的商品的价格就是利息(总价)或利息率(单价)。资金作为商品是资金所有权和经营权分离的结果——资金所有者将资金有偿地贷放给经营者。于是平均利润也相应分为两部分,所有权取得利息,经营权取得企业利润。利息率(资金价格)的作用非常重要,它的高低直接调节企业的资金占用量,因而调节国民经济的发展速度。因为多占资金就要多付利息,为了减轻利息负担,就要尽量减少占用资金,为此又迫使基本建设单位缩短工期,迫使各个企业加快再生产和流通的速度。我国基本建设最大的浪费是周期长。根据1982年资料,按当时规模,如果工期缩短一年,国家就可以少花50亿元,还可以多收50亿元,共100亿元。周期长虽与战线太长有关,但与无偿拨款关系较大。自从改拨款为贷款以后,情况已在好转。如果再将利息率调高,还会进一步节约投资,加速建设的速度。另外,根据同年资料,如果企业流动资金全部有偿使用,流动资金的占用也会大量减少,而只要减少3%,又可节约资金100亿元。可见,利息的杠杆作用是何等重要!

土地不是劳动产品,不具有价值,因而不是商品。但是土地产品(矿产品、农产品等)作为商品却有着特殊的价值形成规律。由于土地的有限性,为了满足社会需要,一部分人不得不在劣等土地上经营土地产品。这部分投下的劳动就成为社会必要劳动,因而在劣等地生产的商品的个别价值调节社会价值。这个特殊的价值形成规律使土地产品的价格中包含一个超额利润。这个超额利润被土地所有者以地租形式取去。土地本来不是商品,但是土地的出租会带来地租,就像资金的贷出会带来利息一样,这使它看起来好似也是商品,这"商品"的价格就是按利息率计算的地租。土地看起来好像是商品,也是所有权和经营权分离的结果——社会主义国家作为土地所有者将土地有偿地出租给经营者。地租的反作用也非常重要,它的高低直接调节企业的土地占用量,因而调节作为社会生产力的自然资源的合理利用。

(4) 价值实现规律是和按比例规律联系在一起的。前面已经讲过,按比例规律依据社会需要决定特殊生产部门应投入的劳动量。这个量又决定该部门有支付能力的需求,决定该部门的价格总额。这个价格总额则决定该部门生产的全部产品(供给)的价值总量能实现的部分。只有在供给等于需求时,价格才与价值一致,价值才能全部实现。否则价格就会背离价值,就有一部分不能实现(在供过于求时),或者过多地实现(在求过于供时)。这就迫使生产者的实际生产量向社会需要量看齐。可见,价格运动不仅灵敏地反映生产力规律,而且灵敏地反映按比例规律。社会主义社会对经济实行计划指导,也是为了贯彻按比例规律的要求,它同时发展商品经济,通过市场价格的不断反馈,也会调节比例关系。可见,计划与市场是相辅相成的。

由于价值在生产、流通和分配的总过程中转形为生产价格,进而转形为垄断价格,因此,价值实现规律也随之转化为生产价格实现规律,进而转化为垄断价格实现的规律。不过,这只是形式上的变化,它外在的价格运动和内在的生产力规律、按比例规律的机制作用,仍然和前面未转形时情况一样,只不过更复杂了,并且同呈现在现象上的形式一步一步地接近了。

(三) 价格与竞争

生产力诸规律通过价值规律表现在价格运动上面,价格则由竞争的强制成为现实。客观的经济规律不以人们主观意志为转移,它总要强制地贯彻自己,这种强制力量在商品经济下会表现为竞争的力量。在市场上,商品经营者"他们不承认任何别的权威,只承认竞争的权威,只承认他们互相利益的压力加在他们身上的强制"[①]。竞争就这样作为外在的强制规律支配着每一个商品经营者。因此,可以把竞争看作内在的经济规律的外部"执行者"[②]。当然,在社会主义制度下,计划也是一种强制力量,它也应当是内在规律的外部执行者。

具体说来,竞争是和供求关系和价格连结在一起的。当供过于求时,就会形成买方市场,发生卖方竞争。卖方竞争使价格下降,于是优胜劣汰,该生产部门因劣者被淘汰,削减了相应的产量,使供给减到与需求相一致,满足了

---

① 《资本论》第1卷,第412页。
② 《马克思恩格斯全集》第46卷(下册),第47页。

按比例规律的要求。同时,由于劣者(即生产技术劣者,或劳动生产力水平低下的企业)被淘汰,该部门各个生产者的劳动生产力水平即使没有发生变化,平均水平也因劣者的退出而提高了,即该部门的一般生产力水平提高了,于是该商品的价值就因此下降了。反过来说,如果求过于供,就会形成卖方市场,出现买方竞争。买方竞争使价格上涨,于是优胜劣也胜。因为价格高昂,生产力水平低的劣者不仅不会淘汰,而且也能赚更多的钱,这部分企业反而会扩大生产规模,使供给增到与需求相一致,这也满足了按比例规律的要求。但它的效益则与上述情况相反,这时,该部门的劳动生产力水平却因劣者(生产力低下的企业)的比重增大而下降,商品价值因此而上升。不过,一旦达到供求平衡,又将出现卖方竞争,再把生产力推向前进。

在供求平衡时,某个生产者为了争夺销售市场,领先提高生产力,使他的商品个别价值低于社会价值,因而可以低价出售,具有竞争力量。竞争又迫使其他生产者提高生产力。竞争就这样为本部门生产力发展开辟道路,又使本部门商品的社会价值下降。

可见,竞争能促使企业提高劳动生产力,加速资金周转,并促进国民经济按比例地发展。当然,竞争也有消极的方面,这可以用经济的和行政的手段加以限制。

二、如何理顺我国当前的价格体系

总体说来,我们的根本任务是发展社会生产力,为此又要协调国民经济的比例关系,并在这基础上加快建设速度和再生产速度。这就决定计划的方针至少要包含的三个要点。此外,还要运用价格的反作用来促成这些任务的实现。但是,生产力规律、按比例规律和速度规律都是生产中的内在联系,它们要迂回曲折地通过流通和分配过程反映到价格运动中。价格问题是通过流通而进行分配价值的问题,它关系到商品所有者的物质利益,是商品生产者生死攸关的问题,因而才具有强大的反作用。因此,我们抓价格体系改革,首先要使价格符合流通和分配中价值规律的要求。

第一,当前,价格与流通中的价值规律不符,主要表现在比价问题上面。

流通中的价值规律要求等价交换,在等价交换的基础上产生比价问题。比价包含着价值比价(两商品的价值比)、价格比价(两商品的价格比)以及这两种比价的关系。

首先价格本身就是一种比价,即商品和货币的价值比价。假定每斤米物化3小时劳动,每元货币是物化10小时劳动的价值符号,两者的价值比价(3:10)反比例地决定10斤米的价格为3元。从这一比价关系可以知道,如果单位货币贬值,价格就上涨;反之则下跌。去年纸币发行额远远超过社会商品流通额所需要的数额,货币必然贬值,价格就会随之全面上涨。货币贬值会波及每个居民手中的货币(包括储蓄存款),因而是大范围的、无形的"平调",如不采取措施就会损及人民群众的利益。不过,由于工资具有不可逆性,不是有升有降,而是逐步上升。在上升中要把暗贴逐步取消,将实际工资如实地表现在货币上面,这样,货币工资必然增加。同时,为了贯彻按劳分配的原则,货币工资也不宜有升有降,而是在大家增加工资时,有的升得多,有的升得少,在实践上容易行得通。这就会增发一些货币。可见,适当地而不是过度地增发一些货币未必是件坏事,问题在于"必须采取切实的措施"来确保居民的实际收入不降低。因此,在工资将改未改之际,不宜过多发钞票,否则不利于价格体系的改革,因为它有可能"会引起物价的普遍轮番上涨"。

其次是商品与商品之间的比价问题。这一般是指价格比价,表现为两商品的交换比例。两商品的价格比价是以它们的价值比价为基础的。所谓比价不合理就是指它们的价格比价背离了价值比价。背离的原因,或者是供求不平衡,两商品之中任一方面价格背离价值;或者是冻结一种商品价格,放开另一种商品价格。在后一种情况下,一个应动不能动,一个不断动,原来合理的比价就会变得越来越不合理。所以,消极地冻结某些物价使价格问题更不合理,使被冻结的那些有关生产部门的经济利益受到损害,影响着该部门生产力的发展。

第二,当前,价格与分配中的价值规律不符,主要表现在利润、利息、地租和工资上面。

前面说过,合理的价格构成应该包括:成本(生产资料的费用+工资)+平均利润(利息+企业利润)+超额利润(地租的实体)。现在的问题是:

(1)关于生产资料的费用。一方面,由于土地产品没有按劣等地个别价值计价,使原料、燃料价格偏低,使加工工业通过这种低价,侵占土地产品应实现而未实现的超额利润,变为自己的企业利润。另一方面,应列入成本而未列入的环保费用,以及由于固定资产折旧率偏低而少计入成本的折旧费都虚假地表现为企业利润。

（2）由于同样原因,特别是农产品、建筑产品价格偏低,使生活资料价格偏低,吃、住、交通无补贴,使这方面土地产品价格倒挂,使货币工资低于实际工资。这就加重了平均主义,违背了按劳分配的原则。

（3）基建贷款利息率过低,只3%左右,不仅远低于国库券的利息率（9%）和储蓄利息率（6.84%）,而且低于企业存款的利息率（4.32%）,形成资金价格倒挂,况且企业的定额资金无偿使用,更使国家重大财源（利息）也转化为企业利润,并使企业失去加速资金周转的压力。

（4）国家不收取地租,使又一部分重大财源（超额利润）也转化为企业利润,并且导致土地资源的浪费。

大家知道,石油加工工厂是个赚钱企业。首先,它买进原油按牌价每吨只要100多元,而国际市场价格要一千多元（因为包含了超额利润）,每吨原油就从国家那里捞到约千元。它又是一个资金密集型企业,资金占用率要交的利息却很少,它占用的土地也不付地租,又进一步占了国家利益。再加上国家对职工的房租、粮油以及副食品的贴补,又使它少支付货币工资。它的固定资产密集,如果折旧费没有提足,还会把这部分未提足的生产基金转化为消费基金。

供电企业也有类似情况。由于煤价太低,利息少收,不计地租,防污费不足,折旧率偏低,也使它表现为低成本高利润。上海供电成本每度（以下同）仅表现为6.35分,民用电价为2角4分,好像利润很高。其实,如果把上述应计而未计入的因素加进去,供电成本至少在1角以上。可是,上海工业用电价格每度仅1角,大耗电工业仅5分（这实际是鼓励浪费的价格）,农业用电仅6分,这些都是低于实际成本的电价。所以电价问题一方面要如实地理顺它的成本,另一方面应调高工农业的用电价格。对外开放以后,外资工业用电价格也是1角。

再说电子工业（包括电视机工业）也是赚大钱的行业。去年年终有些厂不是因此给本单位职工每人发一台彩电吗？它们不也是占不交利息或少交利息的利益,占不交地租的利益,也占原料低价的利益吗？电子工业的原料中包括黄金和白银。这次国家抛出100吨黄金作为饰金来回笼货币,卖价是每克53.9元（足金,未附加工费）,即每两1 684.375元,基本上接近国际市场的价格。但国家配售给电子工业的黄金每两仅831.25元,还不到上述价格的半数。再说白银,我们还要进口。进口价格每公斤在800元以上,国家配售给电子工业的每公斤仅400元,也不到应有价格的半数。金银是高档商品的原料,为什么还要用低价配售给企业呢?

过去我们对企业不收地租和利息,等于下放了土地和资金所有权,但同时却抓住经营权不放。现在的改革似应颠倒过来,即收回所有权,下放经营权。因此,"扩大企业自主权"这个提法含义不清,拟改为"扩大企业经营权"。这样企业就只能依靠自己的努力,在竞争中提高劳动生产率,才能取得较高的收益。

根据以上分析,我以为应该从以下几个方面进行宏观治理:

(1) 抑制通货发行量,从而保证物价不致普遍轮番上涨。

(2) 企业资金应当全部有偿使用,资金价格(利息率)不应倒挂,并有一定幅度的提高。

(3) 一方面,土地产品按它特殊的价值决定规律进行调价;另一方面,土地必须有偿使用,并根据土地等级拉开地租的级差幅度。

(4) 合理调整折旧率。

(5) 禁止污染环境,任何企业必须在内部设法消除污染源,不许削减这方面开支。

(6) 工资改革与消除必要生活资料价格倒挂同步进行,增加货币工资,逐步取消暗贴。

只有在创造了以上的条件下,并在合理的税收下,企业的工资和奖金才能与利润挂钩,才能上不封顶,下不保底。在现在还不具备这些条件时,企业乱发奖金和实物,实际是把国家应收未收的利息和地租,把国家对土地产品和运输部门的贴补,把企业本身应列入成本的环保费用等,都化作奖金和实物私分给个人了。这是为局部利益而牺牲全民利益、为眼前利益牺牲长远利益的行为,必须加以制止。

如果我们合乎规律地系统地理顺价格体系,我们的财政收入将大幅度上升,我们的企业将健康地成长,国民经济比例关系将更加协调,社会生产力会加速地发展。

原载《学术月刊》1985年第8期

商品经济与利息的重大作用

一、商品经济离不开货币和信用

产品之所以转化为商品,只是因为它增加了一个特殊规定性,即价值。商品之所以是商品,正是因为它在使用价值的物质基础上具有价值这一社会属性。离开了价值就不成其为商品经济。

但是由于商品价值是一种社会属性,是一种社会关系,商品本身又无法表现自己的价值,它只有通过交换关系把价值表现在被交换的商品身上,即表现在等价物身上。随着商品生产和商品交换的发展,商品价值最后都表现在货币身上。现代规模的商品经济,离开了货币,价值就无从表现,也不成其为商品经济。

货币最初以自己的金身或银身直接出现。随着生产的日益社会化,商品大规模地扩大再生产,为流通商品所需要的货币也越来越多,社会的一部分生产资料和消费资料就不断用于追加金银的开采和铸造。这是一项巨大的非生产费用。"只要这个昂贵的流通机器的费用减少,社会劳动的生产力就会提高。"[①]况且,即使采尽了金银以铸造货币,也满足不了洪水般的商品经济的发展。因此,可以这样说,商品经济按它现在的规模,靠贵金属货币来流通,它就不能存在。于是,现代信用制度适应大规模的商品经济的需要而产生。信用的作用之一就在于节约货币:(1)相当大的一部分交易因此完全用不着货币;(2)加速货币流通速度;(3)用纸币代替金币。所有这些作用几乎都通过银行来发挥。因此,如果说商品经济按它现在的规模没有信用制度它就不能存在,也就等于说,没有银行它就不能存在。

二、资金所有权与经营权相分离

在社会主义社会里,主要的生产资料和大量的生活资料属全民所有。商

---

① 《资本论》第 2 卷,第 383 页。

品经济又使这些物质财富表现为抽象财富的形式——货币资金。这些全民所有的货币资金又由国有银行集中来管理。国有银行以贷放形式,而不是以无偿调拨形式,贷给全民所有制企业转化为固定资金和流动资金。因为这种价值是贷出的,也就是预付的,而不是花掉的,所以,它在通过它的循环的各个不同阶段以后,会回到它的出发点,并且,尽管这种货币在流通中或多或少地要经过各种人的手,它的最后复归点总是银行。国有银行始终保有的这部分货币资金,实质上是以抽象财富的形式体现着作为它的物质内容的相应的生产资料和消费资料的全民所有权。国有银行将这项资金贷给全民所有制企业,实质上是资金的所有权和使用权(经营权)的分离。这类似于资本主义银行与资本主义企业的信贷关系,但那是资本所有权和使用权的分离。由此可见,社会主义的贷借关系同资本主义的贷借关系的区别,不在于贷借关系是否存在,不在于这种关系是否体现所有权和使用权的分离,而在于所有制不同,在于剥削阶级是否存在,在于资金是否转化为资本。又由于共性寓于特殊性之中,我们正是根据马克思关于生息资本和职能资本的关系以及关于资本所有权和使用权的分离的原理(以上参阅《资本论》第三卷第二十三章),揭去资本形式,存其资金共性,并和社会主义实践结合起来,得出"所有权和经营权是可以适当分开的"科学结论。

当然,体现全民所有权的并不仅是国有银行的贷借关系。社会主义的国家机构还必须通过计划和其他经济的以至行政的、法律的手段对企业进行必要的管理、检查、指导和调节来体现所有权。但是,从经济方面来讲,贷借关系是体现所有权的重要形式。过去,企业资金由财政部门无偿拨款,这实际等于下放所有权,把全民所有的资金变为企业所有,但同时,上面又抓住经营权不放,把企业管得死死的。将拨款改为贷款,通过国有银行的贷借关系就可以在经济上把所有权收上来,把经营权放下去。

三、利息的二重性质

国有银行通过贷借关系把资金的全民所有权收上来,不仅表现为资金的有借有还,而且还要收取利息。利息是通过银行从企业集中的一部分纯收入。正是利息从资金的价值增殖形式上体现着资金的所有权,所以,没有利息的观念,把资金无偿调拨,实际上是否定资金的全民所有权。

此外，从借入资金的企业来讲，它向银行支付利息是为了取得资金的经营权，即为了取得资金的特殊使用价值。用商品经济的语言来讲，虽然社会主义的银行本身不是商品，但银行贷出的资金却是一种特殊的商品。这种商品的特殊性不在于它具有价值，而在于它具有特殊的使用价值——它的使用能够带来利润。这种特殊的商品有着特殊的流通，这种流通不是买卖关系，而是借贷关系。它不是被付出，也不是被卖出，而是被贷出。它贷出的条件是：第一要按期归还，第二要带着利息归还。普通商品在售卖上，并不让渡价值，价值只是由商品形式转化为货币形式，出售的是它的使用价值而不是价值。资金商品在贷出时，却暂时让渡它的价值，正因为这样，一定要有未来的偿还来把它保存。并且，它在贷出时，实际上是暂时出让它的使用价值（带来利润的使用价值）。就普通商品来说，使用价值经过让渡最终会被消费掉，因而商品的实体和它的价值会一道消失。相反，资金商品的使用价值经过使用，它的价值和它的使用价值不仅不会消失，而且还会增殖。普通商品的购买者所支付的是这个商品的价格或价值，资金商品支付的却是这个商品的使用价值的成果（价值增殖额或利润）的一部分，即利息。如果把利息叫作资金商品的价格，那就是不合理的价格，与商品价格的概念完全相矛盾。它不是该商品的价值的货币表现，而是该商品使用价值（生产利润）的成果的一部分。但不管怎样，利息毕竟是借款单位为取得资金使用权而向资金所有者支付的一种报酬。（以上参阅《资本论》第三卷第二十一章）

由此可见，利息具有二重性质，一方面它作为信贷资金价值增殖形式，体现资金的所有权，另一方面它又表现为让渡经营权所取得的报酬。

四、利息率的水平问题

利息虽然是价格的一种不合理形式，但它总还是一种特殊商品的特殊价格。我们说"价格体系的改革是整个经济体制改革的关键"，这个"价格体系"包不包括这个特殊商品的特殊价格呢？我以为不管包括不包括，它们是密切联系在一起的。一定要使企业在处理资金问题上有个利息的概念。这就意味着，银行的作用要充分发挥出来。目前，资金已经由无偿占有到有偿使用，也就是由无价到有价，进一步待改革的似应是这个特殊价格的水平问题，也就是合理调整利息率的水平问题。这个问题似可从以下几个方面来探讨。

（1）资金必须名副其实地有偿使用，因而贷款利息率不应太低，至少不应发生利息率倒挂现象。这个问题实际上是利息在利润中应该分割的比例问题，即全民所有制企业在自负盈亏以后国家通过利息形式应该吸收多少纯收入的问题，也是国家得大头还是企业得大头的问题。

（2）既然利息以及利息率也是一种价格，这个价格也应"能够灵敏地反映社会生产率和市场供求关系的变化。"从理论上来讲，在一定时期内，由于：

平均利润＝预付资金×平均利润率

利息＝平均利润×利息在平均利润中的比重

利息率＝利息÷预付资金

所以，利息率＝平均利润率×利息在平均利润中的比重。一方面，当社会生产力发生变动时，平均利润率就会发生变动，就应该在利息率和利息上面有所反映；另一方面，当信贷资金的供求关系发生变化时，利息在平均利润中所占的比重就会发生变动，也会使利息率发生变动。由此可知，当社会生产力发生变化或者货币资金供求关系发生变化的时候，利息率就不应是固定不变的。

（3）虽然利息率会发生变动，但它在每一瞬间却表现为一个固定的、明确的量。货币资金本身并无质量差别，它作为商品并无质量差价。"因此，利息率总是表现为一般利息率，表现为这样多的货币取得这样多的利息，表现为一个确定的量。"①因此，在同一时点上，似不宜对甲部门一个价，对乙部门又是另一个价。

五、利息促进社会生产力的发展

如果揭开利息的面纱，就可以发现利息既是社会生产力发展成果的一部分在商品经济中的表现，又反过来促进社会生产力的发展。而解放和发展生产力正是社会主义的根本任务。社会主义的商品经济以社会生产力发展到一定高度为前提，这样的高度使劳动者只要用他们的劳动时间的较小部分就足以再生产，他们自己因而能够提供较高的剩余劳动时间。这个剩余劳动凝

---

① 《资本论》第3卷，第414页。

结的价值就是商品价值 c+v+m 中的 m。m 本来是活劳动创造的,它直接体现了 v 的效益。但是,虽然 c 不创造 m,c 的物质内容(生产资料特别是其中的机器)是生产力的客体条件,而生产力较高的劳动是当作倍加的劳动发生作用,这个作用实际上会带来更多的利润(m 在分配过程的转化形式)。因此,从资金形式来讲,不管是 c 还是 v,或者从 c 和 v 的转化形式来说,不管是固定资金还是流动资金,它们的每一构成部分都在利润的生产上起着作用(因而利润率应该以资金为基础来计算,应该以资金利润率代替成本利润率)。前面说过,利息就是购买这种使用价值的特殊价格形式,是这种使用价值的成果(平均利润)的分割部分。可见,没有一定高度的生产力发展,就没有剩余劳动,就没有 m,没有利润,也就没有作为利润的分割部分的利息。

利息打破资金的大锅饭,它使多占资金的企业承担多交利息的义务。假定有两个工厂,以同量工人生产同种产品,一个工厂占有较多资金,因而购买了昂贵的先进技术设备,提高了生产力,获得了超额利润;另一个厂缺乏资金,设备老化,同量劳动的结果,甚至取不到平均利润。如果不付利息,多占资金因而占有较高生产力、占有较多利润的企业就会不劳而获那个超额利润的相应部分,利息正是要把这部分收上去。当然,那个没有多占的资金部分也必须支付利息以体现资金(社会生产力的物质要素的价值形式)的所有权,以报酬资金的经营权。

利息对生产力的反作用表现为,它在时间上、空间上促使生产力的一切潜在因素转化为运动着的生产力,从而加速社会生产力的发展,扩大社会再生产的规模。

撇开利息率不说,从银行贷款来看,一个企业向银行支付利息的大小,正比例于借入资金的数额和借款时间的长短[①]。企业为了减轻利息的负担,就要尽可能减少自己占用的资金和缩短借款的时间。但是,要达到这两个目的就要加速资金的周转速度,也就是缩短资金的周转时间。在一定规模的再生产和流通下,由于资金的占用量与再生产和流通的时间(即一次周转的时间)成正比,同时借款的时间的长短也由再生产和流通的时间所制约,这样,产业部门就不敢积压物资,商业部门就不敢积压商品,并尽量设法使它们转

---

① 借款时间的长短也决定利息的大小,正是在这个意义上,利息也可以叫作借贷资金的"时间价值",或者说"时间就是金钱"。

化为有用之材、实用之物,使这些潜在的生产力因素转化为运动着的生产力。同时,生产部门还必须提高劳动的生产力以缩短生产时间,运输部门必须提高自己的生产力以缩短物流时间,商业部门也必须提高劳动的效率以缩短纯粹流通时间。利息就这样在时间上促使社会生产力的发展。

从银行吸收存款来看,银行运用利息杠杆在空间上把社会上一切可用的、暂时闲置的资金集中起来,实际上是把暂时闲置的生产资料和生活资料集中起来,然后贷给企业去使用,也就是把暂时闲置的生产力要素转化为运动着的社会生产力,从而扩大了社会再生产的规模。

由此可见,在社会主义的商品经济中,利息不是可有可无的,而是必然会存在并且起着巨大的作用。随着我国经济的对外开放,国内利率还会和国际利率发生联系。如何运用好利率这一杠杆,以促进我国生产力更快地发展,将是越来越重要的问题。

六、利息是商品价格的组成部分

最后,利息就它的源泉来讲,是 m 的再分配,是平均利润的分割部分,因此,它应该成为一般商品价格中的必要组成部分。在商品价格构成中,首先是成本 $c+v$,然后是 m 转化的平均利润和超额利润,超额利润用于支付土地使用费(地租),平均利润的一部分支付利息。只有这样才能保证国家在纯收入中得大头,也只有这样才能使企业在平等条件下进行竞争。因此,利息问题也是价格体系改革中一个重大问题。

原载《上海金融》1985 年第 1 期

价值规律与宏观调控

社会经济运动自成系统。这个系统中每个要素之间的内在联系具有规律性。因此,诸经济规律也是一个系统,成为一个体系。就社会主义商品经济而言,这是一个从内容到形式的各规律之间的体系。价值规律处于这个体系的外层地位并且自身也是一个体系,即在上述大系统中的子系统。只有弄清楚这些相互关系,才能科学地进行宏观经济调控,促进社会主义建设健康地发展。

一、经济运行大系统中的经济规律体系

经济的根本在生产,而生产的物质内容是生产力。因此,社会生产力发展规律是经济规律体系大系统中的核心规律。

社会生产力也是一个多层次的系统。这个子系统由它的源泉、它的自身和它的结果共同组成。这个子系统有它的一般规律和它的构成因素的规律。具体说来就是:社会主义生产力发展规律;自然力和经济相结合的环境(资源)经济规律;人力和经济相结合的人口经济规律;科学技术力和经济相结合的科学技术(包括教育)经济规律;生产力技术构成的规律;剩余劳动的规律以及积累规律;等等。社会生产力发展规律还派生出国民经济正比例发展的规律和国民经济发展速度规律。

由于社会生产力在任何社会都存在,所以上述社会生产力规律体系不是某一社会所特有,而是一切社会所共有的规律体系。

但是,这个物质生产的内容(生产力)总是和它的社会形式(生产关系)联系在一起的,它们形成社会基本矛盾运动。于是,社会生产力发展规律展开为生产力和生产关系相互作用的规律。具体说来就是,生产力决定生产关系的规律,生产关系反作用于生产力的规律,生产力、生产关系和分配关系相互作用的规律。

当生产关系具体化为商品经济关系时,上述生产力和生产关系的相互关系就具体化为生产力和商品价值关系的相互关系。它们的内在联系表现为价值规律。价值规律又是一个体系,形成另一个子系统。

价值规律的这个由内容(内圈)到形式(外圈)一个个层次的展开,可以如图1所示。

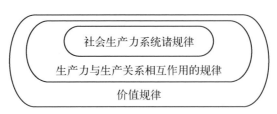

图1　社会生产力系统

由此可见,价值规律具有极丰富的内容,是社会生产力系统诸规律,生产力和生产关系相互作用诸规律的价值表现形式。认识这样重要的联系,就会理解它与宏观经济调控的关系。毛泽东在他领导的社会主义建设过程中,虽未对价值规律深入探索,却已感到价值规律是"一个伟大的学校"。

二、作为子系统的价值规律体系

价值规律包含的丰富内容,它在再生产总过程中各个过程表现为各自的特殊规律性,并成为一个体系。这也可以如图2所示。

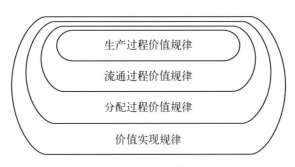

图2　价值规律体系

1. 从抽象到具体(从内圈到外圈)的展开

这里,内圈的核心是生产过程的价值形成规律,即一个商品的价值量由社会必要劳动时间决定,这个劳动时间又和生产力发展成反比。也就是说,价值规律就其基本规定性来讲,实际是通过价值表现的生产力发展规律。可见,价值规律并不是一个什么可怕的规律,而是我们所关心的生产力发展规律的价值表现形式。

价值规律的基本规定性(一个商品的价值量由生产该商品的社会必要劳动时间所决定)潜在于生产过程,但这个规定性本身已经规定,价值不是由商品生产者个别劳动时间决定,而是由社会平均劳动时间决定。因此,价值是商品生产者交互劳动的社会生产关系,并且要通过物与物的交换来实现。在交换过程中,双方交换的商品虽然使用价值不相同,但所包含的社会必要劳动却必须相等,也就是价值必须相等,才不会发生一方侵占另一方的劳动。

流通过程不过是比较复杂(因有货币在其中起作用)的交换过程,等价交换的规律仍然是流通过程的规律,不过也因货币而采取复杂的形式。货币使价值表现为价格。抽象地讲,只有在价格与价值相符时,才能实现等价交换。但价格又因供求变化而波动,价格在个别场合一般都与价值相背离,等价交换规律要求价格与价值相符并不表现在每个个别场合,而是表现在市场价格以价值为中心的运动中。在这个运动中,由于变动着的价格与价值的离差会在它们的总和中相互抵消,这又同变量和它们的平均数的关系的规律一样。在平均数规律中,变量以平均数为中心,它们与平均数的离差也相互抵消。这样,市场价格以价值为中心的运动,又通过平均数规律,表现为价格以平均价格为中心的运动。可见,在交换过程或流通过程中,价值规律的基本要求是等价交换,从而要求价格与价值相符,实际则表现为平均价格与价值相符,因而价值规律又表现为平均价格的规律。

但是,这还是就生产过程展开的流通过程来看的,它还要展开到分配过程。在流通过程中还只是因市场价格发生波动使价值表现为平均价格问题。进入分配过程以后,价值自身也发生变化,它转形为生产价格,即 c+v+m 转形为成本+平均利润+超额利润,其中,平均利润+超额利润再转化为利息+企业利润+地租等分配形式,是为了实现一般生产要素(表现为资金)的所有权和经营权以及基本生产要素(土地)的所有权。于是,又使市场价格环绕平均价格(实是价值)的运动,变形为市场价格环绕社会生产价格的运动。也就是说,商品生产的总过程(生产、流通和分配)中,价值规律实际变形为生产价格规律。

现在从最外圈,去进一步考察市场价格这一方面,考察它的波动以及与之相联系的价值实现规律。前面从某个特殊生产部门的单个产品的角度,考察了生产力变动以反比的形式,表现为单个产品所耗劳动(第一种含义的社会必要劳动)凝结的价值的变化规律,进而转形为生产价格的规律。现在再进一步从总产品的角度,考察价值规律和国民经济按比例发展规律的内在联系,以及它们对生产力的影响。前面是从生产方面,也就是从社会供给的角度来看价值规律。现在要从市场方面,也就是从社会需要的角度来看价值规律。众所周知,由国民经济按比例发展规律决定的、为满足社会需要而生产某种商品总量所需的劳动,是社会总劳动中按必要的比例分配给该部门的劳动(第二种含义的社会必要劳动)。这个第二种含义的社会必要劳动决定有支付能力的需要,即决定对该产品能支付的价格总额,它不管第一种含义的社会必要劳动的总和怎样,不管价值总额怎样,只能按照这个价格总额来实现,迫使生产(从而供给)按比例地进行。由此可知,国民经济按比例发展的规律不仅要通过国民经济计划来贯彻,而且要通过价值实现规律为自己开辟道路,或者更具体地讲,是通过市场价格的规律为自己开辟道路。

2. 外圈对内圈的反作用

以上我们从内容到形式、从内圈到外圈叙述了价值规律如何从抽象到具体地展开,其进程是

社会生产力发展规律→价值形成规律→平均价格规律→生产价格规律→市场价格规律

现在要反其道而行之,考察外圈对内圈的反作用,即:

市场价格规律→生产价格规律→平均价格规律→价值形成规律→社会生产力发展规律

如果某部门生产没有按社会生产力发展所需比例进行,以致供求失衡。当供过于求时,市场价格低于生产价格,即生产价格不能全部实现,但生产者仍然要支付银行利息和土地地租,直接受损的是企业利润,乃至不能保本。于是,该部门中劣等条件的生产者被淘汰,这意味着那些较高的个别生产价格或较高的个别价值(实是较高的个别劳动耗费)的生产被淘汰,从而该部门产品的社会生产价格下降或社会平均价值下降,也就意味着该部门的生产

力平均地上升了。反之,当求过于供时,生产价格不仅全部实现,而且超额实现,劣等条件生产者就会扩大生产,以致较高的个别生产价格或个别劳动占更大的比重,社会平均劳动增大,从而形成较大的价值,也就意味着该部门的生产力平均地下降了。

如果人为地压低市场价格或拔高市场价格,就会使价值实现规律变形。例如,不是由于供过于求,而是由于人为地压低原料价格,结果反而导致求过于供,原料生产者因投入的劳动得不到补偿,技术难以更新,缺乏发展生产力的动力,生产力乃至生产难以发展。但是,原料固有的生产价格却是客观存在的,压价使它的未实现部分被加工工业无偿地占有,加工工业利上加利就过度发展。这样,一方面是基础产业萎缩,另一方面是加工工业盲目发展,产业结构失衡,都是违背价值实现规律的结果。

3. 价值规律衍生的货币流通规律

商品价值不是物而是人的经济关系,因而它不能孤立地自我表现,而要通过与另一种商品的交换才表现出来。专门用于表现商品价值的特殊商品就是作为货币商品的贵金属。假定商品流通量为 Q,单价为 P,全社会的商品流转额为 $\sum PQ$,所需要流通的金属货币量为 $\sum G$,于是等价交换规律就衍生货币流通量规律的基本规定性为 $\sum G = \sum PQ$。然后追加货币流通速度(设为 V)的规定,又使公式转化为 $\sum G = \sum PQ/V$。为使分析简单化,设 V = 1,还原到 $\sum G = \sum PQ$。在这里,$\sum Q$ 体现社会待流通的总商品的价格总水平 $\sum PQ$。如果总商品的量不变,社会生产力的变化使价值总额发生变动,从而使 $\sum PQ$ 即价格总水平发生变动。在这种情况下,总水平的变动只反映价值总额的变动。

在纸币作为通货的情况下,用纸币 M 代替贵金属货币 G,假定总商品的量仍不变,并假定社会生产力不变,价值总额不变,因而 $\sum G$ 也不变,则在 $\sum M = \sum G = \sum PQ$ 时,价格总水平不变。如果纸币增发一倍,它仍然只代表 $\sum G$,即 $2\sum M = \sum G$。于是 $\sum M = 1/2 \sum G$,即在通货膨胀下,纸币贬值一半,但表现在 $\sum PQ$ 上则是 $2\sum M = \sum (2P)Q = 2\sum PQ$,即价格总水平，$\sum PQ$ 上涨一倍，或各种商品的单价 P 也都上涨一倍。通货膨胀会表现为社会总需求大于总供给，实际上是使价格总水平上升。

三、遵循价值规律进行宏观调控

在弄清经济规律体系中大系统与子系统各个层次的作用与反作用关系以后，我们就可以自觉地在总体上对国民经济进行调控。我们的社会主义经济，是公有制基础上的有计划的商品经济。我们对经济进行宏观调控，主要是计划调控并辅以市场调节。这就意味着价值规律和按比例规律同时作用于我们的计划工作。

国民经济计划主要是为了贯彻按比例规律以促进社会生产力的发展。国民经济最主要的比例是人口与生态环境（土地）的比例，人口与教育、科研事业的比例，产业结构的比例，各产业内部生产资料与劳动力的比例，以及积累与消费的比例等。因此，应当"严格控制人口增长，提高人口素质""合理利用资源，注意保护生态环境""把教育放在优先发展的战略地位，把经济发展逐步转到依靠科技进步、不断提高劳动效率的轨道上来"。同时还要"加强基础产业，调整产业结构，努力增强我国经济和社会发展的后劲"；并且按照"一要吃饭，二要建设"的顺序处理好消费与积累的比例。所有这些对计划工作都是至关重要的。

为了提高计划的科学性，不仅要遵循按比例规律，同时还要遵循价值规律，否则价值规律会通过价格机制冲击不合理的计划。这可以从价格总水平和价格体系中的比价两方面来看。

在我国人口众多、社会生产力水平很低的情况下，国民收入的绝大部分被现有人口吃掉，剩余产品很少。但是，几十年来，我们的计划工作忽视这一国情，急于追求速度，超越微量的剩余产品盲目积累，导致通货膨胀，总需求超过总供给，物价总水平猛涨，使国民经济陷入困境。这是由价值规律所衍生的货币流通规律对失衡的计划工作的反馈和冲击。在这种情况下，仅靠行政手段去禁止涨价是无济于事的。因为物价总水平的变动不过是纸币发行量变动的结果。为了走出困境，必须釜底抽薪，必须调整计划中积累与消费的比例，下狠心压缩基本建设、紧缩货币发行量，过几年紧日子。同时，在宏观上优化产业结构，在微观上优化劳动组合，依靠科技与管理，主要走内涵扩大再生产的道路。其结果是,不合理的总需求将被抑制,合理的总供给则得到发展,物价总水平也就会稳在合理的标度上。

　　长期以来,我们忽视商品生产总过程中生产的价格规律,不仅80年代以前长期否定"成本+平均利润+超额利润"中的"平均利润",至今仍然忽视"超额利润"的存在。我们的计划价格因此一直人为地压低土地产品(农产品、矿产品)价格和交通运输价格。价格问题是价值进而生产产品的劳动是否得到补偿或占有别人劳动的问题。过低的计划价格,使我国基础产业投入的劳动得不到补偿,使它们萎缩;加工工业则因此多占了基础产业的利益。现在要加强基础产业和调整经济结构,也不能只凭行政手段,关键仍在于计划要符合价值规律的要求,否则连符合按比例规律的要求也达不到。计划只有符合生产价格规律才能使各个产业按比例地各得其所,既在宏观上科学地进行调整,又使它们在微观上各尽其力,共同促进社会生产力的发展,实现我国的社会主义现代化。

原载《经济研究》1990年第2期

从生产方式看效率与公平

效率应归结到生产力。公平则归结到生产关系,具体指分配关系是否公平,在流通中则表现为价格问题。因此,在当前实践中,效率与增长转型,公平与体制改革,相互联系在一起。社会主义的根本任务是解放和发展生产力,效率要优先;社会主义是公有制,还要兼顾公平。

一、生产方式的结构与机制

社会生产形式的物质内容是生产力,它表现为一层层的社会经济方式:生产关系、分配关系、价格(在商品经济中的表现)。按照内容决定形式(用→表示),形式作用于内容(用←表示)的原理,它们的关系是

$$生产力 \rightleftarrows 生产关系 \rightleftarrows 分配关系 \rightleftarrows 价格$$

在上述关系中,生产力包含着客体要素(物)和主体要素(劳动力),即人与物的关系。生产关系则是物的所有者与劳动力所有者之间的关系,即人与人的关系。这种生产关系又决定上述两种所有者对劳动力所创造的果实的分配关系。马克思在《〈政治经济学批判〉导言》中指出:"分配的结构完全决定于生产的结构。分配本身就是生产的产物,不仅就对象说是如此,而且就形式说也是如此。"[1]具体说来,就分配对象来讲,它是活劳动所创造的净产品(它的价值=v+m);就分配形式来讲,"只是历史规定的生产关系的表现"[2]。本文所讨论的则是市场经济所表现的分配形式。分配关系"不过表示生产关系的一个方面"[3]。也就是说,广义的生产关系包括分配关系以至价值价格关系。

---

[1] 《马克思恩格斯全集》第12卷,第745页。
[2] 《马克思恩格斯全集》第25卷,第997页。
[3] 同上书,第959页。

从形式反作用(促进或阻碍)于内容来讲,上面右侧三个层次逆向层层反作用最后反作用于生产力。而就生产关系三个层次来讲,这种反作用还包含"实现"的意义,即价格实现分配关系,分配关系实现生产关系。前者因为能分配的是 v+m,它蕴含在产品价值(c+v+m)中,只有在产品按市场价格出售后,才知道 v+m 实现多少,然后才能分配。后者因为生产关系主要指生产要素的所有权与使用权,这些产权关系都要从 v+m 的分配关系中得到实现。因为这个缘故,价值(c+v+m)又转形为再生产价格(=成本+平均利润+超额利润)。其中 c+v 转化为成本,剩余价值 m 则由社会重新分配转化为平均利润+超额利润。于是,劳动力所有权由成本中的工资部分来实现;平均利润又分割为利息与企业利润,资金(或资本)的所有权由利息来实现,使用权由企业利润来实现,土地所有权由超额利润转化的地租来实现、使用权由扣除地租后的新增超额利润来实现。如果没有分配关系来实现,要素(土地、资金、劳动力)的所有权便名存实亡了。

在发达的市场经济中,要素的所有权与使用权一般是分离的。并且,要素也表现为商品,形成各要素市场。这类特殊商品实际是要素的使用权,而 v+m 所转化的分配形式也就成为这类商品的价格。又因使用总是有期限的,其价格也就是有时限的价格。具体说来,地租是土地使用权的有期价格,利息是资金使用权的有期价格,工资是劳动力使用权的有期价格。

这样就可以得出结论:① 要素的使用权作为商品的价格,实际上就是 v+m 的分配关系,这些价格又先后寓于初级产品(矿产品等)、一般生产资料以至最终产品的价格之中。也就是说,一般生产资料与消费品的价格也包含着分配关系。② 这样,在市场经济中,要素的价格起着双重的作用——既是要素使用权的价格,又实现要素的所有权。③ 被经营者购得的要素使用权则由企业利润来实现。

由此还可以知道:① 市场是一个体系,它包括上游市场(即上述的各要素的市场)、中游市场(一般生产资料市场)和下游市场(最终产品——消费品市场)。② 每一市场的各自的商品价格,由上游渗入中游,上中游价格又渗入下游产品价格。也就是说对应于市场体系,形成价格体系。如果上中游价格不合理,会造成整个体系的价格不合理,实际则是表现分配的不合理,也就是分配不公平。③ 上述一般产品的再生产价格是价值对应于分配关系要求而转形的、市场的内在价格。市场的外在价格,即实际的市场价格,则因供求关系以这个内在价格为中心而波动。它对中心波动的差离标志着供求不平衡的差距,也就标志着资源配置与使用背离了国民经济按比例发展的规律。价格波动在宏观上促使供求平衡,优化资源配置,也就是提高社会经济效率。价格波动在微观上,则使生产者所占有的要素使用权实现的企业利润发生变化。供过于求时,不能实现乃至于亏本,反之则会过多实现。在这里,问题发生在要素使用者方面,因使用是否适当而发生盈亏,盈者与亏者之间没有公平不公平的问题。④ 上述情况只与使用权有关,而与要素所有权无关,因而实现要素所有权的分配形式是刚性的,即不管使用者是否盈亏,租出土地总要收取地租,贷出资金总要收取利息,付出劳动总要取得工资。由于这分配形式在流通领域又表现为要素价格,因而在形式上也表现为公平。

二、按劳分配与公平

在流通领域,价值规律要求等价交换,要求交换双方处于平等地位,彼此不侵犯对方的利益。所以,公平是和市场的买卖连在一起的,市场经济的完善离不开公平交易,要素市场也不例外。

但是,进入生产过程,情况就会发生变化。现在我们先从按劳分配谈起。按劳分配的"劳"首先是指生产劳动,是为生产而投入的劳动。劳动有复杂与简单、熟练与不熟练之分,故以平均劳动为计量标准。复杂劳动等于倍加的简单劳动,熟练劳功等于倍加的不熟练劳动。按劳分配就要按这个倍比而分配。如果忽视这个倍比,复杂劳动与简单劳动拿相近的工资,例如现今一些知识分子工资仍然过低,那就违背按劳分配,就是不公平,也就难以提高经济效率。

按劳分配的"劳",在生产过程中还分割为两部分——必要劳动与剩余劳动。工资只体现按必要劳动的分配部分。因此,问题就归结到:劳动者付出的剩余劳动是否也按劳分配?

在资本主义私有制中,流通领域的交易,包括劳动力的买卖,也表现得很公平。但进入生产领域却是剥削剩余劳动的不公平行为。劳动者所提供的剩余劳动乃至剩余价值,被剥削并瓜分为利息、利润和地租,是按土地和资本的私有权进行分配,不是按劳分配,当然是不公平的。"劳动力的不断买卖是形式。其内容则是,资本家用他总是不付等价物而占有的他人的已经对象化的劳动的一部分,来不断再换取更大量的他人的活劳动"[1]。这种实质上不公平却在流通领域中表现为公平的现象。正因为如此,为资本辩护的经济学者的"那些观点、概念和标准就是从这个领域得出的"[2]。他们还避开以至攻击劳动价值论,将要素所有权对剩余价值的分配形式颠倒为要素本身所生产,似乎与剩余劳动无关。

在社会主义公有制中,按劳分配也不是全部劳动成果归个人直接所有。个人直接所得的仍是必要劳动部分。但是劳动者(生产者)所提供的剩余劳动已摆脱他人的剥削,转为劳动者的社会所公有。它被用于社会主义建设的追加投资,用于应付灾害的后备基金,用于国家的行政费用以及文教、卫生事业、救济事业等。这样,"虽然从一个处于私人地位的生产者身上扣除的一切,又会直接或间接地用来为处于社会成员地位的这个生产者谋福利"[3]。这样全面的按劳分配当然是公平的。

在社会主义市场经济体制中,土地市场、资金市场、生产资料市场仍然是必要的,而且相应的要素价格也必须理顺,否则会带来整个价格体系的不合理,也就是导致经济的全面不公平。长期以来,土地无偿调拨或低价批租,资金低利运行,主要生产资料保持双轨价格。这就使一些人利用价差,进行权钱交易,暴富起来,国有资产因之大量流失。这些暴发户发的财实际上是国家流失之财。前面说过,利息和地租是剩余价值的分配形式,它们应该被用来实现要素的公有制。它们的流失使国有制得不到实现,使劳动者向国家提供的剩余劳动被私人、小团体或地方所侵占,这当然是不公平的。

三、生产力(效率)与公平

上述价格体系混乱,致使分配不公平的情况,还带来了生产领域不公平和低效率。人为地压价使生产生产资料的部门亏本,加工工业却借此盈利。无价或低价还使土地资源配置不合理,资金被占压,资源被滥用等。初级产品生产部门因亏本难以提高生产力,加工工业因使用低价生产要素无须提高

---

[1] 《资本论》第1卷,第673页。
[2] 同上书,第205页。
[3] 《马克思恩格斯全集》第19卷,第20页。

生产力也会盈利。

在资本主义制度下,流通领域的公平和生产领域实质上的不公平,却有可能得到高效率。这是因为资本为了达到占有更多剩余价值这一不公平的目的,它必须以提高劳动生产力为手段,也就促进了效率的提高。由此可以看出,生产效率以流通的公平为前提,在一般情况下与生产中是否公平无关。

在社会主义制度下,我们的改革就是要培育市场体系,理顺价格体系,使公平交易通行于流通领域,为生产领域取得高效率创造条件。在生产领域,国有企业也要以生产更多的剩余价值为目的,m是全民公有不是被资本剥削,因而是公平的。为了达到这一目的,市场竞争也迫使企业以提高生产力为手段,促进了效率的提高。

由此可以得出结论:在资本主义制度下,效率是和实质上的不公平联系在一起的。在社会主义制度下,效率是和实质上的公平联系在一起的,这正是社会主义优越性所在。但无论哪种制度,都要求流通领域的公平交易。因此,我们要培育好社会主义市场经济,当前要特别健全上游市场(土地市场、金融市场),优化中游市场(生产资料市场、运输市场),关键则在于理顺它们的价格,做到真正公平交易,遏制国有资产的流失。在生产领域则要努力提高生产力,达到国有资产的保值和增殖。

原载《学术月刊》1996年第9期

两个根本转变的理论导向

科学的理论来源于实践中对客体规律的认识,又作为实践的导向。实践若不以科学理论为指南,就会变成盲目的实践。因此,在广大干部特别是各级领导干部中,加强理论建设和理论武装,具有极为重要的意义。正因为这个缘故,中央领导希望广大干部通过学习理论,"坚定马克思主义、社会主义的政治方向和政治立场……保证我国改革开放和现代化建设的健康发展"[①]。那么,又怎样具体保证这两个方面的健康发展呢?"关键是要实行两个具有全局意义的根本性转变"[②]。这一重大决策其理论基础又是什么呢?

大家知道,经济科学是揭示经济规律的。只有按照经济规律办事,经济才会健康发展。《资本论》的"最终的目的就是揭示现代社会的经济运动规律"。我们有责任阐述这部巨著中的有关理论,为两个根本转变提供科学的理论导向。当然,马克思主义并没有结束真理,而是在实践中不断开辟认识真理的道路。《资本论》问世百多年以来,社会经济突飞猛进,科学的发展也由片面分工到综合为知识体系。其中包括自然科学奔向社会科学,社会科学融入自然科学。马克思、恩格斯都强调,他们的理论不是教义,而是一种科学的辩证方法。我们正是要运用这种方法,既吸收《资本论》中已揭示的经济规律,又要在新的历史条件下,在科学整体化条件下,探索和揭示新的规律。但长期以来,人们认为经济学只应研究生产关系。不联系生产力、人口与环境,空谈生产关系,自我切断了科学体系中的网络,也就难以揭示经济运动中的内在联系(规律性)。马克思在《资本论》中不仅分析生产关系,而且处处联系生产力,也联系人口、环境和科学技术,只是有些论点、有些科学闪光之处,它未具体展开,正有待我们在新的历史条件下予以充分论述。科学本身

[①] 江泽民:《努力建设高素质的干部队伍》(1996年6月21日)。
[②] 江泽民:《加强农业基础 深化农村改革 推进农村经济和社会全面发展——在河南考察农业和农村工作时的讲话》(1996年6月4日)。

是不断发展的,我们不仅应该按照科学的方法学习和研究《资本论》,而且要为《资本论》理论的发展作出贡献。

总之,作为一名社会科学工作者,不仅要了解社会经济的发展规律,还要不断扩展自己的知识面,特别是自然科学的知识,以便探索经济规律与自然规律的联系。

就两个根本转变的实质来讲,一个是生产力的转变,另一个则是生产关系的转变。按照内容决定形式、形式反作用于内容的辩证关系,两个根本转变首先在生产力的方面。下面就由此谈起。

一、关于增长方式的转型

1. 关于从粗放型到集约型的转变

按照文件的说法,经济增长方式的转型是指由粗放型转变到集约型。其目的是"为了促进国民经济持续、快速、健康发展"。实际上,这里讲的"粗放"多指外延的扩大再生产,"集约"多指内涵的扩大再生产。前者实指只靠投入、不注意效率甚至损害社会生产力型,后者实指保护和发展社会生产力型。

在《资本论》中,这两个词曾出现在农业经济上面。那里是这样说的,"历史地看……在殖民地,移民只须投很少的资本;主要的生产要素是劳动和土地……一开始就是粗放经营"。其后,"按照耕作的自然规律,当耕作达到一定的水平,地力已经相应地耗尽的时候,资本(在这里同时指已经生产出来的生产资料)就成为土地耕作上的决定因素"。也就是说,当土地的自然肥力受到损害后,这时农业生产就由粗放型转到集约型。"在经济学上,所谓集约化耕作,无非是指资本集中在同一土地上,而不是分散在若干毗连的土地上"。而所谓"资本集中在同一块土地上"的物质结果,则是指"人工增进的土地的不同肥力"[①]。但是,人工肥力往往补偿不了土地的自然肥力,甚至还会进一步破坏土地自然力,例如使土地板结等。因此,"在一定时期内提高土地肥力的任何进步,同时也是破坏土地肥力持久源泉的进步"[②]。由此可知,本来意义的由粗放型到集约型的转变,经过实践的检验,并不可

[①] 《资本论》第3卷,第760—762页。
[②] 《资本论》第1卷,第579—580页。

取。我们现在说的集约型这个词并不是指这个意义,而是指"内涵型"的意义。

2. 关于外延型到内涵型的转变

增长是扩大再生产问题。《资本论》是马克思的再生产理论,所以对外延与内涵扩大再生产叙述很多,也正是我们要学习之处。关于增长的两种形式,《资本论》中是这样说的:"如果生产场所扩大了,就是外延上扩大;如果生产资料效率提高了,就是在内涵上扩大。"①就其资本形式来讲就是:"生产逐年扩大是由于两个原因:第一,由于投入生产的资本不断增长;第二,由于资本使用的效率不断提高。"即前者是外延型,后者是内涵型。这里讲的资本(或资金)使用的效率实质上是劳动生产力。这又体现在两个方面。一方面要节约资金的耗用量,即节约商品在生产和流通中所消耗的各项费用,也就是用于生产和流通中的人力物力的节约。这种节约意味着劳动生产力的提高。另一方面要减少资金的占用量,为此又要提高资金周转速度,即缩短资金在再生产和流通中(周转中)所经历的时间。这些时间的缩短也是和劳动生产力的提高联系在一起的。

《资本论》第一卷侧重叙述前一方面。该卷第二十二章指出,"劳动生产力是随着科学和技术的不断进步而不断发展的"。因此,"科学和技术使执行职能的资本具有一种不以它的一定量为转移的扩张能力"。也就是说,只要利用科学技术,即使不追加投资,也可以进行内涵扩大再生产。例如,就劳动资料来讲,"如果生产这些劳动资料的部门的劳动生产力发展了……旧的机器、工具、器械等等就会被效率更高的、从功效来说更便宜的机器、工具和器械等等所代替……旧的资本也会以生产效率更高的形式再生产出来"。再就劳动对象来讲,"化学的每一个进步不仅增加有用物质的数量和已知物质的用途……它还教人们把生产过程和消费过程中的废料投回到再生产过程的循环中去,从而无须预先支出资本,就能创造新的资本材料"②。后来,在第三卷第五章又进一步补充说明:企业的规模经营因劳动社会化也可以节约生产资料;不仅要利用"三废"作为再生产资源,而且要使生产清洁化即尽可能减少"三废"的发生;改进动力生产、动力传递和厂内建筑物的布局;

---

① 《资本论》第 2 卷,第 192 页。
② 《资本论》第 1 卷,第 698—699 页。

以及生产科学与技术的精神劳动的节约等。

《资本论》第二卷则侧重叙述了后一方面。在该卷第一篇第六章补充说明流通费用的节约问题以后,第二篇就集中论述资本如何加速周转以提高占用资本的效率问题。然后在第三篇第十八章综合以上两个方面。即前一方面"劳动生产力的提高同时形成新的资本材料,从而形成资本积累扩大的基础";后一方面"通过周转期间的缩短,能用较少的货币资本推动同一的生产资本,或者能用同一的货币资本推动较多的生产资本"。总之,预付货币资本"在转化为生产资本之后,包含着生产的潜力……这些潜力能够在一定的活动范围之内,在外延方面或内涵方面按不同程度发挥作用"[①]。值得注意的是这里说的生产的潜力不仅是就内涵方面,而且在外延方面也发挥作用。例如,用新的技术设备更新固定资本产生了内涵的潜力。但在旧有设备还没到更新的时候,不让它们闲置,延长它每天使用的时间,或者善于利用折旧费,添置新的同类设备,都"无须为固定资本追加货币支出",进行外延型扩大再生产。

总之,"内涵"这个词较之"集约"更贴近于实际,比较合理。但是,它还不够完善——还局限于生产力,未涉及生产力的源泉(环境与人口),未涉及我们的基本国策(保护环境与控制人口数量、提高人口素质)。长期以来,我们的经济增长型实际上是人口不断膨胀,素质继续下降,导致浪费资源、损害生态环境,越来越难持续发展的不健康型。因此转变的根本或根本的转变就在于下狠心贯彻基本国策,转到可持续发展的健康型。

3. 由不能持续发展型到可持续发展型的根本转变

可持续发展型要求再生性资源能够再生,非再生资源能节约并获得替代。它包含人口、环境和经济的协调发展。根本问题则在于人口的量大与质低,使生态环境不胜负载还遭受破坏。其结果是再生性资源不能再生,非再生性资源被滥用则成为"三废"污染环境,人类的生态环境被破坏了,不仅经济不能持续发展,人类也将随之自我毁灭。这种状态必须从根本转变。从理论导向来讲,这就要求将经济科学和环境科学结合起来,建立生态经济学或环境经济学。既继承又发展马克思主义。

[①] 《资本论》第 2 卷,第 395 页。

就继承来讲,马克思特别是恩格斯已经注意到人类的经济活动对于自然环境的影响。对此,有着如下的重要论点。"动物仅仅利用外部自然界,单纯地以自己的存在来使自然界改变;而人则通过他所作出的改变来使自然界为自己的目的服务,来支配自然界……但是我们不要过分陶醉于我们对自然界的胜利。对于每一次这样的胜利,自然界都报复了我们。"我们必须时时记住:"我们连同我们的肉、血和头脑都是属于自然界。"我们之所以比其他一切动物强,是因为"能够认识和正确运用自然规律"①。而在没有掌握或违背规律时就会破坏环境。例如,"耕作如果自发地进行,而不是有意识地加以控制……接踵而来的就是土地荒芜"。② 另外,"工厂城市把一切水都变成臭气冲天的污水"③。只有遵循自然规律,并"通过城市和乡村的融合,现在的空气、水和土地的污毒才能排除"④。

这里讲的自然规律具体又何所指呢？那就是人与自然之间的物质变换平衡的规律,即人类从环境中合理取得资源,经过加工、消费,再将其代谢物分解归还环境,使环境中生态因素保持动态平衡的规律。马克思和恩格斯都就此寄希望于后来人,马克思说,"社会化的人,联合起来的生产者,将合理地调节他们和自然之间的物质变换,把它置于他们的共同控制之下,而不让它作为一种盲目的力量来统治自己"⑤。恩格斯则说,随着自然科学大踏步前进,"人们愈会重新地不仅感觉到,而且也认识到自身和自然界的一致"⑥。

再就发展来讲,作为后来人,建立和完善马克思主义的生态经济学或环境经济学就历史性地落在我们身上。在这个问题上,中国《资本论》研究会第一届会长许涤新同志倡导了一个好的开端,主编了我国第一本《生态经济学》。我们更要以创新理论来迎接21世纪。

二、关于体制改革

由违背价值规律的旧体制转变到社会主义市场经济新体制,在理论上必

---

① 《马克思恩格斯全集》第20卷,第518—519页。
② 《马克思恩格斯全集》第32卷,第53页。
③ 《马克思恩格斯全集》第20卷,第320页。
④ 同上书,第321页。
⑤ 《资本论》第3卷,第928页。
⑥ 《马克思恩格斯全集》第20卷,第519—520页。

须阐明以下一些问题：社会主义公有制与市场经济能否相容；我国市场经济为什么要以社会主义公有制为主体；社会主义公有制又怎样市场经济化；新体制如何保护环境和促进生产力的健康发展。

关于第一个问题。《资本论》第一卷第二章早已告诉我们，市场经济只要求商品属于不同所有者，而不论生产该商品的生产要素是否属于商品所有者。这就意味着，市场经济既可以与资本主义（即生产资料归资本家私有）对接，也可以与社会主义（即生产资料归社会公有）对接。因此，不应认为市场经济就是私有经济，好像社会主义不能与它相容。

关于第二个问题。社会主义不仅可以与市场经济相容，而且可以采用它调动各种经济成分包括资本成分的积极性，拾遗补阙，优化资源配置，从不同角度提高社会生产力。但是，我国的市场经济又必须以社会主义为主体，才能保障经济发展的利益主要归于全体人民，而不是归于极少数的私有者。资本主义是资本剥削雇佣劳动的制度，《资本论》正是从揭示这种制度，创立了科学的社会主义理论。就这方面来说，也有必要学习《资本论》。

关于第三个问题。在市场经济中，不仅产品作为商品，通过流通进入消费；而且生产要素也要表现为商品，通过流通进入生产过程，市场也因此起着配置资源的作用。于是，各种要素市场纷纷建立，并和最终产品市场联系在一起形成市场体系。这个体系具有五大骨干市场，即上游的资金市场、土地市场、劳动力市场，中游的一般生产资料市场，下游的生活资料市场。我们知道，作为商品它以所有权为前提，然后才通过市场。也就是说，"要出售一件东西，唯一的条件是，它可以被独占，并且可以让渡"①。一般商品在让渡它的所有权时同时也就让渡它的使用权。但上游市场的三种生产要素作为商品却只让渡使用权，不出卖所有权。因此，实质上是它们的使用权表现为商品。又因为使用是有期限的，所以这些商品的价格总是表现为一定期限的价格。我们还知道，它们的价格（利息、地租、工资）实际是劳动者创造的新价值 v+m 的分配关系。而这种分配关系又不仅作为要素使用权的价格，还由此实现所有权。也就是说，如果要素市场不健全（旧体制漠视这个市场），要素价格不合理（旧体制对资金与土地无偿调拨或低价出让，对劳动力大锅饭

---

① 《资本论》第 3 卷，第 714 页。

式低工资),社会主义公有制(资金国有、土地国有、劳动者按劳分配)就不能在经济上得到实现。所以,社会主义公有制资本也要通过新体制来巩固和增殖自己。

对以上问题,《资本论》第一卷第二编分析了劳动力市场,第六篇专门说明商品劳动力的价格——工资,说明工资与 v+m 中的 v 的关系。第三卷第五篇以大量篇幅叙述资本市场和资本商品的价格(利息)。并且指出,货币资本"它通过使用才自行增殖,才作为资本来实现。但借入者必须把它作为已经实现的资本,即作为价值加上剩余价值(利息)来偿还"①。换句话说,借钱的人不管经营是盈是亏,都必须还本付息,否则就否定了资本所有权,即所有权未得到实现。第六篇又以大量篇幅叙述土地市场和土地价格(地租)。并一再指出,"地租的占有是土地所有权借以实现的经济形式,而地租又是以土地所有权……为前提"②。如果用地不付地租,"意味着土地所有权的废除……即使不是法律上的废除,也是事实上的废除"③。

根据第三卷级差地租理论,我们还知道,级差地租的实体级差超额利润不是用地者生产的价值,而是社会转移的价值,应该还给社会,社会则由国家来代表,因此土地应该国有化。马克思、恩格斯都主张社会主义社会土地国有化,反对土地的集体所有制。马克思说:"我认为,社会运动将作出决定:土地只能是国家的财产。把土地交给联合起来的农业劳动者,就等于使社会仅仅听从一个生产者阶级的支配。"恩格斯说:"事情必须这样来处理,使社会(即首先是国家)保持对生产资料的所有权。这样,合作社的特殊利益就不可能压过全社会的整个利益。"④旧体制下,不仅集体而且全民所有制的企事业,土地是无偿调拨的。至今国家未能垄断土地一级市场。于是,某些个人、集体、企业乃至有的地方政府,乘机大肆进行寻租活动,在炒地皮中暴富起来,国家土地资产则大量流失,事实上废除了土地的国有制。这种体制当然非改不可。

又因为源头的生产要素,一是价值形式的资本(或资金),二是物质的土

---

① 《资本论》第 3 卷,第 395 页。
② 同上书,第 714 页。
③ 同上书,第 849 页。
④ 《马克思恩格斯全集》第 36 卷,第 416 页。

地。两者的价格(利息与地租)要通过所生产产品的价格来实现,这又使中下游产品的价值转化为再生产价格,即 c+v+m 转化为成本+平均利润+超额利润。其中,工资进入成本;平均利润分割为利息和企业留利,后者实现资金使用权;超额利润也分为两部分,租期开始时转化为地租,租期内开发土地超过地租的新增利润用于实现土地使用权,期满后再转化为级差地租Ⅱ。第3卷从头到尾逻辑地阐明市场经济中,这个优化资源配置、合理分配实现产权、合乎价值规律的市场价格体系。这就启示我们,由旧体制转变到社会主义市场经济,必须健全市场体系,关键在优化价格体系,才能使社会主义资金与土地要素公有制得到实现,并使资源得到合理利用。因此,我们要改革不合理的价格体系,建立资源有偿使用制度,逐步改变原材料价格偏低、资源无偿使用的状况,并依靠价值规律和供求关系来调整资源价格,彻底改变由于资源低价或无价造成的资源、能源浪费和环境污染与破坏,并逐步建立资源节约型的经济模式①。

当然,市场并非万能,还必须有国家的宏观调控。严格控制人口数量,提高人口素质,保护环境,发展科学技术,兴办教育等重大问题,市场是难以调节的,所以计划仍是必要的,只是计划必须具有科学性,决策必须科学化。限于篇幅,这方面就不展开了。

原载《当代经济研究》1997 年第 1 期

---

① 《中国 21 世纪议程——中国 21 世纪人口、环境与发展白皮书》(1994 年 3 月 25 日)。

论社会主义商品经济中地租的必然性

——兼论上海土地使用问题

社会主义的根本任务是解放和发展生产力。社会生产力的根本源泉则是人口和土地。可见,人口政策和土地政策应当是社会主义国家的根本国策。

人口和土地又是相互联系、相互制约的。人类从土地取得生活资源和生产资源并在这个基础上进行交往活动。但是,地球的表层面积是有限的,一国的土地更是有限的,如果人口的发展超过土地的负载能力,就会破坏环境和生态的良性循环,最后损害人类自身。因此,必须十分注意限制人口数量并提高素质,同时合理使用土地,才能从根本上保证社会生产力的发展。

那么,怎样合理使用土地呢?人口中进入生产领域的劳动力,它的使用即劳动是创造价值的;未经劳动加工的土地资源不具有价值,并在这意义下不是商品。但是,在商品经济条件下,作为生产资料的土地以及一切使用的土地会表现为具有价值,土地的使用就为价值规律所调节,而价值规律又通过价格表现出来。因此,土地必须有偿使用才能合理使用。就经济学来讲,这就是地租问题:撇开绝对地租不说,就是在较优等土地上经营商品生产和流通必然会带来超额利润以及它的归属问题。

一、关于级差地租

1. 级差土地具有级差生产力

土壤的肥沃不同、矿山的富集不等、港口的水深差别或者地理位置的好坏等原因,会使不同等级的土地(耕地、矿山或港口)之间具有不同的生产力,即土地之间具有级差的生产力。例如,在三块等面积的但土质不同的土地上投入等量劳动(物化劳动和活劳动),产品分别为 150 kg、250 kg、350 kg,这三个数字表示了这三块不同等级的土地的劳动生产力。又如,在不同水深的泊位码头上投入等量劳动(物化劳动和活劳动),可以容纳不同吨位的轮船吞吐不等数量的货物,这又表示了不同泊位的劳动生产力。总之,不管社会形式如何,土地总会有差别的,因此,即使到了共产主义社会,这种以使用级差土地为条件的级差劳动生产率也仍然存在。

2. 在商品经济下,级差的生产力必然带来级差的超额利润

人口的增长和社会的需要使劣级土地开发成为必要,投入劣级土地的劳动就应该得到补偿,于是在劣级土地生产的产品的个别价值调节市场价值,并表现为个别生产价格,调节社会生产价格,就是说,也要得到平均利润。优级土地有较高的生产率,等量土地等量投资会生产较多产品,按同一单价出售,得到比最劣地经营者更多的利润,即得到了超额利润。更优等级的土地有更高等级的生产力,还会得到更多的超额利润,所以,超额利润也是按照土地的级差而不相等的。

这种级差超额利润不仅存在于土地产品的价格构成中,而且渗透在加工产品的价格构成中。这是因为土地产品(煤炭、石油、矿砂、棉花……)会作为生产资料(原材料)进入产品成本,又会作为生活资料(衣食主要来自土地产品,住行都要依托于土地)通过工资间接进入成本;另外,加工工业本身,它的厂地多在市区或近郊,土地的地理位置使它节约运输费用和其他费用,也会取得级差的超额利润。

所谓地理位置具有相对的意义,是相对于生产中心和流通中心的位置。由于产品作为商品总要到流通中去实现,于是处于流通中心(城市商业中心)位置的土地最为宝贵。流通中心的形成又是和交通运输条件分不开的,历史上形成的大商业中心的城市并且能够保存下来的,几乎都在水运的口岸上,特别是在干流出海的河港上面。这是因为水运不占土地,耗能较少,而铁路每千米单线占地35亩,复线占地更多;公路占地和铁路也差不多;空运虽不占土地,但能耗高昂,运量有限;况且海运是铁路、公路代替不了的。由此可知,为什么我们对外开放的4个经济特区和首批对外开放的14个城市无一不在沿海港口。正是因为港口城市土地的特殊有利条件,在这些土地上经营商品生产和流通,就会有较高的生产率,可以降低单位商品的生产费用和流通费用,因而可以得到巨额的超额利润,所以港口城市寸土黄金是理所当然的。今后国内市场与国际市场连成一片,价值规律将不管你承认不承认这个客观存在的超额利润而将其强加于各个企业。我们的企业必须准备迎接

这种挑战,不仅要能够消化这种加价,而且要在这种压力下锻炼出竞争能力。

如果土地产品的价格合理地调整,最劣土地的商品经营者得到了合理报酬,那么,问题就转到较优土地的商品经营者方面。他们会因此取得超额利润,但这项超额利润是虚假的社会价值,即不是由他们的劳动创造的价值,而是社会对土地产品支付过多。他们虽然通过产品的出售首先占有这项超额利润,但不应是最后占有者,否则便是不劳而获!我们过去由于财政上统收统支,这个问题不突出,现在企业自主权扩大并且自负盈亏,这个问题就非解决不可。只有在价格体系合理、土地有偿使用(支付相当高的地租)和资金有偿使用(支付相当高的利息)的条件下,加工工业的劳动者工资才可上不封顶,下不保底。不然的话,不仅会使国家失去巨大财源,而且使占有优级土地、矿山、油田的经营者以及加工工业不劳而获这项超额利润。

这项超额利润应该归谁所有呢?显然,谁是土地所有者就归谁所有。

3. 级差地租是级差超额利润的转化形式,这种转化又以土地所有权为条件

我们反对的只有土地私有权而不是一般的所有权,只是反对地租为私人所占有而不是一般地反对地租。我们现在不收地租,实质上等于放弃土地公有权,并且失去巨大财源,又使占有土地的企业、集体和个人不劳而获这份超额利润。

4. 土地价格可以看作按利息率计算的地租价格,实际上是土地经营权的出售价格

这种名为地价实是地租的形式,在英国表现得比较典型。"在英国,用于建筑目的而不是作为自由地出卖的土地的绝大部分,由土地所有者按99年的期限出租,或者有可能时按较短的期限出租。这个期限一满,建筑物就随同土地本身一起落入土地所有者手中。"[1]并且,租地人还必须将他们在这块租地上建设的房屋、船坞设备等附着于土地的建筑物保持在良好状况下移交给土地的所有者。在英国统治时期,香港地区的土地制度基本上沿袭英国的土地制度。出卖一幅土地一定年限的经营权,年限到期时"买"地者就要将土地连同土地上面的建筑物一并交还给港英政府。香港土地的"卖"期有

---

[1] 《资本论》第3卷,第700—701页。

3种,一是999年,这基本上等于永久占用了,另外是75年与99年。后两种又分可续约及不可续约两种。可续约的是期满之后按市价重估,再续约24年、75年或99年。此外,"买"地人在期满以前可以转手倒卖,但不管这块土地转到谁手中,到期时仍应按原订契约归还。当时,"卖地"收入在财政中占很大的比重。

我们是社会主义国家,但又保存商品经济。我们不能出卖土地所有权,但事实上已经出让经营权,对经营(使用)土地的任何单位和个人必须收取地租。并且,作为地租的实体的超额利润是一种特殊分配关系,决定了地租只应由国家来收取。在这些条件下,我们也可采用香港的租地办法。可以将租期定为20年、30年、40年、50年,等等,按地段好坏定出地租级差标准,再按租期长短的利息率计出地价;并且,在租约中明文规定,必须按城市规划兴建某种建筑物(在市中心处运用高地价杠杆迫使建筑物向高层发展),在租约期满后,也必须将地面建筑物完好地连同土地一起交给市房地产局。引进外资兴建工厂、宾馆、高速公路、码头等都可用这种办法。

二、关于上海土地使用的几点想法

根据以上的理解,对上海土地的使用,提出以下一些想法,因未经论证,有些可能是不确切的。

(1)上海是全国经济中心,它的每一块土地上即使是郊区土地,相对于全国来讲,都处于优越的位置。

因此,经营上海的每平方米土地都应该取得超额利润,也就是每块土地都应该收取地租。任何单位(包括行政单位,各部各省下属驻沪单位)、任何个人占用土地都必须有偿使用,即必须支付地租并根据地段好坏,拉开地租的级差幅度。建议市政府机关带头迁出外滩,将外滩以高地租租给外资、外贸、金融等单位,并运用地租引导南京东路成为经营高档商品的一条街。可以防止一些部门挤占土地,推动一切企事业加强经济核算,土地的级差效益就被发掘出来,我们的财政收入会猛增起来。

一些不宜设在市中心区的单位和居民(包括外来单位和人口)会因地租进而房租的日益高昂而迁出。一些用地较多、运量较大的中重型工业,在能源和原材料价格继续上调之后,将负担不起市区高昂地租而迁往郊区或转迁内地,从而使生产力布局趋向合理。

(2) 上海之所以成为全国经济中心是和它的交通运输条件分不开的,这又和使用土地分不开。

首先,上海是重要港口城市,上海港的深水泊位所在码头也是最宝贵的地段,必须收取高额地租迫使与港口无关的单位和居民外迁,并迫使各个泊位提高利率。同时,改善浦东、浦西之间交通,大力建设浦东深水岸线。这样,较之在罗泾、金山铺新摊子,可以节约七八十亿元投资,而且收效较快。

关于空运,机场虽然也要占用土地,但是场址是可以搬迁的,不像泊位那样带有固定性。随着交通结构的变化,上海空运势必迅猛发展,浦西土地昂贵,虹桥机场扩展受限,我也觉得在浦东围海造地另建国际大型机场比较理想。此外,浦西的军用机场在不影响国防的前提下,如能迁往郊县,也能增加市区的土地资源。一旦浦东机场建成,它的用地面积将大大超过虹桥机场,在开始时,地租的级差小于虹桥,随着浦东的开发和机场自身营运的发达,地租也将日益上升。

(3) 郊区土地宜种蔬菜、植水果、饲禽畜、养鱼虾,不宜以种粮为主。

如果副食品舍近求远,既不能保鲜,又要付出巨额流通费用,势必造成浪费。反之,粮、棉、油非易耗物品,较之鲜货易于远道运输。随着浦东机场的建立,浦东农村还可大量经营鲜活产品空运日本等地外销。这样,郊区农民将迅速富起来。但这种富起来的原因除农民自身的勤劳外,还包含着郊区土地的优越位置所带来的级差超额利润,这是不劳而占有的部分,原则上应作为级差地租处理。也就是说,农民富起来只应该是劳动致富的部分,因经营优级土地而得来的超额利润部分原则上应上缴国家。

(4) 关于保护土地资源问题,包括绿化城市、制止企业污染环境、控制抽取地下水等。

一定量的人均绿化面积是保护城市人工生态良性循环的必要条件。必须用契约形式规定用地单位保证这项面积。例如,新加坡就规定每座建筑物与道路间要有 30 米绿化区间。建议新的市政建筑物是具有茂林修竹的花园环境,既显示人民政府的庄严姿态,又为绿化城市作出示范。在环保方面,应该预防为主,重罚为辅;应该禁止企业超标准排污,否则勒令停产整治;并且应该规定不得开采、动用或破坏地下资源(包括地下水)。总之,只有保护好土地资源,使用土地才会具有较高的社会生产率。

原载《调查与研究》1985年第5期,后收录于《中国土地科学二十年——庆祝中国土地学会成立二十周年论文集》(2000年)

论交通的症结在于没有走上
有计划商品经济的轨道

近几年来报刊上发表很多文章和调查报告,从不同角度指出交通业(运输业和邮电业)的落后状况,好心地提出各种对策。但是,说来容易做时难,而且随着国民经济的发展,遗留的问题还未解决,又增加了新的矛盾。究竟什么是主要矛盾呢?思之再三,我以为症结在于交通还没有走上有计划商品经济的轨道,在经营管理上严重地违背商品经济的基本规律——价值规律。又因为价值规律通过价格来表现,所以,具体地讲,当前交通问题的症结实际是运输价格和邮电价格问题。

传统观点认为,对交通部门主要看它的宏观经济效益,不必计较微观经济效益,因而,它只能主要依靠国家和地方投资,依靠社会各方面支持来维持和发展,而可以不依靠自身的经济活力实行扩大再生产。但是,多年来实践证明此路难通。靠国家和地方投资,国家没有那么多钱;靠社会支持,无偿的支持毕竟是有限的,靠借外债,不过是把国家未来的投资提前使用,而且到时要用外汇来还本付息。事实上,在社会主义有计划商品经济下,任何一个生产部门,包括交通部门,如果不依靠自身的经济活力实行扩大再生产,就不仅失去微观经济效益,而且最终会损及宏观经济效益。况且,在社会主义经济中,其他生产部门(工业、农业)都要从宏观经济效益出发,同时照顾微观经济效益;为什么对交通部门只考虑宏观经济效益,不考虑微观经济效益呢?

人们虽然承认交通业是生产部门,实际上又若明若暗地把它当作服务行业,只要求它好好服务,没有看到它的特殊生产性质。交通业的特点在于,它的生产过程的结果不是新的物质产品,只是场所的变更(运输业),或信息的传递(邮电业),也就是把人或物从一个地方运到另一个地方,或者把信息从一个地方传递到另一个地方。场所变更或信息传递就是交通业产生的效用。

这个过程的生产性质在工厂内部是易于理解的,在社会范围不过是这个过程的放大而已。在商品经济中,运输业(邮电业类似)的特点还在于,它产生效用(场所的变更)的生产过程,又是它出售这种效用的过程,同时还是这种效用被消费的过程。

既然交通运输业(包括邮电业,下同)属于生产部门,投入这个部门的劳动(包括物化劳动,下同)当然是生产劳动。这种劳动会凝结为价值,并追加到商品的价值中。价值通过价格来实现,如果价格不合理,价值得不到实现,意味着投入交通部门的劳动得不到补偿,势必窒息这个部门再生产的活力,结果阻碍社会生产力的发展。

为了具体弄清这个问题,我们先从生产力谈起。

一、交通运输与社会生产力

交通是整个经济的动脉,生产力的各个要素就是通过这个动脉连接起来成为运动中的现实的生产力。因此,交通本身也是社会生产力系统的构成部分。马克思和恩格斯早在《共产党宣言》中就明确指出,"轮船的行驶,铁路的通行,电报的使用……河川的通航"都属于社会所创造的生产力[①]。

交通是社会生产力系统的构成部分,它要被这个系统所制约。交通的特点是空间上的位移。它的效率又和这个位移的速度结合在一起。因此,社会生产力系统所及于交通的影响,最重要的是生产在空间上的布局状况。如果布局合理,就会在宏观上缩短运距又加速再生产过程,从而在社会中节约运输劳动。一般说来,为了在社会中节约劳动,浅加工工业应接近原料产地,深加工工业宜放在城市郊区,精加工工业可以进入市区。例如,钢铁工业是浅加工工业。一座年产100万吨钢的钢铁厂,外部运量达600~700万吨,内部车间和堆场又要占用100~300万平方米土地。由于外部运量主要是铁矿石和煤,因此,钢铁工业的布点应该因地制宜:或靠近煤矿以减少运煤距离;或靠近铁矿以减少运铁距离;最好在煤、铁矿各设一个点,使原来的定向运输空载返回变为满载返回,大大节约运力。可见,在既无煤矿又无铁矿的大城市不宜大规模发展钢铁工业,除非是具有深水泊位的海港城市,它可以借大吨

---

① 《马克思恩格斯选集》第1卷,第405页。

位(5万吨以上)海轮之利,以廉价运费输入冶炼物质。

再就交通运输业自身的生产力来讲,它和工业生产力一样,具有主体要素(劳动力)和客体要素(生产资料)。特点在于客体要素不包含原材料。它的客体要素主要是占用的土地、附着于土地上的基础设施、在基础设施上运行运输工具和推动运输工具的燃料(煤、油、电等)。为了从整体上提高交通运输业的生产力,除了节约活劳动以外,特别要注意节约土地,改进基础设施,革新运输工具和降低能耗。

在各种运输方式中,水运不占陆地,能耗又最低,基础设施中疏浚航道投资较少,运输工具(轮船)的损耗率也比飞机、火车、汽车低,缺点只是速度慢一些,但在运输大宗矿产品时可以按时间的间隔多开班次来弥补这个不足。因此,美国、苏联等国家都充分利用水运,不仅注意海运而且特别重视内河航运。我国虽然也重视海运,但太不重视内河航运,以致万里长江冷冷清清,支流通航里程反而比20世纪50年代大幅度缩短。陆运与水运相反,它占地很多(铁路每千米占地30多亩,公路也差不多),能耗远远超过水运,基础设施投资浩大,运输工具损耗率(折旧率)高于轮船;但它速度较快,特别是汽车还可以门对门运输。可是,现在那些对时间要求不太急、价低量大的货物,本应水运却弃水就陆,使铁路不胜负担。为什么会这样?说到底是运价不合理,是铁路运价太低了。

再说空运,它也不占土地,而且速度最快,但它载重量有限,能耗高昂。飞机最适于远距离运人和运贵重物品。相反,铁路每运一个人就少运3~4吨货物。现在一人千米的客运收入和一吨千米的货运收入大体相同,都是1.7分。火车的货运价(吨千米1.7分)已经很低了,客运价至少也应该等于这个价格的3~4倍,即人千米5.1~6.8分,况且为运人还要大量追加物化劳动和活劳动。因此,火车票价成倍地调整也不过分。这样,长距离的旅客就会乘飞机,短距离的旅客就会坐汽车,火车则因此可以腾出更多的吨位多装需要快运的货物。这样,运输劳动就会在社会范围内得到节约,也就提高了社会的劳动生产力。

二、社会主义商品生产关系下的运输价格

一般说来,运价如同商品价格一样,也包括成本加平均利润。成本中除

工资外,主要是基础设施的转移价值(包括设施所依托的土地的使用费)、运输工具的折旧费和能耗费用。

现在的问题是:

(1) 几十年来土地无偿使用,掩盖了水运和陆运的巨大经济差别,使陆运价格偏低。

(2) 由于土地无偿使用,土地产品特别是矿产品价格偏低。煤与石油价格过低,使不同运输方式的运价都因此偏低,并使各种运输方式的能耗差别不能如实地在价格上反映出来,水运能耗低的这一巨大优越性也被掩盖了。

(3) 基础设施只顾投资不顾补偿,使交通运输业不能依靠自身活力扩大再生产。这使运价进一步被压低。

(4) 运载工具折旧率人为地偏低,也压低了运价,这又使交通运输业不能依靠自身活力不断进行技术改造,提高运输生产力。

(5) 即使如此地人为压低成本,交通运输部门还难以取得平均利润。

所有这些表明,运价严重背离了价值规律的要求。而价值规律不过是社会生产力发展规律和国民经济按比例发展规律的价值表现形式。我们知道,一个"商品的价值量与实现在商品中的劳动的量成正比地变动,与这一劳动的生产力成反比地变动"①。就是说,价值规律从价值形成来讲,不过是通过反比例关系用价值来表示的社会生产力的发展规律。我们还知道,国民经济按比例发展规律决定各生产部门应投放的劳动量,这个劳动量决定各部门产品能实现的量,也就决定商品价值能实现的量。就是说,价值规律从价值实现来讲,不过是用价值来表现的按比例的规律。因此可以这样说,运价从表面上还仅是背离价值规律的要求,在实质上是背离了国民经济按比例发展规律的要求(这特别表现在各种运输方式的比例失调以及生产布局的比例不合理),更重要的是背离了社会生产力发展规律的要求,使社会总劳动的一部分在交通部门得不到补偿,另一部分损失于不合理的运输所造成的无效劳动,还使其他生产部门因运输不畅而造成劳动的浪费。

我们的经济是有计划的,但计划的制定必须遵循客观经济规律。我们的

---

① 《资本论》第1卷,第53—54页。

经济又是有计划的商品经济,只强调计划而忽视价值规律,就可能无视运价与各种规律的内在联系。运价计算的失真就会引起决策上的失误。绕开运价来解决交通问题,只是权宜之计。

三、城市交通的特点与运价问题

城市的特点是在狭小的土地上聚集巨大的社会生产力。在城市的黄金土地上,物流、人流、信息流密集,形成了对交通的巨大压力。为了减轻压力,首先要消除无效的物流和人流,这个问题的关键又在于科学地制定城市总体规划,合理地布局生产、流通和生活网点。所有这些应该纳入指令性计划。

其次,狭小的市区土地还迫使人们节约地使用土地,这就要求发展公共交通,限制小汽车和自行车的盲目发展;而且公共汽车和电车最好双层化,伦敦、巴黎、香港地区一直通行这种交通工具。这就避免道路被过多的交通工具所堵塞,大大提高运输的效率和速度。有人统计,伦敦每辆小汽车平均乘1.5人。上海现在的小汽车并不都坐满4人,且因油价太低,再加上使用不合理,一辆巨龙公共汽车可乘200人,相当于100辆小汽车的运量。但100辆小汽车所占道路面积却几十倍于一辆公共汽车。这就是伦敦严格限制小汽车进入市区,大力发展公共交通的物质原因。

最后,城市土地紧缺还使城市交通的基础设施具有集约性。这首先表现为在密如蛛网的道路中还埋藏着各种管道和电线电缆。但由于缺乏科学的长远规划,由于计划不周以及各自为政的管理体制,道路修了又挖,挖了再修,不仅浪费惊人,而且阻碍路面交通。

基础设施就市内交通来讲,主要是道路以及埋藏在道路下面的各种管道与电缆;就市内外交通的联结点来讲,则是码头、车站和飞机场。特别就海港码头来讲,应该附有宽敞的集散货场,使海轮迅速卸货和装货以免压船。另外,更重要的是城市交通还要按比例地分配一部分运力为码头集散货物。否则的话,即使有宽敞的货场一时缓解压船问题,也解决不了货物压港问题,集散的货场就变为滞留货物的库场。上海的状况正是这样。我们知道,汉堡港每个泊位平均货场面积为 55 000 平方米(82.5 亩),安特卫普港为 56 000 平方米,上海却只有 15 000 平方米(22.5 亩),就是说每个泊位码头至少还应该增加 40 000 平方米(60 亩)土地作为货场。另外,为集散而投入的后方交通,不仅运力不足,而且技术落后,不能配套成龙。为此,我们曾走访上港十区,据了解,这个区有九个万吨级泊位,其中三个因邻近江湾机场不能使用。这里有两个集装箱码头,泊位装卸潜力很大,但集装箱卸下后,铁路不配套,公路有些桥梁通不过,一些大厂干脆把码头当作仓库,再加上其他一些原因,一艘集装箱海船装卸停泊时间达 5 天左右,而香港只要 21.5 小时。可见,即使就一个港区(上港十区)来讲,它的潜力也是很大的。如果飞机场外迁,它就可以启用三个万吨级泊位,如果拨给它几百亩地,并改进装卸技术装备,使它达到香港的效率,每个泊位就能在 5 天里周转停泊 5 艘船而不是现在一艘船。如果上海港所有泊位(包括取消货主码头的垄断权)都能这样,上海港压船的问题也就基本上解决了。如果再抓紧改造有关公路和铁路的基础设施与运载工具,使集散点货畅其流,那压港的问题也解决了。

以上我们主要从生产力的角度看交通运输问题。

下面再从商品经济的角度,即从价格的角度来看这问题。一般说来,除了铁路以外,交通运输的基础设施和运输工具可以分工独立经营。在城市更宜于这样改革体制,即道路、码头、机场可以独立经营。因此,运价似可表现为两个层次:第一个层次是基础设施的使用费,收费对象是使用基础设施的运输工具的经营者或使用者;第二个层次是运输工具的经营者向货主和乘客收取的运费。基础设施的使用费类似房租,它包括占用土地的地租(土地使用费),它自身的折旧费、维修费和管理费,以及投入资金的平均利润。并且对不同的运载工具收不同的使用费,例如,载重汽车(15 吨以上的重型汽车)易于损害道路,同一车辆较之轻型汽车,应该收取高额运行费。这样,第一个层次的运行费就会进入第二个层次的运费或运价。运费的成本部分因转入合理的基础设施使用费而上升了,运费也就上涨了。于是问题转到运输工具的使用者身上:就货运来讲,是工商企业如何消化这种上涨的成本;就使用小汽车者来讲,正好迫使一些单位减少小汽车从而减少大城市市区小汽车的数量;就公共交通来讲,国家应予以优待以资鼓励,但目前票价过低,也应适当调高,同时在工资中补贴,即改暗贴为明贴。

由于基础设施的使用费主要是公对公的,这个费用的调整相当于生产资料的调价,比消费品调价容易实行。有些国家在汽油(以及柴油)价格上附加这项费用,或者增加汽车牌照费来补偿这项费用,也是值得参考的。

这样,交通部门就有了自己的活力,这不仅是为了它的微观利益,更重要的是为了社会主义经济的宏观效益。虽然改革是不容易的,但是弄清了它和有计划商品经济的关系,事情就好办得多了。

原载《唯实》1987年第1期

试论经济运行中的交通业

近年来人们在实践中深感交通业的滞后,并开始注意增强这方面的建设,在矫正不合理的交通价格中,交通业已渐有起色。但交通业在经济运行中究竟起着怎样的重要作用?它和社会生产力有什么联系,又在社会主义商品经济中如何发挥作用?它本身又如何健康发展?这些都有待于理论上进一步探讨。

一、交通和生产力

这个问题分两个方面:一是交通和社会生产力的关系;二是交通自身生产力问题。

1. 交通是社会生产力系统的脉管和神经

经济运行的物质内容是生产力运动。社会生产力不是静止的,而是处于运动状态中。因此,从开发它的源泉开始,到资源转化为直接生产力的客体要素(生产资料),并通过转化为生活资料再转化为主体要素(劳动力),到两要素结合的生产力运动,到作为生产力的结果(产品),到产品通过交换实现分配并进入消费,到消费的排泄物回到环境,都处于运动状态中,形成了物流、人流和信息流。没有这些流程,社会再生产运动就会中断。

交通业包括运输业和邮电业。"交通工业,它或者是真正的货客运输业,或者只是消息、书信、电报等等的传递。"①前者解决物流与人流问题,后者解决信息流问题,并且形成网络。交通是社会生产力系统的动脉和神经,社会生产力的各个要素就是通过这种动脉和神经连接起来成为运动中的现实的生产力。

交通业的特点在于,它的生产过程的结果不是新的物质产品,只是场所

---

① 《资本论》第2卷,第64页。

的变更(运输业),或信息的传递(邮电业),也就是把人(客)或物(货)从一个地方(场所)运到另一个地方(场所),或者把信息从一个地方传递到另一个地方。场所变更或信息传递就是交通业产生的效用。这个过程的生产性质在工厂内部是易于理解的,在社会范围不过是这个过程的放大而已。特点只在于,从社会再生产过程来看,交通业生产的效用既发生在直接生产过程内部,又延伸到交换过程以至消费过程。假定一个钢铁联合企业设在矿区,它的生产过程从开采矿石到炼铁、轧钢,其间运输过程属厂内运输,当然是生产性质。如果这个企业分裂为采矿场、选矿厂、炼铁厂、炼钢厂、轧钢厂,其间运输过程就变为厂外运输了。显然,这里的分工也改变不了运输过程的生产性质。

我们还要注意,由于交通并不生产具体的商品,它所生产的效用是场所的变更或信息的传递,这种效用的生产过程同时是它被消费过程。就直接生产过程内部来讲,它是生产的消费;就生产过程在交换过程的延伸部分来讲,它包括生产的消费和个人的消费。但就交通业的立场来讲,则只是生产的消费,而不包括个人消费过程,因为后者是站在消费者的立场上讲的。以此类推,可以知道,邮电业传递信息的活动也都是生产性质的业务。

交通的特点是空间上的位移,它的效率又和这个位移的速度结合在一起。因此,社会生产力系统对交通的影响,最重要的是生产力在空间上的布局状况。如果布局合理,就会在宏观上缩短运距又加速再生产过程,从而社会地节约运输劳动。以采掘工业为例,一般矿产品的生产,在开采的同时就是把产品运出矿井的过程。然后是这些初级产品运往浅加工工业,这个运量同样是巨大的。浅加工工业企业厂内运量也是巨大的,因而占用土地也很多。经过浅加工之后,大量矿渣、煤灰被排泄掉,出厂以后的运量就大量减少,并且随着再加工的深度增加,运量越来越少。但是,即使在精加工工业直接生产过程中也有一个运输过程——作业中的流水线路。从这里也可以看出,浅加工工业宜靠近原料产地,深加工工业宜放在大城市。

最后,我们还要注意到交通与环境保护的关系。生态环境是社会生产力的原始源泉,因而也是作为社会生产力系统的子系统交通的自然基础。如果不保护环境不仅会破坏社会生产力,而且会殃及交通,这对内河航运尤为突出。黄河因水土流失,河床淤高,终而成为悬河。贯穿中国东西的如此大河,竟失航运之利。现在,长江正在步黄河后尘。长江上游滥伐森林,下泄泥沙正在淤高长江河床,正在填灭沿江湖泊,航道越来越浅,大吨位轮船越来越受限制。现在,除洪水期七、八两个月外,长江中下游一般水深为:武汉、黄石不到 4 米,九江 4 米,芜湖以下 7 米,长江口拦门沙仅 6.9 米(来潮时可达 10 米)。万吨轮吃水约 9 米,洪水期(水位可加高 7~8 米)可驶武汉,但南京长江大桥净空高度不够,仅能通过 5 000 吨轮船。长江如此,支流尤甚。江西乱砍树,赣江个别河段江底朝天,江西宜春地区原有 38 条通航河流,现在只剩下两条了。至于其他的人为的碍航工程就更多了。

环境不保护,不仅危及水运,也会害及陆运。在水土流失、滑坡、沙漠化地区兴建铁路与公路就很困难,已经建成的也会因遭受这些灾害带来事故。

反过来看,交通当前也是污染、破坏自然环境的产业部门之一。因此,发展和布局交通必须认真保护环境,使交通发展与保持生态系统平衡相协调。交通对环境的影响,主要是污染空气与水和造成噪声危害。此外,陆路交通占用土地,不免破坏天然植被;沿江沿河的陆路建设往往将废石废土就近倾倒水道,不仅破坏了植被,而且破坏了航道。当然,解决的办法可以多种多样。例如:有计划地注意保护植被,兴建沿线防护林带,防止乱倾砂石;在港口地区建立油轮压舱水清理场,更新能源与动力设备;等等。

2. 交通生产力

交通生产力和工业生产力一样,具有客体要素和主体要素。它的客体要素主要是占用的土地、附着于土地的基础设施、在基础设施上运行的交通工具和推动交通工具的能源材料。因此,为了提高交通生产力,除节约活劳动外,要注意保护环境,节约用地,改进基础设施、革新交通工具和降低能耗。

社会生产力系统分布于地球表层,作为这个系统的脉管和神经的交通就和土地分不开。广义的土地,在平面上包括水面,在立体上包括地皮的下层(地下部分)和上层(大气),它是生态环境的主要要素。土地在不同的地理位置上,它包含的地形(地貌)、地质、水文、气候等自然要素,具有不同的特点,对各种运输方式——水运、公路、铁路、航空、管道——有着不同的影响。例如:地形和地质影响陆运线路的质量、影响工程造价、车辆损耗率和能耗率;水文影响水运的发展;气候影响空运与水运;等等。这些自然条件还影响交通的布局。

我们还要看到，虽然土地是社会生产力的源泉，又是交通的自然基础，但土地转化为直接生产力，转化为基本生产资料，往往以交通为先导。这还是由于交通是社会生产力系统的脉管和神经，交通线网所到之地，这些土地就成为社会生产力系统中的有机组成部分，土地中潜在的各种自然力随之转化为社会经济力，土地的使用价值因交通而迸发出来。交通一方面使土地日益贵重起来，另一方面交通自身在土地上运行，又必须占用土地。交通部门就应特别注重节约陆地。这意味着要充分发展水运，并因此不宜修建既占沿江好地又与水运争运量的沿江铁路。

土地转化为交通的直接生产力，还必须在土地自然力的基础上追加劳动的技术生产力，才能形成交通的基础设施。从水路讲就是整治航道，建设泊位、码头；从陆路讲就是修筑道路、桥梁、隧道、车站；从空路讲就是修跑道、停机坪、航空站等。随着社会生产力的发展，生产越来越社会化，社会化的物质交换要求运载工具巨型化，运载工具的载重量增大又要求基础设施具有高度的承压力，这意味着投入大量的物化劳动和活劳动，以达到基础设施的技术经济要求。

基础设施的负荷能力就土地的自然力来讲，水运主要依靠水浮力，陆运主要依靠陆地承压力，空运主要依靠空气的浮力和跑道的承压力等。水的浮力是纯粹的自然力，不必为此花费分文。当然，为疏浚河道、建立泊位、整治水域需要投入物化劳动和活劳动，但这只是为使用浮力而创造条件，并不是创造这个浮力本身。这种浮力的利用又和水深有关。航道以及泊位水越深就越能承载重吨位的（即吃水深的）轮船。正因为水运可以无偿地运用这种自然力，它也就经久不衰。我国先秦时期早已盛行水运，世界各国的古老城市也多和河流口岸结合在一起。时至今日，即使西欧、北美等经济发达国家，它们不仅在海运方面，而且在内河航运方面仍然十分发达。陆地运输就不具有这种浮力，相反要有巨大的投入兴建铁路和公路。铁路车辆沉重的重量压在沉重的钢轨上面，两者通过道床共同压在路基上面。路基必须坚实而稳固，桥、隧道的承压力也是这样。公路类似铁路，也是陆地上一种线形工程构造物，承受着车辆荷载的重复作用和经受各种自然因素的影响，也要求有一个坚实稳固的路基。汽车单车载重量虽小于火车车辆，但它会碾压路面每一地方，火车则只碾压于钢轨上面，因此，它要在土地的自然力基础上追加特殊的技术经济承压力。至于飞机跑道,它不仅要负荷飞机及其载重量,还要承受这个总重量在降落时的冲击力,它的道基和道面更需特殊的材料和结构。还有泊位、码头、桥梁、隧道、车站、航空站、电台等基础设施,它们的建设都需要大量投资。

值得注意的是,一种交通方式的基础设施建设不应妨碍另一种交通方式的运行,并应与其他基础设施相协调。这方面有不少教训值得反思。例如,南京长江大桥建成以后,使京沪杭线畅通,这当然是件大好事情。但大桥净空过低,使万吨轮船驶不进长江中游,严重地损害了长江航运和江海直达。又如,某些大城市修筑道路与铺设地下管道、电缆缺乏统一规划、统一施工,有关单位各行其是,刚修好的道路因铺设管道或电缆,又重新开膛破肚,结果两败俱伤,浪费大量国家资金,等等。

相对而言,由于水路的水是自然给予的,整治航道无须大量投资就可以获得较大效益;陆路不具有这样的自然恩惠,不得不耗巨资兴建基础设施,但有关部门却重陆轻水,甚至弃水就陆。我国有河流5 800多条,河道总长40余万千米,但通航里程不足15万千米,只要重视起来,并且运输价格体系合理,通航里程可以成倍增加;只要稍加疏浚,南方六大江河的干支流还可以相连成网。大江大河的潜力也是很大的,例如,长江目前只有一条复线铁路,它的潜力却相当于12条等距离的铁路。有人估算,"七五"期间如果使内河货运周转量增加500亿吨千米,需要投资48亿元,这个运量相当于4 500千米铁路。如果按每千米铁路造价300万元算,可节约投资87亿元;按每千米铁路占地30亩算,可少占地13.5万亩[①]。

运载工具(轮船、火车、汽车、飞机等)是交通生产力的主要要素,是客流、货流的载体。上述基础设施就是为了适应不同载体的运动而建立的。随着社会生产力系统物质交换的扩展,要求运输工具大型化。大型运输工具载重量大,不仅适应大运量的需要,而且能够压缩载体的自重系数,有利于提高交通生产力。所谓自重系数就是载体自重与标记载重的比值,即每吨载重量所占有的载体重量。在保证载体强度、刚度和使用寿命的前提下,自重系数越小意味着等重量的载体可以运载更多更重的客货。这样,物化在载体中的劳动就具

---

① 《经济参考报》1984年7月22日。

有更高的生产力,单位运量所占用的和耗用的运输劳动也就随之减少。

国外大吨位运载工具发展很快。美国铁路货车轴重30吨,每辆总重120吨,每列车编组最多达200辆,载重2万吨;重型汽车最大载重量已达230吨。现在国外50万吨油轮已投入营运;载客1 000人、重100万磅(约454吨)的飞机也将问世。

自重系数还可以说明:铁路客运效益低于货运,单层客车效益低于双层客车;飞机则宜于运人,而不宜于运重货;公共汽车远比小轿车经济;等等。

在运输工具中还有集装系统,其中最重要的是集装箱。它使各种形态的货物集装并节省包装费用,减少货损与散失;它能缩短装卸时间,连贯装卸作业,改善劳动条件,增加货物堆放高度;它的构造标准化又使它通用于干线运输,火车、卡车联运,以及装卸机器、保管设备的标准化。这些都使集装箱发展很快。

邮信一方面借助于运输业的运输工具,另一方面又有自己的专用邮车。但由于长期的过低邮资,邮信工具难以现代化,送信仍用脚踏车,用不起摩托车。相对而言,电信发展较快。电信的载体(电线、电缆)并不载重,只是载波,虽无自重系数这一指标,但可以用调频方法使同一线路容纳很多对人同时通话。同一线路通话路数越多,线路(载体)的利用率就越高。无线电信则无载体,其效率就更高了。

载运工具虽是交通生产力的主要要素,但它要有能源和动力装置来推动,才能成为运动中的载体,才有"位移"的生产过程。

现在,在各种运输方式中,内燃机被普遍地使用着。但是,地球上石油的蕴藏量是有限的,将来石油被采完以后,所有这些运输工具装置的烧油内燃机将被淘汰。怎么办?铁路的电气化是一个好办法。水运是否用核能推动?是否还应辅以风帆?汽车将改用什么能源?飞机又怎么办?这些都是现在就要深思的未来交通如何发展的重大问题。

至于邮电产业则耗能很少。美国电信业每年耗能只占全国耗能的0.12%。我国邮电部门一年用电两亿多度,仅占全国总发电量的0.08%左右。美国有人估计,利用通信手段代替出差联系工作,每天可节约全国当日用油的7%。日本电信界认为,利用电信通信代替面谈业务,可节省交通能源60%。

以上侧重分析交通生产力的客体要素。下面再从交通生产过程本身探索如何提高交通生产力。交通生产的使用价值是"位移"。这种位移的计量单位,货运一般按吨千米计,客运按人千米计,邮信以信件计,电报以字数计,电话以时间计等。为提高交通生产力,要节约单位位移所耗的物化劳动和活劳动。就运输来说,为了从整体上提高生产力,可从几个层次入手:第一,从国民经济整体利益出发,使货流合理化,减少以至消除无效运输;第二,节约用地并充分利用基础设施;第三,改进交通工具并节约能耗;第四,努力培训职工,提高劳动力的素质。

3. 交通速度

交通部门和其物质生产部门一样,它的生产效率从根本上说是提高劳动生产力,同时在这基础上加快运行速度;加快运行速度又包含着提高劳动生产率;两者相辅相成。交通速度既影响自身的效率,又影响其他生产部门的再生产速度。交通速度的加快,会使各个部门资金周转时间加快,使固定资金利用率提高,流动资金占用量减少,并使年利润量增加。

交通速度的加快,可使运输业的固定资产得到合理运用,使燃料得到节约,这又等于提高生产力。如果说,运输生产力的提高表现为单位耗用劳动(或单位耗用资金)的产量(吨千米或人千米)的提高,那么,运输速度的提高则表现为单位占用劳动(或单位占用资金)效率的提高。例如,某线路总运量为 90 万人千米。一辆巨型公共汽车载客 150 人,由起点到终点再返回起点(一个小时)共行 40 千米。如果日行 15 小时,则日运量为 9 万人千米,共需 10 辆车。如果行车速度加快到每小时 60 千米,日单车产量就增到 13.5 万人千米,车辆可减少三分之一。即不仅可以减少占用的流动资金,而且可以减少占用的固定资金。当然,这里面已经包含了减少耗用的资金。相反的情况也就相反。20 世纪 60 年代我国汽车的平均时速为 50 千米,现在降到 37 千米,全国油耗因此浪费达 10 亿元以上。

现在,一些发达国家和地区,都在设法大力提高交通速度以提高交通效率。高速火车、高速公路以及高速的气垫船正在日新月异地发展中。

二、商品经济中的交通业

由于社会主义商品价值关系的存在,这又决定交通业的经济活动既影响价值规律又必须遵循价值规律。

1. 交通劳动与价值规律

既然交通劳动是生产劳动,在商品经济中它就会凝结为价值。这样,就应该对价值规律的基本规定性加以补充,完整地说应该是:单位商品的价值量是由生产它并把它运往市场所必要的劳动量决定的。

由于土地位置不同,在土地上经营商品所追加的运输劳动也各异,这就不仅会影响商品价值以及生产价格的形成,而且会影响土地的级差收入。

以下表为例,假定 A、B、C、D 四块地丰度(农地的肥沃程度或矿山的富集程度)不同,等量资金投到等量土地上亩产不等。仅从这一角度看,A 是最劣地,B 是最优地。但由于它们与市场距离相差悬殊,因而追加运输劳动不同,以致 B 的个别价值(每吨 1 000 元)最低,上升为最优级土地;D 则最高(每吨 1 800 元),下降为最劣级土地。

土地等级	亩产(吨)	市场距离(千米)	周转量(吨千米)	运费单价20元	亩产价值(原值+运费)	每吨单价	亩产市价	级差超额利润R(元)
	(1)	(2)	(3)=(1)×(2)	(4)=(3)×20	(5)=80+(4)	(6)=(5)÷(1)	(7)=(1)×1 800	(8)=(7)-(5)
A	0.05	1	0.05	1	80+1=81	1 620	90	90-81=9
B	0.10	10	1.0	20	80+20=100	1 000	180	180-100=80
C	0.15	30	4.5	90	80+90=170	1 133 1/3	270	270-170=100
D	0.20	70	14.0	280	80+280=360	1 800	360	360-360=0
合计	0.50	—	19.55	391	320+391=711	1 422	900	900-711=189

不仅如此,运输劳动以及运费还对分配过程中的价值规律起着重要影响,即对生产价格中的超额利润 R 部分有着决定性影响。由于运费决定于各个土地与市场的距离,这个距离又由各个土地的地理位置决定,又由于土地的有限性,以致社会需求使地理位置最差的 D 地也加入耕种或开发,因而投入 D 地的劳动(包括运输劳动)也成为社会必要劳动,D 的产品的个别价值(每吨 1 800 元)就调节市场价值,大家都按这个价格出售,A、B、C 三块地就因此取得级差超额利润。由此可知,土地位置之所以与土地丰度交错在一起共同决定土地的效益,是因为交通劳动的作用。由此还可以知道,我国现

行价格体系不合理,不仅在于忽视土地产品价格构成中的 R 部分,而且在于忽视了这个 R 的形成与交通劳动的关系。

2. 交通价格

以上叙述了交通劳动对国民经济各部门产品价值以及再生产价格的追加作用。现在,要说明交通劳动对本部门价值形成所及于交通再生产价格的作用。交通业劳动(包括物化劳动)所创造的价值,也会转型为再生产价格(成本+平均利润+超额利润)。为什么会有这样的价格构成呢?现在还存在着什么问题呢?

第一,交通要占用土地,土地所有权要求土地有偿使用,价格中超额利润就是用以支付地租或地价的。在各种运输方式中,就线路来讲,只有陆运占用土地,就运价这点来看,水运和空运比较有利。从线路中的点站来讲,码头、车站、航空站都要占用土地。它们一方面使城乡土地日益昂贵,另一方面昂贵的土地又迫使它们节约用地。

第二,在土地上追加劳动所形成的基础设施,它是劳动产品,具有价值,应该在使用中得到补偿。基础设施作为固定资产,以折旧形式连同预付这笔资金应得的利息,一并进入运价中的成本与平均利润中。基础设施也可以独立经营,它的使用费类似房租,包括占用土地的地租,它自身的折旧费、维修费和管理费,以及投入资金的平均利润。地租和基础设施折旧等费用性质完全不同,但两者又在基础设施使用费中混在一起。人们常把它们混为一谈:或将使用费当作地租,并将地租用于建设基础设施;或将使用费只当作折旧费,而不计算地租。这些都人为地压低了运价的这一构成部分。长期以来,基础设施无偿或低偿使用,全民出钱(财政拨款)兴建,只让少数(行车人)无偿使用,这也是一种分配不公。况且,路况与航道因此每况愈下,更使交通这部分劳动得不到补偿而难以发展,土地也难以合理利用。

第三,交通工具和基础设施一样,同属固定资金,它的折旧费也属价值补偿性质,计入运价的成本。大家知道,折旧费是按折旧率计算的,而我国拟定的折旧率普遍偏低,致使交通工具不能及时更新,大多数超龄服役。老车老船效率低、油耗大、故障频繁、修理费用多、事故也多。

第四,运输业是耗能大户,它的固定资产维修又需大量钢材、木材、水泥等生产资料。过去生产资料价格被人为地压低,随着这个价格的放开,运价必然也随之上升。

第五,我国职工的货币工资普遍偏低,交通业也是如此。今后,随着衣食住行费用的调价,货币工资也将调高,况且交通职工或奔波于运输途中,或交接于电信机旁,需要他们具有较高素质的熟练劳动,而且劳动强度也较高,理应取得更高的工资,这又进一步影响成本。

第六,价格构成中还有平均利润。交通业是基础产业,它应该和其他产业一样,也取得按平均资金利润率计算的平均利润。交通业是资金密集型产业,它的平均利润的绝对数应是比较大的。

这一切的一切,土地的无偿使用,基础设施的无偿或低偿使用,交通工具折旧费过低,燃料、原材料低价供应,再加上低工资等,都使交通价格过低。今后,随着价格体系的合理化,交通价格必然要上调。

以上种种不合理的情况还会影响交通业内部比价不合理。例如,土地无偿使用,基础设施的低偿使用,都使水运和陆运的经济差别被掩盖,使陆运价格偏低。结果水路冷冷清清,铁路则不胜负载。这也说明,价格体系改革是体制改革的关键,否则就不是名副其实的商品经济,也谈不上市场调节。

原载《财经研究》1991年第7期

论"高速度"的含义及经济速度间的对比问题

一、高速度的含义及速度间的对比问题

生产高速度地发展这一问题,是从社会主义基本经济规律中直接产生出来的。要最大限度地满足整个社会经常增长的物质和文化的需要,就必须以高速度来发展社会生产;否则,社会主义基本经济规律的这一要求,便无法实现。

在社会主义和资本主义进行的经济竞赛中,特别是我国正在进行工业化的过程中,速度问题更有着重要的意义。因为在人民民主的国家里,其经济方面的任务必须是赶上和超过先进的资本主义国家。列宁说:"要么是灭亡,要么是在经济方面也赶上并且超过先进国家。"①

由此可见,生产高速度地不断增长,乃是计划经济下工业发展速度的一般规律。这一规律已为苏联几十年来实践所证实。高速度地发展我国工业,不但是必要的而且也是可能的。但是从具体数字看来(参见表1),人们往往会有这样的疑问:既然生产是高速度的发展,为什么建设时期的速度反而比前一时期较"低"呢?

表1 我国经济恢复时期与建设时期的工业发展情况

	增长速度(%)		平均增长速度(%)		绝对增长量(亿元)	
	1952年比1949年	1955年比1952年	1950—1952年	1953—1955年	1952年比1949年	1955年比1952年
生产资料生产 消耗品生产	246.1 112.0	91.8 48.4	51.3 28.5	24.2 14.1	76.3 86.0	98.5 78.9
工业总产值	150.6	65.7	35.5	18.3	162.3	177.4

---

① 《列宁全集》第32卷,第224页。

事实上正是因为生产高速度地发展，生产规模的绝对量就大大地递增起来，在这个日益扩大的规模上所计得的增长速度或平均速度就相对偏低。从表1可以看出我国建设时期的工业生产的增长速度和平均增长速度虽然大大低于恢复时期，但实际的增长绝对量（消费品生产除外）都大于恢复时期。

一般说来，社会主义生产的逐期增长绝对量，总是几何地递增，而非算术地等加。在算术地等加的情况下，由于基期水平不断扩大的关系，表现在环比速度上是逐期降低的；而在几何地递增的情况下，表现在逐期速度上也有偏低的趋势，苏联六个五年计划的平均速度正证明了这一点。为了作出一般而又精确的说明，我们再引入下面的计算。

假令绝对量（发展水平）的增长量是算术地等加，即每期等加 d，则得表2中的环比速度。

表 2 假定绝对量按等量增加时的速度

年　度	绝　对　量	逐　期　速　度
基期	a_0	—
第一期	a_0+d	$1+d/a_0$
第二期	a_0+2d	$(a_0+2d)/(a_0+d)$
⋮	⋮	⋮
第 i 期	a_0+id	$(a_0+id)/\{a_0+(i-1)d\}$
第 i+1 期	$a_0+(i+1)d$	$\{a_0+(i+1)d\}/(a_0+id)$
⋮	⋮	⋮

我们将第 i 期的年速度减去第 i+1 期的年速度：

$$\frac{a_0+id}{a_0+(i-1)d}-\frac{a_0+(i+1)d}{a_0+id}=\frac{d^2}{(a_0+id)\{a_0+(i-1)d\}}$$

由于 $a_0>0, d>0$，且 $i>1$，所以 $d^2/(a_0+id)\{a_0+(i-1)d\}>0$，因而：

$$\frac{a_0+(i+1)d}{a_0+id}<\frac{a_0+id}{a_0+(i-1)d}。$$

这一结果证明：在绝对量按算术地等加的情况下，后期速度总是小于前一期的速度的。这一结果还可以说明:任何一期(譬如说第 i+1 期)的(环比)速度,只要它比同年按算术地等加量所计得的速度 $\{a_0+(i+1)d\}/(a_0+id)$ 大一些,即使它小于前一期的速度,也还是意味着绝对量不是等加的而是几何地递增。显然,如果它不仅不小于而且等于前一期的速度,可以想象,这一期对上一期的增长绝对量,将比上一期对更上一期的增长量更大;由此也可以看出,平均速度虽然意味着各年速度是相等的,但这个相等仅是意味着各个年度水平在其前一年度水平的基础上的相对的相等。从绝对增长量看来,每年却是累增的而不是相等的。

由此可见:在分析同一指标在不同阶段上的发展情况时,不仅要用速度指标,还应当考虑到它增长的绝对量。

但是,后一时期比前一时期有更低的速度,乃至个别时期中,在增长的绝对量方面也低于前一时期,也并不意味着这一时期的生产不是高速度地发展。正如我国 1953—1955 年消费品的增长量虽然小于恢复时期(参见表1),但从这三年总情况说来(或平均地说来),它仍然是高速度地发展。

人们对"高速度"感到不易捉摸,实因对高速度的含义不够了解。而在过去的文献中也没有看见对高速度的定义有过正确的说法,甚至连学术界某些同志在向学生解答这个问题时,也说"所谓工、农业生产高速度地发展的问题,是难以用一种固定的标尺来衡量的"[①]。当然也就无怪乎一般同志对这个问题难以捉摸了。

事实上,所谓整个社会经常增长的物质和文化的需要,包括经常增长的那一部分人口的经常增长的需要和原有人口的经常增长的需要。因此,生产的速度首先要超过人口的速度,才有可能最大限度满足社会主义基本经济规律的要求。如此我们把高速度的定义大致表达为:生产的增长速度超过人口的增长速度时,这个速度便是高速度。

从高速度的这一定义看来,生产之所以叫作高速度地发展,正是对"一种标尺"而言。并且,这个"标尺"还是相当稳定的。这个标尺就是一国的人口自然增长率(即人口增长速度)。虽然每种的历史生产方式都有自己的特殊的人口规律,但从数量上看来,人口的自然增长率一般都稳定在 1%~2%。

---

① 见中国人民大学《函授学习》杂志 1954 年第 4 期"国民经济计划"问题解答。

例如,根据典型调查,我国人口增长速度约为2%(苏联与美国都小于2%)。恢复时期与建设时期的工业平均增长速度既然都超过2%,那么它们就都是高速度,而不管它们相互之间的对比如何。应该把两个问题划分清楚,一个是与人口对比的问题,一个是不同时期的速度对比问题;只有与人口对比才能作为判断高速度的"标尺",而后一问题则完全是另外一回事情。

在说明社会主义社会固有的两大部类(或者说明工农业两大生产部门)在进一步发展的速度的对比关系时,两大部类的产量不断高速度地增长乃是社会主义工业发展速度的一般规律性。否则便无法实现社会主义基本规律的要求。假如在正常情况下,某些年代的工业增长速度低于人口增长速度,如我国消费品的生产1955年比1954年仅增加1%(<2%),就可能犯原则性错误。不过这种错误究竟是个别的和偶然的,两大部类的发展基本上总是高速度的。我们所要注意的还有另外的一个问题,即在两个高速度之间,虽有更高的速度问题,但这也只是说明两个高速度之比,同样不能作为甲类或乙类是否为高速度的权衡。

我们再进而讨论社会主义国家和资本主义国家的工业生产发展速度以及它们的对比问题。在这个问题上,对高速度的含义,我们不同意某些同志的看法。在这些同志中具有代表性的提法是:"这个速度,就国外情况而言,必须超过资本主义的工业增长速度;就国内情况而言,必须超过人口增长速度。"[1]1954年人大《函授学习》第四期也有类似的提法。我们认为这种说法是不妥当的。与资本主义对比是一回事,与人口对比又是另一回事,后者并不包括前者,因而前者混淆了高速度的定义。特别是两个国家的生产速度都超过或都不超过本国人口发展速度时,上面这些同志的提法就会陷入矛盾中。例如,"二战"后1946—1955年,美国的增长速度为2.6%,按照上面的说法它和苏联比较应该不算高速度,但它和国内人口增长速度比又要算作高速度(根据美国国情普查局1956年6月19日发表的数字,苏联人口增长率约为1.6%~1.7%;美国在过去5年来每年人口增长——包括出生的和移入的——大约是1.7%)。又如,我国在1955年的消费品生产增长1%,假令同年美国的消费品生产仅增长0.8%,在这种情况下,1955年我国的消费品生产

---

[1] 《数学与研究》1953年第1期,第26页。

又能不能算作高速度呢?显然,对类似的问题,如果采用这些同志们对高速度的提法,是很难自圆其说的。

事实上,在对比两国的生产速度,特别是社会主义与资本主义对比时,也要在人口增长速度的基础上来进行。

这样,"生产的增长速度超过人口的增长速度"这一对高速度的规定,也能适用于国与国之间的速度的比较,并且有着更丰富的内容。它不仅在社会主义国家里,说明生产的速度是否符合基本经济规律的要求;而且对所有不同社会制度的国家,能够用以显示出它们的经济强度情况,成为两大阵营和平经济竞赛的基本指标。

既然如此,能不能在我们所提出的定义里再附加上一个条件呢?可不可以说,当两国相比时,这个速度不仅要超过国内人口的速度还要超过资本主义国家的速度,才能算是高速度呢?不,不能,它同样会引起混乱,不能说明某个别时期某社会主义国家的速度是介乎两个资本主义国家之间,或某资本主义国家的速度是介乎两个社会主义国家之间的情况。例如表3。

表3　1951—1952年四国工业年平均增长速度　　　(单位:%)

美　国	苏　联	日　本	中　国
5.1	14.6	22.6	24~35.8*

* 1949—1952年平均+35.8%,1953—1954年平均+24%,1951—1952年的平均增长速度按常规来讲,是介乎这两个数字之间的。

如果一定认为要比资本主义国家有更高的速度才算高速度,那么他就无法回答类似下面的那些问题:

(1) 1951—1952年两年间,苏联的速度既超过国内人口速度也超过美国的速度,因此它是高速度;但它又低于日本,又不能算作高速度,究竟算不算高速度呢?

(2) 同一时期,日本速度虽超过苏联,但又低于中国,是不是只有中国才算是高速度呢?如果又有另外一个国家的速度超过中国又当作如何解释?

按照这种说法的逻辑来说,对一定时期中的速度对比,只有超过全世界任何一国的速度的那一个国家的速度才能算是高速度,显然这是不科学的。

因此,我们认为高速度的含义仅仅是:生产的增长速度超过人口的增长速度时,这个速度便是高速度。而与资本主义国家进行的比较,则是另外两个速度的对比问题,它与高速度的定义无关。

这样,对以上两个例子,就不会发生矛盾了：1946—1955年,美国的生产虽然也是高速度地发展,但这个速度远远落后于苏联。而1955年中国和美国的消费品生产(美国是假定数字)都不是高速度地发展,其中中国略高于美国。又如,1951—1952年中、苏、美、日在工业方面都有高速度的发展,但各有不同的程度,其中中国最高,美国最低。

由上面可以看出,在对比社会主义与资本主义的速度时,也应该首先各自核算一下本身是否为高速度,然后再在这个基础上进行对比。但后一对比,依然与高速度的定义无关。

生产的一贯的高速度发展是社会主义生产的特有规律,而涨落交替、停滞难前则是资本主义经济周期性的结果。但是在苏联或人民民主国家,高速度的经济规律,并不意味着在个别时期社会主义生产的高速度不为外部因素所打断；而对个别资本主义国家,也不意味着在短暂时期中(不仅在其新兴年代,而也在资本主义总危机时期),没有高速度的可能。问题在于社会主义的高速度生产是一贯的,而资本主义国家的则是短暂的,它的一贯的情况则是涨落交替、停滞难前。

事实的情况也正是如此。26年来(1929—1955年)苏联工业一直是高速度地发展,并且比美国有着更高的速度,只有在战时及战争结束前后的短暂时期中,才因外部因素(战争)而不是生产方式内部因素,使得生产一度下降。相反地,美国在这26年中表面上也是比起人口有较高速度的发展,实则在1920—1939年、1944—1955年这些和平和转向和平的年代中,它的平均增长速度都低于人口增长速度(美国人口增长率约为1.7%),1938年的危机因战争而摆脱,1939—1943年才有一度的高速度发展。英国在这26年平均仅增长了2.3%,与人口增长速度相差无几,它在战时和战前还低于这个数字,因此也谈不上高速度发展。至于法国,更为黯淡,26年来平均每年仅增加0.9%。

几个战败的资本主义国家自然也不例外,虽然在"二战"后的一段时期,它们有着高速度的发展,但这仅仅反映出资本主义发展的不平衡性；从较长时间看来,它们也不可能是高速度发展。它们的具体情况可参见表4。

表4 联邦德国、日、意三国工业年平均增长速度(单位:%)

	联邦德国	日　本	意大利
1930—1949年(20年平均增长)	-0.4	0.05	0.4
1950—1955年(6年平均增长)	14.6	15.4	10.3

最后还要注意,虽然社会主义国家的工业是一贯地高速度发展,却不能引以自满,速度指标是一个相对指标,在分析相对指标时必须考虑到绝对量的方面。我们固然比主要资本主义国家有着更高的速度,资本主义国家却比我们有着更大的生产量,我们不仅在速度上要超过他们,而尤要在增长的绝对量上争取赶过他们。可喜的是,苏联在最重要的工业产品的绝对增长量上已经开始超过主要资本主义国家了。

例如,在最近五年内,美国的生铁产量只增加了1060万吨,3个西欧国家(英国、法国和联邦德国)总共增加了1300万吨,而苏联增加了1400万吨。同一时期中的钢产量,美国增加了1700万吨,上述三个西欧国家增加了1670万吨,而苏联增加了将近1800万吨。

根据这些增长量的绝对差额的发展情况,就能算出苏联赶上主要资本主义国家所需要的时间。

结论:生产的速度只有在它超过人口的增长速度时,才有高速度的意义。除此以外,其他两个速度的对比与高速度的定义无关。并且,这样两个速度也应该在按人口计算的基础上进行对比。

无论是高速度问题还是两个速度的对比问题,速度毕竟是一个相对数,在具体进行经济分析时,还必须考虑到与其相应的绝对增长量。

二、利用相对指标求速度对比的方法

一切速度都是相对数,要对比两种工业发展的快慢,首先要从生产的绝对量计算它们的发展速度。在不掌握绝对量的材料时,也可以从相对数的转化中获得同样的结果。这里仅提供以下几种重要指标的对比方法,供大家参考。

(1)由强度指标(即按人口计算的产量指标)的发展速度(我们以下所谈的仅是环比速度,定基速度也是同一样的方法,这只要将 a_{i-1} 改换为 a_0, b_{i-1}

改换为 b_0 即可)来测定该项产品是否高速地生产。

设 a_i 为第 i 年的工业(或农业)的某种主要产品产量,b_i 为同年的国内人口数,则在第 i 年按人口计算的产量即强度指标为 a_i/b_i。这个强度指标的发展速度为

$$\frac{a_i}{b_i} \bigg/ \frac{a_{i-1}}{b_{i-1}} = \frac{a_i}{a_{i-1}} \bigg/ \frac{b_i}{b_{i-1}} \tag{1}$$

如果强度指标的速度(上式的左端)大于 1,就意味着该项产品的生产速度 a_i/a_{i-1} 大于人口的发展速度,因而这种产品是高速度地发展。

从后面的表 6 中可以看到,苏联按人口计算的产量仍然落后于主要资本主义国家,但从这个强度指标的发展速度看来(见表 7)却一直远远超过资本主义国家,这就有可能使得强度指标本身很快地赶上并超过资本主义国家。

(2) 同一指标在不同阶段的对比(考虑到人口变动这一因素的对比)问题。

为了更精确地说明同一指标在不同阶段上的对比情况,除了要分析它们的绝对增长量以外,最好也分别先与人口对比,然后在这个基础上再进行对比。

仍设 a 为产量,b 为人口数,则在人口变动基础上计算的产量速度为

$$\frac{\dfrac{a_i}{a_{i-1}}}{\dfrac{b_i}{b_{i-1}}} = \frac{\dfrac{a_i}{b_i} \bigg/ \dfrac{a_0}{b_0}}{\dfrac{a_{i-1}}{b_{i-1}} \bigg/ \dfrac{a_0}{b_0}} = \frac{\dfrac{a_i}{a_0} \bigg/ \dfrac{b_i}{b_0}}{\dfrac{a_{i-1}}{a_0} \bigg/ \dfrac{b_{i-1}}{b_0}} = \frac{\dfrac{a_i}{b_i}}{\dfrac{a_{i-1}}{b_{i-1}}} \tag{2}$$

这就是说,在人口变动基础上计算的产量的环比速度(即产量速度比人口速度),可以从强度指标的两个时期的定基速度对比得来,也可以从产量定基速度与人口定基速度的比之对比或是从强度指标的环比速度得来。

例如,某些亚洲国家(不包括中国、阿富汗等)的谷物生产,虽然近年来的收成也很好,但按人口计算还比战前降低了 12%(表 5 根据联合国《1954 年亚洲及远东经济调查》的数字折算而来),并且它们仅仅在 1953—1954 年才有短暂的高速度发展。

表5　某些亚洲国家按人口计算的谷物生产(1934—1938年=100)

年　度	谷物生产		人　口		按人口计算的谷物生产	
	定基速度	环比速度	定基速度	环比速度	定基速度	环比速度
代　号	$\dfrac{a_i}{a_0}$	$\dfrac{a_i}{a_{i-1}}$	$\dfrac{b_i}{b_0}$	$\dfrac{b_i}{b_{i-1}}$	$\dfrac{a_i/b_i}{a_0/b_0}$	$\dfrac{a_i/b_i}{a_{i-1}/b_{i-1}}$
1948—1951年	98	—	119	—	82	—
1952/1953年	102	104	124	104	82	100
1953/1954年	110	108	125	101	88	106

为了具体说明公式(1)(2)，我们将上表中1953/1954年度的数字与公式(1)(2)相应的数式作一对比。在这一年度里，按人口计算的谷物产量的环比速度为1.06(或106%)，这个1.06可以用各种方法计算得来，因为按公式(1)(2)，它有着以下的关系：

$$\frac{1.08}{1.01}=\frac{0.88}{0.82}=\frac{1.10/1.25}{1.02/1.24}=1.06$$

(3) 对比两国在按人口计算的产量的速度问题。

我们已经知道，两国生产速度的对比，特别是社会主义与资本主义的速度的对比，也要在人口增长率的基础上来进行，亦即要比较按人口计算的产量的增长速度。

这种对比也有以下几种方法。

设甲乙两国的产量分别为A和a人口数分别为B和b。则A_i/A_{i-1}，a_i/a_{i-1}为有关国家的生产速度；B_i/B_{i-1}，b_i/b_{i-1}为有关国家的人口发展速度；A_i/B_i，a_i/b_{i-1}为有关国家的强度指标。在它们之间存在着以下的关系：

$$\dfrac{\dfrac{A_i}{B_i}\Big/\dfrac{A_{i-1}}{B_{i-1}}}{\dfrac{a_i}{b_i}\Big/\dfrac{a_{i-1}}{b_{i-1}}}=\dfrac{\dfrac{A_i}{A_{i-1}}\Big/\dfrac{B_i}{B_{i-1}}}{\dfrac{a_i}{a_{i-1}}\Big/\dfrac{b_i}{b_{i-1}}}=\dfrac{\dfrac{A_i}{A_{i-1}}\Big/\dfrac{a_i}{a_{i-1}}}{\dfrac{B_i}{B_{i-1}}\Big/\dfrac{b_i}{b_{i-1}}}。 \qquad (3)$$

这就是说，我们可以从强度指标的速度对比来对比两国按人口计算产量的速度的快慢，也可以将生产速度与人口速度的对比相对比或是分别将生产速度和人口速度各自加以对比,再求这个对比的对比,都可以得到同一结果。从这个结果的大于、等于或小于1,来判别在按人口计算的产量方面,甲国有着比乙国更高、相等或更低的速度。

两国强度指标的速度的对比,还可以表现为下列形式:

$$\frac{\frac{A_i}{B_i}/\frac{A_{i-1}}{B_{i-1}}}{\frac{a_i}{b_i}/\frac{a_{i-1}}{b_{i-1}}} = \frac{\frac{A_i}{B_i}/\frac{a_i}{b_i}}{\frac{A_{i-1}}{B_{i-1}}/\frac{a_{i-1}}{b_{i-1}}} \tag{3'}$$

即从两国强度指标的对比的动态上来比较两国的速度。以苏联和主要资本主义国家按人口计算的各种最主要产品的产量为例。

表6 苏、美、英、法某些主要产品的强度指标

	美国		英国		法国		苏联	
	1937年	1955年	1937年	1955年	1937年	1955年	1937年	1955年
钢(kg)	404	640	276	394	194	291	105	225
煤(kg)	3 441	2 657	5 047	4 424	1 081	1 277	757	1 955
电力(kW)	1 132	3 782	672	1 707	489	1 132	215	850

如果采用公式(3′)的左端,则有强度指标的速度如表7所示,并且可以看出苏联的速度大大超过三个主要资本主义国家。

表7 各国强度指标的动态对比

	1955年对1937年的发展速度(%)				苏联与各国速度相比		
	苏联	美国	英国	法国	美国	英国	法国
钢	2.14	1.58	1.43	1.50	1.4	1.5	1.4
煤	2.58	0.77	0.88	1.18	2.4	2.9	2.2
电力	3.95	3.34	2.54	2.31	1.8	1.6	1.7

而采用公式(3′)的右端,可以先求出苏联的强度指标对美、英、法三国的强度指标的对比,如表8所示。表中1937年数字由公式(3′)右端分母而来,1955年数字则由分子而得。

表8　苏联对美、英、法三国强度指标的比较

	苏联比美国		苏联比英国		苏联比法国	
	1937年	1955年	1937年	1955年	1937年	1955年
钢	0.26	0.35	0.38	0.57	0.54	0.77
煤	0.22	0.74	0.15	0.44	0.70	1.53
电力	0.19	0.22	0.32	0.50	0.44	0.75

根据公式(3′)知道,这种对比数字的上升,正好反映出苏联在按人口计算的产量方面,其速度大大超过资本主义国家,这个结果与表7结果自然是一致的。

由于社会制度的不同,苏联的生产是一贯高速度地发展;而美国在较长的时期看来,虽然多少有所增长,但它的速度却很缓慢,它在和平的年代中甚至低于人口的速度;这就使得苏美两国的速度相差很为悬殊。例如,苏联1955年工业等于1929年的20.49倍,而美国仅为1929年的2.34倍。在速度相差如此悬殊之下,由于人口增加速度一般都在1%到2%之间(特别近年来苏联和美国都近于1.7%),因此在社会主义国家与资本主义国家之间进行速度的对比时,也可以略去人口这一因素,作近似的对比,以减免计算的麻烦。但要注意的是,这种近似地抵消人口因素的简化,只有两国在生产速度相差很大或人口速度相等时,才能加以应用。尤其不能只见到这个简比的结果,而看不到这个对比原是在与人口相比的基础上进行的。

(4) 由结构指标的对比求各构成部分之间,以及构成部分与总量之间在进一步发展的速度的对比。

仍以生产的两大部类的对比关系作为说明。类似的方法同样适用于类似的问题(如工农业的比重问题等)。

设甲类产值为a,乙类产值为b;则总产值为a+b,甲类所占的比重为a/(a+b),乙类比重为a/(a+b);又甲类的速度为a_i/a_{i-1},乙类的速度为b_i/b_{i-1},总产值的速度为$(a_i+b_i)/(a_{i-1}+b_{i-1})$。它们之间有着以下的关系:

$$\frac{a}{a+b}+\frac{b}{a+b}=1 \tag{4}$$

$$\frac{a_i}{a_i+b_i}\bigg/\frac{a_{i-1}}{a_{i-1}+b_{i-1}}=\frac{a_i}{a_i+b_i}\bigg/\frac{a_i+b_i}{a_{i-1}+b_{i-1}} \tag{5}$$

$$\frac{b_i}{a_i+b_i} \Big/ \frac{b_{i-1}}{a_{i-1}+b_{i-1}} = \frac{b_i}{b_{i-1}} \Big/ \frac{a_i+b_i}{a_{i-1}+b_{i-1}} \tag{6}$$

$$\left(\frac{a_i}{a_i+b_i} \Big/ \frac{a_{i-1}}{a_{i-1}+b_{i-1}}\right) \Big/ \left(\frac{b_i}{a_i+b_i} \Big/ \frac{b_{i-1}}{a_{i-1}+b_{i-1}}\right) = \frac{a_i}{a_{i-1}} \Big/ \frac{b_i}{b_{i-1}} \tag{7}$$

根据公式(4)的关系,如果 a 之比重大,b 之比重就一定减小。因此,如有 $\frac{a_i}{a_i+b_i} > \frac{a_{i-1}}{a_{i-1}+b_{i-1}}$,就有 $\frac{b_i}{a_i+b_i} < \frac{b_{i-1}}{a_{i-1}+b_{i-1}}$(反过来的情况也是一样,只要将 a 与 b 两个符号互调一下)。把以上这种情况代入公式(5)(6)两式,则在 a 之比重有所增长时,有:

$$\frac{a_i}{a_{i-1}} > \frac{a_i+b_i}{a_{i-1}+b_{i-1}} > \frac{b_i}{b_{i-1}}; \tag{8}$$

而在 b 之比重有所增长时,有:

$$\frac{a_i}{a_{i-1}} < \frac{a_i+b_i}{a_{i-1}+b_{i-1}} < \frac{b_i}{b_{i-1}}。 \tag{9}$$

公式(8)(9)两式告诉我们,总的发展速度总是介乎它的两个构成部分的速度之间。这个结果也可以从表9、表10获得证实。

一般说来,根据公式(4),我们只要知道一方面比重的变化,就会知道另一方面比重的变化,从而也可以对比它们速度的高低,即得出公式(8)或公式(9)的情况。

并且,我们只要知道一方面比的变化,又知道一方面的速度时,就可以根据公式(5)(6)(7)等关系式求得另一方面和总的方面的速度。示例如下。

表9 我国生产资料产值的比重与发展情况

	代 号	1952年	1953年	1954年	1955年
生产资料产值在总产值中所占比重(%)	$a_i/(a_i+b_i)$	39.7	41.2	42.3	46.0
生产资料生产的发展速度(%)	a_i/a_{i-1}	—	136.7	119.8	117.1

根据上表的数字,利用公式(5)(6)(7),求得消费品生产和总产值的速度如表 10 所示。

表 10　我国消费资料生产和总产值的发展情况

	代　号	1952 年	1953 年	1954 年	1955 年
消费品生产的发展速度(%)	b_i/b_{i-1}	—	128.4	114.5	101.0
总产值的发展速度(%)	$(a_i+b_i)/(a_{i-1}+b_{i-1})$	—	131.7	116.7	107.8

用这种计算方法,同样可以从工农业比重的变化来比较工业(或农业)速度与总的生产速度。也可以从国民收入在社会总产品中所占的比重的动态中,来比较国民收入的增长速度和社会总产品的增长速度。

严格地说,这种对比也应该在与人口对比的基础上来进行;但因二者所对比的基础都是同一国内同一时期的人口增长速度,因而在对比的过程中,由于抵消的缘故,可以略去人口这一因素。

在从结构指标计算速度时,也应该注意到绝对增长量的可能变化。例如,在工业化已经完成,重工业有很大的比重时,在个别时期,消费品生产速度虽有可能超过生产资料的生产速度,但与生产资料生产的优先发展并不矛盾,因为从绝对值看来,生产资料仍然有更大的增长量。

原载《复旦学报(人文科学版)》1956 年第 2 期

论国民经济发展的平均速度指标

经济统计中速度是表明国民经济发展动态的指标。这一指标有以下几种表现形式：发展速度、增长速度和平均速度。发展速度是某一水平(在时间数列中发展水平一般是数列各项的绝对值)对其前一水平或基期水平之比；某一水平对其前一水平之比叫环比速度(某期对前一期的个别速度)，某一水平对其基期水平叫定基速度(某期对基期的总速度)。增长速度也有环比的和定基的。它和发展速度有着以下的关系：

$$增长速度 = 发展速度 - 1 \qquad (1)$$

环比发展速度的平均值叫平均发展速度(通常是每年平均的)。同样，平均增长速度等于平均发展速度减1。

为了系统地分析平均速度指标，在本文中，我们首先介绍一下速度指标之间的关系及其换算方法，用以说明个别速度如何发展成为一般速度(即平均速度)；并且认为几何平均法仍然是计算平均速度的科学方法。然后我们再研究一般速度(平均速度)又如何转化为个别速度，从而试行建立平均速度方法论。

一、速度指标体系

速度指标体系已在前面作过文字的说明；但为了把问题说得更明确一些，有必要把速度指标之间的关系及其换算方法，加以具体介绍。以我国工业总产值为例，总产值(按1952年不变价格计算，单位：亿元)是绝对数即发展水平，根据这个数列可以求出发展速度和增长速度，我们将结果编成表1。

一般说来，假定基年发展水平(绝对数)为a_0，此后逐年水平为$a_1, a_2, \cdots, a_i, \cdots, a_n$；则其实际年发展速度(即环比速度)与各年对基年的总速度(即定基速度)可列成表2。

表1 我国工业总产值动态表

年　份	总产值(亿元)(发展水平)	总速度(%)(定基发展速度)	年速度(%)(环比发展速度)	逐年增长速度(%)(环比增长速度)
1952年(基期)	270.1	100.0	—	—
1953年	355.8	131.7	131.7	31.7
1954年	415.1	153.7	116.7	16.7
1955年	447.5	165.7	107.8	7.8
1956年(计划数)	535.7	198.3	119.7	19.7
平均速度(1953—1956年)		$\sqrt[4]{1.983}=$	118.7	18.7

表2 实际发展速度与各年对基年的总速度

年　份	发展水平	总速度	年发展速度	逐年增长速度
基　年	a_0	1.00	—	—
第1年	a_1	a_1/a_0	a_1/a_0	a_1/a_0-1
第2年	a_2	a_2/a_0	a_2/a_1	a_2/a_1-1
⋮	⋮	⋮	⋮	⋮
第i年	a_i	a_i/a_0	a_i/a_{i-1}	$a_i/a_{i-1}-1$
⋮	⋮	⋮	⋮	⋮
第n年	a_n	a_n/a_0	a_n/a_{n-1}	$a_n/a_{n-1}-1$
总　计	$\sum_1^n a_i$	$\sum_1^n a_i/a_0$	—	—
平均速度(n年平均)			$\sqrt[n]{a_n/a_0}$	$\sqrt[n]{a_n/a_0}-1$

这几种指标之间的关系是异常密切的,其中年发展速度与总速度是在发展水平的基础上计得的,而年发展速度的连乘积又等于总速度,即

$$\frac{a_1}{a_0} \cdot \frac{a_2}{a_1} \cdot \frac{a_3}{a_2} \cdots \frac{a_i}{a_{i-1}} \cdot \frac{a_{i+1}}{a_i} \cdots \frac{a_{n-1}}{a_{n-2}} \cdot \frac{a_n}{a_{n-1}} = \frac{a_n}{a_0}。 \qquad (2)$$

反过来看,两个相邻的总速度之商又等于年发展速度,

$$\frac{a_2}{a_0} \div \frac{a_1}{a_0} = \frac{a_2}{a_0} \times \frac{a_0}{a_1} = \frac{a_2}{a_1}$$

或

$$\frac{a_i}{a_0} \div \frac{a_{i-1}}{a_0} = \frac{a_i}{a_0} \times \frac{a_0}{a_{i-1}} = \frac{a_i}{a_{i-1}}。 \quad (3)$$

如果将基期加以改变，譬如说以第 i 年为基年，则在没有掌握绝对数列水平（即发展水平）时，也能根据速度本身的相对数字加以换算。这时，年发展速度并无变化（因为它与基期无关）。而新的（即以第 i 年为基年的）总速度则等于原来的总速度除以第 i 年的原来的总速度。这种换算完全类似从发展水平来计算总速度的方法。

原来的总速度第 n 年为 a_n/a_0，第 i 年为 a_i/a_0。则以第 i 年为基期的第 n 年总速度为：

$$\frac{a_n}{a_0} \div \frac{a_i}{a_0} = \frac{a_n}{a_0} \times \frac{a_0}{a_i} = \frac{a_n}{a_i} \quad (4)$$

这个结果与由绝对值所计得的结果完全一致。

本来相对指标都是在绝对指标（发展水平）的基础上计算出来的。但是我们所掌握的资料又常仅是某一方面的相对数字。以上所讲到的几种速度指标间的关系，使我们能将所掌握的某一方面的相对数字，加以灵活转换，以更有利于经济分析。

这些关系式，可以更简括地小结如下。

在没有掌握绝对值情况下，仍可利用某一种速度指标作如下换算：

（1）由关系式（1），可以任意转换增长速度（定基的或环比的）与发展速度（定基的或环比的）；

（2）由公式（2），可以从已知的环比速度求定基速度；

（3）由公式（3），可以从已知的定基速度求环比速度；

（4）由公式（4），可以求出对任意基期的速度。

最后，再来介绍一下平均速度的计算。平均指标按其定义来讲，是个别变量的概括，因而在它的计算过程中，首先要把个别变量，归结到变量的总量与变量的个数，然后再从这两个相关数字中计得平均数。这里要注意的是，动态的平均数的计算完全不同于静态平均数的计算方法。在这里，个别变量是环比发展速度（即年速度）；由于变量是相对数，所以它的总量不是它本身的总和而是它本身的连乘总积,这个总速度正好是定基发展速度;而变量的个数则是年数 n。

由公式(2)知道年速度的连乘积等于总速度。因此,速度的平均数的最适当形式是几何平均数;即

$$G = \sqrt[n]{\frac{a_1}{a_0} \cdot \frac{a_2}{a_1} \cdots \frac{a_{n-1}}{a_{n-2}} \cdot \frac{a_n}{a_{n-1}}} = \sqrt[n]{\frac{a_n}{a_0}}。 \tag{5}$$

不难看出,几何平均法是要求实际年发展速度的连乘积等于总发展速度,从而把问题归结到期末水平 a_n 与基期水平 a_0 的对比上。在这里,平均速度 G 与期末水平 a_n 成正比与基期水平 a_0 成反比;而在 a_0 选定下,平均速度 G 的大小则以期末水平 a_n 为转移,并与任一中间水平 $a_i(i=1,2,\cdots,n-1)$ 相分离。

至于平均增长速度,只要从平均发展速度减 1 即得。为了进一步说明平均增长速度,我们将几何平均数还可转化为人们所熟悉的复利公式,

$$P = A(1+r)^n。$$

在此,本利和 P 相当于期末水平 a_n,本金 A 相当于基期水平 a_0,代入得

$$a_n = a_0(1+r)^n$$

从而

$$\frac{a_n}{a_0} = (1+r)^n$$

或

$$(1+r) = \sqrt[n]{\frac{a_n}{a_0}} = G \tag{6}$$

这样一来,1+r 就是平均发展速度,r 就是平均增长速度了。

现在再将表 1 的材料加以对照。这当中所要平均的个别变量是年速度 131.7,116.7,107.8 和 119.7。变量的连乘总积是 1956 年的总速度 198.3;变量的个数 n=4(1953—1956 年)。根据公式(5)和(6),就得知平均发展速度 G 和平均增长速度 r 为

$$G = \sqrt[4]{\frac{198.3}{100.0}} = \sqrt[4]{1.983} = 1.187 \text{ 或 } 118.7\%;$$

$$r = G - 1 = 1.187 - 1 = 0.187 \text{ 或 } 18.7\%。$$

实际上平均速度的运算是借助对数来进行的,这时从公式(5)有

$$\lg G = \frac{\sum \lg \frac{a_i}{a_{i-1}}}{n} \left(= \frac{\lg \frac{a_n}{a_0}}{n} \right) \tag{7}$$

这里可以看到几何平均数的对数就是各年速度的对数的算术平均数;这个对数的算术平均数还可以表现为各个阶段的平均速度的对数的加权算术平均数,

$$G = \sqrt[\sum n_k]{G_1^{n_1} \cdot G_2^{n_2} \cdots G_k^{n_k}} = \sqrt[n]{\frac{a_n}{a_0}} \tag{8}$$

$$\lg G = \frac{\sum n_K \lg G_K}{\sum n_K} \left(= \frac{\lg \frac{a_n}{a_0}}{n} \right) \tag{9}$$

为中 $G_1, G_2, \cdots G_K$ 是各阶段的平均速度,$n_1, n_2, \cdots, n_K$ 是各阶段的年限,G 是 $\sum n_K (= n_1 + n_2 + \cdots + n_k)$ 年间的总平均速度。

例如,苏联的工业平均增长速度,在战前 11 年(1930—1940 年)为 17.8%,战时 5 年(1941—1945 年)为 -1.7%,战后 10 年(1946—1955 年)为 13.9%;则根据上列数字利用公式(9)可以求得 1930—1955 年间的总平均速度。

表3 由分段平均速度求总平均速度表

分段平均增长速度	分段平均发展速度 G_K	$\lg G_K$	各阶段年数 n_K	$n_K \lg G_K$
0.178	1.178	0.071 145	11	0.782 595
-0.017	0.983	-0.007 446	5	0.037 232
0.139	1.139	0.056 524	10	0.565 240
合 计		—	26	1.310 605

$$\lg \frac{a_n}{a_0} = \sum n_K \lg G_K = 1.310\ 605 \quad \therefore \frac{a_n}{a_0} = 20.45$$

即苏联在 1955 年的总发展速度为 2 045(1929 年为 100)。这个 2 045 与实际速度 2 049 的离差是由近似计算所引起的。

$$\lg G = \frac{\sum n_K \lg G_K}{\sum n_K} = \frac{1.310\ 605}{26} = 0.050\ 408$$

$$\therefore \log 1.123 = 0.050\ 408 \quad \therefore G = 1.123$$

即 1930—1955 年苏联工业平均每年递增 12.3%。当然这种计算比较麻烦,它只有在不知道绝对值也不知发展速度和增长速度而仅仅知道各相连接阶段的平均速度时,才有应用的价值。

二、平均速度的计算问题

计算平均速度的方法一直沿用几何平均法。几何平均法当用以概括较长期的统计资料时,经常与实际结果相背离,特别难以反映资本主义生产发展的周期性,这就规定了几何平均法在应用上的局限性。为了寻求其他的计算方法,苏联卡加冈斯基曾提出方程的计算法(原文未见过),其后,卡拉谢夫在苏联统计通报 1949 年第二期又曾著文加以发挥,并转载于最近一期的《统计译丛》(第六辑)中。

他们二位的积极建议虽然是富有建设性的;但是仅就卡拉谢夫的论文看来,他不仅没有看到方程法比几何平均法有着更大的局限性,相反地却用了一些不够朴实的例证来夸大方程法的作用。

还有一些人,对方程法既不加以研究,对几何平均法则一味抹杀;这方面突出表现在同一期《统计译丛》转载的卡巴查尼卡的文章中。在这篇论述中,充满了对几何平均法不恰当的否定,他对平均速度这一指标起了极其消极的影响。

为了对几何平均法和方程法作出较恰当的估价,我们将从两者的计算方法与实际效用加以对比;并且初步澄清对几何平均数的看法。当然这个问题的较彻底地解决,还有待于下一节中关于平均速度方法论的建立。

卡加冈斯基所创设的方程法是先设 x 为平均速度,则按 x 计算的逐年发展水平为 $(a_0)x, (a_0 x)x = a_0 x^2, (a_0 x^2)x = a_0 x^3, \cdots, (a_0 x^{n-1})x = a_0 x^n$。它们的

和要与实际发展水平之和(从表 2 看来,这和是 $\sum_{1}^{n} a_i$) 相一致,即

$$a_0 x + a_0 x^2 + \cdots + a_0 x^{n-1} + a_0 x^n = \sum_{1}^{n} a_i$$

或

$$x^n + x^{n-1} + \cdots + x^2 + x - \frac{\sum_{1}^{n} a_i}{a_0} = 0 。 \tag{10}$$

根据教学的论证,这个方程必有而仅有一个正根设为 $R(f(R)=0)$,它就是所求的平均速度。

不难看出,计算平均速度的高次方程法,也假定速度的增长是按几何级数进行——首项为 $a_0 x$,公比为 x;但要求这个级数的总和等于实际水平的总和。从方程中可以看出,平均速度 R(即方程的正根)的大小随 $\sum a_i$ 与 a_0 而变,在 a_0 固定下,随 $\sum a_i$ 而变化,计算期中任一年的实际水平 $a_i(i=1,2,\cdots,n)$ 的变动,都影响到 $\sum a_i$,从而也影响到平均速度的大小。

为了对两种计算方法进行比较,还要介绍一下时间数列的两种不同类型。当数列各项水平表示某种现象发展到一定时点所达到的水平时,叫时点数列,例如在一定时点上的人口数、企业数、农户数、生产设备数等等。当它表示某种现象在各个时间内活动的成果时,叫时期数列,例如产量、产值、商品流转额等等。

在社会经济现象中,主要的时点数列大多都是一贯上升的(累积的)数列(也有停滞在一个水平上忽升忽降的数列,例如个别企业的库存余额、个别城市的人口变动等,在类似的情况下一般没有计算平均速度的必要)。这种数列的期末水平 a_n 是继承前面各期水平 $a_i(i=0,1,2,\cdots,n-1)$ 发展的结果,因而有着不可相加的特性。例如,我国人口 1953 年为 6.02 亿,假定 1954 年为 6.1 亿,虽然这两个数字相加起来是无意义的。

由于 a_n 与 $a_i(i=0,1,2,\cdots,n-1)$ 是如此不可分割,而 $\sum a_i$ 则是无意义的总和,因此,对时点数列中一贯上升或一贯下降的数列在计算平均速度时,以从 a_n 出发的几何平均法最为恰当,而与 $\sum a_i$ 相连的方程法则毫无意义。

关于这一点,卡拉谢夫的论文中完全没有考虑过。

在时期数列的条件下,问题就比较复杂些。时期数列的期末水平 a_n,它一方面与中间水平 $a_i(i=1,2,\cdots,n-1)$ 都有联系,另一方面它又是独立的。应用几何平均法时,是假定逐期水平 $a_i(i=0,1,2,\cdots,n)$ 近似于等比级数(即几何级数)的,从数学形式来讲几何平均数就相当于这个级数的公比。于是,像上面已经说过,用几何平均法所求的平均速度 G,在 a_0 固定下,最后归结到只与 a_n 有关,亦即 G 的大小以 a_n 的大小为转移。但是现象的发展结果、实际的发展水平所组成的时期数列 $\{a_i\}$ 并不总是等比数列;这一情况说明用几何平均法所得的平均速度是带有极大的偶然性,它只考虑到基期水平 a_0 与期末水平 a_n,而不考虑到两者之间各年水平的变化;在 a_0 固定下,它随着期末水平 a_n 的变化,时而夸大,时而缩小,这对整理较长期的统计资料,特别是分析资本主义国家经济发展情况时,可能是带有虚构性的。由于资本主义扩大再生产的进程是周期地为经济危机所打断,生产的进程显然不是按等比发展的,在这种情况下,平均速度有可能脱离了物质的现实性,成为形式数学的东西。

在这种情况下,即在数列不是近似地按等比发展的情况下,乍看起来,方程法好像解决了几何平均法所不能解决的问题;因为它考虑到各个时期水平的变化,任何一个 $a_i(i=0,1,2,\cdots,n)$ 的变动,都足以影响 $\sum a_i/a_0$ 的变动,而平均速度 R 又以 $\sum a_i/a_0$ 为转移。从这些现象出发,卡拉谢夫认为几何平均法总是有利于资本主义有损于社会主义的。他为了要"证明"这个论点,当然以方程法作为标准(我们在这里也假定它是个标准,实则它并不能作为标准,这点以后再谈。),而尤其遗憾的是他还进行了一个不够朴实的做法。我们仍旧拿卡拉谢夫所举的例子作为例证。

表4 苏联和美国的工业产值

年 份	苏联工业产值		美国工业产值	
	年速度	总速度	年速度	总速度
1929 年	—	100.0	—	100.0
1930 年	129.7	129.7	80.7	80.7

（续表）

年 份		苏联工业产值		美国工业产值	
		年速度	总速度	年速度	总速度
1931 年		124.8	161.9	84.4	68.1
1932 年		114.1	184.7	79.0	53.8
1933 年		109.1	201.6	120.6	64.9
1934 年		118.2	238.3	102.3	66.4
1935 年		123.1	293.4	113.9	75.6
1936 年		130.3	382.3	116.5	88.1
1937 年		110.9	424.0	104.7	92.2
1938 年		112.5	477.0	78.1	72.0
总 和		—	2 492.9	—	661.8
1930—1938 年平均速度	G	119.0	—	96.0	—
	R	120.0	—	93.5	—
G 对 R 离差		1.0	—	2.5	—

根据表 4，即令方程法可以作为标准，我们也仅能够讲：在这一具体例子中，几何平均法对方程法来讲，一方面对美国的速度"高估"了 2.5%，他方面对苏联又"低估"了 1%。卡拉谢夫还不以此为满足，他却计算了八年（1930—1937 年）的美国工业产值平均速度来和苏联的九年（1930—1938年）平均速度相比（如果缺乏 1938 年的资料时，当然也可用以作为近似的对比，问题在于我们并不缺乏 1938 年的资料）。这样的不同年限的对比，便得几何平均法对方程法的离差人为地提高到

$$G = \sqrt[2]{0.922} = 0.99, \quad R = 0.932$$
$$G - R = 0.058 \text{ 或 } 5.8\%$$

实则几何平均数仅夸大了 2.5%，给卡拉谢夫这样一搞，却说成是夸大了 5.8%。

显然，卡拉谢夫看见美国的总速度在 1937 年是高于 1938 年（92.2 > 72.0）的，为了有利于他的论点，终而违背了应有的科学态度。

问题还不仅如此，即使以方程法为标准，也不能认为几何平均法总是有

利于资本主义国家的。这不难从表 5 中第 Ⅰ 第 Ⅱ 两种假定情况里得到说明；两种假定都是将美国 1932 年与 1938 年的工业产值的总速度略加改变。虽然这是假定的，但表 5 中的数列仍旧反映苏联工业产值不断增长，而美国则停滞不前；这就是说在我们的改变下，并没有破坏问题的实质。

根据表 5 的结果，由于速度的总和 $\left(\sum \dfrac{a_i}{a_0} = \dfrac{\sum a_i}{a_0}\right)$ 没有变动，所求得的 R 与表 4 的 R 完全相同，这时只有 G 在变动。在第 Ⅰ 种情况下几何平均法对苏联低估了 1%，对美国却低估 2%；可见，几何平均法并不总是"偏爱"资本主义的。而在第 Ⅱ 种情况下，G=R，说明 G 对 R 也有不偏不倚的可能。

表 5

年 份		第Ⅰ种假定情况	第Ⅱ种假定情况	第Ⅲ种假定情况
1929 年		100.0	100.0	100.0
1930 年		80.7	80.7	184.7
1931 年		68.1	68.1	161.9
1932 年		78.4	71.2	129.7
1933 年		64.9	64.9	238.3
1934 年		66.4	66.4	201.6
1935 年		75.6	75.6	293.4
1936 年		88.1	88.1	477.0
1937 年		92.2	92.2	424.0
1938 年		44.4	54.6	382.3
总 和		661.8	661.8	2 492.9
1930—1938 年平均速度	G	92.3	93.5	—
	R	93.5	93.5	120.0
G 对 R 离差		−1.2	0	—

但是方程法的严重缺点是暴露在第 Ⅲ 种假定情况中。本来我们觉得方程法能通过 $\sum a_i$ 来反映每个 a_i 的变动影响，并且假定 $\{a_i\}$ 大致是一个几何数列，但事实上总和 $\sum a_i$ 未必总能反映 a_i 的变化；有时某一项的变化，又为

另一些项的变化抵销于总和中。表5第Ⅲ种数列就不是一个几何数列,与表3苏联的工业速度有着完全不同的性质;但用方程法所得的平均速度(1.20)却因总和(24.929)相等而相等。

可见,即使数列不是在等比发展的条件下,几何平均法还考虑到期末水平 a_n,而仅仅考虑到总和的方程法则不仅不能正确地反映其中任何一项,而且连 a_n 也不能反映。

又从实际的需要看来,我们所关心的总是从某一特定时期的生产力水平发展到另一时期所达到的水平,换句话说,我们所关心的是基期水平 a_0 和期末水平 a_n,而不是所有年份中产量的总和 $\sum a_i$。从而对平均速度的计算,大都采用几何平均法。

特别对计划中的平均速度指标,几何平均数法是最合适的方法。

在社会主义条件下,生产是有计划按比例地不断增长,也就是说再生产是按比例地扩大着;现象发展的实际结果虽然不总是等比的,但它总是环绕着一定比例而变动,这就使得平均速度指标对编制国家计划起着巨大作用。在生产一贯不断增长的条件下,国家力求生产力不断高涨;我们拟定较长期(如五年或十年)计划时总是根据需要与可能,科学地估计期末应有的可能的水平;为保证计划期末所欲达到的这一水平,用几何平均法计得的平均速度指标 G 反映了逐年应有的增长速度,使得经济活动环绕着这一标准化的指标向前发展,特别应该把它当作一个最低指标,年年努力去超过它,其结果大大提高了国家的生产力水平。

国家计划一经核定便成为物质的东西,考虑到期末水平而应用几何平均法所计得的逐年平均速度 G(当然,如果计划仅是从总和出发,仍然要用方程法,但这类情况是少见的)。在计划的保证下,就不会是虚构的东西。这里还顺便地提一提,卡巴查尼卡在他的论文中,曾经假设了评定两个企业执行五年计划的例子,来否定几何平均法。实际上,个别企业每年所必须完成的是年度计划,从而他的例子是不能成立的。当然也就不能用作否定几何平均法的依据。

虽然计划中平均速度的计算,基本上采用几何平均法;但是由于计划数列是假定按等比地发展着,使得几何平均法所计得的平均速度与方程法相一致(因为方程法也假定数列是按等比地发展着)。因此,在计划工作中,方程法就成为几何平均法的一个很好的辅助工具——由于 G = R,再从 R 反过去求 $\sum a_i$。这就是说,当我们用几何平均法求得平均速度 G 后,马上就可以用方程法的逆运算求得按 G 发展的所有计划年间生产的总和 $\sum a_i$。从方程法这一辅助作用出发,卡拉谢夫所编制的一份数表仍然有发表的价值(《统计译丛》第六辑未予转载)。本文附注中也提供了一个图算法,供大家参用。

小结:在时间数列近似于等比发展时,几何平均法和方程法是具体计算平均速度的两种方法;它们各有不同的特点,在基期水平 a_0 固定下,几何平均法从期末水平 a_n 出发,方程法则从总和 $\sum a_i$ 出发。

但实践中一般都从 a_n 出发,所以平均速度的计算大都采用几何平均数,特别对于时点数列,根本不能使用方程法。

在计划中也是使用几何平均法,但可同时采用方程法的逆运算作为它的辅助工具。

[附注] 方程法的图算法

用方程法所求的平均速度实际上就是下列方程的正根,

$$f(x) = x^n + x^{n-1} + \cdots + x^2 + x - \frac{\sum a_i}{a_0} = 0$$

若将 f(x) = 0 写成 F(x) = φ(x),则 y = F(x) 与 y = φ(x) 二曲线的交点的横坐标 R 就是方程的正根(f(R) = 0)。这里,我们将

$$F(x) = x^n + x^{n-1} + \cdots + x^2 + x \left(= \frac{x^{n+1}-1}{x-1} - 1 \right)$$

$$\varphi(x) = \sum a_i / a_0$$

在方格纸上画好 y = F(x) 之后,就能根据 R(R = G)极方便地找到 $\sum a_i / a_0$,再乘以 a_0 即得 $\sum a_i$ 的近似值。

三、平均速度方法论

平均速度是对速度的科学抽象,它概括了年速度的差异,这个优点同时

带来了它的缺点——掩盖了年速度的差异。人们往往只看它的缺点方面,甚至因而对平均速度采取了虚无主义的态度;事实上正是因为各项实际速度有差异,才会提出平均的问题。平均速度指标不是一个硬化了的指标,而是假定各项速度大致按几何级数发展。它并不要求各项实际速度彼此相等,果真各项都相等,平均速度指标就没有存在的必要。因此,平均速度与实际速度不相等正是平均速度存在的条件,否定了这一点就等于否定了平均数,有些人却正好把它颠倒了。

平均速度的优点也并不意味着我们可以到处滥用几何平均法。平均速度指标必须符合于实际的社会经济内容是应用平均速度的前提。如果现象的同一性(平均速度)与内在的本质相背离,那就不成为科学的抽象了。所以问题就在于我们对年速度的差异如何作事先的政治经济分析。如果经济发展是涨落交替,或所选基期不够妥当,亦即忽视了差异的质的分析,这样所计算的平均速度自然是笼统的甚至是虚构的。但大多数人对待这个问题,却又存在着另外一种片面性——强调几何平均法只能用于一贯上升或一贯下降的单调数列,而不能用于涨落交替的非单调数列,从而大大地限制了平均速度的使用。这种片面的看法不仅反映在廖佐夫的《统计学原理》和中国人民大学的《统计学原理讲义》(本文作者过去对这一问题未加钻研,在所编讲义中也是人云亦云)以及德鲁日宁的《统计理论》等教科书中,而且也反映到集体著作的《统计理论》中。

事实上,对以上这种非单调的数列也还是可以计算总平均速度的,问题在于必须选择恰当的基期和用分段速度以及个别突出的变化来对这个总平均速度加以补充,这样总平均速度就不会是虚构的了。

我们以1927—1960年来苏联和美国工业发展速度来作为例子。

表6中苏联的速度和美国的校订速度的逐年数字,都是根据苏联政府公报、苏联负责同意的报告以及中苏友协的发行的书籍的中摘录或折算而得。美国速度的未校订数字则是根据美国联邦准备公报 Federel Reserve Bullatin 所发表的数字用公式(4)加以重新计算而得(原发表的是以1947—1949年的平均数为100)。改算以后的数字与校订速度颇为接近,又因校订速度残缺不全,所以这个改算以后的数字,仍有很大的参考价值。

表6 1927—1960年来苏联与美国工业发展速度

年 份	苏联工业生产速度		美国工业生产速度			
	发展速度	增长速度	发展速度	增长速度	校订速度	校订增长%
1927年	66.7	—	—	—	89.8	—
1928年	81.0	21	90.0	—	94.7	5
1929年	100.0	24	100.0	11	100.0	5
1930年	129.7	30	83.1	−17	80.7	−19
1931年	161.9	25	67.8	−18	68.1	−16
1932年	184.7	14	52.5	−22	53.8	−21
1933年	201.6	9	62.7	19	64.9	20
1934年	238.3	18	67.8	8	66.4	2
1935年	293.4	23	79.7	17	75.6	14
1936年	382.3	30	94.9	19	88.1	16
1937年	429.0	12	103.4	9	103.0	17
1938年	477.0	11	81.4	−21	72.0	−30
1939年	552.0	16	98.3	21	99.0	38
1940年	605.0	9	113.6	15	—	—
1941年	—	—	147.5	30	—	—
1942年	—	—	179.7	22	—	—
1943年	573.0	—	215.3	20	215.0	—
1944年	629.0*	10	211.9	−1	—	—
1945年	556.0	−11	181.4	−14	—	—
1946年	466.0	−16	152.5	−16	153.0	—
1947年	571.0	23	169.5	11	170.0	11
1948年	721.0	26	176.3	4	175.0	3
1949年	870.0	21	164.4	−7	164.0	−6
1950年	1 082.0	25	189.8	16	190.0	16
1951年	1 266.0	17	203.4	7	200.0	5
1952年	1 421.0	12	210.2	3	210.0	5
1953年	1 590.0*	12	227.1	8	—	—
1954年	1 785.0*	13	211.9	−7	—	—

(续表)

年　份	苏联工业生产速度		美国工业生产速度			
	发展速度	增长速度	发展速度	增长速度	校订速度	校订增长%
1955 年	2 049.0	15	235.6	11	234.0	—
⋮	⋮	⋮	⋮	⋮	⋮	⋮
1960 年（计划数）	3 380.0	9	—	—	—	—

＊近似值

根据表 6 的数据（美国方面是采用校订数字，在残缺时用改算的数字），用公式（4）和公式（6）就可以算出各个适当期间的平均增长速度。我们把计得的总平均增长速度和各个期间的分段平均增长速度列成表 7 和表 8。

表 7　苏联工业在各计划期间的年平均增长速度（%）

时　期	每年平均增长速度
第一个五年计划 1928—1932 年 …………	22.6
第二个五年计划 1933—1937 年 …………	18.4
第三个五年计划原订计划数 …………	13.0
1938—1945 年实际数 …………	3.3
第四个五年计划 1946—1950 年 …………	14.2
第五个五年计划 1951—1955 年 …………	13.1
第六个五年计划计划数 1956—1960 年 …………	9.3
总平均增长速度 1928—1960 年 …………	12.6

表 8　近三十年来各个阶段中苏美英工业年平均增长速度（%）

分　段	时　期	苏　联	美　国	英　国
总平均增长速度	1930—1955 年	12.3	3.3	2.3
按第二次世界大战前后分段	1930—1938 年 1939—1945 年 1946—1955 年	19.0 0.3 13.9	-3.6 12.1 2.6	1.3 0.4＊ 4.4＊＊
按美国生产周期性分段	1930—1937 年 1938—1943 年 1944—1955 年	19.9 4.8 11.2	0.4 13.0 0.7	— — —

＊1939—1946 年数字，＊＊1947—1955 年数字

从表7可以看出，苏联在三十三年（1928—1960年）的计划建设中，每年平均高速地递增12.6%（总平均增长速度），其中六个五年计划期间每一阶段的平均增长速度（分段平均速度）各为22.6%、18.4%、13.0%（计划数）、14.2%、13.1%、9.3%（计划数）；这当中第三个五年计划原计划规定每年递增13%，实则在1941年为战争所破坏，所以在1938—1945年年间平均每年仅递增3.3%，战后才以更高的速度发展，而在目前的第六个五年计划中，苏联工业正以平均每年递增9.3%向前迈进着。

至于表8的结果，则是从美国经济周期加以分段计算，并将相应年代的苏联的速度加以对比。由于社会主义的生产是一贯上升的，所以对苏联的分段有较大的灵活性；当然在这里我们应该而且已经考虑到苏联工业因战争破坏而反映到统计数字上的涨落现象。

根据表8的数字，我们可以将苏美工业发展情况作一对照：从1920年以后直到1955年，在这二十六年中苏联每年递增12.3%而美国仅递增3.3%；其中在第二次世界大战以前，苏联每年递增19%美国却递减3.6%，大战以后，苏联每年递增13.9%美国则仅2.6%。如果从美国资本主义经济周期进行分段，就可以看出：美国从1929年的高峰经过危机到达1937年，刚刚恢复到危机以前的水平（这一阶段平均增长速度美国仅0.4%，苏联则高达19.9%），1938年又猛然下降30%，1939年由于世界大战的刺激，才使美国暂时摆脱危机，大战不仅没有损及美国本土，而且提供无限的世界市场，促使生产力水平扶摇直上，这样的"好景"一直继续到1943年，从1936—1943年这六年间每年平均增加13%。但这一阶段的苏联则受着战争的严重破坏，每年平均仅增加4.8%。从1943年以后美国又经过三次生产大缩减，直到1955年才有微小的增长，这十二年中平均每年增长不到1%（即0.7%），而苏联则年增加11.2%。如果瞻望未来的五年，苏联的计划速度高达9.3%，而美国赖以提高生产的各种暂时因素，却愈益达到耗费的地步。不同的社会制度赋予两国不同本质的速度，其中社会主义一贯上升的速度大大超过资本主义周期性的速度，乃是历史的必然。

以上这个现实的而又具有极其丰富内容的例子，可以用作平均速度方法论的说明。

一般说来，平均数方法论大致包括以下四个方面的内容：

（1）平均速度抛开年速度之间外部的、非本质的变化，找到它们之间共有的、同一的指标。为使这个指标符合于内在的本质，在应用平均速度时，必须与其实际年速度（发展速度或增长速度）、总速度、特别是绝对数数列（它是计算一切速度的数字基础）相对照；平均速度必须符合于实际的社会经济内容乃是应用平均速度指标的前提条件。

但在计算较长时期平均速度时，虽然资本主义经济有着不同质的变化——低落和高涨相交替，却并不意味着资本主义国家已失去了扩大再生产的条件。1929—1955年来，平均速度3.3%虽然很小，但生产毕竟是提高了，问题在于我们既看到这一事实，又能将其中不同质的变化加以揭示和补充。同样，对苏联长期的平均速度也应该是可以应用的（统计学原理的教科书却认为不能将卫国战争一段加以计算）。苏联生产一贯高速上升是一个事实，但也不能把"苏维埃社会的发展被表现成完完全全的凯歌行进"（《共产党人》1950年第5期中对某些历史学家的批评语）。战争破坏了苏联生产，我们只要注意这一事实，总平均速度仍然有其应用的价值。总平均速度并未贬低社会主义生产的高速的无危机的性质。

因此，在经济分析中，计算较长阶段的总平均速度仍有巨大的作用，但为使指标与其内容相符合，还必须补充分段平均速度，以及个别突出速度，并辅以必要的文字说明。

（2）分段补充——主要根据经济分析进行适当的分段（这不是一个硬化了的方法，我们这里只谈几种主要的分段法）。

① 我们首先要注意到生产已达到的各个水平，然后将两个具有极大的发展速度的时期合成一个阶段。例如前例中美国的情况，可划成以下几个阶段：1930—1937年，1938—1943年，1944—1955年（当然也可以划成1944—1948年，1949—1953年，1954—1955年）。而对苏联则因生产一贯增长的（除了战时以外），每一水平都可以说是它以前水平的历史上最大速度，因而在分段时就有较大的灵活性。

② 特别对于资本主义国家，为了这一次周期的具体发展，可将危机与萧条两个阶段合并为一段，又将复苏和高涨两个阶段合并为一段。例如在1929—1943年这一周期间，可分为1930—1932年，1933—1943年两段）。又如从战时与和平时期着眼，大致可分为三个阶段来计算平均速度，即战前、战

时和战后三个阶段。

③ 社会主义和人民民主国家还有它特有的分段法,即按经济建设来分段:恢复时期和各次计划时期。例如我国的 1949—1952 年,1953—1957 年;又如表 7 苏联的分段。

(3) 个别补充——在一贯上升或一贯下降的单调数列中,个别速度的反常表现必须加以指出。例如正方向的最大速度和逆方向的个别变化;在美国 1937—1955 年的数字中,1939 年因战争而上涨幅度达 38%;为时仅一年的短暂危机有三次 1937—1938 年(下降 30%),1948—1949 年(下降 6%),1953—1954 年(下降 7%)。

(4) 恰当地选择基期——基期的选择与分段法是分不开的,并且要与期末水平结合起来考虑。例如对(2)③中美国情况可用 1929 年,1937 年,1943 年(相对的末期是 1937 年,1943 年,1955 年)作为基期;在(2)②中可将 1929 年和 1932 年作为基期。对(2)③我国的情况,可将 1949 年作为恢复时期的基期,1952 年作为建设时期的基期;为了与战前相比较也可以以战前最高水平的年度作为基期。

适当地选择基期,随时注意到基期所具的水平,能使我们不致迷失在相对数字的速度指标中。

原载《复旦学报(社会科学版)》1956 年第 2 期

简评《国家主导型市场经济论》

从当代各国经济发展的经验来看,市场机制和宏观调控都是市场经济体制的重要内容。目前,我国正处于传统计划经济体制向市场经济体制转变、粗放型经济增长方式向集约型经济增长方式转变的关键时期,既发挥市场机制的积极作用,又加强和改善宏观调控,具有重大的全局意义。由上海财经大学经济系主任程恩富教授主编的《国家主导型市场经济论》专著(上海远东出版社1995年版,上海市"八五"社科规划重点课题研究成果),就此深入研究我国经济调节的实践与理论。

书中以社会主义面临市场调节与国家调节的"世纪性困扰"为导论,客观描述中华人民共和国成立以来经济调节机制的演变轨迹和丰富多彩的改革思路,深刻透视市场调节与国家调节各自的功能强点和弱点,整体考察两种经济调节耦合的特性、状态和类型,系统分析两种调节在生产领域、流通领域、分配领域和消费领域的展开,探究作为经济调节新基石的国有资产管理改革、企业制度创新和企业运行轨迹变换,在此基础上进一步阐述国家调节的总体多元目标以及作为主要手段的经济政策体系,并分类概述日本和美国等有代表性的外国经济调节机制。这样,全书从实践到理论、从历史到现状、从微观到宏观,呈现出整体感和时代感。

本书新意颇多。比如:(1)提出"三主制度"新公式:初级社会主义经济=公有主体型产权结构+劳动主体型分配结构+国家主导型市场结构,进而认为两个主体和一个主导的"三主制度"体现了中国特色社会主义,是当代解决公有与私有、公平与效率、计划与市场三大世界性基本经济矛盾的最佳模式。操作得法,可以优于西方经济及其制度。(2)提出"基础—主导"功能性结合模式,认为市场调节与国家调节均存有功能强点和弱点,因而社会主义市场经济体制应实行"以市场调节为基础、以国家调节为主导"的新型调节机制,旨在防止调节系统的功能性错位,加强功能性互补;减少调节功能的负熵值,增强协同正效应;缩小调节系统的机制背反性,扩大机制一致性。(3)提出公平与效率是正反同向的交促和互补关系,而非此消彼长的替代关系,认为经济高效率不能脱离分配公平,公平与效率最优结合的载体是市场型按劳分配。(4)提出重构三层分类管理机构和三级政府监管机构,主张国有资产的立法管理和最终监管归人大系统,国有资产所有权的行政管理归政府独设的国有资产管理局,国有资产所有权的商务管理归国有资产产权(中介)经营机构,并在中央、省和市县三级政府中设置综理国有资产所有权的行政管理机构。(5)提出产权是经济及其发展系统的重要因素之一,认为经济发展是产权制度的函数,并进而强调现代企业制度的建立和完善,主要在于产权变革与强化管理两个基本方面。

全书以马克思主义经济理论为指导,体系结构较为合理,规范分析、实证分析与对策分析有机结合,有助于读者学习和研究社会主义市场经济理论及实际操作。

原载《财经研究》1996 年第 7 期

孜孜不倦探索经济规律

一

"学术"是先有学,然后有术。不学就无术,或者就乱术。学了也不一定有合乎规律的术。"学"要先广后专。世界是整体,文理各科从不同角度探索它的运动规律。"术"不浮于表面现象,对客体规律进行表述。

我幼年丧母,父在外地旧政府任职,时有升降。我依靠业中医的祖父为生;中学时在上海租界,靠做护士的姨母抚养。由此萌生宦海浮沉不如薄技随身之感。虽家世清寒,但学业未断。少年时在私塾专读古汉语,《论语》《孟子》中某些警句,《左传》《史记》一些精彩段落,《古文观止》中某些范文,皆能背诵。高中时曾就读苏州工业学校,较早地学习了高等数学。1940年进复旦大学,初学农艺系,后转入经济系。在抗日救亡运动中,在争取社会主义光明的斗争中,深觉国无宁日,虽薄技随身亦复何用,于是转攻社会科学。1945年在该系毕业,并留校任教至今。1947年参加中国共产党。1962—1984年("文革"时一度中断)任复旦大学经济系主任近20年。职称教授,博士生导师。1988年起兼任中国《资本论》研究会副会长、上海市经济学会会长。1989年9月被评为"全国优秀教师"。

人生的旅途也陶冶了学风。接触过旧社会各阶层人物,注意到他们的经济生活;读中学时在上海租界体会到被列强欺侮的味道;抗战时期路过各地,对苦难的同胞状况有所见闻;在参加学生运动和社会主义革命中又经历了政治锻炼;新中国成立以后还兼任过行政工作和校工会工作,并多次到工厂、农村调查研究,使理论与实践密切相连。

1945—1958年,当任经济数学与统计学教学工作;1954年编写的《统计学原理》(讲义)被中央人民政府高等教育部列为全国推荐教材。最初发表的论文《论国民经济发展的平均速度指标》(《复旦学报》1956年第2期),是一篇与苏联统计学家卡拉谢夫争鸣的文章。这篇论文受到国家统计局的重视,统计局的机关刊物《统计工作通讯》1956年第24期予以转载。论文还受到同行的赞赏,赞赏敢于坚持真理,走自己的路。

1959—1962年,借进修机遇,博览文史哲的一些重要著作,又研读马克思、恩格斯和列宁的主要著作,特别专攻《资本论》,并且系统地躬聆老专家王学文讲授《资本论》。此后,长期从事《资本论》教学和科研工作,撰写了有关专著和论文。20世纪80年代又运用《资本论》方法研究社会生产力系统规律,并由此展开研究经济规律体系。于是豁然开朗,不断拓宽了研究范围,特别是对生产力方面的探索,并涉及环境经济学、人口经济学、科学技术经济学、土地经济学、交通经济学等等,写了有关论文和专著。

在钻研基础理论时,努力探索事物的内在联系,不惑于表象,不随波逐流。做人是与治学分不开的。对任何人来说,年寿有时而尽,如果饱食终日,无所用心,在人间"潇洒走一回",实是将自己沦为普通动物。做人应该为人类群体智力的进化,为人类无限美好的未来,作出自己的贡献,方不虚此行。这就要求我们在做人上要有高尚的情操、广阔的胸怀和崇高的未来理想,贫困不慑于饥寒,富裕不流于逸乐,且要关心天下兴衰,致力于社会整体利益;而在学习上,则要贱尺璧而重寸阴,抓住时间,努力学习,在学习、生活中对自己严格要求,在内在动力和外在压力双重作用下获得进步。

二

遵循马克思治学思想,上层建筑问题要深入到经济基础,经济基础问题要透过生产关系深入到生产力。又遵循被马克思改造的黑格尔辩证法,将生产力、生产关系、上层建筑辩证地联成一体。黑格尔曾说,科学是圆圈的圆圈,但未画出来。我则唯物地以生产力为核心,将三者画出来(图1)。这也使我特别注意研究生产力,并撰写出版了专著《生产力与经济规律》。

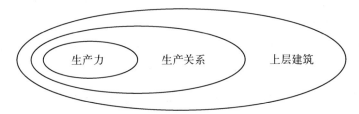

图1 生产力、生产关系与上层建筑三者关系图

对生产力的研究必然追索到它的源泉——人口、资源和生态环境。于是,圈层可以画到六层:

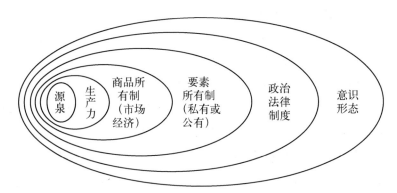

图2 人口、资源和生态环境与生产力、生产关系及上层建筑关系图

长期以来,我的学术思想就扎根于这个圈层中。它们的规律就是内圈正作用于外圈,外圈反作用于内圈。这使我在近20年来,又将注意力集中到人口、资源、生态环境。

人口、生态、环境是一个有机的整体,环境科学是人们系统认识环境的各种运动规律及其表现形式的知识体系,这是一门文理交叉的新兴学科,其中由自然科学进入社会科学的交叉点便是环境经济学。

具体的部分成为生态环境。生态环境可以分为三个层次:一是生命赖以生存的环境(生境),它为生命的发育提供阳光、水、大气、土壤以及蕴藏其中的有机化合物;二是生命系统的多样性生物——先是通过光合作用而出现植物,然后是吃植物的动物、吃动物的动物,再是分解动植物代谢物的微生物,代谢物再化作春泥供植物吸收,或作为饲料供动物食用,生命系统与生境复合为自然生态系统;三是人,作为自然的人(人也是动物),它只能在生态规律制约中生存,但作为社会的人(具有一般动物所没有的智力),当他未认识生态规律时,却会做出破坏生态环境的事。人的社会经济活动(人工)应顺乎生态规律,从而与自然生态环境复合为人工生态环境,人类的社会生活才能可持续发展。由此可知,为了可持续发展就必须维护生境中的水、大气、土地等三种物理形态(液、气、固)的正常物理循环运动,使它们在运动中更新成为再生资源,并保护其中适于生命需要的化学成分,防治有害成分的污染。在此基础上保护生物多样性,取得也是再生性的生物资源。还要特别保

649

护作为生态支柱的森林,但是,这当中的问题还在于环境提供的资源不限于生态系统中的因子,有大量非生态因子(矿物)进入生态环境,其化学结构又污染各层次生态因子,危害环境。

在方方面面的问题中,如何趋利避害,使人类有着美好的未来,这就需要科学知识。其中,揭示第一层次规律的是环境物理学和环境化学,揭示第二层次规律的是环境生物学或生态学,揭示第三层次规律的是环境社会科学。由此可知,正是物质世界中人工生态环境三个层次的客体结构,使反映这一客体的环境自然科学和环境社会科学复合在一起,成为环境科学。

作为综合学科的环境科学,它一方面体现自然科学奔向社会科学;另一方面要求社会科学深入到自然科学。一般说来,自然科学的发展历史是由物理学开始的,由物理学到化学,再到生物学。当生物学研究到作为动物的自然人时,这自然人又蜕变为社会的人,于是自然科学展开到人文科学。人文科学指研究人类社会文明的科学,所以它可以被社会科学所涵盖,文明是从物质到精神,于是社会科学由研究物质文明的经济学开始,到政治学、法学,到研究意识形态的伦理学、文学,等等,粗略地看,两类学科的联结点在生产力经济学。因为,随着近代工业革命,自然科学在工艺上的应用转化为现实生产力。这样,"生产力中也包括科学"[1],也就是说,"科学技术是第一生产力"[2]。这样,经济学在研究生产力时,就应深入到自然科学,但是,问题还不仅在于微观上科学在工艺上的应用,更在于宏观上保护社会生产力的源泉——环境与适度的人口。现在,经济科学工作者已经注意到克服自己的片面性。经济学研究的对象不能仅限于生产关系,不仅要深入到生产力,而且要追溯到开发与利用对资源的影响,这些影响又与人口有着什么关系。于是建立起环境经济学或生态经济学。这门新兴学科之所以特别重要,主要在于它探索和揭示人口、资源、环境与经济发展的内在联系;分析人类自身的数量与素质,从而在社会经济生活中对资源的使用效率,最终对生态环境产生生物、物理、化学的影响。

科学是人类智力发展的历史结晶,人类是由无知到有知,由知识的片面性到整体性。人口爆炸,人类社会的盲目实践,首先对环境进行生物性破坏,

---

[1] 《马克思恩格斯文集》第8卷,第188页。
[2] 《邓小平文选》第3卷,第274页。

如破坏森林与生物多样性。由此又引发对生命支撑系统物理性破坏,如破坏大气正常循环及其所含化学因子,破坏水的正常循环与土壤流失。在工业化开始后,又因为科学的片面性,资源特别是矿产资源未得到综合利用,形成"三废",对环境进行化学性破坏,生态环境的破坏,不仅使一般生物生存成为问题,而且最终会使人类自身也难以生活和生存。人类终于觉悟到,为使可持续发展,必须保护环境,而环境科学的整体性又迫使每门学科都要克服自己的片面性。

现在,不仅自然科学各学科都在注意研究环境问题,而且,人文科学也在日益注意这个重大问题。

就经济学来讲,它不仅要从生产力来研究环境经济,而且要从生产关系角度来保护环境,就我国的社会主义市场经济体制来讲,既要从宏观上制定合理的社会主义国土规划等,又要通过市场改革不合理的价格体系,建立资源有偿使用制度,逐步改变原材料价格偏低、资源无偿使用的状况,并依靠价值规律和供求关系来调整资源价格,彻底改变由于资源低价或无价造成的资源、能源浪费和环境污染与破坏,并逐步建立资源节约型的经济模式。

再说法学,它是为经济基础服务的,法学的科学原则,首要的是应该为发展社会生产力服务,为经济的可持续发展和社会稳定服务,这也表明法学与环境经济学、环境科学的关系。

政治学也要研究环境问题。自古以来,战争多为争夺土地资源,战火毁了森林,造成水土流失,以致土地荒漠化。现在的争夺又多与水资源匮乏有关。这在中东地区戈兰高地的争端上尤为明显。

至于文学,古代抒情歌赋以及流传的范文,多描述自然景观,以景寓情。这就不自觉地表现出当年环境景观,若与现代景观对照,就可以证实环境的破坏情况。例如,长江上游金沙江干流段,曾是"雪山不老年年白,江水长流日日清",川江干流段也由于两岸植被茂密,"山桃红花满上头,蜀江春水拍山流";到了下游,"春风又绿江南岸","百分桃花千分柳,冶红妖翠画江南","春来江水绿如蓝"。可是现在,两岸植被被毁,水土大量流失,水质恶化。如何扭转这一状态,使"青山不老,绿水长流",持续、健康发展,这也和如何按环境经济学、环境科学原则办事联系在一起。

还有伦理学,它在研究人们道德规范、行为准则时,更要特别注意以保护环境为崇高准则。为此,要在全国开展环境科学知识的普及工作。

总之,为了人类社会美好的未来,环境科学及其各个分支包括环境经济学,必将在21世纪发达起来。

按照生物食物链金字塔原理,各生物各种群都有各自的天敌来控制各层次生物的十分之一比例关系。作为动物的人当然也受此制约。问题在于作为社会的人却基本消灭了他的天敌(吃人的野兽),使人口可以暂时爆炸,于是向地球过度索取资源,终而毁损生态环境,使人类难以持续发展。发展中国家包括中国的问题无不与人口有关。

三

在学习《资本论》时,我特别注意《资本论》第一卷初版序言的提示:"本书的最终目的就是揭示现代社会的经济运动规律。"①"文革"以后,我的科研活动就主要探索经济规律及其体系,发表了相关论文与专著。

我注意到,在马克思的著作里也并非句句是真理,因为作为伟大的科学家,他的认识也不可能穷尽真理。马克思对待争鸣的态度是:"任何的科学批评的意见我都是欢迎的。而对于我从来就不让步的所谓舆论的偏见,我仍然遵守伟大的佛罗伦萨人的格言:走你的路,让人们去说罢!"②遵循这一精神,我在钻研原著的过程中,发现马克思在计算中有一些笔误,在1980年第3期《中国社会科学》上发表了《试校〈资本论〉中某些计算问题》,许多人认为这篇论文所体现的正是马克思本人一贯表现的科学精神。

新中国成立初期,对中国经济学界影响最大的,除马克思、恩格斯、列宁外,还有斯大林。斯大林与前辈导师不同,他的特点是,虽然在理论上有过不少贡献,但因缺乏批评与自我批评精神,往往用武断代替科学。例如,他认为在社会主义社会,不仅必须抛弃剩余价值、平均利润率等范畴,还必须抛弃包括"必要"劳动和"剩余"劳动、"必要"产品和"剩余"产品、"必要"时间和"剩余"时间这样一些概念。在他的观点统率下所编写的苏联版《政治经济学教科书》20世纪50年代风行我国,成为当时政治经济学范本。在当时条件下,一般民众难以与之争鸣。敢于和斯大林争鸣的是毛泽东,他有着类似斯大林

---

① 《资本论》第1卷,第10页。
② 同上书,第13页。

的地位,也遇到社会主义经济建设中亟待解决的理论问题。1959年毛泽东写了阅读苏联《政治经济学教科书》笔记,针对斯大林的某些观点提出了不同看法。但是,他主要是以所谓"三面红旗"的观点而不是以科学的观点与斯大林争鸣。

应该肯定,毛泽东对坚持和发展马克思主义,确实作出了杰出的贡献。但是,在经济理论方面,正如他自己在1962年的七千人大会上所说:"我注意得较多的是制度方面的问题,生产关系方面的问题。至于生产力方面,我的知识很少。"①由于众所周知的原因,在那段岁月里,有谁敢和他争鸣呢?这种状况一直延续到"文革"的终结。因此在改革开放前的30年中,争鸣气氛显得不够热烈。在这段时间,问题不是这个或那个原理是否正确,而是它是否符合"最高指示",以及是否倾斜于对"最高指示"的解释。

必须指出的是,不靠科学只靠长官意志,是管理不好中国这么大的国家。在科学面前,领导人物不仅要提倡别人争鸣,而且要欢迎别人与自己争鸣,并且从善如流,才能科学地发展社会主义的事业,经济科学才能因此而繁荣起来。

科学的经济学是透过现象探索其本质。庸俗的经济学则是将现象当作本质。而若事物的表现形式和事物的本质会直接合而为一,一切科学就都成为多余的了。

有句古话:上有所好,下必甚焉。上面有喜欢人家奉承的长官,下面就会有一些人专门对上面察言观色,摸领导人的意图,然后"诠释"为理论文章。于是庸俗经济学盛行,它依势风行,其本非科学,其势使然也。这种学风如任其发展甚至加以提倡和支持,就会导致"黄钟毁弃、瓦釜雷鸣"的局面,科学的经济学就难以争鸣,无法发展。

作为经济理论工作者,应该具有科学态度,不做风派人物;应该具有理论的勇气,不做阿谀奉承之辈。

四

科学的经济学应批判地吸收各家之长。

---

① 《毛泽东文集》第8卷,第303页。

当代资产阶级经济学既有其庸俗的一面,也有其科学之处。具体说来,它在定性分析方面多系庸俗的,在定量分析的方法上又具有一定的科学性。与此相反,马克思主义的经济学,在定性分析上是科学的,在定量分析的方面则较单薄。当年,马克思主义经济学的创始人批判地继承了资产阶级的古典经济学,才创立了科学的经济学。今日,我们更应批判地吸收各家之长,丰富和发展马克思主义的经济学。

如果简单地全盘否定当代资产阶级经济学,说它全是庸俗的,或者无知地全盘否定马克思主义经济学,说它早已过时了,则都是非科学态度。争鸣应实事求是地鸣其长避其短,荟萃人类精神劳动的成果。

经济理论工作者应科学地对待自己。作为一名经济理论工作者,不仅要依据科学理直气壮地与别人争鸣,而且要勇于自我批评。认识有一个过程,往往是由错误到正确、由片面认识到全面认识的过程,这是正常的。对此,马克思和恩格斯也为我们树立了好的榜样。他们说:"1845年我们两人在布鲁塞尔着手'共同阐明我们的见解'——主要由马克思制定的唯物主义历史观,——'与德国哲学的意识形态的见解的对立,实际上是把我们从前的哲学信仰清算一下……'"①我深深地体会到,只有善于与自己的过去"争鸣",才能公平地与别人争鸣。

再就中国实践来说,我认为中国小农经济阻碍生产力发展,是封建思想的基础,造成人口量大质低,人口问题成为中国一切问题的核心。在人口与环境问题上,我批判了斯大林的错误观点。

1984年,我又注意到土地资源的合理使用,从马克思的地租理论和英国与中国香港的实践出发,提出土地国有化的批租问题。1984年撰写了论文《论社会主义经济中的地租的必然性》,先是受到上海市委机关的关注,上报到中央书记处后也很受重视,嘱托补充撰写了《论社会主义商品经济地租的必然性》一文,1985年由中央发至全国各省市。随后从深圳开始,土地批租制度在全国推开。我还提出按批租理论,国有土地不应下放为地方所有,并建议上海市政府迁出外滩,等等。

我还根据森林是生态环境的支柱这一原理,提出了林业是国民经济基础

---

① 《马克思恩格斯文集》第4卷,第265页。

（农业）的基础,并认为"农、林、牧、副、渔"这一排序应更正为"林、农、牧、渔、副",受到林业部门和生态学界的重视。由于在环境经济学研究所作的努力,1995年我被评为全国环境教育先进个人,现任复旦大学环境中心名誉主任。

几十年的学术生涯让我收获颇多,也让我感悟至深。我的感想就是:做学问时,要联系实际,探索规律,不惑于表象,不随波逐流。

原载《毛泽东邓小平理论研究》2011年第3期

贱尺璧而重寸阴

——"世界马克思经济学奖"获得者张薰华教授的百年求索

朱国宏

2012年5月,世界政治经济学学会第七届论坛在墨西哥都市自治大学举行。会上授予世界著名马克思主义经济学家伊藤诚教授(东京大学)、张薰华教授(复旦大学)第二届"世界马克思经济学奖"(Marxian Economics Award),以奖励其为经济学发展和人类进步作出的卓越贡献。

生于忧患:从革命者到经济学者

复旦大学教授张薰华,1921年12月出生于江西九江庐山脚下的一个中医世家。幼年丧母,由执业中医的祖父抚养长大,并进私塾接受传统教育,熟读《论语》《孟子》《左传》《史记》《古文观止》等名著篇章。

祖父去世后,他辗转到上海投靠外祖母和姨母,就读初中。1937年淞沪抗战爆发后,被迫举家逃回九江。不到一年,日军肆虐江南,只得携弟妹历尽千辛万苦重返上海,避难于租界外祖母和姨母家。1939年在上海就读苏州工业学校土木科,较早地学习了高等数学。外祖母去世后,他不得不带着弟妹再次离开上海,坐船经温州到丽水,投靠在浙江省邮局工作的堂兄。适值复旦大学农学院新办的农艺系茶叶专业在丽水和衡阳两地招生,他去报考,顺利被录取。复旦已迁至重庆北碚,新录取的学生在衡阳搭乘中国茶叶公司货车一路颠簸到重庆就学。

在重庆的复旦大学,他完成了两个转变:一是由茶叶专业的学生转变为经济专业的学生,二是由普通学生转变为革命者。前者是从希冀"有一技傍身"到追寻"经世济民"之道的进步,而后者则是目睹国破家亡后滋生的热血追求。他上高中时就曾是上海市学生抗日救亡协会的一员;在大学里,1944年又参加了中国学生导报社(中共外围组织)。1945年,作为毕业同学会主席,组织了挽留校长章益的运动,使得章益多次拒绝南京国民政府教育部的迁台命令,避免了复旦迁台的命运。

抗战胜利后,复旦迁返上海,他也毕业留校成为复旦大学经济系的教师,并于1947年加入中国共产党。1949年上海解放后,他作为复旦代表参加上海高校接管工作的党组,参与接管复旦工作。复校后,他被陈毅和粟裕委任为"校务委员并兼常务委员"。是时,校务委员会主任委员张志让北上参加中国人民政治协商会议第一届全体会议,副主任委员陈望道前往华东军政委员会任职,均无暇管理复旦校务,他作为主任秘书代行学校行政事务,躬身复校工作的诸多事宜。1952年,中国高校院系大调整,经组织同意,他开始逐步退出行政工作,回到经济系任教。但仍长期担任校工会主席和经济系主任,直到改革开放后的1984年。此后,作为复旦大学经济系教授、博士生导师任教至今。

学术轨迹:从"统计学"教学到《资本论》研究

张薰华的学术研究始自他1945年从复旦大学经济系毕业留校任教。最初教的课程是"经济数学"和"统计学",相应地,其研究领域也类似于今天的数理经济学。他最早的研究成果是1953年编写的《统计学原理》讲义,这部讲义1954年被中央人民政府高等教育部列为全国推荐教材。最早发表的论文是《论国民经济发展的平均速度指标》,发表于《复旦学报》1956年第2期。那是一篇与苏联统计学家卡拉谢夫争鸣的文章,发表后受到国家统计局的重视,以《论平均速度的计算方法》为题转发在其机关刊物《统计工作通讯》1956年第24期上。

不过,那时候他发表的最重要的一篇论文,可能还是1959年刊于《复旦学报》第9期的《高速度和按比例的关系》一文。该论文的写作缘起于当年的"中苏论战",目的是与苏联统计学家论战速度和比例关系问题。该文发表后引起有关方面关注,他因而被选派到中央党校理论班脱产学习三年。

在中央党校,他师从著名经济学家、《资本论》研究专家王学文教授,广泛涉猎文史哲,潜心钻研《资本论》。在中国共产党最高学府苦读三年,相当于现在的研究生学习。张薰华接受了马克思主义理论的系统训练,为日后从事马克思主义经济学的研究和教学奠定了坚实基础。

1962年,他返回复旦大学经济系,开始系统讲授《资本论》,并把教学工作和研究、应用《资本论》结合在一起。"文革"前,他已编写出一套《〈资本论〉讲义》,力图顺乎原著逻辑,逐卷逐章逐节阐述要点。在这部讲义的基础上,1977年至1982年间由上海人民出版社出版了三卷本的《〈资本论〉提要》。

在这个过程中,他开始陆续发表自己沉潜20年的《资本论》研究心得,并逐渐形成自己的研究方法和理论范式,应用于中国现实的经济问题研究,取得了丰硕的研究成果。审视其公开发表的学术论文,从1979年发表《论扩大再生产平衡条件的基本公式》一文到2015年以95岁高龄发表《人口法制与依法治国》一文,36年间共发表近百篇论文,其学术研究轨迹大致因循三条路径演化:

首先是对《资本论》的深化研究。在正式出版三卷本的《〈资本论〉提要》基础上,进一步深化对《资本论》相关问题的专题研究,1970年代末到1980年代,主要有三个专题:一是对《资本论》中计算问题的探讨,如《试校〈资本论〉中某些计算问题》等,后来形成专著《〈资本论〉中的数量分析》;二是对《资本论》再生产理论的研究,如《论提高资金使用效率的途径——学习马克思关于再生产理论的体会》等,这一专题的研究形成专著《〈资本论〉中的再生产理论》;三是参与关于如何发展《资本论》的讨论,如《用怎样的观点发展〈资本论〉——与熊映梧同志商榷》《在社会主义建设中发展〈资本论〉的理论》等。1990年代以后的研究,主要是关于如何坚持和发展《资本论》,发表了多篇论文。

其次是对马克思主义经济规律体系的创新探索。马克思在《资本论》第一卷初版序言中指出:"本书的最终目的就是揭示现代社会的经济运动规律。"[①]依据这一点,他运用马克思的唯物辩证法,并以黑格尔的圆圈法,创造性地探索了生产力和经济规律体系。这一探索从1979年发表《科学技术优先发展的规律和自身发展的规律》一文开始,到1989年正式出版《生产力与经济规律》一书,发表了一系列论文。

最后是对中国现实经济问题的探讨。除了《资本论》和经济规律体系研究外,他也始终关注中国现实的经济问题,并将自己的研究心得应用于这些

---

① 《资本论》第1卷,第10页。

现实问题研究。这些研究大致可分为两个方面：一是与中国经济体制改革相关的经济运行问题，另一是与发展社会生产力相关的现实问题，诸如人口问题、土地问题、交通问题、环境问题等。其中，关于土地问题的研究，形成两部著作，即《土地经济学》和《土地与市场》；关于交通问题的研究，形成著作《交通经济学》。

可见，张薰华的学术研究轨迹开始于其留校任教"统计学"课程的教学工作，进而除了编写教材还探讨统计学中的学术问题，发表了多篇论文，引起学术界关注，此为他学术研究的第一阶段。第二阶段，从中央党校学习至"文革"结束，是近20年的专注学习和研究《资本论》时期，在编写《资本论》讲义和教学过程中，积累了深厚的研究功底。第三阶段，从"文革"结束到本世纪初年届80高龄，是他作为马克思主义经济学家厚积薄发时期，除了继续深化《资本论》研究之外，开始形成自己独特的方法论和理论范式，并以其理论为社会主义市场经济建设出谋划策，贡献杰出。第四阶段，从本世纪初至今，依然笔耕不辍，多有总结性的研究成果面世。

目前，张薰华已届期颐之年，潜心研究马克思主义经济学超过半个世纪，是国内公认的《资本论》研究权威和著名的马克思主义经济学家。曾任中国《资本论》研究会副会长、上海市经济学会会长、上海《资本论》研究会会长，现为中国《资本论》研究会顾问、上海市经济学会名誉会长、上海《资本论》研究会顾问。因其"长期从事马克思主义经济学研究，在探索经济规律方面形成独到学术见解，提出'土地批租'政策建议，对推动改革和经济社会发展作出了重大贡献"，荣获上海市第九届哲学社会科学优秀成果奖杰出贡献奖。此外，因其教书育人和环境教育方面的突出贡献，而获得"全国优秀教师""全国环境教育先进个人"等称号。

中国著名经济学家蒋学模曾评价，张薰华的研究"无论在学术界还是在社会上都影响深远"。复旦大学教授尹伯成说："时下在对待马克思主义经济学是否'过时'问题上，我国学界存在着偏见。对于这些偏见，张薰华的学术研究成果也许正好是一个有力的回答。"著名《资本论》研究专家洪远朋指出："张先生研究《资本论》与中国的革命建设、改革紧紧相连，既坚持了马克思主义，又发展了马克思主义。"中国社会科学院马克思主义研究院院长程恩富指出："张薰华是我国土地管理体制改革的最早倡导者和杰出贡献者。"

以于祖尧、刘国光、杨圣明、张薰华等为代表的马克思主义经济学家是中国经济改革的最早倡导者和支持者,为中国的改革开放作出了巨大的贡献。

领悟与解读:《资本论》研究及其学术贡献

张薰华的《资本论》研究,始于中央党校学习期间师从王学文教授。1980年代之前,他对《资本论》的研究和领悟,主要体现在其三卷本的《〈资本论〉提要》中。此后,则从三个方面深化自己对《资本论》的研究:

一是对研究中发现的《资本论》计算错误问题的系统梳理。张薰华在《资本论》研究中,注意到"《资本论》花了马克思毕生精力,它来不及全面修订就与世长辞了。恩格斯接下马克思浩繁的遗稿,他眼病严重,也不能对这些次要的数字作精细的验算,他在《资本论》第三卷出版以后一年也逝世了",是以"继承马克思和恩格斯所倡导的对科学研究的实事求是的学风,试对《资本论》三卷中的某些计算问题作了校改"。这篇发表在《中国社会科学》1980年第3期的《试校〈资本论〉中某些计算问题》,引起学术界的广泛关注。中国理论界第一次有人敢于指出,马克思在《资本论》这部光辉著作中也有常人会犯的错误。学者、研究生纷纷撰写论文,或提出补充意见,或对他的有关校正提出商榷。两年之后,他在《中国社会科学》1982年第2期发表《关于试校〈资本论〉中某些计算问题》,进行了严肃认真的答辩,坚持正确意见,同时又虚心地对个别地方作了再校正。后来,进一步研究和充实,形成专著《〈资本论〉中的数量分析》。

二是对《资本论》中的再生产理论的系统梳理和发现。1978年以后《资本论》研究越来越关注改革开放过程中出现的新现象和新问题,而1980年《资本论》第二卷节录本《马克思关于再生产理论》出版后,全国更是掀起了学习第二卷的热潮。有鉴于此,张薰华撰写了《〈资本论〉中的再生产理论》一书,由复旦大学出版社于1981年出版。该书引起学术界的重视,著名经济学家卓炯甚至认为,作者的观点是"抓住了《资本论》的生命力的本质"。

三是对《资本论》的体系化梳理。《资本论》是三卷本的鸿篇巨制,而且是庞大的理论体系,如何形象化地解读是一个很重要的课题。法国当代"结构主义的马克思主义"流派主要代表人物路易·阿尔都塞在《读〈资本论〉》一书中将《资本论》比喻为"茫茫森林体系",并以树形结构完美呈现《资本论》的逻辑结构。无独有偶,在中国,张薰华也试图进行形象化解读,所不同的是,他不是用结构化的森林体系方法,而是运用黑格尔圆圈法。早在1980年发表的《辩证法在〈资本论〉中的应用》一文中,他就阐述了自己对《资本论》辩证法的理解,并试图应用黑格尔圆圈法来勾勒《资本论》的脉络。而在《〈资本论〉脉络》中则按这样的理解,用小圈外套大圈、圈圈拓展的形象方式,给人们展示了马克思《资本论》的理论体系。

可见,在沉潜20多年的《资本论》研究过程中,张薰华从中央党校系统学习肇始,继而在教学过程中将三卷的庞大内容体系条分缕析,再加以提纲挈领,形成言简意赅的独特解读——《〈资本论〉提要》和《〈资本论〉难句试解》。在试图运用马克思经济学的原理和方法来研究现实的经济问题时,他逐渐领悟了马克思关于《资本论》是"一个艺术的整体"及其唯物辩证法的方法论,并创造性地将黑格尔圆圈法应用于梳理《资本论》庞大体系的脉络,形成了对马克思经济学的独到解读和阐释。

黑格尔圆圈法及其应用:核心经济思想

张薰华发现,《资本论》的叙述采用了黑格尔的逻辑方法。黑格尔说,"科学表现为一个自身旋绕的圆圈,中介把末尾绕回到圆圈的开头;这个圆圈以此而是圆圈中的一个圆圈",这种圆圈的圆圈"犹如投石于水,圆圈形的波纹一个套一个、一个大一个地四散漫开,这就是'辩证进程'的全貌"。对于这种圆圈的圆圈,他指出:"黑格尔没有画它,马克思也没有画它。20世纪70年代末期,我按其机理试绘出来,使我豁然贯通……此后,就以这样科学的形象思维去阐述马克思主义的基本原理,去创新经济学。"他创新的经济学范式,被称为"广义政治经济学"。

这种理论范式的出发点,同样也是马克思在《资本论》第一卷第一版序言关于政治经济学研究对象的一句话,即"我要在本书研究的,是资本主义生产方式以及和它相适应的生产关系和交换关系"。[①] 对于这句话的不同理解,导致了经济学界对政治经济学研究对象的长期纷争,这种纷争到了21世纪的今天仍无止歇迹象。

---

① 《资本论》第1卷,第8页。

他并没有拘泥于这句话的字面意义,去定义政治经济学研究对象。他曾指出,几十年来,对这个问题争论不休,多数人包括我在内,一直认为应是生产关系,并以为这是马克思和恩格斯的观点,后来注意到马恩的观点也是发展的。无论马克思的《政治经济学批判》的序言和导言、《资本论》第一卷的初版序言,或者恩格斯的《反杜林论》第二篇,实际都是说,对象是社会生产力和生产关系。

他认为,从字面上看,好像《资本论》论的只是资本,其实不尽如此。因为资本作为生产关系,只是其物质内容(生产力)的社会形式;资本又是一种价值关系,依附于商品经济体制,后者也是一种社会形式。《资本论》论述的是关于资本主义商品生产、流通和分配的总过程。商品经济如果去其资本形式,留下的是关于商品经济的一般原理。《资本论》研究的对象是生产方式,目的是揭示对象的规律性(经济规律),方法则是唯物辩证法,即从生产方式的物质内容(生产力)出发,到其社会形式(生产关系),并延伸到这形式的形式(上层建筑)。以圆圈的圆圈方法表示就是,内圈是生产力,中圈是生产关系,外圈是上层建筑。其逻辑关系是,内圈是内容,外圈是形式,内容决定形式,形式反作用于内容。

1990年代以来,生产力的源泉(环境、资源、人口)问题突出,涉及整体圈层能否持续发展,在生产关系中又突出社会主义能否与市场经济相结合。他与时俱进地将以上三个圈层细分为六个层次,即每圈内容又分为两个层次,由内而外依次是:源泉、生产力、商品所有制(市场经济)、要素所有制(私有或公有)、政治法律制度、意识形态。

"广义政治经济学"的核心思想,被应用到复旦大学研究生课程《政治经济学研究》教学中。由于抽象的经济学理论被一个个圆圈的圆圈清晰地表达出来,深奥的原理也变得直观形象。所以,这种黑格尔的圆圈法应用,也被称为张薰华的"圆圈方法论"。

"广义政治经济学":独特的经济学理论范式

张薰华在"世界马克思经济学奖"获奖感言中,谈到:"在经济系阅读《资本论》时,我注意到马克思的两条教导:一条是说马克思的著作是一个艺术整体,但要达到这一点,只有用他的方法;另一条是指出《资本论》最终的目的在揭示现代社会的经济运动规律。这使目的与方法结合在一起。"因此,当他试图运用马克思的经济学原理分析中国现实的经济问题时,他就自觉应用马克思的唯物辩证法和黑格尔圆圈法,分析各种经济规律及其现实表现。正如他自己所说:"'文革'以后,我的科研活动就主要探索经济规律及其体系,发表了相关论文与专著。"其代表性著作,就是由复旦大学出版社1989年出版的《生产力与经济规律》。该书出版后,旋即成为复旦大学研究生课程《政治经济学研究》的教科书,也成为"广义政治经济学"的代表作。

他认为,按照马克思的观点,经济学不仅要研究生产关系(形式),而且要研究生产力(内容)。为此,他深入地研究了生产力系统,形成了对社会生产力结构的独到见解,提出了社会生产力结构体系的独特范式。

在他看来,生产力是一个多层次的系统,这个系统由生产力的源泉、自身和结果共同组成。生产力的根本源泉是人力和自然力,然后是由之派生的科学技术力。生产力自身由客体要素生产资料和主体要素劳动力构成,其中生产资料又分为劳动资料(劳动工具等)和劳动对象(原材料和辅助材料)。就要素和源泉的关系而言,自然环境为生产提供资料,人口资源为生产提供劳动力,科学技术力量则渗透在它们之中——劳动力通过教育培训提高文化水平与吸收科技知识,劳动资料中的机器等本来就是科学技术的物化,劳动对象经过科学技术的深加工成为指定性能的材料。只有科学技术的渗透,才能大幅度提高劳动生产力。生产力发挥作用的结果,用劳动生产率来表示。本来生产的结果是产品(产出),但产出的增大可能是由于投入的增大,也可能是由于劳动生产率的提高。只有把产出和投入相比较,即用劳动生产率这一指标才能正确地表现生产力的发展程度。生产力的提高意味着投入同量劳动能产出更多产品,于是反比例地表现为单位产品所包含的劳动量减少。又因为产品可以分为必要产品和剩余产品两大部分。剩余产品的出现和增加也是提高生产力的结果,它通过积累又反过来成为发展生产力的新的源泉。生产力就这样循环不已,呈现出螺旋形的上升运动。

《生产力与经济规律》就是按照这样的理论逻辑建构起来的。该书以社会生产力规律为核心的圆圈,从内圈到外圈,有层次地描述了科学的经济规律体系。他认为,整个社会经济规律体系由社会生产力发展规律、生产力与生产关系相互作用的规律和价值规律三个子系统规律构成。社会生产力发展规律子系统是一切社会共有的首要的经济规律,它又包括环境经济规律、人口经济规律、科学技术经济规律、生产力自身结构变化规律、交通经济规律、剩余劳动规律、国民经济按比例发展规律和国民经济发展速度规律。生产力与生产关系相互作用的规律子系统由生产力决定生产关系的规律、生产关系反作用生产力的规律和生产力与生产关系、分配关系相互作用的规律构成。价值规律子系统则由生产过程价值规律、流通过程价值规律、分配过程价值规律和价值实现规律构成。

正是通过运用马克思的方法建构的这个经济规律体系,他揭示了在社会主义市场经济条件下的"现代社会的经济运动规律",从而形成了独特的经济学理论范式。

改革开放参与者:马克思主义经济学的创新与应用

张薰华以深厚的马克思主义经济学理论为基础,凭借扎实的《资本论》研究,打通了马克思主义经济学"中国化"的脉络。1980年代以来,张薰华的研究兵分两路:"一路深入到社会发展的物质基础(生产力)及其源泉(人口、资源、环境);另一路则探索其社会形式(生产关系以至上层建筑)。"对于物质基础及其源泉的研究形成了他独特的社会生产力结构体系的范式,应用到现实经济问题的研究,产生了他在人口、资源、环境可持续发展方面的诸多研究成果,以及土地、交通领域的研究成果;对于社会形式的探讨,则形成了他对社会主义市场经济建设诸多领域独特的观点,包括被誉为"改革开放以来马克思主义经济学八大创新"之一的土地批租论。

1. "我国土地管理体制改革的最早倡导者和杰出贡献者":土地批租论

张薰华是国内学术界第一个提出"土地批租"问题的学者。正是他关于"土地批租"的论文,催生了中国改革开放后的"土地批租"政策,为中国土地批租制度的建立提供了理论依据。

1984年,在港澳经济研究会成立大会上,张薰华提交了论文《论社会主义经济中地租的必然性》。文中指出:"土地的有偿使用关系到土地的合理使用和土地的公有权问题。级差地租应该成为国家的财源之一,港澳的租地办法可以采用。"论文刊载于《中国房地产》1984年第8期。1985年初,由于中央对土地管理体制改革的重视,上海市委研究室注意到这篇文章,约他再写一篇。随即,《再论社会主义商品经济中地租的必然性——兼论上海土地使用问题》载于该研究室编的《内部资料》第6期。这篇文章又受到中央书记处研究室注意,嘱再补充,标题改为《论社会主义商品经济中地租的必然性》,1985年4月10日刊载于该研究室编的内刊《调查与研究》第5期,发至全国各省区市领导机关。

张薰华的这一研究,奠定了城市土地使用最重要的理论基础。1986年10月,上海市颁布了《中外合资经营企业土地使用管理办法》,对外商投资企业收取土地使用费,第一次对土地进行有偿使用。

1987年,在深圳参加"城市土地管理体制改革"讨论会时,张薰华提交论文《论土地国有化与地租的归属问题》。后来,深圳市政府将该市农村土地全部收归国有。1987年9月,深圳市敲响了土地拍卖第一槌,以协商议标形式出让有偿使用的第一块国有土地。1988年4月,全国人大通过了《中华人民共和国宪法》修正案,在《中华人民共和国宪法》第十条第四款"任何组织或者个人不得侵占、买卖,或者以其他形式非法转让土地"的后面,加上了"土地的使用权可以依照法律的规定转让"。此后,"土地批租"成为全国各地经济发展的普遍形式,也拉开了中国持续30多年的高速经济增长的帷幕。

值得关注的是,在那篇论文中,张薰华还提及上海土地使用中的相关建议。这些建议,也逐步得到采纳,成为现实。譬如,建议上海市政府迁出外滩,把外滩以高地租租给外资、外贸、金融等单位;又如,建议在浦东围海造地,另建大型国际机场;建议上海郊区土地不以种粮为主,而是种蔬菜、植水果、饲禽畜、养鱼虾,让农民迅速致富;建议以契约形式规定用地单位保证一定量的人均绿化面积,禁止企业超标排污,规定不得开采动用或破坏地下资源;等等。

2."我国农业的一次思想革命":林农牧渔副排序的生态意义

张薰华在所著《生产力与经济规律》(1989年版)一书中指出:过去将农业内部构成以及与之相联系的副业按重要次序排列为:农、林、牧、副、渔。这种排列不够科学,由于农业应是生态农业才有发展前途,森林是生态系统的支柱,没有"林",生态系统就会崩溃,就没有农、牧、渔的发展。"林"是人类生存问题,"农"是人们吃饭问题。农业搞不好会饿死一些人,森林砍光了会使整个人类难以生存下去。因此,"林"应放在首位。至于工副业非农业正业,应在末位。所以,比较科学的次序应是:林、农、牧、渔、副。这一观点得到了中国生态经济学会石山研究员的高度认同,并被认为是"我国农业的一次思想革命"。他指出,1980年代,我国山区建设的两条成功经验证明了张薰华"林字当头,搞好农业"的思路是符合经济规律的。张薰华关于林、农、牧、渔、副排序的观点,具有重要的理论意义和现实意义。

1992年,张薰华又以《林字当头与林农牧渔副为序》为题,系统论述了他的思想。论文发表后引起关注,《安徽农业》1997年第1期刊文认为,张薰华关于"林业是国民经济基础的基础"的观点,是"具有革命意义的新观点"。

3. "抓住了《资本论》的生命力的本质":"体制创新论"

著名经济学家卓炯认为,张薰华撰写的《〈资本论〉中的再生产理论》一书"抓住了《资本论》的生命力的本质"。因为,作者深刻地洞察到,资本主义的再生产和流通是商品的再生产和流通,社会主义经济也是商品经济,只要撇开资本主义形式,《资本论》的许多基本原理也适用于社会主义社会。卓炯因此引申,凡是适用于商品经济的一般原理同样也适用于社会主义。这就意味着,中国的经济改革就是要改革不适应商品经济的一般原理的生产关系。

然而,长期以来,学术界将商品所有制(市场经济)与生产要素资本主义所有制混为一谈,甚至将其与社会主义公有制对立起来,这样也就陷于市场经济姓"资"姓"社"的争论。张薰华用黑格尔圆圈法将生产力、生产关系和上层建筑的逻辑关系展开为圆圈的圆圈,其中生产关系的圆圈又展开为两个圈层,即商品所有制(市场经济)和要素所有制(私有或公有),这样,就从理论上论证了市场经济也可以与公有制相结合,从而破解了市场经济姓资姓社的难题。

关于如何进行体制创新,张薰华也形成了自己的一套逻辑体系。他认为,经济包含生产的物质内容(生产力)和这个内容所表现的社会形式(生产关系)。由于内容决定形式、形式反作用于内容的辩证关系,经济改革的范围不应限于经济制度的改革,更要着眼于生产力的发展。在他看来,我国的经济体制改革在于建立社会主义市场经济体制,而市场经济的内在规律是价值规律,价值规律则表现为价格,表现为货币的运动。金融是融通货币资金的活动,它也就成为市场经济的龙头。所以,体制改革的源头在金融与地产改革。

4. 可持续发展的中国方案：生产力源泉理论的视野

可持续发展，作为一个概念，最早出现于联合国环境与发展委员会1987年发表的报告《我们共同的未来》。而学术界对可持续发展的研究始于1950年代对环境问题的关注。随着人口、资源、环境问题的日益显现，1970年代开始反思以增长为目标的发展问题，可持续发展问题逐渐成为学术界关注的热点和焦点。

张薰华也是从70年代末开始关注人口问题的，1979年就发表了《试论人口发展规律——兼论我国人口必须进一步控制》。和一般的研究不同，他把人口发展规律作为经济规律体系的一个组成部分来研究，从社会生产力发展的视野来分析人口问题。他从生产力的技术构成制约，分析了我国控制人口增长、提高人口素质的必然性。

同样，深入到生产力的源泉来研究生产力和经济规律，张薰华很快就涉及资源和环境问题。他首先注意到土地资源问题，1986年发表《土地与生产力》一文，提出"保护城乡土地资源，保护生态环境，不仅要制止污染源，还要调整产业结构，逐步形成生态农业和'生态'工业，也就是形成无污染的工农业"。应该说，他是国内学术界较早提出保护土地资源、保护生态环境观点的学者。1987年，他又发表了《试论环境经济规律》一文，系统分析了生产力视野的环境问题。

可持续发展是指"在不损害未来社会满足其发展要求的资源基础的前提下的发展"。在张薰华看来，这种发展包含"组成人类社会的人口，满足其发展的经济活动，人类社会发展要求的资源基础。归结起来，就是人类社会发展与环保的关系问题，核心问题则是人口问题"。这些是他近20年一直思考的问题，在近年发表的成果中，人口资源环境的协调发展问题的研究进一步深化，已然上升为生态文明和人口资源环境的法律规范问题。

学问与人生：治学理念、治学方法和理论勇气

张薰华十分认同曹丕在《典论·论文》中所说的，文章乃"经国之大业，不朽之盛事"，是以也把"贱尺璧而重寸阴"作为自己的座右铭，并以此教导学生和晚辈。如他所说，做人是与治学分不开的。对任何人来说，年寿有时而尽，如果饱食终日，无所用心，在人间"潇洒走一回"，实是将自己沦为普通

动物。做人应该为人类群体智力的进化,为人类无限美好的未来,作出自己的贡献,方不虚此行。

也许正因为如此,1952年院系调整后,他主动提出返回教学科研岗位,开始了他的学问人生之路。中央党校三年深造,让他和马克思的巨著《资本论》结下了不解之缘,沉潜数十载,硕果累累,成就斐然,终成一代大师。作为中国著名的马克思主义经济学家,"世界马克思经济学奖获得者"的称号,实至名归。

如前所述,张薰华是按照马克思《资本论》的经济学理论和唯物辩证法来指导他的研究的,又创造性地运用黑格尔圆圈法来解读《资本论》这个"艺术的整体",还应用于研究现实经济问题。同样地,在如何对待学术研究问题上,他也服膺于马克思的治学理念和治学方法,并加以遵循和践行。

恩格斯在1895年3月11日致韦尔纳·桑巴特的信中指出:"马克思的整个世界观不是教义,而是方法。它提供的不是现成的教条,而是进一步研究的出发点和供这种研究使用的方法。"①在长达半个多世纪的学术生涯中,张薰华并没有把《资本论》当作教条,而是当作能够用于分析中国现实经济问题的科学方法。正是运用马克思的方法,他形象地解读了《资本论》这个"茫茫森林体系",而且梳理出适用于现代经济运行的规律体系;也正是运用马克思的方法,他在剖析中国现实的经济问题时游刃有余,见人之所未见,言人之所未言,自成其理,自成体系,终成富有创新性的一家之言。

当然,在特定历史条件下提出创新性的一家之言,是需要理论勇气的。1980年校改《资本论》的某些计算问题时如此,1984年提出借鉴香港地区土地批租政策如此,1987年否定沿袭已久的农林牧副渔排序时还是如此。不过,这也正反映了他所崇尚马克思的科学精神。他曾指出:"科学按其本性来说只承认事实和规律,它不崇拜任何偶像,它使人们厌弃迷信和愚昧,勇于探索、开拓和创新。""作为经济理论工作者,应该具有科学态度,不做风派人物;应该具有理论的勇气,不做阿谀奉承之辈。"

他认为,科学的经济学应批判地吸收各家之长。"如果简单地全盘否定当代资产阶级经济学,说它全是庸俗的,或者无知地全盘否定马克思主义经

---

① 《马克思恩格斯选集》第4卷,第664页。

济学,说它早已过时了,则都是非科学态度。争鸣应实事求是地鸣其长避其短,荟萃人类精神劳动的成果。"他还认为,经济理论工作者应科学地对待自己。"作为一名经济理论工作者,不仅要依据科学理直气壮地与别人争鸣,而且要勇于自我批评。认识有一个过程,往往是由错误到正确、由片面认识到全面认识的过程,这是正常的。对此,马克思和恩格斯也为我们树立了好的榜样。"因为,马克思在《资本论》第一卷初版序言中有这么一段话:"任何的科学批判的意见我都是欢迎的,而对于我从来就不让步的所谓舆论的偏见,我仍然遵守伟大的佛罗伦萨诗人的格言:走你的路,让人们去说罢!"①

古语云:"仁者寿",又曰:"故大德……必得其寿。"作为张薰华教授的亲炙弟子,我曾在他八十华诞、九十华诞时撰文祝贺。今谨以 10 年前同题为文,敬贺张薰华教授百年寿诞。

主要参考文献

张薰华:《经济规律的探索——张薰华选集》,复旦大学出版社,2010 年。
张薰华:《孜孜不倦探索经济规律》,《毛泽东邓小平理论研究》2011 年第 3 期。
汪仲启:《张薰华:中国土地批租制度的理论奠基人》,《社会科学报》2013 年 8 月 8 日第 5 版。
程恩富:《马克思主义经济学家是改革的首创者和支持者》,《理论视野》2006 年第 3 期。
何干强、冒佩华:《用辩证法指导经济规律探索——张薰华教授的学术风格、学术成就与经济思想》,《高校理论战线》2002 第 7 期。
恩惠、施镇平:《经济规律体系研究的新突破——评张薰华的〈生产力与经济规律〉》,《学术月刊》1990 年第 6 期。

---

① 《资本论》第 1 卷,第 13 页。

图书在版编目(CIP)数据

规律探索积思录:张薰华先生文集/张薰华著. —上海:复旦大学出版社,2020.10
ISBN 978-7-309-15314-9

Ⅰ.①规… Ⅱ.①张… Ⅲ.①经济学-文集 Ⅳ.①F0-53

中国版本图书馆 CIP 数据核字(2020)第 162342 号

规律探索积思录:张薰华先生文集
张薰华　著
责任编辑/戚雅斯　姜作达

复旦大学出版社有限公司出版发行
上海市国权路 579 号　邮编:200433
网址: fupnet@fudanpress.com　http://www.fudanpress.com
门市零售: 86-21-65102580　团体订购: 86-21-65104505
外埠邮购: 86-21-65642846　出版部电话: 86-21-65642845
上海丽佳制版印刷有限公司

开本 787×1092　1/16　印张 42.25　字数 649 千
2020 年 10 月第 1 版第 1 次印刷

ISBN 978-7-309-15314-9/F·2739
定价: 100.00 元

如有印装质量问题,请向复旦大学出版社有限公司出版部调换。
版权所有　侵权必究